Clemens Tesch-Römer · Heribert Engstler
Susanne Wurm (Hrsg.)

Altwerden in Deutschland

Clemens Tesch-Römer
Heribert Engstler
Susanne Wurm (Hrsg.)

Altwerden in Deutschland

Sozialer Wandel und
individuelle Entwicklung
in der zweiten Lebenshälfte

VS VERLAG FÜR SOZIALWISSENSCHAFTEN

Bibliografische Information Der Deutschen Bibliothek
Die Deutsche Bibliothek verzeichnet diese Publikation in der Deutschen Nationalbibliografie;
detaillierte bibliografische Daten sind im Internet über <http://dnb.ddb.de> abrufbar.

1. Auflage Januar 2006

Alle Rechte vorbehalten
© VS Verlag für Sozialwissenschaften/GWV Fachverlage GmbH, Wiesbaden 2006

Lektorat: Monika Mülhausen

Der VS Verlag für Sozialwissenschaften ist ein Unternehmen von Springer Science+Business Media.
www.vs-verlag.de

Das Werk einschließlich aller seiner Teile ist urheberrechtlich geschützt. Jede Verwertung außerhalb der engen Grenzen des Urheberrechtsgesetzes ist ohne Zustimmung des Verlags unzulässig und strafbar. Das gilt insbesondere für Vervielfältigungen, Übersetzungen, Mikroverfilmungen und die Einspeicherung und Verarbeitung in elektronischen Systemen.

Die Wiedergabe von Gebrauchsnamen, Handelsnamen, Warenbezeichnungen usw. in diesem Werk berechtigt auch ohne besondere Kennzeichnung nicht zu der Annahme, dass solche Namen im Sinne der Warenzeichen- und Markenschutz-Gesetzgebung als frei zu betrachten wären und daher von jedermann benutzt werden dürften.

Umschlaggestaltung: KünkelLopka Medienentwicklung, Heidelberg
Druck und buchbinderische Verarbeitung: MercedesDruck, Berlin
Gedruckt auf säurefreiem und chlorfrei gebleichtem Papier
Printed in Germany

ISBN 3-531-14858-3

Inhalt

Vorwort 7

Clemens Tesch-Römer, Susanne Wurm, Andreas Hoff, Heribert Engstler und Andreas Motel-Klingebiel
Der Alterssurvey: Beobachtung gesellschaftlichen Wandels und Analyse individueller Veränderungen 11

Heribert Engstler und Susanne Wurm
Datengrundlagen und Methodik 47

Heribert Engstler
Erwerbsbeteiligung in der zweiten Lebenshälfte und der Übergang in den Ruhestand 85

Andreas Motel-Klingebiel
Materielle Lagen älterer Menschen: Verteilungen und Dynamiken in der zweiten Lebenshälfte 155

Andreas Hoff
Intergenerationale Familienbeziehungen im Wandel 231

Harald Künemund
Tätigkeiten und Engagement im Ruhestand 289

Susanne Wurm und Clemens Tesch-Römer
Gesundheit, Hilfebedarf und Versorgung 329

Clemens Tesch-Römer und Susanne Wurm
Veränderung des subjektiven Wohlbefindens in der zweiten Lebenshälfte ... 385

Helen Baykara-Krumme und Andreas Hoff
Die Lebenssituation älterer Ausländerinnen und Ausländer in Deutschland 447

Clemens Tesch-Römer, Susanne Wurm, Andreas Hoff, Heribert Engstler und Andreas Motel-Klingebiel
Implikationen der Ergebnisse des Alterssurveys für Gesellschaft,
Wirtschaft und Politik 519

Autorinnen und Autoren des Bandes 539

Vorwort

Die Beiträge dieses Bandes geben einen Überblick über zentrale Ergebnisse der zweiten Welle des Alterssurveys. Ziel des Alterssurveys ist eine umfassende Beobachtung der Lebensumstände von Menschen in der zweiten Lebenshälfte. Im Jahr 1996 wurde die Ersterhebung des Alterssurveys (Welle 1) mit der Befragung von 40- bis 85-jährigen Deutschen in Privathaushalten durchgeführt. Nun liegt mit der zweiten Welle ein in mehrfacher Hinsicht erweiterter Datensatz vor. Erstens wurden Teilnehmerinnen und Teilnehmer der ersten Welle des Alterssurveys im Jahr 2002 erneut befragt, um Veränderungen ihrer Lebenssituation im Verlauf der seitdem vergangenen sechs Jahre untersuchen zu können. Zweitens wurde 2002 eine neue Stichprobe 40- bis 85-Jähriger gezogen, um ihre Lebensumstände mit der Situation jener Personen zu vergleichen, die im Jahr 1996, also sechs Jahre zuvor, im selben Alter waren. Drittens wurde erstmals eine Stichprobe älter werdender Menschen ausländischer Staatsangehörigkeit befragt, um deren spezifische Lebenslage der Situation von deutschen Bürgern gegenüberstellen zu können. Der erweiterte Untersuchungsplan macht sowohl die Beobachtung sozialen Wandels als auch die Analyse individueller Entwicklung in der zweiten Lebenshälfte möglich. Der Alterssurvey liefert damit Beiträge zur wissenschaftlichen Alternsforschung und zur Alterssozialberichterstattung im Längsschnitt.

Beide Erhebungswellen des Alterssurveys wurden vom Bundesministerium für Familie, Senioren, Frauen und Jugend (BMFSFJ) gefördert. Die Datenerhebung beider Wellen wurde von infas - Institut für angewandte Sozialwissenschaft, Bonn, durchgeführt. Die vorliegende Arbeit an der zweiten Welle des Alterssurveys baut auf der von der Forschungsgruppe Altern und Lebenslauf (FALL) der Freien Universität Berlin (Martin Kohli) und der Forschungsgruppe Psychogerontologie der Universität Nijmegen (Freya Dittmann-Kohli) konzipierten ersten Welle des Alterssurveys auf. Die Arbeiten an der zweiten Welle des Alterssurveys wurden vom BMFSFJ an das Deutsche Zentrum für Altersfragen (DZA) vergeben. Die Forschungsgruppe am DZA hat die inhaltliche Arbeit der ersten Welle kontinuierlich fortgesetzt. Durch die Einladung zur Mitarbeit an Harald Künemund und Andreas Motel-Klingebiel, die bereits an der ersten Welle beteiligt waren, haben wir versucht, personelle Kontinuität zu wahren.

Es ist eine schöne Tradition, am Ende eines Projektes wie dem der zweiten Welle des Alterssurveys all jenen zu danken, die zum Gelingen der Arbeit beigetragen haben. Unser erster Dank gebührt Gabriele Müller-List - und ihrem Vorgänger Norbert Feith - aus dem Bundesministerium für Familie, Senioren, Frauen und Jugend, die unsere Arbeit aufmerksam begleitet haben und für alle aus der Projektarbeit entstehenden Probleme ein offenes Ohr hatten. Unser herzlicher Dank gilt auch Gisela van der Laan für die exzellente Unterstützung bei der Lösung aller abwicklungstechnischen Fragen des Projekts.

Das Projekt "Alterssurvey, 2. Welle" wurde während seiner Durchführung von einem wissenschaftlichen Beirat begleitet, dessen Mitglieder sich während mehrerer Sitzungen für das Gelingen des Projekts sehr engagierten und uns auch außerhalb der Sitzungstermine mit Rat und Tat zur Seite standen. Dem Beirat gehörten an: Gertrud Backes, Walter Bien, Regina Claussen, Sigrun-Heide Filipp, Charlotte Höhn, Francois Höpflinger, Peter Krause, Harald Künemund, Heinz-Herbert Noll, Doris Schaeffer, Ralf Schwarzer, Jacqui Smith, Michael Wagner, Hans-Werner Wahl. Den Mitgliedern des Beirats danken wir herzlich für ihre Unterstützung. Besonders hervorheben möchten wir die außerordentlich wertvolle Unterstützung durch den Vorsitzenden des Beirats, Michael Wagner, der jederzeit bereit war, uns bei schwierigen Entscheidungen zu beraten.

Die zweite Welle des Alterssurveys wurde durch das für die Datenerhebung zuständige Feldforschungsinstitut infas in kompetenter und bewährter Weise unterstützt. Unserer besonderer Dank gilt Stefan Schiel für die äußerst aufmerksame und zuvorkommende Kooperation in der alltäglichen Kommunikation in Vorbereitung und Durchführung der Datenerhebung. Reiner Gilberg, Doris Hess und Menno Smid sei für die gute Zusammenarbeit der vergangenen Jahre ebenfalls herzlich gedankt.

Martin Spieß (DIW Berlin) und Martin Tomasik (Friedrich-Schiller-Universität Jena) danken wir für ihre beratende Hilfe in Fragen der Datengewichtung und statistischen Modellierung der empirischen Analysen, dem Zentrum für Umfragen und Analysen (Mannheim) für die Übertragung der offenen Berufsangaben in die ISCO-Berufsklassifikation und die Bereitstellung darauf aufbauender Prestige- und Statusskalen.

Ein Projekt dieser Größenordnung stellt besonders hohe Anforderungen an die Arbeitsfähigkeit und Kooperationsbereitschaft aller unmittelbar und mittelbar am Projekt Beteiligten. Das betrifft vor allem unsere Kolleginnen und Kollegen am Deutschen Zentrum für Altersfragen (DZA), die uns bei der Diskussion von Zwischenergebnissen unserer Arbeit mit wertvollen Hinweisen sehr geholfen haben. Unser besonderer Dank gilt Barbara Grönig, Peter Köster und Helga Nagy für ihre Unterstützung bei der Abwicklung der finanziellen Seite des Projektes. Die Phase der Fertigstellung stellte eine besondere Herausforderung nicht nur für die Autoren und Autorinnen dar, sondern auch für die Kolleginnen in den Sekretariaten. Unser herzlicher Dank für die Unterstützung in dieser "heißen

Phase" gilt insbesondere Daniela Hagemeister sowie Angela Hesse, Elke Dettmann und Annett Baschek.

Besonders herzlich möchten wir uns unseren früheren studentischen Mitarbeiterinnen und Mitarbeitern Sonja Christmann, Cornelia Schmidt und René Hohmann bedanken. Alle drei haben sich über die Jahre hinweg in uneigennütziger Weise und weit über das erwartbare Maß für das Projekt engagiert. Besonders herzlichen Dank auch an Andreas Hoff für seine wissenschaftliche Mitarbeit im Projekt.

Danken möchten wir allen Autorinnen und Autoren für ihre Beiträge zu diesem Band. *Last but not least* gilt unser besonderer Dank den mehr als fünftausend Befragten, die sich für die Teilnahme am Alterssurvey zwei oder mehr Stunden Zeit genommen haben. Ohne sie wäre dieses Projekt nie zustande gekommen. Wir wissen ihren Beitrag hoch zu schätzen und fühlen uns ihnen sehr verpflichtet.

Berlin, im August 2005

Clemens Tesch-Römer, Heribert Engstler, Susanne Wurm

Der Alterssurvey: Beobachtung gesellschaftlichen Wandels und Analyse individueller Veränderungen

Clemens Tesch-Römer, Susanne Wurm, Andreas Hoff, Heribert Engstler und Andreas Motel-Klingebiel

1 Einleitung

Der demografische Wandel verändert die Struktur von Gesellschaften, stellt die Sozialpolitik vor neue Aufgaben und birgt Herausforderungen für die Sozial- und Verhaltenswissenschaften. Wichtigster Bestandteil der „schleichenden Revolution" des demografischen Wandels ist die Alterung der Gesellschaft: Nicht allein die absolute Zahl alter und hochaltriger Menschen, sondern insbesondere ihr relativer Anteil an der Bevölkerung steigt und wird in den nächsten Jahrzehnten – bei in Deutschland zugleich schrumpfender Gesamtbevölkerungszahl – stärker als je zuvor zunehmen (Statistisches Bundesamt, 2003). Die altersbezogenen Auswirkungen des demografischen Wandels auf die Struktur der Gesellschaften ist mit dem Konzept des „Altersstrukturwandels" bezeichnet und mit den Schlagworten der Verjüngung, Entberuflichung, Feminisierung, Singularisierung des Alters und der Zunahme der Hochaltrigkeit charakterisiert worden (Niederfranke, 1997; Tews, 1993).

Gegenwärtig ist noch nicht abzusehen, ob alle diese Merkmale des Altersstrukturwandels auch zukünftig Bestand haben werden. Es ist zwar davon auszugehen, dass auch in Zukunft die Mehrheit älterer Menschen weiblichen Geschlechts sein wird (*Feminisierung des Alters*). Die Zahl älterer Männer wird jedoch zunehmen, da der Einfluss der kriegsbedingten Verluste auf die Geschlechterstruktur im Alter abnimmt, sich die höhere Zahl von Männern unter der älter werdenden Migrantenbevölkerung der ersten Generation auswirkt und sich in Zukunft die geschlechtsspezifischen Unterschiede in der Lebensdauer möglicherweise langsam verringern werden, nachdem sie sich im letzten Jahrhundert zugunsten der Frauen vergrößert hatten. Zukünftige Generationen älterer Menschen werden auch weiterhin häufig allein im eigenen Haushalt wohnen (*Singularisierung*), allerdings unterscheiden sich die Trends für Männer und Frauen. Trotz eines Anstiegs der Lebenserwartung von Männern und Frauen und einer Zunahme des Anteils nicht-ehelicher Lebensgemeinschaften werden in Zukunft weniger Frauen und Männer in einer Paarbeziehung leben als heutzutage

(Mai & Roloff, 2004). Die eigentliche demografische Revolution ist jedoch die Zunahme der Zahl und des Anteils sehr alter – über 80-jähriger – Menschen (*Hochaltrigkeit*), und dieser Trend wird sich in Zukunft noch verstärken.

Im Hinblick auf die Verjüngung und Entberuflichung des Alters zeichnet sich jedoch seit Kurzem eine Trendwende ab. Die Konzepte der *Verjüngung und Entberuflichung* bezeichnen die paradoxe Situation, dass trotz steigender Lebenserwartung die Beendigung des Erwerbslebens und der Übergang in den Ruhestand in den letzten Jahrzehnten vorverlagert wurde, sodass nachfolgende Geburtskohorten in jüngerem Alter den Übergang in die Altersphase vollzogen. Die Aussicht eines Arbeitskräftemangels (Schulz, 2000) und des wachsenden Anteils älterer Erwerbspersonen stellt die Fortsetzung des bisherigen Trends zu einem immer früheren Ausscheiden aus dem Berufsleben in zukünftigen Alterskohorten in Frage. Die Anhebung von Ruhestandsgrenzen der gesetzlichen Altersrente in teilweiser Anpassung an die zunehmende fernere Lebenserwartung hat bereits begonnen und wird weiter erwogen. Es ist zwar unsicher, wie sich der Arbeitsmarkt für ältere Arbeitnehmer in Zukunft entwickeln wird. Im Vergleich zur heutigen Situation, in der viele Betriebe keine Beschäftigten mehr im Alter von 50 und mehr Jahren haben, wird der Anteil älterer Erwerbstätiger in Zukunft jedoch sehr wahrscheinlich wieder steigen.

Diese Trends, insbesondere die Tatsache, dass sich ihre endgültige Entwicklung – und damit ihre Konsequenzen für das Leben künftiger Generationen – aus heutiger Perspektive schwer abschätzen lassen, begründen die Notwendigkeit einer sozial- und verhaltenswissenschaftlichen Dauerbeobachtung älter werdender und alter Menschen. Der Alterssurvey widmet sich der Lebenssituation von Menschen in der zweiten Lebenshälfte. Als zeitlicher Bezugsrahmen für den Beginn der „zweiten Lebenshälfte" wurde das 40. Lebensjahr ausgewählt. Die erste Welle des Alterssurveys wurde im Jahr 1996 mit einer repräsentativen Stichprobe der deutschen Bevölkerung in Privathaushalten im Alter von 40 bis 85 Jahren durchgeführt. Anhand dieser Daten wurden die Lebenssituationen der Menschen in der zweiten Lebenshälfte im Querschnitt umfassend beschrieben (Kohli & Künemund, 2000; Dittmann-Kohli, Bode, Westerhof, 2001). Die zweite Welle des Alterssurveys wurde sechs Jahre später, im Jahr 2002 durchgeführt. Der Alterssurvey ist nun in der Anlage eine Kohortensequenzstudie (näheres hierzu im Beitrag Engstler, Wurm in diesem Band) mit zwei Erhebungszeitpunkten (1996 und 2002), die es ermöglicht, sowohl Tendenzen des sozialen und gesellschaftlichen Wandels in den Lebenssituationen älter werdender und alter Menschen zu erkunden als auch Veränderungen in individuellen Lebensläufen in der zweiten Lebenshälfte zu analysieren. Zudem wurden in der zweiten Welle des Alterssurveys nicht allein Deutsche befragt, sondern es wird auch die Situation jener Menschen in der zweiten Lebenshälfte in den Blick genommen, die –

ohne die deutsche Staatsbürgerschaft zu besitzen – in Deutschland leben. Der vorliegende Band ist empirischen Analysen aus der zweiten Welle des Alterssurveys in den Bereichen Erwerbstätigkeit und Übergang in den Ruhestand, materielle Lagen, Familienbeziehungen, gesellschaftliche Partizipation, Gesundheit und Wohlbefinden gewidmet.

In diesem Einleitungsbeitrag wird der Alterssurvey im Kontext seiner zwei Hauptfunktionen – seines Beitrags zur längsschnittbezogenen gerontologischen Forschung und seiner politikberatenden Funktion im Sinne einer Alterssozialberichterstattung im Längsschnitt – vorgestellt (vgl. hierzu auch Tesch-Römer et al., 2002b; Hoff et al., 2003). Im zweiten Abschnitt dieses Beitrages wird der Kontext des demografischen Wandels diskutiert. Im dritten Abschnitt werden die zentralen Fragestellungen des gegenwärtigen gerontologischen Diskurses vorgestellt, zu denen der Alterssurvey einen Beitrag zu leisten versucht: Lebensqualität im Erwachsenenalter, Entwicklungsprozesse und Entwicklungsbedingungen in der zweiten Lebenshälfte, Generationen- und Kohortenanalysen sowie Unterschiede und Ungleichheiten im Lebenslauf. Im dritten Teil wird das Forschungsdesign der zweiten Welle des Alterssurveys vorgestellt und der Beitrag des Alterssurveys zur gerontologischen Längsschnittforschung und zur Alterssozialberichterstattung im Längsschnitt detailliert diskutiert. Im abschließenden Ausblick wird der Nutzen längsschnittanalytischer Forschung für die Entwicklung der Disziplin diskutiert.

2 Demografischer und gesellschaftlicher Wandel

Die demografische Entwicklung ist eine der bedeutsamen Rahmenbedingungen für die gesellschaftliche Situation älter werdender und alter Menschen. Die Zahl älterer Menschen und ihr Anteil an der Gesamtbevölkerung haben gesellschafts-, wirtschafts- und sozialpolitische Implikationen. Beispielsweise wird dies deutlich an der Bedeutung älterer Menschen als Wählende, als Konsumierende oder als Nutzer von sozialen und medizinischen Dienstleistungen. Daher soll zu Beginn dieses Beitrages auf die aktuellen demografischen Entwicklungen eingegangen werden (Motel-Klingebiel, Krause & Künemund, 2004). Die demografische Entwicklung wird im wesentlichen durch drei demografische Faktoren bestimmt: Zunehmende Lebensdauer, abnehmende Fertilität und diskontinuierliche Migration (Hoffmann, 2002). Im Rahmen der 10. koordinierten Bevölkerungsvorausberechnung des Statistischen Bundesamtes (Statistisches Bundesamt, 2003) wurden verschiedene Prognosevarianten zur Bevölkerungsentwicklung für die nächsten 50 Jahre erstellt, die sich durch unterschiedliche Annahmen zur Höhe der künftigen Lebenserwartung einerseits und des künftigen Außenwanderungsgewinns andererseits auszeichnen. Zusätzlich wird von einer konstant niedrigen Geburtenhäufigkeit von 1,4 Kindern pro Frau ausgegangen. Die „mittlere" Variante 5 geht z.B. von einer Zunahme der Lebenserwartung Neugeborener über den Prognosezeitraum bis 2050 um etwa sechs Jahre aus und unterstellt einen jährlichen Außenwanderungsgewinn von etwa 200 000 Personen.

Das Statistische Bundesamt ermittelt in der Mehrzahl der Varianten langfristig eine Schrumpfung der Gesamtbevölkerungsgröße in den nächsten fünf Dekaden. Dabei ist die Bandbreite möglicher Entwicklungen relativ groß, und einige der Modellvarianten lassen auch einen künftigen leichten Anstieg der Bevölkerungszahl annehmen. Die Ergebnisse der mittleren Variante 5 zeigen für den gesamten Vorausberechnungszeitraum, dass – wie schon in den letzten drei Jahrzehnten des vergangenen Jahrhunderts – die Zahl der Todesfälle die Zahl der Geburten deutlich übersteigen wird und sich trotz des angenommenen erheblichen Zuwanderungsgewinns ein sukzessives Absinken der Bevölkerungszahl von heute rund 82,5 Millionen auf etwa 81 Millionen Menschen im Jahr 2030 ergibt. Dieses Absinken wird sich der Prognose zufolge bis 2050 weiter beschleunigen, so dass 2050 lediglich noch 75 Millionen Menschen in Deutschland leben werden. Andere Varianten prognostizieren dagegen bis 2030 einen Anstieg auf bis zu 84 Millionen oder ein Absinken auf lediglich 75,5 Millionen Menschen (Abbildung 1). Die Prognosen sind damit von einer gewissen Unbestimmtheit gekennzeichnet, wenn sich die Vorausberechnungen zwischen einer Bevölkerungszunahme von etwa zwei Prozent und einer Bevölkerungsabnahme von etwa sieben Prozent bewegen.

Abbildung 1: Geschätzte Entwicklung der Bevölkerung bis 2030

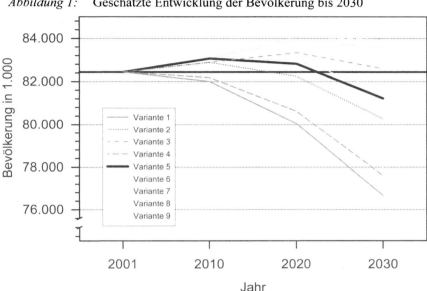

Quelle: Statistisches Bundesamt (2003). Bevölkerung Deutschlands bis 2050. 10. koordinierte Bevölkerungsvorausberechnung. Wiesbaden: Statistisches Bundesamt. Varianten 1-9 (vgl. auch Motel-Klingebiel, Krause & Künemund, 2004).

Die Bevölkerungsvorausberechnungen prognostizieren jedoch nicht allein Veränderungen der Bevölkerungsgröße, sondern nehmen insbesondere den Wandel der Altersstruktur der Bevölkerung Deutschlands in den Blick. So erhöht sich der „Altenquotient"- das quantitative Verhältnis der Bevölkerung ab 60 Jahren zu den 20- bis unter 60-Jährigen – von 1 : 2,28 (bzw. 0,44) auf 1 : 1,29 (bzw. 0,78). Allerdings sollte man diese voraussichtliche Erhöhung nicht unbedingt als eine Zunahme von Menschen im Ruhestand gleichsetzen. Der Übergang von der Erwerbstätigkeit in den Ruhestand ist – aufgrund der Abhängigkeit von wirtschaftlichen Gegebenheiten und sozialpolitischen Regelungen – weit mehr als die Fertilität und Mortalität eine politisch und wirtschaftlich beeinflussbare Größe: Die gesetzliche Altersgrenze für den Renten- und Pensionsbezug ist Gegenstand politischer Aushandlung, und die Beendigung des Erwerbslebens wird in erheblichem Maße durch das Geschehen auf den Arbeitsmärkten bestimmt. Wird für die Berechnung des Altenquotienten eine höhere Altersgrenze verwendet, ist der Quotient niedriger und fällt der Anstieg schwächer aus.

Der Umfang der künftigen Altenpopulation in Deutschland wird jedoch in allen Varianten weitgehend ähnlich geschätzt, so dass hier von einer soliden Planungsgrundlage ausgegangen werden kann. Im Jahr 2030 werden demnach rund 27 bis 28 Millionen 60-Jährige und Ältere und 21 bis 22 Millionen 65-Jährige und Ältere in Deutschland leben. Die Zahlen werden bis 2050 weiter ansteigen. Bis 2030 ist damit von einer Zunahme der Zahl älterer Menschen im Alter von 60 und mehr Jahren um 36 bis 43 Prozent bzw. im Alter von 65 und mehr Jahren um etwa 48 bis 57 Prozent auszugehen.

Die demografische Entwicklung besteht aber nicht allein in Veränderungen der zahlenmäßigen Zusammensetzung der Bevölkerung, sondern hat auch tiefgreifende Auswirkungen auf die Gesellschaft insgesamt. Sie liefert einen Rahmen für all jene Veränderungen, die als „Strukturwandel des Alters" bezeichnet werden und die für die Analyse der Lebenslagen älterer Menschen bedeutsam sind. Um ein vollständigeres Bild zu zeichnen, müssen der Bedeutungswandel der Altersphase im Lebenslauf bzw. des Alters insgesamt sowie sozialstrukturelle Veränderungen innerhalb der Gruppe der Älteren Berücksichtigung finden (vgl. auch Mayer, 2003). Wenn die Altersphase immer weniger Restzeit und immer mehr geplanter Lebensabschnitt mit Wünschen, Zielen und Planungen ist, so verschieben sich damit auch die Bedeutung materieller Ressourcen und die Bedarfe im späteren Lebenslauf. Historisch betrachtet haben die demografischen Veränderungen und der Trend zum frühen Ruhestand zu einer markanten Ausweitung der Altersphase im Lebenslauf geführt. Noch zu Beginn des 20. Jahrhunderts gab es zum einen wesentlich weniger ältere Menschen als heute, zum anderen konnte das Erreichen des höheren Lebensalters individuell nicht als wahrscheinlich angesehen werden. Seither ist die durchschnittliche Lebenserwartung gestiegen und ihre Varianz hat drastisch abgenommen. Erst hierdurch wurde die „Lebensphase Alter" (Backes & Clemens, 1998) zu einem erwartbaren und selbstverständlich planbaren Bestandteil des individuellen Lebenslaufs.

Zusätzlich bringen die zukünftigen Älteren andere Voraussetzungen für die Gestaltung dieser Lebensphase mit als ihre Vorgängerkohorten. Die in näherer Zukunft Älteren sind im „Wirtschaftswunder" aufgewachsen und haben – zumindest im Westen Deutschlands – frühzeitig Erfahrungen mit demokratischer Politik und entsprechenden Beteiligungsmöglichkeiten gemacht. Insbesondere aber verändert sich zunächst einmal zukünftig das durchschnittliche Bildungsniveau Älterer: Die zukünftigen Älteren erreichen die nachberufliche Lebensphase im Schnitt mit zunehmend besserer Bildung, wie Analysen auf Grundlage der ersten Welle des Alterssurveys zeigen können (Motel, 2000). Diese Verschiebungen sind stets im Auge zu behalten, wenn über die Situation älterer Menschen gesprochen wird. Die zahlenmäßige Zunahme des Anteils älterer Menschen an der Bevölkerung wird nicht notwendigerweise und automatisch zu einer

Veränderung der gesellschaftlichen Position älterer Menschen in der Gesellschaft führen. Dennoch ist anzunehmen, dass die Lebenslagen älterer Menschen durch diese demografischen Veränderungen betroffen sein werden (Schimany, 2003). Zunächst ist hierbei an die Veränderung familialer und anderer sozialer Netzwerke zu denken: Geringe Fertilität lässt erwarten, dass sich intergenerationale Beziehungen verändern. Aber auch das Verhältnis zwischen Erwerbsarbeit, Ruhestand und freiwilligem Engagement wird durch den demografischen Wandel betroffen sein. Eine längere Erwerbsarbeitsphase, verbunden mit unsicherer werdenden Übergängen zwischen Erwerbs- und Ruhestandsphase könnte den Arbeitsmarkt der Zukunft charakterisieren. Dabei ist keinesfalls ausgemacht, ob und wie sich das freiwillige Engagement im Alter nach Eintritt in den Ruhestand entwickeln wird. Die materielle Lage hinsichtlich Einkommen und Vermögen sowie das wirtschaftliche Handeln älterer Menschen wird ebenfalls vom demografischen Wandel berührt, vermittelt über Veränderungen in sozialen Sicherungssystemen. Diese betrifft schließlich auch ältere Menschen als Konsumenten von Gütern und Dienstleistungen sowie als Nutzer von sozialen und medizinischen Dienstleistungen.

3 Theoretischer Rahmen

Die Erörterungen zum demografischen Wandel haben deutlich gemacht, in welcher Breite das Thema Altern und Alter in gesellschaftlicher und individueller Perspektive zu diskutieren ist. Der Alterssurvey unternimmt es, die Perspektiven sozialen Wandels und individueller Entwicklung aufeinander zu beziehen. Dabei geht es stets um die Frage, wie sich die Lebenslage älter werdender Menschen im Verlauf der historischen Zeit und im Verlauf des biografischen Prozesses „Altern" verändert. Gegenstand dieses Abschnitts sind zentrale Fragestellungen der aktuellen gerontologischen Forschung, die sich auf diese Perspektiven sozialen Wandels und individueller Entwicklung beziehen. Nachfolgend werden vier theoretische Rahmenperspektiven vorgestellt, die für die Konzeptualisierung des Alterssurveys entscheidend sind: (1.) Zunächst werden Überlegungen zu objektiven und subjektiven Dimensionen der Lebenssituation vorgestellt. Hierbei geht es um die Beschreibung von alternsbezogenen Veränderungen und des kohortenspezifischen Wandels objektiver und subjektiver Merkmale der Lebenssituation sowie um den Zusammenhang zwischen diesen Bereichen. An dieser Stelle wird auch der Begriff der Lebensqualität eingeführt. (2.) In einem zweiten Schritt wird diskutiert, welche Entwicklungsprozesse und Entwicklungsbedingungen im mittleren und höheren Erwachsenenalter zu beobachten sind. Dabei soll auch danach gefragt werden, welche Bedeutung Statuspassagen und kritische Lebensereignisse in der zweiten Lebenshälfte haben. (3.) Drittens wird die Frage aufgeworfen, wie individuelle Entwicklungsprozesse und soziale Veränderungsprozesse zu differenzieren sind, um die wechselseitige Bedingtheit zwischen Mikro- und Makroebene adäquat beschreiben zu können. Hierbei wird auch die – konzeptuell-methodische – Frage der Konfundierung von Alter, Periode und Geburtskohorte diskutiert. (4.) Schließlich wird viertens die Frage nach Ungleichheit in der zweiten Lebenshälfte gestellt, wobei materielle und immaterielle Dimensionen der Ungleichheit berücksichtigt werden sollen. In diesem Zusammenhang wird auch der Frage nachgegangen, inwieweit Entwicklungsprozesse in der zweiten Lebenshälfte durch Tendenzen in Richtung von zunehmender oder abnehmender Variabilität gekennzeichnet sind.

3.1 Objektive und subjektive Dimensionen der Lebenssituation

Bereits in der ersten Welle des Alterssurveys wurde hervorgehoben, dass es gerade in der zweiten Lebenshälfte von Bedeutung ist, die Lebenssituation von Menschen nicht allein mit Blick auf objektive Lebenszusammenhänge oder mit Blick auf subjektive Selbst- und Lebenskonzepte zu untersuchen. In soziologischer Perspektive geht es in erster Linie um Lebenslagen, Ressourcenflüsse und soziale Einbettungen, in psychologischer Perspektive dagegen um kognitive Prozesse, emotionale Reaktionen und individuelle Handlungszusammenhänge. Mit Blick auf die zweite Lebenshälfte sollten aber soziologische oder psychologische Forschungsfragen nicht jeweils getrennt verfolgt, sondern eine Integration disziplinärer Fragestellungen angestrebt werden, da gerade mit dem Übergang in das dritte, d.h. nachberufliche Lebensalter kanalisierende Strukturen von Beruf und Familie entfallen und größere Handlungsspielräume entstehen können (Kohli, 2000, S. 24). Neben der je disziplinären Beschreibung von Veränderung und Wandel in objektiven und subjektiven Dimensionen der Lebenssituation ist daher die inter-disziplinäre Vernetzung und Erkundung von Beziehungen zwischen objektiver Lebenssituation und subjektiver Lebensbewertung von hohem Interesse.

Mit dem Begriff „Lebensqualität" steht ein Konzept zur Verfügung, das objektive Dimensionen der Wohlfahrt und subjektive Dimensionen des Wohlbefindens integriert. Der Begriff steht für ein Wohlfahrtskonzept, das sich seit Ende der 1960er Jahre mehr und mehr durchgesetzt hat. Bis dahin standen die mit dem Begriff des Wohlstands bzw. des Lebensstandards beschriebenen materiellen, sogenannten objektiven Dimensionen der Wohlfahrt – also die Verfügung über Einkommen und Vermögen oder der Besitz und Konsum von Gütern und Dienstleistungen – im Vordergrund der Betrachtung. Demgegenüber stand das Konzept des Wohlbefindens, das sich auf subjektive Wohlfahrtsinterpretationen konzentrierte, die von individuellen Wahrnehmungen, Situationsdefinitionen, kognitiven Bewertungen und Emotionen beeinflusst werden (Noll, 1989). Im Gegensatz dazu vereint die Lebensqualität objektive und subjektive bzw. materielle und immaterielle Dimensionen in einem Konzept: „Unter Lebensqualität verstehen wir ... gute Lebensbedingungen, die mit einem positiven subjektiven Wohlbefinden zusammengehen" (Zapf, 1984, S. 23). Gleichzeitig lenkt dieses Konzept den Fokus von der quantitativen Betrachtung auf qualitative Aspekte individueller Wohlfahrt (Noll, 2000). Gemessen werden beide Dimensionen mit Hilfe von sozialen Indikatoren, welche die Ausprägungen des Outputs – und nicht des Inputs – sozialer Prozesse auf individueller Ebene messen. Angewandt auf die gerontologische Forschung heißt das, dass es neben der Erfassung der objektiven Lebensbedingungen und Ressourcen älter werdender Menschen ebenso bedeutsam ist, die subjektive Bewertung ihrer individuellen Lebenslage bzw. Lebensbedingungen zu berücksichtigen (Smith et al., 1996; Kahneman, Diener & Schwarz, 1999). Unter der Perspektive der Wohlfahrtsproduktion sind auch die Kompetenzen der Person und des Haushalts (der Wirtschaftsgemeinschaft) für einen zielgerichteten und effizienten Umgang mit den verfügbaren Ressourcen in den Blick zu nehmen (Karg & Wolfram, 1998).

Vielfach sind es weniger die objektiven Lebensbedingungen als vielmehr die subjektiv wahrgenommenen Lebenssituationen, also der Grad der Zufriedenheit oder Unzufriedenheit mit den eigenen Lebensumständen, die das Erleben und Verhalten von Menschen beeinflussen. Demzufolge muss eine Dauerbeobachtung der Lebenssituation älterer Menschen, die ein umfassendes Abbild ihrer Lebensverhältnisse wiederzugeben anstrebt, auch eine Komponente des Wandels subjektiver Bewertungen der eigenen Lebensumstände enthalten (Noll & Schöb, 2002).

Sozialberichterstattung hat nach Noll die primäre Funktion, „Zustand und Veränderungen der Lebensbedingungen und der Lebensqualität der Bevölkerung auf einer adäquaten empirischen Datenbasis... zu beobachten, zu beschreiben und zu analysieren" (Noll, 1998, S. 634). Gruppenspezifische Sozialberichterstattung über die Bevölkerung im mittleren und höheren Lebensalter kann zur allgemeinen Aufklärung über die individuelle Wohlfahrt der Menschen in der zweiten Lebenshälfte, ihrer Stellung in der Gesellschaft und ihrer Wohlfahrtsentwicklung beitragen. Zugleich sollen – entsprechend der allgemeinen Zielsetzung der Sozialberichterstattung – relevante Informationen für den politischen Diskurs und die politische Entscheidungsfindung zur Verfügung gestellt werden. Ein Hauptziel von Alterssozialberichterstattung ist die Untersuchung des Niveaus, der Verteilung und des Wandels der individuellen Wohlfahrt bzw. Lebensqualität (im Zusammenspiel von objektiven Lebensbedingungen und subjektivem Wohlbefinden) und der gruppenspezifischen Wohlfahrtslagen. Somit gilt es auch, neue oder sich verschärfende soziale Entwicklungen aufzuspüren und mitzuteilen sowie empirisch gestützte Einschätzungen zu erfolgten oder erwartbaren Auswirkungen politischer Reformen auf die Lebenssituationen der Menschen abzugeben. Altersbezogene Sozialberichterstattung hat in den vergangenen zehn Jahren erheblich an Bedeutung gewonnen: Mittlerweile liegen vier Berichte zur Lebenssituation älterer Menschen in Deutschland vor (BMFSFJ, 1993; BMFSFJ, 1998; BMFSFJ, 2001a; BMFSFJ, 2002), die Enquete-Kommission „Demografischer Wandel" hat zwei Zwischenberichte und einen Abschlußbericht vorgelegt (Enquete-Kommission, 1994; Enquete-Kommission, 1998; Enquete-Kommission, 2002) und im Rahmen des neuformulierten Weltaltenplans hat es einen deutschen Beitrag gegeben (BMFSFJ, 2001b). Auch Daten aus der ersten Welle des Alterssurveys haben Eingang in diese Sozialberichterstattung gefunden (Kohli & Künemund, 2001).

Gerade der Anspruch, dass Sozialberichterstattung nicht allein über das Niveau und die Verteilung, sondern insbesondere über die Entwicklung der individuellen Wohlfahrt bzw. Lebensqualität zu berichten habe, impliziert die Notwendigkeit einer Längsschnittbetrachtung (Zapf, Schupp & Habich, 1996). Dabei ist es jedoch wichtig, zwischen Trend- und Panelstudien[1] zu unterscheiden. Für eine Dauerbeobachtung der Entwicklung von Niveau und Verteilung objektiver und subjektiver Wohlfahrtserträge zur Ermittlung allgemeiner Trends, wie sie etwa im Wohlfahrtssurvey realisiert wird, sind wiederholte Querschnittsuntersuchungen völlig ausreichend (Habich & Zapf, 1994). Wiederholte repräsentative Querschnittsuntersuchungen können grundlegende Trendinformationen zur Sozialstruktur und zum Wohlbefinden liefern. Ein solches Design hat allerdings den Nachteil, dass es keine Informationen über *individuelle* Veränderungen und Kontinuitäten liefern kann. Um individuelle Veränderungen in der Zeit erfassen, beschreiben und erklären zu können, ist ein Längsschnittdesign erforderlich. Hierbei ist das Paneldesign als prospektiver Längsschnitt (auch „echtes" Längsschnittdesign) (Schnell, Hill & Esser, 1999) zu bevorzugen, das heißt die wie-

---

[1] Ein Paneldesign ist ein prospektives Längsschnittdesign, bei dem dieselben Personen wiederholt befragt werden, sodass die Ausprägung eines Merkmals der Person zu unterschiedlichen Messzeitpunkten vorliegt. Das Paneldesign ist vor allem zur Untersuchung individueller Entwicklungen geeignet. Eine retrospektives Längsschnittdesign ist eine Untersuchungsanlage, bei dem zu einem bestimmten Erhebungszeitpunkt retrospektiv Angaben zur Ausprägung eines Merkmals oder zu Ereignissen zu verschiedenen Zeitpunkten im bisherigen Lebensverlauf erhoben werden. Prospektive und retrospektive Längsschnittdesigns ermöglichen die Untersuchung *intra*individueller Veränderungen. Trendstudien fokussieren auf *inter*individuelle Veränderungen. Dies kann entweder auf der Grundlage replikativer Querschnitte als kalendarischer Vergleich erfolgen (z.B. Arbeitslosenquote zu unterschiedlichen Zeitpunkten) oder als Kohortenvergleich (z.B. Veränderung der kohortenspezifischen Kinderzahl).

derholte Messung von Merkmalsausprägungen derselben Individuen zu unterschiedlichen Messzeitpunkten. Mit einem prospektiven Paneldesign lassen sich bestimmte Risiken des retrospektiven Kohortendesign vermeiden, da vor allem in Bezug auf subjektive Indikatoren Wahrnehmungsverzerrungen auftreten können, wenn sie retrospektiv erfragt werden (Brückner, 1994). Eine kausalanalytische Ermittlung von Ursache und Wirkung intraindividueller Veränderungen ist meist nur mittels prospektiver Längsschnittdesigns realisierbar (Schupp, Habich & Zapf, 1996). Mit der Einführung kausalanalytischer Analyseintentionen vollzieht sich der Schritt von der deskriptiven Sozialberichterstattung hin zu Beiträgen sozial- und verhaltenswissenschaftlicher Alternsforschung, bei der es um die Analyse von Bedingungen und Ursachen von (sich verändernder) Lebensqualität in der zweiten Lebenshälfte geht (Schaie & Hofer, 2001).

3.2 Entwicklungsprozesse und Entwicklungsphasen im Erwachsenenalter

Die Betrachtung der zweiten Lebenshälfte legt die Frage nahe, wie dieser Lebensabschnitt sozial konstruiert und individuell erlebt wird. Aus theoretischer Sicht stehen zwei miteinander verflochtene Fragestellungen im Mittelpunkt: Erstens ergibt sich aus entwicklungstheoretischer Perspektive die Frage, durch welche Prozesse und Mechanismen altersbezogene Veränderungen bewirkt werden. Neben biologischen Faktoren stehen vor allem soziale Kontexte und Strukturen, ökologische Bedingungen sowie personale Handlungskompetenzen als potentielle Entwicklungsfaktoren im Mittelpunkt der Analysen. Hinsichtlich sozialer Kontexte sind proximale („nahe") Faktoren, wie etwa Familie, Arbeitsplatz und Nachbarschaft sowie distale („entfernte") Faktoren, wie etwa sozialstrukturelle, politische und kulturelle Rahmenbedingungen zu berücksichtigen (Bronfenbrenner, 2000; Bronfenbrenner & Morris, 1998). Daneben interessiert zweitens die Frage, ob die zweite Lebenshälfte in verschiedene Altersphasen gegliedert werden kann. Aus soziologischer Perspektive bieten sich die Konzepte der altersbezogenen Rollenzuweisung sowie des Status und der Vergesellschaftung von Individuen an, aus psychologischer Perspektive die Konzepte alterskorrelierter Herausforderungen, Chancen und Belastungen. In engem Zusammenhang dazu steht die Frage nach der Art der zeitlichen Strukturierung des Lebenslaufs durch kritische Lebensereignisse, Statuspassagen und Altersnormen.

In der jüngsten entwicklungspsychologischen Literatur wird der Ansatz der lebenslangen Entwicklung („life-span theory") als ein theoretisches Metamodell favorisiert und dessen Implikationen für Entwicklung im hohen Alter expliziert (Baltes & Smith, 1999). Seit einigen Jahren findet dieses Modell auch Eingang in die (noch recht junge) Forschung zum mittleren Erwachsenenalter (Staudinger, 2001). Neben den Grundannahmen, dass Entwicklung ein lebenslanger Prozess ist, sich als dynamisches Wechselspiel von Gewinnen und Verlusten darstellt und in soziale, historische und ökologische Kontexte eingebettet ist, wird auch auf die Relevanz kultureller Faktoren und die Bedeutsamkeit biologischer Alternsprozesse hingewiesen. Paul Baltes und Kollegen/Kolleginnen postulieren, dass mit wachsendem Lebensalter der Einfluss negativer biologischer Faktoren zunimmt und die Notwendigkeit für stützende und protektive Maßnahmen („Kultur") wächst. Individuelle Ressourcen werden mit zunehmendem Alter immer weniger in Prozesse des Wachstums oder des Aufrechterhaltens von Funktionen, sondern immer stärker in die Regulation von Verlusten investiert. Diese Überlegungen münden in das Postulat eines sogenannten vierten Alters, das mit circa 80 bis 85 Jahren beginnt und durch eine zunehmend negativ werdende Bilanz von Gewinnen und Verlusten gekennzeichnet ist (Baltes, 1997). Da es sich beim Übergang vom dritten ins vierte Alter um eine kontinuierliche Verschlechterung verschiedener Funktionen handelt, ist es schwierig, einen genauen Übergangszeitpunkt anzugeben. Gerade in Bezug auf Veränderungen im hohen Alter ist zu fragen, ob Entwicklung in diesem Altersabschnitt kontinuierlich oder diskontinuierlich verläuft (Baltes et al., 1996). Der Kernpunkt ist dabei die Frage, ob es Veränderungen gibt, die sich als qualitativer Entwicklungssprung interpretieren lassen und inwieweit in der individuellen Biografie liegende Merkmale einer Person ihre Entwicklung im hohen Alter vorherzusagen vermögen.

Ein weiteres bedeutsames Forschungsgebiet stellt die Analyse der Entwicklungsrelevanz kritischer Lebensereignisse (Reese & Smyer, 1983; Filipp, 1990) sowie deren Bewältigung dar (Tesch-Römer, Salewski & Schwarz, 1997). Bei weitem nicht alle kritischen Lebensereignisse sind durch Unvorhersehbarkeit und geringe Auftretenswahrscheinlichkeit gekennzeichnet. Gerade im mittleren und höheren Erwachsenenalter treten eine Reihe von Lebensereignissen mit hoher Wahrscheinlichkeit auf und haben zum Teil sogar normativen Charakter im Sinne einer Statuspassage. Beispiele sind der Auszug des letzten Kindes aus dem elterlichen Haushalt („empty nest"), der Tod des Partners (dies betrifft insbesondere Frauen) sowie das Auftreten von Erkrankungen im höheren Lebensalter (wobei die im hohen Erwachsenenalter typischen Erkrankungen häufig chronisch und damit weniger ein zeitlich präzise bestimmbares „Ereignis" als vielmehr eine Dauerbelastung sind). Kritische Lebensereignisse können also – und zwar sowohl aus der Sicht der betroffenen Personen als auch im Sinne theoretischer Analyse – den Beginn eines neuen Lebensabschnitts markieren und dementsprechend als „organisierendes Erklärungsprinzip für ontogenetischen Wandel über die Lebensspanne hinweg" interpretiert werden (Filipp, 1981, S. 7-8). Der Lebensspannen-Ansatz verweist auch auf die Idee der Entwicklungsnormen, worunter die Vorstellung sozial erwünschter chronologischer Zeitpunkte oder

Zeiträume für das Erreichen bestimmter Entwicklungszustände zu verstehen ist (Dannefer, 1996). „Transitional Events" (Neugarten, 1968) haben insbesondere in den von ihnen verursachten Veränderungen von Selbstkonzept und Identität Bedeutung. Abweichungen von kulturell vorgegebenen chronologischen Entwicklungszeiten („off-time") können negative Konsequenzen in der Entwicklung, zum Beispiel Lebenskrisen, nach sich ziehen (Heckhausen, 1990).

Auch die soziologische Alter(n)sforschung hat sich intensiv mit Statuspassagen und Altersphasen beschäftigt, wenn auch aus einem anderen Blickwinkel und unter Verfolgung anderer Forschungsinteressen. Die Auseinandersetzung mit der – recht einseitig am männlichen Muster orientierten – Dreiteilung des Lebenslaufs in „Bildung" (Kindheit und Jugend), „Erwerbstätigkeit" (junges und mittleres Erwachsenenalter) und „Ruhestand" (höheres Alter) kennzeichnet die Lebenslaufsoziologie (Settersten, 2002). Von besonderer Bedeutung für die Betrachtung der zweiten Lebenshälfte sind die Phasen des „zweiten" und „dritten Alters": Das „zweite Alter" ist durch die Teilhabe am Erwerbsleben gekennzeichnet, die in westlichen Gesellschaften der wichtigste Mechanismus zur Vergesellschaftung von Individuen ist. Im Gegensatz dazu setzt das „dritte Alter" erst am Übergang von der Phase der Erwerbstätigkeit in den Ruhestand an. Diese Transition kann vor dem Hintergrund einer Institutionalisierung des Lebenslaufs verstanden werden (Kohli, 1985)[2]. Martin Kohli argumentiert, dass die historische Institutionalisierung eine zunehmend klarere Gliederung nach Lebensphasen und Altersgruppen mit sich gebracht habe (Kohli, 1998). Das soziale Sicherungssystem in den Wohlfahrtsstaaten Europas, also auch in Deutschland, ist auf die Trennung zwischen Erwerbsphase und Ruhestandsphase hin angelegt und trägt durch rechtliche Regelungen entscheidend zur sozialen Definition dieser Lebensabschnitte bei. Auch in der historischen Soziologie wird argumentiert, dass die Phasen des „ersten", „zweiten" und „dritten Alters" erst im 20. Jahrhundert aufgrund des Wandels der Arbeitswelt, der Etablierung sozialer Sicherungssysteme und Veränderungen der durchschnittlichen Lebensdauer entstanden sind (Laslett, 1989/1995).

In den vergangenen Jahrzehnten haben jedoch in Deutschland zwei Prozesse den Übergang vom Erwerbsleben in den Ruhestand verändert: Zum einen ließ sich ein Trend zu einem immer früheren Austritt aus dem Erwerbsleben beobachten, zum anderen haben sich für viele Arbeitnehmer zwischen die Phase der Erwerbstätigkeit und des Ruhestands Phasen der Arbeitslosigkeit, des Vorruhestands oder der Teilnahme an arbeitsmarktpolitischen Maßnahmen geschoben, sodass sich der ehemals rasche Statusübergang für nicht wenige Menschen in einen mehr oder weniger langen Durchgang durch unsichere, prekäre Lebenssi-

---

[2] Kohli wies jedoch bereits an dieser Stelle auf Einschränkungen des Institutionalisierungsprozesses hin.

tuationen gewandelt hat (Behrend, 2001). Diese allgemeine Tendenz zur Deinstitutionalisierung und Destandardisierung wird in der Lebenslaufsoziologie mit ökonomischen Veränderungen (Flexibilisierung, Globalisierung) und sozialen Veränderungen von Wertewandel, Individualisierungsprozessen und Bildungsexpansion in Zusammenhang gebracht (Mayer, 1998). Wird die Teilhabe an der Arbeitswelt als zentraler Mechanismus der Vergesellschaftung von Individuen konzipiert, so stellt sich das Problem, welche Vergesellschaftungsmechanismen in der Phase des „Ruhestands" von Bedeutung sind. Dieses Festhalten an der zentralen Bedeutung der Arbeitsgesellschaft wird von einigen Autoren als „Wurzel des blinden Flecks der Soziologie gegenüber der gesellschaftlichen Bedeutung des Alter(n)s heute" gesehen (Backes & Clemens, 1998). Konsequenz dieser Überlegungen ist es, neben der Dichotomie von Arbeit und Ruhestand auch andere Lebensbereiche und deren Bedeutung für den Lebenslauf zu analysieren: Die Einbettung in familiale und andere private Netzwerke, bürgerschaftliches Engagement sowie die Übernahme von nicht auf Einkommenserwerb gerichteten produktiven Tätigkeiten sind Lebensbereiche, die potentiell reichhaltige – bislang wissenschaftlich jedoch noch zu wenig analysierte – Vergesellschaftungsoptionen für älter werdende Menschen bieten.

3.3 Sozialer und gesellschaftlicher Wandel

Die Analyse von Altersveränderungen und Entwicklungsprozessen macht es notwendig, Personen im Lauf der Zeit wiederholt zu untersuchen, um intraindividuelle Veränderungen feststellen und analysieren zu können. Das Verstreichen individueller Lebenszeit geht aber einher mit Prozessen sozialen Wandels und historischen Veränderungen (Kohli & Szydlik, 2000). Daher sollte in Längsschnittuntersuchungen stets der Frage nachgegangen werden, inwieweit empirisch nachweisbare intraindividuelle Veränderungen und interindividuelle Unterschiede durch lebenslaufbezogene Faktoren, historisch singuläre Ereignisse und kohortenbezogene Prozesse oder sozialen Wandel geprägt wurden. Dies macht es notwendig, (a) individuelle Lebenszeit einerseits (Mikroebene) und sozialen Wandel andererseits (Makroebene) zu unterscheiden und (b) die Abfolge von Generationen als einen möglichen Mechanismus zur Vermittlung individueller Veränderungen in aggregierter Form im Verhältnis zu Prozessen des sozialen Wandels genauer zu betrachten.

Wie bereits mehrfach erwähnt, sind umfassende Paneluntersuchungen eine notwendige Voraussetzung dafür, intraindividuelle Veränderungen innerhalb der Lebenszeit von Individuen empirisch nachzuweisen. Allerdings kann in Zeiten sozialen Wandels nicht davon ausgegangen werden, dass alle festgestellten intraindividuellen Veränderungen auf alterskorrelierte Bedingungsfaktoren zurückgeführt werden können (Alter als „quasi-kausaler" Erklärungsfaktor). Vielmehr ist stets die Möglichkeit zu beachten, dass markante historische Ereignisse oder Prozesse des sozialen Wandels als Verursacher dieser Unterschiede zwischen Messwerten eines Individuums zu zwei Zeitpunkten geführt haben könnten. Das Konstrukt der Zeit umfasst also Wandlungs- und Veränderungsprozesse auf zwei Ebenen: (1.) Auf der individuellen Ebene ist es notwendig, die individuelle Lebenszeit zu betrachten, die mit biologischen Prozessen, alterskorrelierten Entwicklungsaufgaben oder selbst gesetzten Lebenszielen verknüpft ist. (2.) Auf sozialer Ebene ist es notwendig, die Auswirkungen historischer Ereignisse und des sozialen Wandels auf die Lebenssituationen älter werdender Menschen zu betrachten. Bei der Durchführung von Panelstudien ergeben sich stets zwei methodische Probleme: Zum einen sind Alter und Messzeitpunkt konfundiert und zum anderen kann von der Betrachtung nur einer Kohorte nicht auf die Entwicklung anderer Kohorten geschlossen werden (Kohortenspezifität von Ergebnissen). Bei der Kausalanalyse intraindividueller Veränderungen kommt es also darauf an, alterskorrelierte Entwicklungsfaktoren von den Auswirkungen historischer Ereignisse sowie Prozessen des sozialen Wandels zu unterscheiden, die direkt oder indirekt Auswirkungen auf die Lebenssituation und Lebensqualität im Alter haben.

Mathilda und John Riley haben bereits vor geraumer Zeit den Zusammenhang von individuellem Lebenslauf und sozialem Wandel analysiert (Riley, Johnson & Foner, 1972; Riley & Riley, 1992). Ausgangspunkt ihrer Argumentation ist die These, dass mit Hilfe des (chronologischen) Alters sowohl individuelle Lebensläufe als auch soziale Strukturen in Schichten eingeteilt werden („age stratification"). Diese Altersschichtung unterliegt jedoch Dynamisierungsprozessen. So können sich die Lebensläufe von Individuen unterschiedlicher Kohorten erheblich voneinander unterscheiden. Aufgrund unterschiedlicher Rhythmisierungen individueller Lebensläufe und sozialer Strukturen kann es zu deutlichen Asynchronien kommen, etwa wenn die Bedürfnisse und Wünsche älter werdender Menschen mit den Angeboten der sozialen Struktur nicht übereinstimmen (Riley, Foner & Riley, 1999). Gesellschaftspolitisch ebenfalls von hoher Bedeutung ist die Frage, wie die Solidarität zwischen den Generationen in Zukunft gesichert werden kann und zwar unter Berücksichtigung des demografischen Wandels, individueller und familialer Faktoren sowie deren Spannungsverhältnis zur gesamtgesellschaftlichen Entwicklung. Gesellschaftliche Solidarität basiert auf anderen Grundlagen als die auf persönlichen Beziehungen beruhende familiale Solidarität. Gesellschaftliche Solidarität impliziert die Erwartung, dass Mitmenschen verlässlich sind, dass sie bestehende Normen und die daraus folgenden Pflichten anerkennen, dass andere Personen sich auf ihre Kooperationsbereitschaft und ihren Einsatz für gemeinsame Interessen verlassen können. Solidarität wirkt in diesem Sinne sozial steuernd, das heißt, sie motiviert Menschen zu Empathie und zu eigene und fremde Interessen ausbalancierender Verantwortung. Praktisch äußert sich gesellschaftliche Solidarität im Verzicht auf eigennützige Handlungen auf Kosten anderer, wie zum Beispiel (in einem wohlfahrtsstaatlichen Kontext) Steuerflucht, Schwarzarbeit oder missbräuchliche Inanspruchnahme von Sozialleistungen (Kaufmann, 1997). Jedoch können auch wohlfahrtsstaatliche Institutionen, wie etwa die Alterssicherungssysteme, durch die Schaffung lebenszeitlicher Kontinuität und Reziprozität moralische Bindungen begründen („Moralökonomie") (Kohli, 1987). In diesem Sinne ist es von hoher Bedeutung, das Verhältnis zwischen einander nachfolgenden Generationen empirisch zu untersuchen.

Voraussetzung für die Analyse sozialen Wandels und individueller Entwicklung ist eine klare Unterscheidung zwischen Alters-, Perioden- und Kohorteneffekten. Jeder der genannten Effekte zeichnet sich durch einen bestimmten Zeitbezug aus, der konzeptuell von den beiden anderen unterschieden werden kann und muss. Auf operationaler Ebene besteht eine lineare Beziehung zwischen Alter, Periode und Kohorte (vgl. auch Haagenaars, 1990). Alter ist gleich der Differenz zwischen Beobachtungszeitraum (Periode) und Geburtsdatum (Kohorte). Sobald zwei dieser drei Größen Alter, Periode und Kohorte bekannt sind, ist der dritte quasi fixiert. Zwei Personen desselben Alters gehören immer auch derselben Geburtskohorte an – infolgedessen kann der dritte Faktor nicht unabhängig von den anderen beiden Faktoren variieren. Obgleich verschiedene technische Lösungen zur Lösung dieses als „Identifikationsproblem" bekannt gewordenen Sachverhalts vorgeschlagen wurden (vgl. Donaldson & Horn, 1992; Haagenaars, 1990) kann es auf operationaler, methodischer Ebene nicht gelöst werden. Die Erkenntnis der Konfundierung dieser Effekte führte schließlich zur schnell wachsenden Popularität von Längsschnittstudien, da man meinte, das Problem damit zu beseitigen. Doch auch Longitudinalerhebungen sind nicht vor der Konfundierung von Effekten gefeit. Auch Veränderungen im Längsschnitt können nicht eindeutig dem Alter zugeschrieben werden, sondern können ebenso aus konkreten historischen Entwicklungsbedingungen einer bestimmten Alterskohorte resultieren. Mit Hilfe statistischer Verfahren kann das Problem der Konfundierung von Alters- mit Perioden- und Kohorteneffekten bis heute nicht gelöst werden – es bleibt im Kern ein Identifikationsproblem (Glenn, 2003). Umso wichtiger ist eine klare konzeptuelle Trennung.

Mit dem Begriff der *Alterseffekte* sind Wirkungen auf das zu untersuchende Merkmal bezeichnet, die der Position der Zielperson im Lebenslauf zugeordnet werden können. Es ist eine alltägliche Tatsache, dass sich Menschen mit zunehmendem Alter verändern. Diese Veränderungen werden beim Vergleich von

Unterschieden zwischen jüngeren und älteren Menschen identifiziert (Alwin & McCammon, 2003). Auslöser dieser Veränderung können biologische, psychologische und soziale Faktoren sein. Die zweite Quelle individueller Veränderung sind Periodeneffekte. *Periodeneffekte* können definiert werden als individuelle Reaktionen auf historische Ereignisse und Prozesse, welche eine Gesellschaft insgesamt betreffen (Alwin & McCammon, 2003). Periodeneffekte betreffen alle zu einem Zeitpunkt in der Gesellschaft lebenden Menschen, unabhängig von ihrem Alter, Geschlecht oder anderen Merkmalen. Beispiele für besonders ausgeprägten Periodeneffekt sind der Zweite Weltkrieg oder die Weltwirtschaftskrise (zu den Auswirkungen der Weltwirtschaftskrise bzw. im angelsächsischen Sprachraum „The Great Depression" vgl. die Arbeiten von Elder, 1974; 1999). Eine dritte mögliche Einflussgröße betrifft *Kohorteneffekte*. Die Zugehörigkeit von Menschen zu einer Kohorte wird durch den Zeitbezug zu einem bestimmten Ausgangsereignis definiert (z.B. Geburtskohorten über das Geburtsjahr, Heiratskohorten über das Heiratsdatum). Bezogen auf einen historischen Kontext sind Kohorten Gruppen von Personen, die innerhalb desselben Zeitabschnitts bestimmte historische Ereignisse erlebt haben bzw. deren Leben von in demselben Zeitabschnitt erlebten historischen Ereignissen entscheidend geprägt wurde. Hier ist das Konzept der „Generation" erkennbar, das bereits von Mannheim (1928) geprägt wurde. Während als „Kohorteneffekte" die Gesamtheit jener Effekte bezeichnet wird, die aus der Geburt in einem bestimmten historischen Kontext resultieren, setzt – im Gegensatz dazu – die Zugehörigkeit zu einer Generation eine gemeinsame, identitätsbildende, interpretative Konstruktion voraus, welche sich durch identifizierbare Lebensstile auszeichnet. Kohorten folgen einander im Zeitverlauf kontinuierlich, das heißt, frühere Geburtskohorten werden Schritt für Schritt durch spätere abgelöst. Im Gegensatz zu Alters- und Periodeneffekten resultiert diese Veränderung jedoch nicht aus individuellem Wandel, sondern aus individueller Stabilität (Alwin & McCammon, 2003).

Die Biografie und die sich im Lebensverlauf ergebenden Möglichkeiten und Zwänge für die Mitglieder einer bestimmten Geburtskohorte wurden durch die gleichen historischen Kontextbedingungen geprägt. Dazu gehören neben einschneidenden historischen Ereignissen wie Kriegen oder Wirtschaftskrisen auch periodenspezifische Erfahrungen, wie zum Beispiel Erziehungsstile oder die Gültigkeit bestimmter Normen und Werte. Doch nicht nur das, die Mitglieder derselben Geburtskohorte durchlaufen auch die Stationen des Lebenszyklus ungefähr zur gleichen Zeit. Sie erleben im ähnlichen Alter und in vergleichbaren historischen Zeitabschnitten ihre Kindheit, werden erwachsen, gründen Familien und werden pensioniert. Allerdings hat sich der so beschriebene idealtypische Lebensverlauf in den vergangenen Jahrzehnten erheblich verändert und ist vielfältiger und damit weniger normativ geworden (Dannefer, 1996). Darüber hinaus entwickeln Kohorten ihre eigenen, ganz spezifischen Eigenschaften, die ihre Angehörigen von jenen anderer unterscheidet. So hat Easterlin (1987) in einer Reihe viel beachteter Studien herausgearbeitet, wie Angehörige der sogenannten „Babyboom"-Kohorte allein aufgrund der Größe ihrer Kohorte – und der daraus resultierenden, im Vergleich zu den vorherigen und nachfolgenden Kohorten größeren Konkurrenz auf dem Arbeitsmarkt – in sozioökonomischer Hinsicht benachteiligt wurden (Easterlin, 1987). Umgekehrt stellen heute gerade diese Geburtskohorten aufgrund ihrer relativen Größe im Vergleich zu jüngeren Kohorten bei ihrem Eintritt ins Rentenalter die auf dem Umlageverfahren basierenden Rentenversicherungssysteme vor Finanzierungsprobleme.

3.4 Unterschiede und Ungleichheiten in der zweiten Lebenshälfte

Einige der bislang diskutierten Konzepte zu individueller Entwicklung und sozialem Wandel haben gemeinsam, dass sie charakteristische Altersveränderungen postulieren. In der empirischen Literatur spiegelt sich diese Orientierung am typischen Altersverlauf in der weitverbreiteten Praxis der Bildung von altersbezogenen Mittelwerten wider, anhand derer Unterschiede zwischen Altersgruppen oder Veränderungen innerhalb bestimmter Zeiträume illustriert und belegt werden. Übersehen wird hierbei jedoch leicht, dass bei Personen eines bestimmten Alters oft eine beträchtliche Variabilität hinsichtlich eines gemessenen Merkmales vorliegt. Ist diese interindividuelle Varianz größer als die durch Altersunterschiede aufgeklärte Varianz, stellt sich die Frage, wie erhellend das Postulieren eines typischen Alternsverlaufs mit Bezug auf dieses Merkmal noch ist. Gerade Ansätze innerhalb der Lebenslaufsoziologie (Settersten, 2002) und der Psychologie der Lebensspanne (Baltes & Baltes, 1994) verweisen auf hohe interindividuelle Unterschiede im Verlauf des mittleren und höheren Erwachsenenalters. Mit Bezug auf gesellschaftliche Veränderungen kann zudem gefragt werden, ob Verteilungen über die historische Zeit stabil bleiben oder sich verändern. Grundsätzlich kann das Thema des differentiellen Alters in unterschiedlicher Weise thematisiert werden (Motel-Klingebiel, 2001): Zum einen können Unterschiede zwischen Personen im Sinne von Ungleichartigkeit konzeptualisiert werden. Diese Ungleichartigkeit ist vor allem im deskriptiven Sinne gemeint. Zum anderen kann differentielles Altern aber auch in einem evaluativen Sinne als Ungleichheit verstanden werden. Unterschiede zwischen Personen verweisen in diesem Sinne auf die unterschiedliche Ausstattung mit Ressourcen, das heißt auf Bevorrechtigung bzw. Benachteiligung oder auf Begünstigung bzw. Schlechterstellung. Soziale Ungleichheit impliziert also eine Evaluation interindividueller Unterschiede.

Unterschiede im Lebenslauf (horizontale Betrachtungsweise): In der Entwicklungspsychologie der Lebensspanne wird schon seit langem darauf hingewiesen, dass die Entwicklung im Erwachsenenalter und hohen Alter nicht für alle Menschen in gleicher Weise verläuft, sondern dass erhebliche Unterschiede zwischen Menschen gleichen Alters bestehen (Baltes, 1979; Baltes, 1987; Thomae, 1959; Thomae, 1983). Dies bedeutet jedoch nicht, dass man ganz auf Aussagen zu Regelmäßigkeiten in Bezug auf die Erklärung des Erlebens und Verhaltens im höheren Erwachsenenalter verzichten müsste. Vielmehr soll verdeutlicht werden, dass chronologisches Altern nicht pauschal dazu dienen kann, die Gesamtvarianz von Alternsprozessen oder Altersgruppen abzubilden und auch nicht als Quelle für Alternsveränderungen interpretiert werden sollte. In der gerontologischen Literatur findet man verschiedene Ansätze, um interindividuelle Unterschiede methodisch und theoretisch zu fassen. Meist wird versucht, Varianzen in einer Altersgruppe mit Hilfe weiterer Variablen zu erklären. So weist Maddox darauf hin, dass Verhaltensweisen und Befindlichkeit in höherem Alter weit stärker durch den sozioökonomischen Status determiniert werden als durch das chronologische Alter (Maddox, 1987). Doch kann man nicht nur Unterschiede innerhalb einer Altersgruppe durch andere Variablen erklären, man kann auch die Variabilität selbst als abhängige Variable untersuchen. Der Begriff des differentiellen Alterns muss sich aber nicht nur auf die Variation eines Merkmals beziehen, es kann damit auch gemeint sein, dass Alternsverläufe für unterschiedliche Merkmale unterschiedlich erfolgen. Dies wird häufig mit dem Begriff der Multidimensionalität beschrieben. Das Konzept des Lebensstils ist ein Beispiel für die Analyse sozialer Differenzierung, bei dem nicht die normative Bewertung von Unterschiedlichkeiten im Vordergrund steht (Berger & Hradil, 1990; Schwenk, 1996). In kultursoziologischen Ansätzen verweist der Begriff des Lebensstils auf die Zugehörigkeit zu einem bestimmten sozialen Milieu, das durch spezifische kulturelle Praktiken, Überzeugungen und Selbstrepräsentationen gekennzeichnet ist. Von Interesse ist in diesem Zusammenhang die Frage, welche Formen von Lebensstilen sich in der zweiten Lebenshälfte empirisch nachweisen lassen, ob diese Gruppierungen über verschiedene Altersgruppen und Messzeitpunkte stabil sind und welche Beziehung zwischen Lebensstil und Lebenslage besteht.

Ungleichheiten im Lebenslauf (vertikale Betrachtungsweise): Damit steht die Frage nach der Verschiedenheit von Lebensbedingungen und sozialen Lagen im Mittelpunkt der Aufmerksamkeit. Als soziale Ungleichheiten werden nach Hradil solche Differenzierungen bezeichnet, bei denen Menschen aufgrund ihrer Stellung in sozialen Beziehungsgefügen von den „wertvollen Gütern" einer Gesellschaft regelmäßig mehr bzw. weniger als andere erhalten (Hradil, 1999). Ungleichheiten können sich auf unterschiedliche Bereiche der Lebenslage beziehen, etwa auf Einkommen und Vermögen (Motel, 2000), Familienbeziehungen (Szydlik, 2002), Zugang zu neuen Technologien (Mollenkopf, 2001) oder Gesundheit (Mielck, 2003). Als Entstehungszusammenhänge für soziale Ungleichheit werden nicht allein Zugehörigkeit zu einer sozialen Schicht (Schneider, 2003), sondern auch Alter (Dieck & Naegele, 1978), Geschlecht (Ginn, 2003; Schäfgen, 2002) und ethnische Zugehörigkeit (Dietzel-Papkyriakou, 1993) diskutiert.

Zum Zusammenhang zwischen Altern und sozialer Ungleichheit lassen sich vier Annahmen formulieren (Mayer & Wagner, 1996; Motel-Klingebiel, 2001). *Erstens* kann danach gefragt werden, ob ältere Menschen im Vergleich zu anderen Bevölkerungsgruppen strukturell benachteiligt sind (Hypothese der Altersbedingtheit sozialer Ungleichheit). Die These der Altersbedingtheit basiert auf der Annahme, dass Altern mit dem Nachlassen physischer und psychischer Leistungsfähigkeit einhergeht und dass diese Verluste nachteilige Wirkungen auf die Lebenslagen älter werdender Menschen haben. Zudem verweist dieser Ansatz auf altersbezogene Unterschiede in der wohlfahrtsstaatlichen Versorgung. In diesem Zusammenhang kann auch auf die negativen Wirkungen von Altersstereotypen verwiesen werden, die beispielsweise ältere Menschen ab einem bestimmten Lebensalter vom Arbeitsmarkt fernhalten oder die zu einer altersbezogenen Rationierung im Gesundheitssystem führen können.

Eine *zweite* Hypothese besagt, dass Ungleichheiten im Alter auf bereits zuvor bestehende Unterschiede in den individuellen Lebenslagen zurückgeführt werden können (Hypothese der sozioökonomischen Differenzierung sozialer Ungleichheit im Alter). Dies würde eine Kontinuität sozialer Unterschiede im Lebenslauf bedeuten. Ursachen für Ungleichheit im Alter sind demzufolge in früheren Phasen des Lebenslaufs zu suchen. *Drittens* kann postuliert werden, dass sich lebenslang wirksame, schichtspezifische Unterschiede im Alter verstärken (Kumulationshypothese sozialer Ungleichheit im Alter). In diesem Zusammenhang kann darauf verwiesen werden, dass altersbedingte Risikolagen in unterschiedlichen Lebensbereichen (etwa Gesundheit und materielle Lage) nicht nur gemeinsam auftreten (Kovariation), sondern sich auch gegenseitig verstärken können (Interaktion). Das Ergebnis wäre eine Verschärfung von Unterschieden, die bereits lebenslang bestehen. In deutlichem Gegensatz zu diesen drei Hypothesen steht schließlich *viertens* die Homogenisierungs- bzw. Entstrukturierungshypothese, die von einer Vereinheitlichung von Lebenslagen im Alter aufgrund von institutionellen Regelungen ausgeht. Dieser These zufolge werden im Alter frühere Zugehörigkeiten und Differenzierungen von altersspezifischen Ähnlichkeiten der Lebenssituation überlagert. Die aus dem Erwerbsleben resultierende Ungleichheit wird nivelliert, während zugleich die interindividuelle Heterogenität aufgrund der Ausdifferenzierung über den Altersverlauf zunimmt.

3.5 Zwischenresümee

In diesem Abschnitt wurden theoretische Grundlagen und Forschungsfragen gerontologischer Längsschnittanalyse expliziert. Dazu ist eine Verankerung im aktuellen theoretischen Diskurs der relevanten Wissenschaftsdisziplinen unverzichtbar. Die Verknüpfung soziologischer und entwicklungspsychologischer Theorien kann durch die Bündelung der jeweiligen fachspezifischen Kompetenz einen wichtigen Beitrag dazu leisten. Beide Disziplinen haben sich – insbesondere im Bereich der Entwicklungspsychologie der Lebensspanne und der Lebenslaufsoziologie – in Interaktion miteinander, einander wechselseitig befruchtend entwickelt, obwohl sie in unterschiedlichen Denktraditionen verankert sind. Keine wissenschaftliche Einzeldisziplin kann für sich in Anspruch nehmen, den Altersstrukturwandel und seine Konsequenzen für Individuum und Gesellschaft allein mit ihrem fachspezifischen Instrumentarium adäquat beschreiben zu können. Die Kombination von soziologischen und entwicklungspsychologischen Forschungstraditionen nimmt objektive und subjektive Aspekte der Lebensqualität älter werdender Menschen gleichermaßen ernst. Im Folgenden soll nun dargestellt werden, wie diese konzeptuellen Erwägungen in Design und Themen des Alterssurveys eingeflossen sind.

4 Design und Themen des Alterssurveys

Der Alterssurvey ist der umfassenden Untersuchung der „zweiten Lebenshälfte", also des mittleren und höheren Erwachsenenalters gewidmet. Im Jahre 1996 wurde die erste Welle des Alterssurveys erhoben (infas, 1997; Kohli & Künemund, 2000; Dittmann-Kohli, Bode & Westerhof, 2001). Im Jahr 2002 fand die Datenerhebung der zweiten Welle des Alterssurveys statt (s. zu den methodischen Einzelheiten Beitrag von Engstler, Wurm in diesem Band). Bei der Überarbeitung der Erhebungsinstrumente für die zweite Welle wurde großer Wert auf eine Kontinuität der standardisierten Instrumente gelegt, um den Einfluss methodischer Veränderungen auf die Ergebnisse gering zu halten und individuelle Entwicklungen der nach 1996 im Jahr 2002 erneut untersuchten Panelteilnehmer in den vergangenen sechs Jahren nachvollziehen zu können. Zudem bildete die weitgehende Kontinuität der Instrumente die Voraussetzung für die Vergleichbarkeit der Basisstichprobe 1996 mit der 2002 neu gezogenen Replikationsstichprobe 40- bis 85-Jähriger mit dem Ziel, auch interindividuelle Unterschiede im Sinne sozialer Veränderungen auf der Grundlage von Kohortenanalysen untersuchen zu können. Die Instrumente wurden in Teilbereichen verändert und erweitert, viele Fragen wurden jedoch unverändert übernommen. Auch der

Ablauf der Erhebung und die Erhebungsmethoden wurden weitgehend beibehalten, mit Ausnahme des Verzichts auf das in der ersten Welle verwendete Satzergänzungsverfahren zur Erfassung der Selbst- und Lebensvorstellungen (SELE-Instrument) (Dittmann-Kohli, Bode & Westerhof, 2001). Eine vollständige Dokumentation der Instrumente liegt vor (Tesch-Römer et al., 2002a). Im Folgenden werden das methodische Design und die zentralen Fragestellungen des Alterssurvey vorgestellt.

4.1 Design des Alterssurveys

In der ersten Welle des Alterssurveys wurden knapp 5.000 Personen im Alter zwischen 40 und 85 Jahren befragt, wobei die Ziehung der Stichprobe nach Alter, Geschlecht und Region (Ost/West) disproportional geschichtet erfolgte (*Basisstichprobe*, Abbildung 2). Es wurden drei Altersgruppen unterschieden: Die Altersgruppe der 40- bis 54-Jährigen repräsentiert die Gruppe der überwiegend im Arbeitsleben stehenden Menschen, die sich aber möglicherweise bereits mit dem Übergang in den Ruhestand auseinander setzen und zum Teil für die Pflege älterer Angehöriger verantwortlich sind. Die Altersgruppe der 55- bis 69-Jährigen repräsentiert die Gruppe jener Personen, die am Übergang in den Ruhestand stehen oder in diesen vor nicht allzu langer Zeit eingetreten sind. Die Altersgruppe der 70- bis 85-Jährigen schließlich repräsentiert die Gruppe der Personen, die bereits länger im Ruhestand leben und sich auf das hohe Alter vorbereiten oder es bereits erfahren. Mit Fragekomplexen zu Erwerbsstatus, Einkommen und Vermögen, Wohnen, Generationenbeziehungen und sozialen Netzwerken, produktiven Tätigkeiten und sozialer Integration, subjektiver Gesundheit und Wohlbefinden sowie zu Sinn- und Lebensentwürfen wurden bedeutsame Lebensbereiche älter werdender und alter Menschen erhoben.

Abbildung 2: Design des Alterssurveys

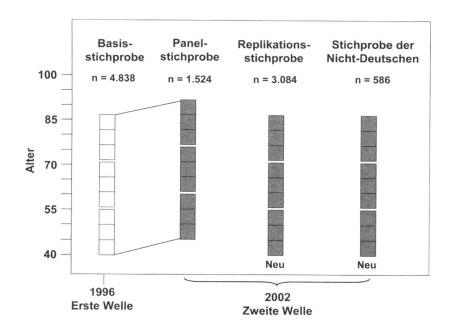

Der Alterssurvey 2002 umfasst drei Stichproben (die grauen Balken in Abbildung 2). Die *Panelstichprobe* umfasst jene Befragungsteilnehmer, die bereits an der ersten Welle des Alterssurveys im Jahr 1996 teilgenommen hatten (n=1.524). Die *Replikationsstichprobe* ist eine erneute repräsentative Stichprobe der in Privathaushalten lebenden Deutschen im Alter von 40 bis 85 Jahren (n=3.084). Drittens wurden – als Neuerung gegenüber der ersten Welle – anhand einer Stichprobe von in Privathaushalten lebenden Nicht-Deutschen[3] im Alter von 40 bis 85 Jahren die Lebensumstände der ausländischen Bevölkerung dieses Alters untersucht (*Ausländerstichprobe*, n=586). Damit trägt der Alterssurvey der Tatsache Rechnung, dass die Generation ausländischer Migrantinnen und Migran-

---

3   Im Folgenden werden die Begriffe „Ausländerinnen und Ausländer" und „Nicht-Deutsche" synonym verwendet. Die Problematik der Definition und Verwendung dieser Begriffe sowie die Abgrenzung zu dem Begriff „Migrantinnen und Migranten" wird in Beitrag Krumme, Hoff in diesem Band ausführlich erörtert.

ten, die im Zuge der Anwerbung ausländischer Arbeitskräfte in den 1950er- und 1960er-Jahren nach Deutschland gekommen waren, inzwischen das Rentenalter erreicht haben. Für die Befragung wurden ausschließlich deutschsprachige Fragebögen eingesetzt. Voraussetzung für die Teilnahme an der Befragung war dementsprechend die Beherrschung der deutschen Sprache bzw. die Unterstützung durch eine Person, die des Deutschen mächtig ist und Übersetzungshilfe leisten kann. Die Ziehung der Ausländerstichprobe erfolgte analog zur Ziehung der Replikationsstichprobe, jedoch unter Aufhebung der Schichtungskriterien, da der Anteil hochaltriger Nicht-Deutscher an der deutschen Wohnbevölkerung (insbesondere in Ostdeutschland) sehr gering ist. Die Teilnehmer der Replikations- und der Ausländerstichprobe bilden zusammen die Zusatzstichprobe der im Jahr 2002 erstmals befragten Teilnehmerinnen und Teilnehmer des Alterssurveys. Weitere methodische Informationen finden sich im Beitrag von Engstler, Wurm in diesem Band.

Die Kombination aus Wiederholungsbefragung der Panelteilnehmer und Erstbefragung der Replikations- und der Ausländerstichprobe ermöglicht sowohl die Erforschung der individuellen Entwicklungen im Prozess des Älterwerdens (Längsschnitt- oder Panelvergleich) als auch den Vergleich identischer Altersgruppen zu unterschiedlichen Zeitpunkten anhand der Gegenüberstellung der Befunde aus der Erstbefragung im Jahr 1996 mit denen der Zweitbefragung im Jahr 2002 (Kohortenvergleich). Zudem ermöglicht das methodische Design die Untersuchung von Altersunterschieden (Querschnittsperspektive). Dieses Untersuchungsdesign ermöglicht die Umsetzung der zentralen Ziele des Alterssurveys, Kontinuitäten und Diskontinuitäten im Alternsverlauf aufzuzeigen sowie – zumindest ansatzweise – Alters-, Kohorten- und Testzeiteffekte differenzieren zu können. Mit der Replikations- und Ausländerstichprobe wird zudem der Grundstein für die prospektive Untersuchung der Lebensverläufe und Vorstellungen aufeinander folgender Panels gelegt, vorausgesetzt, die im Jahr 2002 erstmals Befragten werden im Rahmen einer Fortführung des Alterssurveys in einigen Jahren erneut befragt (zukünftiger Panelvergleich).

4.2 Themenbereiche des Alterssurveys

Die oben beschriebenen theoretischen Konzepte, auf denen der Alterssurvey beruht, haben deutlich gemacht, dass zur Realisierung einer Alterssozialberichterstattung im Längsschnitt eine Reihe unterschiedlicher Lebensbereiche zu berücksichtigen sind. Die folgende Tabelle 1 gibt einen Überblick über die thematischen Inhalte des Alterssurveys. Die thematischen Bereiche, zu denen der Alterssurvey Daten bereitstellt, sind außerordentlich breit angelegt, um die Lebenssituation von Menschen in der zweiten Lebenshälfte umfassend beschreiben zu können. In der Lebenslaufsoziologie werden als bedeutsame, aufeinander bezogene Lebensbereiche Bildung, Arbeit, Familie und Freizeit genannt. Insbesondere die drei letztgenannten Bereiche sind in Hinblick auf die Entwicklung in der zweiten Lebenshälfte von Bedeutung, aber auch der Bildung kommt im Sinne des „lebenslangen Lernens" immer mehr Bedeutung zu. Aus psychologischer Perspektive sind die Bereiche Persönlichkeit, Selbst und Wohlbefinden sowie Kognition von Bedeutung. Darüber hinaus werden Daten zur Erfassung individueller Gesundheit erhoben, die entscheidend für die Beschreibung von Lebenssituation und die Evaluation von Lebensqualität im Alter sind.

Im Detail werden im Alterssurvey die folgenden sozialen und personalen Entwicklungsbereiche untersucht: Erwerbstätigkeit und Übergang in den Ruhestand, materielle Lebensbedingungen, soziale Netze, Freizeitaktivitäten und gesellschaftliche Partizipation, Selbstkonzept und Lebensziele, Wohlbefinden sowie Gesundheit, Gesundheitsverhalten und Pflegebedürftigkeit. Zu Beginn dieses Beitrags wurde das, objektive Lebenslagen und subjektive Bewertungen gleichermaßen umfassende, Konzept der Lebensqualität als Instrument der Wohlfahrtsmessung im Alterssurvey eingeführt. Im Alterssurvey untersuchte Aspekte subjektiver Lebensqualität schließen allgemeine Lebenszufriedenheit und bereichsspezifische Bewertungen ebenso ein wie eine Reihe von Skalen zur Messung der affektiven Komponente des subjektiven Wohlbefindens. Im Alterssurvey wird auch der Versuch unternommen, Selbstkonzepte, Lebensziele sowie individuelle Kompetenzen und Kontrollüberzeugungen zu erheben, welche die Person in die Lage versetzen, ihre Lebenssituation zu verändern oder sich an diese anzupassen. Diese Betonung der individuellen Handlungskompetenz ist eine Besonderheit des Alterssurveys, die über vergleichbare Surveys hinausweist.

Um Vergleiche mit der ersten Welle zu ermöglichen, wurden in der zweiten Welle grundsätzlich dieselben Fragen verwendet. Eine zentrale Veränderung bestand darin, das Satzergänzungverfahren SELE (Dittmann-Kohli, Bode & Westerhof, 2001) gegen standardisierte Erhebungsinstrumente auszutauschen (Bereich „Selbst und Lebensziele"). Die Bereiche „Erwerbsbeteiligung und Übergang in den Ruhestand", „Lebensqualität und subjektives Wohlbefinden", „Gesundheit, Gesundheitsverhalten, gesundheitliche Versorgung" sowie „Pflegebedürftigkeit und pflegerische Versorgung" erhielten in der zweiten Welle mit einem größeren Umfang an Fragen ein höheres Gewicht innerhalb des Untersuchungsinstruments (s. Tabelle 1).

Tabelle 1: Überblick über Themenbereiche der zweiten Welle des Alterssurveys

Thema	Veränderung 1. → 2. Welle
Erwerbsbeteiligung und Übergang in den Ruhestand	größerer Umfang
Aktivitäten und gesellschaftliche Partizipation	gleicher Umfang
Materielle Lage	gleicher Umfang
Wohnsituation	gleicher Umfang
Familie – Herkunftsfamilie, Familienstand, Partnerschaft, Kinder	gleicher Umfang
Private Netzwerke und soziale Integration	gleicher Umfang
Selbst und Lebensziele	modifiziert
Lebensqualität, Subjektives Wohlbefinden	größerer Umfang
Gesundheit, Gesundheitsverhalten, gesundheitliche Versorgung	größerer Umfang
Pflegebedürftigkeit und pflegerische Versorgung	größerer Umfang

Der Alterssurvey bietet anhand der Untersuchungsstichprobe und der erfragten Themenbereiche eine breite Datenbasis für die Untersuchung von Statusübergängen und kritischen Lebensereignissen, kontinuierlichen und diskontinuierlichen Veränderungen sowie der zeitlichen Strukturierung der zweiten Lebenshälfte. Durch die Längsschnittperspektive kann mit Hilfe des Alterssurveys die Lebenssituation jener Personen analysiert werden, die zwischen Erst- und Zweiterhebung Übergänge oder kritische Lebensereignisse erlebt haben. Von besonderer Bedeutung ist dabei die Untersuchung des Übergangs von der Phase der Erwerbsarbeit in die Phase des Ruhestandes (s. Beitrag von Engstler in diesem Band). Hierzu wurden prospektive und retrospektive Fragen zur Vorbereitung auf bzw. zur Verarbeitung des Übergangs in den Ruhestand erhoben. Daneben können eine Reihe anderer Transitionen untersucht werden, wie zum Beispiel der Wechsel der beruflichen Tätigkeit sowie der Eintritt in die bzw. die Beendigung der Arbeitslosigkeit; Veränderungen der Einkommens- und Vermögenslage; der Erhalt von Erbschaften und Umbrüche bei den Ausgaben (z.B. aufgrund von Pflegebedürftigkeit); Veränderungen der Familienstruktur, wie beispielsweise der Auszug des letzten Kindes aus dem elterlichen Haushalt („empty nest") sowie Trennung vom oder Tod des Partners oder der Partnerin. Schließlich können die Auswirkungen nicht-vorhersehbarer kritischer Lebensereignisse wie schwerer Erkrankungen oder Unfälle untersucht werden. Der Alterssurvey kann zudem Beiträge zu einer Diskussion der Einteilung des Lebenslaufs in distinkte Phasen leisten. So kann der Frage nachgegangen werden, ob die – für viele Menschen mehrere Jahrzehnte umfassende – Ruhestandsphase in weitere Altersabschnitte gegliedert werden kann, für die jeweils andere sozialpolitische Interventionen sinnvoll sein könnten.

In Bezug auf differentielles Altern können mit den Daten des Alterssurveys Angaben zur Variationsbreite verschiedener Merkmale in bestimmten Altersgruppen gemacht werden. Von besonderer Bedeutung ist die Veränderung der materiellen Lagen von Menschen in der zweiten Lebenshälfte (s. Beitrag Motel-Klingebiel in diesem Band). Auf der Grundlage der Längsschnittdaten werden Hypothesen zur Veränderung dieser Variationsbreite (oder Ungleichheit) im Verlauf der zweiten Lebenshälfte getestet. Eine Stärke des Alterssurveys ist zudem die Aufdeckung von Kohorteneffekten durch den Vergleich von Basis- und Replikationsstichprobe. Aber auch hinsichtlich der Frage der Ungleichheiten im Alternsprozess kann der Alterssurvey Befunde beisteuern. Neben den oben diskutierten Hypothesen der Altersbedingtheit, der sozioökonomischen Differenzierung und der Kumulation von Ungleichheiten wird auch die Frage gestellt werden, ob sich für unterschiedliche Kohorten das Ausmaß und die Bedingungen sozialer Ungleichheiten verändern.

Ein weiterer wichtiger Themenbereich, zu dem der Alterssurvey Daten zur Verfügung stellt, ist die Entwicklung von Generationenbeziehungen im Zeitverlauf (s. hierzu Beitrag von Hoff in diesem Band). Theoretisch und gesellschaftspolitisch sind Generationenbeziehungen auf der Mikroebene und das Verhältnis zwischen den Generationen auf der Makroebene der Gesellschaft ein Thema, das von Beginn an die Fragestellungen, Analysen und Publikationen im Kontext des Alterssurveys bestimmt hat (Kohli et al., 2000b). Gerade die Betrachtung von Haushaltsstrukturen und Wohnentfernungen, Kontakthäufigkeit und Beziehungsenge sowie Hilfeleistungen und Transfers haben gezeigt, dass auch Menschen in der zweiten Lebenshälfte lebendige Beziehungen und Unterstützungsstrukturen aufweisen (Kohli et al., 2000a). Mit Hilfe der Daten der zweiten Welle des Alterssurveys wird nun die Erforschung der Entwicklung von Beziehungen im Zeitverlauf ermöglicht, so dass Fragen hinsichtlich der Stabilität von Unterstützungsstrukturen beantwortet werden können. Von besonderer sozialpolitischer Relevanz ist dabei die Analyse von intergenerationeller Unterstützung im Bereich der häuslichen Pflege. Im Vergleich der Erhebungszeitpunkte kann schließlich – zumindest ansatzweise – der Frage nachgegangen werden, ob und gegebenenfalls in welcher Weise sich das Verhältnis der Generationen über einen Zeitraum von sechs Jahren verändert hat.

In der gesellschaftlichen Diskussion wird den Potentialen des Alters seit einiger Zeit verstärkt Aufmerksamkeit gewidmet (vgl. etwa das Thema des Fünften Altenberichts „Potenziale des Alters in Wirtschaft und Gesellschaft"). Dabei sind neben der gestiegenen durchschnittlichen Lebenserwartung vor allem die durchschnittlich recht frühe Beendigung der Erwerbsphase und die im historischen Vergleich günstigere Ressourcenausstattung älterer Menschen zu beachten: Die „jungen Alten" haben gegenwärtig in der Regel eine bessere Gesundheit und bessere Bildung als frühere Generationen von Ruheständlern. Dieses Potential älterer Menschen kann – neben einem längeren Verbleib im Erwerbsleben –

in so verschiedenen Bereichen wie bürgerschaftlichem Engagement, Selbsthilfeorganisationen, Unterstützung innerhalb von Familien (Betreuung von Kindern, Pflegetätigkeiten) sowie Partizipation an Bildungsangeboten realisiert werden. Ein entsprechender Überblick findet sich im Beitrag von Künemund in diesem Band.

Gesundheit und Alltagskompetenz entscheiden maßgeblich über die individuelle Lebensqualität in der zweiten Lebenshälfte sowie über die Möglichkeit, auch im fortgeschrittenen Alter eine selbstständige Lebensführung aufrecht erhalten zu können. Mit Daten des Alterssurveys wurde untersucht, wie sich der Gesundheitszustand aus Sicht der Personen darstellt, die sich in der zweiten Lebenshälfte befinden. Der Beitrag von Wurm, Tesch-Römer in diesem Band stellt vor allem den Gesundheitszustand der Menschen zwischen 40 und 85 Jahren im Jahr 2002 ausführlich dar. Berücksichtigt werden bei den Analysen der altersabhängige Anstieg körperlicher Erkrankungen, die damit verbundenen Beschwerden, funktionelle Einschränkungen, sowie die subjektive Gesundheit. Zudem wird dargestellt, in welchem Ausmaß Menschen in der zweiten Lebenshälfte medizinische und andere Gesundheitsdienstleistungen in Anspruch nehmen. Aufgrund der Veränderungen des Erhebungsinstruments ist dabei ein Vergleich zwischen 1996 und 2002 nicht für alle Bereiche möglich.

Subjektives Wohlbefinden und Lebensqualität sind – neben den bereits erwähnten objektiven Merkmalen der Lebenslage – bedeutsame Kriterien für die Bewertung gesellschaftlichen Wandels. Der Alterssurvey erlaubt es, individuelle Entwicklungsprozesse und gesellschaftliche Veränderungen hinsichtlich subjektiven Wohlbefindens und Lebensqualität zu analysieren. Dabei kann im Sinne der Sozialberichterstattung der Wandel subjektiven Wohlbefindens zwischen 1996 und 2002 beschrieben werden. Zudem kann untersucht werden, in welcher Weise Merkmale der objektiven Lebenslage mit subjektivem Wohlbefinden korrelieren, wobei auch Veränderungen in der objektiven Lebenssituation mit Veränderungen in bereichsspezifischen Bewertungen sowie Veränderungen in allgemeiner Lebenszufriedenheit in Beziehung gesetzt werden können. Der Beitrag von Tesch-Römer, Wurm in diesem Band befasst sich mit diesen Fragestellungen zum subjektiven Wohlbefinden.

Ein letzter – und thematischer übergreifender – Fragekomplex betrifft Ähnlichkeiten und Unterschiede zwischen Menschen mit oder ohne deutsche Staatsangehörigkeit in der zweiten Lebenshälfte. Es stellt sich hier die Frage, ob es Unterschiede hinsichtlich der Wohlfahrtslage und den Vergesellschaftungsformen zwischen älteren Deutschen und Ausländern (bzw. Menschen mit oder ohne deutsche Staatsbürgerschaft) gibt. Dabei könnte man einerseits annehmen, dass Menschen ausländischer Herkunft aufgrund ihrer Migrationsbiografie und der diskriminierenden Lebensumstände in der Ankunftsgesellschaft eine geringere

Lebensqualität und einen geringeren Vergesellschaftungsgrad aufweisen, andererseits aber auch darauf verweisen, dass die Lebensqualität und der Vergesellschaftungsgrad bei älteren Nichtdeutschen bzw. Migranten größer ist, da sie über bestimmte migrations- oder kulturbedingte Ressourcen verfügen, auf die Einheimische nicht zurückgreifen können. Der deskriptiven Darstellung der Lebenssituation von älteren Ausländer/innen bzw. Nicht-Deutschen sowie der Beantwortung der hier gestellten Fragen widmet sich der Beitrag von Tesch-Römer, Wurm in diesem Band.

5 Die Bedeutung des Alterssurveys für Sozialberichterstattung und Alternsforschung

Ziel dieses Beitrages war es, Design und Fragestellungen des Alterssurveys vorzustellen und zu begründen. Dank seiner Verankerung im gerontologischen, entwicklungspsychologischen und soziologischen Diskurs bietet der Alterssurvey eine breite Datenbasis zur Erforschung einer Vielfalt von Fragestellungen im Bereich der Alternssoziologie und -psychologie. Sein methodisches Design ermöglicht sowohl die Erforschung individuenbezogener Entwicklungen als auch die Analyse allgemeiner, gesellschaftlicher Trends. Gleichermaßen stellt der Alterssurvey reichhaltiges Datenmaterial zur Beratung politischer Entscheidungsträger bereit. Das Konzept der Lebensqualität wurde als individuelles Wohlfahrtsmaß vorgestellt, das objektive Lebensbedingungen und subjektives Wohlbefinden gleichberechtigt berücksichtigt. Anschließend wurden Vor- und Nachteile von Quer- und Längsschnittdesigns erörtert und festgestellt, dass nur Längsschnittuntersuchungen dem Ziel einer umfassenden Dauerbeobachtung von Kontinuitäten und Veränderungen im Lebensverlauf gerecht werden können. Der Alterssurvey kann dank seiner Längsschnittperspektive einen wichtigen Beitrag zu einer umfassenden, an individueller Entwicklung und sozialem Wandel gleichermaßen orientierten Alterssozialberichterstattung leisten.

Das dem Alterssurvey zugrunde liegende kohortensequenzielle Design kann wichtige Erkenntnisse für die gerontologische Forschung und die Gestaltung sozialpolitischer Maßnahmen liefern. Der rasche Altersstrukturwandel verbunden mit Individualisierungs-, Deinstitutionalisierungs- und Destandardisierungsprozessen begründet die Dringlichkeit einer Alterssozialberichterstattung im Längsschnitt, die sowohl individuelle Entwicklungsdynamik als auch sozialen Wandel angemessen berücksichtigen kann. Die zukünftige Entwicklung Deutschlands wird auch davon abhängen, wie es gelingen wird, die zunehmende Zahl älterer, alter und sehr alter Menschen sozial zu integrieren, ihnen geeignete Aktivitäts- und Partizipationsoptionen zu öffnen, ihnen notwendige Unterstützung zu gewähren und dabei gleichzeitig die Bedürfnisse der nachwachsenden Generationen zu berücksichtigen. Für die gelingende lebenslange Entwicklung von Individuen in allen Altersstufen sind gesellschafts- und sozialpolitisch geeignete Vorkehrungen zu treffen. Wissenschaftliche Erkenntnisse bereitzustellen, die diesem Ziel verpflichtet sind, ist die zentrale Aufgabe einer Alterssozialberichterstattung, die es unternimmt, dynamische Entwicklungen auf individueller und gesellschaftlicher Ebene zu beschreiben und zu analysieren.

Die im Alterssurvey berücksichtigte Themenvielfalt, die Kontinuität in Form größtenteils unveränderter Erhebungsinstrumente und das mit der zweiten Welle realisierte Längsschnittdesign erlauben eine effektive sozial- und verhaltenswissenschaftliche Dauerbeobachtung. Das methodische Design – hierbei ist besonders die dreifache Stichprobenziehung von Panel-, Replikations- und Ausländerstichprobe zu nennen – ermöglicht panel- und kohortenspezifische Analysen gleichermaßen. Damit sind grundsätzlich die Voraussetzungen gegeben, Kontinuitäten und Diskontinuitäten im Alternsverlauf aufzuzeigen sowie Alters-, Kohorten- und Testzeiteffekte zumindest ansatzweise analysieren zu können. Mit der Replikationsstichprobe wird zudem der Grundstein für die mögliche zukünftige Untersuchung der Lebensverläufe und Lebenskonzepte aufeinander folgender Panels gelegt. Zudem wird mit der Ziehung einer gesonderten Ausländerstichprobe einem wichtigen Tatbestand der Bevölkerungsentwicklung in Deutschland Rechnung getragen, nämlich dem Zuzug und der langfristigen Integration von Personen ausländischer Herkunft in die deutsche Gesellschaft. Der Alterssurvey hat somit das Potential, zu einem wichtigen Instrument der sozial- und verhaltenswissenschaftlichen Alternsforschung und der Alterssozialberichterstattung im Längsschnitt in Deutschland zu werden. Die in diesem Berichtsband vorgelegten Befunde sind ein erster Schritt auf diesem Weg.

Literatur

Alwin, D. F. & McCammon, R. J. (2003). Generations, cohorts, and social change. In J. T. Mortimer & M. S. Shanahan (Eds.), *Handbook of the life course* (pp. 3-22). New York: Kluwer Academic.

Backes, G. & Clemens, W. (1998). Lebensphase Alter. *Eine Einführung in die sozialwissenschaftliche Alternsforschung.* Weinheim: Juventa.

Baltes, P. B. & Baltes, M. M. (1994). Gerontologie: Begriff, Herausforderung und Brennpunkte. In P.B. Baltes, J. Mittelstrass & U.M. Staudinger (Hrsg.), *Alter und Altern.* (pp. 1-34). Berlin: de Gruyter.

Baltes, P. B. & Smith, J. (1999). Multilevel and systemic analyses of old age: Theoretical and empirical evidence for a Fourth Age. In V.L. Bengtson & K.W. Schaie (Eds.), *Handbook of theories of aging* (pp. 153-173). New York: Springer.

Baltes, P. B. (1979). Life-span developmental psychology: Some converging observations on history and theory. In P.B. Baltes & O.G. Brim, Jr. (Eds.), *Life-span development and behavior* (pp. 255-279). New York: Academic Press.

Baltes, P. B. (1987). Theoretical propositions of life-span developmental psychology. On the dynamics between growth and decline. *Developmental Psychology*, 23, 611-626.

Baltes, P. B. (1997). On the incomplete architecture of human ontogenesis: Selection, optimization, and compensation as foundation of developmental theory. *American Psychologist*, 52, 366-381.

Baltes, P. B., Mayer, K. U., Helmchen, H. & Steinhagen-Thiessen, E. (1996). Die Berliner Altersstudie (BASE): Überblick und Einführung. In K. U. Mayer & P. B. Baltes (Hrsg.), *Die Berliner Altersstudie* (pp. 21-54). Berlin: Akademie Verlag.

Behrend, C. (2001). Erwerbsarbeit im Wandel, Beschäftigungschancen älterer Arbeitnehmer und Übergänge in den Ruhestand. In Deutsches Zentrum für Altersfragen (Hrsg.), *Erwerbsbiographien und materielle Lebenssituation im Alter* (pp. 11-129). Opladen: Leske + Budrich.

Berger, P. A. & Hradil, S. (Hrsg.) (1990). *Lebenslagen, Lebensläufe, Lebensstile*. Göttingen: Schwartz.

BMFSFJ, Bundesministerium für Familie, Senioren, Frauen und Jugend (Hrsg.) (1993). *Erster Altenbericht: Die Lebenssituation älterer Menschen in Deutschland*. Bonn: BMFSFJ.

BMFSFJ, Bundesministerium für Familie, Senioren, Frauen und Jugend (Hrsg.) (1998). *Zweiter Bericht zur Lage der älteren Generation in der Bundesrepublik Deutschland: Wohnen im Alter*. Bonn: BMFSFJ.

BMFSFJ, Bundesministerium für Familie, Senioren, Frauen und Jugend (Hrsg.) (2001a). *Alter und Gesellschaft. Dritter Bericht zur Lage der älteren Generation in der Bundesrepublik Deutschland*. Bonn: BMFSFJ (zugleich Bundestagsdrucksache 14/5130).

BMFSFJ, Bundesministerium für Familie, Senioren, Frauen und Jugend (ed.) (2001b). *The ageing society as a global challenge – German impulses*. Berlin: Federal Ministry for Family Affairs, Senior Citizens, Women, and Youth.

BMFSFJ, Bundesministerium für Familie, Senioren, Frauen und Jugend (Hrsg.) (2002). *Vierter Bericht zur Lage der älteren Generation in der Bundesrepublik Deutschland: Risiken, Lebensqualität und Versorgung Hochaltriger – unter besonderer Berücksichtigung dementieller Erkrankungen*. Bonn: BMFSFJ (zugleich Bundestagsdrucksache 14/8822).

Bronfenbrenner, U. (2000). Ecological systems theory. In A. E. Kazdin (Ed.), *Encyclopedia of Psychology* (pp. 129-133). New York, NY: Oxford University Press.

Bronfenbrenner, U. & Morris, P. A. (1998). The ecology of developmental processes. In W. Damon (Ed.), *Handbook of child psychology: Vol 1 Theory* (5 ed., pp. 993-1028). New York: Wiley.

Brückner, E. (1994). Erhebung ereignisorientierter Lebensverläufe als retrospektive Längsschnittkonstruktion. In R. Hauser et al. (Hrsg.), *Mikroanalytische Grundlagen der Gesellschaftspolitik. Band 2* (pp. 38-69). Berlin: Akademie-Verlag.

Dannefer, D. (1996). The social organization of diversity and the normative organization of age. *The Gerontologist*, 36(2), 174-177.

Dieck, M. & Naegele, G. (Hrsg.) (1978). *Sozialpolitik für ältere Menschen*. Heidelberg: Quelle & Meyer.

Dietzel-Papakyriakou, M. (1993). *Altern in der Migration. Die Arbeitsmigranten vor dem Dilemma: Zurückkehren oder bleiben?* Stuttgart: Enke.

Dittmann-Kohli, F., Bode, C. & Westerhof, G. J. (Hrsg.) (2001). *Die zweite Lebenshälfte – Psychologische Perspektiven. Ergebnisse des Alters-Survey*. Stuttgart: Kohlhammer.

Donaldson, G. & Horn, J. L. (1992). Age, cohort, and time developmental muddles: Easy in practice, hard in theory. *Experimental Aging Research*, 18(4), 213-222.

Easterlin, R. A. (1987). *Birth and fortune: The impact of numbers on personal welfare*. Chicago: University of Chicago Press.

Elder, G. H. J. (1974). *Children of the great depression: Social change in life experience*. Chicago: University of Chicago Press.

Elder, G. H. J. (1999). *Children of the great depression: Social change in life experience. 25th anniversary edition*. Boulder: Westview Press.

Enquete-Kommission (1994). *Zwischenbericht der Enquete-Kommission „Demographischer Wandel": Herausforderungen unserer älter werdenden Gesellschaft an den einzelnen und die Politik*. Bonn: Deutscher Bundestag.

Enquete-Kommission (1998). *Zweiter Zwischenbericht der Enquete-Kommission „Demographischer Wandel": Herausforderungen unserer älter werdenden Gesellschaft an den einzelnen und die Politik*. Bonn: Deutscher Bundestag.

Enquete-Kommission (2002). *Schlussbericht der Enquete-Kommission „Demografischer Wandel – Herausforderungen unserer älter werdenden Gesellschaft an den einzelnen und die Politik"*. Berlin: Deutscher Bundestag.

Filipp, S.-H. (Hrsg.) (1981). *Kritische Lebensereignisse*. München: Urban & Schwarzenberg.

Filipp, S.-H. (Hrsg.) (1990). *Kritische Lebensereignisse*. München: Urban & Schwarzenberg.

Ginn, J. (2003). *Gender, pensions and the lifecourse. How pensions need to adapt to changing family forms*. Bristol: The Policy Press.

Glenn, N. D. (2003). Distinguishing age, period, and cohort effects. In J. T. Mortimer & M. S. Shanahan (Eds.), *Handbook of the Life Course* (pp. 465-476). New York: Kluwer Academic.

Haagenaars, J. A. (1990). *Categorical Longitudinal Data. Log-linear panel, trend, and cohort analysis*. Newbury Park: Sage.

Habich, R. & Zapf, W. (1994). Gesellschaftliche Dauerbeobachtung – Wohlfahrtssurveys: Instrument der Sozialberichterstattung. In R. Hauser et al. (Hrsg.), *Mikroanalytische Grundlagen der Gesellschaftspolitik. Band 2* (pp. 13-37). Berlin: Akademie-Verlag.

Heckhausen, J. (1990). Erwerb und Funktion normativer Vorstellungen über den Lebenslauf. Ein entwicklungspsychologischer Beitrag zur sozio-psychischen Konstruktion von Biographien. In K.U. Mayer (Hrsg.), *Lebensläufe und sozialer Wandel* (pp. 351-373). Opladen: Westdeutscher Verlag.

Hoff, A., Tesch-Römer, C., Wurm, S. & Engstler, H. (2003). „Die zweite Lebenshälfte" – der Alterssurvey zwischen gerontologischer Längsschnittanalyse und Alterssozialbe-

richterstattung im Längsschnitt. In F. Karl (Ed.), *Sozial- und verhaltenswissenschaftliche Gerontologie* (pp. 185-204). Weinheim: Juventa.
Hoffmann, E. (2002). Der demografische Strukturwandel in Deutschland – einige Anmerkungen dargestellt mit Daten des Statistischen Informationssystems GeroStat. In C. Tesch-Römer (Hrsg.), *Gerontologie und Sozialpolitik* (pp. 43-60). Stuttgart: Kohlhammer.
Hradil, S. & Schiener, J. (1999). *Soziale Ungleichheit in Deutschland* (8. Aufl.). Opladen: Leske + Budrich.
Infas (1997). *Alterssurvey – Lebensentwürfe, Einstellungen, Bedürfnislagen und Sinnstrukturen älterwerdender Menschen. Methodenbericht zur ersten Welle*. Bonn: Infas.
Kahneman, D., Diener, E. & Schwarz, N. (Eds.) (1999). *Well-being: The foundations of hedonic psychology*. New York: Russell Sage Foundation.
Karg, G. & Wolfram, G. (Eds.). (1998). *Ökotrophologie – Wissenschaft für die Menschen*. Frankfurt/Main: Lang.
Kaufmann, F.-X. (1997). *Herausforderungen des Sozialstaates*. Frankfurt/Main: Suhrkamp.
Kohli, M. & Künemund, H. (2001). Partizipation und Engagement älterer Menschen. Bestandsaufnahme und Zukunftsperspektiven. In Deutsches Zentrum für Altersfragen (Hrsg.), *Lebenslagen, soziale Ressourcen und gesellschaftliche Integration im Alter* (pp. 117-234). Opladen: Leske + Budrich.
Kohli, M. & Künemund, H. (Hrsg.) (2000). *Die zweite Lebenshälfte. Gesellschaftliche Lage und Partizipation im Spiegel des Alters-Survey*. Opladen: Leske + Budrich.
Kohli, M. (1985). Die Institutionalisierung des Lebenslaufs. Historische Befunde und theoretische Argumente. *Kölner Zeitschrift für Soziologie*, 37, 1-29.
Kohli, M. (1987). Ruhestand und Moralökonomie. In K. Heinemann (Hrsg.), *Soziologie wirtschaftlichen Handelns* (pp. 393-416). Opladen: Westdeutscher Verlag.
Kohli, M. (1998). Alter und Altern der Gesellschaft. In B. Schäfers & W. Zapf (Hrsg.), Handwörterbuch zur Gesellschaft Deutschlands. Opladen: Leske+Budrich, 1-11.
Kohli, M. (2000). Der Alters-Survey als Instrument wissenschaftlicher Beobachtung. In M. Kohli & H. Künemund (Hrsg.), *Die zweite Lebenshälfte. Gesellschaftliche Lage und Partizipation im Spiegel des Alters-Survey* (pp. 10-32). Opladen: Leske + Budrich.
Kohli, M., Künemund, H., Motel, A. & Szydlik, M. (2000a). Generationenbeziehungen. In M. Kohli & H. Künemund (Hrsg.), *Die zweite Lebenshälfte. Gesellschaftliche Lage und Partizipation im Spiegel des Alters-Survey* (pp. 176-211). Opladen: Leske + Budrich.
Kohli, M., Künemund, H., Motel, A. & Szydlik, M. (2000b). *Grunddaten zur Lebenssituation der 40-85jährigen deutschen Bevölkerung. Ergebnisse des Alters-Survey*. Berlin: Weißensee-Verlag.
Kohli, M. & Szydlik, M. (Eds.). (2000). *Generationen in Familie und Gesellschaft*. Opladen: Leske + Budrich.
Laslett, P. (1989/1995). *A fresh map of life*. London: Weidenfeld & Nicholson (dt. Das dritte Alter. Weinheim: Juventa, 1995).
Maddox, G. L. (1987). *Aging differently*. The Gerontologist (5) 27, 557-564.

Mai, R. & Roloff, J. (2004). *Zukunft von Potenzialen in Paarbeziehungen älterer Menschen -- Perspektive von Männern und Frauen.*Unpublished manuscript, Wiesbaden: Bundesinstitut für Bevölkerungsforschung.

Mannheim, K. (1928). Das Problem der Generationen. *Kölner Vierteljahresschrift für Soziologie, 7,* 154-184, 309-330.

Mayer, K.-U. (1998). Lebensverlauf. In B. Schäfers & W. Zapf (Hrsg.), *Handwörterbuch zur Gesellschaft Deutschlands* (pp. 438-451). Opladen: Leske+Budrich.

Mayer, K. U. (2003). The sociology of the life course and lifespan psychology. Diverging or converging pathways? In U. M. Staudinger & U. Lindenberger (Eds.), *Understanding human development* (pp. 463-481). Boston: Kluwer

Mayer, K. U. & Wagner, M. (1996). Lebenslagen und soziale Ungleichheit im hohen Alter. In K.U. Mayer & P.B. Baltes (Hrsg.), *Die Berliner Altersstudie* (pp. 251-275). Berlin: Akademie Verlag.

Mielck, A. (2003). Sozial bedingte Ungleichheit von Gesundheitschancen. *Zeitschrift für Sozialreform, 49*(3), 370-375.

Mollenkopf, H. (2001). Technik – ein „knappes Gut?" Neue soziale Ungleichheiten im Alter durch unterschiedliche Zugangs- und Nutzungschancen. In G. M. Backes, W. Clemens & K. R. Schroeter (Eds.), *Zur Konstruktion sozialer Ordnungen des Alter(n)s* (pp. 223-238). Opladen.

Motel, A. (2000). Einkommen und Vermögen. In M. Kohli & H. Künemund (Eds.), *Die zweite Lebenshälfte. Gesellschaftliche Lage und Partizipation im Spiegel des Alters-Survey.* (pp. 41-101). Opladen: Leske + Budrich.

Motel-Klingebiel, A. (2001). Lebensqualität und Ungleichheit. In G. Backes & W. Clemens (Hrsg.), *Zur Konstruktion sozialer Ordnungen des Alter(n)s* (pp. 187-221). Opladen: Leske + Budrich.

Motel-Klingebiel, A., Krause, P. & Künemund, H. (2004). *Alterseinkommen der Zukunft* (Diskussionspapiere Nr. 43). Berlin: Deutsches Zentrum für Altersfragen.

Neugarten, B. L. (ed.) (1968). *Middle age and aging.* Chicago: University of Chicago Press.

Niederfranke, A. (1997). Sozialberichterstattung zur Situation älterer Menschen. In H.-H. Noll (Hrsg.), *Sozialberichterstattung in Deutschland: Konzepte, Methoden und Ergebnisse für Lebensbereiche und Bevölkerungsgruppen* (pp. 195-212). Weinheim: Juventa.

Noll, H. H. & Schöb, A. (2002). Lebensqualität im Alter. In Deutsches Zentrum für Altersfragen (Ed.), *Expertisen zum vierten Altenbericht der Bundesregierung, Band I: Das hohe Alter. Konzepte, Forschungsfelder, Lebensqualität* (pp. 229-313). Hannover: Vincentz

Noll, H.-H. (1989). Indikatoren des subjektiven Wohlbefindens: Instrumente für die gesellschaftliche Dauerbeobachtung. *ZUMA-Nachrichten, 24,* 26-41.

Noll, H.-H. (1998). Sozialstatistik und Sozialberichterstattung. In B. Schäfers & W. Zapf (Hrsg.), *Handwörterbuch zur Gesellschaft Deutschlands* (pp. 632-641). Opladen: Leske + Budrich.

Noll, H.-H. (2000). *Konzepte der Wohlfahrtsentwicklung: Lebensqualität und „neue" Wohlfahrtskonzepte* (Bericht P00-505). Berlin: Wissenschaftszentrum Berlin für Sozialforschung.

Reese, H. W. & Smyer, M. A. (1983). The dimensionalization of life events. In E.E. Calahan & K.A. McCluskey (Eds.), *Life span developmental psychology: Nonnormative life events* (pp. 1-33). NewYork: Academic Press.

Riley, M. W. & Riley, J. W., Jr (1992). Individuelles und gesellschaftliches Potential des Altern. In P.B. Baltes & J. Mittelstraß (Hrsg.), *Zukunft des Alterns und gesellschaftliche Entwicklung* (pp. 437-459). Berlin: de Gruyter.

Riley, M. W., Foner, A. & Riley, J. W. J. (1999). The aging and society paradigm. In V.L. Bengtson & K.W. Schaie (Eds.), *Handbook of theories of aging* (pp. 327-343). New York: Springer.

Riley, M., Johnson, M. & Foner, A. (1972). *Aging and society, Vol. 3. A sociology of age stratification.* New York: Russel Sage.

Schäfgen, K. (2002). Ungleichheit und Geschlechterverhältnisse. In V. Hammer & R. Lutz (Eds.), *Weibliche Lebenslagen und soziale Benachteiligung* (pp. 45-66). Frankfurt/M.

Schaie, K. W. & Hofer, S. M. (2001). Longitudinal studies in aging research. In J. E. Birren & K. W. Schaie (Eds.), *Handbook of the psychology of aging* (5 ed., pp. 53-77). San Diego, CA: Academic Press.

Schimany, P. (2003). *Die Alterung der Gesellschaft.* Frankfurt/Main: Campus.

Schneider, S. (2003). Schichtzugehörigkeit und Mortalität in der BRD. Empirische Überprüfung theoretischer Erklärungsansätze. *Sozialer Fortschritt*, 52(3), 64-73.

Schnell, R., Hill, P. B. & Esser, E. (1999). *Methoden der empirischen Sozialforschung.* München: Oldenbourg.

Schulz, E. (2000). Migration und Arbeitskräfteangebot in Deutschland bis 2050. *DIW-Wochenbericht* 48/00.

Schupp, J., Habich, R. & Zapf, W. (1996). Sozialberichterstattung im Längsschnitt – Auf dem Weg zu einer dynamischen Sicht der Wohlfahrtsproduktion. In W. Zapf, J. Schupp & R. Habich (Hrsg.), *Lebenslagen im Wandel: Sozialberichterstattung im Längsschnitt* (pp. 11-45). Frankfurt: Campus.

Schwenk, O. G. (Hrsg.) (1996). *Lebensstil zwischen Sozialstrukturanalyse und Kulturwissenschaft.* Opladen: Leske + Budrich.

Settersten, R. A. (2002). Propositions and controversies in life-course scholarship. In R.A. Settersten (Ed.), *Invitation to the life course: toward new understandings of later life* (pp. 15-45). Amityville, NY: Baywood Publishing.

Smith, J., Fleeson, W., Geiselmann, B., Settersten, R. & Kunzmann, U. (1996). Wohlbefinden im hohen Alter: Vorhersagen aufgrund objektiver Lebensbedingungen und subjektiver Bewertung. In K.U. Mayer & P.B. Baltes (Hrsg.), *Die Berliner Altersstudie* (pp. 497-523). Berlin: Akademie Verlag.

Statistisches Bundesamt. (2003). *Bevölkerung Deutschlands bis zum Jahr 2050. Ergebnisse der 10. koordinierte Bevölkerungsvorausberechnung.* Wiesbaden: Statistisches Bundesamt

Staudinger, U. (2001). A view on midlife development from life-span theory. In M.E. Lachman (Ed.), *Handbook of midlife development* (pp. 3-39). New York: Wiley.

Szydlik, M. (2002). Familie – Lebenslauf – Ungleichheit. *Aus Politik und Zeitgeschichte. Beilage zur Wochenzeitung „Das Parlament"*(B22/23), 7-9.

Tesch-Römer, C., Salewski, C. & Schwarz, G. (Hrsg.) (1997). *Psychologie der Bewältigung*. Weinheim: Psychologie Verlags Union.

Tesch-Römer, C., Wurm, S., Hoff, A. & Engstler, H. (2002a). *Die zweite Welle des Alterssurveys. Erhebungsdesign und Instrumente*. Berlin: Deutsches Zentrum für Altersfragen.

Tesch-Römer, C., Wurm, S., Hoff, A. & Engstler, H. (2002b). Alterssozialberichterstattung im Längsschnitt: Die zweite Welle des Alterssurveys. In A. Motel-Klingebiel & U. Kelle (Hrsg.), *Perspektiven der empirischen Alternssoziologie* (pp. 155-189). Opladen: Leske + Budrich.

Tews, H. P. (1993). Neue und alte Aspekte des Strukturwandels des Alters. In G. Naegele & H.P. Tews (Hrsg.), *Lebenslagen im Strukturwandel des Alters* (pp. 15-42). Opladen: Westdeutscher Verlag.

Thomae, H. (1959). Entwicklungsbegriff und Entwicklungstheorie. In H. Thomae (Hrsg.), *Handbuch der Psychologie: Entwicklungspsychologie* (1-20). Göttingen: Hogrefe.

Thomae, H. (1983). *Alternsstile und Alternsschicksale*. Bern: Huber.

Zapf, W. (1984). Individuelle Wohlfahrt: Lebensbedingungen und wahrgenommene Lebensqualität. In W. Glatzer & W. Zapf (Hrsg.), *Lebensqualität in der Bundesrepublik Deutschland. Objektive Lebensbedingungen und subjektives Wohlbefinden* (pp. 13-26). Frankfurt/Main: Campus.

Zapf, W., Schupp, J. & Habich, R. (1996). *Lebenslagen im Wandel: Sozialberichterstattung im Längsschnitt*. Frankfurt/Main: Campus.

Datengrundlagen und Methodik

Heribert Engstler und Susanne Wurm

1 Einleitung

Mit dem Alterssurvey werden zwei grundlegende Aufgaben verfolgt: Zum einen dient er dazu, die Sozialberichterstattung in Deutschland durch eine *Alterssozialberichterstattung* zu ergänzen und zu bereichern (Tesch-Römer, Wurm, Hoff & Engstler, 2002). Dies ist besonders in Anbetracht der demographischen Entwicklung von hoher Bedeutung. Dabei zeichnet sich der Alterssurvey gegenüber bislang verfügbaren Surveys (z.B. SOEP, ALLBUS, Wohlfahrtssurvey, Familiensurvey) durch seine Konzentration auf das mittlere und höhere Lebensalter sowie durch die Kombination von soziologischen und psychologischen Erhebungsbereichen aus. Zum anderen bildet der Alterssurvey eine wichtige Grundlage, um zu ausgewählten Fragen *vertiefende Forschung* zu ermöglichen – hierzu zählen unter anderem Fragen zu objektiver wie subjektiver Lebensqualität, Entwicklungsprozessen, sozialen Unterschieden und Ungleichheiten sowie zu Generationenbeziehungen und Generationenverhältnissen (vgl. den einleitenden Beitrag von Tesch-Römer et al. in diesem Band).

Nachfolgend wird zunächst ein allgemeiner Überblick über das Erhebungsdesign, die erhobenen Inhalte und die Analysemöglichkeiten im Quer- und Längsschnitt gegeben. Im Anschluss daran werden die drei Stichproben der Erhebung aus dem Jahr 2002 – die Panel-, Replikations- und Ausländerstichprobe – genauer beschrieben. Im Mittelpunkt steht dabei die Ausschöpfung und Gewichtung der Stichproben.

2 Das Untersuchungsdesign im Überblick

Das Projekt "Alterssurvey" begann im Jahr 1994 unter der Federführung der Freien Universität Berlin (Forschungsgruppe Altern und Lebenslauf, Leitung Prof. Martin Kohli) sowie der Universität Nijmegen (Forschungsgruppe Psychogerontologie, Leitung Prof. Freya Dittmann-Kohli). Auftraggeber war das Bundesministerium für Familie, Senioren, Frauen und Jugend. Für diese erste Erhebungswelle des Alterssurveys wurden drei Instrumente konzipiert: ein mündliches Interview, ein Fragebogen zum Selbstausfüllen sowie ein halboffenes Satzergänzungsverfahren, das sogenannte SELE-Instrument (Dittmann-Kohli, Kohli & Künemund, 1995). Die Erhebung wurde 1996 vom infas Institut für angewandte Sozialwissenschaft durchgeführt. Der Repräsentativbefragung lag eine Einwohnermeldestichprobe zugrunde, die disproportional nach Alter, Geschlecht und Landesteil (Ost/West) geschichtet wurde. Die Schichtung der Stichprobe wurde vorgenommen, um auch für die Analyse von Personengruppen mit relativ geringem Bevölkerungsanteil, wie den ostdeutschen Männern höheren Alters, eine ausreichende Fallzahl verfügbar zu haben. Dem disproportionalen Stichprobenansatz wurde durch eine entsprechende Datengewichtung Rechnung getragen (Künemund, 2000, S.34). Aus dieser Basisstichprobe des Jahres 1996 stehen insgesamt 4838 auswertbare mündliche Interviews von in Privathaushalten lebenden Deutschen im Alter zwischen 40 und 85 Jahren (Geburtsjahrgänge 1911 bis 1956) zur Verfügung. Über die Einzelheiten des Untersuchungsdesigns der ersten Welle informieren mehrere Publikationen (Dittmann-Kohli et al., 1997; Kohli, 2000; Künemund, 2000; Kohli & Tesch-Römer, 2003).

Auf der Grundlage dieser Basisstichprobe von 1996 begann fünf Jahre nach der Ersterhebung die Planung der zweiten Erhebungswelle des Alterssurveys. Diese zweite Erhebungswelle steht im Zentrum der vorliegenden Publikation. Die wissenschaftliche Leitung übernahm das Deutsche Zentrum für Altersfragen in Berlin (Leitung: Prof. Clemens Tesch-Römer). Mit dem "Alterssurvey, zweite Welle" wurden mehrere Ziele verfolgt, die sich über (1) den Stichprobenansatz, (2) die inhaltliche Ausrichtung sowie (3) die Analysemöglichkeiten beschreiben lassen.

2.1 Stichprobenansatz

Ein zentrales Ziel der zweiten Welle des Alterssurveys war es, ihn zum Instrument einer Alterssozialberichterstattung und Alternsforschung im *Längsschnitt* auszubauen. Dies bedeutete zum einen, möglichst viele Personen der ersten Erhebung von 1996 erneut zu befragen, um individuelle Entwicklungsverläufe betrachten zu können. Personen, die für die Wiederholungsbefragung erneut gewonnen werden konnten, bilden die "*Panelstichprobe*" der zweiten Welle des Alterssurveys. Die Zahl der potentiell wieder befragbaren Personen war allerdings eingeschränkt: einerseits durch eine bei höheren Altersgruppen bekannte Zunahme von Morbidität und Mortalität (d.h. Personen waren krankheitsbedingt nicht mehr befragbar oder waren in der Zwischenzeit verstorben), andererseits durch die Tatsache, dass bereits bei der Erstbefragung weniger als zwei Drittel der Befragten einer Wiederholungsbefragung zugestimmt hatten (vgl. Abschnitt 3).

Datengrundlagen und Methodik

Tabelle 1: Erhebungsdesign der ersten und zweiten Welle des Alterssurveys

	Welle 1 Basisstichprobe	Welle 2 Panelstichprobe	Welle 2 Replikationsstichprobe	Welle 2 Ausländerstichprobe
Zielgruppe / Grundgesamtheit	Deutsche im Alter von 40 bis 85 Jahren (Geburtsjahrgänge 1911-1956)	Panelbereite Teiln. aus Welle 1; Alter zum 2. MZ:46-91 Jahre	Deutsche im Alter von 40 bis 85 Jahren (Geb.jahrg. 1917-1962)	Nicht-Deutsche im Alter von 40 bis 85 J. (Geb.jahrg. 1917-1962)
Wohnform	Personen in Privathaushalten	Personen in Privathaushalten und solche, die zwischenzeitlich in ein Heim umgezogen sind	Personen in Privathaushalten	Personen in Privathaushalten
Stichprobe	Einwohnermeldestichprobe in 290 Gemeinden; disproportionale Schichtung nach Landesteil (Ost : 1/3; West 2/3), 3 Altersgruppen (40-54, 55-69, 70-85; je 1/3) und Geschlecht (je 1/2)	Alle panelbereiten Zielpersonen aus Welle 1 (ohne Verstorbene und unbekannt Verzogene)	Einwohnermeldestichprobe in den Gemeinden der ersten Welle; disproportionale Schichtung wie in Welle 1	Einwohnermeldestichprobe in den Gemeinden der ersten Welle; Zufallsauswahl ohne Schichtung
Erhebungsmethoden und -instrumente	Mündl. Interview mit standardisiertem Fragebogen, schriftl. Befragung („drop-off"), Fragebogen mit Satzergänzungsverfahren (SELE-Instr.)	Mündliches Interview mit standardisiertem Fragebogen, schriftliche Befragung („drop-off"), schriftlicher Kurztest der kognitiven Leistungsfähigkeit		
Erhebungsjahr	1996	2002	2002	2002
Erhebungssprache	deutsch	deutsch	deutsch	deutsch
Auswertbare Fallzahl	4838 mündl. Interviews, 4034 schriftl. Fragebögen	1524 mündl. Interviews, 1437 schriftl. Fragebögen (W2), 1286 schriftl. Frageb. (W1+2)	3084 mündl. Interviews, 2787 schriftliche Fragebögen	586 mündl. Interviews, 484 schriftliche Fragebögen

Neben dem Aufbau einer Panelstichprobe wurde das Ziel einer Altersberichterstattung und -forschung im Längsschnitt durch den zusätzlichen Aufbau einer neuen Stichprobe von Personen ("*Replikationsstichprobe*") verfolgt, die mit der Basisstichprobe von 1996 vergleichbar sein sollte. Auch diese Befragten sollten zwischen 40 und 85 Jahren alt sein, allerdings nicht im Jahr 1996, sondern im Jahr 2002, und stellen somit jüngere Geburtskohorten gleichen Alters dar. Die Stichprobenziehung der Replikationsstichprobe erfolgte analog zur Basisstichprobe. Dies bedeutete unter anderem, dass wie bereits in der ersten Welle eine Schichtung der Stichprobe nach Alter, Geschlecht und Landesteil erfolgte.

Schließlich kam in der zweiten Welle des Alterssurveys noch eine dritte Stichprobe zum Einsatz, die im Folgenden als "*Ausländerstichprobe*" bezeichnet wird. In der ersten Erhebungswelle wurden ausschließlich Personen deutscher Staatsangehörigkeit befragt. Da inzwischen jedoch in Deutschland eine größere Zahl ausländischer Migranten das Rentenalter erreicht haben, wurde für 2002 angestrebt, durch die Erhebung einer repräsentativen Stichprobe der nichtdeutschen Bevölkerung im Alter von 40 bis 85 Jahren auch die Lebenssituation der wachsenden Bevölkerungsgruppe älterer Ausländerinnen und Ausländer untersuchen zu können. Eine kurze Übersicht über Charakteristika dieser drei Stichproben der zweiten Welle des Alterssurveys enthält Tabelle 1. Detailliertere Darstellungen der drei Stichproben – Panelstichprobe, Replikationsstichprobe und Ausländerstichprobe – erfolgen in den nachfolgenden Abschnitten 3, 4 und 5.

2.2 Inhalte und Ablauf der Erhebung

Neben einer gegenüber der ersten Erhebungswelle deutlichen Ausweitung des Stichprobenansatzes, erfolgten in der zweiten Welle des Alterssurveys zudem inhaltliche Modifikationen. Um eine Betrachtung von Veränderungen im Längsschnitt zu ermöglichen, wurde allerdings darauf geachtet, die Befragung in großen Teilen so zu belassen, wie sie bereits in der Ersterhebung durchgeführt wurde. Dies bedeutete auch, dass die interdisziplinäre Ausrichtung des Alterssurveys beibehalten wurde, so dass das Erhebungsinstrument soziologische, sozialpolitische, ökonomische und psychologische Fragen abdeckt. Die deutlichste Veränderung gegenüber der Ersterhebung bestand im Wegfall des SELE-Instrumentes. Dieses Satzergänzungsverfahren war durch seinen Charakter als halboffenes Verfahren für die nachträgliche Aufbereitung sehr aufwändig, da die in offener Weise gegebenen Antworten transkribiert und anhand eines komplexen Schemas codiert werden mussten (Bode, Westerhof & Dittmann-Kohli, 2001). Aus diesem Grund waren bereits in der Basisstichprobe (erste Welle) nur die Angaben einer

Teilstichprobe von Personen vercodet worden. In der zweiten Welle des Alterssurveys wurde auf das halboffene Verfahren vollständig verzichtet; an seiner Stelle wurden verschiedene standardisierte Erhebungsinstrumente eingesetzt.

Zudem erfolgte in der zweiten Welle des Alterssurveys eine Anpassung von Fragebereichen an aktuelle sozialpolitische Fragen. Hierzu zählte beispielsweise die Aufnahme von neuen Fragen zu pflegerischer Versorgung (Leistung/Erhalt von Hilfe oder Pflege), nachdem in den Jahren 1995/96 in Deutschland die Pflegeversicherung (SGB XI) eingeführt worden war. Erweitert wurden unter anderem auch die Erhebungsfragen zu Gesundheit, wobei Aspekte körperlicher und psychischer Gesundheit sowie Lebensqualität gleichermaßen berücksichtigt wurden. Erstmals erhoben wurde die kognitive Leistungsfähigkeit der Befragten, die durch den Zahlen-Symbol-Test erfasst wurde. Es handelt sich hierbei um einen Power-Speed-Test, der mit geringem Zeitaufwand verbunden ist (90 Sekunden) und im Gegensatz zu Demenz-Screening-Instrumenten (z.B. Mini Mental State Examination – MMSE, Folstein, Folstein & McHugh, 1975) üblicherweise in allen Altersgruppen, die der Alterssurvey umfasst, eingesetzt wird.

Das Erhebungsinstrumentarium der zweiten Welle des Alterssurveys untergliedert sich dadurch in insgesamt drei Instrumente: Das standardisierte, persönliche Interview (PAPI-Methode), einen anschließenden Kurztest zu kognitiver Leistungsfähigkeit (Zahlen-Symbol-Test) sowie einen Fragebogen zum Selbstausfüllen (sog. "drop-off"). Letzterer konnte je nach Wunsch des Befragten gemeinsam mit dem Interviewer ausgefüllt werden oder der Fragebogen wurde vom Interviewer zurückgelassen und später wieder abgeholt. Ablauf und Inhalte der Befragung sind in Kurzform in Abbildung 1 aufgelistet.

Erhebungsablauf und Erhebungsbereiche waren in allen drei Stichproben – Panelstichprobe, Replikationsstichprobe und Ausländerstichprobe – weitgehend gleich. Lediglich in Einzelaspekten unterschieden sich die Befragungen voneinander: Die Panelstichprobe erhielt ein eigenes Erhebungsinstrument für das persönliche Interview, Replikations- und Ausländerstichprobe erhielten gemeinsam ein anderes, während alle drei Stichproben den gleichen kognitiven Leistungstest sowie die gleichen schriftlichen Befragungsunterlagen erhielten. Das mündliche Interview der Panelteilnehmer wurde primär aus zwei Gründen abweichend vom Instrument der anderen beiden Stichproben konzipiert: Zum einen, da Panelpersonen einzelne Fragen nicht mehr erhielten, sofern sich seit der Erstbefragung keine Veränderungen ergeben hatten bzw. haben konnten (letztes gilt für Angaben wie beispielsweise die Geburtsjahre der Eltern). Dies diente dazu, die teils hochbetagten Panelteilnehmer von verzichtbaren Fragen zu entlasten. Ein weiterer Grund war, dass in der zweiten Erhebungswelle auch Personen einbezogen werden sollten, die nach der Erstbefragung in eine stationäre Alteneinrichtung umgezogen sind. Ziel war es, möglichst viele Personen im Längsschnitt zu verfolgen, unabhängig davon, ob sie weiterhin in einem Privathaushalt leben (dies war ein Auswahlkriterium für die Basisstichprobe) oder in der Zwischenzeit in eine andere Wohnform gewechselt sind. Heimbewohner wurden zu bestimmten Themenbereichen nicht oder in modifizierter Weise befragt, da einzelne Fragen (z.B. zur Wohnsituation) für sie nicht oder nur in systematisch anderer Weise beantwortbar waren.

Abbildung 1: Erhebungsablauf und Erhebungsbereiche: Alterssurvey, zweite Welle

I. *Persönliches, mündliches Interview*
- Herkunftsfamilie
- Schulische und berufliche Ausbildung, erste Berufstätigkeit, Erwerbsunterbrechungen
- Erwerbstätigkeit und Übergang in den Ruhestand
- Familienstand und Partnerschaft
- Kinder, Enkel und weitere Verwandte
- Haushaltszusammensetzung
- Migrationserfahrungen und -pläne
- Wohnsituation
- Freizeitgestaltung, gesellschaftliches Engagement und Partizipation
- Lebensziele und Gesundheit
- Hilfe und Pflege
- Persönliches Netzwerk
- Soziale Unterstützung
- Finanzielle Transfers und Lebensstandard
- Interviewereinschätzungen

II. *Kognitiver Leistungstest (Zahlen-Symbol-Test)*

III. *Schriftliche Befragung (Drop-Off)*
- Selbstkonzepte
- Subjektives Wohlbefinden
- Werte und Normen
- Mediennutzung
- Soziale Beziehungen
- Gesundheit
- Wohnen
- Materielle Lage

Für das mündliche Interview von Personen der Replikations- und der Ausländerstichprobe wurde ein identischer Fragebogen verwendet. Dieser war insgesamt etwas umfangreicher als jener für die Panelstichprobe und enthielt unter anderem einige Zusatzfragen zu Migrationserfahrungen und Migrationsplanungen. Diese Fragen wurden besonders in Hinblick auf die Ausländerstichprobe aufgenommen. Alle Personen erhielten das Interview sowie die schriftliche Befragung ausschließlich in deutscher Sprache. Dadurch konnten nur Personen an der Befragung teilnehmen, wenn sie des Deutschen ausreichend mächtig waren oder Angehörige hatten, die Übersetzungshilfen leisten konnten. Unzureichende Sprachkenntnisse führten bereits in der Ersterhebung, die nur mit Personen deutscher Staatsangehörigkeit vorgenommen wurde, zu Stichprobenausfällen in kleinem Umfang – diese Ausfälle lagen erwartungsgemäß in der Ausländerstichprobe deutlich höher (vgl. Abschnitt 5).

Vor Durchführung der Haupterhebung fand eine *Pretestung* aller Erhebungsinstrumente (mündliches Interview, Zahlen-Symbol-Test sowie Fragebogen zum Selbstausfüllen) mit anschließender Überarbeitung statt. Der Pretest im Jahr 2001 basierte auf einer Einwohnermeldestichprobe von n=111 Personen deutscher und nicht-deutscher Staatsangehörigkeit. Die Haupterhebung wurde, ebenso wie der Pretest, vom infas Institut für angewandte Sozialwissenschaft durchgeführt und fand im Jahr 2002 statt (vgl. infas, 2003). An die Datenerhebung, elektronische Datenerfassung und -prüfung durch infas schloss sich eine längere Phase umfangreicher Datenbereinigung und Datenedition an, die vom Projektteam am Deutschen Zentrum für Altersfragen durchgeführt wurde.

2.3 Analysemöglichkeiten

Die Kombination aus einer Wiederholungsbefragung der Panelteilnehmer und einer Erstbefragung der Replikations- sowie der Ausländerstichprobe eröffnet zahlreiche Analysemöglichkeiten, die im Folgenden kurz erläutert werden sollen. Eine grafische Veranschaulichung der Analysemöglichkeiten findet sich nachfolgend in Abbildung 2.

(a) *Längsschnitt-Vergleich*: Mit Hilfe der Panelstichprobe können individuelle Verläufe betrachtet werden. Dies macht es möglich, neben zeitlich ungerichteten Zusammenhängen (z.B. zwischen sozialer Integration und Wohlbefinden) auch zeitlich gerichtete Vorhersagemodelle zu betrachten (z.B. zu untersuchen, wie gut soziale Integration Wohlbefinden vorhersagen kann). Während dies ein unschätzbarer Vorteil von Panelstichproben ist, liegt ein Nachteil in der Stichprobenselektivität. Bereits querschnittbezogene Stichproben wie die Basisstichprobe des Alterssurveys sind insbesondere zugunsten jüngerer, gesünderer und besser gebildeter Personen selektiert. Diese Selektion verstärkt sich in Panelstichproben wie jener des Alterssurveys (vgl. Abschnitt 3.2). Teilweise bietet sich statt der Betrachtung individueller Entwicklungen deshalb an, Längsschnitt-Vergleiche im Sinne von Trendstudien vorzunehmen. Es handelt sich hierbei um den Vergleich von wiederholt durchgeführten Querschnittstudien (Zeitreihen). Diese sind für eine Dauerbeobachtung der Entwicklung von Niveau und Verteilung objektiver und subjektiver Wohlfahrtserträge geeignet (Habich, 1994), lassen jedoch keine Aussagen über individuelle Entwicklungen zu. Die prospektive Beobachtung persönlicher Entwicklungen ist daher eine der Stärken des Alterssurveys.

Abbildung 2: Analysemöglichkeiten mit den Stichproben des Alterssurveys

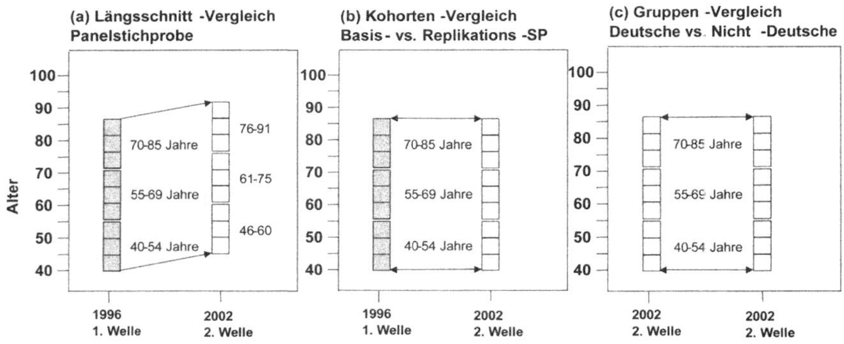

(b) *Kohorten-Vergleich*: Durch den Aufbau der Replikationsstichprobe in der zweiten Welle des Alterssurveys ist es möglich, neben individuellen Verlaufsuntersuchungen (Panelstichprobe) und Querschnittsuntersuchungen auch Kohortenvergleiche vorzunehmen. In diesem Fall werden unterschiedliche Personen miteinander verglichen, die zu unterschiedlichen Messzeitpunkten das gleiche Alter haben. Da die Replikationsstichprobe Personen umfasst, deren Geburtsjahre je sechs Jahre später liegen (1917-1962) als jene der Basisstichprobe (1911-1956), können zwischen den beiden Stichproben Kohortenvergleiche unter Kontrolle des Alters vorgenommen werden. Mit Hilfe von Kohortenvergleichen lässt sich beispielsweise der Frage nachgehen, ob später geborene Geburtskohorten im Durchschnitt eine bessere Gesundheit als früher geborene Kohorten haben, wenn sie im gleichen Alter sind (vgl. den Beitrag Wurm, Tesch-Römer in diesem Band). Wegen des Sechsjahres-Abstands der beiden Erhebungszeitpunkte 1996

Datengrundlagen und Methodik 55

und 2002 sind für einen trennscharfen Kohortenvergleich die Befragten jeweils in sechs Jahre umfassende Alters- bzw. Geburtsjahrgangsgruppen zu unterteilen. Mit dieser Gruppenbildung wird verhindert, dass einzelne Geburtsjahrgänge zu beiden Messzeitpunkten der gleichen Altersgruppe angehören. Einen Überblick zur Umsetzung für die Daten des Alterssurveys gibt nachfolgende Tabelle 2. Im Rahmen von Kohortenvergleichen lässt sich der Alters- bzw. Lebensverlaufseffekt kontrollieren. Feststellbare Merkmalsunterschiede der Angehörigen verschiedener Kohorten im gleichen Alter können Ausdruck veränderten Verhaltens oder veränderter Strukturen bei jüngeren Geburtsjahrgängen sein (Kohorteneffekt). Es ist jedoch nicht auszuschließen, dass bestehende Unterschiede mitbedingt sind durch Besonderheiten des jeweiligen Messzeitpunkts, deren Einfluss sich auf alle Altersgruppen erstrecken und von nur vorübergehender Natur sein kann (Periodeneffekt). In nachfolgenden Analysen finden somit zwei Formen der Altersgruppen-Unterteilung Berücksichtigung. Zum einen die Aufteilung in jene drei Altersgruppen, nach denen die Stichprobenschichtung erfolgte. Diese wird angewendet, wenn Altersgruppen miteinander verglichen werden sollen. Ergänzend werden die hier dargestellten sieben Altersgruppen verwendet, um Kohortenvergleiche vornehmen zu können.

Tabelle 2: Sechsjahres-Gruppen für Kohortenvergleiche im Alterssurvey

Altersgruppe	Basisstichprobe 1996	Replikationsstichprobe 2002	Panelstichprobe 1996	Panelstichprobe 2002
40-45 Jahre	1951-1956	1957-1962	1951-1956	/
46-51 Jahre	1945-1950	1951-1956	1945-1950	1951-1956
52-57 Jahre	1939-1944	1945-1950	1939-1944	1945-1950
58-63 Jahre	1933-1938	1939-1944	1933-1938	1939-1944
64-69 Jahre	1927-1932	1933-1938	1927-1932	1933-1938
70-75 Jahre	1921-1926	1927-1932	1921-1926	1927-1932
76-81 Jahre	1915-1920	1921-1926	1915-1920	1921-1926
82-87 Jahre	/	/	/	1915-1920

Anmerkung: Bei Personen der Basis- und Replikationsstichprobe sowie der Panelstichprobe des Jahres 1996 bleiben die Altersgruppen der 82- bis 85-Jährigen bei einem Sechsjahres-Kohortenvergleich unberücksichtigt.

(c) *Gruppen-Vergleich von deutschen und nicht-deutschen Personen:* Schließlich ist als weitere Analyseebene eine vergleichende Betrachtung von Personen mit deutscher bzw. nicht-deutscher Staatsangehörigkeit möglich. Damit kann der Frage nachgegangen werden, wie und unter welchen Lebensbedingungen Personen nicht-deutscher Staatsangehörigkeit in Deutschland älter werden und ob sie sich hierbei von deutschen Personen unterscheiden.

Zusammenfassend lässt sich festhalten, dass in der zweiten Welle des Alterssurveys eine deutliche Erweiterung der Stichproben (Panelstichprobe, Replikations- und Ausländerstichprobe) erfolgte. Die verschiedenen Stichproben sowie die Ausweitung vorhandener Befragungsinhalte eröffnen vielfältige Analysemöglichkeiten, denen im Rahmen von Panel- und Längsschnittuntersuchungen sowie Kohortenvergleichen nachgegangen werden kann. Mit der zweiten Welle des Alterssurveys wurde eine Grundlage für ein kohortensequentielles Untersuchungsdesign geschaffen. Mit einem solchen sequentiellen Design lassen sich Alters-, Kohorten- und Testzeiteinflüsse methodisch adäquat voneinander trennen. In diesem Sinne wäre es wünschenswert, den Alterssurvey durch weitere Erhebungswellen zu ergänzen und damit auch die Replikations- und Ausländerstichprobe durch eine erneute Befragung der Teilnehmer zu Längsschnittdatensätzen auszubauen.

Sofern sich die empirischen Analysen nicht direkt auf einzelne Fragen bzw. Variablen sondern auf komplexere Konstrukte beziehen, orientierte sich die Konstruktbildung an bereits vorliegenden Analysen aus der ersten Welle des Alterssurveys, sofern damals entsprechende Konstrukte verwendet wurden. Gelegentlich weichen Definitionen und Operationalisiserungen aus inhaltlichen oder methodischen Gründen jedoch vom früheren Vorgehen ab. Handelt es sich dabei um Konstrukte, die für 1996 und 2002 gebildet wurden, erfolgte die Konstruktbildung allerdings immer für beide Erhebungsjahre in gleicher Weise. Zahlenmäßige Unterschiede zwischen 1996 und 2002 sind daher nicht durch unterschiedliche Konstrukte bedingt. Die berichteten Ergebnisse auch für 1996 können jedoch im Einzelfall von bereits publizierten Befunden der ersten Welle abweichen.

3 Die Panelstichprobe

3.1 *Stichprobenbeschreibung und Ausschöpfung*

An der ersten Welle des Alterssurveys haben – wie gezeigt – 4.838 Personen mit auswertbaren Interviews teilgenommen. Grundsätzlich wäre es wünschenswert gewesen, alle davon bei der Vorbereitung der zweiten Welle in die Bruttostichprobe der zweiten Welle aufzunehmen. Aus formalen Gründen war dies jedoch nicht möglich. Voraussetzung für die Teilnahme der Befragten an einer zweiten Welle war, dass sie der Speicherung ihrer Adressen zum Zweck einer Wiederholungsbefragung schriftlich zugestimmt und diese Panelbereitschaftserklärung zwischenzeitlich nicht widerrufen hatten. Hinzu kommt das Problem der sogenannten "Panelmortalität", d.h. des zeitweisen oder dauerhaften Ausfalls von Befragungspersonen. Ausfälle können beispielsweise durch Wegzug, Krankheit oder Tod begründet sein. Direkt im Anschluss an die Erstbefragung 1996 lag dem Feldforschungsinstitut infas von 2.873 der 4.838 Befragten die Panelbereitschaftserklärung vor (vgl. Tabelle 3). Insbesondere mit dem Ziel der Adressaktualisierung und der Steigerung bzw. des Erhalts der Teilnahmemotivation an einer Wiederholungsbefragung führte das infas-Institut bis 2001 zwei Panelpflegeaktionen durch. Im Zuge dieser Panelpflege kamen einerseits per Saldo weitere 165 Panelbereitschaftserklärungen hinzu, andererseits mussten – ohne die zwischenzeitlich als verstorben Gemeldeten – 471 Personen als zumindest zeitweise Ausfälle erachtet werden, hauptsächlich aufgrund nicht mehr gültiger Adressen. Daher erfolgte kurz vor Beginn der zweiten Welle eine Adressenrecherche bei den Einwohnermeldeämtern nach den als ‚unbekannt' verzogenen Zielpersonen, für die eine Panelbereitschaftserklärung vorlag. Diese führte zu 405 neuen Adressangaben. Unter Berücksichtigung aller Zu- und Abgänge bei den panelbereiten Zielpersonen ergab sich damit für die zweite Welle des Alterssurveys eine Bruttostichprobe von 2.972 Personen (siehe Tabelle 3, Zeile 6).

Nach erfolgter oder versuchter Kontaktierung aller Zielpersonen der Bruttostichprobe musste diese noch etwas um die neutralen Ausfälle der nicht Erreichbaren nach unten bereinigt werden: 236 Personen wohnten nicht mehr an der zuletzt bekannten Adresse; für 249 Personen ging die Information ein, dass sie in der Zwischenzeit verstorben waren. Dieser Verstorbenenanteil von 8,4 Prozent liegt unter der zu erwartenden Quote von rund 15 Prozent, wenn man die Sterbetafel 1997/99 des Statistischen Bundesamts zugrunde legt. Es ist also davon auszugehen, dass die Zahl der Verstorbenen tatsächlich höher lag und zum Teil in den Ausfällen wegen unbekannter Adressen enthalten sein dürfte. Wird die Bruttostichprobe um diese neutralen Ausfälle bereinigt, ergibt sich ein Stichprobenansatz von 2.487 Personen. Mit 900 dieser Personen konnte kein Interview geführt werden. Hauptgründe für die systematischen Ausfälle war das Vorliegen einer dauerhaften Erkrankung oder Behinderung sowie Verweigerungen (ohne Nennung näherer Gründe, d.h. hier können weitere krankheitsbedingte Ausfälle enthalten sein). Aufgrund der Ergebnisse der Interviewkontrolle und der Datenprüfung wurden 63 der 1.587 durchgeführten Interviews als nicht auswertbar deklariert, sodass im Ergebnis für die Panelstichprobe 1.524 auswertbare Interviews vorliegen.

Tabelle 3: Ausschöpfung der Panelstichprobe

Zeile	Population	Anzahl
1	*Interviews der ersten Welle*	*4.838*
2	Davon: Mit vorliegender Panelbereitschaft	2.873
3	+ Saldo aus nachträglich erklärten und widerrufenen Panelbereitschaften im Zuge von 2 Panelpflegeaktionen	+ 165
4	- Ausfälle im Zuge der Panelpflege (ohne Verstorbene), hpts. aufgrund nicht mehr gültiger Adressen	- 471
5	+ erfolgreiche Adressrecherche von unbekannt Verzogenen kurz vor Beginn der zweiten Welle	+ 405
6	= *Bruttostichprobe für die zweite Welle*	*2.972*
7	- Neutrale Ausfälle ZP verstorben: n=249; ZP unbekannt: n=236	- 485
8	= *Bereinigter Stichprobenansatz*	*2.487*
9	- Systematische Ausfälle darunter: ZP verweigert: n=597	- 900
10	= *Durchgeführte mündliche Interviews*	*1.587*
11	- Nicht auswertbare Interviews	- 63
12	= *Auswertbare mündliche Interviews der zweiten Welle*	*1.524*
	in % von Zeile 1 (Interviews Welle 1)	31,5 %
	in % von Zeile 6 (Bruttostichprobe Welle 2)	51,3 %
	in % von Zeile 8 (Bereinigte Bruttostichprobe Welle 2)	61,3 %

Quelle: Eigene Zusammenstellung aus Angaben in: infas, 2003

Die Ausschöpfung der Wiederholungsbefragung im Rahmen der zweiten Welle des Alterssurveys beträgt damit 61,3 Prozent der bereinigten Bruttostichprobe. Sie liegt deutlich über dem von Mohler, Koch & Gabler (2003, S.10) kritisierten Erfahrungswert, "... dass heutzutage in Deutschland auch qualitätsorientierte Umfragen faktisch kaum eine Ausschöpfungsquote von mehr als 50% erzielen". Bezogen auf alle Teilnehmer der Erstbefragung sind es allerdings nur 31,5 Prozent, da weniger als zwei Drittel ihr Einverständnis zur Adressspeicherung gegeben hatten. Angesichts des langen Zeitraums von sechs Jahren zwischen der ersten und zweiten Welle und dem höheren Alter der Stichprobe ist die Ausschöpfungsquote dennoch als akzeptabel zu bewerten.

Eine nach Alter, Geschlecht und Landesteil differenzierte Betrachtung der neutralen und systematischen Ausfälle lieferte folgende Ergebnisse (näheres hierzu in: infas, 2003): Mit steigendem Alter nahm der Anteil neutraler und systematischer Ausfälle zu, hauptsächlich aufgrund des steigenden Morbiditäts- und Mortalitätsrisikos (d.h. Ausfälle wegen Todes, Erkrankung und Behinderung), während der Anteil verweigerter Interviews in der höchsten Altersgruppe deutlich geringer war als in der mittleren und jüngeren Altersgruppe. Die Ausschöpfungsquote (in Prozent des bereinigten Stichprobenansatzes) sank von 65,9 Prozent bei den Geburtsjahrgängen 1942/56 auf 52,9 Prozent bei den 1911 bis 1926 Geborenen.

Die Ausschöpfungsquote der Männer ist mit 61,8 Prozent geringfügig höher als die der Frauen (60,7 Prozent). Hauptgrund war die geringere Verweigerungsquote der Männer. Allerdings gab es bei den Männern aufgrund ihrer geringeren Lebenserwartung mehr neutrale Ausfälle.

Ostdeutsche weisen zwar einen höheren Anteil neutraler Ausfälle auf als Westdeutsche, der Anteil systematischer Ausfälle und nicht auswertbarer Interviews war jedoch in Ostdeutschland geringer als im Westen, wodurch die Ausschöpfungsquote im Osten mit 63,9 Prozent um 4 Prozentpunkte über dem früheren Bundesgebiet lag.

Die Bereitschaft der Befragten, nach dem längeren mündlichen Interview (mit einer durchschnittlichen Dauer von 82 Minuten) noch den schriftlichen Fragebogen auszufüllen, war sehr hoch. 94,4 Prozent haben diesen Fragebogen ("drop-off") ausgefüllt. In 84 Prozent der Fälle liegt zudem ein bearbeitetes Aufgabenblatt des kognitiven Leistungstests "Zahlen-Symbol-Test" vor.

3.2 Die Selektivität der Teilnahme an der Wiederholungsbefragung

Insbesondere mit Blick auf die inhaltliche Analyse von Veränderungen im Längsschnitt zwischen Welle 1 und Welle 2 stellt sich die Frage, ob und gegebenenfalls in welcher Weise die Teilnahmeausfälle zwischen beiden Wellen die Struktur der Panelstichprobe beeinflusst und gegenüber der Basisstichprobe verändert haben. Nicht zu erwarten, aber von Vorteil wäre, wenn die Ausfälle in Bezug auf untersuchungsrelevante Merkmale zufällig erfolgt und die Panelmortalität damit zu ignorieren wäre. Ob dies der Fall ist, kann durch eine Analyse möglicher Selektivitäten erkundet werden.

Einen ersten Hinweis gibt die ungewichtete Verteilung auf die zwölf Zellen der kombinierten Schichtungsmerkmale der Basisstichprobe 1996 im Vergleich zur Panelstichprobe 2002. Bei diesem Vergleich kommen, anders als bei der Betrachtung der Ausschöpfungsquoten, auch die Unterschiede in den abgegebenen Erklärungen zur Panelbereitschaft und den neutralen Ausfällen zum Tragen.

Tabelle 4 zeigt, dass die älteste der drei Altersgruppen in der Wiederholungsbefragung in weit geringerem Ausmaß vertreten ist als in der Erstbefragung (16,9 vs. 27,7 Prozent), wobei die Differenz im Westen Deutschlands größer als im Osten ist. Die mittlere Altersgruppe ist nur in den neuen Ländern stärker beteiligt als in der ersten Welle, die jüngere Altersgruppe in beiden Landesteilen deutlich häufiger, am ausgeprägtesten bei den westdeutschen Männern. Es gibt demnach eine erkennbare Altersselektivität, die jedoch nicht linear verläuft und deren Stärke nach Geschlecht und Landesteil variiert.

Um mögliche Selektivitäten genauer erfassen zu können, wurde der Einfluss verschiedener Merkmale auf die Wahrscheinlichkeit, dass Befragte der Welle 1 auch an Welle 2 teilgenommen haben, multivariat untersucht. Dafür eignet sich das Verfahren der binären logistischen Regression. Berechnet wird dabei der eigenständige Einfluss verschiedener Prädiktoren auf das Verhältnis zwischen Teilnahme- und Nicht-Teilnahmewahrscheinlichkeit an Welle 2. Die Stärke des Einflusses lässt sich anhand der exponierten Regressionskoeffizienten exp (ß) der einzelnen Prädiktoren, den sogenannten "odds ratios" ausweisen. Bei kategorialen Prädiktoren geben die "odds ratios" an, auf welches Vielfache sich die Teilnahmewahrscheinlichkeit durch das Vorliegen einer bestimmten Prädiktorenkategorie gegenüber der Referenzkategorie unter Kontrolle der anderen Prädiktoren erhöht oder verringert. So bedeutet beispielsweise der in der Tabelle 5 ausgewiesene exponierte Regressionskoeffizient 1,474 für die Kategorie "Abitur, Hochschulreife", dass ein solcher Schulabschluss die Wahrscheinlichkeit der Teilnahme an der zweiten Welle (gegenüber der Wahrscheinlichkeit der Nicht-Teilnahme) im Vergleich zu Personen, die keinen oder nur einen Hauptschulabschluss haben, auf das 1,474-fache, bzw. um 47,4 Prozent erhöht.

Bei metrischen Prädiktoren beziehen sich die "odds ratios" auf den Effekt bei Erhöhung der unabhängigen Variable um eine Einheit. Zum Beispiel bedeutet das in Tabelle 5 ausgewiesene "odds ratio" in Höhe von 0,992 des Altersabstands zwischen Interviewer und Interviewtem, dass Befragte, die ein Jahr älter waren als der Interviewer eine etwas geringere Teilnahmewahrscheinlichkeit hatten als Befragte, die genauso alt wie der Interviewer waren. Eine Altersdifferenz von 10 Jahren verringert die Teilnahmewahrscheinlichkeit auf das $0,992^{10}$-fache (=0,923).[1]

---

[1] Eine Einführung in die Methode der logistischen Regression bietet unter anderem Backhaus, Erichson, Plinke & Weiber (2000).

Datengrundlagen und Methodik

Tabelle 4: Verteilung der Interviewfälle nach Geschlecht, Geburtsjahr und Landesteil in der Panelstichprobe 2002 (in Klammern: Verteilung in der Basisstichprobe 1996); Angaben in Prozent

Landesteil	Geschlecht	Geburtsjahr			Gesamt
		1942-56	1927-41	1911-26	
Ost	männlich	7,3 (5,5)	7,6 (6,8)	3,7 (4,2)	18,6 (16,5)
	weiblich	7,5 (5,6)	7,4 (6,3)	2,6 (4,5)	17,6 (16,5)
	zusammen	14,8 (11,1)	15,0 (13,1)	6,3 (8,7)	36,2 (33,0)
West	männlich	15,7 (12,1)	13,6 (13,0)	5,4 (9,3)	34,7 (34,4)
	weiblich	13,9 (12,4)	10,0 (10,6)	5,2 (9,6)	29,1 (32,6)
	zusammen	29,6 (24,5)	23,6 (23,6)	10,6 (18,9)	63,8 (67,0)
Gesamt		44,5 (35,5)	38,6 (36,8)	16,9 (27,7)	100 (100)

Quelle: Alterssurvey 2002, Panelstichprobe, ungewichtet; Abweichung zu 100 bei Summenbildungen sind rundungsbedingt.

Die in Tabelle 5 enthaltenen Prädiktoren sind das Ergebnis einer schrittweisen Vereinfachung eines theoretisch und empirisch begründeten Ausgangsmodells. Zunächst wurde eine Vielzahl möglicher Einflussgrößen einbezogen, um die Gefahr des "omitted variable errors", d.h. der Nicht-Berücksichtigung signifikanter Einflussgrößen gering zu halten. Allerdings erwiesen sich viele davon als statistisch unbedeutsam und konnten schrittweise ausgeschlossen werden, da sie keinen signifikanten Beitrag zur Verbesserung der Erklärungskraft des Gesamtmodells leisteten.[2] Dies traf unter anderem auf folgende Merkmale zu: Familienstand, Kinderzahl, Haushaltsgröße, Erwerbsstatus, Geschlecht des Interviewers. Dem Prinzip einer am Ende möglichst sparsamen Modellierung und der Beschränkung auf inhaltlich deutbare Einflüsse folgend, wurde zudem mit einer Ausnahme auf die Modellierung von Interaktionseffekten verzichtet. Diese Ausnahme betraf die Bildung der 12 Stichprobenschichtungsmerkmale aus der ersten Welle in der Kombination aus Alter, Geschlecht und Landesteil. Ebenso wurde auf die Bildung eines komplexen Sozialschichtindikators zugunsten des Einbezugs von Einzelmerkmalen verzichtet.

---

2 Für die statistische Analyse wurde die SPSS-Prozedur Logistic Regression eingesetzt. Die schrittweise Reduzierung des Regressionsmodells um irrelevante Prädiktoren erfolgte anhand des Kriteriums der "log-likelihood ratio", welches von SPSS als bestes Kriterium eingestuft wird, um zu entscheiden, welche unabhängigen Variablen aus dem Modell entfernt werden können.

Wie die Koeffizienten in Tabelle 5 erkennen lassen, hat die kombinierte Ausprägung dieser drei Merkmale auch unter Kontrolle anderer Prädiktoren einen hohen signifikanten Einfluss auf die Teilnahme der Welle-1-Teilnehmer an der Wiederholungsbefragung. Die höchste Wahrscheinlichkeitssteigerung gegenüber der Referenzgruppe der westdeutschen alten Männer haben jedoch nicht die Angehörigen der jüngsten, sondern der mittleren Altersgruppe. Die höchste Wiederholungsteilnahme findet sich bei ostdeutschen Frauen der mittleren Altersgruppe (Alter in Welle 1: 55- bis 69 Jahre). Auffällig ist ein Unterschied innerhalb der höchsten Altersgruppe: Die ostdeutschen Männer haben eine um den Faktor 1,86 höhere Teilnahmewahrscheinlichkeit gegenüber den westdeutschen Männern dieses Alters. Abgesehen vom Ost-West-Unterschied konnten nur vereinzelte Einflüsse der regionalen Zugehörigkeit festgestellt werden. Bezogen auf die in der Umfrageforschung häufig angewandte BIK-Regionsgrößenklassen-Einteilung[3] zeigt sich eine – gegenüber Großregionen – signifikant geringere Teilnahmewahrscheinlichkeit von Befragten in Regionen zwischen 50.000 und 500.000 Einwohnern.

Als signifikante sozialstrukturelle Einflüsse auf die Teilnahmewahrscheinlichkeit erwiesen sich das Haushaltseinkommen, der Schulabschluss und die berufliche Ausbildung. Je geringer das Haushaltseinkommen 1996 war, desto niedriger ist (unter Kontrolle der anderen Einflüsse) die Teilnahmewahrscheinlichkeit an der Wiederholungsbefragung[4]. Die geringere Wahrscheinlichkeit der untersten Einkommensgruppe ist jedoch statistisch nicht signifikant. Hingegen nahmen jene Personen deutlich seltener erneut teil, die keine Angaben zum Einkommen gemacht haben. Offen ist dementsprechend, ob dies Befragte mit eher hohem, mittlerem oder geringem Einkommen sind.

---

3 Näheres hierzu in BIK Aschpurwis+Behrens GmbH (2001) und unter http://www.bik-gmbh.de
4 Als "Haushaltsnettoeinkommen" wurde eine von Motel-Klingebiel berechnete Variable verwendet, in der alle in Welle 1 verfügbaren Einkommensinformationen im Interview und im drop-off berücksichtigt wurden (vgl. hierzu den Beitrag von Motel-Klingebiel in diesem Band).

Datengrundlagen und Methodik

Tabelle 5: Logistische Regression auf die Teilnahme am Interview der Welle 2[1]

Prädiktor (Welle-1-Merkmal)	exp (ß)	Prädiktor (Welle-1-Merkmal)	exp (ß)
Schichtungszelle		*Netzwerkgröße*	
70-85, Mann, West	Referenzgr.	0 Personen	0,741*
70-85, Frau, West	1,168	1 Person	0,709**
70-85, Mann, Ost	1,864**	2 Personen	0,768*
70-85, Frau, Ost	1,341	3 Personen	0,802*
55-69, Mann, West	1,998***	4 und mehr Personen	Ref.
55-69, Frau, West	1,820***	keine Angabe, verweigert	0,650*
55-69, Mann, Ost	2,237***		
55-69, Frau, Ost	2,558***	*Höchster Schulabschluss*	
40-54, Mann, West	1,981***	bis Hauptschule	Ref.
40-54, Frau, West	1,602**	Mittlere oder FHS-Reife	1,352***
40-54, Mann, Ost	2,144***	Abitur, Hochschulreife	1,474**
40-54, Frau, Ost	2,197***		
		Höchster Ausbildungsabschluss	
Haushaltsnettoeinkommen (DM)		kein Abschluss/keine Angabe	Ref.
1 – 1399	0,747	nicht akademischer Abschluss	1,242*
1400 – 1799	0,493***	abgeschlossenes Studium	1,330
1800 – 2499	0,734**		
2500 – 3499	0,819*	*Subjektive Wohnsituation*	
3500 u. höher	Ref.	gut, sehr gut	1,669***
keine Angabe	0,544***	mittel	Ref.
		schlecht, sehr schlecht	1,034
Regionsgrößenklasse, aggregiert (BIK)			
unter 5000 Einw.	0,891	*Antwortbereitschaft*	
5000 – unter 50.000 Einw.	1,003	gut	2,202***
50.000 – unter 500.000 Einw.	0,788**	mittelmäßig	Ref.
500.000 und mehr Einw.	Ref.	schlecht[2]	0,921
Subjektive Gesundheit		*Fehlender Drop-off*	0,593***
gut, sehr gut	1,108		
mittel	Ref.	*Altersabstand zum Interviewer*	
schlecht, sehr schlecht	0,756*	Alter ZP – Alter Interviewer	0,992***

Quelle: Basisstichprobe 1996 des Alterssurveys, n=4.838; Pseudo-R^2 (Nagelkerkes): 0,152;
Signifikanzniveau: *p<.05; **p <.01; ***p<.001
[1] Kriteriumsvariable: Erfolgte Teilnahme an Welle 2; Nichtteilnahme = 0, Teilnahme=1
[2] einschl. der Kategorien "anfangs gut, später schlechter" und "anfangs schlecht, später besser".

Einen starken Zusammenhang der Teilnahme an der Wiederholungsbefragung gibt es mit dem Ausbildungsniveau der Befragten. Gegenüber Hauptschulabsolventen und Personen ohne Schulabschluss hatten Personen mit Realschul- oder gymnasialem Schulabschluss eine höhere Teilnahmewahrscheinlichkeit (in Relation zur Nichtteilnahmewahrscheinlichkeit) um 35 bis 47 Prozent. Personen mit abgeschlossener (nicht-akademischer) beruflicher Ausbildung hatten ebenfalls eine etwas höhere Teilnahmewahrscheinlichkeit. Ebenso beeinflusste auch die Größe des sozialen Netzwerks die Wahrscheinlichkeit, an der zweiten Welle des Panels teilzunehmen. Personen, die in der Erstbefragung nur ein kleines Netzwerk angaben (keine bis maximal drei Netzwerkpersonen), haben eine geringere Bereitschaft zu einer Wiederholungsbefragung als Personen mit einem Netzwerk von vier und mehr Personen. Bei fehlenden Angaben zur Netzwerkgröße war die Wahrscheinlichkeit einer erneuten Befragungsteilnahme am geringsten.

Einen deutlichen Einfluss auf die Teilnahme an der zweiten Welle hat die in der Erstbefragung angegebene subjektive Gesundheit. Wurde 1996 der eigene Gesundheitszustand als schlecht oder sehr schlecht eingestuft, verringerte dies die Wahrscheinlichkeit, im Jahr 2002 nochmals befragt zu werden, gegenüber Personen mit subjektiv mittlerem Gesundheitsniveau merklich. Die Teilnahme an der Wiederholungsbefragung unterliegt einer positiven Selektion der (subjektiv) Gesünderen. Es ist anzunehmen, dass Personen mit einer schlechten Gesundheitseinschätzung vor allem aus gesundheitlichen Gründen und aufgrund eines höheren Mortalitätsrisikos seltener an der Wiederholungsbefragung sechs Jahre später teilnehmen konnten. Die in den Kontaktprotokollen festgehaltenen Ausfallgründe bestätigen diese Vermutung: Die Ausfallgründe Tod, Krankheit und Behinderung werden bei den Nicht-Teilnehmern mit einem bei der Erstbefragung subjektiv schlechten oder sehr schlechten Gesundheitszustand mit 49,5 Prozent weit häufiger aufgeführt als im Durchschnitt aller Ausfälle (29,1%).

Als äußerst relevant erwies sich auch die subjektiv empfundene Qualität der Wohnsituation. Wurde diese 1996 als gut oder sehr gut bewertet, erhöhte dies die Teilnahmewahrscheinlichkeit auf das 1,6-fache gegenüber einer mittleren Einstufung der Wohnsituation. Neben Zusammenhängen mit dem Wohlstand, den Wohnbedingungen und der sozialen Integration einer Person könnte der teilnahmesteigernde Effekt einer subjektiv hohen Wohnqualität auch für eine geringere Wegzugswahrscheinlichkeit und damit Erreichbarkeit für die Wiederholungsbefragung sprechen. Dafür spricht, dass der Ausfallgrund "Zielperson wohnt nicht mehr dort" bei den Nicht-Teilnehmern, die in Welle 1 ihre Wohnsituation als schlecht oder sehr schlecht eingestuft hatten, mit 34,6 Prozent deutlich häufiger genannt wird als im Durchschnitt aller Ausfälle (14,8%).

Die Wahrscheinlichkeit, nach der ersten auch an der zweiten Welle des Alterssurveys teilzunehmen, hängt nicht nur von Merkmalen der Befragten ab, sondern auch von Merkmalen der Interviewer und der Interviewsituation. Je jünger in Welle 1 die befragende im Vergleich zur befragten Person war, desto unwahrscheinlicher wurde es, dass die interviewte Person an der nächsten Welle teilnahm. Eine hohe Vorhersagekraft besitzt auch die vom Interviewer zu Protokoll gegebene Antwortbereitschaft der Befragten. War diese gut, erhöhte sich die Wahrscheinlichkeit, an der Wiederholungsbefragung teilzunehmen, auf das 2,2-fache gegenüber einer als mittelmäßig eingestuften Antwortbereitschaft. In die gleiche Richtung weist die Tatsache, dass das Fehlen des schriftlichen Fragebogens, der auch im Jahr 1996 nach dem mündlichen Interview ausgefüllt werden sollte, mit einer auffälligen Minderung der Teilnahmewahrscheinlichkeit an Welle 2 einher geht. Ein Verzicht auf das Ausfüllen des drop-offs ist ein klarer Indikator für eine geringere Teilnahmemotivation. Dies lässt sich auch daran erkennen, dass die Hälfte der insgesamt 804 Befragten, die nach dem mündlichen Interview keinen schriftlichen Fragebogen mehr ausgefüllt haben, auch kein schriftliches Einverständnis zur Speicherung ihrer Daten für den Fall einer erneuten Befragung erteilten. Die festgestellten Befunde zum Einfluss des Alters der Interviewer sowie der Antwortbereitschaft der Befragten auf die Teilnahme an einer erneuten Befragung decken sich mit Ergebnissen einer Untersuchung der Panelteilnahme von Mika (2002). Dort waren dies sogar die stärksten Einflussgrößen. Mika geht deshalb davon aus, dass eine positiv verlaufende Kommunikation während der ersten Befragung ein entscheidendes Merkmal für die Bereitschaft der Interviewten zur Teilnahme an einer erneuten Befragung ist. Die hier dargestellten Ergebnisse des Alterssurveys weisen ebenfalls in diese Richtung.

Insgesamt ist jedoch festzuhalten, dass – gemessen am Pseudo-R^2 nach Nagelkerkes – mit allen aufgeführten unabhängigen Variablen nur ein geringer Varianzanteil des Ausfalls einer erneuten Befragungsteilnahme erklärt werden kann. Ohne den Einbezug der Merkmale der Interviewsituation ist die Erklärungskraft noch geringer. Dies ist positiv zu bewerten, da es darauf hinweist, dass das Ausfallgeschehen insgesamt als wenig systematisch anzusehen ist. Auch wenn weitere unbeobachtete, gleichwohl systematische Selektivitäten nicht auszuschließen sind, halten sich die beobachteten Verzerrungen in Grenzen und können durch geeignete Verfahren der Datengewichtung abgemildert werden.

3.3 Datengewichtung[5]

Ausgangspunkt der Bestimmung eines Gewichts zum Ausgleich systematischer Einflüsse auf das Ausfallgeschehen zwischen Welle 1 und Welle 2 bildet das logistische Regressionsmodell, dessen Ergebnisse in Tabelle 5 dargestellt wurden. Unter Einsatz der Regressionskoeffizienten und der individuellen Ausprägungen der unabhängigen Variablen wurde für jede befragte Person der Welle 1 der Koeffizient p_{w2} als vorhergesagte bedingte Teilnahmewahrscheinlichkeit an Welle 2 berechnet.[6] Das Gewicht gew_{w2} zur Kompensation systematischer Ausfälle entspricht dem Kehrwert der vorhergesagten Teilnahmewahrscheinlichkeit, dividiert durch das arithmetische Mittel dieses Gewichts bei allen 1524 Teilnehmern der Welle 2.

$$(1) \quad gew_{W2} = \frac{1/p_{W2}}{\bar{x}_{(1/pW2)}}$$

Mittels der Division durch das arithmetische Mittel wird erreicht, dass das Gewicht keine Hochrechnung auf die ursprünglichen 4838 Fälle bewirkt, sondern nur eine relative Gewichtung jedes Einzelfalls innerhalb der 1524 Teilnehmer an Welle 2, ohne dass sich bei Anwendung des Gewichts die Gesamtfallzahl erhöht.

Hauptzweck der Bildung eines Gewichtungsfaktors für die Paneldaten ist der Ausgleich systematischer Ausfälle zwischen beiden Wellen. Zudem wurde aber für jeden Fall der Basisstichprobe 1996 – und damit auch für jeden Panelteilnehmer – bereits ein Designgewicht gew_{w1} zum Ausgleich der disproportionalen Stichprobenziehung der Welle 1 gebildet, sodass viele Ergebnisse der Welle 1 auf der Grundlage der gewichteten Daten der Basisstichprobe publiziert wurden. Aus diesem Grund wurde zur besseren Vergleichbarkeit der Ergebnisse das nach Formel (1) entwickelte Ausfallgewicht der Panelstichprobe gew_{w2} mit dem vorliegenden Designgewicht gew_{w1} multiplikativ zum Gesamtgewicht gew_{w1*w2} verknüpft.

$$(2) \quad gew_{W1*W2} = gew_{W1} * gew_{W2}$$

---

[5] Wir danken Dr. habil. Martin Spieß von der SOEP-Gruppe des Deutschen Instituts für Wirtschaftsforschung für seine kompetente Beratung zur Frage der Gewichtung der Panelstichprobe.

[6] Dabei wurden auch jene Personen als Nicht-Teilnehmer in die Teilnahme-Vorhersage miteinbezogen, bei denen bekannt war, dass ihre Nichtteilnahme mortalitätsbedingt ist. Dies erfolgte, da für eine weitere, unbekannte Zahl von Personen davon auszugehen ist, dass ihre Nicht-Teilnahme ebenfalls darauf begründet dies, dass diese Personen in der Zwischenzeit verstorben sind. Um zusätzliche Verzerrungen zu vermeiden, zählen somit zu den Nicht-Teilnehmern auch bekannt wie unbekannt Verstorbene.

Für die Teilnahme am Interview und an der schriftlichen Befragung der Welle 2 sind getrennte Gewichte berechnet worden. Dabei wurden für die Schätzung der Teilnahmewahrscheinlichkeiten am drop-off die gleichen Prädiktoren eingesetzt wie für die Teilnahme am Interview.[7] Da über 94 Prozent der Interviewten in Welle 2 auch den drop-off ausgefüllt haben, unterschieden sich die Regressionskoeffizienten in ihrer Stärke nur geringfügig. Im Ergebnis reicht die Bandbreite der Werte des Gewichtungsfaktors gew_{w1*w2} für das Interview von 0,142 bis 5,435 und für den drop-off von 0,135 bis 6,184, bei einem jeweiligen arithmetischen Mittelwert (AM) von "1". Bandbreite und Streuung (SD) sind beim reinen Ausfallgewicht etwas geringer als beim Gesamtgewicht.

Tabelle 6: Gewichtung der Panelstichprobe

	Min.	Max.	AM	SD
Interview:				
Gewicht zum Ausgleich systematischer Panelausfälle (gew_{W2})	0,469	6,850	1	0,547
Gesamtgewicht (gew_{W1*W2})[1]	0,142	5,435	1	0,628
Drop-off:				
Gewicht zum Ausgleich systematischer Panelausfälle (gew_{W2})	0,466	6,922	1	0,551
Gesamtgewicht (gew_{W1*W2})	0,135	6,184	1	0,646

[1] vgl. Formel (1); AM = arithm. Mittel, SD = Standardabweichung

Um einen Eindruck von den Auswirkungen der Gewichtung auf die Merkmalsverteilungen zu erhalten, wird nachfolgend die relative Häufigkeit einiger Merkmale des mündlichen Interviews der *ersten Welle* für die 1.524 Panelteilnehmer ungewichtet und – mit dem Gesamtgewicht – gewichtet gegenübergestellt. Ergänzt wird dies durch einen Vergleich mit den gewichteten Daten der Basisstichprobe von 1996 (siehe Tabelle 7). Die Darstellungen machen deutlich,

---

7   Bei der Modellierung der logistischen Regression war im Hinblick auf die Berechnung eines darauf basierenden Ausfallgewichts zudem darauf geachtet worden, die Bildung von gering besetzten Extremkategorien zu vermeiden, die den Gewichtungsfaktor besonders stark nach oben oder unten treiben könnten.

dass die gewichtete Panelstichprobe in wesentlichen Verteilungskriterien vergleichbar ist mit jenen der gewichteten Basisstichprobe.

Bezogen auf die Merkmale Alter, Geschlecht und Landesteil wird durch die Gewichtung sowohl die disproportionale Ziehung der Basisstichprobe als auch – teilweise – der Ausfall zwischen den beiden Wellen ausgeglichen. Die Verteilung der gewichteten Panelstichprobe weicht daher weniger von der Basisstichprobe ab als die der ungewichteten Panelstichprobe. Jedoch können und sollen die überdurchschnittlichen Ausfälle der obersten Altersgruppe durch die Gewichtung nur teilweise kompensiert werden. Sie sollen nicht vollständig kompensiert werden, da schwerkranke, nicht-befragbare Hochaltrige nicht durch gesündere, befragbare Hochaltrige repräsentiert werden können. Das im Gesamtgewicht enthaltene Ausfallgewicht zielt statt dessen – um beim gleichen Beispiel zu bleiben – auf eine verbesserte Repräsentanz der im Jahr 2002 Hochaltrigen mit starken gesundheitlichen Beeinträchtigungen, die nicht an der Wiederholungsbefragung teilnehmen konnten oder wollten, durch jene Hochaltrigen mit starken gesundheitlichen Beeinträchtigungen, die an dieser Wiederholungsbefragung teilgenommen haben.

Durch die Gewichtung nähert sich zudem der Anteil der Erwerbstätigen in der Panelstichprobe stärker ihrem Anteil in der Basisstichprobe und es steigt der Anteil der sonstigen Nicht-Erwerbstätigen. Die Veränderungen in den Anteilen der schulischen und beruflichen Abschlüsse kompensieren teilweise den Mittelschicht-Bias der Panelteilnahme. Bezogen auf das Haushaltseinkommen führt die Gewichtung hauptsächlich zu einem höheren Anteil derjenigen, die keine Angaben zur Höhe ihres Einkommens gemacht hatten sowie – in geringem Umfang – der Personen mit niedrigem Einkommen. Durch die Gewichtung sinkt der Anteil der Personen, die in den 12 Monaten vor der Ersterhebung materielle Hilfen an andere gegeben hatten; er nähert sich dadurch der Quote in der Basisstichprobe.

Bezogen auf den Familienstand, die Haushaltsgröße und die Kinderzahl führt die Gewichtung zu einer besseren Anpassung an die Anteile in der Basisstichprobe. Auffällig ist die Anteilsverschiebung bei der Netzwerkgröße von den Personen mit 4 und mehr zu den mit weniger Netzwerkangehörigen. Diese Veränderungen in der Merkmalsverteilung durch die Gewichtung führen jeweils zu einer besseren Anpassung an die Ausgangsverteilung in der Basisstichprobe.

Datengrundlagen und Methodik

Tabelle 7: Ungewichtete und gewichtete Merkmalsverteilung in der Panelstichprobe 1996 im Vergleich zur Basisstichprobe 1996 (in Prozent)

Merkmal (Ausprägung im Jahr 1996 zum Zeitpunkt der Erstbefragung)	Panelstichprobe (ungewichtet) N=1524	Panelstichprobe (gewichtet)[1] N=1524	Basisstichprobe (gewichtet)[2] N=4838
Geschlecht:			
Männlich	53,3	49,2	48,0
Weiblich	46,7	50,8	52,0
Landesteil:			
Früheres Bundesgebiet	63,8	80,1	80,9
Neue Länder und Berlin-Ost	36,2	19,9	19,1
Alter in Jahren:			
40 – 54	44,5	47,6	45,6
55 – 69	38,6	36,5	36,4
70 – 85	16,9	16,0	18,0
Erwerbsstatus:			
Erwerbstätig (ohne Erw. im Ruhest.)	49,3	47,8	46,9
Im Ruhestand (inkl. Erw. im Ruhestand)	32,2	29,6	31,4
Sonstige Nicht-Erwerbstätige	18,4	22,6	21,7
Höchster Schulabschluss:			
Bis Hauptschule	53,3	59,8	62,1
Mittlere oder FHS-Reife	29,5	26,8	25,0
Abitur, Hochschulreife	17,2	13,4	12,9
Höchster Berufsausbildungsabschluss:			
Nicht-Akademische Ausbildung	68,7	68,0	67,7
Abgeschlossenes Studium	20,3	15,4	14,5
Kein Abschluss, keine Angabe	11,0	16,6	17,8
Haushaltseinkommen (in DM):			
1 – 1799	5,2	6,9	7,7
1800 – 2499	10,7	10,7	11,4
2500 – 3499	22,0	21,4	20,2
3500 und höher	54,9	49,1	47,9
Keine Angabe	7,3	12,0	12,8
Familienstand:			
Ledig	4,0	4,7	5,6
Verheiratet zusammenlebend	79,8	76,8	75,4
Getrenntlebend, geschieden	7,3	8,0	7,4
Verwitwet	8,9	10,5	11,5

Fortsetzung *Tabelle 7*

Merkmal (Ausprägung im Jahr 1996 zum Zeitpunkt der Erstbefragung)	Panelstichprobe (ungewichtet)	Panelstichprobe (gewichtet) [1]	Basisstichprobe (gewichtet) [2]
Haushaltsgröße:			
1	12,5	14,7	16,2
2	49,0	45,5	44,4
3	18,5	19,5	19,1
4 und mehr	20,0	20,3	20,4
Kinderzahl:			
0	11,2	13,0	13,1
1	23,8	23,0	22,1
2	39,0	37,9	38,5
3	16,9	16,5	16,3
4 und mehr	9,2	9,5	9,9
Netzwerkgröße:			
0	6,0	7,8	7,5
1	6,0	7,1	7,6
2	10,7	13,1	12,0
3	13,8	14,9	14,6
4 und mehr	61,0	53,9	54,4
Keine Angabe	2,5	3,3	3,8
Mitgliedschaft in nicht-seniorenspezifischer Gruppe oder Organisation:			
Ja	53,5	53,8	48,9
Nein, k.A.	46,5	46,2	51,1
Gegebene materielle Hilfe an andere in den letzten 12 Monaten:			
Ja	36,5	33,7	30,7
Nein, weiß nicht, k.A.	63,5	66,3	69,3
Subjektive Gesundheit:			
Gut, sehr gut	60,4	56,8	56,4
Mittel	32,0	33,0	32,3
Schlecht, sehr schlecht	7,6	10,2	11,3
Subjektive Wohnsituation:			
Gut, sehr gut	87,9	84,1	84,2
Mittel	9,3	11,7	12,1
Schlecht, sehr schlecht	2,9	4,2	3,7
Subjektive Bewertung d. Lebensstandards:			
Gut, sehr gut	69,2	65,6	64,8
Mittel	27,4	29,8	30,6
Schlecht, sehr schlecht	3,4	4,6	4,7

[1] Gewichtet mit dem Gesamtgewicht gew$_{W1 \cdot W2}$; [2] Gewichtet mit dem Designgewicht gew$_{W1}$.

Die Überrepräsentanz der Personen in Welle 2 mit subjektiv gutem und sehr gutem Gesundheitszustand wird durch die Gewichtung beseitigt, ebenso die von Personen mit subjektiv guter und sehr guter Wohnsituation und derjenigen, die ihren Lebensstandard als gut oder sehr gut bewerten. Keinen Einfluss hat die Gewichtung auf den Partizipationsindikator der Mitgliedschaft in einer – nicht seniorenspezifischen – Organisation oder Gruppe.

Insgesamt kann festgehalten werden, dass bei Gewichtung die Struktur der Panelstichprobe (Welle 1) mehr der Ausgangsstruktur in Welle 1 entspricht. Verzerrungen durch systematische Ausfälle zwischen den beiden Wellen werden in etwa kompensiert und bei Hinzunahme des Designgewichts auch die disproportionale Ziehung der Basisstichprobe ausgeglichen. Die Verwendung gewichteter Daten der Panelstichprobe sollte jedoch allgemeinen deskriptiven Darstellungen und Vergleichen vorbehalten sein. Bei multivariaten Analysen kann darauf verzichtet werden. Dort sollten statt dessen Merkmale mit starkem systematischen Einfluss auf die Teilnahmewahrscheinlichkeit an der zweiten Welle sowie die Merkmale, nach denen die Basisstichprobe geschichtet wurde, zur statistischen Kontrolle in die jeweiligen Analysen einbezogen werden.

4 Die Replikationsstichprobe

4.1 Stichprobenbeschreibung und –ausschöpfung

Das Stichprobendesign der Replikationsstichprobe 2002 folgt weitgehend dem der Basisstichprobe von 1996. Die Replikationsstichprobe ist erneut eine Einwohnermeldeamtsstichprobe und zwar in den selben Gemeinden wie 1996[8]. Grundgesamtheit ist wiederum die 40- bis 85-jährige Bevölkerung in Privathaushalten. Da zusätzlich eine ungeschichtete Ausländerstichprobe geplant war, wurde vom infas-Institut bei den Gemeinden zunächst ein Adresspool von ca. 60.000 Einwohnern im Alter von 40 bis 85 Jahren gezogen, dessen Größe sich an der als notwendig erwarteten Adressenzahl zur Realisierung einer Ausländerstichprobe von ca. 900 Interviews mit Nicht-Deutschen orientierte. Dieser per Zufallsauswahl gezogene Adresspool wurde anhand der von den Gemeinden mitgelieferten Informationen zur Staatsangehörigkeit der Personen unterteilt in den Pool der Deutschen und den der Nicht-Deutschen. Die Ziehung der Bruttostichprobe für

---

8   Aufgrund von Gemeindereformen in Ostdeutschland waren drei ehemals eigenständige Gemeinden in größere, ebenfalls in der Stichprobe enthaltene Orte eingemeindet worden. Die Zahl der Gemeinden verringerte sich dadurch von 290 auf 287.

die Replikationsstichprobe erfolgte aus dem Pool der Deutschen[9] entsprechend der beabsichtigten disproportionalen Stratifizierung (Verteilung der drei Altersgruppen zu je einem Drittel, gleiche Anteile von Männern und Frauen, Verteilung Ost/West: zwei Drittel zu ein Drittel). Da angestrebt wurde, insgesamt ca. 3.000 Interviews zu realisieren, folgten auf die Zufallsziehung der ersten Einsatztranche, für einzelne der zwölf Ziehungszellen bis zu zwei weitere Zufallsziehungen, nachdem sich zeigte, dass die angestrebte Fallzahl mit der ersten Tranche nicht erreicht werden konnte[10]. Insgesamt ergab sich eine Bruttostichprobe von 8.826 Zielpersonen. Ohne die neutralen Ausfälle der an der mitgeteilten Adresse nicht erreichbaren oder im Heim lebenden Zielpersonen beträgt die bereinigte Bruttostichprobe 8.164 Personen (Tabelle 8).

Ingesamt konnten 5.011 der 8.164 Zielpersonen nicht befragt werden, 124 Interviews erwiesen sich als nicht auswertbar. Hauptausfallgrund war die Verweigerung der Teilnahme durch die Zielperson oder durch die Kontaktperson des Haushalts. Rund 600 Personen konnten wegen dauerhafter Erkrankung oder starker Behinderung nicht an der Untersuchung teilnehmen.

Erst nach Erhalt der ersten Interviews stellte sich heraus, dass die altersbezogene Auswahl der Replikationsstichprobe geringfügig von der altersbezogenen Auswahl der Basisstichprobe abwich. Während in die Basiserhebung Personen einbezogen wurden, die im Laufe des Erhebungsjahrs, jedoch nicht unbedingt vor dem Interviewzeitpunkt den Termin ihres 40. bis 85. Geburtstages hatten, waren für die Replikationsstichprobe (und die Ausländerstichprobe) Personen ausgewählt worden, die im Jahr vor der Erhebung das 40. bis 85. Lebensjahr vollendet hatten, also mit diesem vollendeten Alter in das Erhebungsjahr gingen. Konkret bedeutete dies, dass für die Erhebung 1996 die Geburtsjahrgänge 1911 bis 1956, für die Erhebung 2002 die Geburtsjahrgänge 1916 bis 1961 gezogen wurden. Aus Gründen der Vergleichbarkeit der Ergebnisse zwischen Basis- und Replikationsstichprobe wurde daher entschieden, die 1962 Geborenen in die Untersuchung aufzunehmen und die 19 Befragten des Jahrgangs 1916 aus dem Sample zu entfernen. Es kam daher zur zusätzlichen Ziehung von Angehörigen des Geburtsjahrgangs 1962 und der Realisierung von 74 Interviews mit Deutschen dieses Jahrgangs.[11] Insgesamt liegen 3.084 Interviews mit Angehörigen der Geburtsjahrgänge 1917 bis 1962 vor. 2,4 Prozent davon entfallen auf den jüngsten Jahrgang. Von den Interviewten haben 2.787 (=90,4%) auch den schriftlichen Fragebogen ausgefüllt.

---

9   Nach Auskunft von infas mussten nur 235 Personen (0,4%) vor dieser Ziehung aus der Grundgesamtheit der rund 57.100 Deutschen entfernt werden, da sie bereits an der ersten Welle teilgenommen hatten.
10 Für weitere Details der Stichprobenziehung siehe infas (2003).
11 Näheres hierzu in infas (2003).

Im bivariaten Vergleich der beiden Geschlechter, der drei Altersgruppen und der beiden Landesteile kam es zu einer leicht unterdurchschnittlichen Ausschöpfung bei den Frauen, den Älteren und westdeutschen Befragten. Der Ost-West-Unterschied erwies sich jedoch in der logistischen Regressionsanalyse der Befragungsteilnahme als statistisch nicht signifikant.

Tabelle 8: Ausschöpfung der Replikationsstichprobe

Zeile	Population	Anzahl
1	= *Bruttostichprobe (Jahrgänge 1916-1961)*	*8.826*
2	– Neutrale Ausfälle darunter: ZP verstorben: 82 ZP unbekannt: 504 ZP im Heim: 39 ZP/HH spricht nicht deutsch: 19	- 662
3	= *Bereinigter Stichprobenansatz*	*8.164*
4	– *Systematische Ausfälle* darunter: Kein Kontakt zum Haushalt: 421 ZP verweigert: 3.436 ZP dauerhaft krank: 440 ZP stark behindert: 158 Interview durch Dritte verhindert: 513	- 5.011
5	= *Durchgeführte mündliche Interviews*	*3.153*
6	– Nicht auswertbare Interviews	- 124
7	= *Auswertbare mündl. Interviews (Jahrgänge 1916-1961)* in % von Zeile 3 (Bereinigte Bruttostichprobe)	*3.029* 37,1%
8	+ Nacherhobene Interviews beim Jahrgang 1962	+ 74
9	– Ausgeschlossene Interviews des Jahrgangs 1916[1]	- 19
10	= *Auswertbare mündl. Interviews (Jahrgänge 1917-1962)*	*3.084*

Quelle: infas 2003;
[1] nicht zur Zielgruppe gehörende 86-Jährige

4.2 Datengewichtung

Zum Ausgleich der disproportionalen Ziehung der Replikationsstichprobe wurde von infas – wie in Welle 1 – eine Gewichtungsvariable zur Designgewichtung der Daten gebildet. Die vorgenommene Gewichtung besteht in einer Randanpassung der Stichprobe an die relative Häufigkeit der 12 Merkmalskombinationen aus Altersgruppe, Geschlecht und Landesteil an die Verteilung in einer Referenzstatistik. Dieser Gewichtungsrahmen ist – ebenfalls wie in Welle 1 – die Statistik der Bevölkerungsfortschreibung des Statistischen Bundesamts. Basis ist der Bevölkerungsstand am 31.12.2001. Die Geschlechts- und Altersgruppenverteilung sowie die Anteile ost- und westdeutscher Personen in der Replikationsstichprobe entspricht daher bei Anwendung der Gewichtungsfaktoren exakt der Verteilung in der deutschen Bevölkerung am Jahresende 2001. Es wurde eine getrennte Gewichtung für mündliche Interviews und schriftliche Fragebögen erstellt. Die Bandbreite des Gewichtungsfaktors für das Interview reicht von 0,288 bis 1,578 mit dem Mittelwert 1 und einer Standardabweichung von 0,384.

Der Einsatz der Gewichtung ist vor allem für allgemeine deskriptive Darstellungen und Aussagen notwendig, da die Gesamtergebnisse sonst zu stark vom überproportionalen Einbezug der Personen zwischen 70 und 85 Jahren sowie der ostdeutschen Befragten beeinflusst werden. Bei Analysen, in denen eine Differenzierung nach diesen drei Stratifizierungsmerkmalen erfolgt, kann auf eine Gewichtung der Replikationsstichprobe verzichtet werden.

Tabelle 9: Designgewichtung (Interview) der Replikationsstichprobe

Landesteil	Geschlecht	Altersgruppe[1]		
		40-54	55-69	70-85
West	männlich	1,578	1,242	0,602
	weiblich	1,370	1,320	1,038
Ost	männlich	0,715	0,636	0,288
	weiblich	0,776	0,727	0,494

Quelle: infas;
[1] Alter = Erhebungsjahr minus Geburtsjahr

5 Die Ausländerstichprobe

5.1 Stichprobenbeschreibung und -ausschöpfung

Als Neuerung gegenüber Welle 1 enthält der Alterssurvey des Jahres 2002 neben der Panel- und der Replikationsstichprobe auch eine Stichprobe Nicht-Deutscher, die im weiteren der Einfachheit halber als Ausländerstichprobe bezeichnet wird. Angestrebt wurde eine Nettostichprobe von ca. 900 Interviews mit in Privathaushalten lebenden Personen im Alter von 40 bis 85 Jahren, die nicht die deutsche Staatsangehörigkeit besitzen. Da für die Befragung die gleichen deutschsprachigen Fragebögen wie für die Replikationsstichprobe eingesetzt wurden, war die Voraussetzung einer erfolgreichen Teilnahme das ausreichende Beherrschen der deutschen Sprache oder die Unterstützung durch eine Person, die des Deutschen ausreichend mächtig waren und Übersetzungshilfe leisten konnte. Damit umfasste die Grundgesamtheit die 40- bis 85-jährigen Nicht-Deutschen in Privathaushalten mit ausreichenden Deutsch-Kenntnissen.

Die Auswahl der Bruttostichprobe erfolgte durch eine Zufallsziehung aus den Registern der Einwohnermeldeämter jener Gemeinden, die auch die Adressen für die Replikationsstichprobe lieferten. Wie bereits beschrieben, erfolgte die Adressziehung in den Gemeinden aus Kostengründen als eine gemeinsame Zufallsauswahl der 40- bis 85-Jährigen. Die Gesamtzahl war so hoch angesetzt worden, dass der Erwartungswert der darin enthaltenen Zahl der Nicht-Deutschen ausreichen sollte, die angestrebte Zahl von ca. 900 Interviews zu realisieren. Tatsächlich enthielt der Adressenpool 3.255 Personen, die nach Angaben der Einwohnermeldeämter Nicht-Deutsche waren. Diese 3.255 Personen bildeten die Bruttostichprobe des Ausländer-Sample.

Wie erwartet waren viele davon unter der angegebenen Adresse nicht erreichbar. Es ist bekannt, dass die Daten der Einwohnermeldeämter bei Ausländern in höherem Maße als bei Deutschen nicht auf dem aktuellen Stand sind. Ein Grund dafür sind unterbliebene Abmeldungen bei Rückkehr in das Herkunftsland. Ein weiterer Grund für die im Vergleich zu den Deutschen häufigere Nichterreichbarkeit älterer Ausländer dürfte die Pendelmigration mit abwechselnden längeren Aufenthalten im In- und Ausland sein. 17,1 Prozent der Zielpersonen der Ausländerstichprobe konnten nicht befragt werden, da sie unter der angegebenen Adresse nicht bekannt waren (vgl. Tabelle 10). Zum Vergleich: In der Replikationsstichprobe betrug dieser Anteil nur 5,7 Prozent (vgl. Tabelle 8). Ein weiterer zahlenmäßig bedeutsamer Ausfallgrund waren mangelnde Deutschkenntnisse: 10 Prozent der 3.255 Zielpersonen der Ausländerstichprobe konnten explizit mit der Begründung nicht befragt werden, dass sie kein deutsch verstehen bzw. sprechen. Diese wurden als neutrale Ausfälle eingestuft. Unter Abzug aller neutralen Ausfälle verringerte sich die Bruttostichprobe auf einen bereinigten Ansatz von 2.343 Personen. Davon konnten 628 interviewt werden, von denen 40 jedoch nicht auswertbar waren. Insgesamt konnten damit trotz eines hohen Bruttoansatzes nur 588 auswertbare Interviews realisiert werden. Dies sind deutlich weniger als geplant und nur 25,1 Prozent der bereinigten Bruttostichprobe.

Tabelle 10: Ausschöpfung der Ausländerstichprobe

Zeile	Population	Anzahl
1	= *Bruttostichprobe (Jahrgänge 1916-1961)*	*3.255*
2	− Neutrale Ausfälle darunter: Zielperson verstorben: 15 Zielperson unbekannt: 559 Zielperson im Heim: 9 Zielperson/Haushalt spricht nicht deutsch: 326	− 912
3	= *Bereinigter Stichprobenansatz*	*2.343*
4	− Systematische Ausfälle darunter: Kein Kontakt zum Haushalt: 738 Zielperson verweigert: 767 Zielperson dauerhaft krank: 43 Zielperson stark behindert: 9 Interview durch Dritte verhindert: 149	− 1.715
5	= Durchgeführte mündliche Interviews	628
6	− Nicht auswertbare Interviews	− 40
7	= *Auswertbare mündl. Interviews (Jahrgänge 1916-1961)* in % von Zeile 3 (Bereinigte Bruttostichprobe*)*	*588* *25,1%*
8	+ Nacherhobene Interviews beim Jahrgang 1962	6
9	− Ausgeschlossenes Interview des Jahrgangs 1916[1]	− 1
10	− Ausgeschlossene Interviews Deutscher[2]	7
11	= *Auswertbare mündl. Interviews (Jahrgänge 1917-1962)*	*586*

Quelle: infas 2003; [1] nicht zur Zielgruppe gehörende 86-jährige Person
[2] Personen, die anhand ihrer Interviewangaben mit hoher Plausibilität Deutsche ohne ausländische Herkunft sind (vgl. Abschnitt 5.2)

Datengrundlagen und Methodik

Im Vergleich zur Replikationsstichprobe ist der in der Ausländerstichprobe hohe Anteil nicht realisierbarer Interviews wegen nicht erreichter Kontaktherstellung (trotz mehrmonatiger Feldzeit) auffällig (31,5 vs. 5,2% der bereinigten Bruttostichprobe). Hingegen liegt der Verweigereranteil mit 32,7 Prozent bei den Ausländern unter dem entsprechenden Anteil der Deutschen (42,1 Prozent). Auch Ausfälle wegen dauerhafter Krankheit oder starker Behinderung kommen in der Ausländerstichprobe prozentual seltener vor als in der Replikationsstichprobe (2,2 vs. 7,3%), was auf den geringeren Anteil Hochaltriger zurückzuführen sein dürfte.

Wegen der gleichen Geburtsjahrvorgaben für die Adressziehung wie bei der Replikationsstichprobe (siehe Abschnitt 4.1), wurde auch für die Ausländerstichprobe eine Nachziehung und Erhebung bei den 1962 Geborenen durchgeführt. Es wurden sechs Interviews nacherhoben und das Interview einer 1916 geborenen Person gestrichen. Zudem wurden sieben Personen nachträglich wegen erheblicher Zweifel an der Zugehörigkeit zur Stichprobe der Nicht-Deutschen ausgeschlossen (siehe Abschnitt 5.2). Damit stehen für die Auswertung der Ausländerstichprobe insgesamt 586 mündliche Interviews zur Verfügung. Von diesen 586 Personen haben 484 Befragte (82,6 Prozent) auch den schriftlichen Fragebogen ausgefüllt. Eine zusätzlich erfolgte, nach Altersgruppen, Geschlecht und Landesteil differenzierte, Betrachtung der neutralen und systematischen Ausfälle in der Ausländerstichprobe lässt folgendes erkennen:

- Die neutralen Ausfälle kamen bei Männern per Saldo etwas häufiger vor als bei Frauen, da die Adressen der Männer seltener gültig waren, während Frauen häufiger wegen der Sprachprobleme nicht interviewt werden konnten. Der Gesamtanteil systematischer Ausfälle – bezogen auf die bereinigte Bruttostichprobe – ist bei beiden Geschlechtern hingegen nahezu gleich hoch.
- Von den drei Altersgruppen wies die mittlere Gruppe der 55- bis 69-Jährigen den höchsten Anteil neutraler Ausfälle auf, vor allem wegen größerer Adressprobleme und einem überdurchschnittlichen Anteil nicht deutsch sprechender Zielpersonen. Auch der Anteil systematischer Ausfälle war in der mittleren Altersgruppe etwas höher. Am geringsten war er – trotz mehr Ausfällen aufgrund von Krankheit und Behinderung – in der obersten Altersgruppe. Grund dafür ist die geringere Verweigerungsquote der 70- bis 85-Jährigen.
- In Ostdeutschland war aufgrund der größeren Adressprobleme und von anteilig mehr Fällen mit nicht ausreichenden Sprachkenntnissen der Anteil neutraler Ausfälle deutlich höher als im Westen. Systematische Ausfälle kamen – bezogen auf die um neutrale Ausfälle bereinigte Stichprobe – in den neuen Ländern hingegen seltener vor als in den alten Bundesländern.

Ohne die nacherhobenen und nachträglich entfernten Interviews ergaben sich die nachfolgend in Tabelle 11 dargestellten Ausschöpfungsquoten. Dabei zeigt sich, dass es kaum Unterschiede in der Ausschöpfung gibt, vergleicht man Personen unterschiedlicher Altersgruppen, Geschlechter bzw. Regionen (Ost/West). Hinsichtlich der unbereinigten Bruttostichprobe (Ergebnisspalte 1) gibt es eine leichte Unterrepräsentanz der mittleren Altersgruppe (55-69 Jahre). Auffällige regionale Unterschiede zeigen sich in der bereinigten Bruttostichprobe. Hier lag die Ausschöpfungsquote der ostdeutschen Länder deutlich höher als jene der westdeutschen Bundesländer.

Tabelle 11: Ausschöpfung der Ausländerstichprobe nach Geschlecht, Alter und Landesteil

Population	Unbereinigte Bruttostichprobe	Bereinigte Bruttostichprobe
Geschlecht		
Männer	17,9	25,2
Frauen	18,3	25,0
Alter		
40 bis 54 Jahre	18,5	25,0
55 bis 69 Jahre	17,1	25,0
70 bis 85 Jahre	18,6	26,2
Landesteil		
Neue Länder und Berlin-Ost	18,9	34,2
Alte Länder und Berlin-West	18,0	24,6
Gesamt	18,1	25,1

Ausschöpfungsquote in Prozent[1]

Quelle: infas 2003; eigene Berechnungen;
[1] ohne Berücksichtigung der Nacherhebung.

Für die Ausländerstichprobe wurde keine Gewichtungsvariable gebildet, da die Ziehung dieser Stichprobe im Unterschied zur Replikationsstichprobe nicht disproportional erfolgte.

5.2 Zum Ausländerstatus der Befragten

Wie im vorherigen Abschnitt beschrieben, wurde die Gesamtmenge der von den Einwohnermeldeämtern gezogenen Adressen anhand der von den Ämtern mitgelieferten Informationen zur Staatsangehörigkeit in die beiden Adressgruppen der Deutschen (als Basis für die Replikationsstichprobe) und der Nicht-Deutschen (als Basis für die Ausländerstichprobe) unterteilt. Kriterium für die Ziehung in der Ausländerstichprobe war das Fehlen einer deutschen Staatsangehörigkeit (zum Zeitpunkt der Adressziehung). Im mittleren Teil des Interviews wurden alle Befragte auch nach ihren aktuellen Staatsangehörigkeiten befragt. 129 der 593 Personen (einschließlich der danach ausgeschlossenen Fälle) haben dabei angegeben, im Besitz der deutschen Staatsangehörigkeit zu sein, darunter 36 Personen, die nach eigener Aussage noch eine andere Staatsangehörigkeit besitzen. Diese festgestellten Diskrepanzen zwischen der Stichprobenzuordnung und den Selbstangaben können verschiedene Ursachen haben. Es könnten die übermittelten Angaben der Meldeämter fehlerbehaftet oder zum Zeitpunkt des Interviews wegen zwischenzeitlich erfolgter Einbürgerungen veraltet gewesen sein. Es können aber auch Fehler bei der Beantwortung der Frage vorliegen. Beispielsweise kann rechtlich die deutsche Staatsangehörigkeit fehlen, aber die befragte Person sich nach ihrem subjektiven Verständnis als Deutsche verstehen. Welche Ursache im Einzelfall vorliegt, kann im Nachhinein nicht festgestellt werden.[12] Durch das Hinzuziehen weiterer Angaben der Befragten lassen sich jedoch Plausibilitätsannahmen für die Gültigkeit der im Interview angegebenen deutschen Staatsangehörigkeit finden.

Der Großteil der 129 Fälle mit angegebener deutscher Staatsangehörigkeit wurde einer Einzelfallprüfung unterzogen. Anhand der Angaben zur Teilnahme an der Bundestagswahl 1998, der Nationalität der Eltern, dem Land der Geburt und des Aufwachsens der Befragten und – bei Eingewanderten – dem Jahr ihres Zuzugs nach Deutschland wurden die in Tabelle 12 aufgeführten Gruppen unterschieden. Nach genauer Prüfung wurden die sieben Angehörigen der Gruppe 1 nachträglich aus der Stichprobe entfernt, da sie mit hoher Plausibilität von Geburt an oder seit vielen Jahren Deutsche sind. Die Anzahl der auswertbaren Interviews der Ausländerstichprobe verringerte sich dadurch, wie bereits berichtet, auf 586 Befragte. Die restlichen Fälle mit abweichender Selbstangabe zur Staatsangehörigkeit gegenüber den Angaben der Einwohnermeldeämter, die die

---

12 Eine Nachfrage bei den Befragten war aus datenschutzrechtlichen Gründen nicht möglich. Der Datenschutz verbietet es entsprechend auch, den Einwohnermeldeämtern Informationen über Angaben der Interviewten zu geben, auch nicht zur Klärung von Diskrepanzen und einer möglichen Beseitigung von Fehlern im Register.

Grundlage der Stichprobenzuordnung bildeten, wurden trotz dieser Inkonsistenz in der Stichprobe der Nicht-Deutschen (Ausländerstichprobe) belassen.

Tabelle 12: Ausgewählte Zusatzangaben von 129 Personen der Ausländerstichprobe mit angegebener deutscher Staatsangehörigkeit*

Gruppe	Teilnahme an Bundestagswahl 1998?	Mind. ein deutsches Elternteil?	Nur dtsch. Staatsangehörigkeit?	In Dtschld. oder früheren Ostgebieten geboren?	In Dtschld./ früheren Ostgebieten aufgewachsen?	Seit wann in Dtschld. (wenn woanders geboren)	Fallzahl
1	ja	ja	ja	ja	ja	–	7
2	ja	ja	ja	ja	nein	mind. 10 J.	1
3	ja	ja	ja	nein	nein	mind. 10 J.	10
4	ja	ja	ja	nein	nein	unter 10 J.	3
5	ja	ja	nein	ja	–	–	2
6	ja	ja	nein	nein	nein	mind. 10 J.	2
7	ja	ja	nein	nein	nein	unter 10 J.	1
8	ja	nein	ja	ja	–	–	3
9	ja	nein	ja	nein	ja	mind. 10 J.	1
1	ja	nein	ja	nein	nein	mind. 10 J.	11
11	ja	nein	ja	nein	nein	unter 10 J.	6
12	ja	nein	nein	nein	ja	–	1
13	ja	nein	nein	nein	nein	–	8
14	nein	ja	ja	ja	–	–	7
15	nein	ja	ja	nein	nein	–	11
16	nein	ja	nein	nein	nein	–	3
17	nein	nein	–	–	–	–	52

* Die Kategorie "nein" kann vereinzelt auch Fälle mit fehlenden Angaben enthalten
– = keine weitere Differenzierung nach diesem Merkmal vorgenommen

Wie ein Vergleich der Verteilung einiger soziodemografischer Merkmale der Ausländerstichprobe mit den auf Ausländer bezogenen Daten des Mikrozensus 2002 zeigt, stimmen diese Merkmale trotz des Problems der Staatsangehörigkeit und der Teilnahmeselektivität aufgrund der erforderlichen deutschen Sprachkenntnisse erstaunlich gut überein (Tabelle 13).

Die hohe Übereinstimmung zwischen den Ausländerstichproben von Alterssurvey und Mikrozensus kann zum Teil daran liegen, dass die Mikrozensus-Befragungen ebenfalls in deutscher Sprache erfolgen, sodass auch hier eine Selektion zugunsten von Personen mit deutschen Sprachkenntnissen vorliegt. Die Teilnahme an diesen Befragungen ist im Gegensatz zum Alterssurvey allerdings Pflicht. Es kann deshalb davon ausgegangen werden, dass die Ausländerstichprobe des Alterssurveys die nichtdeutsche Bevölkerung im Alter von 40 bis 85 Jahren recht gut repräsentiert, sieht man von sprachbedingten Selektivitäten ab, die auch beim Mikrozensus bestehen.

Tabelle 13: Verteilung ausgewählter Merkmale in der Ausländerstichprobe des Alterssurveys und im Mikrozensus 2002 (Angaben in Prozent)

	Ausländerstichprobe Alterssurvey 2002	Ausländer im Mikrozensus 2002[1]
Alter:		
40 – 54	59,2	59,2
55 – 69	32,1	34,7
70 – 85 (bzw. 70+)	8,7	6,1[2]
Geschlecht:		
männlich	52,0	54,0
weiblich	48,0	46,0
Landesteil:		
West	93,7	97,4
Ost	6,3	2,6
Familienstand:		
ledig	5,8	6,3
verheiratet	78,0	80,4
geschieden, verwitwet	16,2	13,4
Erwerbsstatus:		
erwerbstätig	51,4	50,1
nicht erwerbstätig	48,6	49,9
Haushaltsgröße:		
1 Person	14,7	15,5[3]
2 und mehr	85,3	84,5[3]

Quellen: Alterssurvey 2002, Ausländerstichprobe (n=586); Deutsches Zentrum für Altersfragen – Gerostat; Statistisches Bundesamt (2003a, S.109; 2003b, S.47), eigene Berechnungen
[1] Bevölkerung im Alter von 40 und mehr Jahren am Ort der Hauptwohnung;
[2] 70 und mehr Jahre alt;
[3] Haushalte mit ausländischer Bezugsperson

Literatur

Backhaus, K., Erichson, B., Plinke, W. & Weiber, R. (2000). *Multivariate Analysemethoden. Eine anwendungsorientierte Einführung* (9 ed.). Berlin u.a.: Springer.

BIK Aschpurwis+Behrens GmbH. (2001). *BIK-Regionen. Methodenbeschreibung zur Aktualisierung 2000.* Hamburg: BIK Aschpurwis+Behrens GmbH (http://www.bik-gmbh.de).

Bode, C., Westerhof, G. & Dittmann-Kohli, F. (2001). Methoden. In F. Dittmann-Kohli, C. Bode & G. Westerhof (Eds.), *Die zweite Lebenshälfte – Psychologische Perspektiven* (pp. 37-76). Stuttgart: Kohlhammer.

Dittmann-Kohli, F., Kohli, M. & Künemund, H. (1995). *Lebenszusammenhänge, Selbstkonzepte und Lebensentwürfe. Die Konzeption des Deutschen Alters-Surveys* (Forschungsbericht 47). Berlin: Forschungsgruppe Altern und Lebenslauf (Fall).

Dittmann-Kohli, F., Kohli, M., Künemund, H., Motel, A., Steinleitner, C. & Westerhof, G. (1997). *Lebenszusammenhänge, Selbst- und Lebenskonzeptionen – Erhebungsdesign und Instrumente des Alters-Survey* (Forschungsbericht 61). Berlin: Forschungsgruppe Altern und Lebenslauf (Fall).

Folstein, M. F., Folstein, S. E. & McHugh, P. R. (1975). "Mini Mental State": *A practical method for grading the cognitive state of patients for the clinician. Journal of Psychiatric Research*, 12, 189-198.

Habich, R. & Zapf, W. (1994). Gesellschaftliche Dauerbeobachtung – Wohlfahrtssurveys: Instrument der Sozialberichterstattung. In R. Hauser, N. Ott, G. Wagner, U. Hochmuth & J. Schwarze (Eds.), *Mikroanalytische Grundlagen der Gesellschaftspolitik* (Vol. 2, pp. 13-37). Berlin: Akademie-Verlag.

infas. (2003). *Alterssurvey – Die zweite Lebenshälfte. Methodenbericht zur Erhebung der zweiten Welle 2002.* Bonn: infas – Institut für angewandte Sozialwissenschaft GmbH.

Kohli, M. (2000). Der Alters-Survey als Instrument wissenschaftlicher Beobachtung. In M. Kohli & H. Künemund (Eds.), *Die zweite Lebenshälfte – Gesellschaftliche Lage und Partizipation im Spiegel des Alters-Survey* (pp. 10-32). Opladen: Leske + Budrich.

Kohli, M. & Tesch-Römer, C. (2003). Der Alters-Survey. *ZA-Information*(52), 146-156.

Künemund, H. (2000). Datengrundlage und Methoden. In M. Kohli & H. Künemund (Eds.), *Die zweite Lebenshälfte – Gesellschaftliche Lage und Partizipation im Spiegel des Alters-Survey* (pp. 33-40). Opladen: Leske + Budrich.

Mika, T. (2002). Wer nimmt teil an Panel-Befragungen? Untersuchung über die Bedingungen der erfolgreichen Kontaktierung für sozialwissenschaftliche Untersuchungen. *ZUMA Nachrichten*, 26(51), 38-48.

Mohler, P. P., Koch, A. & Gabler, S. (2003). Alles Zufall oder? Ein Diskussionsbeitrag zur Qualität von face to face-Umfragen in Deutschland. *ZUMA-Nachrichten*, 27(53), 10-15.

Statistisches Bundesamt. (2003a). *Haushalte und Familien 2002.* Wiesbaden: Statistisches Bundesamt.

Statistisches Bundesamt. (2003b). *Stand und Entwicklung der Erwerbstätigkeit 2002.* Wiesbaden: Statistisches Bundesamt.

Tesch-Römer, C., Wurm, S., Hoff, A. & Engstler, H. (2002). Alterssozialberichterstattung im Längsschnitt: Die zweite Welle des Alterssurveys. In A. Motel-Klingebiel & U. Kelle (Eds.), *Perspektiven der empirischen Alter(n)ssoziologie* (pp. 155-189). Opladen: Leske+Budrich.

Erwerbsbeteiligung in der zweiten Lebenshälfte und der Übergang in den Ruhestand

Heribert Engstler

1 Einleitung

In den vergangenen Jahren hat das öffentliche und wissenschaftliche Interesse an den älteren Arbeitnehmerinnen und Arbeitnehmern und der Beendigung des Erwerbslebens stark zugenommen. In der Diskussion geht es dabei oft um die Frage nach einem längeren Verbleib im Erwerbsleben und wie dieser herbei zu führen sei. Die wichtigsten dabei angesprochenen Hintergründe und Begründungen für dieses Ziel sind die demografisch bedingten Veränderungen des Arbeitskräftepotenzials, die Finanzierbarkeit des gesetzlichen Rentensystems, vor allem die Stabilisierung des Beitragssatzes, die betriebliche und volkswirtschaftliche Nutzung der „Humanressourcen" älterer Arbeitnehmer, die Sicherung der Innovations- und Wettbewerbsfähigkeit der Wirtschaft mit alternden Belegschaften, der Grad der Lebensstandardsicherung im Alter, die Generationengerechtigkeit, die Leistungsfähigkeit älterer Menschen, das Verbot der Diskriminierung aufgrund des Alters und das nachberufliche Engagement als gesellschaftliche Ressource (vgl. Bäcker & Naegele, 1995; Barkholdt, 2001; Behrend, 2002; Behrens et al., 1999; Bellmann et al., 2003; Clemens, 2001; Glover & Branine, 2002; Gussone et al., 1999; Lehr, 1990; Pack et al., 1999; Rothkirch, 2000; Verband Deutscher Rentenversicherungsträger, 2004; Wachtler, Franke & Balcke, 1997).

In die Kritik geraten ist insbesondere das hohe Ausmaß der Frühausgliederungen aus dem Erwerbsleben und der Frühverrentungen. In den letzten Dekaden des 20. Jahrhunderts hatte sich im früheren Bundesgebiet der Übergangszeitpunkt in den Ruhestand biografisch immer weiter in ein jüngeres Alter verlagert (vgl. Verband Deutscher Rentenversicherungsträger, 2003; Koller, 2001; Behrend, 2001; Jacobs & Kohli, 1990). Im Verbund mit der steigenden Lebenserwartung führte dies zu einer historisch einmaligen Verlängerung der nachberuflichen Lebensphase, damit auch zur Verlängerung der Rentenlaufzeiten und einer steigenden Zahl von Rentenempfängern. Eingeläutet wurde der Trend zum frühen Übergang in den Ruhestand im früheren Bundesgebiet unter anderem durch die Einführung der flexiblen Altersgrenze 1973. Lange Zeit war der Trend zur Frühausgliederung aus dem Erwerbsleben von einem korporatistischen Konsens zwischen Staat, Arbeitgeberverbänden und Gewerkschaften getragen worden. Dieser bestand darin, nach Auslaufen des lange währenden Wirtschaftsaufschwungs der Nachkriegsdekaden und dem Zwang zur Neustrukturierung der Volkswirtschaft den strukturell begründeten Anstieg der Arbeitslosigkeit durch das Mittel der sozial verträglichen Frühverrentung zu mildern (vgl. George, 2000; Oswald, 2001; Teipen, 2003). Der Trend zum frühen Übergang in den Ruhestand erfuhr eine weitere Steigerung in Ostdeutschland in den Jahren nach der Wiedervereinigung. Binnen kurzer Zeit wurden zur Entlastung des Arbeitsmarkts die meisten Beschäftigten im Alter ab 57 Jahren, viele schon ab 55 Jahren in den Vorruhestand mit anschließendem Rentenbezug geschickt (vgl. Kretschmar & Wolf-Valerius, 1996; Ernst, 1996). Die Frühverrentungen erfuhren in dieser Zeit nochmals einen Höhepunkt, obwohl die Diskussion zur Verlängerung der Lebensarbeitszeit – vor allem aus Gründen der Finanzierung des gesetzlichen Rentensystems – schon massiv eingesetzt und der Staat unter anderem mit dem Rentenreformgesetz 1992 bereits Maßnahmen zur Senkung der Anreize für eine frühe Verrentung getroffen hatte. Denn die frühzeitige Verabschiedung aus dem Erwerbsleben belastete in starkem Maße die Arbeitslosenversicherung und die Rentenkassen. In der Folge stellte der Staat den korporatistischen Frühverrentungskonsens immer mehr infrage und erließ – wie in vielen OECD-Ländern (vgl. OECD, 2000) – Gesetze, die den Trend zur Frühausgliederung stoppen oder zumindest die finanziellen Folgen einer frühen Verrentung für die Rentenkasse mildern sollen.[1] Zentrale Maßnahmen hierzu waren und sind die Anhebung der Altersgrenzen, das Einführen von Abschlägen bei frühzeitigem Rentenbeginn, die Verschärfung von Anspruchsvoraussetzungen und das Senken des Rentenniveaus, hauptsächlich durch Änderungen an der Rentenberechnungsformel und der Einschränkung ausbildungsbezogener Anwartschaften.

Auch wurde versucht, durch Änderungen im Arbeitsförderungsrecht die Anreize für eine Frühausgliederung zu Lasten der Arbeitslosenversicherung zu verringern (u.a. durch die Abschaffung des Altersübergangsgeldes, die Verschärfung der Sperrzeit bei Aufhebung von Arbeitsverträgen, die Anrechnung von Abfindungen auf den Anspruch von Arbeitslosenunterstützung, die Erstattungspflicht durch den Ex-Arbeitgeber sowie die Förderung der Qualifizierung und Einstellung älterer Arbeitnehmerinnen und Arbeitnehmer). Allerdings dienen nicht alle sozialrechtlichen Reformmaßnahmen der letzten Jahre konsequent dem Ziel eines längeren Verbleibs im Erwerbsleben. Teilweise wurden auch Regelungen erlassen oder geplant, die Anreize für eine Beibehaltung der Frühausgliederung und Frühverrentung enthalten, beispielsweise die Ausgestaltung und

---

1   Eine Übersicht der wichtigsten Gesetzesreformen hierzu seit 1996 findet sich in Engstler (2004, S. 26ff.).

Verlängerung der Förderung von Altersteilzeit oder das erst im Vermittlungsausschuss gestoppte Brückengeld für ältere Arbeitslose. Mit Blick auf die demografische Entwicklung (Statistisches Bundesamt, 2003a), Erkenntnissen und Befürchtungen über negative betriebs- und volkswirtschaftliche Folgen der Frühausgliederung älterer Arbeitnehmerinnen und Arbeitnehmer (vgl. z.B. Bullinger, 2002; Köchling et al., 2000) und den Anstieg des Beitragssatzes zur gesetzlichen Rentenversicherung (vgl. die regelmäßigen Berichte der Bundesregierung zur Rentenversicherung, zuletzt: Bundesregierung, 2004) traten auch die Arbeitgeberverbände für eine Verlängerung der Lebensarbeitszeit ein (Bundesvereinigung der Deutschen Arbeitgeberverbände, 2000). Schließlich schlossen sich nach einigem Hin und Her[2] auch die größeren Gewerkschaften dieser neuen Maxime an, unter Betonung des Ziels des Beschäftigungserhalts für ältere Arbeitnehmerinnen und Arbeitnehmer und der Lebensstandardsicherung im Alter. Inzwischen hat in Deutschland – wie in vielen anderen europäischen Ländern – auf der normativen Ebene ein Paradigmenwechsel von der Frühverrentung zum längeren Verbleib im Erwerbsleben stattgefunden, unterstützt durch zahlreiche Neuregelungen im Arbeits- und Sozialrecht. Seinen prominenten Ausdruck fand dieser Paradigmenwechsel im Bündnis für Arbeit (Bündnis für Arbeit, 2001).

Auf EU-Ebene mündete diese Neuorientierung in die vom Europäischen Rat in Stockholm im Jahr 2001 festgelegte Zielsetzung, bis zum Jahr 2010 in möglichst jedem EU-Mitgliedsland zu erreichen, dass die Hälfte der 55- bis 64-Jährigen erwerbstätig ist (Europäischer Rat, 2001). Für Deutschland wird zu dieser Zielerreichung ein Anstieg der Erwerbstätigenquote der 55- bis 64-Jährigen um 9 Prozentpunkte notwendig sein, d.h. eine Erhöhung um nahezu ein Viertel des jetzigen Niveaus (siehe Abbildung 1). Um die 50-Prozent-Quote zu erreichen, müssen nach Berechnungen des Instituts für Arbeit und Technik bis 2010 rund 800.000 mehr Ältere erwerbstätig sein als gegenwärtig (Bosch, 2005). Von den 55- bis 64-jährigen Männern ist seit Überwindung des Tiefpunkts ihrer Erwerbsbeteiligung im Jahr 2000 inzwischen wieder nahezu die Hälfte erwerbstätig. Deutlich entfernt von der Zielmarke von 50 Prozent sind jedoch noch die Frauen. Allerdings hat ihre Erwerbsbeteiligung in den vergangenen Jahren überdurchschnittlich zugenommen, von 1992 bis 2004 um 10 Prozentpunkte auf 33,2 Prozent.

---

2   Zu erinnern ist beispielsweise an die gescheiterte IG-Metall-Forderung der Rente mit 60.

Abbildung 1: Erwerbstätigenquote der Männer und Frauen im Alter von 55 bis 64 Jahren, 1991-2004

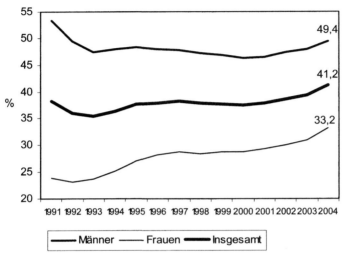

Quellen: Deutsches Zentrum für Altersfragen – Gerostat; Statistisches Bundesamt, 2005
Daten: Statistisches Bundesamt, Mikrozensus

Unterstützt wird der vom Staat und den Tarifparteien vorangetriebene Paradigmenwechsel zum längeren Verbleib im Erwerbsleben durch zahlreiche Wortmeldungen aus der Wissenschaft und den Medien (für einen Überblick über die Entwicklung der wissenschaftlichen Beschäftigung mit diesem Thema in Deutschland siehe Herfurth, Kohli & Zimmermann (2003) und Gravalas (1999). Fast alle neueren Sachverständigengutachten und Kommissionsberichte zu den Themen Wirtschaft, Arbeit, Demografie und soziale Sicherheit enthalten Empfehlungen zur Verlängerung der Lebensarbeitszeit und einen späteren Renteneintritt. Zu nennen sind vor allem die Berichte der Bundestags-Enquete-Kommission „Demografischer Wandel", der Kommission „Moderne Dienstleistungen am Arbeitsmarkt" (Hartz-Kommission), der Kommission „Nachhaltigkeit in der Finanzierung der Sozialen Sicherungssysteme" (Rürup-Kommission), der Kommission „Soziale Sicherheit" (Herzog-Kommission), der Sachverständigenkommissionen für den 3. und 5. Altenbericht der Bundesregierung und mehrere Berichte des Sachverständigenrats zur Begutachtung der gesamtwirtschaftlichen Lage. Ein Großteil der Vorschläge der Rürup-Kommission (Bundesministerium für Gesundheit und Soziale Sicherung, 2003) wurde vom Gesetzgeber aufgegriffen und in das im Juni 2004 verabschiedete Rentenversicherungs-Nachhaltigkeitsgesetz integriert, unter anderem die Anhebung der Altersgrenze für den frühestmöglichen Beginn der vorzeitigen Altersrente wegen Arbeitslosigkeit oder nach Altersteilzeit sowie die weitere Senkung des Rentenniveaus durch die Einführung eines Nachhaltigkeitsfaktors in die Rentenberechnungsformel.

Während sich der Staat und die Tarifparteien also weitgehend einig darin sind, die Lebensarbeitszeit zu verlängern, und sich hauptsächlich über das Tempo, die Ansatzpunkte und die geeigneten Interventionen auseinandersetzen, wird die Ausgliederung älterer Arbeitnehmer deutlich vor Erreichen der Regelaltersgrenze in den Betrieben weiterhin als Mittel zur Umstrukturierung und Verringerung des Personalbestands angewandt. So fiel die Erwerbstätigenquote der 55- bis 64-jährigen Männer auch zwischen 1995 und 2000 noch um 2 Prozentpunkte. Da der Anteil erwerbstätiger Frauen dieses Alters allerdings seit 1993 steigt und auch bei den Männern seit 2000 ein leichter Anstieg zu beobachten ist (Abbildung 1), scheint eine Trendwende eingesetzt zu haben bzw. zumindest der bisherige Trend sinkender Erwerbsbeteiligung älterer Arbeitskräfte gestoppt zu sein. Zwischen 2001 und 2004 stieg der Anteil Erwerbstätiger unter den 55- bis 64-Jährigen insgesamt – trotz der anhaltenden Beschäftigungskrise – um 3,4 Prozentpunkte auf 41,2 Prozent, während die Erwerbstätigenquote der 15- bis 54-Jährigen um 2,3 Prozentpunkte (auf 70,5%) zurückging. In der Literatur wird allerdings darauf hingewiesen, dass der momentane leichte Anstieg durch die außergewöhnlich schwache Besetzung der um 1945 geborenen Jahrgänge begünstigt wurde (Kistler, 2004). Ob dieser Anstieg den Beginn einer längerfristigen Zunahme der Erwerbsbeteiligung Älterer markiert, wird sich erst in einigen Jahren zeigen, wenn die stärker besetzten Kohorten der Babyboomer in das höhere Erwerbsalter kommen. Ein demografisch bedingter Rückgang des gesamten Erwerbspersonenpotenzials wird erst für die Zeit nach 2015 erwartet (Bellmann et al., 2003; Fuchs & Dörfler, 2005).

2 Fragestellung

2.1 Auswirkung des Abbaus von Anreizen zum frühen Ausstieg aus dem Erwerbsleben

In der wissenschaftlichen Diskussion zur Erklärung der gesellschaftlichen Entwicklung des Übergangs in den Ruhestand und des individuellen Verhaltens überwiegen ökonomische und soziologische Ansätze. Die ökonomischen Theorien lassen sich dabei danach unterscheiden, wie sehr sie das Arbeitsangebot oder die Arbeitsnachfrage als verantwortlich für das Arbeitsmarktgeschehen und somit auch für die Beteiligung Älterer am Erwerbsleben und den Übergang in den Ruhestand erachten. Die mikroökonomische Forschung zum Ausscheiden aus dem Erwerbsleben in Deutschland stützt sich vorwiegend auf Arbeitsangebotstheorien (vgl. Schmidt, 1995; Viebrok, 1997; Börsch-Supan, Kohnz & Schnabel, 2002; Sing, 2003). Diese gehen entsprechend des neoklassischen Mainstreams davon aus, dass sich die Art und der Umfang der Erwerbsbeteiligung in erster Linie aus dem Willen eines Individuums bestimmt, seine Arbeitskraft anzubieten. Im Allgemeinen wird dabei unterstellt, dass die Menschen gut informierte, rational handelnde und nutzenmaximierende Individuen mit weitgehender Wahlfreiheit sind. Sie erstreben für sich ein Optimum an Einkommen (als Voraussetzung für Konsum) und Freizeit und bieten ihre Arbeitskraft – innerhalb natürlicher Grenzen – in dem zeitlichen Ausmaß an, das zur Erreichung dieses Ziels notwendig erscheint. Hervorzuheben ist, dass in neueren angebotsorientierten Ansätzen das Prinzip der Nutzenmaximierung als eine Orientierung am Gesamtnutzen über die Lebenszeit hinweg angenommen wird (d.h. unter anderem am erwarteten Restlebenseinkommen) und sich die Entscheidungssituation immer wieder neu unter Berücksichtigung der sich zwischenzeitlich eventuell geänderten Parameter stellen kann. Ein zentraler Einfluss auf die Arbeitsangebotsentscheidung älterer Arbeitskräfte wird in den mikroökonomischen Ansätzen dem Zugang zu alternativen Einkommensquellen und deren Ausgestaltung zugemessen. Daher richtet sich das Interesse zahlreicher mikroökonomischer Studien auf die finanzielle Ausgestaltung und Anreizfunktionen der Alterssicherungs- und anderer Lohnersatzsysteme (v.a. der Arbeitslosen- und Vorruhestandsunterstützung) für den Übergang in den Ruhestand (einen internationalen Überblick geben Gruber & Wise, 2004). Ein wichtiger Anreiz, der dem bundesdeutschen System der gesetzlichen Rentenversicherung zugeschrieben wurde und teilweise noch wird, war die Einführung der vorgezogenen Altersrenten ohne Abschläge der Rentenhöhe zu Beginn der 1970er Jahre (vgl. z.B. Börsch-Supan, 2000). Dadurch fällt die abgezinste Gesamtrente bis zum Lebensende bei vorzeitigem Rentenbeginn deutlich höher aus als bei späterem Rentenbeginn, was entsprechend informierte und rational handelnde Menschen davon abhalten dürfte, länger als nötig zu arbeiten. Die Einführung solcher Abschläge verringert oder eliminiert nach der Logik dieses Ansatzes – in Abhängigkeit von der Höhe des Abschlags – diesen finanziellen Anreiz zum frühzeitigen Übergang in den Ruhestand. In einer mikroökonomischen Simulationsrechnung gelangen Berkel & Börsch-Supan (2003) zu dem Schluss, dass durch die mit dem Rentenreformgesetz 1992 zeitverzögert eingeführten Abschläge[3] bei vorzeitigem Rentenbe-

---

3   Der Abschlag beträgt 0,3 Prozent je vorgezogenem Monat der Inanspruchnahme vor der Regelaltersgrenze.

ginn das durchschnittliche Renteneintrittsalter der Männer auf lange Sicht um knapp zwei Jahre ansteigen werde. Eine Erhöhung aller Altersgrenzen der Gesetzlichen Rentenversicherung, wie von der Rürup-Kommission vorgeschlagen, würde nach diesen Simulationsberechnungen das durchschnittliche Renteneintrittsalter um weitere acht Monate ansteigen lassen. Eine Erhöhung der Rentenabschläge von 3,6 auf 6 Prozent je vorgezogenem Jahr des Rentenbeginns, was von den beiden Autoren als versicherungsmathematisch fairer Abschlag angesehen wird, würde zu einem Anstieg des durchschnittlichen Renteneintrittsalters um knapp zwei Jahre führen. Von Experten der Rentenversicherungsträger wird jedoch – auf der Basis von Gesamtwertkalkulationen – die Auffassung zurückgewiesen, die Höhe der derzeit geltenden Abschläge sei versicherungsmathematisch unzureichend (Ohsmann, Stolz & Thiede, 2003).

Die dem allein auf individuelle Nutzenmaximierung angelegten mikroökonomischen Handlungsmodell inhärente Annahme, der durchschnittliche ältere Arbeitnehmer sei in der Lage, solche Berechnungen anzustellen, wozu auch die adäquate Schätzung der eigenen Lebenserwartung Voraussetzung wäre, erscheint unrealistisch. Dies wird von Vertretern dieser Theorierichtung bisweilen auch selbstkritisch zugestanden und zwischen der Existenz solcher Anreize, dem Kenntnisstand der Betroffenen und den Auswirkungen auf das Verhalten unterschieden (z.B. Viebrok, 1997, S.133). Allgemein ist denn auch die realitätsferne Konstruktion des „homo oeconomicus" – neben der Ausblendung anderer Faktoren der Erwerbsbeteiligung, insbesondere der Nachfrage nach Arbeitskräften (vgl. z.B. Wübbeke 2005) – einer der Hauptkritikpunkte an der angebotsorientierten mikroökonomischen Theorie. Beispielsweise ergab sich in einer repräsentativen Untersuchung des Deutschen Instituts für Altersvorsorge (Höllger & Sobull, 2001), dass über zwei Drittel der 30- bis 59-jährigen Frauen ihren Rentenanspruch erheblich höher einstufen, als er nach jetzigem Stand sein wird. 21 Prozent der Frauen und 11 Prozent der Männer überschätzten ihren Rentenanspruch um mehr als die Hälfte. Zwar ist zu erwarten, dass sich der Kenntnisstand über die Höhe der eigenen Rentenansprüche bei Erreichen des rentennahen Alters verbessert (maßgeblich aufgrund des Erhalts der individuellen Rentenvorausschätzungen durch die Rentenversicherungsträger), dennoch dürfte die Annahme des voll oder zumindest gut informierten Individuums nicht der Realität entsprechen. Dies trifft wohl auch auf die vorausgesetzten Lebensziele und Kalküle zu. So konstatiert Dinkel (1988, S.133ff.):

„Bei deutschen Versicherten sollte man als Zielfunktion von einer Lebensstandardsicherung anstelle der Lebenseinkommensmaximierung sprechen. ... Ein potenzieller Rentner ... will nicht seinen Lebenskonsum maximieren, sondern er will zum Zeitpunkt des Ausscheidens aus dem Erwerbsleben in seiner relativen Einkommensposition möglichst gar nicht oder doch so wenig wie möglich zurückfallen. ... Wer einen ausreichend hohen Rentenanspruch erworben hat, nimmt den frühestmöglichen Renteneintritt in Anspruch, wessen Rentenansprüche noch zu gering sind, arbeitet so lange weiter als nötig."

Als empirischen Indikator für die Gültigkeit des Kriteriums der Lebensstandardsicherung für die Wahl des Renteneintrittsalters verweist Dinkel (S.137) auf den äußerst geringen Anteil derer, die erst nach dem vollendeten 65. Lebensjahr in Rente gehen, obwohl der Aufschub des Rentenbeginns über die Regelaltersgrenze hinaus mit einem Zuschlag von damals[4] 0,6 Prozent je hinausgeschobenem Monat des Renteneintritts und einer Rentensteigerung durch die zusätzliche Beitragszeit verbunden ist.

Unabhängig davon, ob sich Versicherte bei der Wahl ihres Renteneintrittsalters an der Sicherungshöhe des Lebensstandards oder der Lebenseinkommensmaximierung orientieren, ist davon auszugehen, dass die erfolgte Anhebung der Altersgrenzen für den vollen Bezug einer Altersrente, die Einführung der Abschläge bei vorzeitigem Rentenbeginn und die verschiedenen Maßnahmen, die zu einer relativen Absenkung des Rentenniveaus führen (Änderungen an der Rentenberechnungsformel und den rentenrechtlichen Zeiten) Anreizfunktion für einen längeren Verbleib im Erwerbsleben haben. Dies schlägt sich – so die forschungsleitende Annahme – in den Plänen der Erwerbstätigen nieder. Bestandteil der Untersuchung ist daher der Vergleich der Erwerbsbeendigungspläne zwischen den beiden Erhebungszeitpunkten 1996 und 2002. In diesem Zeitraum begannen wesentliche Änderungen des Rentenreformgesetzes 1992 zu greifen und wurde eine Reihe weiterer Gesetze mit Anreizen für einen späteren Übergang in den Ruhestand verabschiedet (vgl. Engstler, 2004, S.26ff.). Es wird daher davon ausgegangen, dass im Jahr 2002 weniger Erwerbstätige einen frühzeitigen Ausstieg aus dem Erwerbsleben beabsichtigten bzw. für sich erwarteten als im Jahr 1996.

2.2 Homogenität und Heterogenität des Ausstiegsalters und der Übergangswege

Hinge die Erwerbsbeteiligung älterer Arbeitskräfte ausschließlich von ihrer Erwerbsneigung ab und würde diese in erster Linie von der Höhe der Löhne, der Lohnersatzleistungen und der Rentenanwartschaften beeinflusst, ließe sich die Entwicklung der Erwerbbeteiligung älterer Arbeitskräfte in den 1990er Jahren kaum erklären. Hält man sich den massiven Beschäftigungseinbruch in Ostdeutschland in den ersten Jahren der Wiedervereinigung und die anhaltend hohe

---

4   Gegenwärtig beträgt dieser Zuschlag 0,5 Prozent.

Arbeitslosigkeit vor Augen, wird offensichtlich, dass die Erwerbsbeteiligung und die Beendigung des Erwerbslebens nicht nur von Arbeitsangebotsfaktoren gesteuert wird. Die soziologischen Ansätze heben denn auch die Einflüsse anderer Akteure, die Zwänge des Arbeitsmarkts, den Einfluss sozialer Normen und Werte sowie die gesellschaftlichen Regulierungen des Lebenslaufs, speziell auch des Übergangs in den Ruhestand hervor, erkennen dem Individuum aber durchaus einen Handlungsspielraum zu (für einen Überblick siehe Sing, 2003, S.134ff.; Kohli & Rein, 1991). Eine institutionalisierte Ruhestands-Altersgrenze fungiert dabei nach Kohli nicht nur als einkommenschaffendes Anreizsystem der Rentenversicherung, sondern als umfassendes gesellschaftliches Regulativ individueller Lebenslaufgestaltung mit folgenden vier Funktionen:

> „Sie regelt den Austritt aus dem („regulären") Erwerbsleben, also die Beendigung des Arbeitsvertrages (Arbeitsmarktfunktion). Sie regelt den Zugang zu bestimmten Leistungen des Systems sozialer Sicherung, z.B. in Form einer Altersrente als Lohnersatz (sozialpolitische Funktion). Sie gibt einen Orientierungspunkt für die subjektive Gliederung und Planung des Lebens (kognitive Funktion). Sie liefert ein Kriterium für den legitimen Abschluss – und damit den „Erfolg" – des Arbeitslebens (moralische Funktion)." (Kohli, 2000, S.16).

Empirische Zeitvergleiche der Erwerbsbeteiligung und des Ausscheidens aus dem Erwerbsleben bis zur Mitte der 1990er Jahre, die sich hauptsächlich auf Westdeutschland beziehen, lassen Kohli von einer gewissen Tendenz zur Deinstitutionalisierung und Flexibilisierung des Übergangs in den Ruhestand sprechen. Diese beschränke sich jedoch auf die größere zeitliche Varianz des Übergangs und die Herausbildung neuer institutioneller Pfade zwischen Erwerbsleben und Rente, während empirisch keine Flexibilisierung im Sinne eines gleitenden Übergangs in den Ruhestand stattgefunden habe. Entsprechende Möglichkeiten werden hauptsächlich für den frühzeitigen vollständigen Ausstieg aus dem Erwerbsleben genutzt (vgl. Kohli, 2000, S.18ff.). Eine Zunahme der Erwerbsbeendigung vor dem Übergang in die reguläre Altersrente mit entsprechend indirekten Wegen in den Ruhestand war bereits zu Beginn der 1990er Jahre für verschiedene westliche Industrienationen festgestellt worden (Kohli et al., 1991). Diese Zwischenphasen entstanden hauptsächlich aufgrund von Arbeitslosigkeit, Vorruhestand, Krankheit und Behinderung mit je unterschiedlichen Formen der Einkommenssicherung. Es stellt sich die Frage, ob und in welcher Form sich die Entkoppelung zwischen der Erwerbsbeendigung und dem Eintritt in die Altersrente in Deutschland seither fortgesetzt hat. Dies ist insbesondere vor dem Hintergrund der raschen Veränderungen der Erwerbsbeteiligung und des Übergangs in den Ruhestand in Ostdeutschland von Interesse. Da zum Abbau des Arbeitskräfteüberhangs nicht nur die unmittelbar Altersrentenberechtigten ab 60 Jahren in den Ruhestand entlassen wurden, sondern auch große Teile der 50- bis 60-Jährigen zuerst über Vorruhestandsregelungen, anschließend zunehmend über Arbeitslosigkeit aus dem Erwerbsleben ausgegliedert wurden, ist in den neuen Bundesländern von markanten Veränderungen der Übergangspfade auszugehen. Bei der Betrachtung der Wege in die Altersrente darf zudem ein – unter Umständen langjähriges – Vorstadium nicht vergessen werden, das hauptsächlich westdeutsche Frauen durchlaufen: die Tätigkeit als Hausfrau und Mutter, d.h. die Konzentration der eigenen Arbeit auf die Haushaltsproduktion (vgl. Allmendinger, Brückner & Brückner, 1992). Da der Anteil kinderloser Frauen steigt und immer mehr Mütter nach familienbedingter Erwerbsunterbrechung ins Erwerbsleben zurückkehren, ist in der Abfolge der weiblichen Geburtsjahrgänge ein Rückgang des Rentenzugangs nach vorheriger Hausfrauentätigkeit zu erwarten.[5]

2.3 Push- und Pull-Faktoren der Erwerbsbeendigung

Die Vielzahl der in empirischen Untersuchungen festgestellten Einflüsse auf die Erwerbsbeteiligung Älterer und den Ausstieg aus dem Erwerbsleben stützt die Vermutung, dass der Übergang in den Ruhestand ein multifaktorielles Geschehen ist, das sich der einfachen Erklärung durch einen bestimmenden Kausalzusammenhang entzieht (vgl. Behrend, 1992; Voges, 1994; Clemens, 1997; Clemens, 2001). Die einzelnen wissenschaftlichen Disziplinen legen ihr Augenmerk dabei entsprechend ihrer Hauptfragestellungen und theoretischen Grundausrichtung jeweils auf bestimmte Zusammenhänge und Einflüsse, wie Ekerdt (2002, S.37) im Lichte seiner jahrzehntelangen Erfahrung auf dem Gebiet Ruhestandsforschung feststellt:

„Everyone acknowledges health as an explanation for retirement, but economists have a theoretical inclination to look at financial factors, sociologists add occupational and family variables, and social psychologists examine preferences and expectations."

Clemens (2001, S.92f.) nennt als zentrale Einflussgrößen der Berufsaufgabe die Variablen Alter, Geschlecht, Bildungsstand, finanzielle Bedingungen, Gesund-

---

5   Andererseits hat die Verbesserung der Bewertung und Anrechnung von Kindererziehungszeiten in der gesetzlichen Rentenversicherung dazu geführt, dass kinderreiche langjährige Hausfrauen erst durch die Rentenanwartschaften für geleistete Kindererziehung in den Genuss einer – wenn auch niedrigen – Altersrente mit 65 Jahren kommen und damit überhaupt erst in den Status der Altersrentenempfängerin gelangen. Diese zusätzlichen Übergänge aus dem Hausfrauen- in den Altersrentnerinnenstatus dürften jedoch den Gesamttrend kaum beeinflussen.

heit, Arbeitsbedingungen, Berufseinstellungen, subjektive Erwartungen an den Ruhestand und den präferierten Ruhestandszeitpunkt. In einer neueren empirischen Untersuchung zu Bestimmungsgründen des Ausscheidens aus dem Erwerbsleben unterscheidet Oswald (2001, S.146) vier Gruppen von Einflussgrößen: „1. Ökonomische und sozialrechtliche Anreize, 2. Humankapital und Arbeitsplatzcharakteristika, 3. Gesundheit und andere individuelle Merkmale sowie 4. Haushalts- und Familienzusammenhänge." In der Literatur unterschieden wird bisweilen, ob es sich bei den verschiedenen Einflüssen eher um „Pull"- oder „Push"-Faktoren handelt (Clemens, 2001; Ebbinghaus 2002). Push-Faktoren sind dabei jene Kräfte, die primär als Druck zur Aufgabe der Erwerbstätigkeit wirken, während Pull-Faktoren das „Hineinziehen" in den Ruhestand fördern.

2.4 Forschungsfragen und Hypothesen

Forschungsgegenstand sind Entwicklung und Faktoren der Erwerbsbeteiligung im mittleren und fortgeschrittenen Erwachsenenalter (40+) und der Erwerbsbeendigung. Aus den vorangegangenen Schilderungen und dem Anspruch des Alterssurveys, sowohl Beiträge zur Sozialberichterstattung als auch zur altersbezogenen Verhaltensforschung zu leisten, ergeben sich – wie teilweise schon erwähnt – folgende Themenstellungen, Forschungsfragen und forschungsleitende Annahmen für den empirischen Teil der Untersuchung:

Entwicklung und Faktoren der Erwerbsbeteiligung und des Übergangs in die Nicht-Erwerbstätigkeit

Zunächst interessiert, wie sich im Untersuchungszeitraum des Alterssurveys (1996 bis 2002) die allgemeine Entwicklung der Erwerbsbeteiligung von älteren Arbeitskräften darstellt und welche Unterschiede dabei zwischen Männern und Frauen sowie zwischen Ost- und Westdeutschland zu beobachten sind. Erwartet wird insgesamt ein leichter Anstieg der Erwerbstätigenquoten und ein Aufholen der Erwerbsbeteiligung westdeutscher Frauen.

Zu fragen ist nach zentralen Faktoren der Teilnahme am Erwerbsleben und seiner Beendigung. Unter der Annahme vielfältiger Einflüsse auf die Erwerbsbeteiligung und den Übergang in den Ruhestand soll in der empirischen Analyse der Vorzug genutzt werden, dass im Alterssurvey relativ viele Merkmale aus verschiedenen Lebensbereichen erhoben wurden. Dadurch lassen sich vergleichsweise viele der in der Literatur genannten Einflussgrößen in die Prädiktion der Ausübung einer Erwerbstätigkeit und des Wechsels in die Nicht-

Erwerbstätigkeit einbeziehen und die wesentlichen Determinanten herausarbeiten. Die Zusammenhangs- bzw. Vorhersageanalyse hat dabei keine hypothesentestende Funktion. Das primäre Ziel besteht im Nachweis des Ruhestandsübergangs als multifaktoriell verursachtes Geschehen und der Quantifizierung der verschiedenen Einflüsse.

Zum Wandel des geplanten und tatsächlichen Alters der Erwerbsbeendigung

Gibt es Anhaltspunkte dafür, dass sich gegenwärtig eine Trendwende hin zu einem längeren Verbleib im Erwerbsleben abzeichnet? Zentraler Ausgangspunkt ist die Vermutung, dass die zahlreichen gesetzlichen Maßnahmen der vergangenen Jahre zur Verringerung der Anreize für eine frühzeitige Ausgliederung älterer Arbeitnehmer aus dem Erwerbsprozess und den frühen Übergang in den Ruhestand erste Wirkungen entfalten, die sich besonders in den Erwerbsbeendigungsplänen, weniger stark in den Erwerbstätigenquoten der an der Rentenschwelle befindlichen Altersgruppen zeigen. Es wird davon ausgegangen, dass die Erwartung abnimmt, schon relativ früh (mit 60 Jahren) aus dem Erwerbsleben auszusteigen. Ein spezieller Effekt wird von der Anhebung der Altersgrenzen für den Bezug der verschiedenen Altersrenten erwartet: Da diese Altersgrenzen über einen längeren Zeitraum hin steigen, es aus Vertrauensschutzgründen Ausnahmeregelungen gibt, sodass für die Angehörigen der rentennahen Jahrgänge je nach Geburtsdatum und anderen persönlichen Merkmalen unterschiedliche Altersgrenzen gelten und sie durch die Möglichkeit ihrer Unterschreitung bei Inkaufnahme von Rentenabschlägen de facto flexibilisiert wurden, wird davon ausgegangen, dass die von Kohli (2000) betonte kognitive Funktion der Altersgrenzen als Orientierungspunkte für die individuelle Lebensplanung (hier: der Ruhestandsplanung) vorübergehend geschwächt ist. Die formalen Rentenaltersgrenzen sind gegenwärtig im Fluss. Hinzu kommt die Diskussion um die Anhebung der Regelaltersgrenze von 65 auf 67 Jahre. Man kann davon ausgehen, dass viele Erwerbstätige sich nicht sicher sind, welche Altersgrenze für sie gilt oder später gelten wird. Dies müsste dazu führen, dass vorübergehend die Zahl der Erwerbstätigen zunimmt, die die Frage, bis zu welchem Alter sie planen erwerbstätig zu bleiben, nicht beantworten können.

Da die Erwerbsbeteiligung und -beendigung nicht nur von den Absichten der Arbeitnehmer, sondern wesentlich auch vom Verhalten der Arbeitgeber und den betrieblichen Bedingungen abhängt, ist nicht zu erwarten, dass sich die geschilderten staatlichen Maßnahmen zur Förderung eines längeren Verbleibs im Erwerbsleben in gleicher Stärke auf die Erwerbsbeteiligung wie auf die Beendigungspläne niederschlägt. Insbesondere der weiterhin bestehende Druck zur

Verringerung der Personalausgaben – und damit oft auch des Personalbestandes – dürfte als Faktor gegen den längeren Verbleib im Erwerbsleben wirken und die von den Rentenreformmaßnahmen ausgehenden Effekte teilweise kompensieren. Bis zum Beobachtungsende im Jahr 2002 wird daher kein oder allenfalls ein schwacher Anstieg der Erwerbstätigenquote der über 60-Jährigen erwartet.

Zur zeitlichen Entkoppelung zwischen Erwerbsbeendigung und Altersrentenbeginn

Wie bereits erwähnt, ist die Arbeitslosenquote älterer Arbeitnehmerinnen und Arbeitnehmer überdurchschnittlich hoch und sind ältere Arbeitslose auch überdurchschnittlich häufig langzeitarbeitslos. Die Entlassung älterer Beschäftigter in die Arbeitslosigkeit und den Vorruhestand ist ein häufig angewandtes Mittel zur Verringerung und Verjüngung des Personalbestands von Unternehmen. Bis in die jüngste Vergangenheit hinein wurde in Zeiten hoher Arbeitslosigkeit der Vorruhestand mit anschließender vorgezogener Altersrente durch entsprechende staatliche Leistungen gefördert. In extremer Weise geschah dies in Ostdeutschland in der ersten Hälfte der 1990er Jahre. Auch der Weg in die vorgezogene Altersrente für Schwerbehinderte stellt – in Verbindung mit dem vorgeschalteten Bezug einer Erwerbsminderungsrente – zum Teil ein Ventil zur Entlastung des Arbeitsmarkts dar. Es wird daher vermutet, dass insgesamt ein wachsender Teil der Bevölkerung nicht nahtlos aus der Erwerbstätigkeit in die Altersrente gelangt. Ausgehend von einem hohen Niveau des direkten Übergangs in Ostdeutschland in der Zeit vor der Wiedervereinigung wird für die Zeit danach ein besonders starker Rückgang bei beiden Geschlechtern konstatiert. Für Westdeutschland wird demgegenüber eine gegenläufige Entwicklung bei den Frauen erwartet, da der Anteil kinderloser erwerbstätiger Frauen steigt und immer mehr Mütter nach familienbedingter Erwerbsunterbrechung ins Erwerbsleben zurückkehren. Dadurch müsste der Übergang in die Altersrente nach vorheriger Hausfrauentätigkeit quantitativ an Bedeutung verlieren.

3 Datengrundlage und Vorgehensweise

Der empirische Teil der Untersuchung stützt sich auf die Daten der Basis-, der Replikations- und der Panelstichprobe des Alterssurveys (eine Beschreibung der Stichproben des Alterssurveys enthält der Beitrag von Engstler & Wurm in diesem Band). Die Ausländerstichprobe wurde nicht einbezogen, da es in erster Linie um die Darstellung und Analyse der Veränderungen im Vergleich der beiden Erhebungswellen von 1996 und 2002 geht. Ausgangspunkt sowohl für Kohortenvergleiche als auch für die Betrachtung der individuellen Erwerbsstatuswechsel zwischen den beiden Messzeitpunkten bildet die Erhebung von 1996, in die die ausländische Bevölkerung nicht einbezogen war. Querschnittsergebnisse zum Erwerbsstatus im Jahr 2002 der ausländischen, in Privathaushalten lebenden Bevölkerung im Alter von 40 bis 85 Jahren im Vergleich zur deutschen Bevölkerung enthält der Beitrag von Krumme & Hoff in diesem Band.

Für die Untersuchung werden die nachfolgend aufgeführten zentralen Konstrukte verwendet. Sofern sie für Vergleiche zwischen 1996 und 2002 dienen, beruhen sie auf Angaben, die in beiden Wellen – bis auf wenige Ausnahmen – in identischer Weise abgefragt wurden. Auf vereinzelte minimale Abweichungen wird an den entsprechenden Stellen hingewiesen. Der komplette Fragebogen für die mündliche und schriftliche Erhebung befindet sich in Tesch-Römer et al. (2002).

- *Alter*: Differenz zwischen Erhebungs- und Geburtsjahr.
- *Erwerbsstatus* (5 Kategorien):
Altersrentnerinnen und Altersrentner: Personen ab 60 Jahren, die nach eigener Angabe eine Altersrente oder Pension aus eigener Erwerbstätigkeit beziehen, unabhängig davon, ob sie daneben noch erwerbstätig sind. Erwerbstätige Altersrentenbezieher werden als Untergruppe dieser Kategorie ausgewiesen.
Erwerbstätige: Personen, die hauptberuflich teilzeit oder vollzeit erwerbstätig (auch ABM) oder unregelmäßig, geringfügig oder nebenerwerbstätig sind. Da 96 Prozent (Replikationsstichprobe) dieser Kategorie hauptberuflich erwerbstätig sind, wird auch die Bezeichnung „Hauptberuflich Erwerbstätige" verwendet. Nicht in dieser Kategorie enthalten sind Personen, die eine Altersrente oder Pension beziehen und daneben noch erwerbstätig sind.
Arbeitslose und Personen im Vorruhestand: Personen, die sich selbst als arbeitslos oder im Vorruhestand befindlich bezeichnen.
Frührentnerinnen und -rentner, Frühpensionierte: Personen, die angeben, Frührentner oder Frührentnerin zu sein und eine Erwerbs- oder Berufsunfähigkeitsrente zu beziehen. In Welle 2 war (für Personen bis 60 Jahre) zusätzlich die Antwortmöglichkeit „frühpensioniert" gegeben.
Sonstige Nicht-Erwerbstätige: Hausfrauen und Hausmänner, Personen in Umschulung/ Weiterbildung oder im Mutterschafts-/Erziehungsurlaub, Personen in der Freistellungsphase der Altersteilzeit (nur in Welle 2 erhoben und nur minimal besetzt (n=7)), aus anderen Gründen nicht Erwerbstätige (einschließlich nie hauptberuflich erwerbstätig Gewesene).

- *Ruhestand*: Zusammenfassung der Kategorien „Bezieher von Altersrente/Pension" und „Bezieher von Frührente/-pension".
- *Nicht-Erwerbstätig*: Sofern die Kategorien des Erwerbsstatus auf drei Gruppen reduziert werden (erwerbstätig, im Ruhestand, nicht erwerbstätig), handelt es sich um die Zusammenfassung der Kategorien „Arbeitslos/Vorruhestand" und „Sonstige Nicht-Erwerbstätige". Sofern hinsichtlich des Erwerbsstatus nur zwischen erwerbstätig und nicht-erwerbstätig unterschieden wird, umfasst diese Kategorie alle Personen außer den Erwerbstätigen. Diese dichotome Unterscheidung kommt bei der Untersuchung multipler Einflüsse auf die Wahrscheinlichkeit der Erwerbsausübung (Abschnitt 4.2) und der Erwerbsbeendigung (Abschnitt 4.4) zum Einsatz.

Der Ergebnisteil beginnt mit einer Darstellung des Erwerbsstatus 2002 nach Alter (bis 70 Jahre), Geschlecht und Landesteil (Abschnitt 4.1). Es folgt – unter Einsatz logistischer Regressionsmodelle – die Analyse der Wahrscheinlichkeit erwerbstätig zu sein. Untersucht wird dabei für Männer und Frauen getrennt der Zusammenhang mit sozioökonomischen und betriebsstrukturellen Merkmalen (Abschnitt 4.2). Anschließend wird die Veränderung des Erwerbsstatus zwischen 1996 und 2002 im Kohortenvergleich dargestellt, mit einer Differenzierung nach Geschlecht und Landesteil (Abschnitt 4.3). Zunächst beschrieben und anschließend mittels logistischer Regression analysiert werden die individuellen Übergänge von der Erwerbs- in die Nicht-Erwerbstätigkeit bei den Panelteilnehmern zwischen den beiden Messzeitpunkten (Abschnitt 4.3 sowie 4.4).

Abschnitt 5 enthält Ergebnisse zum Ausstiegsalter aus dem Erwerbsleben. In beiden Wellen wurde das geplante Alter der Erwerbsbeendigung von Erwerbstätigen erfragt, die noch keine Altersrente beziehen. Von den Rentenempfängerinnen und Rentenempfängern und den anderen Nicht-Erwerbstätigen (z.B. Arbeitslosen) wurde das Jahr des Ausscheidens aus der Erwerbstätigkeit erhoben. In Abschnitt 5.1 werden auf Grundlage der Basis- und Replikationsstichprobe die Ausstiegspläne der Erwerbstätigen ab 40 Jahren des Jahres 1996 und 2002 verglichen. Dies soll Aufschluss geben über Art und Ausmaß, mit dem die öffentliche Diskussion über eine Verlängerung der Lebensarbeitszeit und die in den vergangenen Jahren auf dieses Ziel ausgerichteten gesetzlichen Maßnahmen ihren Niederschlag in den individuellen Erwartungen und Plänen zum Ruhestandsbeginn gefunden haben. Ebenfalls in Abschnitt 5.1 wird unter Verwendung der Längsschnittdaten der Panelstichprobe untersucht, inwieweit der Erwerbsstatus der Panelteilnehmer im Jahr 2002 mit ihren 1996 geäußerten Plänen der Erwerbsbeendigung konform geht. Bei nicht mehr Erwerbstätigen wird darüber hinaus die zeitliche Übereinstimmung zwischen dem geplanten und dem realisierten Ausstiegszeitpunkt untersucht, bei weiterhin Erwerbstätigen die Stabilität der Ausstiegspläne 1996 und 2002.

Anschließend werden – in Abschnitt 5.2 – Ergebnisse zum Alter des Ausscheidens aus dem Erwerbsleben im Kohortenvergleich der nicht mehr Erwerbstätigen berichtet. Indikator dafür ist die in jedem Altersjahr aus dem angegebenen Beendigungsalter ermittelte Erwerbstätigenquote zwischen dem 55. und 65. Lebensjahr bei jeder Kohortengruppe. Diese kohortenspezifischen Verläufe der Erwerbstätigenquote im Hauptübergangsalter in den Ruhestand werden getrennt für West- und Ostdeutschland untersucht, um dadurch insbesondere einen Einblick in die erheblichen Veränderungen in den neuen Bundesländern seit der Wiedervereinigung zu erhalten.

Danach wird – in Abschnitt 6 – die These des seltener werdenden nahtlosen Übergangs von der Erwerbstätigkeit in die Rente anhand der kohortenspezifischen Entwicklung der verschiedenen Zugangswege in die Rente empirisch geprüft. Informationsgrundlage dafür sind die Auskünfte der Altersrentnerinnen und -rentner zur Situation vor dem Rentenbeginn. Abschließend werden die wichtigsten Ergebnisse der Untersuchung zusammengefasst und diskutiert (Abschnitt 7).

4 Die Erwerbsbeteiligung in der zweiten Lebenshälfte

4.1 Alters- und geschlechtsspezifischer Erwerbsstatus 2002

Der Prozess des Übergangs in den Ruhestand findet weitgehend im Alter von Mitte 50 bis Mitte 60 mit einer starken Konzentration auf das 60. bis 65. Lebensjahr statt. Dies lässt sich bereits im Querschnitt bei einem Blick auf die Erwerbsbeteiligung der verschiedenen Altersgruppen erkennen (Tabelle 1). Bis zu den *50- bis 54-Jährigen* sind die altersgruppenspezifischen Unterschiede des Anteils Erwerbstätiger[6] eher gering. Die mit 77 Prozent etwas niedrigere Erwerbstätigenquote der 50- bis 54-Jährigen gegenüber den 45- bis 49-Jährigen resultiert aus einer etwas höheren Arbeitslosigkeit, einem leicht höheren Anteil an Frühverrenteten und einer etwas höheren Quote sonstiger Nicht-Erwerbstätiger, worunter sich überwiegend Hausfrauen befinden. Von den fünf Jahre Älteren, den *55- bis 59-Jährigen* sind nur noch zwei Drittel (66%) erwerbstätig; der Anteil Arbeitsloser und im Vorruhestand Befindlicher erreicht in diesem Alter sein Maximum (12%), ebenso die Quote Frühverrenteter (7%) und der sonstigen Nicht-Erwerbstätigen (15%). Deren um 5 Prozentpunkte höhere Quote gegenüber den 50- bis 54-Jährigen beruht hauptsächlich auf einem in dieser Alters-

---

6   Im Folgenden werden als Erwerbstätige jene erwerbstätigen Personen bezeichnet, die noch keine Altersrente/Pension beziehen. Sofern – davon abweichend – auch erwerbstätige Rentnerinnen und Rentner bzw. Pensionäre einbezogen sind, wird dies kenntlich gemacht.

gruppe höheren Hausfrauenanteil im Westen Deutschlands: Von den 50- bis 54-jährigen westdeutschen Frauen sind 16 Prozent Hausfrauen, von den 55- bis 59-Jährigen hingegen 25 Prozent. Inwieweit es sich hierbei um einen Kohortenunterschied handelt und in welchem Ausmaß biografische Übergänge in den Hausfrauenstatus bei den über 50-Jährigen zu dieser höheren Quote beitragen, wird die längsschnittliche Betrachtung der Erwerbsverläufe zwischen 1996 und 2002 zeigen (vgl. Abschnitt 4.3).

Tabelle 1: Erwerbsstatus der 40- bis 69-Jährigen nach Alter, 2002 (Angaben in Prozent)

	40-44	45-49	50-54	55-59	60-64	65-69	Gesamt
Erwerbstätig[1]	84,2	80,2	77,1	66,2	19,8	1,8	55,9
Arbeitslos, Vorruhestand	7,4	7,5	8,4	11,9	7,4	0,3	7,2
Frührente, -pension	0,7	3,2	4,8	7,2	7,2	1,2	4,0
Altersrente, Pension (ab 60)	–	–	–	–	51,1	88,6	22,3
darunter: erw.tätig	–	–	–	–	3,4	8,4	1,8
Sonstige Nicht-Erwerbstätige[2]	7,7	9,1	9,8	14,7	14,6	8,1	10,6
Gesamt	100,0	100,0	100,0	100,0	100,0	100,0	100,0

Quelle: Alterssurvey, Replikationsstichprobe 2002 (n=2080), gewichtet
[1] Erwerbstätige ohne Bezug einer Altersrente/Pension; [2] u.a. Hausfrauen/-männer, Personen in Umschulung/Weiterbildung oder in der Freistellungsphase der Altersteilzeit
Altersspezifische Unterschiede statistisch signifikant (Chi²-Test, p<.05).

Ab den 60-Jährigen ist die Erwerbsbeteiligung drastisch niedriger. Nur noch 20 Prozent der *60- bis 64-Jährigen* sind hauptberuflich erwerbstätig. Unter Einbezug der erwerbstätigen Altersrentnerinnen und -rentner, die jedoch überwiegend geringfügig beschäftigt sind[7], beträgt die Erwerbstätigenquote 23 Prozent. Die Hälfte (51%) der 60- bis 64-Jährigen bezieht eine Altersrente oder Pension[8], 7 Prozent bezeichnen sich als Frührentner. Durch den möglichen Wechsel in vor-

---

7   Von den 84 erwerbstätigen Altersrentnerinnen und Altersrentnern (ungewichtete Datenbasis) verneinten 31 die Existenz eigener Erwerbseinkünfte, 30 machten keine Angaben. 12 der 23 Personen mit Angaben zur Höhe ihrer Erwerbseinkünfte lagen mit ihrem Verdienst an oder unter der damaligen Grenze für geringfügige Beschäftigungen (325 Euro).
8   Wegen der geringen Fallzahl der Pensionsbezieher wird im Weiteren vereinfachend von Altersrentenbezieherinnen und -beziehern gesprochen.

gezogene Altersrenten ab einem Alter von 60 Jahren sinkt – gegenüber den 55- bis 59-Jährigen – der Anteil Arbeitsloser und Vorruheständler. Der Anteil sonstiger Nicht-Erwerbstätiger ist bei den 60- bis 64-Jährigen genauso hoch wie bei den 55- bis 59-Jährigen, hpts. da viele Hausfrauen wegen nicht ausreichender Versicherungsjahre erst mit 65 Jahren Altersrente erhalten können. Mit Vollendung des 65. Lebensjahres gehen nahezu alle bis dahin noch Erwerbstätigen in den Ruhestand: Von den *65- bis 69-Jährigen* sind nur noch 2 Prozent hauptberuflich erwerbstätig, 98 Prozent befinden sich im Ruhestand, 90 Prozent beziehen Rente. Knapp ein Zehntel der 65- bis 69-jährigen Altersrentner sind jedoch nach dem Übergang in den Ruhestand noch in der einen oder anderen Form erwerbstätig, wodurch die Gesamterwerbstätigenquote dieser Altersgruppe 10 Prozent beträgt.

Es fällt auf, dass die *Erwerbsbeteiligung der Rentnerinnen und Rentner* zwischen 65 und 70 Jahren höher ist als die der 60- bis 64-jährigen Altersrentenempfänger (Tabelle 2). Dies hängt vermutlich damit zusammen, dass der Übergang in die vorgezogene Altersrente häufiger aus der Arbeitslosigkeit, dem Vorruhestand oder wegen eingeschränkter Erwerbsfähigkeit erfolgt und damit seltener mit der Möglichkeit verbunden ist, nach dem Wechsel in die Rente gelegentlich oder mit verringerter Arbeitszeit beim bisherigen Arbeitgeber erwerbstätig zu sein.

Tabelle 2: Anteil Erwerbstätiger unter den Beziehern von Altersrente, 2002 (Angaben in Prozent)

Alter der Rentenbezieher	Männer	Frauen	West	Ost	Gesamt
60-64	5,8	7,4	6,7	6,0	6,6
65-69	11,0	8,7	10,2	8,6	9,5
70-74	7,7	3,8	6,0	4,3	5,6
75-79	6,5	3,8	6,1	2,1	4,9
80-85	2,0	3,3	2,6	3,8	2,8
Gesamt	7,2	5,6	6,7	5,0	6,3

Quelle: Alterssurvey, Replikationsstichprobe 2002 (n=1438), gewichtet
Die Unterschiede zwischen den Altersgruppen sind statistisch signifikant (Chi²-Test, p<.05), nicht jedoch der altersunspezifische Ost-West- und Geschlechtsunterschied.

Von dieser Besonderheit abgesehen gilt: Je älter die Rentenbezieher sind, desto seltener sind sie noch – geringfügig – erwerbstätig. Aber selbst von den über 75-

Jährigen üben noch einige eine Erwerbstätigkeit aus. Dabei handelt es sich überdurchschnittlich oft um (ehemalige) Selbstständige und mithelfende Familienangehörige. Nachzutragen bleibt, dass eine Erwerbstätigkeit ohne gleichzeitigen Bezug einer Rente ab dem 70. Lebensjahr äußerst selten ist: Von den 70- bis 74-Jährigen sind nur noch 0,4 Prozent erwerbstätig und beziehen keine Rente.

Durch die starke Konzentration der Beendigung des Erwerbslebens und des Übergangs in den Ruhestand auf das Alter von Mitte 50 bis Mitte 60 weist dieser 10-Jahres-Abschnitt innerhalb der zweiten Lebenshälfte die größte Heterogenität in der Erwerbsbeteiligung auf. Hinzu kommen ausgeprägte Unterschiede zwischen Männern und Frauen sowie zwischen Ost- und Westdeutschland (Abbildung 2).

Abbildung 2: Erwerbsstatus der 55- bis 64-jährigen Männer und Frauen in West- und Ostdeutschland, 2002

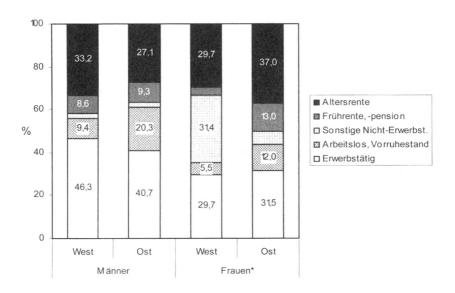

Quelle: Alterssurvey, Replikationsstichprobe 2002 (n=706)
West: Früheres Bundesgebiet; Ost: Neue Länder und Berlin-Ost.
* = Ost-West-Unterschied bei den Frauen statistisch signifikant (Chi^2-Test, p<.05)

Im Alter von 55 bis 64 Jahren am häufigsten erwerbstätig und noch nicht im Ruhestand sind die westdeutschen Männer (46%), am seltensten die westdeutschen Frauen (30%).[9] Von den Frauen sind in den alten Bundesländern 31 Prozent Hausfrauen, in den neuen Bundesländern nur knapp 7 Prozent. Ein Fünftel der ostdeutschen Männer im Alter von 55 bis 64 Jahren ist arbeitslos. Am häufigsten bereits in Rente befinden sich die ostdeutschen Frauen (50%). Diese geschlechts- und regionsspezifischen Unterschiede resultieren unter anderem aus den unterschiedlichen Erwerbsbiografien und Arbeitsmarktentwicklungen sowie sozialrechtlichen Regelungen. Die ostdeutschen Frauen blicken im Durchschnitt auf mehr Erwerbsjahre und weniger bzw. kürzere familienbedingte Erwerbsunterbrechungen zurück als die Frauen in Westdeutschland, der Anteil Selbstständiger ist im Osten Deutschlands niedriger als im Westen, der ostdeutsche Arbeitsmarkt ist angespannter und zu seiner Entlastung wurden während der 1990er Jahre besondere befristete Möglichkeiten der Frühausgliederung älterer Arbeitnehmerinnen und Arbeitnehmer in den Vorruhestand geschaffen, die noch nachwirken.

4.2 Ausgewählte Faktoren der Erwerbsbeteiligung 2002

Ausgehend von verschiedenen Befunden der in den Abschnitten 1 und 2 genannten Studien und den vorhandenen Informationen im Alterssurvey werden die folgenden potenziellen Einflüsse auf die Ausübung einer Erwerbstätigkeit der 40- bis 64-jährigen Männer und Frauen näher untersucht: der Einfluss der soziodemografischen Merkmale Alter, Haushaltstyp, Landesteil und Regionsgröße, der sozioökonomischen Merkmale Sozialschicht und Qualifikationsniveau, der betrieblichen Merkmale Branchenzugehörigkeit und Betriebsgröße (Beschäftigtenzahl) der letzten oder aktuellen Erwerbstätigkeit sowie der Selbsteinschätzung des Gesundheitszustands. Aufgrund der erwarteten Unterschiedlichkeit dieser Einflüsse bei Männern und Frauen erfolgten die Analysen getrennt für beide Geschlechter.

Die Untersuchung bedient sich des in der Soziologie häufig verwendeten Verfahrens der binomialen logistischen Regression. Abhängiges Merkmal ist die Ausübung einer Erwerbstätigkeit ohne gleichzeitigen Bezug einer Altersrente, genauer: das logarithmierte Verhältnis zwischen der Ausübungswahrscheinlichkeit und der Nichtausübungswahrscheinlichkeit ($L = \ln(p/1-p)$). Gut veranschaulichen lassen sich Stärke und Richtung der einzelnen Prädiktoren, wenn die ß-Koeffizienten zu sogenannten „odds-ratio"-Werten bzw. Effektkoeffizienten

---

[9] Die regionale Zuordnung richtet sich nach dem Wohnort der Befragten.

transformiert werden: odds ratio = exp($ß_i$). Deren Abweichung von 1 gibt an, um welches Vielfache sich – unter ansonsten gleichen Bedingungen – das Verhältnis zwischen Erwerbs- und Nichterwerbswahrscheinlichkeit ändert, wenn der Wert der unabhängigen Variable (Prädiktor) um eine Einheit erhöht wird, z.b. wenn das Alter ein Jahr höher ist. Bei nicht-metrischen Merkmalen (z.b. Haushaltstyp) drückt der Effektkoeffizient den Unterschied gegenüber der Referenzkategorie aus (z.b. Paare mit Kindern vs. Paare ohne Kinder). Je größer die Relation des Koeffizienten zum Wert 1 ist, desto stärker ist der negative (<1) oder positive Einfluss (>1) der zugehörigen Variable/Kategorie auf die Wahrscheinlichkeit der Ausübung einer Erwerbstätigkeit. Allerdings ist dabei immer auch auf die unterschiedliche Skalenbreite der Prädiktoren zu achten. Der Pseudo-R^2-Koeffizient (nach Nagelkerke) gibt Auskunft über die Erklärungs- bzw. Vorhersagekraft eines Modells. Je näher das Maß an den Wert 1 reicht, desto höher die Erklärungskraft des Modells (vgl. Backhaus et al., 2000, S.133).

Die Analyse zeigt, dass die neun einbezogenen Merkmale zusammen 42 Prozent (Männer) bis 43 Prozent (Frauen) der Varianz aufklären (vgl. nachfolgende Tabelle 3). Erwartungsgemäß hat das *Alter* bei beiden Geschlechtern einen starken negativen Einfluss. Auch in *Ostdeutschland* zu wohnen, führt zu einer Verringerung der Wahrscheinlichkeit erwerbstätig zu sein; statistisch signifikant ist dieser Effekt allerdings nur bei den Männern.[10] Dies trifft auch auf den Einfluss der *Regionsgröße* zu: In weniger dicht besiedelten Regionen zu leben (BIK-Regionen mit weniger als 5000 Einwohnern) erhöht bei Männern die Wahrscheinlichkeit erwerbstätig zu sein, bei den Frauen hat der Urbanitäts- und Zentralitätsgrad der Wohnregion keinen Einfluss auf die Erwerbsbeteiligung.

---

10   Der deskriptive Vergleich der Alterssurveydaten zeigt ebenfalls, dass die Erwerbstätigenquote der 40- bis 64-jährigen Männer und Frauen in Ostdeutschland etwas niedriger als in Westdeutschland ist. Dies bestätigen auch eigene Berechnungen aus den veröffentlichten Zahlen des Mikrozensus 2003 (Statistisches Bundesamt 2003b). Danach liegt die Erwerbstätigenquote der westdeutschen Männer um 10 Prozentpunkte, die der westdeutschen Frauen um 1 Prozentpunkt über der jeweiligen Quote in Ostdeutschland. Bei den Frauen kommt dieser leichte Gesamtunterschied durch die geringe Erwerbsbeteiligung der 60- bis 64-Jährigen in den neuen Bundesländern zustande, während im darunter liegenden Alter die Erwerbstätigenquote der ostdeutschen Frauen um rund 2 Prozentpunkte über der in Westdeutschland liegt.

Tabelle 3: Prädiktoren der Erwerbstätigkeit von 40- bis 64-jährigen Männern und Frauen (Logistische Regression)[1]

Signifikanzniveau: ° = p<.10; * = p<.05; ** = p <.01		Männer exp (ß)	Frauen exp (ß)
Alter (in Jahren)		0,854**	0,835**
Ostdeutschland		0,629*	0,778
BIK-Regionsgrößenklasse, aggr.[2]:	unter 5000 Einw.	Ref.	Ref.
	5000 – unter 50.000	0,581°	0,797
	50.000 – unter 500.000	0,497*	0,750
	500.000 und mehr	0,712	1,065
Haushaltstyp:	Alleinlebende	0,648	0,429**
	Paare ohne Kinder	Ref.	Ref.
	Paare mit Kind(ern)	2,045**	0,511**
	Sonstige	0,260*	0,605
Qualifikationsniveau[3]:	niedrig	1,118	0,327**
	mittel	1,151	0,268**
	gehoben	1,620	0,375**
	hoch	Ref.	Ref.
Sozialschicht, haushaltsbezogen[4]:	Unterschicht	0,178**	0,410°
	untere Mittelschicht	0,320**	0,521°
	mittlere Mittelschicht	0,427*	0,631
	gehobene Mittelschicht	0,646	0,584°
	obere Mittelschicht	Ref.	Ref.
Branchenzugehörigkeit:	Handwerk, Landwirtschaft	0,610°	0,960
	Industrie	Ref.	Ref.
	Handel, Dienstleistungen	1,096	1,400
	Öffentlicher Dienst	1,279	2,380**
Betriebsgröße (Zahl d. Beschäftigen):	unter 20	Ref.	Ref.
	20 – unter 200	1,303	0,820
	200 und mehr	0,855	0,666
Subjektive Gesundheit:	sehr gut, gut	Ref.	Ref.
	mittel	0,826	0,580**
	schlecht, sehr schlecht	0,258**	0,337**
Pseudo-R² (Nagelkerke)		0,42	0,43
N		843	822

Quelle: Alterssurvey, Replikationsstichprobe 2002, Personen unter 65 Jahren
[1] Y: Erwerbstätigkeit (ohne erwerbstätige Altersrentenbezieher) = 1;
[2] vgl. BIK Aschpurwis+Behrens GmbH, 2001.
[3] niedrig = ohne Berufsausbildung; mittel = nicht-akad. Berufsausbildung, kein oder niedriger Schulabschluss (Hauptschule); gehoben = nicht-akad. Berufsausbildung, mittlerer oder höherer Schulabschluss; hoch = mit abgeschlossenem Studium.
[4] zur Operationalisierung der Schichtzugehörigkeit vgl. Mayer & Wagner, 1999, S.251ff. und Kohli et al., 2000, S.322. Abweichend davon wurde im Falle fehlender Angaben zur Schichtzugehörigkeit des Partners oder Ex-Ehegatten die haushaltsbezogene Schichtzugehörigkeit auf der Grundlage der beruflichen Stellung der Befragten allein bestimmt.

Auffällig ist der gegensätzliche Effekt des Vorhandenseins von *Kindern im Haushalt* auf die Erwerbsbeteiligung der in einer Paarbeziehung lebenden Frauen und Männer. Während Frauen mit Kindern im Haushalt auch jenseits des 40. Lebensjahrs (bzw. nach der Kleinkindphase) erheblich seltener erwerbstätig sind als die in einer Paarbeziehung lebenden Frauen ohne Kinder, geht die Existenz von Kindern im Haushalt bei den Männern mit einer deutlichen Steigerung ihrer Erwerbswahrscheinlichkeit einher. In diesem Gegensatz kommt die verbreitete geschlechtsspezifische Arbeitsteilung bei Paaren mit Kindern zum Ausdruck. Etwas beunruhigend ist die Tatsache, dass besonders bei Frauen die Führung eines *Einpersonenhaushalts* mit einer im Vergleich zum Paarhaushalt geringeren Erwerbswahrscheinlichkeit einher geht. Denn dies bedeutet das gänzliche Fehlen von Erwerbseinkünften im Haushalt bei gleichzeitig in diesem Alter erst zum Teil vorhandenem Einkommen aus Alterssicherungssystemen.[11] Tendenziell geht das Alleinleben auch bei Männern mit einer geringeren Erwerbsbeteiligung einher, wenn auch der Effekt statistisch nicht signifikant, d.h. mit einer höheren Irrtumswahrscheinlichkeit behaftet ist.

Nur bei den Frauen hängt die Erwerbsbeteiligung signifikant vom *Qualifikationsniveau* ab. Frauen mit Hochschulabschluss sind zu einem wesentlich höheren Grad erwerbstätig als andere Frauen. Studiert zu haben erhöht das Verhältnis zwischen Erwerbs- und Nichterwerbswahrscheinlichkeit um rund das Dreifache zugunsten der Erwerbstätigkeit. Die Unterschiede zwischen den anderen Qualifikationsniveaus sind hingegen gering.

Die Erwerbsbeteiligung der Männer hängt nicht vom Qualifikationsniveau, sondern von der – an der beruflichen Stellung festgemachten – *Schichtzugehörigkeit* ab: Je höher die soziale Schicht, desto höher ist auch die Wahrscheinlichkeit der Männer erwerbstätig zu sein. Bei den Frauen ist dieser Zusammenhang nur schwach ausgeprägt.[12]

Mit einer markanten Ausnahme haben die *Branchenzugehörigkeit* und die *Größe des Betriebs*, in dem man aktuell oder zuletzt gearbeitet hat, keinen nennenswerten Einfluss auf die Erwerbsbeteiligung der Männer und Frauen. Die Ausnahme betrifft die – ehemalige oder aktuelle – Tätigkeit von Frauen im Öffentlichen Dienst. Ein Arbeitsplatz im Öffentlichen Dienst erhöht die Wahrscheinlichkeit der Berufsausübung der Frauen ab 40 Jahren erheblich (verglichen

---

11 Der negative Zusammenhang zwischen Alleinleben und Erwerbsbeteiligung bleibt auch bestehen, wenn die Analyse nur für Frauen unter 60 Jahren durchgeführt wird, bei denen die Wahrscheinlichkeit von Renteneinkünften noch geringer ist.

12 Dieser geschlechtsspezifische Unterschied bleibt auch erhalten, wenn in das Modell jeweils nur die Schichtzugehörigkeit oder nur das Qualifikationsniveau einbezogen wird. Die Rangkorrelation zwischen Schicht und Qualifikation hält sich in Grenzen (Kendalls tau$_b$: .40 (Frauen), .47 (Männer), p<.05), sodass der gleichzeitige Einbezug beider Merkmale in ein Modell vertretbar erscheint.

mit einem Industriearbeitsplatz um den Faktor 2,4). Offenbar begünstigen die im Öffentlichen Dienst relativ guten Beurlaubungs- und Teilzeitmöglichkeiten sowie die höhere Arbeitsplatzsicherheit die Rückkehr von Frauen in die Erwerbstätigkeit nach der Familienphase.

Bei beiden Geschlechtern besteht ein starker Zusammenhang zwischen dem *subjektiven Gesundheitszustand* und der Erwerbsbeteiligung: Je schlechter nach eigener Einschätzung der Gesundheitszustand ist, desto seltener üben die Befragten eine Erwerbstätigkeit aus.

Keine signifikanten Zusammenhänge ergaben sich hingegen mit den subjektiven Einschätzungen anderer Lebensaspekte, wie den Paar- und Familienbeziehungen, dem Verhältnis zu Freunden und Bekannten, der Freizeitgestaltung, der Wohnsituation und der Einschätzung des eigenen Lebensstandards.[13]

Insgesamt zeigt sich ein deutlicher Zusammenhang der Erwerbsbeteiligung der über 40-Jährigen mit sozialstrukturellen und (familien)biografischen Merkmalen, während der Einfluss betriebsstruktureller Merkmale sehr begrenzt war. Dies kann daran liegen, dass mit der Branchenzugehörigkeit und Betriebsgröße nur zwei allgemeine betriebliche Merkmale mit zugleich fallzahlbedingter grober Einteilung untersucht wurden. Die querschnittliche Untersuchung von Faktoren der Erwerbsbeteiligung in der relativ breiten Altersspanne der 40- bis 64-Jährigen ist zudem nur als erster Einstieg in die Analyse des Übergangs in den Ruhestand zu verstehen. Einen genaueren Einblick wird die längsschnittliche Untersuchung der Erwerbsbeendigung der Panelteilnehmer ergeben, die 1996 und 2002 befragt werden konnten (vgl. hierzu Abschnitt 4.4). Zuvor soll jedoch die allgemeine Veränderung der Erwerbsbeteiligung zwischen diesen beiden Jahren anhand der Daten des Alterssurveys sowohl im Kohortenvergleich als auch in den individuellen Verläufen dargestellt werden.

4.3 Entwicklung der Erwerbsbeteiligung zwischen 1996 und 2002

Veränderungen im Kohortenvergleich

Die Betrachtung von Entwicklungen im Kohortenvergleich ist ein häufiges Verfahren zur Erfassung des sozialen Wandels, da sich dieser oft in Form veränderter Verhaltensweisen der nachfolgenden Geburtsjahrgänge vollzieht (vgl. Alwin & McCammon, 2003). Damit kohortenspezifische Veränderungen auseinander gehalten werden können von Entwicklungen, die mit dem individuellen Prozess des Alterns verbunden sind, ist es sinnvoll, das Verhalten verschiedener Geburts-

---

13 Auf einen gesonderten tabellarischen Ausweis der Modelle mit diesen nicht-signifikanten Prädiktoren wird verzichtet.

jahrgänge im jeweils gleichen Alter zu beobachten. Für den Vergleich der Erwerbsbeteiligung unterschiedlicher Geburtsjahrgänge werden daher die Befragten der Basisstichprobe von 1996 ebenso wie die Befragten der Replikationsstichprobe 2002 in sechsjährige Altersgruppen unterteilt und miteinander verglichen. Mit dieser Gruppenbildung wird verhindert, dass einzelne Geburtsjahrgänge zu beiden Messzeitpunkten der gleichen Altersgruppe angehören. Diese Einteilung ermöglicht einen trennscharfen Vergleich unterschiedlicher Kohorten im jeweils gleichen Alter, wie in Abbildung 3 dargestellt. Dabei festzustellende Verhaltensunterschiede der Angehörigen verschiedener Kohorten im gleichen Alter können Ausdruck veränderter Erwerbsbiografien bei jüngeren Geburtsjahrgängen sein (Kohorteneffekt). Es ist jedoch nicht auszuschließen, dass zu den Unterschieden auch mögliche Besonderheiten des jeweiligen Messzeitpunkts beitragen, deren Einfluss sich auf alle Altersgruppen erstrecken oder nur vorübergehender Natur sein kann (Periodeneffekt).

Abbildung 3: Erwerbsstatus nach Alter, 1996 und 2002

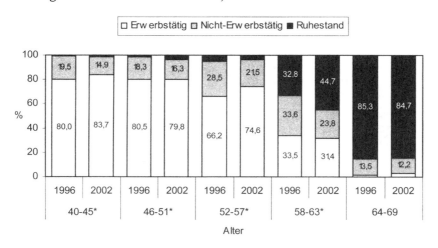

Quelle: Alterssurvey, Basisstichprobe 1996 (n=3498) und Replikationsstichprobe 2002 (n=2080), gewichtet
* = Unterschied im Erwerbsstatus 2002 gegenüber 1996 statistisch signifikant (Chi²-Test, p<.05)

Abbildung 4: Anteil erwerbstätiger* Männer und Frauen in West- und Ostdeutschland, 1996 und 2002

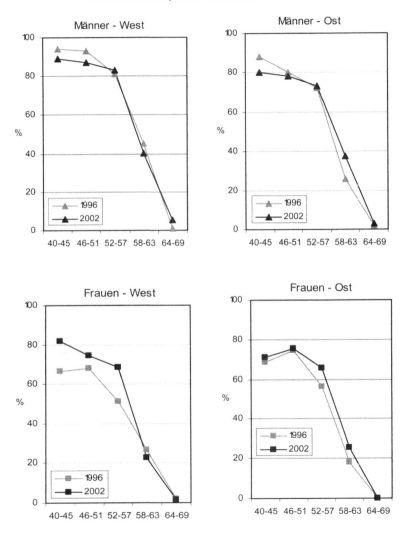

Quelle: Alterssurvey, Basisstichprobe 1996 (n=3498) und Replikationsstichprobe 2002 (n=2080)
* ohne erwerbstätige Rentnerinnen und Rentner.

Die Gegenüberstellung der Ergebnisse von 1996 und 2002 zeigt, dass in nahezu jeder der betrachteten Altersgruppen in der Kohortenabfolge signifikante Veränderungen der Erwerbsbeteiligung stattgefunden haben. Bei den *40- bis 45-Jährigen* nahm der Anteil Erwerbstätiger um knapp 4 Prozentpunkte zu, allerdings bei gegensätzlicher Entwicklung zwischen Männern und Frauen (vgl. Abbildung 4): Während die Erwerbstätigenquote der Frauen stieg, fiel die der Männer, am stärksten die der ostdeutschen Männer (minus 8 Prozentpunkte). Der Gesamtanstieg in dieser Altersgruppe resultiert weitgehend aus der beträchtlichen Steigerung des Erwerbstätigenanteils der westdeutschen Frauen um 15 Prozentpunkte (Abbildung 5). Auch bei den *46- bis 51-Jährigen* verbirgt sich hinter dem leichten Rückgang der Erwerbsbeteiligung insgesamt die gegensätzliche Entwicklung bei Männern und Frauen, vor allem im Westen Deutschlands.

Den höchsten Gesamtzuwachs erfuhr die Erwerbsbeteiligung der *52- bis 57-Jährigen*: Deren Erwerbstätigenquote stieg zwischen 1996 und 2002 von 66 auf knapp 75 Prozent. In dieser Altersgruppe nahm auch der Anteil erwerbstätiger Männer leicht zu. Die größte Steigerung in dieser Altersgruppe weisen mit einem Anstieg um 17 Prozentpunkte wiederum die westdeutschen Frauen auf.

Bei den *58- bis 63-Jährigen* ging in den sechs Jahren der Erwerbstätigenanteil leicht um 2 Prozentpunkte zurück. Die Hauptveränderung in dieser Altersgruppe betrifft die Verschiebung innerhalb der Nicht-Erwerbstätigen von den noch nicht im Ruhestand Befindlichen zu denen im Ruhestand: Zwischen 1996 und 2002 erhöhte sich bei den 58- bis 63-Jährigen der Anteil der im Ruhestand Befindlichen von 33 auf 45 Prozent, während der Anteil der Nicht-Erwerbstätigen ohne Rentenbezug von 34 auf 24 Prozent sank. Betrachtet man die Entwicklung auch in dieser Altersgruppe differenziert nach Geschlecht und Landesteil fällt auf, dass es zu keiner gegensätzlichen Entwicklung zwischen Männern und Frauen, jedoch zwischen Ost und West gekommen ist: Die Erwerbstätigenquote der Westdeutschen ist zurückgegangen, die der Ostdeutschen hat zugenommen, am stärksten bei den ostdeutschen Männern (plus 12 Prozentpunkte). Offenbar ist in Ostdeutschland die Talsohle nach dem in der ersten Hälfte der 1990er Jahre erfolgten Einbruch der Erwerbsbeteiligung bei den rentennahen Jahrgängen durchschritten und die älteren Arbeitnehmer in den neuen Bundesländern bleiben wieder länger im Erwerbsleben.

Abbildung 5: Veränderung des Anteils erwerbstätiger* Männer und Frauen in West- und Ostdeutschland, 2002 gegenüber 1996 (in Prozentpunkten)

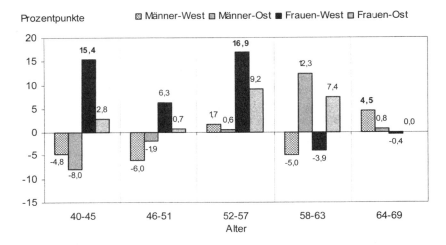

Quelle: Alterssurvey, Basisstichprobe 1996 (n=3498) und Replikationsstichprobe 2002 (n=2080)
* Erwerbstätige, die noch nicht im Ruhestand sind.
Zahlenangabe im Fettdruck= Anteilsveränderung statistisch signifikant (Chi²-Test, p<.05).

Bei den *64- bis 69-Jährigen* gab es zwischen 1996 und 2002 nur geringe Veränderungen: In beiden Jahren befanden sich rund 85 Prozent im Ruhestand. Signifikant zugenommen hat allerdings der Anteil erwerbstätiger, noch nicht im Ruhestand befindlicher Männer dieses Alters in Westdeutschland (plus 4,5 Prozentpunkte). Im Verbund mit der negativen Entwicklung bei den 58- bis 63-Jährigen deutet dies auf eine Zweiteilung hin: Einerseits scheiden mehr westdeutsche Männer bereits vor dem 60. Lebensjahr aus dem Erwerbsprozess aus als Mitte der 1990er Jahre, andererseits sind die Verbleibenden dann häufiger bis zum Erreichen der Regelaltersgrenze erwerbstätig.

Insgesamt weisen die Altersgruppenvergleiche 1996 und 2002 auf eine steigende Erwerbsbeteiligung der Frauen, das Abklingen der massiven Frühausgliederungen älterer Arbeitnehmerinnen und Arbeitnehmer in Ostdeutschland, aber auch auf eine Zunahme nicht-erwerbstätiger Männer im Alter zwischen 40 und 50 Jahren hin, die überwiegend der gestiegenen Arbeitslosigkeit geschuldet ist.

Erwerbsbeteiligung und Übergang in den Ruhestand   113

Individuelle Veränderungen bei den Panelteilnehmern

Bei den Personen, die 2002 zum zweiten Mal befragt wurden, lässt sich der Erwerbsstatus im Jahr 2002 mit dem des Jahres 1996 vergleichen und die zwischen den beiden Messzeitpunkten eingetretenen Veränderungen untersuchen. Von den im Jahr 1996 erwerbstätigen Panelteilnehmern im Alter von 40 bis 63 Jahren waren sechs Jahre später – im Alter von 46 bis 69 Jahren – 63 Prozent weiterhin hauptberuflich erwerbstätig, 22 Prozent befanden sich nun im Ruhestand, 14 Prozent waren weder erwerbstätig noch im Ruhestand, die meisten davon arbeitslos oder in den Vorruhestand gewechselt. Erwartungsgemäß sank der Anteil der noch im Erwerbsleben Stehenden mit dem Alter: Von den nun 58- bis 63-Jährigen haben 57 Prozent im Laufe der sechs Jahre ihre hauptberufliche Erwerbstätigkeit beendet, von den jetzt 64- bis 69-Jährigen waren es 95 Prozent (Abbildung 6). Aber auch in den jüngeren Altersgruppen ist es zu Übergängen in die Nicht-Erwerbstätigkeit gekommen. 12 Prozent der im Jahr 1996 40- bis 45-jährigen Erwerbstätigen übten im Jahr 2002 keine Erwerbstätigkeit aus, hauptsächlich aufgrund eingetretener Arbeitslosigkeit (8%). Von den erwerbstätigen 46- bis 51-Jährigen des Jahres 1996 nahmen sechs Jahre später 17 Prozent nicht am Erwerbsleben teil, 6 Prozent weil sie inzwischen in den Ruhestand gewechselt waren, 8 Prozent aufgrund von Arbeitslosigkeit, 3 Prozent aus sonstigen Gründen.

Abbildung 6: Erwerbsstatus 2002 der im Jahr 1996 Erwerbstätigen*, nach Alter

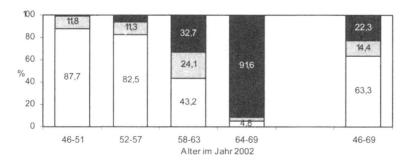

Erwerbsstatus 2002: ☐ Erwerbstätig* ☐ Nicht-Erwerbstätig ■ Ruhestand

Quelle: Alterssurvey, Panelstichprobe 1996/2002 (n=750), gewichtet
* ohne erwerbstätige Rentnerinnen und Rentner

Am höchsten ist der Anteil derer, die zwar ihre Erwerbstätigkeit beendet haben, sich jedoch noch nicht im Altersruhestand mit Bezug einer Altersrente oder Pension befinden, bei den inzwischen 58- bis 63-Jährigen. Etwa ein Viertel (24%) befindet sich im Jahr 2002 nach vorheriger Erwerbstätigkeit in dieser Zwischenphase, die Hälfte davon ist arbeitslos oder im Vorruhestand (zusammen 13%). Hinzugerechnet werden könnten noch 5 Prozent, die in diesem Alter bereits den Übergang in den Ruhestand vollzogen haben, aber nicht direkt aus der Erwerbstätigkeit in die Rente wechselten, sondern zuvor arbeitslos geworden waren. Diese Ergebnisse weisen darauf hin, dass ein bemerkenswerter Teil der Erwerbstätigen nicht unmittelbar aus der Erwerbstätigkeit in den Ruhestand wechselt, sondern bis zum Rentenbeginn noch eine Zwischenphase zu überbrücken hat. Wie häufig dies vorkommt, welche Entwicklung dieses Übergangsmuster genommen hat und wie lange diese Zwischenphase dauert, wird in Abschnitt 6 näher untersucht.

Abbildung 7: Erwerbsstatus 2002 der im Jahr 1996 noch nicht im Ruhestand befindlichen Nicht-Erwerbstätigen, nach Alter

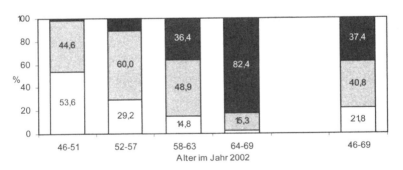

Quelle: Alterssurvey, Panelstichprobe 1996/2002 (n=246), gewichtet
* ohne erwerbstätige Rentnerinnen und Rentner

Dass der Wechsel in die Nicht-Erwerbstätigkeit im rentennahen Alter meist den endgültigen Abschied aus dem Erwerbsleben bedeutet, verdeutlicht auch die geringe Rückkehrquote der über 50-jährigen Nicht-Erwerbstätigen in das Erwerbsleben. Von den 52- bis 57-Jährigen des Jahres 1996 ohne Job waren sechs Jahre später im Alter von 58 bis 63 Jahren nur 15 Prozent erwerbstätig, 36 Prozent vollzogen bis dahin den Übergang in den Ruhestand, 49 Prozent waren weiterhin ohne Rentenbezug nicht erwerbstätig (Abbildung 7). Allgemein gilt dabei: Je älter die Menschen ohne Erwerbsarbeit sind, desto seltener werden sie nochmals erwerbstätig. Gemessen am Erwerbsstatus 2002 betrug die Erwerbsaufnahmequote der 46- bis 51-Jährigen 54 Prozent, der 52- bis 57-Jährigen 29 Prozent und der 58- bis 63-Jährigen – wie erwähnt – 15 Prozent. Von den noch Älteren wurde so gut wie niemand nochmals hauptberuflich erwerbstätig.

Insgesamt bestätigen die Ergebnisse des Alterssurveys zu den altersspezifischen Wechseln in die Nicht-Erwerbstätigkeit und die Rückkehr in die Erwerbsarbeit Befunde der Arbeitsmarktforschung, dass die im Querschnitt zu beobachtende höhere Arbeitslosenquote älterer Arbeitnehmer (vgl. Tabelle 1) weniger die Folge eines höheren Eintrittsrisikos in die Arbeitslosigkeit, sondern eines höheren Verbleibsrisikos in der Arbeitslosigkeit ist (vgl. Koller, Bach & Brixy 2003). Mit zunehmendem Alter wird Arbeitslosigkeit dann auch im Selbstverständnis der Betroffenen zu einer zeitlichen Brücke in den Ruhestand: Im Jahr 2002 wollten von den 50- bis 57-jährigen Arbeitslosen 80 Prozent, von den Arbeitslosen ab 58 Jahren jedoch nur 34 Prozent so bald wie möglich wieder erwerbstätig werden. Ein Drittel der älteren Arbeitslosen ab 58 Jahren erhielt in Verbindung mit dem Ausscheiden aus dem Betrieb eine Abfindung oder regelmäßige Geldleistung des Arbeitgebers; unter Einbezug der im Vorruhestand Befindlichen waren es 40 Prozent (Ergebnis der Replikationsstichprobe). In diesen Fällen dürfte die Erwerbsbeendigung für viele Betroffene mit der Perspektive des Übergangs in den Ruhestand erfolgt sein.

4.4 Faktoren der Erwerbsbeendigung oder –unterbrechung

In diesem Abschnitt wird untersucht, welchen Einfluss ausgewählte soziale, regionale und betriebliche Merkmale auf den Wechsel der erwerbstätigen Panelteilnehmer in den Ruhestand bzw. die Nicht-Erwerbstätigkeit ausüben. Diese Analyse knüpft an die in Abschnitt 4.2 erfolgte Untersuchung ausgewählter Faktoren der Erwerbsbeteiligung an, nun jedoch fokussiert auf individuelle Veränderungen. Die Analyse bedient sich wiederum des Verfahrens der binomialen logistischen Regression. Abhängige Größe ist – grob gesprochen – die Wahrscheinlichkeit, mit der die Erwerbstätigen von 1996 im Jahr 2002 nicht mehr hauptberuflich erwerbstätig sind.[14] Da ein solcher Wechsel im Erwerbsstatus für die Älteren häufiger als für die Jüngeren den endgültigen Ausstieg aus dem Erwerbsleben bedeutet und teilweise anderen Einflüssen unterliegt als Erwerbsun-

---

14 Die exakte abhängige Größe ist das logarithmierte Verhältnis der Wahrscheinlichkeit, im Jahr 2002 nicht mehr hauptberuflich erwerbstätig zu sein, zur Wahrscheinlichkeit des Gegenteils.

terbrechungen, wird die allgemeine Analyse über den gesamten Altersbereich ergänzt durch getrennte Modelle für die 40- bis 49-Jährigen und die im Jahr 1996 Erwerbstätigen ab 50 Jahren. Auf eine zusätzliche getrennte Untersuchung der Wirkfaktoren bei Männern und Frauen muss wegen der geringen Fallzahl verzichtet werden. Das Geschlecht wird jedoch als Prädiktor einbezogen.

Die nachfolgende Tabelle 4 gibt Auskunft über Richtung, Stärke und statistische Signifikanz der untersuchten Einflussgrößen. Unter anderem zeigt sich der bekannte *Alterseffekt*: Je später geboren bzw. je jünger die Panelteilnehmer sind, desto unwahrscheinlicher ist es, dass sie im Jahr 2002 nicht mehr erwerbstätig sind.[15] Man kann es auch umgekehrt formulieren: Je älter sie 1996 waren, desto wahrscheinlicher erfolgte der Wechsel von der Erwerbs- in die Nichterwerbstätigkeit. Wie der Vergleich zwischen den Personen unter und ab 50 Jahren zeigt, existiert dieser Alterseinfluss nur bei der älteren der beiden Altersgruppen. Dies zeigt, dass das Alter hauptsächlich für den endgültigen Ausstieg aus dem Erwerbsleben eine signifikante Rolle spielt, während die Wahrscheinlichkeit der Beendigung einer Erwerbstätigkeit im rentenferneren Alter, die eine kurz- oder langfristige Unterbrechung sein kann, nicht signifikant mit dem Alter assoziiert ist. Wie alle nachfolgend kommentierten Befunde zu Unterschieden und Gemeinsamkeiten der Einflüsse zwischen den beiden Altersgruppen ist allerdings auch dieser Befund zurückhaltend zu interpretieren, da die Ergebnisse auf einer eher geringen Fallzahl beruhen und nur der Erwerbsstatus zu zwei Messzeitpunkten, nicht jedoch der vollständige Verlauf untersucht wird.

In beiden Altersgruppen gibt es eine *Geschlechtsabhängigkeit* der Erwerbsbeendigung oder -unterbrechung: Unter Kontrolle der anderen Faktoren weisen Frauen eine erheblich höhere Wahrscheinlichkeit als Männer auf, nach sechs Jahren nicht mehr erwerbstätig zu sein. Der Effekt ist bei den Frauen ab 50 Jahren stärker als im darunterliegenden Alter. Dies dürfte teilweise mit der Möglichkeit der Inanspruchnahme der vorgezogenen Altersrente für Frauen zusammenhängen, aber auch den Wechsel in den Hausfrauenstatus beinhalten. Dafür spricht, dass die Wahrscheinlichkeit des Wechsels in die Nicht-Erwerbstätigkeit auch bei den unter 50-Jährigen vom Geschlecht beeinflusst wird. Insgesamt stützen diese geschlechtsdifferierenden Ergebnisse die Vermutung, dass die in Abschnitt 4.1 beschriebenen altersspezifischen Unterschiede der Hausfrauenquote nicht nur auf Kohortenunterschiede zurückzuführen, sondern zum Teil auch Ergebnis biografischer Wechsel von der Erwerbstätigkeit in den Hausfrauenstatus im mittleren Erwachsenenalter sind.

---

15 Die mögliche Ausübung einer Erwerbstätigkeit im Ruhestand wird hier nicht berücksichtigt, da die Faktoren der Beendigung der hauptberuflichen Erwerbstätigkeit im Vordergrund des Interesses stehen.

Erwerbsbeteiligung und Übergang in den Ruhestand 117

Tabelle 4: Prädiktoren der Nicht-Erwerbstätigkeit 2002 der im Jahr 1996 erwerbstätigen Panelteilnehmer (Logistische Regression)[1]

Signifikanzniveau: °=p<.10; *=p<.05; **=p <.01 Prädiktoren[2]		40- bis 49-Jährige (1996) exp (ß)	50-Jährige u. Ältere (1996) exp (ß)	Zusammen exp (ß)
Geburtsjahrgang		0,919	0,599**	0,754**
Geschlecht männlich		0,375*	0,491*	0,476**
Ostdeutschland		1,027	0,844	0,957
BIK-Regionsgrößenklasse, aggr.:	unter 5000 Einw.	Ref.	Ref.	Ref.
	5000 – unter 50.000	0,687	0,177**	0,445*
	50.000 – unter 500.000	0,651	0,272*	0,459*
	500.000 und mehr	1,218	0,163**	0,427*
Haushaltstyp:	Paare ohne Kind/er	Ref.	Ref.	Ref.
	Paare mit Kind/ern	0,652	0,560°	0,667°
	Sonstige	1,016	0,805	0,909
Netzwerkgröße		0,951	0,891°	0,924°
Sozialschicht, haushaltsbezogen:[3]	Unterschicht, untere MS	5,282°	4,286*	3,362**
	mittlere Mittelschicht	4,849°	2,129	2,496*
	gehobene Mittelschicht	2,964	1,881	1,899°
	obere Mittelschicht	Ref.	Ref.	Ref.
Branchenzugehörigkeit:	Handwerk, Landwirtsch.	0,858	0,977	1,212
	Industrie	Ref.	Ref.	Ref.
	Handel, Dienstleistungen	0,173**	0,555	0,392**
	Öffentlicher Dienst	0,214**	0,715	0,453*
Betriebsgröße (Zahl der Beschäftigen):	unter 20	Ref.	Ref.	Ref.
	20 – unter 200	1,167	1,723	1,489
	200 und mehr	1,153	2,876*	2,168*
Betriebsrentenanspruch	vorhanden	0,316*	0,635	0,568*
Bewertung der berufl. Situation:	sehr gut	Ref.	Ref.	Ref.
	gut	0,964	1,757	1,346
	mittel bis sehr schlecht	1,765	3,193*	2,053*
Subjektive Gesundheit:	sehr gut, gut	Ref.	Ref.	Ref.
	mittel	0,674	1,482	1,147
	schlecht, sehr schlecht	2,988	3,864	2,698°
Pseudo-R² (Nagelkerkes)		0,24	0,53	0,55
N		349	353	702

Quelle: Alterssurvey, Panelstichprobe 1996/2002; Befragte, die 1996 erwerbstätig waren (ohne erwerbstätige Rentner/-innen); [1] Y: Ruhestand oder Nichterwerbsstatus ohne Rentenbezug= 1; hauptberufliche Erwerbstätigkeit = 0; [2] Die Prädiktormerkmale beziehen sich auf die 1996 gemachten Angaben; ausgenommen davon ist die Branchenzugehörigkeit und Betriebsgröße, die auf den Angaben von 2002 zur letzten (bei Ruheständlern und Nicht-Erwerbstätigen) oder zur aktuellen Erwerbstätigkeit (bei weiterhin Erwerbstätigen) beruhen. Dies erscheint gerechtfertigt, da nur 9 % der weiterhin Erwerbstätigen zwischen 1996 und 2002 den Arbeitgeber gewechselt haben; [3] zur Operationalisierung der Schichtzugehörigkeit, siehe Tabelle 3 in Abschnitt 4.2.

Während die Wahrscheinlichkeit, ob man im Alter von 40 bis 64 Jahren überhaupt erwerbstätig ist, durchaus davon abhängt, ob man in Ost- oder Westdeutschland lebt (vgl. Abschnitt 4.2), hängt die Wahrscheinlichkeit der Erwerbsbeendigung innerhalb des Untersuchungszeitraums von 1996 bis 2002 nicht signifikant vom *Landesteil* ab. Ostdeutsche dieses Alters stehen zwar etwas seltener im Erwerbsleben als Westdeutsche; diejenigen ab 40, die in den neuen Bundesländern im Jahr 1996 einen Arbeitsplatz hatten, unterlagen jedoch – unter Kontrolle der anderen Einflüsse – zumindest bis 2002 keinem erhöhten Risiko mehr, ihn zu verlieren bzw. in den Ruhestand zu wechseln.

Als bedeutsamer für die Erwerbsbeendigung als der Ost-West-Unterschied erweist sich der *Urbanitäts- bzw. Zentralitätsgrad* der Region, wobei der Zusammenhang nicht linear ist. Zu einer höheren Ausstiegswahrscheinlichkeit kommt es nur bei Personen, die in peripheren ländlichen Regionen ohne Anbindung an ein Zentrum leben (BIK-Regionsgrößenklasse: <5000 Einwohner). Zwischen den anderen Regionsklassen gibt es keine nennenswerten Unterschiede. Der Einfluss der Regionsgröße bzw. -zentralität ist zudem statistisch nur signifikant bei den ab 50-Jährigen, d.h. er richtet sich im Wesentlichen auf den Zeitpunkt des endgültigen Ausstiegs aus dem Erwerbsleben. Der Zusammenhang der Verbleibswahrscheinlichkeit mit der Regionsgröße unterscheidet sich von dem in Abschnitt 4.2 festgestellten Zusammenhang zwischen Erwerbstätigenquote und Regionsgröße, der auf eine in ländlichen Gemeinden höhere Erwerbsbeteiligung der Männer verwies. Allerdings wurden dort keine getrennten Analysen für die beiden Altersgruppen, sondern für die beiden Geschlechter durchgeführt. Die unterschiedlichen Befunde müssen allerdings keinen Widerspruch bedeuten, da bei einer höheren regionalen Erwerbsbeteiligung auch mehr Übergänge in die Nichterwerbstätigkeit möglich sind und die – unter Kontrolle der anderen Faktoren – überdurchschnittliche Erwerbstätigenquote dennoch erhalten bleibt. Eine vertiefende Betrachtung dieser Zusammenhänge kann hier nicht erfolgen und bleibt zukünftigen Analysen vorbehalten.

Die Wahrscheinlichkeit der Erwerbsbeendigung hängt nur bei der älteren der beiden Erwerbstätigengruppen und auch bei dieser nur schwach signifikant mit der *Netzwerkgröße* zusammen: Erwerbstätige ab 50 Jahren, die im Jahr 1996 viele Personen angaben, mit denen sie regelmäßig Kontakt haben und die ihnen wichtig sind, sind mit größerer Wahrscheinlichkeit auch im Jahr 2002 erwerbstätig als diejenigen mit einem kleinen Personennetzwerk. Einen hohen Anteil am persönlichen Netzwerk haben Familienmitglieder (vgl. hierzu den Beitrag von Hoff in diesem Band). Die Aussicht darauf, auch nach dem Übergang in den Ruhestand vielfältige Kontakte pflegen zu können und nicht in die soziale Isolation zu geraten, fördert demnach nicht die Neigung zum Ausstieg aus dem Erwerbsleben. Ein großes soziales Netzwerk zu haben steigert vielmehr die Wahrscheinlichkeit, im Erwerbsprozess zu bleiben. Eine höhere Ausstiegswahrscheinlichkeit haben vielmehr Personen mit kleinem privatem Netzwerk. Inwieweit Erwerbstätige mit einer geringen Netzwerkgröße nach der Erwerbsbeendigung einem erhöhten Risiko der sozialen Isolation ausgesetzt sind, kann hier nicht untersucht werden.

Einen starken Einfluss auf die Wahrscheinlichkeit des Wechsels in die Nichterwerbstätigkeit hat die *Schichtzugehörigkeit*. Ob jemand, der 1996 erwerbstätig war, dies im Jahr 2002 nicht mehr ist, hängt wesentlich von der sozialen Position bzw. der beruflichen Stellung ab. Je nach Alter weisen die Angehörigen der Unterschicht und unteren Mittelschicht gegenüber den Angehörigen der oberen Mittelschicht ein vier- bis fünffach höheres Risiko des zwischenzeitlich erfolgten Übergangs in die Nichterwerbstätigkeit auf. Die Schichtabhängigkeit ist in beiden Altersgruppen vorhanden. Der Einfluss der beruflichen Stellung richtet sich daher nicht nur auf den Übergang in den Ruhestand, sondern betrifft auch Übergänge in die Nichterwerbstätigkeit aus anderen Gründen, insbesondere aufgrund von Arbeitslosigkeit.

In ähnlicher Weise gestaltet sich der Zusammenhang mit der *Branchenzugehörigkeit*. Von den unter 50-Jährigen haben die Beschäftigten des Öffentlichen Dienstes und die Erwerbstätigen im Handel und Dienstleistungsbereich eine erheblich höhere Wahrscheinlichkeit als die anderen, auch im Jahr 2002 noch erwerbstätig zu sein. Darin zeigt sich das geringe Arbeitslosigkeitsrisiko im Öffentlichen Dienst und die gegenüber dem sekundären Sektor bessere Arbeitsmarktsituation des tertiären Sektors sowie der höhere Selbstständigenanteil in diesem Wirtschaftszweig. Auf die Bleibewahrscheinlichkeit der über 50-Jährigen hat – unter Kontrolle der anderen Faktoren – die Branchenzugehörigkeit hingegen keinen signifikanten Einfluss. Die höhere Wahrscheinlichkeit einer Erwerbstätigkeit bei Angehörigen des Öffentlichen Dienstes beruht daher nicht auf einem späteren Übergang in den Ruhestand, sondern auf dem geringen Arbeitslosigkeitsrisiko, dem selteneren Stellenwechsel (unter Inkaufnahme von temporärer Nicht-Erwerbstätigkeit) und den besseren Rückkehrmöglichkeiten nach familienbedingter Erwerbsunterbrechung (siehe auch Abschnitt 4.2).

Bezogen auf die *Betriebsgröße* ergibt sich ein einziger signifikanter Zusammenhang: 1996 in einem Betrieb mit mehr als 200 Beschäftigten gearbeitet zu haben, erhöht gegenüber Kleinbetrieben die Wahrscheinlichkeit der Erwerbsbeendigung (vs. der Fortführungswahrscheinlichkeit) bis 2002 von über 50-Jährigen auf das Dreifache. Dieses Ergebnis verwundert nicht. Es sind vor allem Großbetriebe, die bis in die jüngste Vergangenheit zum Zweck des Abbaus und der Umstrukturierung des Personals Vorruhestandsprogramme aufgelegt haben (vgl. George, 2000; Sing, 2003).

Beschäftigte, die Anspruch auf eine Betriebsrente oder Leistungen aus der Zusatzversorgung des Öffentlichen Dienstes haben, können nach dem Übergang in den Ruhestand auf ein zusätzliches regelmäßiges und gesichertes Einkommen (neben den Leistungen der gesetzlichen Rentenversicherung und eventuell vorhandenen privaten Einkommensquellen) zurückgreifen. Da überwiegend langjährig und gut qualifizierte Beschäftigte *Betriebsrentenansprüche* haben, lässt dieses Vorhandensein zudem auch überdurchschnittliche Anwartschaften aus der Gesetzlichen Alterssicherung und die häufigere Erfüllung der Wartezeit für die Inanspruchnahme vorgezogener Altersrenten erwarten. Die Aussicht auf dieses Zusatzeinkommen im Alter führt dennoch zu keiner Wahrscheinlichkeitserhöhung der Erwerbsbeendigung. Im Gegenteil: Die Existenz eines Betriebsrentenanspruchs verringert signifikant die Wahrscheinlichkeit des Übergangs in die Nichterwerbstätigkeit im Beobachtungszeitraum, besonders stark bei den unter 50-Jährigen (und nur bei diesen statistisch signifikant). Dies spricht dafür, dass mit diesem Merkmal in erster Linie nicht der positive Effekt auf das zu erwartende Alterseinkommen erfasst wird, sondern die höhere Arbeitsplatzsicherheit der Beschäftigten mit Betriebsrentenanspruch.[16]

Die Ausstiegswahrscheinlichkeit aus dem Beruf hängt nicht nur von objektiven Strukturmerkmalen der Erwerbstätigkeit ab, sie wird darüber hinaus auch von der *subjektiven Einschätzung der beruflichen Situation* und den persönlichen Plänen der Erwerbstätigen beeinflusst. Wurde die eigene berufliche Situation bei der Erstbefragung im Jahr 1996 nur als mittel oder als schlecht bis sehr schlecht eingestuft, erhöht dies die Wahrscheinlichkeit beträchtlich, im Jahr 2002 nicht mehr erwerbstätig zu sein. Dieser Zusammenhang besteht allerdings statistisch gesichert nur bei den Erwerbstätigen ab 50 Jahren. Eine vergleichsweise schlechte subjektive Bewertung der beruflichen Situation fördert daher besonders dann den Wechsel in die Nichterwerbstätigkeit, wenn dieser altersbedingt den endgültigen Abschied aus dem Erwerbsleben und den Übergang in den Ruhestand ermöglicht. Ältere Arbeitskräfte forcieren ihren Ausstieg aus der Erwerbsarbeit, wenn sie ihre berufliche Situation als weniger gut einschätzen.

Etwas überraschend hat eine 1996 als schlecht empfundene *subjektive Gesundheit* nur tendenziell einen beschleunigenden Effekt auf die Erwerbsbeendigung. Überraschend deshalb, da in Abschnitt 4.2 bei der querschnittlich angelagten Analyse der Erwerbsbeteiligung ein starker negativer Zusammenhang zwi-

---

16 Erhoben wurde die individuelle Arbeitsplatzsicherheit mittels des subjektiv eingeschätzten Arbeitslosigkeitsrisikos erst in Welle 2. Der Einfluss der Arbeitsplatzsicherheit kann daher nur indirekt untersucht werden. Teilweise ist dieser Aspekt in anderen Prädiktoren wie dem Alter, der Region, der Schicht- und der Branchenzugehörigkeit enthalten. Ein Verzicht auf den Prädiktor „Betriebsrentenanspruch" führt jedoch zu keiner wesentlichen Änderung in der Stärke und Signifikanz der anderen Prädiktoren, verringert jedoch die Erklärungskraft des Modells.

schen der Gesundheitseinschätzung und der Wahrscheinlichkeit einer Erwerbstätigkeit festgestellt werden konnte. Bezogen auf den Verbleib in der Erwerbstätigkeit weist der Effektkoeffizient in Tabelle 4 zwar auf einen – sogar kräftigen – Einfluss einer subjektiv schlechten Gesundheit auf die Erwerbsbeendigung hin, der jedoch unter Kontrolle der anderen Einflüsse seine statistische Signifikanz einbüßt.[17] Dies könnte jedoch der geringen Fallzahl geschuldet sein. Immerhin wird der Zusammenhang bei einer Zusammenfassung der beiden Altersgruppen schwach signifikant ($p<.10$). Zu berücksichtigen ist auch, dass die Teilnahmewahrscheinlichkeit an der Wiederholungsbefragung geringer war, wenn der persönliche Gesundheitszustand bei der Erstbefragung als schlecht eingestuft wurde. Möglicherweise bleibt dadurch ein Teil der Abhängigkeit der Erwerbsbeendigung vom Gesundheitszustand verborgen. Die subjektive Bewertung anderer Lebensbereiche – Familie, Beziehung zu Freunden und Bekannten, Freizeitgestaltung, Lebensstandard und Wohnsituation –, deren Einfluss ebenfalls geprüft wurde, hatte keinen zusätzlichen signifikanten Effekt auf das Ausstiegsverhalten der Panelteilnehmer im Beobachtungszeitraum.

Hingegen tragen die 1996 geäußerten Angaben der Befragten, in welchem Alter sie ihre Erwerbstätigkeit zu beenden planen, erheblich zu einer Verbesserung der Vorhersage ihrer Erwerbsbeteiligung im Jahr 2002 bei. Wurde damals geplant, bis spätestens 2002 in die Nicht-Erwerbstätigkeit zu wechseln, erhöht dies die Ausstiegs- vs. Verbleibswahrscheinlichkeit auf das 3,8-fache gegenüber jenen Befragten, die länger zu arbeiten planten (siehe Tabelle A-1 im Anhang). Hervorzuheben ist, dass das Hinzufügen der *Erwerbsbeendigungspläne* als Prädiktor zu keiner wesentlichen Änderung der Stärke und Signifikanz der anderen Einflussgrößen führt. Lediglich der Alters- und Geschlechtseinfluss verringert sich dadurch etwas. Die Erwerbsbeendigungspläne der Arbeitskräfte sind somit keine bloße Funktion der soziodemografischen und sozioökonomischen Situation der Erwerbstätigen, durch die sie determiniert würden. Sie sind vielmehr als offener, individueller Ausdruck der Lebensplanung und -bewertung und als eine eigenständige Einflussgröße auf das Übergangsalter in den Ruhestand zu begreifen. Der nachfolgende Abschnitt beschäftigt sich daher näher mit der Veränderung der Erwerbsbeendigungspläne und deren Realisierung im Zeitraum zwischen 1996 und 2002.

---

17 D.h. es kann nicht mit mindestens 95-prozentiger Wahrscheinlichkeit ausgeschlossen werden, dass der in der Stichprobe festgestellte Zusammenhang nur zufällig besteht und in der Grundgesamtheit nicht vorhanden ist.

5 Das Ausstiegsalter aus dem Erwerbsleben

5.1 Geplantes und realisiertes Ausstiegsalter

Es gibt Anzeichen dafür, dass die jahrzehntelange Praxis der sozialverträglichen und für die Betroffenen finanziell relativ gut abgesicherten Frühausgliederung aus dem Erwerbsleben bei den Beschäftigten zur Herausbildung, eventuell auch Verfestigung der Orientierung auf einen frühen Ruhestand geführt hat. So weist Sing (2003) auf eine von polis (Gesellschaft für Politik- und Sozialforschung mbH) durchgeführte repräsentative Meinungsumfrage aus dem Jahr 2002 hin, bei der nahezu zwei Drittel der Berufstätigen wünschten, mit 55 Jahren oder zwischen 55 und 60 Jahren in Rente zu gehen. Allerdings kann von solchen Wünschen nicht unmittelbar auf handlungsleitende Pläne geschlossen werden. In den Wünschen kommt das zum Ausdruck, was Menschen gerne machen würden, wenn sie konfligierende Ziele, Erwartungen Anderer und vorhandene Restriktionen nicht zu beachten hätten. Realistischer sind geäußerte Erwartungen und konkret genannte Pläne zum Übergang in den Ruhestand. So konnte in amerikanischen und britischen Verlaufsstudien nachgewiesen werden, dass der tatsächliche Ruhestandsbeginn bei etwa zwei Dritteln maximal 1 Jahr vor oder nach dem zuvor erwarteten Übergangsalter erfolgt und das subjektiv geplante Eintrittsalter in den Ruhestand eine hohe Vorhersagekraft für das nachfolgende Übergangsalter besitzt (Haider & Stephens, 2004; Disney & Tanner, 1999; Bernheim, 1989). Das geplante Alter der Erwerbsbeendigung ist nach diesen Studien ein guter Indikator für das spätere tatsächliche Beendigungsalter.

Nachfolgend wird untersucht, wie ausgeprägt in Deutschland bei Erwerbstätigen ab 40 Jahren die Erwartung einer frühzeitigen Beendigung des Erwerbslebens vor Erreichen der Regelaltersgrenze von 65 Jahren ist und ob es in den vergangenen Jahren zu Veränderungen in Richtung eines erwarteten längeren Verbleibs im Erwerbsleben gekommen ist. Damit soll der Frage nachgegangen werden, ob und wie deutlich die Erwerbstätigen den von Staat, Tarifparteien, Wissenschaft und Medien propagierten Paradigmenwechsel zum längeren Verbleib im Erwerbsleben in ihren Absichten und Handlungen nachvollziehen. Indikator der Absichten sind die in beiden Wellen des Alterssurveys erhobenen Pläne zur Erwerbsbeendigung. Die Frage an alle noch nicht im Ruhestand befindlichen Erwerbstätigen lautete: „Mit welchem Alter planen Sie, Ihre Erwerbstätigkeit zu beenden?" Genannt werden konnte entweder ein konkretes Altersjahr (mit ... Jahren) oder die Antwort „Weiß noch nicht". Erwartet wird ein Rückgang geplanter Frühausstiege.

Die Darstellung der neueren Entwicklung der Erwerbsbeendigungspläne im Vergleich der Querschnitte 1996 und 2002 der deutschen Erwerbstätigen ab 40

Jahren wird ergänzt durch die Untersuchung des Verhältnisses zwischen dem geplanten und realisierten Ausstiegsalter sowie der individuellen Stabilität von Beendigungsplänen bei den weiterhin erwerbstätigen Panelteilnehmern. Dies lässt zum einen auf die Relevanz und Prognosekraft des geplanten Ausstiegsalters für das tatsächliche Alter der Erwerbsbeendigung schließen, zum anderen liefert es Hinweise, inwieweit Änderungen in den Rahmenbedingungen die persönlichen Kalküle beeinflussen können. Erwartet wird ein hoher Übereinstimmungsgrad zwischen dem geplanten und realisierten Beendigungsalter bzw. die Ausübung einer Erwerbstätigkeit im Jahr 2002, wenn der Ausstieg für ein späteres Jahr geplant war. Erwartet wird zudem bei weiterhin Erwerbstätigen im Durchschnitt eine Verlagerung ihres geplanten Wechsels in die Nichterwerbstätigkeit in ein etwas höheres Alter.

Die querschnittliche Veränderung der Ausstiegspläne zwischen 1996 und 2002

Sofern konkrete Vorstellungen zum geplanten Alter der Erwerbsbeendigung vorhanden sind, konzentrieren sich diese auf einzelne Altersjahre, die stark mit den Altersuntergrenzen für die Inanspruchnahme der verschiedenen gesetzlichen Altersrenten korrespondieren: Im Jahr 1996 nannten 38 Prozent der Erwerbstätigen ab 40 Jahren das 60. Lebensjahr[18] als geplantes Ausstiegsalter, 10 Prozent das 63. Lebensjahr und 17 Prozent beabsichtigen, mit 65 Jahren aus dem Erwerbsleben auszuscheiden (Abbildung 8).[19] Andere Altersjahre wurden nur selten genannt, am häufigsten noch das 55. und 58. Lebensjahr. Fasst man die einzelnen Altersjahre zu Kategorien zusammen, plante im Jahr 1996 die Hälfte, mit spätestens 60 Jahren aus dem Erwerbsleben auszuscheiden. Nur 19 Prozent beabsichtigten, bis zum Alter von 65 Jahren erwerbstätig zu bleiben; 18 Prozent konnten noch kein genaues Altersjahr nennen.

---

18 Wenn vom Lebensjahr die Rede ist, wird das Altersjahr genannt, das bei der entsprechenden Jahresangabe vollendet wird (z.B. beim geplanten Ausstiegsalter 60 das vollendete 60. Lebensjahr).

19 Eine etwas anders aufgebaute Darstellung dieses Sachverhalts mit den Daten der ersten Welle des Alterssurveys findet sich in Kohli 2000. Die geringen altersspezifischen Unterschiede in den 1996 geäußerten Ausstiegsplänen führten ihn zur Vermutung einer fehlenden Tendenz zur Verlängerung der geplanten Lebensarbeitszeit.

Abbildung 8: Geplantes Erwerbsbeendigungsalter der Erwerbstätigen ab 40 Jahren, 1996 und 2002 (Angaben in Prozent)

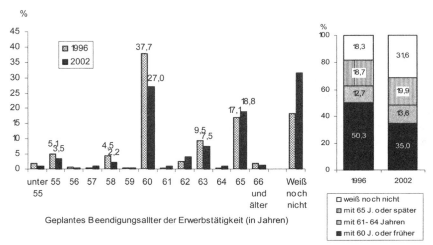

Quelle: Alterssurvey, Basisstichprobe 1996 (n=1871) und Replikationsstichprobe 2002 (n=1114), gewichtet. Erwerbstätige ohne Bezug einer Altersrente/Pension

Sechs Jahre später, im Jahr 2002, sehen die Austrittspläne der Erwerbstätigen ab 40 Jahren deutlich anders aus: Nur noch 35 Prozent planen, spätestens mit 60 Jahren aus dem Erwerbsleben auszuscheiden. Dieser starke Rückgang um 15 Prozentpunkte bei den geplanten Frühausstiegen führte jedoch nur zu einer geringen Zunahme des Anteils derer, die ein späteres Beendigungsalter nennen. Insgesamt stieg der Anteil der Befragten mit einem geplanten Beendigungsalter jenseits des 60. Lebensjahres nur um 2 Prozentpunkte auf 33,5 Prozent. Statt dessen kam es fast zu einer Verdoppelung des Anteils derer, die keine konkreten Angaben zum geplanten Erwerbsbeendigungsalter machen können (von 18 auf 32%).

Diese Entwicklung wird folgendermaßen gedeutet: Einerseits haben die zwischen 1996 und 2002 eingeführten Rentenreformmaßnahmen – insbesondere die schrittweise Erhöhung des Berechtigungsalters für einen vollen Bezug vorgezogener Altersrenten und das Erschweren der Frühausgliederung zu Lasten der Arbeitslosenversicherung – sowie die öffentliche Diskussion über die Notwendigkeit eines längeren Verbleibs älterer Arbeitnehmer im Erwerbsleben bei den Betroffenen zu einer markanten Abkehr von der Perspektive des frühen Ruhestands beigetragen. Andererseits konkretisiert sich dieser Perspektivwechsel noch nicht in klaren Erwartungen darüber, bis zu welchem Alter man persönlich weiter erwerbstätig sein wird. Diese wachsende Ungewissheit hat nicht nur die Erwerbstätigen mittleren Alters erfasst, sondern auch rentennähere Altersgruppen. So verdoppelte sich zwischen 1996 und 2002 bei den 55- bis 59-Jährigen der Anteil derer, die nicht sagen können, in welchem Alter sie aus dem Arbeitsprozess auszuscheiden planen, von 12 auf 23 Prozent (Abbildung 9).

Abbildung 9: Anteil Erwerbstätiger, die mit 60 Jahren oder früher aus dem Erwerbsleben auszuscheiden beabsichtigen oder noch kein geplantes Ausstiegsalter nennen können, 1996 und 2002 (Angaben in Prozent)*

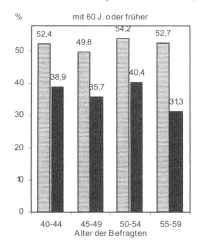
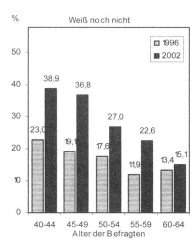

Quelle: Alterssurvey, Basisstichprobe 1996 (n=1340-1756) und Replikationsstichprobe 2002 (n=842-1019), gewichtet; * Die Unterschiede zwischen 1996 und 2002 sind für alle Altersgruppen außer den 60- bis 64-Jährigen statistisch signifikant (Chi²-Test, p<.05).

Nur bei den 60- bis 64-Jährigen änderte sich wenig. Der Übergang in den Ruhestand liegt in diesem Alter für die meisten schon in Sichtweite und die Diskussion um weitere Anhebungen des Berechtigungsalters für eine volle Rente betrifft sie nur am Rande. Insgesamt gilt: Je näher das 65. Lebensjahr rückt, desto konkreter sind die Pläne zur Beendigung der Erwerbstätigkeit. Die Erwerbstätigen ab Mitte 50 planen zudem seltener als die 50- bis 54-Jährigen eine Erwerbsbeendigung mit 60 Jahren, zum Teil vermutlich bedingt durch die schrittweise Anhebung des Berechtigungsalters für einen abschlagsfreien Rentenbezug. Interessant ist, dass die Jüngeren nicht seltener als die Älteren beabsichtigen, mit spätestens 60 Jahren aus dem Erwerbsleben auszuscheiden. 1996 erwartete perspektivisch gut die Hälfte (52%) der 40- bis 44-Jährigen ein solch frühzeitiges Erwerbsende. Binnen sechs Jahren sank dieser Anteil zwar kräftig auf 39 Prozent, der Rückgang bei den Jüngeren war jedoch nicht ausgeprägter als bei den Älteren. Vermutlich enthalten die Angaben der Jüngeren noch mehr das Element des Gewünschten, während sich in den Angaben der Älteren stärker die realistischen Pläne ausdrücken. Auch sind bei den älteren Erwerbstätigen jene nicht mehr enthalten, die ihre Erwerbstätigkeit bereits – gewollt oder ungewollt – beendet haben.

Wie nachfolgende Tabelle 5 und Abbildung 10 zeigen, erfolgte die Abkehr von einer sehr früh geplanten Erwerbsbeendigung bei Frauen ausgeprägter als bei Männern und im Westen deutlicher als im Osten Deutschlands. Der Anteil erwerbstätiger westdeutscher Frauen im Alter von 40 bis 59 Jahren, die planen, spätestens mit 60 Jahren in den Ruhestand zu wechseln, verringerte sich zwischen 1996 und 2002 um 21 Prozentpunkte auf 36 Prozent. Bei den gleichaltrigen Frauen im Osten Deutschlands sank diese Quote um 20 Prozentpunkte auf 55 Prozent.

Tabelle 5: Geplantes Ausstiegsalter aus der Erwerbstätigkeit der 40- bis 59-jährigen Frauen und Männer in Ost- und Westdeutschland, 1996 und 2002 (Angaben in Prozent)

Geplantes Ausstiegsalter	Männer - West 1996	Männer - West 2002	Männer - Ost 1996	Männer - Ost 2002	Frauen - West 1996	Frauen - West 2002	Frauen - Ost 1996	Frauen - Ost 2002
mit 60 J. oder früher	49,3	35,2	29,9	32,5	57,3	36,3	75,5	55,3
mit 61-64 Jahren	16,2	11,9	7,1	4,9	6,8	12,6	5,4	12,3
mit 65 J. oder später	20,3	22,0	46,4	35,0	8,0	12,0	10,3	12,3
Weiß noch nicht	14,2	30,9	16,5	27,6	27,9	39,1	8,7	20,2
Zusammen	100,0	100,0	100,0	100,0	100,0	100,0	100,0	100,0

Quelle: Alterssurvey, Basisstichprobe 1996 (n=1340) und Replikationsstichprobe 2002 (n=842), gewichtet

Zu dieser erheblichen Verringerung hat sicherlich die Anhebung der Altersgrenze für die vorgezogene – abschlagsfreie – Frauenaltersrente von 60 auf 65 Jahre

Erwerbsbeteiligung und Übergang in den Ruhestand

beigetragen.[20] Hervorzuheben ist, dass der Rückgang geplanter Frühausstiege bei den Frauen zudem häufiger als bei den Männern (die ebenfalls von Altersgrenzenanhebungen betroffen sind) zu einer Zunahme derjenigen geführt hat, die zwischen dem 61. bis 65. Lebensjahr in den Ruhestand zu gehen beabsichtigen. Während bei den Männern bis 2002 in erster Linie die Verunsicherung zugenommen hat, aber bis dahin nicht mehr Männer als 1996 angaben, voraussichtlich über das 60. Lebensjahr hinaus zu arbeiten, haben die Frauen die Altersgrenzenanhebung subjektiv bereits in höherem Maße nachvollzogen – sie nennen jetzt häufiger ein konkretes geplantes Ausstiegsalter zwischen dem 61. und 65. Lebensjahr.

Abbildung 10: Differenz 2002 gegenüber 1996 in den Angaben zum geplanten Erwerbsbeendigungsalter nach Geschlecht und Landesteil (in Prozent-Punkten)

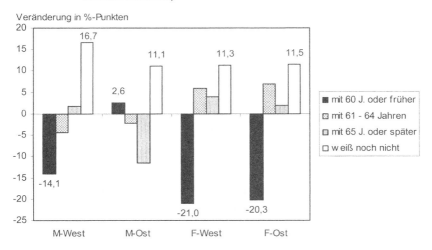

Quelle: Alterssurvey, Basisstichprobe 1996 (n=1340) und Replikationsstichprobe 2002 (n=842), gewichtet. Erwerbstätige im Alter von 40 bis 59 Jahren.

Gegen den allgemeinen Trend einer Abkehr von frühzeitigen Ausstiegsplänen äußern sich die ostdeutschen Männer. Bei ihnen erhöhte sich die Quote derer, die davon ausgehen, mit spätestens 60 Jahren aus dem Erwerbsleben auszuscheiden.

---

20   Für eine Übersicht zu den Altersgrenzenanhebungen vgl. Engstler, 2004.

Auch nehmen 2002 deutlich weniger als 1996 an, bis zum 65. Lebensjahr zu arbeiten. Bei dieser abweichenden Entwicklung der Ausstiegspläne ist jedoch zu berücksichtigen, dass ostdeutsche Männer 1996 mit 46 Prozent weit häufiger als die anderen Gruppen geplant hatten, bis zum 65. Lebensjahr zu arbeiten, und dass das Arbeitslosigkeitsrisiko im Osten stärker zugenommen hat als im Westen. Dennoch planten die erwerbstätigen ostdeutschen Männer auch im Jahr 2002 mit 35 Prozent immer noch häufiger ein Arbeiten bis zur Regelaltersgrenze als die westdeutschen Männer oder die ost- und westdeutschen Frauen. Der Abstand hat sich allerdings verkleinert.

Insgesamt beabsichtigen diejenigen mit konkreten Vorstellungen zum Ausstiegsalter bei der Erhebung des Jahres 2002 im Durchschnitt mit 61,6 Jahren aus dem Erwerbsleben auszuscheiden. Frauen planen ein früheres Erwerbsende als Männer, Westdeutsche ein früheres als Ostdeutsche. Allerdings sind die Geschlechts- und Ost-West-Unterschiede in den vergangenen Jahren kleiner geworden. Am stärksten angestiegen ist das geplante Beendigungsalter im Ost-West- und Geschlechtervergleich bei den westdeutschen Frauen.

Geplantes und tatsächliches Ausstiegsalter im individuellen Erwerbsverlauf

In welchem Verhältnis stehen die geäußerten Pläne der Beendigung bzw. Fortführung der Erwerbstätigkeit mit dem weiteren Handeln der Befragten? Setzen sie ihre Pläne in die Tat um? Steigen sie früher aus oder bleiben sie länger erwerbstätig als geplant? Ändern sich ihre Pläne? Zur Klärung dieser Fragen werden als erstes die 1996er Angaben der im Jahr 2002 erneut befragten Panelteilnehmer mit ihrem Erwerbsstatus zum Zeitpunkt der zweiten Befragung und – sofern ein Ausstieg erfolgte – dem realisierten Beendigungsjahr ihrer Erwerbstätigkeit verglichen. Dabei lassen sich drei Ausgangsgruppen unterscheiden:[21]

Gruppe 1 (G1): Geplantes Ausstiegsalter zum Zeitpunkt der Befragung 2002 bereits erreicht;

Gruppe 2 (G2): Geplantes Ausstiegsalter noch nicht erreicht;

Gruppe 3 (G3): Befragte, die 1996 noch kein geplantes Ausstiegsalter nennen konnten.

Tabelle 6 gibt Auskunft darüber, welchen Erwerbsstatus diese drei Gruppen der Panelteilnehmer zum Zeitpunkt der Zweitbefragung im Jahr 2002 hatten. Unterschieden werden für 2002 aktiv Erwerbstätige (ohne im Ruhestand befindliche

---

21 Die Zuordnung zur Gruppe G1 oder G2 erfolgte unter der Annahme, dass der geplante Beendigungszeitpunkt am Ende des Monats liegt, in dem die Befragten das genannte Altersjahr vollenden. Dieses Vorgehen lässt sich damit begründen, dass der Renteneintritt überwiegend im Monat nach Vollendung eines Altersjahres erfolgt.

Erwerbstätige und ohne Personen in der Freistellungsphase der Altersteilzeit), Personen im Ruhestand (ungeachtet einer evtl. vorliegenden Erwerbstätigkeit) und sonstige Nicht-Erwerbstätige.

Es zeigt sich, dass der Erwerbsstatus 2002 weitgehend konform geht mit den im Jahr 1996 gemachten Angaben zum geplanten Beendigungsalter. 81 Prozent derer, die 1996 planten, ihre Erwerbstätigkeit im Laufe der nächsten sechs Jahre zu beenden, haben dies auch getan – 94 Prozent davon befinden sich im Ruhestand. Umgekehrt gingen 78 Prozent derer, die beabsichtigten, noch mindestens sechs Jahre erwerbstätig zu bleiben, zum Zeitpunkt der Zweitbefragung im Jahr 2002 tatsächlich einer Erwerbstätigkeit nach. Nur 7 Prozent waren entgegen anderslautender Pläne bereits im Ruhestand, 14 Prozent jedoch aus anderen Gründen nicht erwerbstätig, vor allem aufgrund von Arbeitslosigkeit. Ein Drittel derer, die 1996 noch keine konkreten Vorstellungen darüber hatten, bis zu welchem Alter sie voraussichtlich erwerbstätig bleiben werden, sind im Jahr 2002 nicht mehr erwerbstätig; allerdings befinden sich nur 12 Prozent im Ruhestand, 22 Prozent sind aus anderen Gründen nicht erwerbstätig, häufig aufgrund von Arbeitslosigkeit/Vorruhestand.

Insgesamt setzte also die große Mehrheit ihre Ausstiegspläne in die Tat um. Allerdings war 2002 immerhin ein gutes Fünftel (22%) nicht erwerbstätig, obwohl dies nach den eigenen Plänen erst später eintreten sollte. Der Anteil der – entgegen damaliger Pläne – nicht mehr Erwerbstätigen ist dabei in Ostdeutschland mit 31 Prozent signifikant höher als in den alten Bundesländern (19%), während es keinen signifikanten Unterschied zwischen den Geschlechtern gibt.

Tabelle 6: Erwerbsstatus 2002 der im Jahr 1996 erwerbstätigen Panelteilnehmer, je nach ursprünglich geplantem Ausstiegszeitpunkt (Angaben in Prozent)

1996 geplantes Ausstiegsalter ist bei Zweitbefragung 2002 ...	Aktiv erwerbstätig[1]	Im Ruhestand[2]	Sonstige Nicht-Erwerbstätige	Zusammen
bereits erreicht (G1)	18,8	76,5	4,7	100
noch nicht erreicht (G2)	78,2	7,3	14,4	100
1996 kein Jahr genannt (G3)	66,2	12,2	21,6	100
Gesamt	63,7	22,5	13,8	100

Quelle: Alterssurvey, Panelstichprobe 1996/2002 (n=751), gewichtet
[1] ohne im Ruhestand befindliche Erwerbstätige und ohne Personen in der Freistellungsphase der Altersteilzeit; [2] Bezieher von Altersrente/Pension oder Frührente, ungeachtet einer evtl. Erwerbstätigkeit

Für die zwischen 1996 und 2002 von der Erwerbstätigkeit in die Nicht-Erwerbstätigkeit gewechselten Panelteilnehmer lässt sich als Zweites die zeitliche Differenz zwischen dem geplanten und tatsächlichen Zeitpunkt der Erwerbsbeendigung angeben. Wie nachfolgende Abbildung 11 zeigt, beendeten 44 Prozent der nicht mehr Erwerbstätigen mit vormals konkreten Vorstellungen zum Austrittsalter ihre Erwerbstätigkeit maximal ein Jahr früher oder später als geplant. Von denen, die in den Ruhestand gewechselt sind, beendeten 60 Prozent ihre Erwerbstätigkeit in etwa zum geplanten Zeitpunkt. Demgegenüber erfolgte der Wechsel in die Nicht-Erwerbstätigkeit derer, die 2002 noch nicht im Ruhestand sind, größtenteils früher als geplant. Hauptgrund dafür war der Wechsel in die Arbeitslosigkeit. Diese Arbeitslosen sind im Durchschnitt 54 Jahre alt. Vermutlich wird dieser Übergang für die meisten von ihnen den endgültigen Abschied vom Erwerbsleben bedeuten, da die Rückkehrwahrscheinlichkeit von Arbeitslosen in diesem Alter gering ist (vgl. Koller, Bach & Brixy, 2003).

Abbildung 11: Zeitliche Differenz* zwischen geplantem und realisiertem Ausstiegsalter bei Panelteilnehmern, die zwischen 1996 und 2002 ihre hauptberufliche Erwerbstätigkeit beendet haben

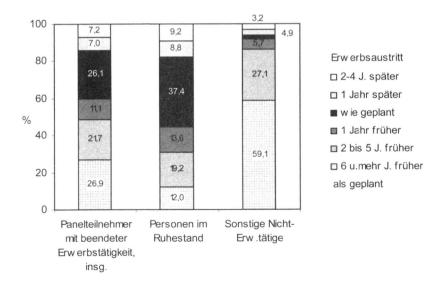

Quelle: Alterssurvey, Panelstichprobe 1996/2002, gewichtet
* Zeitliche Differenz = Ausstiegsjahr – Kalenderjahr des geplanten Ausstiegsalters

64 Prozent der 1996 erwerbstätigen Panelteilnehmer waren auch im Jahr 2002 erwerbstätig. Diese wurden erneut gefragt, mit welchem Alter sie planen, ihre hauptberufliche Erwerbstätigkeit zu beenden. Zwei Drittel davon haben bei beiden Befragungen ein konkretes Altersjahr genannt. Diese haben ihre Pläne zwischen 1996 und 2002 so verändert, dass sie im Durchschnitt nun rund ein Jahr länger zu arbeiten planen: Während sie 1996 mit 61 Jahren aufzuhören planten, beabsichtigten sie 2002, mit 62 Jahren aus dem Erwerbsleben auszuscheiden. Hinter diesem Anstieg des Mittelwerts stehen jedoch Veränderungen in beide Richtungen. So planten 23 Prozent im Jahr 2002 einen früheren Ausstieg als 1996, 39 Prozent einen späteren, 39 Prozent nannten das gleiche Alter wie 1996.

Tabelle 7: Im Jahr 2002 geplantes Ausstiegsalter der Panelteilnehmer unter 60 Jahren, je nach deren geplantem Ausstiegsalter im Jahr 1996 (Angaben in Prozent)

Geplantes Beendigungsalter 1996	Geplantes Beendigungsalter 2002				
	mit 60 J. oder früher	mit 61-64 Jahren	mit 65 J. oder später	Weiß noch nicht	Zusammen
mit 60 J. oder früher	*54,5*	13,0	15,0	17,5	100
mit 61-64 Jahren	29,2	*37,5*	22,9	10,4	100
mit 65 J. oder später	21,3	17,5	*47,5*	13,8	100
Weiß noch nicht	31,7	11,0	7,3	*50,0*	100
Gesamt	40,5	16,3	20,7	22,4	100

Quelle: Alterssurvey, Panelstichprobe 1996/2002, gewichtet

Bezieht man auch diejenigen ein, die 1996 kein konkretes Beendigungsalter nennen konnten, ergibt sich folgendes Bild: Von den im Jahr 2002 unter 60-jährigen Erwerbstätigen, die 1996 planten, mit spätesten 60 Jahren ihre Erwerbstätigkeit zu beenden, blieben 55 Prozent bei dieser Absicht des frühen Ausstiegs – 28 Prozent möchten nun länger arbeiten (Tabelle 7). 39 Prozent derer, die ursprünglich bis zum Alter 65 arbeiten wollten, planen nun einen früheren Ausstieg. Exakt die Hälfte derer, die 1996 noch keine konkreten Pläne nennen konnten, haben 2002 konkrete Vorstellungen zum Ausstiegsalter; die Mehrzahl davon beabsichtigt mit spätestens 60 Jahren aufzuhören. Interessant ist, dass umgekehrt rund 16 Prozent der Panelteilnehmer, die 1996 ein konkretes Altersjahr für ihre geplante Erwerbsbeendigung nennen konnten, im Jahr 2002 mit „weiß noch nicht" antworten. Am häufigsten erfolgte dieser Wechsel in die Ungewissheit, wenn ursprünglich ein früher Ausstieg geplant war. Hier zeigt sich erneut, dass die Abkehr von einem früh vorgesehenen Ausstieg aus dem Erwerbsleben bis 2002 nur teilweise mit neuen konkreten Vorstellungen darüber einhergeht, wie lange man voraussichtlich erwerbstätig sein wird.

Alles in allem blieb – gemessen an den Alterskategorien der geplanten Erwerbsbeendigung – rund die Hälfte der weiterhin erwerbstätigen Panelteilnehmer bei ihren 1996 gemachten Angaben (siehe kursiv gesetzte Werte in Tabelle 7). Änderungen in Richtung eines längeren Verbleibs im Erwerbsleben kommen häufiger vor als umgekehrt. Zudem nimmt mit dem Älterwerden der Anteil derer ab, die noch keine konkreten Vorstellungen zum geplanten Ausstiegsalter haben. Dennoch ist ein Teil der Befragten im Laufe der sechs Jahre wieder unsicherer geworden.

Fazit

Die 1996 festgestellten Erwerbsbeendigungspläne standen noch ganz im Zeichen der Erwartungshaltung, frühzeitig aus dem Erwerbsleben in den Ruhestand zu wechseln. Der auf der Makroebene einsetzende normative Umschwung vom frühen zum späteren Ausstieg aus dem Erwerbsleben, begleitet bzw. forciert durch Änderungen im Renten- und Arbeitsförderungsrecht, führte anschließend jedoch zu einem bemerkenswerten Einbruch in den Erwartungen eines frühen Ruhestands. Allerdings konkretisierte sich die Abkehr von der Perspektive des Frühausstiegs zumindest bis 2002 noch nicht in klaren Erwartungen darüber, wie viel länger man voraussichtlich im Arbeitsprozess verbleiben wird. Stattdessen nahm bei den Erwerbstätigen die Ungewissheit über die voraussichtliche Länge ihres Erwerbslebens zu. Einerseits ist den Erwerbstätigen bewusst, dass die Zeit der Frühausgliederungen und Frühverrentungen ihren Zenit überschritten hat; vielen fehlten jedoch zumindest im Jahr 2002 noch neue biografische Orientierungspunkte für den Übergang in den Ruhestand. Teilweise wird noch an unrealistisch frühen Ausstiegsplänen festgehalten, die vermutlich nicht oder nur mit erheblichen Einbußen des Alterseinkommens realisiert werden können. Dies lässt vermuten, dass – zumindest bis 2002 – viele die Relevanz der bereits gesetzten Rechtsänderungen für ihre zukünftigen Möglichkeiten des Erwerbsausstiegs noch nicht richtig erkannt haben. Eine verbesserte Aufklärung über die Rechtssituation und die Neuregelungen könnte Abhilfe schaffen.

Es ist zu erwarten, dass die im Jahr 2002 zu beobachtende Verunsicherung allmählich einer Neuorientierung auf einen längeren Verbleib im Erwerbsleben mit konkreteren Vorstellungen zum Zeitpunkt des Übergangs in den Ruhestand weicht. Die angehobenen Altersgrenzen für den – abschlagsfreien – Beginn der vorgezogenen Altersrenten und die steigende Bedeutung der Regelaltersgrenze für den Rentenzugang dürften als neue biografische Orientierungspunkte aufgegriffen werden. Die Frauen orientieren sich daran offensichtlich jetzt schon stärker als die Männer.

Bestätigt hat sich die Vermutung einer weitgehenden Übereinstimmung zwischen dem geplanten und dem nachfolgend realisierten Beendigungsalter: Von denen, die 1996 planten, höchstens noch 6 Jahre erwerbstätig zu sein, standen im Jahr 2002 tatsächlich 81 Prozent nicht mehr im Erwerbsleben. Von denen, die in den Ruhestand gewechselt sind, beendeten 60 Prozent ihre Erwerbstätigkeit maximal 1 Jahr vor oder nach dem 1996 geplanten Beendigungszeitpunkt. Die Ausstiegspläne der älteren Erwerbstätigen sind damit ein guter Indikator für den späteren Übergang in den Ruhestand. Demgegenüber erfolgte die Erwerbsbeendigung derer, die 2002 noch nicht im Ruhestand sind, größtenteils früher als geplant. Hauptgrund dafür war der Wechsel in die Arbeitslosigkeit und den Vorruhestand.

5.2 Das Alter der Erwerbsbeendigung verschiedener Ruhestandsgenerationen

Im Folgenden wird abschließend die bisherige Entwicklung des Beendigungsalters in der Abfolge der Geburtsjahrgänge dargestellt, die sich bereits vollständig oder zu großen Teilen im Ruhestand befinden. Grundlage sind die Angaben der Bezieherinnen und Bezieher von Altersrente und der anderen nicht mehr erwerbstätigen Personen ab 60 Jahren zum Beendigungsalter ihrer – hauptberuflichen – Erwerbstätigkeit.[22] Anhand dieser Angaben lässt sich die kohortenspezifische Verteilung der Ausstiegszeitpunkte auf die einzelnen Altersjahre ermitteln und feststellen, wie viel Prozent der jetzt im Ruhestand Befindlichen eines Geburtsjahrgangs in jedem einzelnen zurückliegenden Altersjahr noch erwerbstätig waren.

Abbildung 12 gibt Auskunft darüber, welchen *Verlauf die Erwerbstätigenquote* der Geburtskohorten 1917 bis 1942 (d.h. der 60- bis 85-Jährigen) zwischen dem 55. und 65. Lebensjahr nahm. Zu berücksichtigen ist dabei, dass bei der Erhebung im Jahr 2002 ein Fünftel der jüngsten Kohortengruppe (Jahrgänge 1938/42) ihre hauptberufliche Erwerbstätigkeit noch nicht beendet hatte (siehe Tabelle 1) und die Ergebnisse der ältesten Geburtsjahrgänge (1917/22) aufgrund

---

22 Die Frage lautete: „Bis zu welchem Jahr waren Sie hauptberuflich erwerbstätig?". Nicht einbezogen sind Personen, die – nach einer möglichen Berufsausbildung – nie hauptberuflich erwerbstätig gewesen sind: Diese können keine Angaben zum Beendigungszeitpunkt machen und wurden daher auch nicht danach gefragt. Deren Anteil ist insgesamt gering. Von den 40- bis 85-Jährigen des Jahres 2002 waren es nur 2,5%.

der geschlechtsspezifischen Unterschiede der Lebenserwartung in höherem Maße durch die Erwerbsbiografien der Frauen geprägt sind.

Die Verläufe dieser beiden Kohortengruppen sind daher mit denen der anderen Geburtsjahrgänge nur eingeschränkt vergleichbar. Um dennoch einen Eindruck von der zu erwartenden Gesamtverteilung der Austrittsalter in der jüngsten Kohortengruppe zu erhalten, wurde das Beendigungsalter der noch erwerbstätigen 60- bis 64-Jährigen anhand des bekannten Beendigungsalters der über das 60. Lebensjahr hinaus erwerbstätig gewesenen 65- bis 69-Jährigen geschätzt. Unter Einbezug dieser Schätzung ergibt sich für die Geburtsjahrgänge 1938/42 der in Abbildung 12 mit der Kennzeichnung „vorauss."dargestellte Verlauf der Erwerbstätigenquote.

Abbildung 12: Beendigungsalter der hauptberuflichen Erwerbstätigkeit nach Alter bzw. Kohortenzugehörigkeit

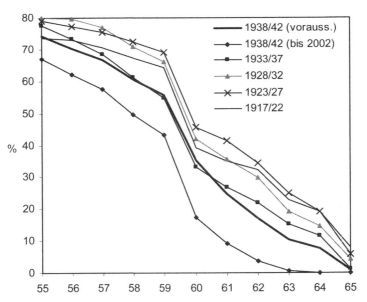

Anteil der AltersrentnerInnen und Nicht-Erwerbstätigen ohne Altersrente, die über ein Alter von ... Jahren hinaus erwerbstätig waren

Quelle: Alterssurvey, Replikationsstichprobe 2002 (n=1533), gewichtet

Betrachtet man zunächst nur die allgemeine kohortenspezifische Entwicklung und lässt die besonders bei den älteren Kohorten bestehenden geschlechtsspezifischen Verlaufsunterschiede und die Ost-West-Differenzen vorerst noch außer acht, belegen die Verlaufskurven den allgemeinen Trend zur Vorverlagerung des Ausstiegs aus dem Erwerbsleben in den vergangenen Jahrzehnten.[23] Die Erwerbsbeteiligung der 1933/37 Geborenen ging nach dem 55. Lebensjahr stärker zurück als bei den beiden vorherigen Kohortengruppen. Über das 60. Lebensjahr hinaus hauptberuflich erwerbstätig waren von den Jahrgängen 1933/37 nur 33 Prozent, gegenüber 42 Prozent der Jahrgänge 1928/32 und 46 Prozent der Jahrgänge 1923/27.

Von den bereits im Ruhestand Befindlichen oder aus anderen Gründen nicht Erwerbstätigen der Geburtsjahrgänge 1938/42 waren nur 17 Prozent über das 60. Lebensjahr hinaus erwerbstätig gewesen. Zählt man allerdings die noch im Arbeitsprozess Stehenden dieser Geburtsjahrgänge hinzu, sind es 35 Prozent. Mit 63 Jahren sind von den Jahrgängen 1938/42 voraussichtlich nur noch 10 Prozent hauptberuflich erwerbstätig, verglichen mit 15 Prozent der Jahrgänge 1933/37 und 25 Prozent der Jahrgänge 1923/27. Wie die Zahlen der älteren Kohorten zeigen, blieb auch in früheren Jahrzehnten nur eine Minderheit bis zum Erreichen der Regelaltersgrenze erwerbstätig.

Selbst von den heute 75- bis 85-Jährigen (Geburtsjahrgänge 1917/27) waren nur 19 Prozent bis zum 65. Lebensjahr hauptberuflich erwerbstätig. Die oft gehörte Forderung, es sollten wieder mehr Menschen bis zum Erreichen der Regelaltersgrenze im Arbeitsprozess bleiben, geht häufig von falschen Vorstellungen über das Erwerbsbeendigungsalter früherer Generationen aus. Diese Forderung mag aus vielerlei Gründen berechtigt sein, der Verweis auf die Vergangenheit liefert jedenfalls keine ausreichende Begründung. Dies würde erst recht für den Vorschlag des Hinausschiebens des Ruhestandsbeginns über das 65. Lebensjahr gelten.[24] Denn auch die ältesten Jahrgänge befanden sich größtenteils schon vor dem 65. Lebensjahr im Ruhestand. Dieses Muster hat sich seither verfestigt.

Die Entwicklung der jüngsten betrachteten Geburtsjahrgangsgruppe (Jahrgänge 1938/42) lässt noch keine Umkehr, aber eine spürbare Abschwächung des Trends zum frühzeitigen Übergang in den Ruhestand erkennen. Die kohortenspezifisch aufbereiteten Zahlen des Alterssurveys zeichnen damit ein noch nicht ganz so optimistisches Bild wie die in Abbildung 1 berichteten Zeitreihenergeb-

---

23　Dies zeigen auch die in ähnlicher Weise aufbereiteten Daten der ersten Welle des Alterssurveys (vgl. Kohli 2000; Künemund 2001, S.56).
24　Die Forderung nach einer Anhebung der Regelaltersgrenze auf 67 Jahre wird jedoch meist mit der besseren Gesundheit und Leistungsfähigkeit der heute und zukünftig 65-Jährigen oder schlicht mit der Notwendigkeit zur Stabilisierung des Beitragssatzes in der Gesetzlichen Rentenversicherung begründet (vgl. Bundesministerium für Gesundheit und Soziale Sicherung, 2003).

nisse des Mikrozensus zur Erwerbsbeteiligung der 55- bis 64-Jährigen. Da die Befunde des Alterssurveys zum Erwerbsbeendigungsalter der 60- bis 64-Jährigen (Jahrgänge 1938/42) zum Teil auf Schätzungen beruhen, ist eine weitere Verzögerung der Erwerbsbeendigung schon bei diesen Jahrgängen nicht auszuschließen. Es zeichnet sich ab, dass der Trend zum frühen Übergang in den Ruhestand sein – vorläufiges – Ende gefunden hat. Man kann erwarten, dass zukünftig mehr Frauen und Männer über das 60. Lebensjahr hinaus im Beruf bleiben und auch mehr Menschen wieder bis zum Erreichen der derzeitigen Regelaltersgrenze erwerbstätig sein werden, zumal nun die außergewöhnlich schwach besetzten Geburtsjahrgänge 1943 bis 1947 folgen. Dass allerdings mehr Menschen freiwillig erst nach dem 65. Lebensjahr in die Rente gehen werden, erscheint angesichts der berichteten Erwerbsbeendigungspläne und der nahezu fehlenden Praxis eines solch späten Übergangs in der jüngeren Vergangenheit, erkennbar auch an der überaus geringen Inspruchnahme der Teilrente (vgl. Künemund, 2001, S.58) eher unwahrscheinlich. Zudem stößt der Vorschlag, die Regelaltersgrenze auf 67 Jahre anzuheben, in der Bevölkerung auf erhebliche Ablehnung. So ergab eine von TNS-Infratest im Auftrag des SPIEGEL im September 2005 durchgeführte Umfrage, dass 68 Prozent der erwachsenen Bevölkerung diesen Reformvorschlag ablehnen (DER SPIEGEL, Heft 38/2005, S.17). Im Juni 2003 hatten dies allerdings noch 82 Prozent zurückgewiesen. Die Akzeptanz einer Anhebung der Regelaltersgrenze ist demnach immer noch gering, scheint aber allmählich zuzunehmen. Bedenklich stimmt allerdings ein Ergebnis einer Untersuchung von Börsch-Supan, Heiss & Winter (2004, S.54), wonach auf die Frage „Damit die Generation unserer Kinder und Enkel nicht noch höhere Beiträge zahlen muss, wären Sie dafür bereit, später in Rente zu gehen?" nur 27 Prozent der über 50-jährigen Erwerbstätigen mit „Ja" antworteten.

Bei den in Abbildung 12 dargestellten kohortenspezifischen Rückgängen der Erwerbsbeteiligung mit steigendem Alter handelt es sich um Durchschnittswerte aus dem Ausstiegsverhalten aller Angehörigen der jeweiligen Geburtsjahrgänge. Dahinter verbergen sich teilweise erhebliche Unterschiede zwischen verschiedenen Bevölkerungsgruppen. Bedeutsame Differenzen bestehen – wie bereits erwähnt – zwischen Männern und Frauen und zwischen *Ost- und Westdeutschland*. Zur Verdeutlichung dieser Differenzen werden in Abbildung 13 die Erwerbsbeteiligungsverläufe der im Jahr 2002 65- bis 69-jährigen und 70- bis 74-jährigen Männer und Frauen in den alten und neuen Bundesländern zwischen dem 55. und 65. Lebensjahr gegenüber gestellt. Ersichtlich wird der starke Rückgang des Erwerbsbeendigungsalters in Ostdeutschland und die im Westen besonders ausgeprägte Geschlechterdifferenz.

Die 1928/32 geborenen ostdeutschen Männer waren mit 55 Jahren nahezu alle noch erwerbstätig (97%). Bis zum Alter von 59 Jahren verringerte sich dieser Anteil auf 84 Prozent, um anschließend rapide zurückzugehen. Die meisten Wechsel in die Nacherwerbsphase erfolgten mit 60 und mit 65 Jahren. Bei den ostdeutschen Frauen der Jahrgänge 1928/32 konzentrierte sich die Erwerbsbeendigung – ausgehend von einer ähnlich hohen Erwerbsbeteiligung wie die der Männer – sehr stark auf das 60. Lebensjahr: Vom 59. auf das 60. Altersjahr fiel ihre Erwerbstätigenquote von 72 auf 18 Prozent, wofür in erster Linie der Wechsel in die vorgezogene Altersrente für Frauen ab dem vollendeten 60. Lebensjahr verantwortlich war. Die fünf Jahre später geborenen ostdeutschen Frauen und Männer standen schon mit 55 Jahren wesentlich häufiger nicht mehr im Erwerbsleben, wobei der Rückgang bei den Frauen stärker war (von 96 auf 67%) als bei den Männern (von 97 auf 82%). Am starken Abfall der Erwerbsbeteiligung zeigt sich deutlich die massenhafte Frühausgliederung der älteren ostdeutschen Arbeitskräfte aus dem Erwerbsleben im Zuge der Umstrukturierung der ostdeutschen Wirtschaft nach der Wiedervereinigung.

Abbildung 13: Beendigungsalter der hauptberuflichen Erwerbstätigkeit der 65- bis 74-Jährigen des Jahres 2002, nach Geschlecht und Landesteil

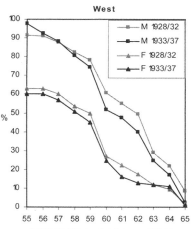
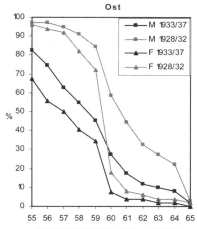

Quelle: Alterssurvey, Replikationsstichprobe 2002, n=450 (West), n=230 (Ost)

Die große Mehrheit der heute 65- bis 69-Jährigen Ostdeutschen beendete ihr Erwerbsleben schon vor Vollendung des 60. Lebensjahrs und damit vor dem potenziellen Bezug einer vorgezogenen Altersrente. Mit 59 Jahren waren nur noch 35 Prozent der Frauen und 45 Prozent der Männer dieser ostdeutschen Jahrgänge erwerbstätig. Immer weniger konnten einen nahtlosen Übergang vom Erwerbsleben in die Altersrente realisieren, immer mehr gelangten erst nach einer Zwischenphase der Arbeitslosigkeit oder des Vorruhestands in die Rente (nähere Informationen hierzu in Abschnitt 6). Das Erwerbsbeendigungsalter in Ostdeutschland ist zuletzt wieder etwas heterogener geworden. Dies zeigt sich auch an der Entwicklung der Standardabweichung, die die Streuung um den Mittelwert misst (vgl. nachfolgende Tabelle 8). Die Streuung ist insbesondere bei den ostdeutschen Männern wieder größer geworden, auch wenn das Ausmaß der Heterogenität nach wie vor am stärksten bei den westdeutschen Frauen ist.

Tabelle 8: Durchschnittliches Alter der Erwerbsbeendigung der ost- und westdeutschen Frauen und Männer nach Kohortenzugehörigkeit

Geburts-jahrgang	West			Ost			Deutschland		
	M[1]	F	Zus.	M	F	Zus.	M	F	Zus.
Durchschnittliches Beendigungsalter (arithm. Mittel, in Jahren):									
1917/22	61,3	49,0	53,5	64,5	60,1	61,4	61,8	51,3	55,0
1923/27	60,6	52,1	55,8	63,2	58,4	59,9	61,0	53,6	56,7
1928/32	60,9	49,9	54,9	61,6	58,7	60,0	61,1	51,5	55,9
1933/37	61,1	49,4	55,0	58,1	55,7	56,8	60,4	50,8	55,4
Standardabweichung (in Jahren):									
1917/22	7,7	15,8	14,6	3,2	7,1	6,5	7,2	15,1	13,8
1923/27	6,5	15,6	13,1	3,1	8,2	7,3	6,1	14,4	12,2
1928/32	6,2	16,5	14,0	2,8	6,8	5,5	5,7	15,6	13,0
1933/37	3,2	15,9	13,0	6,2	7,9	7,2	4,2	14,7	12,0

Quelle: Alterssurvey, Replikationsstichprobe 2002 (n=1.533), gewichtet
[1] M=Männer, F=Frauen, Zus.=Zusammen

Im Westen Deutschlands war das Alter der Erwerbsbeendigung schon in der Vergangenheit heterogener als im Osten. Dies beruht vor allem auf den unterschiedlichen Erwerbsbiografien der Männer und Frauen. Von den 1933/37 geborenen Frauen waren mit 55 Jahren nur 67 Prozent erwerbstätig, da viele ihre Erwerbsarbeit im Zuge der Familiengründung und -erweiterung aufgegeben haben und nicht mehr ins Erwerbsleben zurückgekehrt sind bzw. eine dauerhafte Rückkehr nicht mehr gelungen ist. Hierin unterscheiden sie sich auch nur geringfügig von den fünf Jahre vor ihnen geborenen Frauen, die zwischen dem 55. und 62. Lebensjahr sogar etwas häufiger erwerbstätig waren (Abbildung 13).

Verglichen mit den ostdeutschen Frauen der Jahrgänge 1933/37 war die weibliche Erwerbsbeteiligung in den alten Bundesländern bis zum Alter von 59 Jahren geringer, danach jedoch höher als im Osten. Mitverantwortlich dafür sind die wesentlich länger andauernden Erwerbsunterbrechungen der Frauen im Westen während der Familienphase, die dazu beitragen, dass die bis zum 60. Lebensjahr erworbenen Rentenansprüche niedriger sind als im Osten. Dies führt dazu, dass den älteren erwerbstätigen Frauen im Westen der frühzeitige Wechsel in den Ruhestand häufiger mangels ausreichender Versicherungsjahre versperrt ist oder angesichts der geringeren Rentenanwartschaften nicht attraktiv erscheint. Die etwas höhere Erwerbsbeteiligung im Westen nach dem 60. Lebensjahr dürfte zudem durch die bessere Arbeitsmarktsituation in den alten Bundesländern gefördert werden. Dafür spricht die bei den Jahrgängen 1933/37 durchgängig über alle betrachteten Altersjahre höhere Erwerbsbeteiligung der westdeutschen Männer gegenüber den ostdeutschen Männern, die bei den fünf Jahre Älteren noch nicht gegeben war. Dennoch war auch bei den westdeutschen Männern im Kohortenvergleich der Trend zur Vorverlagerung des Übergangs in die Nacherwerbsphase noch nicht beendet. Ab einem Alter von 58 Jahren lag die Erwerbstätigenquote der Jahrgänge 1933/37 jeweils etwas unter jener der 1928/32 Geborenen.

Insgesamt belegen die Befunde zu den kohortenspezifischen Verläufen der Erwerbsbeteiligung ab dem 55. Lebensjahr und der Entwicklung des Erwerbsbeendigungsalters den langjährigen Trend zur Vorverlagerung des Ausstiegs aus dem Arbeitsleben, der zumindest in den alten Bundesländern beendet scheint. Deutlich hervor treten auch die enormen Umbrüche im ostdeutschen Beschäftigungssystem nach der Wiedervereinigung, die zu einer massenhaften Ausgliederung älterer Arbeitnehmer aus dem Erwerbsprozess geführt haben. Erfolgte diese Ausgliederung anfangs noch über den frühzeitigen Wechsel von der Erwerbsarbeit in die Altersrente, wurden im weiteren Verlauf immer mehr ältere Arbeitskräfte bereits vor dem Rentenberechtigungsalter aus dem Arbeitsleben verabschiedet, d.h. in die Arbeitslosigkeit oder den Vorruhestand entlassen. Dies führt zu einer Änderung der Übergangspfade von der Erwerbsarbeit in den Ruhestand. Es kommt häufiger zu einer zeitlichen Lücke zwischen dem Ausstieg aus dem Beruf und dem Eintritt in die Rente. Der Ausbreitung, Länge und Art dieser Zwischenphase widmet sich der nachfolgende Abschnitt 6.

6 Übergangspfade von der Erwerbstätigkeit in die Altersrente

Die Ergebnisse zum jahrzehntelangen Rückgang des Erwerbsbeendigungsalters, insbesondere zum gestiegenen Anteil derer, die bereits vor Vollendung des 60. Lebensjahres ausgeschieden sind, verweisen auf eine gewachsene zeitliche Lücke zwischen dem Ausscheiden aus dem Erwerbsleben und dem Übergang in die Altersrente. Mit den Daten des Alterssurveys kann dieses Phänomen empirisch untersucht werden. Denn alle Personen ab 60 Jahren, die eine Altersrente oder Pension aus eigener Erwerbstätigkeit beziehen, wurden nicht nur nach dem Jahr ihrer Erwerbsbeendigung und dem Startzeitpunkt des Bezugs von Altersrente/Pension gefragt, sondern gaben auch Auskunft zur Situation unmittelbar vor Beginn der Altersrente.[25] Dadurch lässt sich untersuchen, wie sich in der Abfolge der Geburtsjahrgänge der Anteil derjenigen entwickelt hat, die direkt aus der Erwerbstätigkeit in die Rente gewechselt sind, aus welchem Status die restlichen Personen in die Altersrente kamen und wie sich die Dauer zwischen Erwerbsende und Altersrentenbeginn entwickelt hat. Dabei ist zu beachten, dass in der jüngsten betrachteten Gruppe der 1938/42 Geborenen (60- bis 64-Jährige) zum Zeitpunkt der Befragung erst 51 Prozent eine Altersrente oder Pension erhielten. Der Zugang zu vorgezogenen gesetzlichen Altersrenten ist an bestimmte Übergangspfade gebunden. Vorgezogene Altersrenten stehen im Wesentlichen nach Arbeitslosigkeit, Vorruhestand, Altersteilzeit sowie Schwerbehinderten, langjährig Versicherten und Frauen mit längerer Erwerbsbiografie offen. Dies führt dazu, dass unter den 60- bis 64-jährigen Altersrentenbeziehern zwangsläufig überdurchschnittlich viele Personen sind, die aus vorheriger Arbeitslosigkeit, nach dem Vorruhestand oder im Anschluss an den Bezug einer Erwerbs- oder Berufsunfähigkeitsrente in die Altersrente gewechselt sind. Der Wechsel nach vorheriger Hausfrauentätigkeit ist dagegen relativ selten, da Hausfrauen oft nicht die Voraussetzungen für den Zugang zu einer vorgezogenen Altersrente erfüllen. Dies lässt einen Vergleich mit den Übergangswegen der über 65-Jährigen nur bedingt zu. Aus diesem Grund wurde die Verteilung der bereits erfolgten Übergänge der Geburtsjahrgänge 1938/42 ergänzt durch die erwartete Gesamtverteilung unter Einbezug des aktuellen Erwerbsstatus der noch nicht Altersrente beziehenden 60- bis 64-Jährigen (siehe hierzu auch Tabelle 1).[26]

---

25 Die Antwortvorgaben waren: Ich war zuvor erwerbstätig, in der Freistellungsphase der Altersteilzeit, arbeitslos, im Vorruhestand (auch Altersübergang), Hausfrau/-mann, in Umschulung, Aus- oder Weiterbildung, länger krank und habe Geld von der Krankenkasse erhalten, habe eine Erwerbs- oder Berufsunfähigkeitsrente (Invalidenrente) bezogen oder war zuvor Sonstiges.

26 Aufgrund von Auswertungsergebnissen zum Übergangsverhalten der Panelteilnehmer in den Ruhestand erfolgte dies unter der Annahme, dass ca. 81% der 60- bis 64-jährigen Hausfrauen/

Aus Abbildung 14 ist erkennbar, dass insgesamt tatsächlich immer weniger Personen direkt aus der Erwerbstätigkeit in die Altersrente gelangen. Waren von den heute 75- bis 79-Jährigen 74 Prozent bis unmittelbar vor Beginn ihrer Altersrente erwerbstätig gewesen, beträgt diese Quote bei den 60- bis 64-Jährigen voraussichtlich nur noch 53 Prozent. Stark zugenommen hat der Anteil derer, die vor dem Übergang in die Rente eine Phase der Arbeitslosigkeit oder des Vorruhestands hinter sich brachten. Von den Jahrgängen 1923/27 waren nur 4 Prozent vor Beginn der Rente arbeitslos oder im Vorruhestand gewesen, bis zu den Jahrgängen 1938/42 verfünffachte sich diese Quote auf ca. 23 Prozent.

Abbildung 14: Situation vor Beginn der Altersrente nach Geburtsjahrgang

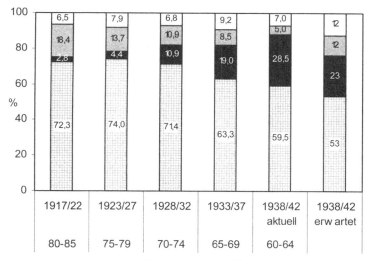

Übergang in die Altersrente:
□ aus sonstigem Status
□ nach Tätigkeit als Hausfrau/-mann
■ aus der Arbeitslosigkeit oder dem Vorruhestand
□ direkt aus der Erwerbstätigkeit*

Quelle: Alterssurvey, Replikationsstichprobe 2002 (n=1.211), gewichtet
* einschl. aus Freistellungsphase der Altersteilzeit

Hausmänner und 100% aller anderen Nicht-Erwerbstätigen und Erwerbstätigen dieses Alters später Altersrente beziehen werden.

Der Anteil derer, die als Hausfrauen (selten als Hausmänner) in die Altersrente wechseln, verringerte sich kontinuierlich bis zu den Jahrgängen 1933/37. Der sich nun abzeichnende höhere Anteil einer vorgeschalteten Hausfrauenphase bei den 60- bis 64-Jährigen gegenüber den 65- bis 69-Jährigen ist vermutlich mit darauf zurückzuführen, dass zunehmend mehr langjährige Hausfrauen die Voraussetzungen für den Bezug einer Altersrente ab 65 Jahren erfüllen, unter anderem aufgrund der verbesserten Anrechnung von Erziehungszeiten und dem abnehmenden Anteil an Frauen, die sich in jungen Jahren ihre Rentenversicherungsbeiträge haben auszahlen lassen.

Bei der jüngsten betrachteten Kohortengruppe zeigt sich in den teilweise geschätzten Zahlen eine Zunahme des Anteil jener Personen, die weder aus der Erwerbsarbeit, noch aus der Arbeitslosigkeit, dem Vorruhestand oder der Tätigkeit als Hausfrau/-mann in die Altersrente wechseln. Von den 60- bis 64-Jährigen werden voraussichtlich 12 Prozent aus einem solchen anderweitigen Status in die Altersrente gelangen. Über die Gründe dafür kann an dieser Stelle nur spekuliert werden, da eine weitere Differenzierung wegen der geringen Fallzahl und der teilweisen Schätzung der Anteile nicht möglich ist. Es könnte sein, dass die Zahl derer zugenommen hat bzw. zunimmt, die nach dem Ausscheiden aus dem Erwerbsleben zunächst eine Invalidenrente beziehen, um anschließend nach Erreichen des Berechtigungsalters in die Altersrente zu wechseln.

Die Übergangspfade von der Erwerbstätigkeit in den Ruhestand weisen markante Unterschiede zwischen den Geschlechtern auf, die sich jedoch bei den jüngeren Generationen verringert haben (Abbildung 15).[27] Männer sind häufiger als Frauen bis zum Beginn der Altersrente erwerbstätig, der Abstand ist jedoch kleiner geworden. Sie sind kurz vor dem Rentenbeginn auch etwas häufiger arbeitslos bzw. im Vorruhestand, wobei sich auch dieser Unterschied in der Kohortenabfolge verringert hat, da dieses Muster bei den Frauen erheblich zugenommen hat: Der Anteil der Frauen, die unmittelbar vor Beginn der Altersrente arbeitslos oder im Vorruhestand waren, stieg von 3 Prozent (Jahrgänge 1923/27) auf 19 Prozent (Jahrgänge 1933/37). Abgenommen hat – bis zu den 65- bis 69-Jährigen – der Übergang aus dem Hausfrauenstatus in die Altersrente.

---

[27] Der Geschlechter- und Ost-West-Vergleich beschränkt sich auf die Jahrgänge mit nahezu abgeschlossenen Übergängen in die Altersrente/Pension, d.h. auf die Personen ab 65 Jahren.

Erwerbsbeteiligung und Übergang in den Ruhestand 143

Abbildung 15: Situation vor Beginn der Altersrente nach Geschlecht und Landesteil

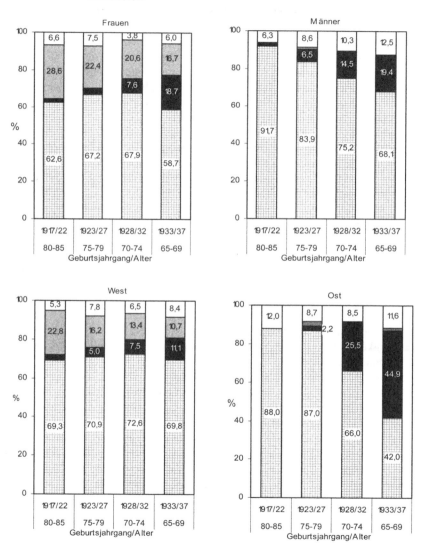

Quelle: Alterssurvey, Replikationsstichprobe 2002; n=651 (Männer), n=560 (Frauen), n=801 (West), n=410 (Ost), gewichtet; Legende: siehe Abbildung 14 auf Seite 141

Im Ost-West-Vergleich fällt der vormals höhere Anteil des Arbeitens bis zur Rente in Ostdeutschland auf, der auf der höheren Erwerbsbeteiligung der Frauen und dem systembedingten Fehlen der Arbeitslosigkeit in der früheren DDR beruhte. In nur wenigen Jahren änderten sich die ostdeutschen Übergangspfade fundamental. Von den 65- bis 69-Jährigen Ostdeutschen (Jahrgänge 1933/37) waren nur noch 42 Prozent bis zum Altersrentenbeginn erwerbstätig, 45 Prozent waren zuvor arbeitslos oder im Vorruhestand, verglichen mit nur 11 Prozent der westdeutschen Rentnerinnen und Rentner dieser Jahrgänge. Das im Westen Deutschlands zwar lange Zeit rückläufige, aber immer noch vorhandene Muster des Übergangs in die Altersrente aus dem Status der Hausfrau fehlt im Osten nahezu gänzlich. Daran hat auch der Wegfall vieler Arbeitsplätze und die Frühausgliederung älterer Arbeitskräfte kaum etwas geändert. Nicht erwerbstätige ostdeutsche Frauen im rentennahen Alter definieren sich nur selten als Hausfrau. Sie sind überwiegend erwerbsorientiert und tauchen nur selten in die „Stille Reserve" ab. Dies zeigt sich auch retrospektiv in den Aussagen der Altersrentnerinnen zu ihrer Nichterwerbssituation unmittelbar vor Rentenbeginn.

Auffällig ist die im Westen über die Kohorten weitgehend konstant gebliebene Häufigkeit des Übergangs in die Altersrente direkt aus der Erwerbstätigkeit. Diese relative Konstanz wird durch die Zunahme der Erwerbsbeteiligung älterer Frauen verursacht, die auch zu einem – zumindest bis zu den Jahrgängen 1933/37 beobachtbaren – Rückgang des Renteneintritts nach vorheriger Hausfrauentätigkeit führte. Ohne die gestiegene Erwerbsbeteiligung der Frauen wäre auch in den alten Bundesländern das Muster des nahtlosen Übergangs von der Erwerbsarbeit in die Rente seltener geworden, wie an der Anteilszunahme der Arbeitslosigkeit, des Vorruhestands und der sonstigen Nichterwerbstätigkeit vor dem Altersrentenbeginn erkennbar wird.

Trotz der häufigeren Rückkehr der westdeutschen Frauen in die Erwerbsarbeit nach der Familienphase und der damit verbundenen Ausweitung ihrer Erwerbsbeteiligung im rentennahen Alter blieben in der Abfolge der untersuchten Geburtsjahrgänge insgesamt in Deutschland immer weniger Menschen bis zum Beginn der Altersrente erwerbstätig. Hauptgrund dafür war die frühzeitige Entlassung in die Arbeitslosigkeit oder den Vorruhestand. Dadurch erlebte insgesamt ein wachsender Anteil an Personen ein Auseinanderfallen des Zeitpunkts der Erwerbsbeendigung vom Zeitpunkt des Altersrentenbeginns. Dass insbesondere in Ostdeutschland die Zahl derer zugenommen hat, die vor dem Rentenbeginn arbeitslos wurden, bestätigen auch Ergebnisse der Rentenzugangsstatistik (vgl. Kaldybajewa, 2005; Büttner, Knuth & Wojtkowski, 2005).

Bei insgesamt höherer Prävalenz hat sich die durchschnittliche Dauer der Nichterwerbsphase bis zum Renteneintritt allerdings verkürzt. Wie Tabelle 9 zeigt, betrug sie bei den Geburtsjahrgängen 1917/27 im Durchschnitt noch 18

Jahre, bei den Jahrgängen 1933/37 nur 11 Jahre. Dieser Rückgang geht weitgehend auf das Konto der sinkenden Zahl an Frauen, die nach einer kurzen Phase der Erwerbstätigkeit Hausfrau geworden und bis zum Renteneintritt geblieben sind. Zieht man die Übergänge in die Rente nach vorheriger Tätigkeit als Hausfrau/-mann ab, schrumpft die durchschnittliche Dauer der nachberuflichen Phase bis zum Altersrentenbeginn erheblich. Im Durchschnitt haben jene 28 Prozent der 65- bis 69-Jährigen, die nicht direkt aus der Erwerbstätigkeit oder als Hausfrau/-mann in die Altersrente gegangen sind, nach Beendigung ihrer hauptberuflichen Tätigkeit 4,6 Jahre auf den Beginn ihrer Altersrente gewartet. Dies ist zwar weniger lang als bei den in gleicher Weise Betroffenen der 75- bis 85-Jährigen, aber länger als bei den 70- bis 74-Jährigen. Unter Abzug der Rentenübergänge aus dem Hausfrauendasein ist die Phase zwischen der Erwerbsbeendigung und dem Altersrentenbeginn (nicht zu verwechseln mit dem Beginn einer eventuell vorgeschalteten Erwerbs- oder Berufsunfähigkeitsrente) seit der zweiten Hälfte der 1990er Jahre demnach wieder etwas länger geworden.[28] Dazu beigetragen hat die steigende Zahl älterer Langzeitarbeitsloser (vgl. auch Koller, Bach & Brixy, 2003).

Tabelle 9: Mittlere Anzahl der Jahre zwischen Erwerbsbeendigung und Beginn der Altersrente bei Altersrentnerinnen und Altersrentnern ohne direkten Übergang aus der Erwerbstätigkeit, 2002

Geburtsjahrgang (Alter)	Personen mit Zwischenphase, insgesamt			Personen mit Zwischenphase, ohne vorherige Hausfrauen bzw. Hausmänner
	Männer	Frauen	Zusammen	
1917/27 (75-85)	4,0	22,0	18,0	6,2
1928/32 (70-74)	2,7	23,0	14,3	3,8
1933/37 (65-69)	3,2	17,3	11,2	4,6

Quelle: Alterssurvey, Replikationsstichprobe 2002 (n=327-427), gewichtet
Mittelwertdifferenz zwischen den Kohorten 1933/37 (11,2 J.) und 1917/27 (18,0 J.) statistisch signifikant.

7 Zusammenfassung und Fazit

In der Untersuchung standen zwei Fragen im Vordergrund: (1.) Gibt es Anhaltspunkte dafür, dass sich gegenwärtig in Deutschland eine Trendwende hin zu einem längeren Verbleib im Erwerbsleben vollzieht? Schlägt sich der von zahlreichen Reformmaßnahmen begleitete Paradigmenwechsel bereits im Beschäftigungssystem nieder? (2.) Lockert sich die enge Verbindung zwischen dem Aus-

---

28 Die Differenz ist jedoch statistisch nicht signifikant.

scheiden aus dem Erwerbsleben und dem Übergang in den Ruhestand? Kommt es nach der Beendigung der Berufstätigkeit häufiger zu einer zu überbrückenden Nichterwerbsphase bis zum Beginn der Altersrente?

Die Frage nach Anhaltspunkten für eine Trendwende hin zu einem späteren Ausstieg aus dem Erwerbsleben wurde erstens anhand der Entwicklung der alters- und kohortenspezifischen Erwerbsbeteiligung und -beendigung untersucht; zweitens wurde untersucht, ob sich die Menschen in ihren Plänen und Erwartungen bereits auf einen längeren Verbleib im Erwerbsleben einstellen. Ausgangspunkt war die Annahme, dass die zahlreichen gesetzlichen Maßnahmen der vergangenen Jahre zur Verringerung der Anreize für einen frühzeitigen Übergang in den Ruhestand erste Wirkungen entfalten, die sich zunächst vor allem in den Erwerbsbeendigungsplänen, aber noch nicht in gleicher Weise in der Erwerbsbeteiligung und dem Ausstiegsalter niederschlagen. Einem längeren Verbleib im Arbeitsprozess wirkt – so die Annahme – die immer noch geringe Nachfragenach älteren Arbeitskräften und der nach wie vor hohe Druck zur Rationalisierung und zur Senkung der Personalkosten entgegen.

Die Ergebnisse bestätigen im Großen und Ganzen diese Annahmen. Zwischen 1996 und 2002 kam es zu einem regelrechten Einbruch in den Erwartungen eines frühen Ruhestandes. Der Anteil der Erwerbstätigen im Alter von 55 bis 59 Jahren, die planen, mit spätestens 60 Jahren ihre Erwerbstätigkeit zu beenden, fiel in nur sechs Jahren von 53 auf 31 Prozent. Allerdings konkretisierte sich die Abkehr von der Perspektive eines frühen Ruhestands noch nicht in klaren Erwartungen darüber, bis zu welchem Alter man persönlich weiter erwerbstätig sein wird. Die gestiegene Ungewissheit über den voraussichtlichen Zeitpunkt des Abschieds aus dem Erwerbsleben entspricht der eingangs geäußerten Vermutung, dass die kognitive Funktion der Rentenaltersgrenzen als Orientierungspunkte der individuellen Ruhestandsplanung geschwächt ist. Angesichts der schrittweisen Anhebung der Altersgrenzen, von denen die Einzelnen ganz unterschiedlich betroffen sind, und der anhaltenden Diskussion über weitere Anhebungen verwundert dies nicht. Es kann jedoch erwartet werden, dass nach Abschluss der laufenden Anhebungsphase der Rentenaltersgrenzen mit ihren vielen Übergangsregelungen die neue relativ einheitliche Altersgrenze 65 als Orientierungspunkt für die individuellen Ruhestandsplanungen fungieren wird. Sollte die öffentliche Diskussion über eine weitere Anhebung jedoch intensiver werden, kann dieser Orientierungspunkt durchaus schon wieder verloren gehen, bevor er richtig Fuß gefasst hat.

Während sich in den Erwartungen und Plänen bereits eine deutliche Abkehr vom frühen Ausscheiden aus dem Erwerbsleben zeigt, ist eine solche Trendwende bei Betrachtung der altersspezifischen Erwerbsbeteiligung und des tatsächlichen Ausstiegsalters anhand der Daten des Alterssurveys erst im Ansatz zu erkennen. Im Vergleich der Jahre 1996 und 2002 stagnierte insgesamt die Erwerbstätigenquote der 58- bis 63-Jährigen, allerdings bei gegensätzlicher Entwicklung in Ost- und Westdeutschland und zwischen den Geschlechtern. Der vorangegangene Einbruch der Erwerbsbeteiligung Ostdeutscher im rentennahen Alter konnte beendet werden und wurde abgelöst von einem spürbaren Beschäftigungsanstieg dieser Altersgruppe. In den alten Bundesländern ging die Erwerbstätigenquote der 58- bis 63-Jährigen hingegen noch etwas zurück. Eine gestiegene Erwerbsbeteiligung war im Westen allerdings bei den Mittfünfzigern zu beobachten, besonders stark bei den Frauen. Ob dieser Anstieg dazu führen wird, dass auch mehr Frauen über das 60. Lebensjahr hinaus erwerbstätig bleiben, muss abgewartet werden. Bei den westdeutschen Männern deutet sich eine Zweiteilung an: Einerseits scheiden mehr westdeutsche Männer vorzeitig aus dem Erwerbsprozess aus als Mitte der 1990er Jahre, andererseits sind die Verbleibenden häufiger bis zum Erreichen der Regelaltersgrenze erwerbstätig.

Neuere Ergebnisse des Mikrozensus (vgl. Abbildung 1 in der Einleitung) lassen auch für die Zeit nach 2002 einen fortgesetzten Anstieg der Erwerbsbeteiligung von Älteren erkennen. Nach einer Untersuchung von Büttner (2005) resultiert diese bei den über 60-Jährigen jedoch zu einem erheblichen Teil aus der Zunahme der geringfügigen Beschäftigung und mehr Teilzeitbeschäftigung, während Vollzeittätigkeiten weiter rückläufig sind. Zudem gibt es Stimmen, die hervorheben, dass der Anstieg der Erwerbsbeteiligung Älterer gegenwärtig durch die schwächere Besetzung dieser Jahrgänge begünstigt wird (Kistler, 2004). Es bleibt daher abzuwarten, ob sich die aktuelle Entwicklung einer steigenden Erwerbstätigenquote der 55- bis 64-Jährigen auch in den nächsten Jahren fortsetzen wird.

Später als mit 65 Jahren geht aktuell fast niemand in den Ruhestand. Es plant auch nahezu niemand länger zu arbeiten, und es blieb auch in der beobachteten Vergangenheit kaum jemand über dieses Alter hinaus erwerbstätig, wie die Angaben der befragten Rentnerinnen und Rentner gezeigt haben. Dass in näherer Zukunft mehr Menschen freiwillig erst nach dem 65. Lebensjahr in Rente gehen werden, erscheint angesichts der berichteten Erwerbsbeendigungspläne und der weitgehenden Ablehung des „Arbeitens bis 67" unwahrscheinlich.

Die Befunde zu den kohortenspezifischen Verläufen der Erwerbsbeteiligung im Alter ab 55 Jahren konnten den lange anhaltenden Trend zur Vorverlagerung des Ruhestands, aber auch seine Verlangsamung und – vorläufiges – Abebben verdeutlichen. Ersichtlich wurde darin auch die massenhafte Frühausgliederung älterer Arbeitnehmerinnen und Arbeitnehmer in Ostdeutschland nach der Wiedervereinigung. Erfolgte diese Ausgliederung anfangs noch über den frühzeitigen direkten Wechsel von der Erwerbsarbeit in die Altersrente, wurden im weiteren Verlauf immer mehr ältere Arbeitskräfte bereits vor dem Rentenberechtigungsalter in die Arbeitslosigkeit oder den Vorruhestand entlassen. In nur wenigen Jahren änderten sich die ostdeutschen Übergangspfade in den Ruhestand fundamental: Waren von den 1923/27 Geborenen noch 87 Prozent direkt aus der Erwerbstätigkeit in die Altersrente gewechselt, haben von den 1933/37 Geborenen nur noch 42 Prozent bis zum Altersrentenbeginn gearbeitet; 45 Prozent wurden vorher arbeitslos oder gingen in den Vorruhestand (im Westen: 11%). In den alten Bundesländern blieb der Anteil der direkten Übergänge in die Altersrente in der Abfolge der betrachteten Geburtsjahrgänge weitgehend stabil. Diese Stabilität verdankt der Westen jedoch der Tatsache, dass zunehmend mehr Frauen vor dem Rentenbeginn erwerbstätig sind und dadurch die Übergänge in die Altersrente aus der Hausfrauentätigkeit seltener wurden. Ohne die gestiegene Erwerbsbeteiligung der Frauen im rentennahen Alter wäre auch in den alten Bundesländern das Muster des nahtlosen Übergangs von der Erwerbsarbeit in die Rente seltener geworden. Insgesamt bestätigen die Befunde die These einer häufigeren zeitlichen Entkoppelung der Erwerbsbeendigung vom Altersrentenbeginn. Mehr und mehr Menschen schieden aus, bevor sie die Altersrente erhielten. Hauptgrund dafür war die Entlassung in die Arbeitslosigkeit oder den Vorruhestand. Die Dauer dieser zu überbrückenden Phase bis zum Altersrentenbeginn betrug zuletzt – ohne die Rentenzugänge aus vorheriger Tätigkeit als Hausfrau oder Hausmann – durchschnittlich 4,6 Jahre mit steigender Tendenz.

Ob in Zukunft noch mehr Menschen ein Auseinanderfallen des Zeitpunkts ihres Ausscheidens aus dem Erwerbsleben vom Zeitpunkt des Altersrentenbeginns erleben und bewältigen müssen, wird unter anderem davon abhängen, wie die Betriebe und die Beschäftigten auf die Anhebung der Rentenaltersgrenzen, die Verkürzung der Bezugsdauer von Arbeitslosengeld I und die allmähliche Verringerung des Rentenniveaus reagieren. Hinge die Erwerbsbeteiligung nur von der Arbeitsbereitschaft der Arbeitnehmer ab, würde die Entkoppelung zwischen Erwerbsende und Renteneintritt durch die getroffenen Gesetzesmaßnahmen vermutlich nicht weiter forciert werden. Immerhin zeigt die Rentenversicherungsstatistik, dass das durchschnittliche Renteneintrittsalter steigt und der Beginn der vorgezogenen Altersrenten zur Vermeidung oder Begrenzung von Abschlägen vermehrt aufgeschoben wird. Insofern entfalten die Rentenreformen erste Wirkungen. Ein späterer Rentenzugang ist jedoch nicht gleichbedeutend mit einem späteren Erwerbsende. Voraussetzung für eine Steigerung der Erwerbsbeteiligung Älterer ist auch eine entsprechende Nachfrage nach älteren Arbeitskräften. Im schlimmsten Fall, d.h. bei weiter praktizierter Frühausgliederung der Betriebe verlängert sich nur die Dauer der Arbeitslosigkeit bis zum Renteneintritt bei zugleich verschlechterter finanzieller Absicherung. Maßnahmen, die in erster Linie darauf abzielen, den Druck zum Anbieten der eigenen Arbeitskraft zu erhöhen, werden vermutlich nicht ausreichen, um das von der

Europäischen Union vorgegebene Ziel einer Erwerbstätigenquote von 50 Prozent der älteren Arbeitskräfte bis 2010 zu erreichen. Sie bedürfen der Ergänzung durch Maßnahmen, die die Arbeitsfähigkeit fördern und die Nachfrage nach älteren Arbeitskräften stimulieren. Ob diese Nachfrage ausgerechnet durch die Beseitigung des Kündigungsschutzes gesteigert werden könnte, wie derzeit von manchen gefordert, ist jedoch ungewiss. Zunächst ist davon auszugehen, dass dies die Möglichkeiten der Ausgliederung älterer Arbeitskräfte erleichtert. Ob dies wettgemacht würde durch den – mit gelockertem Kündigungsschutz verbundenen – Abbau arbeitsrechtlicher Hemmnisse zur Wiedereinstellung älterer Arbeitsloser, ist unsicher. Die bereits jetzt vorhandenen umfassenden Möglichkeiten der befristeten Einstellung Älterer haben bislang zu keiner spürbaren Verbesserung der Wiederbeschäftigung älterer Arbeitsloser geführt. Dies lässt nicht erwarten, dass die Abschaffung des Kündigungsschutzes wesentlich zur Steigerung der Einstellungschancen älterer Arbeitsloser führen würde. Wichtigste Voraussetzungen für ein Gelingen des Umsteuerns zu einer höheren Erwerbsbeteiligung älterer Arbietskräfte, einem längeren Verbleib im Erwerbsleben und seiner Akzeptanz bei Beschäftigten und Betrieben werden die Überwindung der Wachstumsschwäche, eine allgemeine Entspannung des Arbeitsmarkts, der Abbau von Vorbehalten gegenüber älteren Arbeitskräften, ihre kontinuierliche Weiterbildung sowie die Verbesserung ihrer Arbeitsbedingungen und die Förderung ihrer Arbeitsfähigkeit und -motivation sein.

Literatur

Allmendinger, J., Brückner, H. & Brückner, E. (1992). Ehebande und Altersrente oder: Vom Nutzen der Individualanalyse. *Soziale Welt, 43*, 90-116.
Alwin, D. F. & McCammon, R. J. (2003). Generations, cohorts, and social change. In J. T. Mortimer & M. J. Shanahan (Eds.), *Handbook of the life course* (pp. 23-49). New York u.a.: Kluwer Academic / Plenum Publishers.
Bäcker, G. & Naegele, G. (1995). Ältere Arbeitnehmer zwischen Langzeitarbeitslosigkeit und Frühverrrentung. *WSI-Mitteilungen, 48*, 777-784.
Backhaus, K., Erichson, B., Plinke, W. & Weiber, R. (2000). *Multivariate Analysemethoden. Eine anwendungsorientierte Einführung* (9 ed.). Berlin u.a.: Springer.
Barkholdt, C. (2001). *Prekärer Übergang in den Ruhestand.* Wiesbaden: Westdeutscher Verlag.
Behrend, C. (1992). *Frühinvalidisierung und soziale Sicherung in der Bundesrepublik Deutschland.* Berlin: Deutsches Zentrum für Altersfragen.
Behrend, C. (2001). Erwerbsarbeit im Wandel, Beschäftigungschancen älterer Arbeitnehmer und Übergänge in den Ruhestand. In Deutsches Zentrum für Altersfragen (Ed.), *Erwerbsbiographien und materielle Lebenssituation im Alter.* Expertisen zum

Dritten Altenbericht der Bundesregierung, Band 2 (pp. 11-129). Opladen: Leske + Budrich.
Behrend, C. (Ed.) (2002). *Chancen für die Erwerbsarbeit im Alter*. Opladen: Leske u. Budrich.
Behrens, J., Morschhäuser, M., Viebrok, H. & Zimmermann, E. (1999). *Länger erwerbstätig – aber wie?* Opladen: Leske + Budrich.
Bellmann, L., Hilpert, M., Kistler, E. & Wahse, J. (2003). Herausforderungen des demografischen Wandels für den Arbeitsmarkt und die Betriebe. *Mitteilungen aus der Arbeitsmarkt- und Berufsforschung, 36*, 133-149.
Berkel, B. & Börsch-Supan, A. (2003). *Pension reform in Germany: the impact on retirement decisions* (NBER WP 9913). Cambridge: National Bureau of Economic Research.
Bernheim, D. B. (1989). The timing of retirement: a comparison of expectations and realizations. In D. A. Wise (Ed.), *The economics of aging* (pp. 259-285). Chicago/London: University of Chicago Press.
BIK Aschpurwis+Behrens GmbH (2001). *BIK-Regionen. Methodenbeschreibung zur Aktualisierung 2000*. Hamburg: BIK Aschpurwis+Behrens GmbH.
Börsch-Supan, A. (2000). Incentive effects of social security on labour force participation: evidence in Germany and across Europe. *Journal of Public Economics, 78*, 25-49.
Börsch-Supan, A., Heiss, F. & Winter, J. (2004). *Akzeptanzprobleme bei Rentenreformen. Wie die Bevölkerung überzeugt werden kann*. Köln: Deutsches Institut für Altersvorsorge.
Börsch-Supan, A., Kohnz, S. & Schnabel, R. (2002). *Micro modeling of retirement decisions in Germany* (mea Diskussionspapiere Nr. 20-2002). Mannheim: mea – Mannheimer Forschungsinstitut Ökonomie und Demographischer Wandel.
Bosch, G. (2005). Die Alten gibt es nicht. Auch die 55- bis 64-Jährigen teilen sich in Gruppen mit höchst unterschiedlichen Möglichkeiten auf dem Arbeitsmarkt. *Frankfurter Rundschau*, 31.08.2005.
Bullinger, H.-J. (Ed.) (2002). *Zukunft der Arbeit in einer alternden Gesellschaft*. Stuttgart: Fraunhofer IAO.
Büttner, R. (2005). *Höhere Erwerbsbeteiligung in Westdeutschland – höhere Arbeitslosigkeit und mehr Frühverrentungen in Ostdeutschland*. Gelsenkirchen: Institut Arbeit und Technik (Altersübergangs-Report Nr. 2005-05).
Büttner, R., Knuth, M. & Wojtkowski, S. (2005). *Die Kluft zwischen Erwerbsaustritt und Renteneintritt wird wieder größer*. Gelsenkirchen: Institut Arbeit und Technik (Altersübergangs-Report Nr. 2005-03).
Bundesministerium für Gesundheit und Soziale Sicherung (Ed.). (2003). *Nachhaltigkeit in der Finanzierung der sozialen Sicherungssysteme*. Bericht der Kommission. Berlin: BMGS.
Bundesregierung (2004). *Bericht der Bundesregierung über die gesetzliche Rentenversicherung, insbesondere über die Entwicklung der Einnahmen und Ausgaben, der Nachhaltigkeitsrücklage sowie des jeweils erforderlichen Beitragssatzes in den künftigen 15 Kalenderjahren gemäß § 154 SGB VI (Rentenversicherungsbericht 2004)*. Berlin: Bundesregierung.

Bundesvereinigung der Deutschen Arbeitgeberverbände (2000). *Erhöhung der Erwerbsbeteiligung älterer Arbeitnehmer.* Köln: BDA.

Bündnis für Arbeit (2001). *Gemeinsame Erklärung des Bündnisses für Arbeit, Ausbildung und Wettbewerbsfähigkeit zu den Ergebnissen des 7. Spitzengesprächs am 4. März 2001* (http://www.bundesregierung.de/artikel-,413.56633/Gemeinsame-Erklaerung-des-Buen.htm).

Clemens, W. (1997). *Frauen zwischen Arbeit und Rente. Lebenslagen in später Erwerbstätigkeit und frühem Ruhestand.* Opladen: Westdeutscher Verlag.

Clemens, W. (2001). *Ältere Arbeitnehmer im sozialen Wandel. Von der verschmähten zur gefragten Humanressource?* Opladen: Leske + Budrich.

Dinkel, R. H. (1988). Ökonomische Einflußfaktoren für die individuelle Entscheidung des Übertritts in den Ruhestand. In W. Schmähl (Ed.), *Verkürzung oder Verlängerung der Erwerbsphase? Zur Gestaltung des Übergangs vom Erwerbsleben in den Ruhestand in der Bundesrepublik Deutschland* (pp. 128-150). Tübingen: Mohr.

Disney, R. & Tanner, S. (1999). *What can we learn from retirement expectations data?* (Working Paper W99/17). London: Institute for Fiscal Studies.

Ebbinghaus, B. (2002). *Exit from labor. Reforming early retirement and social partnership in Europe, Japan, and the USA* (Habilitationsschrift). Köln: Wirtschafts- und Sozialwissenschaftliche Fakultät der Universität zu Köln.

Ekerdt, D. J. (2002). The fruits of retirement research. *Contemporary Gerontology, 9*, 35-39.

Engstler, H. (2004). *Geplantes und realisiertes Austrittsalter aus dem Erwerbsleben* (DZA Diskussionspapiere Nr. 41). Berlin: Deutsches Zentrum für Altersfragen.

Ernst, J. (1996). Vom Vorruhestand in den Ruhestand – Wandel und Stabilität der sozialen Lage ostdeutscher Frührentner. *Zeitschrift für Gerontologie und Geriatrie, 29*, 352-355.

Europäischer Rat (2001). *Europäischer Rat (Stockholm) 23. und 24. März 2001. Schlussfolgerungen des Vorsitzes* (Press Release, Nr. 100/1/01). Stockholm.

Fuchs, J. & Dörfler, K. (2005). *Projektion des Arbeitsangebots bis 2050. Demographische Effekte sind nicht mehr zu bremsen* (IAB Kurzbericht Nr. 11/2005). Nürnberg: IAB.

George, R. (2000). *Beschäftigung älterer Arbeitnehmer aus betrieblicher Sicht. Frühverrentung als Personalstrategie in internen Arbeitsmärkten.* München/Mering: Hampp.

Glover, I. & Branine, M. (Eds.) (2002). *Ageism in work and employment.* Burlington: Ashgate.

Gravalas, B. (1999). *Ältere Arbeitnehmer: eine Dokumentation.* Berlin, Bonn: Bundesinstitut für Berufsbildung.

Gruber, J. & Wise, D. A. (Eds.) (2004). *Social security programs and retirement around the world.* Chicago: University of Chicago Press.

Gussone, M., Huber, A., Morschhäuser, M. & Petrenz, J. (1999). *Ältere Arbeitnehmer. Altern und Erwerbsarbeit in rechtlicher, arbeits- und sozialwissenschaftlicher Sicht.* Frankfurt am Main: Bund-Verlag.

Haider, S. J. & Stephens, M. J. (2004). *Is there a retirement-consumption puzzle? Evidence using subjective retirement expectations* (NBER WP 10257). Cambridge: National Bureau of Economic Research.

Herfurth, M., Kohli, M. & Zimmermann, K. F. (Eds.) (2003). *Arbeit in einer alternden Gesellschaft. Problembereiche und Entwicklungstendenzen der Erwerbsbeteiligung Älterer.* Opladen: Leske + Budrich.

Höllger, T. & Sobull, D. (2001). *Frauen und ihre Altersvorsorge II. Wunsch und Wirklichkeit.* Köln: Deutsches Institut für Altersvorsorge.

Jacobs, K. & Kohli, M. (1990). Der Trend zum frühen Ruhestand. *WSI Mitteilungen, 43,* 498-509.

Kaldybajewa, K. (2005). Rentenzugang der BfA 2004: Arbeitslosigkeit als wesentlicher Grund für den Rentenzugang bei Frauen und Männern. *Die Angestelltenversicherung, 52,* 213-221.

Kistler, E. (2004). Demographischer Wandel und Arbeitsmarkt. Die Debatte muss ehrlicher werden. *WSI-Mitteilungen, 57,* 71-77.

Köchling, A., Astor, M., Fröhner, K.-D. & Hartmann, E. A. (Eds.) (2000). *Innovation und Leistung mit älterwerdenden Belegschaften.* München: Hampp.

Kohli, M. (2000). Altersgrenzen als gesellschaftliches Regulativ individueller Lebenslaufgestaltung: ein Anachronismus? *Zeitschrift für Gerontologie und Geriatrie, 33 (Suppl.1),* I/15-I/23.

Kohli, M., Künemund, H., Motel, A. & Szydlik, M. (2000). Soziale Ungleichheit. In M. Kohli & H. Künemund (Eds.), *Die zweite Lebenshälfte – Gesellschaftliche Lage und Partizipation im Spiegel des Alters-Survey* (pp. 318-336). Opladen: Leske + Budrich.

Kohli, M. & Rein, M. (1991). The changing balance of work and retirement. In M. Kohli, M. Rein, A.-M. Guillemard & H. v. Gunsteren (Eds.), *Time for retirement* (pp. 1-35). Cambridge: Cambridge University Press.

Kohli, M., Rein, M., Guillemard, A.-M. & Gunsteren, H. v. (Eds.). (1991). *Time for retirement. Comparative studies of early exit from the labor force.* Cambridge: Cambridge University Press.

Koller, B. (2001). *Das Rentenalter wurde angehoben – zieht der Arbeitsmarkt mit?* IAB-Werkstattbericht (7/29.6.2001).

Koller, B., Bach, H.-U. & Brixy, U. (2003). *Ältere ab 55 Jahren – Erwerbstätigkeit, Arbeitslosigkeit und Leistungen der Bundesanstalt für Arbeit* (IAB Werkstattbericht 5/2003): Bundesanstalt für Arbeit.

Kretschmar, A. & Wolf-Valerius, P. (1996). Vorruhestand – eine neue soziale Realität in Ostdeutschland. In H. Bertram, S. Hradil & Kommission für die Erforschung des sozialen und politischen Wandels in den neuen Bundesländern (Eds.), *Sozialer und demographischer Wandel in den neuen Bundesländern* (pp. 361-379). Opladen: Leske + Budrich.

Künemund, H. (2001). *Gesellschaftliche Partizipation und Engagement in der zweiten Lebenshälfte. Empirische Befunde zu Tätigkeitsformen im Alter und Prognosen ihrer zukünftigen Entwicklung.* Berlin: Weißensee Verlag.

Lehr, U. (1990). Ältere Arbeitnehmer heute und morgen: Berufliche Leistungsfähigkeit und Übergang in den Ruhestand. In L. Späth & U. Lehr (Eds.), *Altern als Chance und Herausforderung,* Bd. 1: Aktives Altern (pp. 97-124). Stuttgart.

Mayer, K.-U. & Wagner, M. (1999). Lebenslagen und soziale Ungleichheit im hohen Alter. In K.-U. Mayer & P. B. Baltes (Eds.), *Die Berliner Altersstudie* (pp. 251-275). Berlin: Akademie Verlag.

OECD (2000). *Reforms for an ageing society*. Paris: OECD.

Ohsmann, S., Stolz, U. & Thiede, R. (2003). Rentenabschläge bei vorgezogenem Rentenbeginn: Welche Abschlagssätze sind „richtig"? *Die Angestelltenversicherung, 50,* 171-179.

Oswald, C. (2001). *Das Ausscheiden aus dem Erwerbsleben in Deutschland und in Großbritannien*. Frankfurt a.M.: Peter Lang.

Pack, J., Buck, H., Kistler, E. & Mendius, H. G. (1999). *Zukunftsreport demographischer Wandel. Innovationsfähigkeit in einer alternden Gesellschaft*. Bonn: Bundesministerium für Bildung und Forschung.

Rothkirch, C. v. (Ed.) (2000). *Altern und Arbeit: Herausforderung für Wirtschaft und Gesellschaft*. Berlin: Edition Sigma.

Schmidt, P. (1995). *Die Wahl des Rentenalters: theoretische und empirische Analyse des Rentenzugangsverhaltens in West- und Ostdeutschland*. Frankfurt am Main: Peter Lang.

Sing, D. (2003). *Gesellschaftliche Exklusionsprozesse beim Übergang in den Ruhestand*. Frankfurt am Main u.a.: Peter Lang.

Statistisches Bundesamt (2003a). *Bevölkerung Deutschlands bis 2050. Ergebnisse der 10. koordinierten Bevölkerungsvorausberechnung*. Wiesbaden: Statistisches Bundesamt.

Statistisches Bundesamt (2003b). *Stand und Entwicklung der Erwerbstätigkeit 2002*. Wiesbaden: Statistisches Bundesamt.

Statistisches Bundesamt. (2005). *Stand und Entwicklung der Erwerbstätigkeit 2004 (Ergebnisse des Mikrozensus)*. Wiesbaden: Statistisches Bundesamt.

Teipen, C. (2003). *Die Frühverrentung im Wandel betrieblicher Strategien*. München und Mering: Rainer Hampp Verlag.

Tesch-Römer, C., Wurm, S., Hoff, A. & Engstler, H. (2002). *Die zweite Welle des Altersurveys. Erhebungsdesign und Instrumente* (DZA Diskussionspapiere Nr.35). Berlin: Deutsches Zentrum für Altersfragen.

Verband Deutscher Rentenversicherungsträger (2003). *Rentenversicherung in Zeitreihen*. Frankfurt a.M.: Verband Deutscher Rentenversicherungsträger.

Verband Deutscher Rentenversicherungsträger (Ed.) (2004). *Generationengerechtigkeit – Inhalt, Bedeutung und Konsequenzen für die Alterssicherung*. Frankfurt am Main: Verband Deutscher Rentenversicherungsträger.

Viebrok, H. (1997). *Das Arbeitsangebot im Übergang von der Beschäftigung in den Ruhestand*. Frankfurt am Main: Peter Lang.

Voges, W. (1994). *Missbrauch des Rentensystems? Invalidität als Mittel der Frühverrentung*. Frankfurt am Main/New York: Campus.

Wachtler, G., Franke, H. & Balcke, J. (1997). *Die Innovationsfähigkeit von Betrieben angesichts alternder Belegschaften*. Bonn: Friedrich-Ebert-Stiftung.

Wübbeke, C. (2005). *Der Übergang in den Rentenbezug im Spannungsfeld betrieblicher Personal- und staatlicher Sozialpolitik*. Nürnberg: IAB.

Tabelle A-1: Prädiktoren der Nicht-Erwerbstätigkeit 2002 der im Jahr 1996 erwerbstätigen Panelteilnehmer (Logistische Regression)[1]

Prädiktoren	Signifikanzniveau: °=p<.10; *=p<.05; **=p <.01	exp (β)
Geburtsjahrgang		0,799**
Geschlecht männlich		0,568*
Ostdeutschland		1,028
BIK-Regionsgrößenklasse, aggr.	unter 5000 Einw.	Ref.
	5000 – unter 50.000	0,485*
	50.000 – unter 500.000	0,542
	500.000 und mehr	0,455*
Haushaltstyp:	Paare ohne Kind/er	Ref.
	Paare mit Kind/ern	0,614°
	Sonstige	0,966
Netzwerkgröße		0,927°
Sozialschicht, haushaltsbezogen:[3]	Unterschicht, untere MS	3,774**
	mittlere Mittelschicht	2,483*
	gehobene Mittelschicht	2,024*
	obere Mittelschicht	Ref.
Branchenzugehörigkeit:	Handwerk, Landwirtsch.	1,091
	Industrie	Ref.
	Handel, Dienstleistungen	0,400**
	Öffentlicher Dienst	0,455*
Betriebsgröße (Zahl der Beschäftigten):	unter 20	Ref.
	20 – unter 200	1,569
	200 und mehr	2,268*
Betriebsrentenanspruch	vorhanden	0,552*
Bewertung der berufl. Situation	sehr gut	Ref.
	gut	1,286
	mittel bis sehr schlecht	2,013°
Subjektive Gesundheit:	sehr gut, gut	Ref.
	mittel	1,074
	schlecht, sehr schlecht	2,675°
Erwerbsbeendigungspläne	Geplante Beendigung bis 2002[4]	3,803**
	Geplante Beendigung nach 2002[5]	Ref.
	Weiß noch nicht	2,075*
Pseudo-R^2 (Nagelkerkes)		0,57
N		702

Quelle: Alterssurvey, Panelstichprobe 1996/2002; Befragte, die 1996 erwerbstätig waren (ohne erwerbstätige Rentner/-innen); [1] Y: Ruhestand oder Nichterwerbsstatus ohne Rentenbezug = 1; hauptberufliche Erwerbstätigkeit = 0; [2] Die Prädiktormerkmale beziehen sich auf die 1996 gemachten Angaben; mit Ausnahm der Branchenzugehörigkeit und Betriebsgröße, die auf den Angaben von 2002 zur letzten (bei Ruheständlern und Nicht-Erwerbstätigen) oder zur aktuellen Erwerbstätigkeit (bei weiterhin Erwerbstätigen) beruhen; [3] Zur Operationalisierung der Schichtzugehörigkeit, siehe Tabelle 3 in Abschnitt 4.2; [4] vor Interviewdatum 2002; [5] nach Interviewdatum 2002.

Materielle Lagen älterer Menschen – Verteilungen und Dynamiken in der zweiten Lebenshälfte

Andreas Motel-Klingebiel

1 Einleitung

Die alternde Gesellschaft wird heute noch kaum abschätzbare Herausforderungen stellen, aber auch vielfältige neue Chancen bieten. Obwohl sie die Bedingungen des menschlichen Zusammenlebens fundamental verändern wird, haben jedoch lange Zeit weder Politik noch Wirtschaft darauf in einer Weise reagiert, die es ermöglicht hätten, die erheblichen Potenziale und Probleme des Alters angemessen in den Blick zu nehmen. Erst seit wenigen Jahren deutet sich hier ein Wandel an: Altersfragen und entsprechende Reformen gelten als gesellschaftliche Zukunftsprojekte. Dies betrifft z.B. die relative Bedeutung der älteren Arbeitnehmer am Arbeitsmarkt und das politische Gewicht der Älteren sowie insbesondere ihre Rolle als Nachfrager und Anbieter von Gütern und Dienstleistungen. In der Diskussion um die Reform sozialer Sicherungssysteme rückt darüber hinaus die Frage nach der gesellschaftlichen Verteilung von Ressourcen zwischen Personen verschiedenen Alters und zwischen früher oder später Geborenen in den Mittelpunkt der Betrachtung. Immer häufiger werden Aspekte der Gerechtigkeit von Ressourcenallokation und ihrer Effizienz diskutiert und mit Fragen des Altersstrukturwandels verbunden. In der allgemeinen Öffentlichkeit spielt dabei der Begriff der Generationengerechtigkeit eine zentrale Rolle. Dieser von konzeptioneller Widersprüchlichkeit und empirischer Fragwürdigkeit gekennzeichnete Gedanke dominiert derzeit weite Teile der populären politischen Debatten um Abbau, Umbau oder Weiterentwicklung der sozialen Sicherungssysteme. Diese Debatte geht weder spurlos am deutschen System der Alterssicherung vorbei noch lässt sie die wissenschaftlichen Diskussionen unbeeindruckt. Sie hat damit auch Konsequenzen für die materiellen Lagen der heutigen und künftigen Älteren und deren wissenschaftliche Erforschung.

Die Reformen sozialer Alterssicherung werden jedoch nicht nur politisch und wissenschaftlich diskutiert, sondern finden bereits ihre gesetzgeberische Umsetzung. Zwischen den Erhebungen des Alterssurveys in den Jahren 1996 und 2002 lag ein im Zuge des Regierungswechsels Ende 1998 widerrufener Reformversuch und eine durchgesetzte Reform. In beiden Fällen wurde – mit im

Detail unterschiedlichen Maßnahmen, Gewichtungen, Argumentationen und Terminologien – der Weg in eine Teilprivatisierung sozialer Sicherung und in die deutliche Absenkung der Sicherungsniveaus der Gesetzlichen Rentenversicherung (GRV) beschritten.

Reformpolitiken der sozialen Sicherung wie auch Gesellschaftspolitik im Allgemeinen sind auf vorausschauende Szenarien künftiger Entwicklungen sowie auf zielgenaue Projektionen der künftigen Auswirkungen von aktuellen Entscheidungen angewiesen. Allerdings kann dabei die Entwicklung der Wirtschaft oder der Arbeitsmärkte nicht langfristig und mit hinreichender Genauigkeit prognostiziert werden. Dies ist ein Unsicherheitsfaktor, der sowohl die zukünftigen Einkommen und Vermögen wie auch die Rentenanwartschaften, Zinserwartungen usw. betrifft und damit einschneidende Folgen für die Möglichkeit der Abschätzung von Niveau und Verteilung der interessierenden Größen hat. Sozialberichterstattung hat daher die Aufgabe, den stattfindenden Wandel zu begleiten. In einer gesellschaftlichen Dauerbeobachtung zu Altersfragen, sind Wandlungstendenzen kritisch zu betrachten und zu verfolgen. Für sozialpolitische Schlussfolgerungen sind allerdings nicht lediglich Querschnittsanalysen nutzbringend. Vielmehr sind in der gesellschaftlichen Dauerbeobachtung längsschnittliche Betrachtungen des sozialen Wandels vonnöten, um eine Art gesellschaftliches Frühwarnsystem für das Alter zu etablieren. Zugleich ist zielgenaue und damit effiziente sozialpolitische Intervention darauf angewiesen, Bestimmungsgründe für begünstigte oder benachteiligte Lebenssituationen zu analysieren und Fehlentwicklungen frühzeitig abzuschätzen. Gesellschaftspolitisch relevante Veränderungen der materiellen Lagen Älterer sind nachfolgend vor allem hinsichtlich dreier Entwicklungen zu untersuchen:

- *Erstens* können Ressourcen und Kaufkraft aber auch die Bedeutung von Problemlagen der Gruppe Älterer allein durch Veränderungen ihrer absoluten Zahl variieren. Hierzu liegen – neben zahlreichen anderen Prognosen – die vergleichsweise belastbaren Bevölkerungsvorausberechnungen der amtlichen Statistik vor, die vor allem Variationen in der Entwicklung von Lebenserwartung und Migration modellieren (Statistisches Bundesamt, 2003). Diese demografische Perspektive soll im Folgenden kurz geschildert werden.
- *Zweitens* sind Veränderungen der durchschnittlichen Einkommen und Vermögen älterer Menschen plausibel anzunehmen, die sich sowohl absolut als auch relativ zu jenen jüngerer Gesellschaftsmitglieder zeigen könnten. Zentral hierfür dürfte sowohl die Entwicklung der Alterssicherung einschließlich der Hinwendung zu kapitalgedeckten Vorsorgekomponenten, wie auch die Entwicklung der sonstigen Vermögen sein. Hierbei steht insbesondere auch die Frage nach den Vermögensübertragungen durch Erbschaft oder Inter-

Vivos-Transfers derzeit im Zentrum des Interesses. Die Entwicklungen relativer und absoluter Einkommenslagen sowie die intergenerationalen Übertragungen von Geld- und Sachwerten werden nachfolgend untersucht.
- *Drittens* sind Verschiebungen von Verteilungen materieller Lagen innerhalb der Gruppe älterer Menschen zu erwarten. Diese sind allerdings – wie gesellschaftsvergleichende Betrachtungen plausibel annehmen lassen – aufgrund der vielen in die Betrachtung einfließenden Parameter nur schwer prognostisch zu quantifizieren und nicht exakt abzubilden. Sie sind retrospektiv sowohl in individuellen Längsschnitten als auch im Kohortenvergleich der Beobachtung und Analyse zugänglich zu machen. Zudem sind erwartete Veränderungen zu betrachten. Beide dynamischen Perspektiven auf Verteilungen stehen nachfolgend im Blickfeld der Analysen.

Die große Bedeutung der Analysen materieller Lagen im höheren Lebensalter liegt darin begründet, dass es zu den Aufgaben wohlfahrtsstaatlicher Politik in der Bundesrepublik gehört, die Ressourcen zu einer aktiven Gestaltung der Lebensphase des Ruhestands auch nach Ausscheiden aus dem Erwerbsleben aufgrund von Alter und nachlassender Erwerbsfähigkeit sowie zur Bewältigung der negativen Auswirkungen des Alterns bereitzustellen und zu sichern (Bundesministerium für Gesundheit und Soziale Sicherung, 2003; Zacher, 1992; Motel & Wagner, 1993; Motel & Künemund, 1996).

Die wirtschaftlichen Lagen im Alter sind ein Ergebnis von vergangenem Handeln auf Arbeits- oder Heiratsmärkten, von Einbindung in wohlfahrtsstaatliche Sicherungsnetze und in familiale Transfersysteme dar (Kohli, 1985; Mayer & Blossfeld, 1990; Allmendinger, 1994; Mayer, 1995) und bestimmen wesentlich die Lebenssituation und die Möglichkeiten einer aktiven Lebensführung. Ihre Dynamik ist wesentlich durch aktuelle Lebensumstände und deren Veränderungen sowie durch die Erwerbs- bzw. Ruhestandslage aber auch durch familiale Transfers und den Zufluss von Erbschaften bestimmt (vgl. Wagner & Motel, 1998; Zaidi, Frick & Büchel, 2005). Objektive Lebensstandards und ihre Entwicklung über die Zeit prägen die Bewertung der materiellen Lage und den subjektiven Blick auf dessen künftige Entwicklung, wovon die Lebensentwürfe für das Alter beeinflusst werden. Die hinreichende Absicherung ist darüber hinaus Grundlage familialer Unterstützungsleistungen (Attias-Donfut, 1995; Motel & Spieß, 1995; Motel, 1997; Motel & Szydlik, 1999; Kohli, 1999b; Künemund & Rein, 1999; Künemund & Motel, 2000) und erweist sich als wesentlich für die Integrationsleistung der Gesellschaft (vgl. Bäcker et al., 2000; Kohli, 1989). Bedarfe und Ressourcen eröffnen zudem Marktpotenziale für die Anbieter von Konsumgütern und Dienstleistungen, weshalb u.a. zu untersuchen ist, welche Gruppen aktuell und künftig über so umfangreiche Ressourcen verfügen können, dass sie im Zentrum lohnender Angebotsstrategien stehen.

Die laufenden politischen Diskussionen um die materiellen Lagen im Alter lassen sich an zwei Hauptstreitpunkten festmachen. Einerseits kreisen sie um die eher ökonomischen Fragen, inwieweit die Alterssicherung auf dem bisherigen Niveau wohlfahrtsstaatlich gewährleistet werden sollte oder ob ein vollständiger oder teilweiser Rückzug des Staates aus dieser Verantwortung sinnvoll und möglich ist. Unter anderem wird dabei unter Rückgriff auf die subtile Argumentationsfigur der Generationengerechtigkeit (vgl. Bäcker, 2003; Bäcker & Koch, 2003; Leisering & Motel, 1997; Leisering, 2002; Miegel, Wahl & Hefele, 2002; Motel-Klingebiel & Backes, 2004; Motel-Klingebiel & Tesch-Roemer, 2004; Schmähl, 2004; Schmähl, Himmelreicher & Viebrok, 2003) die bisher gleichwertige Teilhabe Älterer an den gesellschaftlichen Ressourcen infrage gestellt: Sollen alle Altersgruppen in ähnlicher Weise am gesellschaftlichen Reichtum teilhaben oder sind Vor- und Nachgeborenen ähnliche Renditen zu sichern, auch wenn dies zu Einschnitten in bestimmten Lebensphasen führen kann? Wie sind beide Zielsetzungen miteinander vereinbar? Sollen solche weit gefassten Verteilungsziele zugunsten einer bloßen Grundsicherung aufgegeben werden? Inwieweit bestehen überhaupt Spielräume für solche Systemmodifikationen, wenn zugleich die Sicherung gegen Armut aufrechterhalten werden soll? Es sind daher die aktuelle wirtschaftliche Lage der Älteren und deren Entwicklungstendenzen zu untersuchen.

Die aktuellen und künftigen Entwicklungen der materiellen Lage älterer Menschen sind zentrale Einflussgrößen bei der Abschätzung der künftigen Bedeutung Älterer als Konsumenten bzw. als Problemgruppe. Die Entwicklung des Alterssicherungssystems in Deutschland stellt dabei eine entscheidende Einflussgröße dar (Bundesministerium für Gesundheit und Soziale Sicherung, 2003). Es ist absehbar, dass auch in Zukunft die Transfereinkommen aus dem öffentlichen Umlageverfahren den größten Anteil der Alterseinkommen ausmachen werden, auch wenn ihre relative Bedeutung sukzessive abnehmen dürfte (Albrecht & Polster, 1999; Roth, 2000; Verband Deutscher Rentenversicherungsträger, 1999; Bulmahn, 2003; Berkel & Börsch-Supan, 2003). Bereits seit der Rentenreform 1992 wurden Einschnitte in die künftigen Alterssicherungseinkommen vorgenommen und mit der Rentenreform 2001 wurde die staatlich geförderte freiwillige kapitalgedeckte Altersvorsorge zur Kompensation der Einschnitte und zur Verbesserung von Nachhaltigkeit und Generationengerechtigkeit des Systems hinzugekommen ist (Bulmahn, 2003; Himmelreicher & Viebrok, 2003), jedoch kann eine vollständige Inanspruchnahme nicht als gegeben angenommen werden (Bertelsmann Stiftung, 2003a, 2003b), was zu künftig ungleicheren Alterseinkommen beitragen dürfte. Die Verlagerung vom Umlageverfahren zur privat organisierten, an Kapitaldeckung orientierten Alterssicherung wird sukzessive die Komponenten des intragenerationalen Ausgleichs in der Alterssicherung in Deutschland schwächen. Kapitalgedeckte Komponenten der Alterssicherung dürften zu einer sukzessiven Verstärkung der Ungleichverteilung der Einkommen Älterer beitragen (Casey & Yamada, 2003; Ginn & Arber, 2000; Keenay & Whitehouse, 2003; Motel-Klingebiel & Backes, 2004). Im Vergleich zur heutigen Situation ist so künftig von einer Spreizung der Einkommensverteilung auszugehen. In jedem Falle sind diese Tendenzen künftig im Rahmen der Alterssozialberichterstattung einer kontinuierlichen Prüfung zu unterziehen, um die Zielerreichung der Systemänderung zu überprüfen und um ggf. rechtzeitig sozialpolitisch intervenieren zu können.

Die objektive materielle Lage älterer Menschen, ihre absehbaren Entwicklungstendenzen, ihre subjektive Bewertung durch die Betroffenen und die Zusammenhänge dieser Dimensionen sind Gegenstand der folgenden Analysen.

- *Erstens* werden nach einem kurzen Überblick über die Forschungslage die objektiven ökonomischen Lagen und die subjektiven Bewertungen des Lebensstandards im Querschnitt des Jahres 2002 und in ihrer Dynamik über die Zeit seit 1996 empirisch untersucht. Dabei muss unterschieden werden zwischen den individuellen Dynamiken Lebenslauf auf der einen Seite, die in individuellen Längsschnitten zu untersuchen sind, und dem sozialen und wirtschaftlichen Wandel auf der anderen Seite, der in der Perspektive einer Kohortensequenzanalyse analysiert werden muss. Beiden dynamischen Perspektiven soll im vorliegenden Beitrag nachgegangen werden. Der Schwerpunkt wird dabei auf die Perspektive des sozialen Wandels gelegt.
- *Zweitens* geht der Beitrag der Frage nach, wie sich verbunden mit den Einkommens- und Vermögenslagen das Sparen, die Vermögensauflösungen sowie die privaten Flüsse von Geld- und Sachwerten wie Erbschaften und Transfers zu Lebzeiten der Geber gestalten. Es wird vor dem Hintergrund der umfangreichen Querschnittsanalysen auf der Basis der ersten Welle des Alterssurveys insbesondere gefragt, ob sich historische Stabilität in den 1996 vorgefundenen Mustern der wirtschaftlichen Ausgestaltung familialer Beziehungen finden lässt oder ob diese Gegenstand von Wandlungsprozessen sind.
- *Drittens* werden die Bewertungen der vergangenen und die Erwartungen künftiger Entwicklungen des Lebensstandards betrachtet. Auch hier steht einer für die Bewertung aktueller Problemlagen bedeutenden Querschnittsbetrachtung eine dynamische Perspektive auf individuelle Verläufe subjektiver Bewertung sowie auf Kohortendynamiken, also Veränderungen der Lage verschiedener Altersgruppen über die historische Zeit gegenüber.

Insbesondere werden im vorliegenden Beitrag die Höhe des verfügbaren Einkommens, seine Zusammensetzung, seine Verteilung – einschließlich Armut und Reichtum – und seine Dynamik auf individueller und Kohortenebene untersucht.

Darüber hinaus werden Sparen und Entsparen, Vermögensbesitz und Verschuldung, Zu- und Abflüsse durch private Transfers und subjektive Bewertungen betrachtet.[1] Ziel des Beitrags ist es dabei vor allem, grundlegende Kennziffern in der Breite des Themenfeldes bereitzustellen. Eine vertiefte Detailanalyse einzelner Aspekte muss an anderer Stelle hinzugefügt werden.

2 Materielle Lagen und Generationentransfers

Das System der öffentlichen Alterssicherung steht seit geraumer Zeit im Mittelpunkt des allgemeinen Interesses. Doch suggeriert die Debatte oftmals, die öffentlichen Transferleistungen an die Älteren seien von anderen gesellschaftlichen Bindungen und traditionellen Sicherungsformen losgelöst (vgl. Leisering & Motel, 1997; Kohli, 2003). Inwieweit den sozialstaatlichen, öffentlichen Leistungsströmen private Transfersysteme gegenüberstehen und ob diese die öffentlichen ergänzen oder ihre Verteilungswirkungen erweitern, wird in den aktuellen Debatten um den Sozialstaat traditionell selten betrachtet. Diesen Fragen ist der Alterssurvey bereits auf der Grundlage der Daten der ersten Befragungswelle nachgegangen (Kohli, Künemund, Motel & Szydlik, 2000; Künemund, Motel-Klingebiel & Kohli, 2004; Künemund & Motel, 1999; Motel & Szydlik, 1999; Motel-Klingebiel, 2000) und auch darüber hinaus liegen neuere Untersuchungen zum Thema vor (vgl. z.B. Attias-Donfut & Wolff, 2000a, 2000b; Attias-Donfut, Ogg & Wolff, 2005; Brown, 2003; Lerman & Sorensen, 2001; Reil-Held, 2002; Shuey & Hardy, 2003). Mit der Frage nach dem Zusammenhang der öffentlichen und privaten Ebene eröffnet sich eine erweiterte Sicht auf die Verteilungsgerechtigkeit und die Effizienz der sozialpolitischen Interventionen (vgl. Barr, 1993; Barr, 2002). Die Analyse dieser Zusammenhänge, so Motel-Klingebiel (2000), ist von besonderer Bedeutung, wenn unter der Bedingung zunehmender Mittelknappheit die Resultate wohlfahrtsstaatlicher Leistungen in sozialer und politischer Hinsicht tatsächlich optimiert werden sollen. Damit ist auch weiterhin besonderes Augenmerk auf die familialen Unterstützungs- und Hilfeleistungen zu richten, die ein wichtiger Aspekt familialer Funktionen sind (vgl. Kaufmann, 1997; Motel-Klingebiel & Tesch-Römer, 2005; Motel-Klingebiel, Tesch-Römer & von Kondratowitz, 2005).[2]

---

1 Wirtschaftliches Handeln sowie Wohnen und Wohnkosten werden in diesem Beitrag nicht gesondert analysiert
2 Die in diesem Beitrag vorgestellten Analysen basieren auf Darstellungen von Motel & Szydlik (1999), Motel-Klingebiel (2000) sowie Kohli et al. (2000) dar. Für detailliertere konzeptionelle Ausführungen sei allgemein auf Motel-Klingebiel (2000) verwiesen.

Im Mittelpunkt der Transferanalysen anhand der zweiten Befragungswelle steht vor allem die Frage nach den Auswirkungen des sozialen Wandels auf die Ausgestaltung intergenerationaler familialer Beziehungen. Es wird vor allem gefragt, wie sich sechs Jahre nach der ersten Datenerhebung, auf der die zahlreichen umfangreichen Alterssurveyanalysen aufsetzen, die familialen Ressourcenflüsse vorfinden lassen. Die Analysen der ersten Querschnittsdaten zeichneten ein durchaus positives Bild des intergenerationalen Austauschgeschehens. Etwa jeder dritte über 40-Jährige gab damals innerhalb von zwölf Monaten Geld- oder Sachtransfers an eines seiner Kinder. Selbst unter den über 60-Jährigen mit ihren deutlich älteren Kindern lag die Quote noch bei mehr als 25 Prozent und die Leistungen hatten insgesamt einen Wert von sechs Prozent der gesamten Alterseinkünfte bzw. rund acht Prozent der Einkommen aus den Alterssicherungssystemen (vgl. Kohli, 1999b; Motel-Klingebiel, 2000). Lässt sich dieses auch für die Folgekohorten und unter sich wandelnden wirtschaftlichen und gesellschaftlichen Rahmenbedingungen (vgl. den einführenden Beitrag von Tesch-Römer et al. in diesem Band) aufrechterhalten oder sind heute bereits erhebliche Einschränkungen der familialen Unterstützung zu registrieren, die einen gesellschaftlichen Krisendiskurs der Familie und ihrer Funktionen rechtfertigen würden?

3 Anmerkungen zum Forschungsstand und Fragestellung

Die materielle Lage älterer und jüngerer Menschen ist bereits seit langem Gegenstand von wissenschaftlichen und sozialpolitischen Analysen (vgl. z.B. Münke, 1956). Die Ausrichtung der alternswissenschaftlichen Befassung mit materiellen Lagen älterer Menschen hat sich dabei in den vergangenen Jahrzehnten genauso verändert, wie die gesellschaftlichen Diagnosen. Seit Mitte des vergangenen Jahrhunderts hat sich die materielle Lage der älteren Bevölkerungsgruppen erheblich verbessert (vgl. Bundesministerium für Arbeit und Sozialordnung, 2001; Glatzer, 1992; Hauser & Becker, 2003; Hauser & Wagner, 1992). Damit ging bisher auch die Erwartung einher, dass die älteren Menschen auch in der näheren Zukunft nicht mehr in besonderem Maß von Armut betroffen sein werden. Auch in den neuen Bundesländern hat sich in der ersten Hälfte der 1990er Jahre die erhebliche relative und absolute Verbesserung der Wohlfahrtslage von Ruheständlern in einer abnehmenden Betroffenheit von Altersarmut niedergeschlagen (Müller, Hauser, Frick & Wagner, 1995). Bevölkerungsrepräsentative Studien wie das Sozio-oekonomische Panel (SOEP) und der Alterssurvey zeigen, dass Einkommensarmut in ostdeutschen Haushalten mit einem Haushaltsvorstand im Alter von über 65 Jahren insgesamt seltener ist als in den Haushalten

Jüngerer. Insgesamt erweist sich die Lage Älterer also als günstig, doch möglicherweise ist diese optimistische Sichtweise etwas überzogen. Denn angesichts der Krise der Arbeitsmärkte und der Reformen der Alterssicherungssysteme gerät die Altersarmut wieder in den Blick (vgl. z.B. Butrica, Smith & Toder, 2002; Hauser, 1999; Hungerford, 2001; Vartanian & McNamara, 2002). Empirische Studien weisen nach wie vor bedeutende Armutsgruppen aus. So z.B. bei alten westdeutschen Frauen, bei den Geschiedenen sowie bei denjenigen, die bereits vor dem Ruhestand niedrige Einkommen bezogen haben (Habich & Krause, 1997; Motel, 2000). Obwohl die Verwitwung von Frauen im Alter traditionell als ökonomisches Risiko betrachtet wird (Backes, 1993; Hungerford, 2001), sind Verwitwete unter den Armen bisher unterdurchschnittlich häufig vertreten. Inwieweit sich die bisherigen, aus alternswissenschaftlicher und – politischer Sicht sicher positive Trend stabilisiert oder aber bereits umkehrt ist eine empirische Frage, die die Alterssozialberichterstattung kontinuierlich verfolgen muss.

Die Sichtweisen der dynamischen Alterns- und Lebenslaufforschung hatten in den 1990er Jahren auch zu einer Dynamisierung der Analysen der materiellen Lagen im Alter beigetragen. Doch gerade Altersarmut ist oftmals Ausdruck länger andauernder Deprivation (Berger, 1994; Wagner & Motel, 1998) und hebt sich von der Armut Jüngerer ab, deren hohe Dynamik seit Beginn der 1990er Jahre hervorgehoben wird (Buhr, 1995; Leibfried et al., 1995), wobei Ansätze der Lebenslauf- und der Biografieforschung mit solchen der Ungleichheits- und Armutsforschung verbunden werden (vgl. Kohli, 1999a). Verbesserungen der relativen wirtschaftlichen Lage werden nach dem Übergang in den Ruhestand zumeist über Veränderungen der Haushaltsstruktur vollzogen. Es konnte darüber hinaus gezeigt werden (vgl. Wagner & Motel, 1998), dass die verbleibende Dynamik der Alterseinkommen erheblich durch die jeweilige Quelle des Alterseinkommens determiniert wird. Haushalte älterer Menschen, deren Einkommen ausschließlich aus Renten der GRV besteht, und Bezieher von Sozialhilfeleistungen haben im Durchschnitt geringere Einkommen (vgl. Bundesministerium für Gesundheit und Soziale Sicherung, 2001) und partizipieren in Ruhestand weniger an allgemeinen Zuwächsen als Bezieher von Alterseinkommen aus anderen öffentlichen und privaten Sicherungssystemen.

Prognosen für die weitere Entwicklung der ökonomischen Lage der Älteren fallen optimistisch aus, sofern ein Status quo institutioneller und wirtschaftlicher Rahmenbedingungen postuliert wird; jedoch existiert gegenwärtig kein geschlossenes ökonomisches Modell, das alle Faktoren, die auf die materielle Lage Älterer und ihre Entwicklung wirken, umfassend berücksichtigt oder gar ihr Zusammenwirken erklärt (vgl. Schmähl & Fachinger, 1998). Die Auswirkungen der Reformen der Alterssicherung sind nur schwer abzuschätzen – der Status quo wird bereits seit längerem infrage gestellt (hierzu kritisch: Leisering, 1996; Leisering, 2002). Eine trag- und vor allem konsensfähige Alternative wie auch überhaupt eine gesellschaftliche Verständigung Sicherungsziele und -niveaus ist derzeit nicht in Sicht (vgl. Leisering & Motel, 1997).

Hinsichtlich der ökonomischen Lagen bestehen trotz Konvergenztendenzen vor allem in den Verteilungen weiterhin erhebliche Unterschiede zwischen den alten und neuen Bundesländern (Ebert, 1995; Grabka, 2000; Hanesch et al., 2000; Schwenk, 1995; Statistisches Bundesamt, 2002). Dabei lassen sich diejenigen, die sich bereits Ende 1989 im Ruhestand befanden, zumindest bis Mitte der 1990er Jahre als Gewinner der Wiedervereinigung beschreiben (vgl. Hanesch et al., 1994; Bäcker, 1995; Müller et al., 1995, Schwitzer, 1995). Die Erwerbskarrieren dieser Kohorten waren geprägt durch Vollbeschäftigung und eine hohe berufliche Aufwärtsmobilität und durch die Überleitung ihrer Ansprüche an die bundesdeutsche Rentenversicherung begünstigt. Zudem wurde das Niveau der ostdeutschen Renten schnell jenem der Renten in Westdeutschland angeglichen. Hierbei handelt es sich aber wohl um Periodeneffekte des Systemübergangs, sodass mehr als fraglich sein dürfte, ob sich die Ruheständler in Ostdeutschland auch weiterhin als begünstigte Gruppe werden halten können. Auch sagen Durchschnittswerte wenig über die Verteilung der Einkommen aus –hier ist insbesondere auch auf die Unterschiede zwischen den Geschlechtern hinzuweisen. Frauen waren in der DDR durch die hohe weibliche Erwerbsbeteiligung in der Lage, eigenständige Rentenansprüche zu erwerben, was sich in höheren Rentenanwartschaften alter Frauen in Ostdeutschland niederschlägt. Dagegen haben die Männer in den neuen Bundesländern – vor allem aufgrund des Fehlens von Betriebsrenten – niedrigere Anwartschaften aus eigener Erwerbstätigkeit als ihre Altersgenossen in den alten Ländern (vgl. Verband Deutscher Rentenversicherungsträger, 1999). Inwieweit sich dies fortschreiben lässt, ist fraglich. Es ist eher absehbar, dass „mit der Anpassung des Arbeitsmarktes an westdeutsche Strukturen (...) eine Angleichung an westdeutsche geschlechtsspezifische Disparitäten erfolgen wird" (Hanesch et al., 1994, S.107).

Was die Einkommensentwicklung unter Älteren betrifft, ist daran zu erinnern, dass die durchschnittlichen Erwerbseinkommen in den neuen Bundesländern seit der Vereinigung deutlich unter den Niveaus der alten Länder liegen und der Anteil Erwerbsloser langfristig sehr hoch liegt. Dieses wird, künftig weiter verstärkt durch die Auswirkungen der „Hartz IV"-Gesetze, dauerhaft negative Auswirkungen auf die Entwicklung der Niveaus der Altersrenten haben. Auch kann befürchtet werden, dass das Phänomen geringer Altersarmut in Ostdeutschland nur befristeter Natur ist. Dies sollte sich in der zweiten Welle des Alterssurveys bereits messbar manifestieren und sich in den Perspektiven älterer Menschen in Ostdeutschland niederschlagen.

Neben dem Einkommen ist das Geldvermögen der privaten Haushalte und seine Verteilung ein wichtiger Indikator der materiellen Lage. Das Vermögen stellt neben dem Einkommen aus Renten- und Pensionsansprüchen eine zweite mögliche finanzielle Ressource im Alter dar. Vermögen und Vermögenseinkommen sind aber deutlich ungleicher verteilt als die Einkommen aus Erwerbsarbeit sowie die Einkommen aus öffentlichen Alterssicherungssystemen (vgl. z.B. Hauser & Becker, 2003; eine Ausnahme machen hier sicher die Einkünfte aus selbständiger Tätigkeit, die in ähnlicher Weise ungleich verteilt sind wie Vermögenseinkommen). Der Analyse des Vermögens kommt im Hinblick auf die Lebenslagen älterer Menschen in der Bundesrepublik in mehrfacher Hinsicht Bedeutung zu: So ist das Vermögen in Längsschnittperspektive jenseits der Querschnittserhebung des Sparverhaltens und der Höhe der Netto-Sparquoten eine notwendige Analysedimension des Sparens als eine Strategie privater Alterssicherung. Der Vermögensbesitz kann dabei in einen Zusammenhang mit individuellen Einschätzungen zum Sozialstaat und seiner Leistungsfähigkeit sowie der Erwartungen künftiger Entwicklungen des Lebensstandards gestellt werden. So dürften insbesondere Einschätzungen der Leistungsfähigkeit des Sozialversicherungssystems entscheidenden Einfluss auf Entscheidungen zur privaten Vorsorge haben. Die Handlungsrelevanz dieser Einschätzung dürfte aber in erheblichem Maße an das Vorhandensein ausreichender Ressourcen gebunden sein. Darüber hinaus steht die Vermögensbildung in Konkurrenz zu finanziellen Transfers an Kinder und Enkel, wobei gleichzeitig die Existenz eines gewissen Vermögens eine Voraussetzung dieser Transfers ist, da Leistungen an die Kinder häufig aus diesem Ressourcenpool getätigt werden.

Hinsichtlich des intergenerationalen Transfergeschehens konnten die Analysen des Alterssurveys bisher eindrucksvoll die Reichhaltigkeit des Austauschs von Leistungen innerhalb der Familien belegen. Sie verlaufen gemäß eines unvollständigen Kaskadenmodells, in dem die Haupttransfers von Eltern an ihre Kinder fließen. Daneben finden sich aber auch Leistungen über zwei Generationen von Großeltern an ihre Enkel sowie – in geringem Ausmaß – auch Rücktransfers von Geld- und Sachwerten. Künemund, Motel-Klingebiel & Kohli, (2003) konnten zeigen, dass sich Transfers von Geld- und Sachwerten, je nachdem, ob sie als kleinere Transfers, große einmalige Leistungen und Schenkungen oder als Erbschaften fließen, ganz unterschiedlich auf die Strukturen sozialer Ungleichheit auszuwirken scheinen. Während kleinere Transfers trotz ihres hohen Gesamtumfangs kaum Wirkungen auf die Ungleichverteilung zu haben scheinen – bestenfalls wirken sie leicht nivellierend, wenn vor allem Kinder in spezifischen Bedarfslagen unterstützt werden – so gehen die größeren Leistungen und vor allem die Erbschaften vorrangig an die Kinder wohlhabender Eltern, ohne dass sich eine spezifische Bedarfsorientierung nachweisen lässt, was die

Ungleichverteilung von Ressourcen in der Kindergeneration verstärken sollte. In jedem Falle steht die Transfervergabe unter dem Einfluss der Verfügbarkeit von Ressourcen aufseiten der Geber – wohlhabende Eltern geben nicht nur mehr, sondern auch mit größerer Wahrscheinlichkeit Ressourcen an ihre Kinder weiter. Befindet sich die Ressourcenausstattung im Wandel, so kann von einer negativen Rückwirkung auf Wahrscheinlichkeit und Umfang der Transfers an erwachsene Kinder ausgegangen werden (vgl. Motel-Klingebiel, 2000). Absolut oder auch relativ sinkende Alterseinkommen könnten zu einer Abnahme von Transfers von alten Eltern an ihre erwachsenen Kinder führen, während hingegen eine Zunahme der Rücktransfers denkbar wäre. Eine allgemeine Schwächung der intergenerationalen Bindungen könnte zu Abnahmen der Transfers in beiden Richtungen beitragen. Es ist daher zu untersuchen, wie sich das private Transfergeschehen über die Zeit entwickelt.

4 Datenerhebung und Konzepte

Vor einer Präsentation von Analysen ist es notwendig, einige der zentralen Konzepte der Erhebung genauer zu beschreiben. Dem soll im Folgenden nachgekommen werden. Im Rahmen der folgenden Analysen werden Angaben aus den mündlichen und schriftlichen, standardisierten Befragungen des Alterssurveys in den Jahren 1996 und 2002 verwendet. Grundsätzlich zu unterscheiden sind Analysen im Querschnittsvergleich und Längsschnittanalysen. Querschnittsanalysen beziehen sich auf die unabhängigen, repräsentativen, geschichteten Stichproben der 40- bis 85-jährigen Wohnbevölkerung in privaten Haushalten mit deutscher Staatsbürgerschaft der beiden Wellen des Alterssurveys – die *Basisstichprobe und die Replikationsstichprobe* (vgl. den Beitrag von Engstler & Wurm in diesem Band). Deskriptive Aussagen auf dieser Grundlage sind auf die entsprechende Population übertragbar, wenn die Daten entsprechend der disproportionalen Stratifizierung gewichtet werden. Die Längsschnittanalysen beziehen sich auf ein gewichtetes Sample derjenigen Personen der Geburtsjahrgänge 1911 bis 1956, die zu beiden Erhebungszeitpunkten 1996 und 2002 befragt wurden – die *Panelstichprobe*. Ziel ist es hier, längsschnittlich dynamische Prozesse über den Lebenslauf in der zweiten Lebenshälfte zu untersuchen – im vorliegenden Beitrag bezogen auf Einkommensdynamiken.

Analysen der Stichprobenselektivitäten zwischen den jeweiligen Stichproben und den Samples der mündlichen und schriftlichen Befragung (vgl. den Beitrag von Engstler & Wurm in diesem Band) sowie die Überprüfungen der Itemselektivität der Einkommenserhebung ergeben nur wenige und schwache Effekte – insbesondere im Hinblick auf die Bildung und die subjektive Gesundheit der Befragten. Die vorgefundenen Effekte entsprechen weitgehend jenen der Selektivitätsanalysen vergleichbarer Studien wie z.b. der Berliner Altersstudie (vgl. hierzu Lindenberger et al., 1996) oder auch OASIS (Motel-Klingebiel, Tesch-Roemer & von Kondratowitz, 2003) und deuten nicht auf spezielle Befragungsprobleme im Alterssurvey hin.

4.1 Erhebung von Einkommen und Vermögen

In den beiden standardisierten Befragungsteilen des Alterssurveys – dem mündlichen Interview und der schriftlichen Erhebung – wurde das Haushaltseinkommen der Befragten erhoben. In der mündlichen Befragung wurde zur Abfrage des Einkommens eine Standardformulierung verwendet, wie sie im Rahmen der Empfehlung des Arbeitskreises Deutscher Marktforschungsinstitute, der Arbeitsgemeinschaft Sozialwissenschaftlicher Institute und des Statistischen Bundesamtes erarbeitet wurde (Statistisches Bundesamt, 1993, 1999). In der schriftlichen Erhebung wurde hingegen darauf abgezielt, auch die Zusammensetzung des Haushaltseinkommens zu erfragen. Hier wurde daher eine Detailabfrage aller Komponenten des Haushaltseinkommens unternommen. Zusätzlich wurden für die Einkommenskomponenten des Befragten und ggf. seines Partners sowie für Einkommen, die ausschließlich auf Haushaltsebene erfragt werden können, wie Leistungen nach dem Bundessozialhilfegesetz, auch die Beträge dieser Komponenten erfasst. Die Reliabilität der Abfrage erweist sich als hoch: Die Test-Retest-Korrelation beider Abfragen des Haushaltseinkommens liegt zu beiden Messzeitpunkten trotz der methodischen Differenzen in der Abfrage mit r_{1996}=0,92 (p<0.01) bzw. r_{2002}=0,98 (p<0.01)[3] recht hoch (vgl. hierzu auch Motel, 2000) und z.B. noch über dem Wert der Berliner Altersstudie (vgl. Wagner & Motel, 1996).

Für diejenigen Fälle, in denen das Haushaltseinkommen ausschließlich auf das Einkommen des Befragten oder seines Partners bzw. auf detailliert erfragte, einzelnen Personen nicht individuell zuzuordnenden Einkommensarten (wie Sozialhilfe, Miet- und Zinseinnahmen usw.) zurückgeht, konnte auf der Basis der schriftlichen Befragung eine Substitution fehlender Werte in der Einkommensabfrage der mündlichen Erhebung vorgenommen werden.[4] Zuvor wurde schon in

---

3   Dieser Wert gilt sowohl für die Panel- als auch für die Replikationsstichprobe des Alterssurveys.
4   In den Fällen, in denen weitere Haushaltsmitglieder eigene Einkommen beziehen, war eine Ersetzung nicht möglich, da hier keine Beträge erhoben werden konnten. Unterschiede in der Erhebungsform wurden hierbei ignoriert. Aus der bisherigen Forschung ist bekannt, dass eine Detailabfrage von Haushaltseinkommen im Gegensatz zur Verwendung eines allgemeinen Income-Screeners zur Angabe höherer Einkommenswerte führt (Rendtel, Langeheine & Bernt-

der Interviewabfrage den Befragten bei nicht erfolgter Nennung der Höhe des Haushaltsnettoeinkommens die Möglichkeit einer Einordnung in Einkommenskategorien angeboten, wie vom Statistisches Bundesamt (1999) empfohlen. Diese Angaben gingen mit dem arithmetischen Mittelwert des jeweiligen Intervalls in die Berechnungen ein. Sie beinhalten somit einen gewissen Messfehler im Sinne einer systematischen Verringerung der Varianz der Angaben. Jedoch ermöglicht dieses Vorgehen eine erhebliche Senkung des Anteils fehlender Werte. Die so erstellte Einkommensvariable hat einen Anteil fehlender Werte von weniger als zwölf Prozent (1996) bzw. zehn Prozent (2002) (vgl. Motel, 2000).

Das Geldvermögen wurde, wie auch die Verschuldung, im schriftlichen Teil der Erhebung erfragt. In beiden Fällen wurde auf eine kategoriale Abfrage zurückgegriffen. Der Anteil fehlender Werte ist jeweils sehr gering und liegt bei zehn Prozent für die Vermögensabfrage und vier Prozent bei der Frage nach Verschuldung. Ähnliches gilt für den Immobilienbesitz, der ebenfalls im schriftlichen Erhebungsteil erfragt wurde. Bei weniger als einem Prozent der Fälle fehlt die Antwort auf die Frage, ob sie solche Liegenschaften besitzen oder nicht. In einem zweiten Schritt wurden auch die verschiedenen Formen von Immobilien wie Wohnungen, Ein- oder Zweifamilienhäuser, Mehrfamilienhäuser, Ferienhäuser/-wohnungen und sonstige Grundstücke erhoben. Auch hier liegt der Anteil fehlender Werte mit knapp vier Prozent sehr niedrig. Die subjektiven Bewertungen des Lebensstandards, seiner vergangenen und seiner künftigen Entwicklung erfolgten analog der Erhebung der Bewertungen in anderen Schwerpunktbereichen des Alterssurveys.

Einkommenskonzept

Wird vor allem eine Einschätzung der wirtschaftlichen Lage der Betroffenen, d.h. ihrer relativen Wohlstandsposition, angestrebt, so ist das Äquivalenzeinkommen das am häufigsten verwendete Einkommenskonzept. Ihm liegt die Idee zugrunde, dass „aussagekräftige Wohlstandsuntersuchungen (...) die Normierung der realiter vorfindbaren, unterschiedlichen Haushaltsstrukturen" (Faik, 1995, S. 28; Faik, 1997; Paccagnella & Weber, 2005) erfordern.

Diese Normierung erfolgt zumeist über eine differenzierte Gewichtung der Bedarfe unterschiedlicher Haushaltstypen in der Berechnung der Einkommensgröße. Diese Gewichtung basiert zum einen auf der Summe der von allen Mitgliedern eines Haushaltes erzielten persönlichen Nettoeinkommen. Zum anderen

---

sen, 1992). Wir gehen daher davon aus, dass das im Alterssurvey gewählte Vorgehen durch die Substitution der Angaben zu einer geringfügigen und unsystematischen Überschätzung der mittleren Einkommen führen kann (vgl. Wagner & Motel, 1996; Motel, 2000).

stützt sie sich auf die Größe des Haushalts und zumeist auch auf die Altersstruktur seiner Mitglieder. Das so berechnete Äquivalenzeinkommen ist für die Ermittlung von Wohlfahrtspositionen aussagekräftiger als das von einer Person, beispielsweise durch eigene Erwerbstätigkeit oder aufgrund von Renten- bzw. Pensionsansprüchen erzielte, persönliche Einkommen. Aufgrund der Integration der allgemein angenommenen Kostendegression in größeren Haushalten ist diese Größe auch der einfachen Summierung der persönlichen Einkommen zum Haushaltseinkommen überlegen (Bundesministerium für Arbeit und Sozialordnung, 1999; Danziger & Taussig, 1979). Der Berechnung des Äquivalenzeinkommens liegt die Erhebung des Haushaltsnettoeinkommens sowie der Haushaltszusammensetzung als Basis der Kalkulation der Bedarfsgewichte zugrunde. Zur Normierung der Haushaltsstrukturen wird dabei jeweils ein Faktor der Bedarfsgewichtung eingeführt. Die Gesamtheit der jeweils verwendeten Gewichtungsfaktoren wird als „Äquivalenzskala" bezeichnet. Die Festsetzung der Gewichte ist nicht unproblematisch, denn sie beeinflusst die berechnete sozialstrukturelle Verteilung der Wohlfahrtspositionen (vgl. Aaberge & Melby, 1998; Buhmann et al., 1988; Citro & Michael, 1995; Coulter, Cowell & Jenkins, 1992; Faik, 1995; Faik, 1997; Piachaud, 1992; Schwarze, 2000). Trotz der ausführlichen Diskussionen über dieses Problem weichen die häufig verwendeten Äquivalenzskalen stark voneinander ab – und zwar in Abhängigkeit davon, nach welchen Kriterien die jeweiligen Gewichtungen vorgenommen werden (Atkinson, 1983; Citro & Michael, 1995; Figini, 1998).

Aus der Menge gängig verwendeter Expertenskalen sind jene der OECD hervorzuheben (Piachaud, 1992). Die so genannte alte OECD-Skala bestimmt den Bedarf weiterer erwachsener Personen im Haushalt mit dem Faktor 0,7 und den Bedarf von Kindern mit dem Wert 0,5. Der Haushaltsvorstand geht auch hier mit dem Wert 1 ein. Die neue Variante der OECD-Skala postuliert dagegen stärkere Ersparnisse durch die gemeinsame Haushaltsführung und weist den weiteren Erwachsenen den Faktor 0,5 und Kindern ein Bedarfsgewicht von 0,3 zu. Ähnlich starke Effizienzgewinne nimmt beispielsweise auch die Expertenskala an, die den spezifischen Bedarf eines Haushaltes mit der Quadratwurzel der Zahl der Haushaltsmitglieder bestimmt. Beispielsweise Citro und Michael (1995) integrieren diese Vorgehensweise beider Ansätze in einem weiteren Skalenentwurf. Dieser differenziert einerseits nach Alter der Haushaltsmitglieder und führt andererseits in einer Exponentialkonstruktion eine Kostendegression nach Haushaltsgröße auch jenseits der Schwelle zwischen Ein- und Mehrpersonenhaushalten ein. Da diese Skala allerdings bisher in Deutschland nur selten Verwendung findet, wird sie in den Analysen des Alterssurveys nicht zur Anwendung gebracht. Die bis hinein in die späten 1990er Jahre in deutschen empirischen Studien der vergangenen beiden Jahrzehnte häufig verwendete Skala, die auf dem

Bundessozialhilfegesetz aufsetzt (vgl. Motel & Wagner, 1993, S.436 ff, insbesondere Tabelle 1) verliert seit einigen Jahren erheblich an Bedeutung, sodass sie für die Analysen im Alterssurvey ebenfalls nicht (mehr) infrage kommen kann.[5] Die unterschiedlichen Vorgehensweisen stellen letztlich eine Konvention dar – mit zum Teil erheblichen Konsequenzen für die Durchschnittseinkommen verschiedener Haushaltstypen.

Für die Berechnung der Äquivalenzeinkommen werden im Folgenden grundsätzlich die *Äquivalenzgewichte gemäß der neuen OECD-Skala* verwendet. Andere Skalen werden ggf. zur Überprüfung der Effekte verschiedener Berechnungsmodi verwendet. Diese Entscheidung erfolgt in Anlehnung an die derzeitigen Trends der Einkommens-, Armuts- und Reichtumsanalyse. Sie nimmt letztlich eine Inkonsistenz zu den Analysen der ersten Welle in Kauf, die ganz überwiegend die BSHG-Skala herangezogen haben. Allerdings wurden bereits damals die OECD-Skalen für Vergleichsberechnungen von Mittelwerten, Quoten und Verteilungen herangezogen und die Werte auch für 1996 in diesem Beitrag gemäß der aktuell verwendeten Skala neu berechnet, sodass Vergleiche sinnvoll möglich sind.

Konzeption und Messung von Armut und Wohlstand

So allgemein Armut als gesellschaftlicher Missstand anerkannt wird, so problematisch sind ihre konzeptionelle Abgrenzung und ihre empirische Bestimmung (vgl. Motel, 2000). Schon 1988 unterscheiden Hagenaars und de Vos Definitionen objektiver absoluter Armut, objektiver relativer Armut und subjektiver Armut und berechnen anhand eines einzigen Datensatzes unter Verwendung verschiedener Armutsmaße Quoten von 5,7 Prozent bis zu 33,5 Prozent. Eine theoretisch begründete Definition ist daher unabdingbare Voraussetzung von empirischen Analysen und ihrer Interpretation. Eine solche Armutsdefinition hat zumindest drei Aspekte zu berücksichtigen: Das Problem der Ressourcen bzw. des Ressourcenmangels, jenes des (relativen) Bedarfs und schließlich, dass Armut keineswegs als bloßes Problem physischer Existenz gedacht werden kann, son-

---

5 Sie gewichtet den finanziellen Bedarf der Haushaltsmitglieder gemäß ihrer Zugehörigkeit zu bestimmten Altersgruppen in Anlehnung an jene Skala, die implizit in den Regelsätzen nach §22 Bundessozialhilfegesetz enthalten ist. Die Skala gibt dem Haushaltsvorstand ein Gewicht von 1, zusätzlichen Erwachsenen ein Gewicht von 0,8 sowie Kindern und Jugendlichen je nach Alter Gewichte zwischen 0,5 und 0,9 (bis 1990 zwischen 0,45 bis 0,9 bei geringfügig abweichender Altersgruppierung). Zuletzt finden sich Bestrebungen zur Entwicklung einer modifizierten Sozialhilfeskala, die die Wohnkostendegression stärker einbezieht (Faik, 1997). Sie unterscheidet sich graduell durch etwas geringere Personengewichte von der ursprünglichen Sozialhilfeskala.

dern sozialwissenschaftlich immer auch die Relativität der Armutslage sowie der Aspekt der sozialen Deprivation zu berücksichtigen ist. Direkte Armutsdefinitionen heben auf Outcomes des Handelns von Personen mit ihnen zugänglichen Ressourcen ab und haben die Seite der Ressourcenverwendung im Blick (Sen, 1983; Sen, 1987). Indirekte Definitionen zielen dagegen auf die verfügbaren Ressourcen einer Person ab (vgl. Andreß et al., 1996; Bundesministerium für Arbeit und Sozialordnung, 1999). Die direkte Bestimmung verzichtet dabei auf die Annahme allgemein verbindlicher Präferenzen, die der Ressourcenverwendung zugrundeliegen, eröffnet aber mit der Diskussion über die Struktur der Präferenzen, ihre Entstehung und Bestimmung ein neues Problemfeld. Zudem ist auch die Annahme eines allgemeinverbindlichen Lebensstandards problematisch. Für die empirische Analyse sind also stets voraussetzungsvolle Annahmen vonnöten. Zwar ist der den Armutsdefinitionen zugrunde liegende Ressourcenbegriff nur bedingt auf das Einkommen zu beschränken, doch gilt, dass den materiellen Grundlagen und hier vor allem der Einkommenslage eine im Vergleich mit anderen Lebenslagen zentrale Bedeutung zukommt (Backes & Clemens, 1998, S. 10). Zudem ist das Einkommen der zentrale Ansatzpunkt sozialstaatlicher Intervention in Deutschland. Dies gilt insbesondere für die Alterssicherung. Der Begriff der Armut wird daher im Folgenden auf den Aspekt der ressourcenbezogenen Armut beschränkt.

Armut wird im Folgenden durchgängig als relative Einkommensarmut definiert. Sofern nichts anderes angegeben wird, bezieht sich der Begriff auf ein auf Grundlage der neuen OECD-Skala berechnetes Äquivalenzeinkommen in Höhe von bis zu 50 Prozent des arithmetischen Mittelwertes des Einkommens in der gesamten Bundesrepublik. Auf der Basis des Sozio-oekonomischen Panels (SOEP) 2002 ergibt sich so eine Armutsgrenze von 680 Euro (Motel-Klingebiel, Krause & Künemund, 2004). In den Berechnungen für den zweiten Armuts- und Reichtumsbereich der Bundesregierung (2005) wird mit 60 Prozent des Medianeinkommens eine hiervon leicht abweichende Berechnung in die Diskussion eingebracht. Die sich bei gleicher Berechnungsgrundlage (SOEP 2002) ergebende Armutsgrenze liegt allerdings mit 728 Euro lediglich geringfügig höher[6]. Eine Berechnung unterschiedlicher Durchschnittseinkommen für Ost- und Westdeutschland und damit die Verwendung unterschiedlicher Armutsgrenzen für beide Landesteile wird verworfen. Dieses Vorgehen wurde aufgrund der weit vorangeschrittenen Integration und der Angleichung der Strukturen in den Le-

---

6   Die im zweiten Armuts- und Reichtumsbericht der Bundesregierung (BMGS 2005) diskutierte Grenzen von 938 Euro ergibt sich bei Verwendung der Daten der Einkommens- und Verbrauchsstichprobe 2003. Die Verwendung der amtlichen EVS als Referenzstatistik für die Analysen des Alterssurveys scheint aufgrund der Spezifika dieser Erhebung nicht geboten. Stattdessen wird das Sozio-oekonomische Panel (SOEP) verwendet.

benshaltungsaufwendungen, durch die eine Verwendung unterschiedlicher Referenzpunkte zur relationalen Bewertung von Einkommenslagen nicht geboten erscheint, bereits für die Analysen der ersten Welle des Alterssurveys im Jahre 1996 gewählt. Seitdem ist die Angleichung und Integration weiter vorangeschritten, sodass kein Grund zur Revision der vormaligen Entscheidungen besteht. Dies entspricht dem derzeitigen Standard (Statistisches Bundesamt, 2002).

Die einkommensbasierte Messung von relativem Wohlstand oder Reichtum im Alter schließt sich an die Definition relativer Einkommensarmut an. Oftmals wird Wohlstand als Bezug eines Einkommens in Höhe von 200 Prozent oder mehr des gesellschaftlichen Durchschnittseinkommens bestimmt (vgl. Deutsches Institut für Wirtschaftsforschung, 1990; Huster & Eissel, 2001), sofern Reichtum auf Grundlage der Einkommenslage gemessen wird. Bei der Bewertung dieser Grenze ist aus gerontologischer und sozialpolitischer Perspektive allerdings zu beachten, dass ein so bestimmter Geldbetrag gerade dazu ausreichen dürfte, bei Unterstützung durch die Pflegeversicherung einen Platz in einem durchschnittlichen Pflegeheim ohne Vermögensauflösungen oder weitere Hilfen zur Pflege zu finanzieren (Wagner et al., 1996, S.284). Die Anmerkungen zur Definition der relativen Einkommensarmut gelten dabei im Folgenden sinngemäß auch für die Definition des relativen Wohlstands.

4.2 Zur Erhebung weiterer Indikatoren

Geld- und Sachtransfers

Die Erhebung materieller Geld- und Sachtransfers hat mit Geldgeschenken, größeren Sachgeschenken und regelmäßigen finanziellen Unterstützungen möglichst alle übertragbaren Formen materieller Güter zu umfassen. Zudem muss die Abfrage einen genau umrissenen Zeitraum definieren, um eindeutige Zuordnungen des Transfergeschehens zu ermöglichen. Die Zahl möglicher Vorbilder war im deutschen Sprachraum zum Zeitpunkt der ersten Erhebungswelle des Alterssurveys mit der Berliner Altersstudie (BASE) und dem Sozio-oekonomischen Panel (SOEP) gering. Auf dieser Basis lagen einige wenige Publikationen vor (vgl. Croda, 1998; Jürges, 1998; Motel & Spieß, 1995). Die Erhebung in der ersten Befragungswelle von 1996 hat sich bewährt (vgl. Motel-Klingebiel, 2000). Sie wurde in der zweiten Welle 2002 wiederholt. Lediglich auf die abermalige langfristige Abfrage umfangreicher Transfers wurde aufgrund der konzeptuellen Unschärfe der erzielbaren Ergebnisse verzichtet.

Zur Erhebung der aktuellen privaten Transfers wird den Befragungspersonen des Alterssurveys daher zunächst folgende Frage gestellt: „Viele Menschen machen anderen Geld- oder Sachgeschenke oder unterstützen diese finanziell? Dabei kann es sich z.B. um Eltern, Kinder, Enkel oder andere Verwandte, aber auch um Freunde oder Bekannte handeln. Wie ist das bei Ihnen? Haben Sie in den vergangenen 12 Monaten jemandem Geld geschenkt, größere Sachgeschenke gemacht oder jemanden regelmäßig finanziell unterstützt?". Wenn dies zutrifft, wird nach dem ersten Empfänger gefragt, der dann auf einer „Personenkarte" identifiziert werden soll. Hierbei wird zwischen bestimmten Verwandten wie Mutter, Schwiegermutter, Schwiegertochter, Partner, Schwester, Schwägerin, Tante, Kusine, Nichte, 1. Kind, 2. Kind usw., nach Enkelkind, bestimmten Freunden, Arbeitskollegen usw. sowie anderen Personen differenziert, für die unter Verwendung von Personencodes Daten jeweils getrennt erhoben wurden (Tesch-Römer et al., 2002). Des Weiteren wird nach der Art der Transfers (Geldgeschenke, größere Sachgeschenke, regelmäßige finanzielle Unterstützung oder anderes), nach der Transferhöhe in den letzten 12 Monaten sowie danach gefragt, ob diese Zuwendung größer, geringer oder etwa genauso groß war wie im Jahr zuvor. Wenn Transfers an weitere Personen erfolgen, werden dieselben Fragen für die nächste Person gestellt. Diese Informationen werden für bis zu vier Empfänger erhoben, bei weiteren drei Empfängern wird lediglich noch die Person und ihre Stellung zum Geber erfragt. Entsprechend wird auch im Hinblick auf den Erhalt von Transfers verfahren.

Der Anteil fehlender Werte liegt bei beiden Transferrichtungen für die Frage nach Transfervergabe oder -erhalt bei knapp einem Prozent. Werden diese Fragen bejaht, so fehlen bei weniger als 0,5 Prozent Angaben zu den begünstigten Personen. Der Wert der Transfers wird hingegen häufiger nicht angegeben: So fehlen in den Querschnittsstichproben z.B. bei der ersten begünstigten Person in beiden Wellen jeweils etwas mehr als 15 Prozent der Fälle die Wertangaben, was zu etwa gleichen Teilen auf Verweigerungen und Nichtwissen zurückgeht. Diese Größenordnungen sind aus der einfachen Abfrage der Haushaltseinkommen bekannt, wobei die Werte der Transfers häufig dann nicht angegeben werden, wenn auch die Einkommensangaben fehlen, sodass die Ergebnisse zur Itemselektivität der Einkommenserhebung in gewissem Maße fortgelten. Daneben sind es oft finanziell Bessergestellte und Personen mit höherem sozialem Status bzw. Prestige, die keine Angaben machen. Insofern ist es möglich, dass es zu einer gewissen Unterschätzung des Umfangs des Transfergeschehens kommen kann. Die im Folgenden vorrangig untersuchte Verbreitung der intergenerationalen Transfers ist hiervon allerdings nicht berührt.

Erbschaften

In ganz ähnlicher Weise wurde die Erbschaftserhebung strukturiert. Auch sie wurde weitestgehend unverändert zu beiden Befragungen verwendet. Während aber die Transfers zu Lebzeiten jeweils Bestandteil des mündlichen Interviews sind, finden sich die Fragen zu Erbschaften getrennt davon im schriftlichen Fragebogen eingebunden in den Befragungsteil, der Angaben zu Vermögen und Verschuldung sowie zu Sparen und Entsparen erhebt. Ausgehend von einer Einstiegsfrage („Haben Sie oder Ihr (Ehe-)Partner schon einmal etwas geerbt? Bitte denken Sie dabei auch an kleinere Nachlässe.") werden bei Vorliegen einer Erbschaft die Erblasser sowie grob kategorial der heutige Wert dieser Erbschaften erfragt. Zusätzlich wird in beiden Erhebungen die Frage nach künftig erwarteten Erbschaften und ihrem geschätzten Wert gestellt. Ähnlich wie bei den Transfers zu Lebzeiten ist der Anteil fehlender Werte bei der Einstiegsfrage gering (Welle 1: 2,1 Prozent; Welle 2: 1,7 Prozent), steigt aber wiederum deutlich bei der Abfrage des Erbschaftswertes an (Welle 1: 3,8 Prozent; Welle 2: 5,0 Prozent).

Sparen und Entsparen

In ganz ähnlicher Weise wurde zu beiden Befragungszeitpunkten bei der Abfrage von Spar- und Entsparprozessen verfahren: Einer allgemeinen Einstiegsfrage sind hier Sparziele bzw. Verwendungszwecke nachgestellt. Die Abfrage wird durch die Erhebung kategorialer Angaben der Summen abgeschlossen. Die Anteile fehlender Werte liegen hier bei den Betragsangaben mit knapp 10 Prozent über jenen der Frage nach den Erbschaftshöhen. Hinsichtlich der Einstiegsfragen ergeben sich keine Unterschiede.

5 Die materielle Lage der 40- bis 85-Jährigen

Im Folgenden werden die Verteilungen von Einkommen und Vermögen – insbesondere die Differenzen zwischen den Altersgruppen und Geschlechtern sowie Unterschiede zwischen Ost- und Westdeutschen – dargestellt. Dabei wird auch die Verbreitung von Armut und Reichtum erörtert sowie die Frage von Erbschaften und Transfers zu Lebzeiten von Gebern und Nehmern diskutiert. Zentral ist dabei neben einer Deskription der Situation im Jahr 2002 die Diskussion der Veränderungen der Parameter über die Zeit. Zweitens wird die individuelle Dynamik der objektiven Lagen untersucht. Hierbei steht die individuelle Einkommensentwicklung über die Zeit im Zentrum der Untersuchung. Drittens werden vor diesem Hintergrund subjektive Aspekte materieller Lagen beschrieben. Neben subjektiven Bewertungen der vergangenen Entwicklungen, des heutigen Niveaus und der erwarteten künftigen Veränderungen des persönlichen Lebensstandards und ihren Veränderungen, steht die Relation von Erwartungen und tatsächlichen Entwicklungen im Fokus der Analysen.

5.1 Verteilung relativer Einkommenslagen

Der arithmetische Mittelwert des Äquivalenzeinkommens der 40- bis 85-Jährigen in der Bundesrepublik liegt nach Berechnungen des Alterssurveys im Jahr 2002 bei rund 1.530 € (Westdeutschland: 1.610 €, Ostdeutschland: 1.230 €; vgl. Abbildung 1) und damit um 170 € über dem vom Sozio-oekonomischen Panel (SOEP) ausgewiesenen Wert für die Gesamtbevölkerung in der Bundesrepublik (1.360 €)[7]. Dieser Unterschied ist plausibel, da die Angabe des SOEP auch die geringeren Einkommen der Haushalte jüngerer, unter 40-jähriger Personen und von Einwohnern ohne deutsche Staatsbürgerschaft einschließt.

Abbildung 1: Mittleres Äquivalenzeinkommen (OECD neu) nach Region, 1996 und 2002

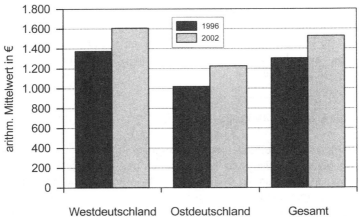

Quelle: Basis- und Replikationsstichprobe des Alterssurveys (n= 4.275/2.686), gewichtet.

---

7   Ein herzlicher Dank für die Bereitstellung der Berechnungen verschiedener Mittelwertangaben aufgrund des SOEP geht an Peter Krause (DIW, Berlin). Diese Mittelwertberechnungen stellen auch die Bemessungsgrundlage der Quoten von Einkommensarmut und Wohlstand dar.

Deutliche Niveauunterschiede zwischen Ost- und Westdeutschland (Abbildung 1) bestehen in allen Altersgruppen (Abbildung 2). So verfügt beispielsweise ein 40- bis 54-jähriger Mann in den westlichen Bundesländern im Jahr 2002 durchschnittlich über ein Äquivalenzeinkommen von ca. 1.700 €, während ein gleichaltriger Mann im Osten Deutschlands nur ein monatliches Äquivalenzeinkommen von etwas über 1.300 € zur Verfügung hat.

Abbildung 2: Mittleres Äquivalenzeinkommen (OECD neu) nach Alter, Geschlecht und Region, 1996 und 2002

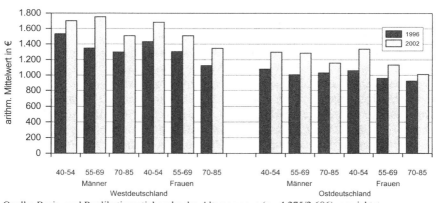

Quelle: Basis- und Replikationsstichprobe des Alterssurveys (n= 4.275/2.686), gewichtet.

Insgesamt lässt sich im zeitlichen Verlauf eine weitgehende Stabilität der Einkommensverteilung über die Altersgruppen und letztlich auch zwischen Ost- und Westdeutschland zeigen. Ausnahmen finden sich bei den 55- bis 69-jährigen Männern im Westen, deren Einkommenslage sich deutlich überdurchschnittlich verbessert hat und bei der Gruppe der 70- bis 85-jährigen Frauen in Ostdeutschland, deren Einkommenssituation bereits 1996 im Mittel vergleichsweise schlecht war, und die über den sechsjährigen Beobachtungszeitraum – gefolgt von den gleich alten ostdeutschen Männern – auch die geringsten nominellen, d.h. nicht inflations- oder kaufkraftbereinigten Zuwächse aufweisen. Da dies in schwächerem Ausmaß auch für die ostdeutschen Männer gilt, hat sich die Verteilung unter den Ostdeutschen so jener in Westdeutschland angepasst – wenngleich nur relativ hinsichtlich der Altersgruppenverteilung und noch nicht deutlich hinsichtlich der Niveaus: Auch im Jahr 2002 liegt der arithmetische Mittelwert für die neuen Länder in allen Altersgruppen deutlich unter jenem in den alten Bundesländern, auch wenn sich die West-Ost-Relation insgesamt von 1,35:1 im Jahr 1996 auf 1,31:1 im Jahr 2002 zu Gunsten der Ostdeutschen verringert hat – Westdeutsche verfügen also im Jahr 2002 über 31 Prozent höhere Einkommen als Ostdeutsche. Diese Veränderung der Relationen geht vor allem auf die Angleichung der Einkommen der 40- bis 54-Jährigen zurück (1996: 1,39; 2002: 1,29). Unter den 55- bis 69-Jährigen ist die Relation konstant (1996: 1,35; 2002: 1,35) und unter den 70- bis 85-Jährigen hat sich die relative Differenz zwischen West- und Ostdeutschen sogar verschärft (1996: 1,24; 2002: 1,32).

Die relative schlechte Einkommenslage älterer Frauen vor allem in Westdeutschland wurde für 1996 als Ergebnis eines Kohorteneffekts gedeutet (Motel, 2000). Es wurde argumentiert, dies sei ein Ergebnis der im Westen Deutschlands geringeren Erwerbsbeteiligung der Frauen dieser frühen Geburtsjahrgänge und ein Effekt der Hinterbliebenengesetzgebung, die Witwen angesichts strukturell ungleicher Erwerbsbiografien im Male-Breadwinner-Model letztlich schlechter stellt als Witwer (vgl. auch Wagner & Motel, 1998). Da sich im Zeitvergleich zeigt, dass sich die ostdeutsche Verteilung der Einkommen jener im Westen mit ihrer Schlechterstellung älterer Frauen anzugleichen scheint, ist nach den möglichen Gründen zu fragen. Bestätigten die Analysen für 1996 die Auswirkungen der für die Betroffenen günstigen Modalitäten der Überleitung der DDR-Alterssicherung in das bundesdeutsche Rentenrecht – ostdeutsche Personen im Ruhestand konnten hier zurecht als Gewinner der Einheit bezeichnet werden – so erweisen sich offenbar vor allem die mittleren Altersgruppen in gewisser Weise als Gewinner der Folgezeit, während es den bereits im Ruhestand befindlichen Gruppen nicht gelingt, hier Schritt zu halten.

Insgesamt scheint sich eine Entwicklung zu Ungunsten der Älteren in Ostdeutschland anzudeuten. Die nominellen Zuwächse unter den 70- bis 85-Jährigen liegen durchgängig unter dem Durchschnitt der betrachteten Altersgruppen, während Jüngere entsprechend im Mittel meist überdurchschnittliche Zuwächse verbuchen können. Relativ betrachtet jedoch können die über 70-Jährigen im Westen ihre Position zum Durchschnitt der zweiten Lebenshälfte behaupten (1996: 0,87; 2002: 0,88). Hingegen ist der Trend im Osten Deutschlands – aufgrund der Gestaltung institutioneller Regelungen und der bekannten Entwicklung der Erwerbs- und Alterssicherungseinkommen über die Zeit – erwartungsgemäß deutlich. Vormals mit Einkommensressourcen ausgestattet, die den anderen Altersgruppen in der zweiten Lebenshälfte durchaus ähnlich waren, verschlechterte sich die durchschnittliche Einkommensposition der ostdeutschen Alten in Bezug auf den ostdeutschen Gesamtdurchschnitt (1996: 0,95; 2002: 0,87) und die Verteilung des Einkommensdurchschnitts der drei Altersgruppen pendelt sich recht genau beim westdeutschen Muster ein.

Einerseits sagen Mittelwertangaben wenig über die gesellschaftliche Verteilung der finanziellen Ressourcen aus. Andererseits ist zu fragen, inwieweit sich Veränderungen über die Zeit in der Verteilung über Altersgruppen auch in individuellen Verläufen spiegeln und welche Gruppen an den Einkommenszuwächsen partizipieren konnten bzw. welche hier nicht zum Zuge kamen. Es stellt sich also die Frage nach der Ungleichverteilung von Einkommen, ihren Veränderungen über die Zeit und den Bedingungen von Einkommensdynamiken im Lebenslauf. Beide dynamischen Perspektiven sind schon seit längerem in der Diskussion (vgl. z.B. Berntsen, 1992; Dannefer, 2003; Easterlin & Schaeffer, 1999; Gustafsson & Johansson, 1997; Motel-Klingebiel, 2004; Pris, 2000; Wagner & Motel, 1998; Zaidi, Rake & Falkingham, 2001; Zaidi; Frick & Büchel, 2005). Dem soll im Folgenden nachgegangen werden.

Tabelle 1: Gini- und Variationskoeffizienten[8] des Äquivalenzeinkommens (OECD neu) nach Erhebungsjahr und Region

	Westdeutschland	Ostdeutschland	Bundesgebiet
Gini-Koeffizient			
1996	0,281	0,195	0,265
2002	0,273	0,246	0,274
Variationskoeffizient			
1996	0,625	0,387	0,615
2002	0,580	0,532	0,585

Quelle: Basis- und Replikationsstichprobe des Alterssurveys (n= 4.275/2.686), gewichtet.

Die Ungleichverteilung der Einkommen wird mit Gini- und Variationskoffizienten gemessen. Tabelle 1 zeigt die Werte für beide Maße nach Region und ihre Veränderung über die Zeit. Die hier geschilderten Werte korrespondieren mit

---

8   Gini- und Variationskoeffizient sind gebräuchliche Maße zur Bestimmung der Ungleichheit einer Verteilung. Der Gini-Koeffizient ist definiert als Fläche zwischen einer Lorenzkurve und der Gleichverteilungsgeraden, dividiert durch die Fläche unter der Gleichverteilungsgeraden. Der Koeffizient variiert zwischen null und eins. Ein Wert von „0" steht dabei für eine vollkommene Gleichverteilung z.B. der Einkommen, während ein Wert von „1" für eine vollkommen ungleiche Verteilung stehen würde, bei der sich alle Einkommensressourcen in der Hand nur eines Akteurs befinden. Der Variationskoeffizient hingegen drückt die Standardabweichung in Mittelwertseinheiten aus, relativiert sie also. Er variiert theoretisch zwischen „0" und „8". Beide Maße bringen mit steigenden Werten eine größere Ungleichheit der Verteilung zum Ausdruck.

Größenordnungen wie wir sie z.b. aus Analysen mit Daten der Einkommens- und Verbrauchsstichprobe kennen (Hauser & Becker, 2003). Die Verteilungsparameter für Westdeutschland zeigen über die Zeit nur geringe Abweichungen an ($Gini_{1996/West}$:0,281; $Gini_{2002/West}$: 0,273). Lagen die Ungleichheitsparameter 1996 in Ostdeutschland noch deutlich unter den Westmarken ($Gini_{1996/Ost}$:0,195), so finden wir im Beobachtungszeitraum eine zunehmende Annäherung der Werte an das Westniveau ($Gini_{2002/Ost}$: 0,246). Die Zunahme der Ungleichverteilung über die sechs Jahre zwischen 1996 und 2002 in Ostdeutschland ist also sehr deutlich und findet seinen Ausdruck unabhängig von der Wahl des Koeffizienten. Auf die Schilderung weiterer Koeffizienten wie den Perzentilsrelationen oder dem Atkinsonmaß wurde an dieser Stelle aus Gründen der Übersichtlichkeit verzichtet, da sie in der Überprüfung zu analogen Ergebnissen führen.

Abbildung 3: Ginikoeffizienten des Äquivalenzeinkommens (OECD neu) nach Alter, Geschlecht und Region

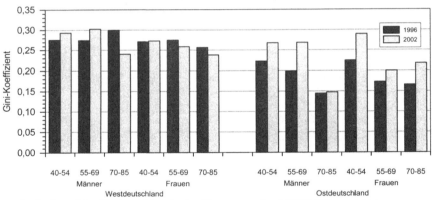

Quelle: Basis- und Replikationsstichprobe des Alterssurveys (n= 4.275/2.686), gewichtet.

Ein Blick auf die altersdifferenzierte Darstellung (Abbildung 3 und Abbildung 4) zeigt, dass es in Westdeutschland vor allem unter den Ältesten in den vergangenen sechs Jahren zu einer Abnahme der Ungleichverteilung gekommen ist, die beginnend von einem höheren Ausgangsniveau unter den Männern stärker war als unter den Frauen, wo die Bewegung aber auch die mittlere der betrachteten Altersgruppen betrifft. Es finden sich also gewisse Nivellierungstendenzen in diesem Bereich. Hingegen blieb sie unter den 40- bis 54-Jährigen stabil und nimmt sogar leicht zu, während es unter den 55- bis 69-Jährigen zu noch deutlicheren Ausdifferenzierungen gekommen ist. Die in der altersundifferenzierten Betrachtung ausgewiesene Stabilität der Ungleichheitsmaße in Westdeutschland ist also Ergebnis durchaus divergenter Entwicklungen in den verschiedenen Altersgruppen und unter den Geschlechtern.

Abbildung 4: Variationskoeffizienten des Äquivalenzeinkommens (OECD neu) nach Alter, Geschlecht und Region

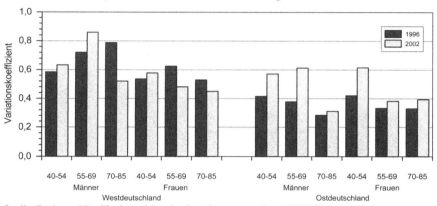

Quelle: Basis- und Replikationsstichprobe des Alterssurveys (n= 4.275/2.686), gewichtet.

In Ostdeutschland ist die Zunahme der Ungleichverteilung unter den ältesten Männern auf niedrigem Niveau relativ gering. Dies gilt auch bei einer geschlechtsindifferenten Betrachtung über alle Älteren hinweg. Hingegen steigen die Kennziffern unter den Frauen und den Männern im Erwerbsalter deutlich an. Die allgemeine Zunahme der Ungleichverteilung des Einkommens in Ostdeutschland geht damit vor allem auf die Menschen im erwerbsfähigen Alter und in der Übergangsphase in den Ruhestand sowie daneben auch auf die bereits länger im Ruhestand befindlichen Frauen zurück. Die Altersgruppendifferenz der Entwicklungen ist in beiden Landesteilen also etwa ähnlich. Die Entwicklungen finden aber auf unterschiedlichem Niveau statt und sind im Osten durch Prozesse der sukzessiven Anpassung an westdeutsche Verteilungskonstellationen und Ungleichheitsniveaus überlagert.

Abbildung 5: Entwicklung mittlerer relativer Äquivalenzeinkommen (OECD neu) nach Alter

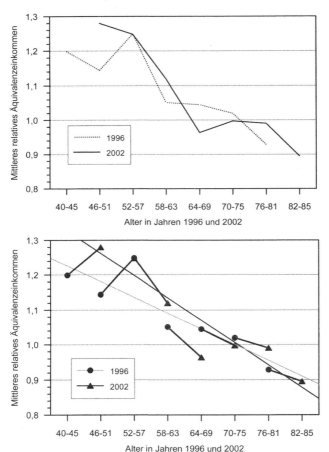

Mittlere Äquivalenzeinkommen in Einheiten des gesamtgesellschaftlichen arithmetischen Mittelwertes nach SOEP. Die in der unteren Abbildung dargestellten Geraden repräsentieren lineare Regressionsfunktionen für die jeweiligen Jahre.
Quelle: Panelstichprobe des Alterssurveys (n= 1.286), gewichtet.

5.2 Einkommensdynamik im Lebensverlauf

Im Vergleich der Einkommensverteilung und der Einkommensentwicklung nach Alter (Abbildung 5) zeigt sich, dass die Älteren relative Abstiege hinnehmen mussten – Menschen im Alter von 52 und mehr Jahren (Alter zum ersten Erhebungszeitpunkt 1996) haben in der Zeit zwischen 1996 und 2002 im Vergleich zur Entwicklung des gesellschaftlichen Durchschnitts der Einkommenspositionen im Mittel relative Einkommensverluste erfahren. Wie die vorangehenden Analysen zeigen konnten, geht dies aber meist nicht mit absoluten Einbußen hinsichtlich der Einkommen einher, sondern resultiert daraus, dass im Mittel lediglich Zugewinne realisiert werden konnten, die unter dem gesamtgesellschaftlichen Durchschnitt liegen. Eine Ausnahme mag der Übergang in den Ruhestand darstellen, der im individuellen Verlauf überwiegend mit Einkommenseinbußen einhergeht. Daher fällt in der Darstellung der Einkommensverteilungen über die Lebensalter zu allen Zeitpunkten der Knick der Verteilung um das 60. Lebensjahr auf.

Sie bestätigen sich auch längsschnittlich als individuelle Abstiege über das Lebensereignis des Übergangs in den Ruhestand. Ruhestandsübergangsneutral verlieren in jedem Falle jene, die 1996 bereits 64 Jahre und älter waren – sich also ganz überwiegend bereits damals im Ruhestand befanden. Starke Gewinne zeigen sich im individuellen Längsschnitt vor allem bei den im Jahr 1996 unter 52-Jährigen – also jenen Personen, die über den gesamten Betrachtungszeitraum im Erwerbsalter waren. Insgesamt ist der Altersgradient (durchgezogene lange Geraden in Abbildung 5) in der zweiten Lebenshälfte 2002 stärker negativ, als noch sechs Jahre zuvor. Offenbar hat in diesem Zeitraum eine sukzessive Verschiebung der Einkommensverteilung stattgefunden, in der sich die Relation zwischen den Einkommen in der Erwerbsphase und der Ruhestandphase zu Ungunsten Letzterer verändert hat. Die Einkommenszuwächse der Ältesten konnten nicht mit jenen der Jüngeren Schritt halten. Dies gilt übereinstimmend für die Querschnittsbetrachtung wie auch für die längsschnittliche Sichtweise.

Abbildung 6 verdeutlicht diese Entwicklung nochmals. Klar zu erkennen sind die erheblichen relativen Abstiege der Ruhestandsübergangsjahrgänge und die moderaten relativen Niveauverluste bei den Ältesten, die auf ohnehin vergleichsweise niedrigen Niveaus stattfinden.

Abbildung 6: Entwicklung mittlerer relativer Äquivalenzeinkommen (OECD neu) nach Geburtskohorten

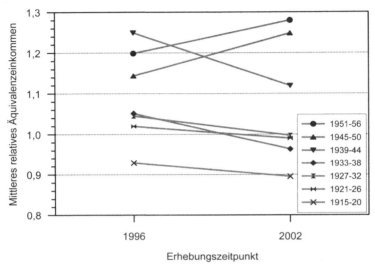

Mittlere Äquivalenzeinkommen in Einheiten des gesamtgesellschaftlichen arithmetischen Mittelwertes nach SOEP
Quelle: Panelstichprobe des Alterssurveys (n= 1.286), gewichtet.

Insgesamt stellt sich im Jahr 2002 die Verteilung über Altersgruppen bzw. Geburtsjahrgänge heterogener dar als noch 1996, was sowohl in der in Abbildung 5 dargestellten Verschiebung der Altersgradienten zum Ausdruck kommt, als auch im Querschnittsvergleich bei der Betrachtung der Ungleichheitsmaße.

Ein differenzierter Blick auf die Einkommensdynamik über die vergangenen sechs Jahre zeigt zum einen erhebliche Altersgruppendifferenzen (nachfolgende Tabelle 2): Aufstiege wurden vor allem von der jüngsten Kohorte der 1942 bis 1956 Geborenen realisiert, während Abstiege hier seltener waren. Den größten Anteil an Personen mit weitgehend konstantem Einkommen finden wir unter den Ältesten, die bereits 1996 70 bis 85 Jahre alt waren (2002: 76-91 Jahre).

Tabelle 2: Aufstiege und Abstiege 1996-2002 (in Prozent)

Geburts-kohorten.	Westdeutschland			Ostdeutschland			Bundesgebiet		
	Männer	Frauen	Gesamt	Männer	Frauen	Gesamt	Männer	Frauen	Gesamt
Aufstieg >20%									
1942-56	30,9	32,7	31,8	31,3	34,4	32,8	31,0	33,1	32,0
1927-41	15,4	21,5	18,2	19,6	16,7	18,1	16,2	20,4	18,2
1911-26	28,1	23,6	25,4	5,8	9,8	8,1	23,6	21,1	22,1
Gesamt	24,5	27,1	25,8	23,9	23,6	23,8	24,4	26,4	25,4
Aufstieg >5% und ≤ 20%									
1942-56	16,8	17,1	16,9	13,0	15,1	14,0	16,0	16,6	16,3
1927-41	19,0	8,5	14,2	16,5	23,1	20,0	18,6	11,8	15,4
1911-26	8,7	7,1	7,8	17,6	3,3	9,3	10,5	6,4	8,0
Gesamt	16,6	12,1	14,4	14,8	16,1	15,5	16,3	13,0	14,6
Konstanz ≤ 5%									
1942-56	12,7	13,8	13,2	7,3	6,5	6,9	11,6	12,2	11,9
1927-41	14,2	10,0	12,3	20,3	9,4	14,6	15,3	9,9	12,7
1911-26	21,2	17,7	19,1	16,1	21,3	19,1	20,2	18,4	19,1
Gesamt	14,4	13,3	13,8	13,1	10,1	11,5	14,1	12,6	13,4
Abstieg >5% und ≤ 20%									
1942-56	18,0	18,5	18,3	16,4	24,3	20,2	17,7	19,7	18,7
1927-41	27,0	35,7	31,0	24,6	26,7	25,7	26,5	33,7	29,9
1911-26	17,0	27,4	23,4	36,1	36,0	36,0	20,8	29,0	25,8
Gesamt	21,4	26,1	23,7	21,8	27,2	24,6	21,5	26,3	23,9
Abstieg 20%									
1942-56	21,6	18,0	19,8	31,9	19,8	26,1	23,8	18,4	21,1
1927-41	24,4	24,4	24,4	19,0	24,0	21,6	23,4	24,3	23,8
1911-26	24,9	24,1	24,4	24,4	29,7	27,5	24,8	25,1	25,0
Gesamt	23,1	21,4	22,2	26,3	23,0	24,7	23,7	21,7	22,7

Abweichungen 1996-2002 relativ zum arithmetischen Mittelwert der Bevölkerung
Quelle: Panelstichprobe des Alterssurveys (n= 1.286), gewichtet

Insgesamt sind allerdings die Unterschiede zwischen West- und Ostdeutschland zu betonen: Die Ältesten in Ostdeutschland gehören besonders selten zur Gruppe der Aufsteiger in der Einkommensverteilung, während hier besonders häufig Abstiege zu finden sind. Dies ist angesichts der inzwischen endgültig ausgelaufenen Übergangsregelungen (Auffüllbetrag, Sozialzuschlag) zu erwarten gewesen, die anfangs im Sinne eines Bestandsschutzes die nominelle Rentenhöhe der Ost-Rentner sicherstellten, jedoch nicht dynamisiert waren und im Zuge der Rentenanpassungen lediglich die relativen Abstiege dämpfen halfen – ein Prozess der im Laufe der 1990er Jahre zum Abschluss gekommen ist. Zugleich wurden die Rentenzahlbeträge vergleichsweise schnell nahe an das Westniveau gebracht, während die Erwerbseinkommen erst langsam nachholten. Auch dieser Prozess kommt in den Angaben zur Einkommensdynamik zum Ausdruck.

5.3 Relative Einkommensarmut und -reichtum

Armut und Wohlstand sind extreme Verteilungspositionen. Auf der einen Seite werden damit besondere Benachteiligungen, verminderte Lebenschancen und Exklusionsrisiken verbunden, auf der anderen Seite stellt sich mit Blick auf hohe Einkommenspositionen die Frage nach den Entstehungsbedingungen solcher Lagen und nach der Gerechtigkeit und der Effizienz der gesellschaftlichen Ressourcenallokation. Wenn im Folgenden von Armut und Wohlstand/Reichtum gesprochen wird, so wird auf relative Einkommensarmut und relativen Einkommenswohlstand Bezug genommen (s.o.). Als arm wird eine Person definiert, wenn das bedarfsgewichtete Nettohaushaltseinkommen pro Kopf 50 Prozent oder weniger des gesamtgesellschaftlichen arithmetischen Mittelwertes beträgt. Wenn lediglich auf ein Einkommen von bis zu 40 Prozent des Durchschnitts zurückgegriffen werden kann, so ist von strenger Armut zu sprechen, während 60 Prozent des Durchschnitts die Grenze von zumindest gemäßigter Armut darstellt. Bei 40 Prozent oder weniger dieses Mittelwertes kann entsprechend von strenger, bei 60 Prozent oder weniger von zumindest gemäßigter Armut gesprochen werden. Analog zur Armutsdefinition wird Wohlstand als eine Position bestimmt, in der das entsprechende Einkommen 200 Prozent des Mittels oder mehr beträgt.

Tabelle 3: Einkommensarmut (in Prozent)

		Westdeutschland			Ostdeutschland			Bundesgebiet		
		Männer	Frauen	Gesamt	Männer	Frauen	Gesamt	Männer	Frauen	Gesamt
1996	40-54 Jahre	2,1	7,1	4,5	9,4	11,2	10,3	3,6	8,0	5,7
	55-69 Jahre	4,4	6,9	5,6	8,7	6,6	7,6	5,3	6,8	6,0
	70-85 Jahre	8,1	8,8	8,6	2,5	8,4	6,2	7,1	8,7	8,1
	Gesamt	3,8	7,4	5,6	8,3	8,9	8,6	4,7	7,7	6,2
2002	40-54 Jahre	6,4	4,5	5,5	14,9	12,2	13,6	8,2	6,1	7,2
	55-69 Jahre	5,8	8,6	7,3	9,0	10,3	9,7	6,5	9,0	7,8
	70-85 Jahre	4,4	7,7	6,4	6,3	14,4	11,4	4,8	9,1	7,4
	Gesamt	5,8	6,8	6,3	11,3	12,0	11,7	6,9	7,9	7,4
Veränderung	40-54 Jahre	4,3	-2,6	1,0	5,5	1,0	3,3	4,6	-1,9	1,5
	55-69 Jahre	1,4	1,7	1,7	0,3	3,7	2,1	1,2	2,2	1,8
	70-85 Jahre	-3,7	-1,1	-2,2	3,8	6,0	5,2	-2,3	0,4	-0,7
	Gesamt	2,0	-0,6	0,7	3,0	3,1	3,1	2,2	0,2	1,2

Äquivalenzskala: OECD (neu); Armutsgrenze: 50% des arithmetischen Mittelwertes
Quelle: Basis- und Replikationsstichprobe des Alterssurveys (n= 4.275/2.686), gewichtet

Verbreitung von Armut

Die durchschnittliche Armutsquote liegt in der 40- bis 85-jährigen deutschen Wohnbevölkerung im Jahr 2002 bei 7,4 Prozent (Tabelle 3). Die Quote ist damit über die vergangenen sechs Jahre leicht angestiegen – sie betrug im Jahr 1996 noch 6,2 Prozent.[9] Von strenger Armut betroffen sind im Jahr 2002 3,6 Prozent der Deutschen zwischen 40 und 85 Jahren. Immerhin 14 Prozent der 40- bis 85-jährigen Männer und Frauen leben zumindest in gemäßigter Armut. Armut in der zweiten Lebenshälfte ist in Ostdeutschland weiter verbreitet als in Westdeutschland. Während die Armutsquote in den alten Bundesländern bei 6,3 Prozent liegt,

---

9 Die Ergebnisse weichen aufgrund der veränderten Berechnungsgrundlage des Äquivalenzeinkommens teilweise von jenen Resultaten ab, die in der ersten Welle des Alterssurveys diskutiert wurden (vgl. Motel, 2000). So betrug die Armutsquote in der auf der BSHG-Skala gestützten Berechnung im Jahr 1996 7,4 Prozent, während der Wert aufgrund der Berechnungen mit der neuen OECD-Skala nunmehr für 1996 um 1,2 Prozentpunkte niedriger angegeben wird. Selbstverständlich werden für die Vergleiche zwischen 1996 und 2002 im vorliegenden Beitrag analoge Berechnungen verwendet.

findet sich in den neuen Ländern eine Quote von 11,7 Prozent. Dabei lassen sich Geschlechtsdifferenzen in beiden Landesteilen vor allem unter den 70- bis 85-Jährigen zeigen. Zwischen den Altersgruppen finden sich 2002 (im Gegensatz zu 1996) nur geringe Differenzen im Niveau der Armutsbetroffenheit, was aus stärkeren Zunahmen zwischen 1996 und 2002 unter den Jüngeren resultiert. Mit Blick auf die Verteilungen in beiden Teilen Deutschlands zeigen sich allerdings unterschiedliche Altersgruppeneffekte im Niveau und bei den Veränderungen über die Zeit. In Westdeutschland sind die 55- bis 69-Jährigen mit 7,3 Prozent die Hauptbetroffenengruppe, dicht gefolgt von den 70- bis 85-Jährigen. Hier haben also die Ältesten zwischen 1996 und 2002 die Hauptbetroffenheit an die mittlere Altersgruppe abgegeben. Hingegen weisen die 55- bis 69-Jährigen im Osten Deutschlands mit 9,7 Prozent die niedrigsten Armutsquoten in dieser Region auf. Hier sind die 40- bis 54-Jährigen mit 13,6 Prozent und die 70- bis 85-Jährigen mit 11,4 Prozent häufiger von Armut betroffen. Die Veränderungstendenzen divergieren zwischen West und Ost. In Westdeutschland lassen sich Zunahmen der Armutsbetroffenheit vor allem in der mittleren und jüngeren der untersuchten Altersgruppen nachweisen, während die Quoten im höheren Alter absinken. Dagegen finden sich die stärksten Zuwächse in Ostdeutschland gerade unter den 70- bis 85-Jährigen, und die Anstiege bei den beiden jüngeren Gruppen sind geringer. Zeigte sich noch 1996 eine für Ostdeutschland nach der Vereinigung spezifische, herausragende Armutsbetroffenheit der noch im Erwerbsleben stehenden Gruppen, so haben die ältesten Ruheständler nunmehr gleichgezogen. Dieser Trend entspricht den zuvor angesichts der wirtschaftlichen und rechtlichen Verschiebungen formulierten Erwartungen.

Zusammenfassend lässt sich festhalten, dass sich überdurchschnittliche Anstiege der Verbreitung von Armut vor allem unter den Ältesten in Ostdeutschland und unter 40- bis 54-jährigen Männern in beiden Landesteilen finden lassen. Aufgrund der Altersdifferenzen in Ehen und anderen Partnerschaften ist plausibel anzunehmen, dass die Quoten unter jüngeren Frauen in den nächsten Jahren nachziehen können. Es deuten sich hier neue Problemgruppen an: Ältere, die mit der Einkommensentwicklung der Jüngeren nicht Schritt halten können, und Personen im Erwerbsleben, die keine hinreichenden Einkommen erzielen können. Hiermit korrespondieren auch die zuvor genannten Ergebnisse zur allgemeinen Einkommens-Ungleichheit.

Die gewählte Armutsgrenze bestimmt wesentlich die Verteilungsaussagen. Dies wurde bereits weiter oben angemerkt. In den geschilderten Analysen wird eine Armutsgrenze in Höhe von 50 Prozent des arithmetischen Mittelwertes für die Gesamtbevölkerung verwendet, was dem Vorgehen im Ersten Armuts- und Reichtumsbericht der Bundesregierung (BMAS, 2001) entspricht (allerdings wurde dort vorrangig noch die alte Äquivalenzskala der OECD verwendet). Der

Zweite Armuts- und Reichtumsbericht der Bundesregierung (Bundesminsiterium für Gesundheit und Soziale Sicherung, 2005) nutzt hingegen – basierend auf der neuen OECD-Äquivalenzskala – einen Grenzwert in Höhe von 60 Prozent des Medianwertes für die Gesamtbevölkerung, der dann allerdings nicht mehr als Armutsgrenze sondern – ausgehend von der Überlegung, dass nicht niedrige Einkommen allein, sondern auch die entsprechenden Bedarfe Armut konstituieren können – als Armutsrisikogrenze bezeichnet wird. Dies entspricht einer zwischen den EU-Mitgliedsstaaten mittlerweile vereinbarten Definition.

Tabelle 4: Einkommensarmut (in Prozent) – Alternative Berechnung für versch. Armuts(risiko)grenzen

Armutsgrenze: 50% des arithmetischen Mittelwertes

	Westdeutschland			Ostdeutschland			Bundesgebiet		
	Männer	Frauen	Gesamt	Männer	Frauen	Gesamt	Männer	Frauen	Gesamt
40-54 Jahre	6,4	4,5	5,5	14,9	12,2	13,6	8,2	6,1	7,2
55-69 Jahre	5,8	8,6	7,3	9,0	10,3	9,7	6,5	9,0	7,8
70-85 Jahre	4,4	7,7	6,4	6,3	14,4	11,4	4,8	9,1	7,4
Gesamt	5,8	6,8	6,3	11,3	12,0	11,7	6,9	7,9	7,4

Armutsrisikogrenze: 60% des Medianwertes

	Westdeutschland			Ostdeutschland			Bundesgebiet		
	Männer	Frauen	Gesamt	Männer	Frauen	Gesamt	Männer	Frauen	Gesamt
40-54 Jahre	7,5	6,4	7,0	18,5	16,2	17,4	9,7	8,5	9,1
55-69 Jahre	6,8	10,6	8,8	11,6	13,0	12,3	7,8	11,1	9,5
70-85 Jahre	5,1	10,0	8,0	7,7	21,6	16,4	5,5	12,2	9,6
Gesamt	6,8	8,8	7,9	14,2	16,3	15,3	8,3	10,4	9,4

Äquivalenzskala: OECD (neu)
Quelle: Basis- und Replikationsstichprobe des Alterssurveys (n= 4.275/2.686), gewichtet.

Die Werte, die sich auf der Basis der beiden abweichenden Grenzen errechnen lassen, weichen im Niveau deutlich voneinander ab, obwohl die Differenz beider Grenzen lediglich 48 € beträgt (680 € und 728 €, Basis: SOEP 2002). Während die allgemeine Armutsquote bei Verwendung einer Grenze von 50 Prozent des arithmetischen Mittelwertes bei 7,4 Prozent liegt, ist das Armutsrisiko bei Nutzung einer Grenze von 60 Prozent des Medianwertes rechnerisch mit 9,4 Prozent weiter verbreitet (Tabelle 4). Die oben gemachten Aussagen zur Verteilung des Armutsrisiko allerdings sind hiervon unberührt. Auch bei Verwendung der Grenze von 60 Prozent des Medianwertes zeigt sich eine erhöhte Betroffenheit in Ostdeutschland und eine Benachteiligung von Frauen. Alterseffekte bleiben im Westen schwach, während sich in Ostdeutschland die schon erwähnte u-förmige Verteilung derart zeigt, dass besonders unter den 40- bis 54-Jährigen und den alten Alten (70 bis 85 Jahre) das Armutsrisiko verbreiteter ist und die mittlere Altersgruppe der 55- bis 69-Jährigen relative geringere Werte aufweist. Die Verteilung des Armutsrisikos würde sich aber zu den Jüngeren hin verschieben, wenn nicht die Armutsgrenze variiert würde, sondern alternative Äquivalenzskalen wie die alte OECD-Skala genutzt würden (Motel, 2000).

Verbreitung von relativem Einkommensreichtum

Fragen nach Reichtum und Wohlstand in einer Gesellschaft – die Analyse besonders vorteilhaft situierter Gruppen und der Mechanismen ihrer Bevorzugung – sind in den letzten Jahren stärker in das Bewusstsein von Forschung und Gesellschaftspolitik gerückt worden (Nollmann & Strasser, 2002). Als Beispiel hierfür können die Armuts- und Reichtumsberichte der Bundesregierung und die darum rankende wissenschaftliche Aktivität gelten (Bundesministerium für Arbeit und Sozialordnung, 2001; Merz, 2001; Huster & Eissel, 2001). Allgemein werden jedoch Fragen des Zusammenhangs von Reichtum und Alter in der Armuts- und Reichtumsberichterstattung des Bundes weitgehend ignoriert. Im Zentrum stehen hier konventionellerweise Erwerbstätige. Mit Blick auf das Alter finden sich bestenfalls Feststellungen, die Sicherung der Alterseinkommen sei zentrales Politikziel (sogleich ergänzt und relativiert durch die Absicht, die Sozialversicherungsbeiträge stabil zu halten) (Bundesministerium für Arbeit und Sozialordnung, 2001, S. XIX) oder die Bekämpfung verschämter Altersarmut sei ein bedeutendes Politikziel (S. XXIII). Eine Differenzierung nach Alter findet sich nur selten und ggf. nur unzureichend grob kategorisierend (vgl. z.B. Schupp & Wagner, 2003, S.60).

Die Frage nach der Verbreitung von Reichtum ist aber auch aus der Perspektive der sozial- und verhaltenswissenschaftlichen Altersforschung relevant. Es stellt sich auch sozialpolitisch aus Sicht der laufenden Debatten vor dem Hintergrund der Bestrebungen zur Reform der Gesetzlichen Rentenversicherung und der Finanzierungsnöte von Bund und Gebietskörperschaften die sozialpolitische Frage, ob es eine große Gruppe alter Menschen gibt, die über derart hohe wirtschaftliche Ressourcen verfügt, dass beispielsweise spezifische und gezielte Beschränkungen von Leistungen der öffentlichen Alterssicherungssysteme möglich sind. Nachfolgend soll die Verteilung begünstigter Einkommenslagen beschrieben werden.

Bislang vorliegenden Analysen zum Wohlstand im Alter zeigen, dass der Anteil der Wohlhabenden unter den Alten gering ist und – wie auch in anderen Altersgruppen – im Bereich der Armutsquoten oder noch darunter liegt (vgl. Bundesministerium für Arbeit und Sozialordnung, 2001). Der Anteil über 65-Jähriger mit mehr als dem zweifachen Durchschnittseinkommen ist auf Basis des Sozio-oekonomischen Panels (SOEP) wegen zu geringer Fallzahlen kaum nachweisbar. Der Alterssurvey stellte hier 1996 erstmals die für solche Analysen notwendigen Items in einer ausreichend großen, repräsentativen Stichprobe bereit (Künemund, 2000; Motel, 2000) und belegte nur geringe Quoten des Wohlstands in der zweiten Lebenshälfte. So überhaupt quantitativ bedeutsam nachweisbar, häuften sich in der Mitte der 1990er Jahre Reichtumslagen unter Erwerbstätigen in Westdeutschland. In Ostdeutschland war die Verbreitung von Einkommensreichtum als nur marginal zu bezeichnen.

Einkommensreichtum, gemessen als die Verfügung über ein Äquivalenzeinkommen von mindestens 200 Prozent des arithmetischen Mittels der Gesamtbevölkerung (s.o.), ist im Jahr 2002 unter den 40- bis 85-Jährigen in Deutschland ähnlich häufig verbreitet wie die Einkommensarmut. Die Quote beträgt 7,8 Prozent (relative Einkommensarmut: 7,4 Prozent) und hat sich zwischen 1996 und 2002 geringfügig erhöht (Tabelle 5). Die Geschlechtsdifferenzen sind deutschlandweit vor allem in der mittleren Altersgruppe der 55- bis 69-Jährigen relevant. Unter den 40- bis 54-Jährigen zeigen sich generell ähnliche Quoten. Dies war zu erwarten, da Geschlechtsdifferenzen ohnehin vor allem von den Alleinlebenden – hier vor allem von den Witwen – herrühren. Die Wohlstandsquote nimmt über die Altersgruppen stark ab. Während 9,4 Prozent der 40- bis 85-Jährigen als einkommensreich oder wohlhabend zu bezeichnen sind, gilt dies nur für 4,2 Prozent der 70- bis 85-Jährigen. Die Unterschiede zwischen West- und Ostdeutschland sind weiterhin stark ausgeprägt. 9,1 Prozent der Westdeutschen in der zweiten Lebenshälfte aber nur 2,8 Prozent der gleich alten Ostdeutschen sind reich bzw. wohlhabend. Zu beachten ist, dass der bereits im Jahr 1996 verschwindend geringe Anteil von 0,5 Prozent unter den 70- bis 85-Jährigen in Ostdeutschland bis 2002 stabil bleibt. Altersreichtum kommt auch zu Beginn des neuen Jahrtausends in Ostdeutschland kaum vor.

Tabelle 5: Einkommensreichtum (in Prozent)

		Westdeutschland			Ostdeutschland			Bundesgebiet		
		Männer	Frauen	Gesamt	Männer	Frauen	Gesamt	Männer	Frauen	Gesamt
1996	40-54 Jahre	12,8	10,3	11,6	1,6	1,7	1,7	10,6	8,5	9,6
	55-69 Jahre	7,8	6,2	7,0	1,0	0,7	0,8	6,5	4,9	5,7
	70-85 Jahre	7,6	4,7	5,8	0,5	0,5	0,5	6,4	3,9	4,8
	Gesamt	10,2	7,6	8,9	1,2	1,1	1,2	8,4	6,3	7,3
2002	40-54 Jahre	11,2	10,3	10,8	3,6	4,7	4,1	9,6	9,1	9,4
	55-69 Jahre	12,9	6,6	9,7	4,5	0,7	2,5	11,1	5,4	8,1
	70-85 Jahre	6,7	4,1	5,1	0,0	0,7	0,4	5,5	3,4	4,2
	Gesamt	11,0	7,4	9,1	3,4	2,3	2,8	9,4	6,3	7,8
Veränderg.	40-54 Jahre	-1,6	0,0	-0,8	2,0	3,0	2,4	-1,0	0,6	-0,2
	55-69 Jahre	5,1	0,4	2,7	3,5	0,0	1,7	4,6	0,5	2,4
	70-85 Jahre	-0,9	-0,6	-0,7	-0,5	0,2	-0,1	-0,9	-0,5	-0,6
	Gesamt	0,8	-0,2	0,2	2,2	1,2	1,6	1,0	0,0	0,5

Äquivalenzskala: OECD (neu); Reichtumsgrenze: 200% des arithmetischen Mittelwertes.
Quelle: Basis- und Replikationsstichprobe des Alterssurveys (n= 4.275/2.686), gewichtet.

In der Betrachtung des zeitlichen Wandels zeigen sich aber in den Niveaus allgemeine Nivellierungstendenzen zwischen den Landesteilen. Der Anteil Einkommensreicher in Westdeutschland ist nämlich über die Zeit nahezu konstant geblieben, wenngleich sich auch im Westen geringfügige Verschiebungen in der Verteilung des Wohlstands zeigen, die mit den allgemeineren Ergebnissen zur Entwicklung der Einkommensungleichheit korrespondieren. Zunahmen des Anteils finden sich vor allem unter den 55- bis 69-jährigen Männern, die ihre hohen Einkommen offenbar in den Ruhestand mitnehmen können (solche Effekte sind für Frauen aufgrund der Altersdifferenzen wohl eher nachlaufend zu erwarten), während sich leichte Abnahmen vor allem unter den über 70-Jährigen nachweisen lassen. Im Gegensatz zur westdeutschen Entwicklung hat sich der Anteil besonders wohlhabender Personen mit mehr als dem doppelten Durchschnittseinkommen in Ostdeutschland auf sehr niedrigem Niveau verdoppelt – die West-Ost-Ratio von rund 7,4:1 (1996) verringert sich damit bis zum Jahr 2002 deutlich auf etwa 3,3:1. Die Altersgruppendifferenzen verschärfen sich in Ostdeutschland im Betrachtungszeitraum, denn die Niveaugewinne gehen allein auf die jüngste Altersgruppe – bei den Männern auch auf die mittlere Gruppe – zurück. Die geschlechtsdisparate Entwicklung in der mittleren Altersgruppe verschärft die bestehenden Geschlechterdifferenzen in Ostdeutschland – eine Entwicklung, die sich moderater auch in Westdeutschland abzeichnet. In beiden Landesteilen zeigt sich hinsichtlich der Reichtumslagen also eine Verschärfung der Geschlechterungleichheit unter den Altersgruppen, die dabei sind, in den Ruhestand überzugehen oder diesen Schritt in der jüngeren Vergangenheit gerade getan haben.

5.4 Vermögen, Verschuldung, Sparen und Entsparen

Aktuelle und künftige Ruheständler kompensieren Minderungen der Leistungen der GRV möglicherweise in erheblichem Maße durch Zuflüsse aus Erbschaften und durch Kapitaleinkommen. Erstens zeigt sich bereits heute, dass die Vermögensausstattung künftiger Ruhestandskohorten häufig günstiger ist als die heutiger Älterer (vgl. z.B. Braun et al., 2002; Kohli et al., 2000; Lauterbach & Lüscher, 1995; Motel-Klingebiel, 2000). Zweitens deuten alle verfügbaren Daten auf eine Zunahme von Wahrscheinlichkeit und Umfang von Erbschaften hin (vgl. Braun et al., 2002; Lauterbach, 1998; Motel-Klingebiel, Krause & Künemund, 2004; Szydlik, 1999). Vermögen und Zuflüsse von Erbschaften betreffen dabei vor allem Personen mit höheren Einkommen: „Besserverdiener" besitzen höhere Vermögen, „Besserverdiener" erben häufiger und „Besserverdiener" erben mehr (vgl. Braun et al., 2002; Künemund, Motel-Klingebiel & Kohli, 2004; Szydlik, 1999). Erbschaften haben also einen Einfluss auf Verteilungen innerhalb von Geburtskohorten, jedoch wird Ungleichheit allgemein nicht durch Erbschaften erzeugt, sondern lediglich über die Zeit und Kohorten perpetuiert (Kohli & Schupp 2005).

Allerdings wird die Gesamtentwicklung mittelfristig mit einer erheblichen Zunahme der Ungleichverteilung von Alterseinkommen einhergehen: Während sich die Einkommen unterer sozialer Schichten mit Blick auf diese Ursachen eher stabil entwickeln dürften, was sich je nach Berechnungsgrundlage in konstanten oder leicht ansteigenden Armutsquoten äußern dürfte, könnten insbesondere hohe Einkommen weiter ansteigen, wie der internationale Vergleich nahe legt (Ginn & Arber, 2000; Yamada, 2003), sodass die Annahme der sozialen Ausdifferenzierung mit weiter zunehmender Ausprägung einer quantitativ bedeutsamen, besonders einkommensstarken Gruppe Älterer plausibel erscheint. Die Entwicklung von Vermögensbesitz und Verschuldung in der zweiten Lebenshälfte sowie von Zu- und Abflüssen durch Erbschaften, Sparen und Entsparen sind daher langfristig zu beobachten und in ihren Wirkungen zu untersuchen.

Geldvermögen und Verbindlichkeiten

Trotz der in weiten Teilen der Bevölkerung durchaus beachtlichen Kapitalbestände (vgl. Hauser & Stein, 2001) ist der Bevölkerungsanteil, der in nennenswerter Weise auf Kapitalerträge aus Geldvermögen zurückgreifen kann, vergleichsweise gering. Das mittlere, jährliche Vermögenseinkommen beträgt gemäß den Angaben der Einkommens- und Verbrauchsstichprobe (EVS) im Jahr 1998 rund 18.000 DM (etwa 9.000 €), wobei aber die Verteilung selbst unter den Beziehern (also unter Ausschluss derjenigen ohne Vermögenseinkommen) mit einem Gini-Koeffizienten von 0,40 deutlich ungleicher als im Falle der Nettoäquivalenzeinkommen ist (vgl. Hauser & Becker, 2003).[10] Die Nettovermögen sind noch weitaus ungleicher verteilt. Der Gini-Koeffizient liegt hier lt. EVS im Jahr 1998 auf Haushaltsebene bei etwa 0,640 (West) bzw. 0,676 (Ost) und auf Personenebene bei 0,624 (West) bzw. 0,635 (Ost) (vgl. Hauser & Becker, 2003, S.124 und 133).

Tabelle 6: Geldvermögen (in Prozent)

		Westdeutschland			Ostdeutschland			Bundesgebiet		
		Männer	Frauen	Gesamt	Männer	Frauen	Gesamt	Männer	Frauen	Gesamt
1996	40-54 Jahre	86,3	79,5	83,0	86,2	80,9	83,6	86,3	79,7	83,2
	55-69 Jahre	82,2	76,7	79,5	82,2	80,7	81,5	82,2	77,5	79,9
	70-85 Jahre	79,5	68,8	72,9	87,6	76,2	80,3	80,9	70,1	74,2
	Gesamt	83,8	76,2	79,9	84,8	79,9	82,3	84,0	76,9	80,4
2002	40-54 Jahre	80,2	80,9	80,6	76,4	75,0	75,7	79,5	79,7	79,6
	55-69 Jahre	85,2	77,5	81,3	76,8	71,9	74,3	83,6	76,4	79,9
	70-85 Jahre	79,6	73,0	75,6	71,7	59,7	64,1	78,2	70,5	73,5
	Gesamt	81,9	77,7	79,7	75,8	70,2	72,9	80,7	76,2	78,4

Quelle: Basis- und Replikationsstichprobe des Alterssurveys (n= 3.610/2.485), gewichtet.

Zwar ist gerade das Geldvermögen in den zurückliegenden Jahren überproportional angestiegen und die Analysen des Alterssurveys, des SOEP oder auch der EVS können zeigen, dass eine deutliche Mehrheit der Gesamtbevölkerung Ver-

---

10 Der Koeffizient liegt in der EVS 1998 dabei einmalig niedrig – in allen Jahren zuvor lassen sich Werte deutlich über 0,50 errechnen.

mögensbestände hat, doch ist dies zum einem stark nach sozialen Gruppen differenziert – Bezieher niedriger Einkommen besitzen einerseits generell seltener Vermögen, andererseits haben sie auch als Vermögensbesitzer im Mittel deutlich geringere Beträge zur Verfügung (vgl. Motel-Klingebiel, Krause & Künemund, 2004). Zum anderen bestehen die privaten Vermögensbestände insgesamt in selbstgenutztem Wohneigentum (etwa zwei Drittel des privaten Vermögensbesitzes umfasst diese Vermögensform), das (sieht man einmal von dem geldwerten Vorteil durch Einsparen der Mietzahlungen ab) nicht unmittelbar eine Einkommenserzielung zulässt und auch nicht ohne weiteres zur Erhöhung des Einkommens kapitalisiert werden kann.

Die Daten des Alterssurveys belegen, dass die Verbreitung des Vermögensbesitzes zwischen 1996 und 2002 insgesamt weitgehend stabil geblieben ist (Tabelle 6). Einbußen finden sich allerdings in Ostdeutschland und hier vor allem bei den über 70-Jährigen. Hinsichtlich der Verbindlichkeiten sehen wir ein anderes Bild (Tabelle 7). Hier zeigen sich insgesamt Rückgänge der Verbreitung der Verschuldung, die gleichermaßen aus Entwicklungen in West- wie in Ostdeutschland resultieren. Allerdings greift dieser Trend vor allem für die 40- bis 54-Jährigen, wo auf hohem Niveau Rückgänge zu verzeichnen sind. Die Verbreitung der Verschuldung unter den 70- bis 85-Jährigen ist dagegen auf niedrigem Niveau weitgehend stabil.

Tabelle 7: Verbindlichkeiten (in Prozent)

		Westdeutschland			Ostdeutschland			Bundesgebiet		
		Männer	Frauen	Gesamt	Männer	Frauen	Gesamt	Männer	Frauen	Gesamt
1996	40-54 Jahre	35,1	29,0	32,1	36,4	29,5	33,0	35,3	29,1	32,3
	55-69 Jahre	16,6	12,7	14,6	19,7	18,7	19,2	17,2	13,8	15,5
	70-85 Jahre	4,1	3,7	3,9	4,5	4,0	4,2	4,2	3,8	3,9
	Gesamt	23,7	17,6	20,5	26,2	20,7	23,3	24,2	18,2	21,1
2002	40-54 Jahre	29,0	23,7	26,4	30,4	24,2	27,3	29,3	23,8	26,6
	55-69 Jahre	13,5	9,6	11,5	13,5	12,6	13,0	13,5	10,2	11,8
	70-85 Jahre	5,2	2,2	3,3	5,1	2,9	3,7	5,2	2,3	3,4
	Gesamt	18,9	13,2	15,9	20,1	14,9	17,4	19,1	13,6	16,2

Quelle: Basis- und Replikationsstichprobe des Alterssurveys (n= 3.880/2.702), gewichtet.

Immobilienvermögen

Der Immobilienbesitz ist neben dem Geldvermögen eine zweite wichtige Form des privaten Vermögensbesitzes. Zwar sind Immobilien weniger verbreitet als der Besitz von Geldvermögen (vgl. Tabelle 8). Doch hinsichtlich des Wertes übertrifft der Immobilienbesitz das private Geldvermögen deutlich (vgl. Motel-Klingebiel, Krause & Künemund, 2004; Hauser & Becker, 2003). Immobilienvermögen ist auch weitaus ungleicher verteilt als das Geldvermögen (Hauser & Stein, 2001). Vor allem der Besitz selbstgenutzten Wohneigentums stellt im Alter, wenn das Wohneigentum der Ruheständler nicht mehr mit Hypotheken belastet ist, angesichts der hierdurch ersparten Ausgaben für Mieten eine bedeutende Ressource dar.

Der Besitz von Immobilienvermögen ist weit verbreitet. Insgesamt knapp 64 Prozent der 40- bis 85-Jährigen sind im Besitz von Immobilien. Dies sind Einfamilienhäuser, Reihenhäuser, Doppelhaushälften, Mehrfamilienhäuser, Eigentumswohnungen sowie auch Ferienhäuser und -wohnungen. Der Besitz „sonstiger Grundstücke" wurde in den vorliegenden Berechnungen nicht berücksichtigt. Die Quoten haben sich in Westdeutschland über den Beobachtungszeitraum insgesamt kaum verändert, auch wenn sich die Verteilung über die Altersgruppen offenbar im Wandel befindet. Ein erheblicher Anstieg findet sich bei den Älteren über 55 Jahren, während unter den 40- bis 54-Jährigen die Quoten sogar leicht rückläufig sind. Offenbar gelingt es den Älteren derzeit oftmals, mit Immobilienbesitz zu altern, während die Mitglieder der in die zweite Lebenshälfte nachrückenden Kohorten seltener mit Immobilienbesitz ausgestattet sind.

In Ostdeutschland hingegen verschiebt sich auf niedrigerem Niveau (2002: knapp 48 Prozent) die Verteilung weiter zu Gunsten der jüngeren Geburtskohorten. Bei den unter 70-Jährigen überschreitet der Anteil die 50-Prozent-Marke, während er bei den Ältesten sogar leicht rückläufig zu sein scheint. Die stärksten Zunahmen finden sich hier in der mittleren Gruppe der 55- bis 69-Jährigen.

Tabelle 8: Besitz von Immobilienvermögen (in Prozent)

		Westdeutschland			Ostdeutschland			Bundesgebiet		
		Männer	Frauen	Gesamt	Männer	Frauen	Gesamt	Männer	Frauen	Gesamt
1996	40-54 Jahre	67,4	71,5	69,4	44,7	48,6	46,6	62,9	67,0	64,9
	55-69 Jahre	69,8	69,7	69,7	44,3	37,9	41,1	64,9	63,6	64,2
	70-85 Jahre	62,8	47,6	53,4	39,8	30,6	33,8	59,0	44,5	49,9
	Gesamt	67,7	65,7	66,7	44,0	41,2	42,5	63,1	61,0	62,0
2002	40-54 Jahre	64,0	66,6	65,3	51,8	54,6	53,2	61,5	64,1	62,8
	55-69 Jahre	73,3	76,1	74,7	56,6	45,9	51,1	69,9	69,8	69,8
	70-85 Jahre	67,0	56,0	60,2	33,6	26,1	28,8	61,1	50,3	54,4
	Gesamt	67,9	67,0	67,5	50,7	44,6	47,5	64,5	62,5	63,5

Quelle: Basis- und Replikationsstichprobe des Alterssurveys (n= 3.866/2.734), gewichtet.

Sparen und Entsparen

Der Alterssurvey bietet in beiden Erhebungswellen die Möglichkeit, die Entstehung und Auflösung von Vermögen zu beobachten. Dabei kommt Spar- und Entsparvorgängen eine bedeutende Rolle zu. Daneben sind Übertragungen von Geld- und Sachwerten in der Form von Vererbung und von Transfers zu Lebzeiten relevant die später untersucht werden sollen.

Sparen ist in allen Altersgruppen auch im Jahr 2002 weit verbreitet. Rund 61 Prozent der 40- bis 85-Jährigen geben an, regelmäßig oder auch unregelmäßig Geld zurückzulegen. Trotz der nach wie vor hohen Verbreitung des Sparens ist die Sparneigung zwischen 1996 und 2002 in allen Altersgruppen deutlich zurückgegangen. Hiervon besonders betroffen sind allerdings die über 70-Jährigen, bei denen bei Rückgängen von fast 10 Prozentpunkten (West) bzw. über 20 Prozentpunkten (Ost) von regelrechten Einbrüchen im Sparverhalten gesprochen werden muss (vgl. Tabelle 9). Die in den oberen Altersgruppen geringe und gegenüber 1996 im Jahr 2002 auch überdurchschnittlich verringerte Sparneigung korrespondiert mit den vorangehenden Schilderungen der Entwicklung der Einkommen. Hier wurde deutlich, dass die Einkommen der über 70-Jährigen nicht mit der allgemeinen Einkommensentwicklung Schritt halten konnte. Gleiches gilt für die Verringerung der Sparneigung unter den 40- bis 55-Jährigen bzw. der 70- bis 85-Jährigen. Auch hier spiegelt sich offenbar die Veränderung der Einkommenslagen wider, sofern sich keine veränderte Konsumneigung oder -struktur belegen lässt.

Tabelle 9: Sparen (in Prozent)

	Westdeutschland Männer	Frauen	Gesamt	Ostdeutschland Männer	Frauen	Gesamt	Bundesgebiet Männer	Frauen	Gesamt
40-54 Jahre	72,3	67,1	69,8	65,6	68,0	66,8	71,0	67,3	69,2
55-69 Jahre	69,5	69,1	69,3	71,0	68,7	69,8	69,8	69,0	69,4
70-85 Jahre	70,1	59,6	63,5	78,9	68,7	72,3	71,5	61,2	65,0
Gesamt	70,9	66,1	68,5	69,3	68,4	68,8	70,6	66,6	68,5
40-54 Jahre	60,1	62,6	61,3	61,5	55,6	58,6	60,4	61,2	60,8
55-69 Jahre	70,2	61,7	65,8	62,4	62,3	62,4	68,6	61,8	65,1
70-85 Jahre	58,3	51,4	54,1	60,6	46,4	51,6	58,7	50,5	53,7
Gesamt	63,4	59,4	61,3	61,7	55,8	58,6	63,1	58,7	60,8

(Zeilen 1996 und 2002)

Quelle: Basis- und Replikationsstichprobe des Alterssurveys (n= 3.931/2.734), gewichtet.

Tabelle 10: Sparzwecke (nur Sparer, in Prozent)

	Westdeutschland Männer	Frauen	Gesamt	Ostdeutschland Männer	Frauen	Gesamt	Bundesgebiet Männer	Frauen	Gesamt
Für bestimmte Anschaffungen	59,4	59,4	59,4	54,6	48,3	51,4	58,5	57,3	57,9
Für das eigene Alter	49,4	44,7	47,0	53,4	52,7	49,4	50,2	46,2	48,2
Für Angehörige	17,7	17,9	17,8	13,2	16,7	15,0	16,8	17,7	17,2
Für sonstige Zwecke	13,6	15,9	14,7	15,3	15,4	15,3	13,9	15,8	14,9

Quelle: Replikationsstichprobe des Alterssurveys (n= 2.659), nur Personen mit deutscher Staatsbürgerschaft, gewichtet, Mehrfachnennungen sind möglich.

Bei den Zwecken, die von den 40- bis 85-Jährigen mit dem Sparen verfolgt werden, rangieren besondere Anschaffungen an erster Stelle (Tabelle 10). Allerdings ist diese Stellung in Ostdeutschland weniger ausgeprägt – hier liegt die Vorsorge für das eigene Alter nahezu gleichauf. Nur insgesamt etwa ein Sechstel der 40- bis 85-Jährigen legt hingegen Geld für Angehörige zurück. Allein unter den 70- bis 85-Jährigen spielt dieses Ziel eine besonders herausragende Bedeutung – rund 28 Prozent der Personen in diesem Alter gibt an, für die Unterstützung von

Angehörigen zu sparen. Dies geschieht offenbar zulasten des Sparens für Anschaffungen, während das Sparmotiv der Altersvorsorge auch in dieser Altersgruppe ungebrochen scheint. Sonstige Sparziele gibt ebenfalls etwa jeder Sechste an.
Auch das Entsparen geschieht im Jahr 2002 offenbar in deutlich gedämpfterem Umfang als dies noch 1996 der Fall war (Tabelle 11). Entnahmen 1996 noch rund 44 Prozent der 40- bis 85-Jährigen Vermögensressourcen für bestimmte Zwecke, so ist der Anteil bis 2002 auf etwa ein Drittel abgesunken. Die Abnahmen sind – wie schon beim Sparen – in Ostdeutschland besonders deutlich erkennbar: Sinkt die Quote in Westdeutschland um etwa 10 Prozentpunkte von 43 and 33 Prozent, so finden sich in Ostdeutschland Abnahmen von 52 auf 34 Prozent – also um rund 18 Prozentpunkte. Die im Jahr 1996 noch vorzufindenden West-Ost-Unterschiede haben sich dabei nivelliert. Die Unterschiede im Niveau bestehen nicht mehr, jedoch zeigen sich in den alten Bundesländern andere Verteilungsmuster über die Altersgruppen als in den neuen Ländern: Sind in Ostdeutschland die Altersgruppendifferenzen schwach, so zeigt sich in Westdeutschland, dass die Entsparhäufigkeit unter den 40- bis 54-Jährigen etwa 50 Prozent über jener der 70- bis 85-Jährigen liegt.

Tabelle 11: Entsparen (in Prozent)

		Westdeutschland			Ostdeutschland			Bundesgebiet		
		Männer	Frauen	Gesamt	Männer	Frauen	Gesamt	Männer	Frauen	Gesamt
1996	40-54 Jahre	50,3	46,6	48,5	49,5	58,1	53,7	50,2	48,9	49,5
	55-69 Jahre	39,1	40,9	40,0	51,4	55,1	53,3	41,4	43,7	42,6
	70-85 Jahre	33,6	31,7	32,4	49,7	36,8	41,5	36,3	32,6	34,0
	Gesamt	43,7	41,3	42,5	50,3	52,9	51,6	45,0	43,5	44,2
2002	40-54 Jahre	33,1	39,2	36,1	32,7	31,8	32,3	33,0	37,7	35,4
	55-69 Jahre	35,2	33,2	34,2	38,7	37,8	38,2	35,9	34,2	35,0
	70-85 Jahre	26,7	22,9	24,4	31,6	27,4	29,0	27,5	23,7	25,2
	Gesamt	32,7	32,9	32,8	34,8	32,9	33,8	33,1	32,9	33,0

Quelle: Basis- und Replikationsstichprobe des Alterssurveys (n= 3.873/2.708), gewichtet.

Tabelle 12: Gründe für Entsparen (nur Entsparer, in Prozent)

	Westdeutschland			Ostdeutschland			Bundesgebiet		
	Männer	Frauen	Gesamt	Männer	Frauen	Gesamt	Männer	Frauen	Gesamt
Für den Lebensunterhalt	17,0	13,5	15,2	18,2	8,9	13,4	17,2	12,6	14,8
Für bes. Anschaffungen	41,6	42,2	41,9	25,5	29,2	27,4	38,2	39,6	38,9
Für d. Wohnung/Haus	39,9	43,8	42,0	41,1	45,8	43,5	40,1	44,2	42,3
Für Urlaubsreisen	31,1	28,9	29,9	31,9	28,5	30,1	31,3	28,8	30,0
Für die Unterstützung von Angehörigen	17,1	12,5	14,7	22,6	22,0	22,3	18,2	14,4	16,2
Für sonstige Zwecke	9,1	9,6	9,4	12,7	8,6	10,6	9,9	9,4	9,6

Quelle: Replikationsstichprobe des Alterssurveys (n= 2.698), nur Personen mit deutscher Staatsbürgerschaft, gewichtet, Mehrfachnennungen sind möglich.

Unter den Zielen, die mit der Entnahme von Vermögensteilen verfolgt werden (Tabelle 12), rangieren insgesamt Konsumziele ganz vorn. Besondere Anschaffungen, Investitionen in Haus oder Wohnung sowie Urlaubsreisen werden vorrangig genannt. Die Verwendung für den normalen Lebensunterhalt – ein Motiv, das auf finanzielle Problemlagen hindeutet – findet sich hinter jeder siebten Entnahme. Für die Unterstützung von Angehörigen findet jede sechste Entnahme statt. Es finden sich bestimmte Unterschiede in den Entnahmezwecken zwischen West- und Ostdeutschland. Besondere Anschaffungen spielen in Westdeutschland eine bedeutendere Rolle, während hingegen die Entnahmen zur Unterstützung von Angehörigen in Ostdeutschland häufiger angegeben werden. Auch bei der Entnahme für Angehörige zeigen sich – wie schon beim entsprechenden Sparziel – deutliche Altersgruppeneffekte: 29 Prozent der West- und sogar 41 Prozent der Ostdeutschen im Alter von 70 bis 85 Jahren geben an, dass das entnommene Geld zur Unterstützung von Angehörigen bestimmt gewesen sei. Hingegen gilt dies in beiden Regionen nur für etwa 9 Prozent der 40- bis 54-Jährigen. Entgegengesetzte Altersgruppendifferenzen gibt es hingegen wieder bei dem Zweck der besonderen Anschaffung.

Materielle Lagen älterer Menschen 199

Abbildung 7: Erhaltene und erwartete Erbschaften heutiger und künftiger 65- bis 85-Jähriger in Deutschland (Basis 1996)

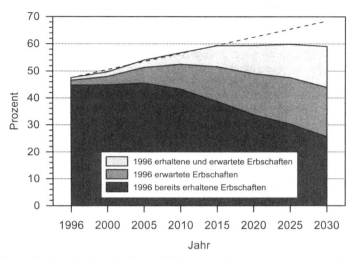

Fortgeschriebene Zahlen des Jahres 1996. = lineare Fortschreibung der Entwicklung über die ersten zwei Jahrzehnte des Betrachtungszeitraums. 2025: 69- bis 85-Jährige, 2030: 74- bis 85-Jährige. Quelle: Basisstichprobe des Alterssurveys (n= 3.833), nach Motel-Klingebiel, Krause & Künemund, 2004.

5.5 Erbschaften und Transfers zu Lebzeiten

Erbschaften

Der Frage nach der Bedeutung intergenerationaler Ressourcenflüsse durch Erbschaften für die künftige Vermögensverteilung spielt eine entscheidende Rolle in den Diskussionen um eine gerechte Ressourcenverteilung zwischen Generationen und über die Möglichkeiten und Spielräume für ein Zurückführen öffentlicher Transferleistungen an die Älteren. Die prospektiven Fortschreibungen der Erbschaftssituation 1996 auf der Basis der ersten Erhebungswelle des Alterssurveys (vgl. Motel-Klingebiel, Krause & Künemund, 2004) deuten denn auch auf eine künftig deutlich wachsende Verbreitung der Erbschaften hin. Die Kumulation von 1996 bereits erhaltenen und künftig erwarteten Erbschaften der 60- bis 85-Jährigen steigt von etwa 49 Prozent in 1996 auf 60 Prozent im Jahre 2015 (Abbildung 7), wo sie bis etwa 2030 entsprechend den Angaben des Alterssurveys 1996 verharrt. Möglicherweise handelt es sich bei einem Teil der Abflachung der Kurve nach 2015 um einen bloßen Erhebungs- und Stichprobeneffekt derart, dass die Wahrscheinlichkeit weit in der Zukunft möglicherweise eintreffender Ereignisse unterschätzt wird und die Fortschreibung des Alterssurveys nachwachsende Generationen von Ruheständlern nicht ausreichend repräsentiert. Wird daher die nahezu lineare Entwicklung des ersten Teils des Betrachtungszeitraumes fortgeschrieben, um einen oberen Wert für eine Schätzung zu generieren, so lässt sich für die Ruheständler künftig eine Erbschaftsquote von etwa 60 bis zu 70 Prozent erwarten (Abbildung 7).[11]

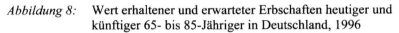

Abbildung 8: Wert erhaltener und erwarteter Erbschaften heutiger und künftiger 65- bis 85-Jähriger in Deutschland, 1996

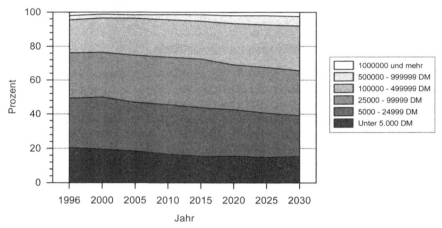

Fortgeschriebene Zahlen des Jahres 1996. Geschätzter Wert der bisherigen und künftigen Erbschaften in Preisen von 1996; graduelle Unterschätzung des Wertes bei Kumulation bisheriger und künftiger Erbschaften durch Kumulation kategorialer Werte. Der Anstieg der Erbschaftswerte über den Untersuchungszeitraum wird so in der Tendenz systematisch geringfügig unterschätzt. 2025: 69- bis 85-Jährige, 2030: 74- bis 85-Jährige.
Quelle: Basisstichprobe des Alterssurveys (n= 3.762), nach Motel-Klingebiel, Krause & Künemund, 2004.

Die Fortschreibung der Verbreitung von Erbschaften korrespondiert mit erwarteten Entwicklungen ihres tatsächlichen oder erwarteten Umfangs. Über den Un-

---

11 Hierbei werden die heute jüngeren Altersgruppen als 65- bis 85-Jährige der Zukunft betrachtet – so ergeben sich beispielsweise die Zahlen für die 65- bis 85-Jährigen des Jahres 2010 aus den Angaben der zum Erhebungszeitpunkt 1996 51- bis 71-Jährigen.

tersuchungszeitraum bis 2030 hinweg deutet sich ein Rückgang der relativen Bedeutung kleinerer Erbschaften an, während gemäß der Fortschreibung der 1996er Daten bis 2030 der Anteil größerer Erbschaften im Wert von 250.000 € und darüber (Werte von 1996) auf zehn Prozent ansteigen wird (Abbildung 8). Auch hier ist freilich ein Effekt der besseren Vorhersehbarkeit größerer Erbschaften plausibel anzunehmen. Teilweise ist die Basis der Abschätzungen aber auch noch gänzlich unbekannt, da sich die später zu erbenden Vermögen noch im Aufbau befinden oder selbst erst noch durch Erbschaft erworben werden müssen. In anderer Richtung besteht auch die Möglichkeit, dass Vermögen, deren Vererbung erwartet wird, vor dem Tod des Erblassers teilweise oder vollständig aufgezehrt werden. Dies ist letztlich für die Befragten langfristig nur schwer vorhersehbar. Man kann also davon ausgehen, dass die hier angedeuteten Entwicklungen nur sehr grob prospektiv abgeschätzt werden können.

Es ist im Folgenden zu fragen, ob sich die 1996 angedeuteten Entwicklungen in den Daten des Jahres 2002 bereits faktisch nachzeichnen lassen – ob also die 1996 prognostizierten Anstiege in Quoten und Werten als Trend durch die Zahlen von 2002 bestätigt werden.

Es zeigt sich, dass die allgemeine Häufigkeit erhaltener Erbschaften zwischen 1996 und 2002 geringfügig von 47 auf 48 Prozent angestiegen ist (Tabelle 13). Dabei sind erwartungsgemäß insbesondere die Häufigkeiten unter den 55- bis 69-Jährigen angestiegen. Die Differenz zwischen West- und Ostdeutschland ist in diesem Prozess eher leicht größer geworden, denn die Zunahmen gehen allein auf Anstiege in Westdeutschland zurück, während in Ostdeutschland im Jahr 2002 sogar leicht niedrigere Quoten zu verzeichnen sind. Dies ist einerseits den 70- bis 85-Jährigen, vor allem aber auch den neu in die zweite Lebenshälfte gekommenen Gruppen der 40- bis 54-Jährigen zuzuschreiben. Hier erreichen die Quoten im Jahr 2002 nicht mehr das Niveau der ersten Erhebungswelle 1996. Dieser Effekt zeigt sich im Übrigen auch für die 40- bis 54-jährigen Westdeutschen, während tatsächlich starke Anstiege unter den 55- bis 69-Jährigen stattfinden, wie in der Fortschreibung der 1996er Daten auch erwartet. Offenbar aber deutet sich unter den jüngeren Gruppen in der zweiten Lebenshälfte bereits jetzt schon ein Rückgang in der Verbreitung von Erbschaften an. Es ist also für die Zukunft nicht einfach von stetigen Zuwächsen auszugehen. Stattdessen haben wir es heute und in der nahen Zukunft mit einem historisch neuen „Erbschaftsberg" zu tun, dessen Effekte nicht einfach für künftige Generationen Älterer fortgeschrieben werden können.

Tabelle 13: Erhalt von Erbschaften (in Prozent)

		Westdeutschland			Ostdeutschland			Bundesgebiet		
		Männer	Frauen	Gesamt	Männer	Frauen	Gesamt	Männer	Frauen	Gesamt
1996	40-54 Jahre	47,0	47,1	47,0	39,5	38,3	38,9	45,6	45,3	45,4
	55-69 Jahre	52,2	54,4	53,3	42,4	45,5	43,9	50,3	52,7	51,5
	70-85 Jahre	50,3	40,9	44,4	48,3	38,3	41,9	49,9	40,4	44,0
	Gesamt	49,4	48,3	48,9	41,7	40,8	41,3	48,0	46,9	47,4
	darunter:									
	Unter 2.556 €	13,7	17,3	15,5	35,3	39,8	37,6	17,3	21,1	19,3
	2.556-12.781 €	28,4	26,4	27,4	36,1	30,6	33,3	29,7	27,1	28,3
	12.782-51.128 €	29,2	27,4	28,3	16,8	20,6	18,7	27,1	26,3	26,7
	51.129-255.645 €	22,8	23,8	23,3	10,3	8,5	9,4	20,7	21,2	21,0
	255.646-511.291€	3,5	3,5	3,5	0,9	0,5	0,7	3,1	3,0	3,0
	511.292 € u. mehr	2,4	1,6	2,0	0,6	0,0	0,3	2,1	1,4	1,7
	arithmet. Mittel		75.953 €			28.152 €			67.902 €	
2002	40-54 Jahre	40,7	44,2	42,4	33,7	33,6	33,6	39,2	42,1	40,7
	55-69 Jahre	59,4	60,1	59,8	41,7	47,6	44,8	55,9	57,5	56,7
	70-85 Jahre	53,2	49,5	50,9	41,4	32,9	36,0	51,1	46,3	48,2
	Gesamt	49,8	51,0	50,5	37,9	38,5	38,2	47,4	48,5	48,0
	darunter:									
	Unter 2.556 €	10,5	15,2	13,0	34,3	30,0	32,0	14,2	17,5	15,9
	2.556-12.781 €	24,7	24,4	24,6	36,1	33,9	35,0	26,5	25,9	26,2
	12.782-51.128 €	30,3	31,0	30,7	21,9	24,7	23,4	29,0	30,0	29,5
	51.129-255.645 €	27,8	23,0	25,3	6,7	10,2	8,5	24,5	21,0	22,6
	255.646-511.291€	4,7	5,3	5,0	1,1	1,2	1,2	4,2	4,6	4,4
	511.292 € u. mehr	2,0	1,1	1,5	0,0	0,0	0,0	1,7	1,0	1,3
	arithmet. Mittel		81.512 €			28.051 €			73.182 €	

Die arithmetischen Mittelwerte ergeben sich als Summe der Kategorienmittelwerte und sind damit vor allem als näherungsweise Schätzung der Transferbeträge zu verstehen, nicht aber als exakte Angaben. Die „krummen" Zahlenangaben resultieren aus der Übertragung der 1996 in DM gewählten Kategoriengrenzen in €-Beträge.
Quelle: Basis- und Replikationsstichprobe des Alterssurveys (n= 3.949/2.741), gewichtet.

Der Umfang der Erbschaften sollte nicht überschätzt werden. Der Wert der Erbschaften liegt zu beiden Erhebungszeitpunkten häufig unter DM 100.000 bzw.

51.000 € (vgl. Tabelle 13). Dies gilt jeweils für etwa 70 Prozent der westdeutschen Nachlässe und 90 Prozent der Erbschaften in Ostdeutschland. Hinzu kommt, dass große Erbschaften häufig insbesondere an solche Personen(gruppen) fließen, die ohnehin über eigene Vermögensbestände verfügen, und Vermögenslose leer ausgehen oder nur geringe Beträge erben (Künemund, Motel-Klingebiel & Kohli, 2004).

Erbschaften verbessern also ggf. die Vermögensausstattung, begründen aber nur selten erheblichen Vermögensbesitz. Wie auch die Wahrscheinlichkeit, überhaupt etwas zu erben, so sind also auch die geerbten Werte zwischen West- und Ostdeutschen sehr ungleich verteilt: jede dritte Erbschaft in Ostdeutschland hat einen Wert von weniger als 2.500 € während dies nur für etwa jede siebte Erbschaft im Westen gilt (vgl. Tabelle 13).

Von Bedeutung für die Vermögensverteilung dürften lediglich die Erbschaften etwas größeren Umfangs sein. Im Folgenden werden Erbschaften im Wert von 2.500 € und mehr als größere Erbschaften bezeichnet (Tabelle 14). Hier zeigt sich auf niedrigerem Niveau mit einem Vorkommen im Jahr 2002 von insgesamt 41 Prozent ein ähnliches Bild: die Quoten in den beiden oberen Altersgruppen sind signifikant angestiegen, während sich ein deutlicher Rückgang in der Gruppe der 40- bis 54-Jährigen belegen lässt. Dies ist eine Entwicklung, die insgesamt vor allem auf die Westdeutschen zurückgeht – in Ostdeutschland hingegen sind die Quoten in allen Altersgruppen weitgehend konstant. Möglicherweise überlagern sich hier in der empirischen Darstellung bestimmte Nachholeffekte und Kohortendifferenzen.

Tabelle 14: Erbschaften im Umfang von 2.500 € und mehr (in Prozent)

		Westdeutschland			Ostdeutschland			Bundesgebiet		
		Männer	Frauen	Gesamt	Männer	Frauen	Gesamt	Männer	Frauen	Gesamt
1996	40-54 Jahre	40,8	39,6	40,2	25,0	22,5	23,8	37,7	36,2	37,0
	55-69 Jahre	45,4	45,8	45,6	28,6	27,7	28,1	42,2	42,2	42,2
	70-85 Jahre	43,3	32,8	36,8	32,4	25,7	28,1	41,5	31,5	35,3
	Gesamt	42,9	40,3	41,5	27,3	25,0	26,1	39,9	37,3	38,6
2002	40-54 Jahre	34,5	35,0	34,7	23,8	22,6	23,2	32,3	32,6	32,4
	55-69 Jahre	56,2	52,9	54,5	26,3	34,7	30,7	50,2	49,1	49,7
	70-85 Jahre	47,8	45,5	46,4	30,7	26,6	28,1	44,8	41,9	43,0
	Gesamt	44,9	43,9	44,3	25,8	28,0	27,0	41,1	40,7	40,9

Quelle: Basis- und Replikationsstichprobe des Alterssurveys (n= 3.949/2.741), gewichtet.

Neben den in der Vergangenheit erhaltenen Erbschaften erfragt der Alterssurvey auch die Erwartung künftiger Zuflüsse von Vermögen durch Erbschaft. Die Erwartung künftiger Nachlässe ist in den jüngeren Altersgruppen am weitesten verbreitet. Allerdings zeigt sich im Vergleich der Erhebungszeitpunkte eine merkliche Dämpfung der Erwartungshaltung, welche vor allem in der jüngsten der betrachteten Altersgruppen auftritt (Tabelle 15). Dieses Ergebnis bestätigt die Annahme einer künftig, im Vergleich zu den angesprochenen, sehr optimistischen Fortschreibungen, deutlich gedämpften Erbschaftsentwicklung. Die Analysen legen nahe anzunehmen, dass der derzeitig sichtbaren Erbengeneration eine Generation folgen wird, auf die eine Fortschreibung der aktuell günstigen Entwicklung hinsichtlich der intergenerationalen Weitergabe von Ressourcen nicht sinnvoll erscheint.

Tabelle 15: Künftig erwartete Erbschaften (in Prozent)

		Westdeutschland			Ostdeutschland			Bundesgebiet		
		Männer	Frauen	Gesamt	Männer	Frauen	Gesamt	Männer	Frauen	Gesamt
1996	40-54 Jahre	38,2	28,7	33,6	22,9	16,5	19,8	35,2	26,3	30,8
	55-69 Jahre	16,1	8,5	12,3	10,9	6,5	8,6	15,1	8,1	11,6
	70-85 Jahre	1,9	2,1	2,0	1,1	1,2	1,2	1,8	1,9	1,9
	Gesamt	24,7	15,9	20,2	15,7	9,9	12,7	23,0	14,7	18,7
2002	40-54 Jahre	32,8	24,9	28,9	17,6	15,2	16,5	29,7	22,9	26,3
	55-69 Jahre	15,2	10,4	12,7	9,0	4,7	6,7	13,9	9,2	11,5
	70-85 Jahre	2,9	1,1	1,8	1,4	1,4	1,4	2,6	1,1	1,7
	Gesamt	20,9	13,7	17,1	11,9	8,1	9,9	19,1	12,6	15,6

Quelle: Basis- und Replikationsstichprobe des Alterssurveys (n= 3.845/2.736), gewichtet.

Die Kumulation erhaltener und erwarteter Erbschaften (Tabelle 16) legt die Annahme nahe, dass die Zuflüsse materieller Ressourcen durch Erbschaften an künftigen Altengenerationen wohl eher auf dem heutigen Niveau verharren dürfte. Demnach teilt sich die Gesellschaft recht konstant jeweils etwa hälftig in Erben und Nichterben – mit einer erheblichen Spreizung unter den Erben hinsichtlich der geerbten Vermögenswerte und deutlichen Differenzen zwischen den Landesteilen.

Tabelle 16: Kumulation erhaltener und erwarteter Erbschaften (in Prozent)

		Westdeutschland			Ostdeutschland			Bundesgebiet		
		Männer	Frauen	Gesamt	Männer	Frauen	Gesamt	Männer	Frauen	Gesamt
1996	40-54 Jahre	63,9	57,8	60,9	49,8	46,8	48,3	61,2	55,6	58,4
	55-69 Jahre	57,3	55,9	56,6	45,9	49,0	47,5	55,1	54,5	54,8
	70-85 Jahre	50,5	42,0	45,3	48,9	39,3	42,8	50,3	41,6	44,8
	Gesamt	59,5	53,7	56,5	48,2	46,1	47,1	57,4	52,2	54,7
2002	40-54 Jahre	59,7	54,4	57,1	41,3	39,7	40,5	55,9	51,6	53,7
	55-69 Jahre	64,9	62,7	63,8	48,1	48,3	48,2	61,5	59,7	60,6
	70-85 Jahre	54,2	49,8	51,5	42,1	32,9	36,3	52,1	46,6	48,7
	Gesamt	60,5	56,1	58,2	43,9	41,2	42,5	57,2	53,1	55,1

Quelle: Basis- und Replikationsstichprobe des Alterssurveys (n= 3.950/2.742), gewichtet.

Transfers zu Lebzeiten der Geber

Transfers zu Lebzeiten der Geber stellen einen weiteren, sehr bedeutenden Aspekt der privaten intergenerationalen Weitergaben materieller Ressourcen dar. Aus der ersten Erhebung des Alterssurveys im Jahr 1996 und den darauf aufbauenden Publikationen (Motel & Szydlik, 1999; Motel-Klingebiel, 2000; Kohli et al., 2000) ist bekannt, dass fast jeder Dritte der 40- bis 85-Jährigen innerhalb von zwölf Monaten Geld- oder Sachtransfers an Dritte geleistet hat (Tabelle 17). Der Erhalt solcher Leistungen ist hingegen wesentlich seltener: weniger als jeder Zehnte gibt an, solche Leistungen auch erhalten zu haben. Auch mit Blick auf den Wert der Leistungen sind die 40- bis 85-Jährigen im Mittel als Geber zu bezeichnen (vgl. Motel-Klingebiel, 2000). Wie gestaltet sich dieses aber nun sechs Jahre später? Trägt die veränderte Ressourcenausstattung zu abnehmenden Transferquoten bei? Wie spiegelt sich hier der soziale Wandel wider?

Die im Jahr 1996 vorgefundene Quote von 31 Prozent wird in der Erhebung von 2002 eindrucksvoll bestätigt: 31,3 Prozent der 40- bis 85-Jährigen geben an, in den vergangenen zwölf Monaten anderen Personen Geld- oder Sachgeschenke gemacht oder diese finanziell unterstützt zu haben (Tabelle 17).

Während sich 1996 aber nahezu eine Gleichverteilung der Transferhäufigkeiten über die Altersgruppen belegen ließ, zeigt sich 2002 eine leichte Konzentration auf die Gruppe der 55- bis 69-Jährigen: leichte Abnahmen um rund zwei Prozentpunkte bei den Jüngeren und Älteren, steht hier eine Zunahme der Transferwahrscheinlichkeit um rund vier Prozentpunkte gegenüber. Diese strukturelle

Verlagerung ist allerdings ein reiner Westeffekt. Er geht insgesamt mit disparaten Entwicklungen in Ost- und Westdeutschland einher. Während in Westdeutschland die Transferquoten zwischen 1996 und 2002 leicht angestiegen sind (eine Entwicklung, die in allen Altersgruppen, vor allem aber unter den 55- bis 69-Jährigen beobachtet werden kann), ist in Ostdeutschland ein Rückgang im Transfergeschehen zu konstatieren, der alle Altersgruppen betrifft, vor allem aber auf die Ältesten zurückgeht. Es ist daran zu erinnern, dass es gerade diese Gruppe der 70- bis 85-Jährigen ist, für die in den Einkommensanalysen relative Abstiege der mittleren Einkommenspositionen vermerkt werden müssen. Offenbar schlägt sich im Transfergeschehen die Verschiebung der Ressourcengrundlagen zwischen den Altersgruppen deutlich nieder.

Tabelle 17: Transfervergabe (in Prozent)

		Westdeutschland			Ostdeutschland			Bundesgebiet		
		Männer	Frauen	Gesamt	Männer	Frauen	Gesamt	Männer	Frauen	Gesamt
1996	40-54 Jahre	29,3	28,5	28,9	25,7	36,3	30,9	28,6	30,0	29,3
	55-69 Jahre	32,7	33,0	32,9	32,8	30,2	31,5	32,8	32,4	32,6
	70-85 Jahre	36,9	28,7	31,8	38,3	33,3	35,1	37,2	29,5	32,3
	Gesamt	31,7	30,1	30,9	29,9	33,5	31,8	31,4	30,8	31,0
	Darunter:									
	Elterngeneration*	*2,8*	*2,4*	*2,6*	*2,3*	*1,7*	*2,0*	*2,7*	*2,3*	*2,5*
	Kindergenerat.*	*27,5*	*25,9*	*26,7*	*26,6*	*28,6*	*27,7*	*27,3*	*26,5*	*26,9*
2002	40-54 Jahre	27,6	26,7	27,1	27,3	26,6	27,0	27,5	26,7	27,1
	55-69 Jahre	40,1	36,5	38,3	30,6	29,8	30,2	38,1	35,1	36,6
	70-85 Jahre	35,0	30,5	32,2	33,5	20,6	25,3	34,8	28,6	31,0
	Gesamt	33,6	31,0	32,2	29,5	26,3	27,8	32,7	30,1	31,3
	Darunter:									
	Elterngeneration*	*3,7*	*2,1*	*3,0*	*1,8*	*1,1*	*1,5*	*3,3*	*1,9*	*2,7*
	Kindergenerat.*	*26,0*	*24,9*	*25,4*	*26,0*	*22,8*	*24,2*	*26,0*	*24,4*	*25,2*

* sofern vorhanden.
Quelle: Basis- und Replikationsstichprobe des Alterssurveys (n= 4.791/3.065), gewichtet.

Ein Blick auf die Transferflüsse an die 40- bis 85-Jährigen (Tabelle 18) stützt diese These auf den ersten Blick allerdings weniger. Bei insgesamt leicht sinkenden Transferquoten, sind es besonders die 70- bis 85-Jährigen in Ostdeutschland, die absolut wie relativ besonders starke Verringerungen zu verzeichnen haben. Offenbar ziehen sich ältere Ostdeutsche insgesamt deutlich aus diesen privaten Austauschprozessen zurück – ein Effekt der angesichts der Ergebnisse der Transferliteratur ebenfalls mit geminderten Ressourcenausstattungen in Verbindung gebracht werden kann. Denn häufig wird eine eingeschränkte Möglichkeit zur Partizipation an Reziprozitätsketten in der Rolle des Gebers mit einer Minderung der Bereitschaft zur Annahme von Gaben verbunden. Eine abschließende Interpretation der Ergebnisse muss mit weitergehenden Analysen verbunden werden und kann an dieser Stelle noch nicht geleistet werden.

Tabelle 18: Transfererhalt (in Prozent)

		Westdeutschland			Ostdeutschland			Bundesgebiet		
		Männer	Frauen	Gesamt	Männer	Frauen	Gesamt	Männer	Frauen	Gesamt
1996	40-54 Jahre	11,3	14,2	12,7	12,5	13,0	12,7	11,5	13,9	12,7
	55-69 Jahre	4,7	5,3	5,0	6,5	8,1	7,3	5,0	5,8	5,4
	70-85 Jahre	2,0	3,9	3,2	3,4	5,1	4,5	2,2	4,1	3,4
	Gesamt	7,5	8,8	8,2	9,1	9,7	9,4	7,8	9,0	8,4
	Darunter:									
	Elterngeneration*	*5,7*	*5,6*	*5,6*	*6,1*	*5,8*	*5,9*	*5,8*	*5,6*	*5,7*
	Kindergenerat.*	*1,1*	*1,6*	*1,4*	*2,8*	*3,7*	*3,3*	*1,4*	*2,0*	*1,7*
2002	40-54 Jahre	10,6	13,3	11,9	8,5	12,4	10,4	10,2	13,1	11,6
	55-69 Jahre	4,4	6,8	5,6	4,1	5,6	4,9	4,3	6,6	5,5
	70-85 Jahre	1,4	4,0	3,0	2,6	0,6	1,3	1,6	3,3	2,7
	Gesamt	6,6	8,7	7,7	5,9	7,1	6,6	6,5	8,4	7,5
	Darunter:									
	Elterngeneration*	*7,3*	*9,1*	*8,1*	*6,1*	*8,9*	*7,4*	*7,1*	*9,0*	*8,0*
	Kindergenerat.*	*1,0*	*1,9*	*1,4*	*1,4*	*2,2*	*1,8*	*1,0*	*1,9*	*1,4*

* sofern vorhanden.
Quelle: Basis- und Replikationsstichprobe des Alterssurveys (n= 4.804/3.070), gewichtet.

Tabelle 19 ermöglicht einen Blick auf die intergenerationale und familiale Dimension der Transfervergabe. Inzwischen wissen wir gut, dass dieser Aspekt das Transfergeschehen dominiert – der überwiegende Teil aller Transfers wird innerhalb von Familien und dort entlang der direkten Verwandtschaftslinien geleistet. Insgesamt deuten die Resultate auf eine Stabilität der Transfers zwischen Kindern und Eltern. Allerdings zeigt sich eine Hauptveränderung: leicht verringert hat sich die Häufigkeit von Leistungen an die Kindergeneration (1996: 26,9 Prozent; 2002: 25,2 Prozent) und deutlich verstärkt zeigt sich der Erhalt von Leistungen von den alten Eltern (1996: 5,7 Prozent; 2002: 8,0 Prozent). Die 40- bis 85-Jährigen kommen also innerhalb ihrer Familien etwas von der Geberrolle ab und beziehen häufiger auch Leistungen.

Eine etwas genauere Betrachtung der Transfers zwischen Eltern und ihren erwachsenen Kindern (Tabelle 19) zeigt, dass der angedeutete Rückgang in Westdeutschland schwächer ausgeprägt ist als in Ostdeutschland. In den ostdeutschen Bundesländern weisen vor allem die 70- bis 85-Jährigen deutliche Einbußen im Transfergeschehen auf. Hier sinkt die Transferquote zwischen 1996 und 2002 von 29,9 Prozent – einem Wert, der dem gesamtdeutschen Mittelwert entspricht und deutlich über jenem der westdeutschen Altersgenossen liegt – auf nur noch 17,5 Prozent. Der Erhalt von Leistungen der eigenen Kinder (Tabelle 20) spielt nach wie vor nur eine untergeordnete Rolle.

Im Vergleich beider Erhebungszeitpunkte zeigen sich hier Stabilität im Westen und schwache Abnahmen in Ostdeutschland, die unter den über 70-Jährigen am stärksten ausgeprägt sind. Dieser Trend entspricht jenem, der bereits weiter oben für das Gesamtgeschehen dokumentiert wurde.

Tabelle 19: Transfervergabe an erwachsene Kinder außerhalb des Haushalts (in Prozent)

		Westdeutschland			Ostdeutschland			Bundesgebiet		
		Männer	Frauen	Gesamt	Männer	Frauen	Gesamt	Männer	Frauen	Gesamt
1996	40-54 Jahre	41,6	32,9	36,4	32,7	35,9	34,5	39,1	33,7	35,9
	55-69 Jahre	30,8	31,6	31,2	29,1	23,9	26,4	30,5	29,9	30,2
	70-85 Jahre	27,2	20,4	23,0	31,6	28,7	29,8	27,9	22,0	24,2
	Gesamt	32,5	28,8	30,4	30,7	29,2	29,9	32,1	28,8	30,3
2002	40-54 Jahre	37,9	30,1	33,5	28,8	27,9	28,2	35,2	29,4	31,9
	55-69 Jahre	31,8	27,8	29,7	24,3	23,2	23,7	30,2	26,7	28,4
	70-85 Jahre	23,8	19,9	21,5	21,7	14,9	17,5	23,5	18,9	20,7
	Gesamt	30,9	25,7	28,0	25,1	22,5	23,6	29,6	25,0	27,0

Quelle: Basis- und Replikationsstichprobe des Alterssurveys (n= 3.192/2.083), gewichtet.

Tabelle 20: Transfererhalt von erwachsenen Kindern außerhalb des Haushalts (in Prozent)

		Westdeutschland			Ostdeutschland			Bundesgebiet		
		Männer	Frauen	Gesamt	Männer	Frauen	Gesamt	Männer	Frauen	Gesamt
1996	40-54 Jahre	1,3	2,6	2,1	3,5	1,9	2,6	2,0	2,4	2,2
	55-69 Jahre	1,3	0,7	1,0	4,3	4,5	4,4	1,9	1,5	1,7
	70-85 Jahre	1,8	3,0	2,5	4,0	4,8	4,5	2,2	3,3	2,9
	Gesamt	1,4	1,9	1,7	4,0	3,7	3,8	2,0	2,3	2,1
2002	40-54 Jahre	0,0	2,3	1,3	0,0	2,9	1,7	0,0	2,5	1,4
	55-69 Jahre	2,2	1,1	1,6	2,7	2,6	2,7	2,3	1,4	1,8
	70-85 Jahre	1,0	3,7	2,6	2,1	0,7	1,3	1,2	3,1	2,4
	Gesamt	1,4	2,2	1,9	1,8	2,2	2,0	1,5	2,2	1,9

Quelle: Basis- und Replikationsstichprobe des Alterssurveys (n= 3.204/2.115), gewichtet.

Der Umfang der Transfers zu Lebzeiten der Geber

Die Analyse des Wertes der Geld- und Sachtransfers zeigt die quantitative Bedeutung der allgemeinen Transferleistungen und insbesondere der Transfers zwischen Eltern und ihren erwachsenen Kindern. Transfers von Geld- und Sachwerten werden ganz überwiegend im Bereich bis etwa 2.500 € pro Jahr vergeben (Tabelle 21). Lediglich 20 Prozent der Geber transferieren mehr – dies gilt gleichermaßen für West- und Ostdeutschland. Große Transfers im Wert von mehr als 10.000 € sind eher selten und werden nur von etwa fünf Prozent der Geber geleistet. Bedeutend ist hierbei, dass die „Vielgeber" im Westen eine besonders bedeutende Rolle spielen, da hierbei hohe Summen oft an mehrere Personen vergeben werden, was sich dann auch in der Verteilung der Transferwerte niederschlägt. Der Wert aller von den 40- bis 85-Jährigen geleisteten Transfers beträgt insgesamt etwa 2.600 € pro Transfergeber. Die Differenz zwischen West- und Ostdeutschland ist dabei zu beachten: Während in Westdeutschland im Mittel gut 2.700 € transferiert werden, sind es im Osten lediglich knapp 2.300 €. Diese Differenz resultiert vor allem aus den bereits angesprochenen, besonders umfangreichen Vergaben. Werden diese in der Überprüfung ausgeschlossen, so liegt der Wert der Transfers in Ostdeutschland sogar leicht über Westniveau.

Tabelle 21: Wert der materiellen Transferleistungen in den vergangenen 12 Monaten, 2002 (in Prozent)

	Westdeutschland			Ostdeutschland			Bundesgebiet		
	Männer	Frauen	Gesamt	Männer	Frauen	Gesamt	Männer	Frauen	Gesamt
				Vergaben insgesamt					
Bis zu 255 €	13,3	17,0	15,2	11,3	12,8	12,0	13,0	16,3	14,6
256-510 €	17,4	19,9	18,7	14,5	17,1	15,8	16,9	19,4	18,2
511-1.022 €	22,2	22,3	22,3	21,1	24,3	22,7	22,0	22,7	22,3
1.023-2.555 €	22,3	19,4	20,9	29,4	21,4	25,5	23,6	19,7	21,7
2.556-5.112 €	10,9	10,7	10,8	12,1	10,0	11,1	11,1	10,6	10,8
5.113-10.225€	7,4	6,6	7,0	8,4	10,7	9,5	7,6	7,3	7,5
10.226 € u.m.	6,4	4,0	5,2	3,2	3,6	3,4	5,9	3,9	4,9
arithm. Mittel		2.714 €			2.281 €			2.638 €	
				Vergaben an erwachsene Kinder außerhalb des Haushalts					
Bis zu 255 €	4,3	7,7	6,0	3,2	9,0	6,3	4,1	8,0	6,1
256-510 €	14,1	19,9	17,0	20,5	16,8	18,5	15,3	19,2	17,3
511-1.022 €	16,7	17,5	17,1	14,3	24,4	19,7	16,3	19,0	17,6
1.023-2.555 €	22,6	19,2	20,9	31,8	15,6	23,2	24,4	18,4	21,4
2.556-5.112 €	12,1	10,2	11,2	13,9	10,9	12,3	12,4	10,4	11,4
5.113-10.225 €	8,6	8,4	8,5	5,8	8,8	7,4	8,1	8,5	8,3
10.226 € u.m.	21,5	17,1	19,3	10,5	14,6	12,7	19,4	16,6	18,0
arithm. Mittel		3.296 €			2.396 €			3.109 €	

Die arithmetischen Mittelwerte ergeben sich als Summe der Kategorienmittelwerte und sind damit vor allem als näherungsweise Schätzung der Transferbeträge zu verstehen, nicht aber als exakte Angaben. Die „krummen" Zahlenangaben resultieren aus der Übertragung der 1996 in DM gewählten Kategoriengrenzen in €-Beträge.
Quelle: Replikationsstichprobe des Alterssurveys (n= 779/455), gewichtet.

In der Summe haben die 40- bis 85-Jährigen im Jahr 2002 Geld- und Sachtransfers im Wert von rund 32,5 Mrd. Euro privat an Dritte vergeben (Gegenleistungen an die 40- bis 85-Jährigen sind hier nicht gegengerechnet). Der Wert der Leistungen an die erwachsenen Kinder übersteigt im Transferfall jenen, der in der allgemeinen Betrachtung berechnet wurde. Kleine Leistungen im Wert von weniger als etwa 250 € spielen hier nur eine geringe Rolle. Hingegen bestimmen

Transfers von bis zu rund 2.500 € das Geschehen. Auch besonders umfangreiche Leistungen sind hier besonders häufig vorzufinden. Beschränkt man die Berechnung eines Gesamtwertes der Leistungen auf die privaten Transfers zwischen Eltern und erwachsenen Kindern außerhalb des elterlichen Haushalts, so vergaben die 40- bis 85-Jährigen im Jahr etwa 21,5 Mrd. Euro als Geld- oder Sachleistungen (Gegenleistungen der Kinder sind hier nicht gegengerechnet).

Insgesamt bestätigen diese deskriptiven Befunde die ausführlicheren Analysen der ersten Befragungswelle von 1996. Weitere Studien zur längsschnittlichen Entwicklung des Transfergeschehens vor dem Hintergrund variierender Ressourcen- und Bedarfslagen müssen folgen, die die vorliegenden querschnittlichen Analysen (vgl. Motel & Szydlik, 1999; Motel-Klingebiel, 2000; Künemund, Motel-Klingebiel & Kohli, 2004) fortführen.

5.6 Zusammenschau von Kennziffern der materiellen Lage

Die Zusammenschau von Kennziffern der ökonomischen Lage zeigt einerseits eine erhebliche Stabilität der materiellen Lagen (Tabelle 22). So erweist sich in der Zusammenschau der Vermögensbesitze als stabil. Hier steht einem marginal abnehmenden Besitz von Geldvermögen eine leichte Zunahme des Immobilienbesitzes gegenüber. Daneben zeigen sich konstante Quoten hinsichtlich der Erbschaften und auch der Transfervergabe an Dritte, seien es nun Kinder bzw. andere Familienangehörige oder auch weitere Personen. Andererseits kündigen sich moderate Veränderungen von Niveaus und Verteilungen an. Besorgnis könnten steigende Quoten der relativen Einkommensarmut erregen, denen stabile Quoten hoher Einkommen in der zweiten Lebenshälfte gegenüberstehen. Daneben ist eine sinkende Sparneigung festzustellen, die auch mit einer abnehmenden Erbschaftserwartung einhergeht – beide Aspekte der Vermögensbildung zusammen scheinen geschwächt zu sein. Insgesamt deutet sich auf der Basis der Ergebnisse des Alterssurveys somit an, dass eine Fortschreibung der bisher stetigen Verbesserung materieller Lagen im Alter nicht geboten erscheint. Vielmehr deutet sich ein ambivalentes Bild an, in dem vor allem weitere Differenzierung der Lagen die Situation bestimmen werden. Es wird im Folgenden zu prüfen sein, wie sich dies auf die subjektive Wahrnehmung des Lebensstandards in der zweiten Lebenshälfte niederschlägt.

Tabelle 22: Kennziffern der objektiven wirtschaftlichen Lage, 1996 und 2002 (in Prozent)

		40-54 Jahre	55-69 Jahre	70-85 Jahre	Gesamt
Einkommensarmut	1996	5,7	6,0	8,1	6,2
	2002	7,2	7,8	7,4	7,4
Einkommensreichtum	1996	9,6	5,7	4,8	7,3
	2002	9,4	8,1	4,2	7,8
Geldvermögen	1996	83,2	79,9	74,2	80,4
	2002	79,6	79,9	73,5	78,4
Verschuldung	1996	32,3	15,5	3,9	21,1
	2002	26,6	11,8	3,4	16,2
Wohnen im Wohneigentum	1996	59,6	61,5	48,2	58,2
	2002	59,4	60,9	47,9	57,7
Besitz von Wohneigentum	1996	63,1	62,1	48,3	60,2
	2002	62,8	69,8	54,4	63,5
Sparen	1996	69,2	69,4	65,3	68,5
	2002	60,8	65,1	53,7	60,8
Entsparen	1996	49,5	42,7	34,0	44,2
	2002	35,4	35,0	25,2	33,0
Transfers an Dritte geleistet	1996	29,3	32,6	32,3	31,0
	2002	27,1	36,6	31,0	31,3
Transfers von Dritten erhalten	1996	12,7	5,4	3,4	8,4
	2002	11,6	5,5	2,7	7,5
Erbschaften gemacht	1996	45,4	51,5	44,0	47,4
	2002	40,7	56,7	48,2	48,0
Erbschaften erwartet	1996	30,8	11,6	1,9	18,7
	2002	26,3	11,5	1,7	15,6

Quelle: Basis- und Replikationsstichprobe des Alterssurveys (n= 4838/3084), gewichtet.

6 Die subjektive Bewertung des Lebensstandards

Die subjektive Bewertung des Lebensstandards sowie seiner vergangenen und künftigen Entwicklung ist ein zentraler Aspekt der allgemeinen Lebensqualität und dürfte besonders für die Lebenszufriedenheit und Lebensplanung bedeutsam sein. Im Folgenden soll daher betrachtet werden, wie sich vor dem Hintergrund der objektiven Lagen die subjektiven Bewertungen im Lebensbereich „Einkommen und materielle Sicherung" verteilen. Es ist zu untersuchen, ob sich hier Muster zeigen lassen, die den Verteilungen von Einkommen und Vermögen entsprechen. Zum einem soll geschildert werden, wie sich die Bewertungen im

Jahr 2002 verteilen. Zum anderen wird analysiert, welche Veränderungen sich in den Verteilungen zwischen 1996 und 2002 ergeben haben.

6.1 Bewertung des aktuellen Lebensstandards

Insgesamt entsprechen die Verteilungen der mittleren Bewertung des Lebensstandards nach Altersgruppe, Region und Geschlecht im Jahr 2002 jenen, die bereits sechs Jahre zuvor bekannt sind (Abbildung 9). Das Niveau liegt im Westen leicht über jenem in Ostdeutschland. Dabei zeigen sich in Westdeutschland kaum Unterschiede zwischen den Altersgruppen, während sich in Ostdeutschland die Jüngeren nach wie vor deutlich weniger positiv über ihren Lebensstandard äußern als die Älteren. In dieser Hinsicht sind in Ostdeutschland über die Zeit leichte Nivellierungstendenzen zu vermelden, die aus Gewinnen unter den jüngeren Altersgruppen und Abstiegen unter den über 70-Jährigen resultieren. Im Westen hingegen verlieren vor allen die 40- bis 54-Jährigen, während die Zugewinne unter den 70- bis 85-Jährigen moderat und unter den 55- bis 69-Jährigen stärker ausfallen. Alle geschilderten Entwicklungen gelten in ganz ähnlicher Weise für Männer wie für Frauen. Die Entwicklungen spiegeln die Verschiebungen vor allem der mittleren Einkommenslagen durchaus plausibel wider. Allerdings korrespondieren die von den einzelnen Gruppen erreichten Einkommensniveaus unmittelbar mit den subjektiven Bewertungen des Lebensstandards. Möglicherweise erfolgen die Anpassungen der Bewertungen den objektiven Veränderungen zeitlich nachlaufend, sodass hier künftig weitere Verschiebungen aufgrund der bereits stattgefundenen Modifikationen der Ressourcenverteilung zu erwarten sein dürften. Der Blick nicht nur auf gruppenspezifische Mittelwerte sondern auf die komplette Verteilung zeigt auch, dass die Disparitäten innerhalb der Regionen im Westen größer scheinen als im Osten.

Abbildung 9: Subjektive Bewertungen des aktuellen Lebensstandards

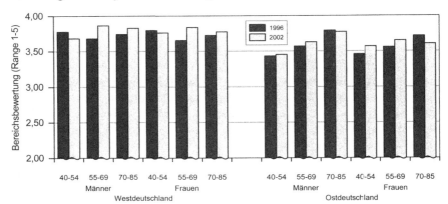

Der Range der Bewertungen reicht von 1 bis 5. Während in der Erhebung niedrige Werte eine besonders positive Bewertung zum Ausdruck brachten, wurde hier zur besseren Darstellbarkeit die Skalierung umgekehrt.
Quelle: Basis- und Replikationsstichprobe des Alterssurveys (n= 4.805/3.074), gewichtet.

6.2 Bewertung vergangener Entwicklungen des Lebensstandards

Auch die mittleren Bewertungen der vergangenen Entwicklungen des Lebensstandards spiegeln in den Wandel der mittleren relativen Einkommenspositionen (Abbildung 10). Besonders positiv äußern sich die Gewinnergruppen der letzten Jahre – insgesamt findet sich aber in Westdeutschland eine Konstanz der Abschätzung der Entwicklungen und in Ostdeutschland im Mittel ein Absinken der Vergangenheitsbewertungen. Überdurchschnittlich positiv urteilen in beiden Landesteilen die 40- bis 54-Jährigen, die generell auch die Gewinner der Verschiebungen in der Einkommensstruktur darstellen. Die 55- bis 69-Jährigen Westdeutschen stellen allerdings eine Ausnahme dar. Während sie objektiv zu den Gewinnern zu zählen sein sollten, geben sie im Mittel nur mäßige Bewertungen der Veränderungen an. Dieses wird in Zukunft gesondert zu untersuchen sein.

Materielle Lagen älterer Menschen 215

Abbildung 10: Subjektive Bewertungen des der vergangenen Entwicklungen des Lebensstandards

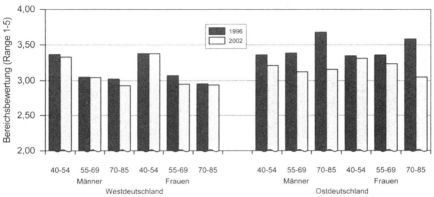

Der Range der Bewertungen reicht von 1 bis 5. Während in der Erhebung niedrige Werte eine besonders positive Bewertung zum Ausdruck brachten, wurde hier zur besseren Darstellbarkeit die Skalierung umgekehrt.
Quelle: Basis- und Replikationsstichprobe des Alterssurveys (n= 4.820/3.075), gewichtet.

Die Darstellung von Gruppenmittelwerten verdeckt aber den Blick auf die Verteilungen der Bewertungen. Die Daten deuten besonders in Ostdeutschland auf abnehmende Polarisierungen hin. War noch 1996 zu konstatieren, dass die Bewertung der Vergangenheit – damals noch der Vereinigungszeit – als „viel besser geworden" oder „viel schlechter geworden" häufiger vorgenommen wurde als in Westdeutschland, so hat sich dies 2002 relativiert. Allerdings ist nach wie vor festzuhalten, dass die Bewertung „gleich geblieben" in Westdeutschland häufiger vorkommt als im Osten, wo positive oder negative Nennungen üblicher sind. Allgemein scheint es aber zu einer Stabilisierung der Bewertungen gekommen zu sein.

Abbildung 11: Subjektive Bewertungen künftiger Entwicklungen

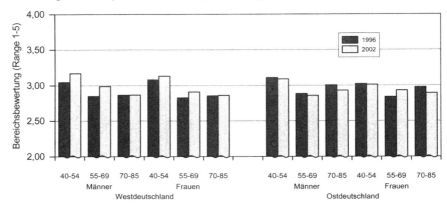

Der Range der Bewertungen reicht von 1 bis 5. Während in der Erhebung niedrige Werte eine besonders positive Bewertung zum Ausdruck brachten, wurde hier zur besseren Darstellbarkeit die Skalierung umgekehrt.
Quelle: Basis- und Replikationsstichprobe des Alterssurveys (n= 3.062/4.809), gewichtet.

6.3 Erwartungen künftiger Entwicklungen des Lebensstandards

Künftige Verbesserungen des Lebensstandards zu erwarten, ist inzwischen in Westdeutschland unter den Jüngeren – den 40- bis 54-Jährigen – in ähnlicher Weise verbreitet wie in Ostdeutschland (Abbildung 11). Während sich in Ostdeutschland in dieser Hinsicht zwischen 1996 und 2002 wenig getan hat, zeigen sich im Westen 2002 unter den Jüngeren deutlich optimistischere Aussagen, als dies noch 1996 der Fall war. Auch dieser Trend gilt für Männer und Frauen in ganz ähnlicher Weise. Weitergehende Analysen weisen darüber hinaus aus, dass sich hier weiterhin in Ostdeutschland eine deutlichere Polarisierung zwischen Optimisten und Pessimisten zeigt. Im Westen hingegen ist die Konstanzerwartung weiter verbreitet – abgenommen haben hier vor allem auch die Abstiegsbefürchtungen. Die Erwartung, dass der künftige Lebensstandard deutlich sinken wird, findet sich in Westdeutschland im Jahr 2002 kaum mehr (0,7 Prozent).

7 Zusammenfassung

Der vorliegende Beitrag unternimmt es, die materielle Lage in der zweiten Lebenshälfte zu Beginn dieses Jahrzehnts anhand einer für belastbare Aussagen hinreichend großen, repräsentativen Stichprobe zu beschreiben, und die Entwicklung materieller Lagen über die Zeit zu untersuchen. Dies geschieht erstens durch den Vergleich der Lage der Altersgruppen zu verschiedenen Erhebungszeitpunkten, also als Kohortensequenzanalyse und zweitens durch die Untersuchung individueller Dynamiken über den Lebenslauf. Neben der aktuellen Bestandsaufnahme im Sinne der Alterssozialberichterstattung steht die Untersuchung der Veränderung in kohortenvergleichender Perspektive im Zentrum des Beitrags. Die Veränderungen der materiellen Lagen im Alter sowie die damit verbundenen Potenziale und Problemlagen, wurden im vorliegenden Beitrag in dreierlei Hinsicht untersucht. Für alle drei Aspekte soll nachfolgend ein kurzer Abriss versucht werden.

Erstens wurde auf die zahlenmäßige Entwicklung der älteren Bevölkerung abgehoben. Hiermit verkoppelt variieren Kaufkraft aber auch die Bedeutung von Randlagen bereits bei konstanten relativen Parametern wie Prozentanteilen oder Mittelwerten allein durch die demografischen Verschiebungen. Die wirtschaftliche wie sozialpolitische Bedeutung der Älteren und ihrer materiellen Ressourcen wird sich demnach allein wegen des demografischen Umbruchs deutlich erhöhen. Prognostizierte Zunahmen der Anzahl z.B. der über 60-Jährigen um rund 40 Prozent bis zum Jahr 2030 (Statistisches Bundesamt, 2003) lassen dieses Szenario als sehr wahrscheinlich scheinen. Aufgrund des im Alterssurvey vergleichsweise kleinen Zeitfensters können hierzu bisher aber noch keine über die Demografie hinausgehenden empirischen Aussagen getroffen werden.

Zweitens kann es – so die Vorannahme dieses Beitrags – zu absoluten oder auch relativen Verschiebungen in den materiellen Lagen älterer Menschen kommen. Dieses Argument zielt vor allem auf die Relationen zwischen den Altersgruppen. Die Analysen des Alterssurveys konnten hier letztlich zeigen, dass die Ältesten vor allem im Osten Deutschlands derzeit mit den aktuellen Einkommensentwicklungen im Mittel nicht Schritt halten können. Für die Ältesten im Westen gilt dies im eingeschränkten Ausmaß ebenfalls. Während die Relationen zwischen den Altersgruppen im Westen Deutschlands im Wesentlichen durch die Alterung einer möglicherweise materiell einmalig gut gestellten Kohorte der heute 55- bis 69-Jährigen gekennzeichnet, grundsätzlich aber stabil scheint, erweist sich die im Zuge der Systemanpassung in den ersten Jahren nach der Vereinigung vergleichsweise sehr gute Position der Ältesten in Ostdeutschland als zunehmend fragil. Dies war angesichts der Entwicklung institutioneller Regelungen zu erwarten. Die Entwicklung findet ihren Ausdruck auch in steigenden Armutsquoten in dieser Gruppe, während insbesondere der Anteil besonders wohlhabender Personen mit hohen Einkommen weiterhin marginal bleibt. Auch der Vermögensbesitz ist hier weiterhin weniger stark verbreitet als in anderen Gruppen. Bemerkenswerterweise findet dies bisher kaum Niederschlag in den subjektiven Bewertungen des gegenwärtigen Lebensstandards. Ganz im Gegenteil geben die 70- bis 85-Jährigen – insbesondere die Männer – deutlich günstigere Bewertungen ab als die jüngeren Altersgruppen in der zweiten Lebenshälfte. Dieser Effekt war bereits 1996 deutlich erkennbar und hat sich lediglich sehr geringfügig abgeschwächt. In Westdeutschland zeigen sich im Gegensatz dazu übrigens zu keinem der beiden Erhebungszeitpunkte deutliche Altersgruppendifferenzen in der Bewertung des aktuellen Lebensstandards. Im Gegensatz zur aktuellen Bewertung steht die Beurteilung der bisherigen Entwicklung des Lebensstandards. Diese wird von den 70- bis 85-Jährigen in Ostdeutschland im Gegensatz zu 1996 deutlich schlechter eingeschätzt als von den jüngeren Altersgruppen. Noch 1996 zeichneten sich die 70- bis 85-Jährigen in Ostdeutschland durch die bundesweit besten Bewertungen der bisherigen Entwicklungen aus – dies war angesichts der Entwicklung objektiver Indikatoren durchaus berechtigt.

Drittens wurden Verschiebungen der materiellen Lagen innerhalb der Gruppe der Älteren erwartet. Die Analysen zeigen in dieser Hinsicht allerdings recht konstante Niveauunterschiede zwischen West- und Ostdeutschland. Dieser ausbleibenden Annäherung der Einkommensniveaus steht die Angleichung der Verteilung über die Altersgruppen in der zweiten Lebenshälfte gegenüber. Auch in Ostdeutschland bilden sich zunehmend aus Westdeutschland lang bekannte Muster heraus, nach dem die Jüngeren im noch erwerbsfähigen Alter über deutlich höhere Einkommens- und Vermögenswerte verfügen als die über 70-Jährigen. Dies revidiert das noch Mitte der 1990er Jahre in Ostdeutschland vorgefundene Muster, nachdem die Älteren jenen der mittleren Altersgruppen zumindest ebenbürtig waren. Damit verbunden findet sich auch eine deutliche Ausdifferenzierung der Verteilungen innerhalb der Altersgruppen in Ostdeutschland. Die Diagnose deutlich zunehmender Ungleichheit betrifft ganz besonders die Jüngeren der betrachteten Altersgruppen. Hier geht das späte Aufholen hinsichtlich der Niveaus (die in eine Angleichung der altersspezifischen Einkommensverteilungen an die Westmuster münden) mit einer deutlichen Vertiefung der Einkommensungleichheit einher. Nachfolgend sollen einige Einzelergebnisse zusammengefasst werden:

Einkommenslagen – Annahmen für künftige Entwicklungen der Ruhestandseinkommen lassen erwarten, dass diese nicht mit den Erwerbseinkommen in der Lebensmitte Schritt halten dürften. Zugleich sind Ausdifferenzierungen der Verteilungen zu erwarten. Beide Tendenzen lassen sich mit gewissen Einschränkungen bereits heute ausmachen. Zwischen 1996 und 2002 haben insbesondere in Ostdeutschland die Einkommen der über 70-Jährigen nicht mit jenen der Jüngeren Schritt gehalten. In Ostdeutschland ist auch eine Ausdifferenzierung der Einkommen aller Altersgruppen in der zweiten Lebenshälfte (mit Ausnahme der über 70-jährigen Männer) festzustellen. Dieser Befund ist allerdings nicht auf Westdeutschland übertragbar, wo sich leichte Verstärkungen der Ungleichheit der Einkommenslagen nur unter den unter 70-jährigen Männern zeigen lassen. Allgemein stellen sich die Einkommensverteilungen im Westen im Jahr 2002 allerdings sogar leicht homogener dar, als noch sechs Jahre zuvor.

Einkommensdynamik im Lebenslauf – Entgegen der landläufigen Erwartung sehr stabiler Alterseinkommen, zeigt sich in allen Einkommensgruppen, dass Auf- oder Abstiege in der Einkommensverteilung häufig sind. Dennoch ist der Anteil stabiler Einkommen in den oberen Altersgruppen deutlich höher. Aufstiege finden sich besonders häufig unter den zwischen 1942 und 1956 geborenen – also den 40- bis 54-Jährigen des Jahres 1996. Dieses zeigt sich auch in den mittleren Veränderungen. Demnach gehören die Altersgruppen im erwerbsfähigen Alter im Mittel verglichen mit der allgemeinen Einkommensentwicklung zu den Aufsteigern, da sie überproportionale Gewinne realisieren konnten, während die Personen im Ruhestandsalter im Mittel absteigen. Dass besonders starke Einbußen bei jenen Geburtsjahrgängen zu verzeichnen sind, die zwischen 1996 und 2002 in den Ruhestand übergegangen sind, entspricht den Erwartungen. Besonders häufig sind Abstiege unter den Ostdeutschen der Geburtsjahrgänge 1911 bis 1926, die bereits 1996 70 Jahre und älter waren. Bei ihnen finden sich auch überproportional selten Aufstiege in der relativen Einkommensposition.

Relative Einkommensarmut- und -reichtum – Die Ergebnisse hinsichtlich der Randlagen der Einkommensverteilung, wie sie in Armut und Wohlstand zum Ausdruck kommen, entsprechen teilweise den Tendenzen, die hinsichtlich der Einkommen insgesamt beschrieben wurden. Moderate allgemeine Anstiege der Armutsquoten in der zweiten Lebenshälfte in Deutschland verdecken eine zweigeteilte Entwicklung zwischen West und Ost. Während die Quote in Westdeutschland nahezu konstant bleibt, steigt sie in Ostdeutschland deutlich an. Diese Disparität tritt unter den über 70-Jährigen am deutlichsten zu Tage. Es finden sich in Westdeutschland sogar Absenkungen der Armutsbetroffenheit unter den Ältesten, während sich die in den untersuchten Altersgruppen stärksten Anstiege unter den Altersgenossen in Ostdeutschland finden. Daneben steigen die Armutsquoten – bundesweit – deutlich unter den 40- bis 54-jährigen Männern an. Der Trend zu immer weniger Armut in der zweiten Lebenshälfte scheint bereits über die Jahrtausendwende mittelfristig gebrochen zu sein und setzt sich nur noch im höchsten Alter im Westen fort. Hinsichtlich des Wohlstands zeigt sich, das auch hier die Ältesten in Ostdeutschland kaum an hohen Einkommen partizipieren, während die Jüngeren hier aufholen konnten. Gewinner scheinen hier die 55- bis 69-jährigen Männer in Westdeutschland zu sein.

Vermögen und Verschuldung – Hinsichtlich Vermögen und Verschuldung zeigen sich in den Niveaus kaum Veränderungen über die Zeit, und die Differenzen zwischen West und Ost bleiben bestehen. Allerdings ist auch hier nach Altersgruppen zu differenzieren, denn die unter 70-Jährigen in Ostdeutschland zeigen die größten Gewinne, während die Verbreitung des Vermögensbesitzes unter den über 70-Jährigen in Ostdeutschland deutlich zurückgeht. Auch hier deutet sich wiederum die besondere Problemlage der Ältesten in Ostdeutschland: zwischen 1996 und 2002 nur noch schwach steigenden Einkommen stehen geringe Vermögen gegenüber.

Sparen und Entsparen – Sparen und Entsparen befinden sich zwischen 1996 und 2002 auf dem Rückzug. Insbesondere hat die Spartätigkeit der über 70-Jährigen deutlich abgenommen, wobei auch hier die Rückgänge im Osten noch über denen in Westdeutschland liegen.

Erbschaften – Die Verbreitung der Erbschaften entspricht 2002 in etwa jener von 1996 und liegt bei knapp 50 Prozent. Während allerdings die Erbschaftsquote unter den 55- bis 69-Jährigen allgemein weiter angestiegen ist, können die 40- bis 54-Jährigen im Jahr 2002 nicht mehr das Niveau von 1996 erreichen. Offenbar wurde hier in der Vergangenheit eine Höchstmarke überschritten, die entgegen weit verbreiteterer Hoffnungen künftig nicht mehr fortzuschreiben sein wird. Diese Annahme wird bestätigt, wenn die Erbschaftserwartung betrachtet wird, denn künftig ist nicht damit zu rechnen, dass die bisher geringe Quote unter den 40- bis 54-Jährigen in einem Maße steigen wird, dass in der Kumulation von bereits erhaltenen und noch erwarteten Erbschaften die Niveaus der Vorgängerjahrgänge erreicht werden

Transfers zu Lebzeiten – Die Ergebnisse zur privaten Weitergabe von Geld- und Sachwerten jenseits der Erbschaft bestätigen weitgehend die Resultate der umfangreichen Analysen anhand der ersten Welle. Die Verbreitung solcher Leistungen ist unverändert hoch. Doch konzentriert sich einerseits das Vergabegeschehen 2002 zunehmend auf die 55- bis 69-Jährigen. Andererseits zeigen sich disparate Entwicklungen in West und Ost. Während die Quoten in Ostdeutschland allgemein sinken, finden sich geringfügige Verringerungen im Westen unter den 40- bis 54-Jährigen. In den anderen Altersgruppen finden sich eher leichte bis starke Zunahmen. Es zeigt sich, dass insbesondere die Vergabe von Leistungen an die Kinder bei den alten Ostdeutschen seltener wird. Hier dürften sich die oben geschilderten Ressourcenverschiebungen bemerkbar machen, die die relative Bedürftigkeit in der Kindergeneration tendenziell mindern und die für Transfers bereitstehenden Ressourcen der Älteren schmälern sollte. Der Wert der vergebenen Leistungen entspricht 2002 in etwa jenen Größenordnungen die aus dem Jahr 1996 bekannt sind. Der Erhalt von Leistungen ist allgemein stabil, doch zeigt sich auch, dass sich die Ältesten in Ostdeutschland trotz oder gerade wegen ihrer relativ sinkenden Ressourcen aus den Vergabeprozessen auch als Empfänger zurückziehen. Es bleibt aber insgesamt festzuhalten, dass weiterhin dem öffentlichen Transferfluss an die Ruheständlerinnen und Ruheständler ein

stabiles, zumeist familiales Transfersystem gegenübersteht, dass umfangreiche Leistungen in der Gegenrichtung vergibt.
Subjektive Bewertungen des Lebensstandards und seiner Entwicklungen – Die Niveaus der subjektiven Bewertungen des Lebensstandards haben sich nur geringfügig verändert. Die bei den objektiven Lagen geschilderten Verschiebungen finden sich hier nicht wieder. Allerdings sind die Bewertungen vergangener Entwicklungen nun auch im Osten weniger von den Vereinigungsprozessen und damit positiv beeinflusst. Auch hier findet sich in Niveau und Verteilung eine Annäherung an Westniveaus. Zukunftserwartungen sind allgemein weiterhin auf Konstanz gerichtet und unter den Jüngeren im Mittel besser und ungleicher als unter den Älteren. Diese Differenz zwischen den Altersgruppen hat sich zwischen 1996 und 2002 verstärkt.

Implikationen – Da die Ältesten ganz besonders in Ostdeutschland zwischen 1996 und 2002 nur unterdurchschnittlich an der Wohlfahrtsentwicklung partizipieren konnten, deuten sich hier aktuelle Problemlagen an. Weitere Absenkungen der relativen Einkommenslagen durch Dämpfungen der Rentenanpassungen scheinen damit problematisch zu sein, wenn hierdurch keine erhebliche Ausweitung von Armutslagen verbunden sein soll. Mit Blick auf die künftigen Alten deutet sich eine Bestätigung der Erwartung an, dass die aktuell sehr positive ausfallende Beschreibung der materiellen Lagen der jüngsten Ruhestandskohorten nicht einfach fortgeschrieben werden kann. Neben den Rentenreformen wirkt sich hier die Situation auf den Arbeitsmärkten mit ihren erheblichen Auswirkungen auf die Versichertenbiografien und die Möglichkeiten privaten Sparens aus. Die Hoffnung, dass verminderte Einkommen aus öffentlichen Alterssicherungssystemen auch durch private Vermögensübertragungen kompensiert werden können, sind durch die Ergebnisse des Alterssurveys kaum zu nähren. Es ist nicht nur der Fall, dass solche Übertragungen häufig jenen zugute kommen, die ohnehin bereits über hinreichende Einkommen und Vermögen verfügen. Vielmehr sinkt ganz allgemein die Verbreitung von Erbschaften unter den Altersgruppen, die sich noch in der Erwerbsphase befinden, während sich die Erbschaftserwartungen in ähnliche Richtung entwickeln.

Zusammengefasst lässt sich festhalten, dass die Analysen ein insgesamt eher positives und über die Zeit recht stabiles Bild der materiellen Lagen im Alter beschreiben. So sind beispielsweise der Anteil besonders hoher Einkommen und der Vermögensbesitz recht stabil, was verbunden mit dem starken Wachstum der Zahl älterer Menschen erhebliche Markpotenziale aufzeigt. Problemlagen zeigen sich aktuell vor allem bei den ältesten Ostdeutschen. Befürchtungen über künftig verschlechterte Lagen nähren sich langfristig vor allem aus den Ergebnissen zur Lage der 40- bis 54-Jährigen. Die Spielräume für Rückführungen der wohlfahrtsstaatlichen Alterssicherung scheinen hier geringer zu sein, als es oftmals vermutet wird.

Literatur

Aaberge, R. & Melby, I. (1998). The sensivity of income inequality to choice of equivalence scales. *Review of Income and Wealth,* 44, 565-569.
Albrecht, G. & Polster, A. (1999). Studie bestätigt: Rentenversicherung auch in Zukunft tragende Säule der Alterssicherung. *VDR aktuell, 19. Mai 1999.*
Allmendinger, J. (1994). *Lebensverlauf und Sozialpolitik. Die Ungleichheit von Mann und Frau und ihr gesellschaftlicher Ertrag.* Frankfurt/M., New York: Campus.
Andreß, H.-J., Burkatzki, E., Lipsmeier, G., Salentin, K., Schulte, K. & Strengmann-Kuhn, W. (1996). *Leben in Armut. Analysen der Verhaltensweisen armer Haushalte mit Umfragedaten. Endbericht des DFG-Projektes „Versorgungsstrategien privater Haushalte im unteren Einkommensbereich".* Bielefeld: Universität Bielefeld.
Atkinson, A. B. (1983). *The economics of inequality* (2 ed.). Oxford: Clarendon.
Attias-Donfut, C. (Ed.). (1995). *Les solidarités entre générations. Vieillesse, familles, état.* Paris: Editions Nathan.
Attias-Donfut, C. & Wolff, F.-C. (2000a). Complementarity between private and public transfers. In S. Arber & C. Attias-Donfut (Eds.), *The myth of generational conflict* (pp. 47-68). London: Routledge.
Attias-Donfut, C. & Wolff, F.-C. (2000b). The redistributive effects of generational transfer. In S. Arber & C. Attias-Donfut (Eds.), *The myth of generational conflict* (pp. 22-46). London: Routledge.
Attias-Donfut, C., Ogg, J. & Wolff, F.-C. (2005). Financial Transfers. In Börsch-Supan, A., Brugiavini, A., Jürges, H., Mackenbach, J., Siegrist, J. & Weber, G. (Eds.), *Health, Ageing and Retirement in Europe. First Results from the Survey of Health, Ageing and Retirement in Europe* (pp. 179-185). Mannheim: Mannheim Research Institute for the Economics of Aging.
Bäcker, G. (1995). Altersarmut - Frauenarmut: Dimensionen eines sozialen Problems und sozialpolitische Reformoptionen. In W. Hanesch (Ed.), *Sozialpolitische Strategien gegen Armut* (pp. 375-403). Opladen: Westdeutscher Verlag.
Bäcker, G. (2003). Müssen die Jüngeren vor den Alten geschützt werden? Über Generationengerechtigkeit im Sozialstaat. *Theorie und Praxis der sozialen Arbeit* (5), 4-12.
Bäcker, G., Bispinck, R., Hofemann, K. & Naegele, G. (2000). *Sozialpolitik und soziale Lage in der Bundesrepublik Deutschland. 3., grundlegend überarbeitete und erweiterte Auflage.* Köln: Bund.
Bäcker, G. & Koch, A. (2003). Die Jungen als Verlierer? Alterssicherung und Generationengerechtigkeit. *WSI-Mitteilungen,* (2), 111-117.
Backes, G. M. (1993). Frauen zwischen „alten" und „neuen" Alter(n)srisiken. In G. Naegele & H. P. Tews (Eds.), *Lebenslagen im Strukturwandel des Alters. Alternde Gesellschaft - Folgen für die Politik* (pp. 170-189). Opladen: Westdeutscher Verlag.

Backes, G. M. & Clemens, W. (1998). *Lebensphase Alter. Eine Einführung in die sozialwissenschaftliche Alternsforschung.* Weinheim, München: Juventa.

Barr, N. (1993). *The economics of the welfare state* (2 ed.). London: Weidenfeld and Nicholson.

Barr, N. (2002). Rentenreformen: Mythen, Wahrheiten und politische Entscheidungen. *Internationale Revue für Soziale Sicherheit*, 55(2), 3-46.

Berger, P. A. (1994). Individualisierung und Armut. In M. Zwick (Ed.), *Einmal arm, immer arm? Neue Befunde zur Armut in Deutschland* (pp. 21-46). Frankfurt/M., New York: Campus.

Berkel, B. & Börsch-Supan, A. (2003). *Pension reform in Germany: The impact on retirement decisions* (NBER working paper No. 9913). Cambridge, MA: National Bureau of Economic Research.

Berntsen, R. (1992). *Dynamik in der Einkommensverteilung privater Haushalte.* Frankfurt/M., New York: Campus.

Bertelsmann Stiftung (2003a). *Altersvorsorge 2003: Wer hat sie, wer will sie? Private und betriebliche Altersvorsorge der 30- bis 50-Jährigen in Deutschland* (Bertelsmann Stiftung Vorsorgestudien 18). Gütersloh: Bertelsmann Stiftung.

Bertelsmann Stiftung (Ed.). (2003b). *Vorsorgereport. Private Alterssicherung in Deutschland.* Gütersloh: Bertelsmann Stiftung.

Braun, R., Burger, F., Miegel, M., Pfeiffer, U. & Schulte, K. (2002). *Erben in Deutschland. Volumen, Psychologie und gesamtwirtschaftliche Auswirkungen.* Köln: Deutsches Institut für Altersvorsorge.

Brown, M. (2003). *Social security reform and the exchange of bequests for elder care* (Working Paper 2003-12). Boston: Center for Retirement Research at Boston College.

Buhmann, B., Rainwater, L., Schmaus, G. & Smeeding, T. M. (1988). Equivalence scales, well-being, inequality and poverty - Sensitivity estimates across ten countries using the Luxembourg Income Study (LIS) Database. *Review of Income and Wealth, 34*, 115-142.

Buhr, P. (1995). *Dynamik von Armut. Dauer und biographische Bedeutung von Sozialhilfebezug.* Opladen: Westdeutscher Verlag.

Bulmahn, T. (2003). Zur Entwicklung der privaten Altersvorsorge in Deutschland. Vorsorgebereitschaft, Vorsorgeniveau und erwartete Absicherung im Alter. *Kölner Zeitschrift für Soziologie und Sozialpsychologie, 55*(3), 29-54.

Bundesministerium für Arbeit und Sozialordnung (BMAS) (Ed.). (1999). *Konzept- und Umsetzungsstudie zur Vorbereitung des Armuts- und Reichtumsberichtes der Bundesregierung* (Vol. Sozialforschung Band 278). Bonn: Stollfuss.

Bundesministerium für Arbeit und Sozialordnung (BMAS). (2001). *Lebenslagen in Deutschland. Der erste Armuts- und Reichtumsbericht der Bundesregierung.* Berlin: Bundesministerium für Arbeit und Sozialordnung.

Bundesministerium für Gesundheit und Soziale Sicherung (Ed.). (2001). *Alterssicherungsbericht 2001.* Bonn: Bundesministerium für Gesundheit und Soziale Sicherung.

Bundesministerium für Gesundheit und Soziale Sicherung (Ed.). (2003). *Nachhaltigkeit in der Finanzierung der sozialen Sicherungssysteme. Bericht der Kommission.* Berlin: Bundesministerium für Gesundheit und Soziale Sicherung.

Bundesministerium für Gesundheit und Soziale Sicherung (2005). *Lebenslagen in Deutschland. Der 2. Armuts- und Reichtumsbericht der Bundesregierung.* Berlin: Bundesministerium für Wirtschaft und Arbeit.

Butrica, B. A., Smith, K. & Toder, E. (2002). *Projecting poverty rates in 2020 for the 62 and older population: What changes can we expect and why?* (Working Paper 2002-03). Boston: Center for Retirement Research at Boston College.

Casey, B. & Yamada, A. (2003). *Getting older, getting poorer? A study of the earnings, pensions, assets and living arrangements of older people in nine countries* (Labour Market and Social Policy - Occasional Papers No. 60). Paris: Organisation for Economic Co-Operation and Development (OECD).

Citro, C. F. & Michael, R. T. (Eds.). (1995). *Measuring poverty. A new approach.* Washington D.C.: National Academy Press.

Coulter, F. A. E., Cowell, F. A. & Jenkins, S. P. (1992). Equivalence scale relativities and the extent of inequality and poverty. *The Economic Journal, 102,* 1067-1082.

Croda, E. (1998). *Sharing the wealth - Income shocks and intra-family transfers in Germany.* Los Angeles: Department of Economics, University of California.

Dannefer, D. (2003). Cumulative advantage/disadvantage and the life course. Cross-fertilizing age and social science theory. *Journals of Gerontology. Social Sciences, 58B,* S327-337.

Danziger, S. & Taussig, M. K. (1979). The income unit and the anatomy of income distribution. *Review of Income and Wealth, 25,* 365-375.

Deutsches Institut für Wirtschaftsforschung. (1990). Das Einkommen sozialer Haushaltsgruppen in der Bundesrepublik Deutschland. *Deutsches Institut für Wirtschaftsforschung, Wochenbericht, 57/90,* 304-313.

Easterlin, R. A. & Schaeffer, C. M. (1999). Income and subjective well-being over the life cycle. In C. D. Ryff & V. W. Marshall (Eds.), *The self and society in aging processes* (pp. 279-302). New York.

Ebert, E. (1995). Einkommen und Konsum in den neuen Bundesländern. Ergebnisse der Mehrthemenbefragung der KSPW 1993. In H. Bertram (Ed.), *Ostdeutschland im Wandel: Lebensverhältnisse - politische Einstellungen* (pp. 31-67). Opladen: Leske + Budrich.

Faik, J. (1995). *Äquivalenzskalen. Theoretische Erörterung, empirische Ermittlung und verteilungsbezogene Anwendung für die Bundesrepublik Deutschland.* Berlin: Duncker & Humblot.

Faik, J. (1997). Institutionelle Äquivalenzskalen als Basis von Verteilungsanalysen - Eine Modifizierung der Sozialhilfeskala. In I. Becker & R. Hauser (Eds.), *Einkommensverteilung und Armut. Deutschland auf dem Weg zur Vierfünftel-Gesellschaft?* (pp. 13-42). Frankfurt/M., New York: Campus.

Figini, P. (1998). *Inequality measures, equivalence scales and adjustment for household size and composition* (Luxembourg Income Study, Working Paper No. 185). Luxembourg: Luxembourg Income Study.

Ginn, J. & Arber, S. (2000). Gender, the generational contract and pension privatisation. In S. Arber & C. Attias-Donfut (Eds.), *The myth of generational conflict* (pp. 133-153). London: Routledge.

Glatzer, W. (1992). Die Lebensqualität älterer Menschen in Deutschland. *Zeitschrift für Gerontologie, 25*, 137-144.

Grabka, M. M. (2000). Einkommensverteilung in Deutschland. Stärkere Umverteilungseffekte in Ostdeutschland. *Deutsches Institut für Wirtschaftsforschung, Wochenbericht 19/00* (19), 291-297.

Gustafsson, B. & Johansson, M. (1997). *In search for a smoking gun: What makes income inequality vary over time in different countries* (Luxembourg Income Study, Working Paper No. 172). Luxembourg: Luxembourg Income Study.

Habich, R. & Krause, P. (1997). Armut. In Statistisches Bundesamt (Ed.), *Datenreport 1997* (pp. 515-525). Bonn: Bundeszentrale für politische Bildung.

Hanesch, W., Adamy, W., Martens, R., Rentzsch, D., Schneider, U., Schubert, U. & Wisskirchen, M. (Eds.). (1994). *Armut in Deutschland - Der Armutsbericht des DGB und des Paritätischen Wohlfahrtsverbandes*. Reinbek bei Hamburg: Rowohlt.

Hanesch, W., Krause, P., Bäcker, Maschke, G. & Otto, B.. (2000). *Armut und Ungleichheit in Deutschland. Der neue Armutsbericht der Hans-Böckler-Stiftung, des DGB und des Paritätischen Wohlfahrtsverbandes*. Hamburg: Rowohlt.

Hauser, R. (1999). Lebensstandardsicherung und Armut unter der älteren Bevölkerung. *Interntaionale Revue für Soziale Sicherheit, 52*(3), 129-149.

Hauser, R. & Becker, I. (2003). *Anatomie der Einkommensverteilung. Ergebnisse der Einkommens- und Verbrauchsstichproben 1969-1998*. Berlin: edition sigma.

Hauser, R. & Stein, H. (2001). *Die Vermögensverteilung im vereinigten Deutschland.* Frankfurt am Main: Campus.

Hauser, R. & Wagner, G. (1992). Altern und soziale Sicherung. In P. B. Baltes & J. Mittelstrass (Eds.), *Zukunft des Alterns und gesellschaftliche Entwicklung* (pp. 581-613). Berlin, New York: de Gruyter.

Himmelreicher, R. K. & Viebrok, H. (2003). *Die „Riester-Rente" und einige Folgen für Alterseinkünfte* (ZeS-Arbeitspapier 4/2003). Bremen: Zentrum für Sozialpolitik.

Hungerford, T. L. (2001). The economic consequences of widowhood on elderly women in the United States and Germany. *The Gerontologist, 41*(1), 103-110.

Huster, E.-U. & Eissel, D. (2001). *Forschungsprojekt „Reichtumsgrenzen für empirische Analysen der Vermögensverteilung, Instrumente für den staatlichen Umgang mit großen Vermögen, ökonomische, soziologische und ethische Beurteilungen großer Vermögen". Beitrag zum Armuts- und Reichtumsbericht 2001 der Bundesregierung*. Berlin: Bundesministerium für Arbeit und Sozialordnung.

Jürges, H. (1998). *Parent-child-transfers in Germany: Evidence from Panel-Data*. Dortmund: University of Dortmund.

Kaufmann, F.-X. (1997). *Herausforderungen des Sozialstaates*. Frankfurt/M.: Suhrkamp.

Keenay, G. & Whitehouse, E. (2003). *Financial resources and retirement in nine OECD countries: The role of the tax systeme* (OECD Social, Employment and Migration Working Papers No. 8). Paris: Organisation for Economic Co-Operation and Development (OECD).

Kohli, M. (1985). Die Institutionalisierung des Lebenslaufs - Historische Befunde und theoretische Argumente. *Kölner Zeitschrift für Soziologie und Sozialpsychologie, 37,* 1-29.

Kohli, M. (1989). Moralökonomie und „Generationenvertrag". In M. Haller & H.-J. Hoffman-Nowottny & W. Zapf (Eds.), *Kultur und Gesellschaft. Verhandlungen des 24. Deutschen Soziologentags, des 11. Österreichischen Soziologentags und des 8. Kongresses der Schweizerischen Gesellschaft für Soziologie in Zürich 1988* (pp. 532-555). Frankfurt/M., New York: Campus.

Kohli, M. (1999a). Ausgrenzung im Lebenslauf. In S. Herkommer (Ed.), *Soziale Ausgrenzungen. Gesichter des neuen Kapitalismus* (pp. 111-129). Hamburg: VSA.

Kohli, M. (1999b). Private and public transfers between generations: Linking the family and the state. *European Societies, 1,* 81-104.

Kohli, M. (2003). *Generationen in der Gesellschaft* (Forschungsbericht Forschungsgruppe Altern und Lebenslauf (FALL), Forschungsbericht 73). Berlin: Freie Universität.

Kohli, M., Künemund, H., Motel, A. & Szydlik, M. (2000). Generationenbeziehungen. In M. Kohli & H. Künemund (Eds.), *Die zweite Lebenshälfte - Gesellschaftliche Lage und Partizipation im Spiegel des Alterssurveys* (pp. 176-211). Opladen: Leske + Budrich.

Kohli, M. & Schupp, J. (2005). *Zusammenhänge und Wechselwirkungen zwischen Erbschaften und Vermögensverteilung (Zwischenbericht).* Berlin: Bundesministerium für Gesundheit und Soziale Sicherung.

Künemund, H. (2000). Datengrundlage und Methoden. In M. Kohli & H. Künemund (Eds.), *Die zweite Lebenshälfte - Gesellschaftliche Lage und Partizipation im Spiegel des Alterssurveys* (pp. 33-40). Opladen: Leske + Budrich.

Künemund, H. & Motel, A. (1999). Ältere Menschen und ihre erwachsenen Kinder – Bilanz und Perspektiven familialer Hilfe- und Transferbeziehungen. In H. Schwengel (Ed.), *Grenzenlose Gesellschaft* (pp. 240-243). Pfaffenweiler: Centaurus.

Künemund, H. & Motel, A. (2000). Verbreitung, Motivation und Entwicklungsperspektiven privater intergenerationaler Hilfeleistungen und Transfers. In M. Kohli & M. Szydlik (Eds.), *Generationen in Familie und Gesellschaft* (pp. 122-137). Opladen: Leske + Budrich.

Künemund, H., Motel-Klingebiel, A. & Kohli, M. (2003). *Do private intergenerational transfers increase social inequality in middle adulthood? Evidence from the German Ageing Survey* (Forschungsbericht Forschungsgruppe Altern und Lebenslauf (FALL), Forschungsbericht 72). Berlin: Freie Universität.

Künemund, H., Motel-Klingebiel, A. & Kohli, M. (2004). Do private intergenerational transfers increase social inequality in middle adulthood? Evidence from the German Ageing Survey. *Journal of Gerontology: Social Sciences,* in print.

Künemund, H. & Rein, M. (1999). There is more to receiving than needing: Theoretical arguments and empirical explorations of crowding in and crowding out. *Ageing and Society, 19,* 93-121.

Lauterbach, W. (1998). Familiensystem und Vermögensübertragung - Zur Bedeutung einer Erbschaft für Erben und Erblasser. In M. Wagner & Y. Schütze (Eds.), *Verwandschaft. Sozialwissenschaftliche Beiträge zu einem vernachlässigten Thema* (pp. 237-261). Stuttgart: Enke.

Lauterbach, W. & Lüscher, K. (1995). *Neue und alte Muster des Erbens gegen Ende des 20. Jahrhunderts* (Arbeitspapier Nr. 18). Konstanz: Sozialwissenschaftliche Fakultät der Universität Konstanz, Forschungsschwerpunkt „Gesellschaft und Familie".

Leibfried, S., Leisering, L., Buhr, P., Ludwig, M., Maedje, E., Olk, T., Voges, W. & Zwick, M. (1995). *Zeit der Armut. Lebensläufe im Sozialstaat.* Frankfurt/M.: Suhrkamp.

Leisering, L. (1996). Alternde Bevölkerung - veraltender Sozialstaat? Demographischer Wandel als Politik. *Aus Politik und Zeitgeschichte, B35/96*, 13-22.

Leisering, L. (2002). Entgrenzung und Remoralisierung. Alterssicherung und Generationenbeziehungen im globalisierten Wohlfahrtskapitalismus. *Zeitschrift für Gerontologie und Geriatrie, 35*, 343-354.

Leisering, L. & Motel, A. (1997). Voraussetzungen eines neuen Generationenvertrags. *Blätter für deutsche und internationale Politik, 42*, 1213-1224.

Lerman, R. I. & Sorensen, E. (2001). *Child support: Interactions between private and public transfers* (NBER working paper No. 8199). Cambridge, MA: National Bureau of Economic Research.

Lindenberger, U., Gilberg, R., Pötter, U., Little, T. D. & Baltes, P. B. (1996). Stichprobenselektivität und Generalisierbarkeit der Ergebnisse in der Berliner Altersstudie. In K. U. Mayer & P. B. Baltes (Eds.), *Die Berliner Altersstudie* (pp. 85-108). Berlin: Akademie Verlag.

Mayer, K. U. (1995). Gesellschaftlicher Wandel, Kohortenungleichheit und Lebensverläufe. In P. Berger & P. Sopp (Eds.), *Sozialstruktur und Lebenslauf* (pp. 27-47). Opladen: Leske + Budrich.

Mayer, K. U. & Blossfeld, H.-P. (1990). Die gesellschaftliche Konstruktion sozialer Ungleichheit im Lebensverlauf. In P. A. Berger & S. Hradil (Eds.), *Lebenslage, Lebensläufe, Lebensstile. Soziale Welt, Sonderband 7* (pp. 297-318). Göttingen: Schwartz.

Merz, J. (2001). *Forschungsprojekt „Hohe Einkommen, ihre Struktur und Verteilung". Beitrag zum Armuts- und Reichtumsbericht 2001 der Bundesregierung.* Berlin: Bundesministerium für Arbeit und Sozialordnung.

Miegel, M., Wahl, S. & Hefele, P. (Eds.). (2002). *Lebensstandard im Alter. Warum Senioren in Zukunft mehr Geld brauchen.* Köln: Deutsches Institut für Altersvorsorge.

Motel, A. (1997). Leistungen und Leistungspotentiale älterer Menschen. Finanzielle Leistungen der Älteren an ihre Kinder. In D. Grunow & S. Herkel & H. J. Hummell (Eds.), *Leistungen und Leistungspotentiale älterer Menschen. Bilanz und Perspektiven des intergenerationalen Lastenausgleichs in Familie und sozialem Netz. Duisburger Beiträge zur soziologischen Forschung Nr. 2/1997* (pp. 16-30). Duisburg: Gerhard-Mercator-Universität.

Motel, A. (2000). Einkommen und Vermögen. In M. Kohli & H. Künemund (Eds.), *Die zweite Lebenshälfte - Gesellschaftliche Lage und Partizipation im Spiegel des Alterssurveys* (pp. 41-101). Opladen: Leske + Budrich.

Motel, A. & Künemund, H. (1996). *Einkommen und materielle Absicherung alter Menschen. Forschungsstand, Fragestellungen und das Erhebungsdesign des Deutschen Alterssurveys* (Forschungsbericht 53). Berlin: Forschungsgruppe Altern und Lebenslauf (FALL), Freie Universität.

Motel, A. & Spieß, K. (1995). Finanzielle Unterstützungsleistungen alter Menschen an ihre Kinder. Ergebnisse der Berliner Altersstudie (BASE). *Forum - Demographie und Politik* (7), 133-154.

Motel, A. & Szydlik, M. (1999). Private Transfers zwischen den Generationen. *Zeitschrift für Soziologie, 28*, 3-22.

Motel, A. & Wagner, M. (1993). Armut im Alter? Ergebnisse der Berliner Altersstudie zur Einkommenslage alter und sehr alter Menschen. *Zeitschrift für Soziologie, 22*, 433-448.

Motel-Klingebiel, A. (2000). *Alter und Generationenvertrag im Wandel des Sozialstaats. Alterssicherung und private Generationenbeziehungen in der zweiten Lebenshälfte.* Berlin: Weißensee Verlag.

Motel-Klingebiel, A. (2004). Quality of life and social inequality in old age. In S. O. Daatland & S. Biggs (Eds.), *Ageing and diversity. Multiple pathways in later life* (pp. in print). Bristol: The Policy Press.

Motel-Klingebiel, A. & Backes, G. (2004). *Wohlfahrtsstaat, Generationendiskurs und Ungleichheit – eine alternswissenschaftlich vergleichende Perspektive.* Berlin: Deutsches Zentrum für Altersfragen.

Motel-Klingebiel, A., Krause, P. & Künemund, H. (2004). *Alterseinkommen der Zukunft* (Diskussionspapier Nr. 43). Berlin: Deutsches Zentrum für Altersfragen.

Motel-Klingebiel, A. & Tesch-Roemer, C. (2004). *Generationengerechtigkeit in der sozialen Sicherung. Anmerkungen sowie ausgewählte Literatur aus Sicht der angewandten Altersforschung* (Diskussionspapiere Nr. 42). Berlin: Deutsches Zentrum für Altersfragen.

Motel-Klingebiel, A., Tesch-Roemer, C. & von Kondratowitz, H.-J. (2003). The quantitative survey. In A. Lowenstein & J. Ogg (Eds.), *OASIS - Old age and autonomy: The role of service systems and intergenerational family solidarity. Final Report* (pp. 63-101). Haifa: Haifa University.

Motel-Klingebiel, A. & Tesch-Roemer, C. (2005). Familie im Wohlfahrtsstaat - zwischen Verdrängung und gemischter Verantwortung. *Zeitschrift für Familienforschung, 17*, im Druck.

Motel-Klingebiel, A., Tesch-Roemer, C. & von Kondratowitz, H.-J. (2005). Welfare states do not crowd out the family: Evidence for functional differentiation from comparative analyses. *Ageing & Society, 25*, in print.

Müller, K., Hauser, R., Frick, J. & Wagner, G. (1995). Zur Entwicklung der Einkommensverteilung und der Einkommenszufriedenheit in den neuen und alten Bundesländern 1990 bis 1993. In W. Glatzer & H.-H. Noll (Eds.), *Lebensverhältnisse in Deutschland seit der Wiedervereinigung* (pp. 73-108). Frankfurt/M., New York: Campus.

Münke, S. (1956). *Die Armut in der heutigen Gesellschaft. Ergebnisse einer Untersuchung in Westberlin.* Berlin: Duncker & Humblot.

Nollmann, G. & Strasser, H. (2002). Armut und Reichtum in Deutschland. *Aus Politik und Zeitgeschichte* (B29/30), 20-28.

Paccagnella, O. & Weber, G. (2005). Household Income. In Börsch-Supan, A., Brugiavini, A., Jürges, H., Mackenbach, J., Siegrist, J. & Weber, G. (Eds.), *Health, Ageing and Retirement in Europe. First Results from the Survey of Health, Ageing and Retirement in Europe* (pp. 296-301). Mannheim: Mannheim Research Institute for the Economics of Aging.

Piachaud, D. (1992). Wie mißt man Armut? In S. Leibfried & W. Voges (Eds.), *Armut im modernen Wohlfahrtsstaat. Kölner Zeitschrift für Soziologie und Sozialpsychologie, Sonderheft 32* (pp. 63-87). Opladen: Westdeutscher Verlag.

Pris, S. G. (2000). Income inequality as a Canadian cohort ages. An analysis of the later life course. *Research on Aging, 22*(3), 211-237.

Reil-Held, A. (2002). *Die Rolle intergenerationaler Transfers in Einkommen und Vermögen der älteren Menschen in Deutschland* (MATEO Monographien ed. Vol. 26). Mannheim.

Rendtel, U., Langeheine, R. & Berntsen, R. (1992). *Mobilitätsprozesse und Einkommensarmut - Erfragtes und errechnetes Haushaltseinkommen im Vergleich* (Arbeitspapier Deutsches Institut für Wirtschaftsforschung - Diskussionspapier Nr. 56). Berlin: Deutsches Institut für Wirtschaftsforschung.

Roth, M. (2000). Zentrale Ergebnisse zur Altersvorsorge der Rentenversicherten der Geburtsjahrgänge 1936-1955. In Verband Deutscher Rentenversicherungsträger (Ed.), *Soziale Sicherung der Frau. DRV-Schriften - Band 23* (pp. 12-37). Frankfurt/M.: Verband Deutscher Rentenversicherungsträger.

Schmähl, W. (2004). *„Generationengerechtigkeit" als Begründung für eine Strategie „nachhaltiger" Alterssicherung in Deutschland.* Unpublished manuscript, Bremen.

Schmähl, W. & Fachinger, U. (1998). *Armut und Reichtum: Einkommen und Einkommensverwendung älterer Menschen* (ZeS-Arbeitspapier Nr. 9/98). Bremen: Zentrum für Sozialpolitk.

Schmähl, W., Himmelreicher, R. K. & Viebrok, H. (2003). *Private Altersvorsorge statt gesetzlicher Rente: Wer gewinnt, wer verliert? Forschungsprojekt „Die sozial- und verteilungspolitische Bedeutung der Rahmenbedingungen privater Altersvorsorge" (PrAVo-Projekt).* Bremen: Zentrum für Sozialpolitik.

Schupp, J. & Wagner, G. G. (2003). *Forschungsprojekt „Repräsentative Analyse der Lebenslage einkommensstarker Haushalte". Beitrag zum Armuts- und Reichtumsbericht 2001 der Bundesregierung.* Berlin: Bundesministerium für Arbeit und Sozialordnung.

Schwarze, J. (2000). *Using Panel Data on income satisfaction to estimate the equivalence scale elasticity* (Discussion Paper No. 227). Berlin: Deutsches Institut für Wirtschaftsforschung.

Schwenk, O. (1995). Lebensbedingungen und Bausteine für die Konstruktion sozialer Lagen in Ostdeutschland. In H. Bertram (Ed.), *Ostdeutschland im Wandel: Lebensverhältnisse - politische Einstellungen* (pp. 3-29). Opladen: Leske + Budrich.

Schwitzer, K.-P. (1995). Ungleichheit und Angleichung von Lebensverhältnissen im vereinten Deutschland am Beispiel älterer Menschen. In W. Glatzer & H.-H. Noll (Eds.), *Lebensverhältnisse in Deutschland seit der Wiedervereinigung* (pp. 133-164). Frankfurt/M., New York: Campus.

Sen, A. (1983). Poor, relatively speaking. *Oxford Economic Papers, 35*, 380-403.

Sen, A. (1987). *The standard of living. The Tanner Lectures.* Cambridge: University Press.

Shuey, K. & Hardy, M. A. (2003). Assistance to aging parents and parents-in-law: Does lineage affect family allocation decisions? *Journal of Marriage and Family, 65*, 418-431.

Statistisches Bundesamt (1993). *Demographische Standards. Eine gemeinsame Empfehlung des Arbeitskreises Deutscher Marktforschungsinstitute e.V. (ADM), der Arbeitsgemeinschaft Sozialwissenschaftlicher Institute e.V. (ASI) und des Statistischen Bundesamtes.* Wiesbaden: Statistisches Bundesamt.

Statistisches Bundesamt (1999). *Demographische Standards. Eine gemeinsame Empfehlung des Arbeitskreises Deutscher Marktforschungsinstitute e.V. (ADM), der Arbeitsgemeinschaft Sozialwissenschaftlicher Institute e.V. (ASI) und des Statistischen Bundesamtes. Ausgabe 1999. Methoden - Verfahren - Entwicklungen.* Wiesbaden: Statistisches Bundesamt.

Statistisches Bundesamt (Ed.). (2002). *Datenreport 2002. Zahlen und Fakten über die Bundesrepublik Deutschland.* Bonn: Bundeszentrale für politische Bildung.

Statistisches Bundesamt (2003). *Bevölkerung Deutschlands bis 2050. 10. koordinierte Bevölkerungsvorausberechnung.* Wiesbaden: Statistisches Bundesamt.

Szydlik, M. (1999). Erben in der Bundesrepublik Deutschland. Zum Verhältnis von familialer Solidarität und sozialer Ungleichheit. *Kölner Zeitschrift für Soziologie und Sozialpsychologie, 51*, 80-104.

Tesch-Römer, C., Wurm, S., Hoff, A. & Engstler, H. (2002). *Die zweite Welle des Alterssurveys - Erhebungsdesign und Instrumente* (Diskussionspapier Nr. 35). Berlin: Deutsches Zentrum für Altersfragen.

Vartanian, T. P. & McNamara, J. M. (2002). Older women in poverty: The impact of midlife factors. *Journal of Marriage and Family, 64*, 532-548.

Verband Deutscher Rentenversicherungsträger (Ed.). (1999). *Altersvorsorge in Deutschland (AVID '96). Lebensverläufe und künftige Einkommen im Alter* (Vol. Band 19). Frankfurt/M.: Verband Deutscher Rentenversicherungsträger.

Wagner, G., Motel, A., Spieß, K. & Wagner, M. (1996). Wirtschaftliche Lage und wirtschaftliches Handeln alter Menschen. In K. U. Mayer & P. B. Baltes (Eds.), *Die Berliner Altersstudie* (pp. 277-299). Berlin: Akademie Verlag.

Wagner, M. & Motel, A. (1996). Die Qualität der Einkommensmessung bei alten Menschen. *Kölner Zeitschrift für Soziologie und Sozialpsychologie, 48*, 493-512.

Wagner, M. & Motel, A. (1998). Income dynamics in old age in Germany. In L. Leisering & R. Walker (Eds.), *The dynamics of modern society. Poverty, policy and welfare* (pp. 125-142). Bristol: The Policy Press.

Yamada, A. (2003). *The evolving retirement income package: Trends in adequacy and equality* (Labour Market and Social Policy - Occasional Papers No. 63). Paris: Organisation for Economic Co-Operation and Development (OECD).

Zacher, H. F. (1992). Sozialrecht. In P. B. Baltes & J. Mittelstrass (Eds.), *Zukunft des Alterns und gesellschaftliche Entwicklung* (pp. 305-329). Berlin, New York: de Gruyter.

Zaidi, A., Frick, J. R. & Büchel, F. (2005). Income mobility in old age in Britain and Germany. *Ageing & Society, 25*, 543-565.

Zaidi, A., Rake, K. & Falkingham, J. (2001). *Income Mobility in Later Life* (Discussion Paper No. 3). London: London School of Economics, SAGE Research Group.

Intergenerationale Familienbeziehungen im Wandel

Andreas Hoff

1 Einleitung

Familien gehören zu den ältesten Institutionen der Menschheit. Beinahe jeder Mensch wird in eine Familie hineingeboren. Soziale Beziehungen zu anderen Familienangehörigen sind dementsprechend die ältesten und in der Regel auch die stabilsten Beziehungen, die uns ein Leben lang begleiten. Eingebettet in ein familiales Netzwerk werden wir sozialisiert und verbringen einen großen Teil unserer Freizeit mit unseren Familienangehörigen. Es bleiben eine Vielzahl gemeinsamer Erinnerungen und Erfahrungen, auf denen sich das besondere Zusammengehörigkeitsgefühl von Familien gründet. Dazu gehören auch erlebte Unterstützung und Solidarität. Dieses Zusammengehörigkeitsgefühl wird durch fortgesetzte wechselseitige Interaktion und Kommunikation ständig erneuert und zum Teil auch neu begründet. Im Endeffekt ist es also notwendig, die sich im Lebensverlauf entwickelnden Familienbeziehungen zu untersuchen, wenn man verstehen will, was es heißt, alt zu werden.

Diese auf die Entwicklung von Familienbeziehungen im gesamten Lebensverlauf gerichtete Perspektive bildet neben der Perspektive des gesellschaftlichen Wandels die zentrale theoretisch-konzeptuelle Grundlage dieses Beitrages, das Generationenbeziehungen im Kontext der erweiterten Familie untersucht. Auf der Basis der nun vorliegenden zwei Erhebungszeitpunkte 1996 und 2002 ist es mit den Alterssurvey-Daten möglich, Wandel und Kontinuität sozialer Beziehungen in der zweiten Lebenshälfte über einen Zeitraum von mehreren Jahren zu verfolgen. Es scheint jedoch eine Warnung vor übertriebenen Erwartungen angebracht. Sechs Jahre (zwischen der Ersterhebung 1996 und der zweiten Welle im Jahre 2002) sind, aus einer Lebenslaufperspektive betrachtet, ein relativ kurzer Zeitraum. Tiefgreifende Einschnitte oder Veränderungen sozialer Beziehungen in Familien sind innerhalb weniger Jahre kaum zu erwarten. Von Interesse dürfte jedoch sein, ob erkennbare Unterschiede im Vergleich zum vorigen Untersuchungszeitpunkt als Vorboten einer zukünftigen Veränderung von Familienbeziehungen interpretiert werden können.

Der vorliegende Beitrag ist explizit deskriptiv angelegt. Die hauptsächliche Zielstellung ist es, auf Basis der Alterssurvey-Daten einerseits individuelle Entwicklungsverläufe in bestimmten Phasen der zweiten Lebenshälfte nachzuvollziehen und andererseits nach Anzeichen eines familialen Wandels in der zweiten Lebenshälfte zu suchen. Dementsprechend wird der Wandel von Generationenbeziehungen durch den Vergleich von Basisstichprobe 1996 und Replikationsstichprobe 2002 nachgezeichnet, d.h. durch den Vergleichs identischer Altersgruppen zu zwei verschiedenen Zeitpunkten. Die Darstellung individueller Entwicklungen erfolgt hingegen entsprechend der dazu notwendigen Längsschnittperspektive ausschließlich auf Basis der Panelstichprobe. Gegenstand dieses Beitrages ist eine umfassende Deskription von Generationenbeziehungen innerhalb der Familie, einschließlich der Dimension sozialer Unterstützung. Damit wird den Anforderungen an eine empirische Sozialberichterstattung entsprochen (Noll, 1999; Tesch-Römer, Wurm, Hoff & Engstler, 2002). Abschließend werden die zentralen Ergebnisse dieses Reports noch einmal gebündelt und in konkrete sozialpolitische Handlungsempfehlungen umgesetzt.

Der Beitrag ist folgendermaßen gegliedert: Zu Beginn wird der Zusammenhang zwischen den beiden zentralen Betrachtungsweisen dieses Beitrages – individuelle Entwicklung und Wandel von Familienbeziehungen – argumentativ untermauert, gefolgt von der Formulierung der Fragestellungen dieses Beitrages. Im Anschluss daran erfolgt die Präsentation empirischer Ergebnisse. In einem ersten Schritt wird ein Überblick über die gelebten Generationenbeziehungen in der Familie gegeben. Dazu gehört auch die Darstellung spezifischer Generationen-Konstellationen in der erweiterten Familie. Anschließend wird untersucht, mit wem Menschen in der zweiten Lebenshälfte unmittelbar zusammenleben. Ausgangspunkt ist die Analyse der Wohnentfernung zwischen Kindern und Eltern, gefolgt von der Untersuchung intergenerationaler Beziehungskonstellationen auf Haushaltsebene. Ein dritter Abschnitt ist der Bedeutung familialer Generationenbeziehungen gewidmet. Dabei wird zunächst die subjektive Wahrnehmung der Befragten untersucht, bevor der Blick auf andere ‚objektive' Indikatoren, wie die Kontakthäufigkeit zwischen Eltern und Kindern gelenkt wird. Dem folgt die Analyse intergenerationaler Unterstützungsbeziehungen in der Familie. Den Abschluss bildet die Diskussion der sozial- und familienpolitischen Implikationen der vorgestellten Ergebnisse.

2 Familienbeziehungen und sozialer Wandel

In diesem Abschnitt wird das Konzept des Wandels von Familienbeziehungen eingebettet in den breiteren Rahmen des familialen und demografischen Wandels, welche wiederum Bestandteile des gesamtgesellschaftlichen oder sozialen Wandels sind. Dabei wird angeknüpft an die theoretisch-konzeptuellen Überlegungen aus dem Einführungsbeitrag von Tesch-Römer et al. in diesem Band

– insbesondere jenen zum Paradigma der Lebensverlaufsperspektive und dem Konzept des sozialen Wandels. Auf dieser Grundlage werden im Folgenden individuelle Akteure, Familie und sozialer Wandel zueinander in Beziehung gesetzt. Dem schließt sich die Herleitung der zentralen Fragestellungen dieses Beitrages an.

2.1 Individuum, Familie und sozialer Wandel

Individuum, Familie und sozialer Wandel stehen für die drei klassischen Ebenen soziologischer Analyse – Mikro, Meso- und Makroebene. Die Mikroebene entspricht der Ebene des individuellen Handelns. Im Gegensatz dazu stellt die Makroebene die Ebene gesamtgesellschaftlicher Wirkungszusammenhänge dar. Soziale Strukturen werden dabei als Ergebnisse individuellen Handelns betrachtet, wobei es sich dabei in der Regel um unintendierte Konsequenzen individuellen Handelns handelt (Coleman, 1990; Esser, 1993, 1999). Menschengruppen wie beispielsweise die Familie oder auch soziale Netzwerke sind in diesem Sinne intermediäre Strukturen, welche der zwischen Mikro- und Makroebene liegenden sogenannten Mesoebene zuzuordnen sind. Die Manifestation der Ergebnisse individuellen Handelns in soziale Strukturen wird durch solche intermediären Strukturen vermittelt (Galaskiewicz & Wasserman, 1994). Individuen werden dabei als interagierende Mitglieder der Gesellschaft betrachtet – und nicht als Elemente eines abstrakten sozialen Systems.

Mit dem Begriff des sozialen Wandels wird die Veränderung der Gesellschaft und dabei insbesondere die Veränderung sozialer Strukturen und/oder sozialen Verhaltens bezeichnet (Wiswede, 2000). Der sehr allgemeine Begriff des sozialen Wandels bezieht sich auf die gesamtgesellschaftliche Ebene. Der Charme dieses Konzepts besteht im Wesentlichen darin, dass es den dynamischen Charakter gesellschaftlicher Veränderungen betont und sich so von konventionellen statischen Vergleichen abgrenzt (für einen Überblick über das Konzept sozialen Wandels vgl. Hradil, 2001). Einen nach wie vor lesenswerten Überblick über Theorien des sozialen Wandels bietet Zapf (1971). Der Nachteil des Konzepts besteht jedoch in seinem hohen Abstraktionsgrad aufgrund der gesamtgesellschaftlichen Bezugsebene. Konkrete, operationalisierbare Indikatoren sozialen Wandels sind nur sehr schwer zu identifizieren.

Gesamtgesellschaftliche Veränderungen, die mit dem Begriff „sozialer Wandel" bezeichnet werden, vollziehen sich jedoch nicht nur auf Gesellschaftsebene – sie treten auch in einer Vielzahl von Teilbereichen der Gesellschaft auf. Ihre jeweilige Bezeichnung richtet sich nach diesen Teilbereichen – Begriffe wie familialer Wandel, demografischer Wandel, Altersstrukturwandel, etc. geben

Hinweise auf ihre Bezugspunkte. So bezieht sich der familiale Wandel vornehmlich auf Veränderungen der Familienstruktur, der demografische Wandel betrifft Veränderungen der Bevölkerungsstruktur. Diese Unterkonzepte sind konkret zu erfassen und mit Hilfe von Indikatoren messbar. Die für die zweite Lebenshälfte relevanten Indikatoren demografischen und familialen Wandels werden im Anschluss benannt. Erklärtes Ziel des Beitrages ist es festzustellen, in welchem Maße sich die Familienbeziehungen der befragten 40- bis 85-Jährigen (im Längsschnitt: 46- bis 91-Jährigen) in den letzten sechs Jahren verändert haben. In einem zweiten Schritt soll dann untersucht werden, inwieweit demografische und familienstrukturelle Wandlungsprozesse die Gestaltung von Familienbeziehungen in der zweiten Lebenshälfte beeinflussen. Im Folgenden wird zunächst ein kurzer Überblick über die wesentlichen Trends des demografischen und des familialen Wandels gegeben.

Die durchschnittliche Lebenserwartung hat sich innerhalb des letzten Jahrhunderts auf 75,4 bzw. 81,2 Jahre für Männer bzw. Frauen mehr als verdoppelt (Statistisches Bundesamt, 2004). Eine deutlich gestiegene Lebenserwartung war und ist eine wesentliche Voraussetzung dafür, dass die Menschen in Deutschland heutzutage mit einiger Sicherheit erwarten können, einen ein oder sogar zwei Jahrzehnte umfassenden Lebensabend in relativ guter Gesundheit und in einer Paarbeziehung zu erleben. So haben nach der Sterbetafel 2000/2002 65-jährige Männer noch eine durchschnittliche fernere Lebenserwartung von 16 Jahren, Frauen sogar von fast 20 Jahren (Statistisches Bundesamt, 2004).

Erst die gestiegene Lebenserwartung ermöglicht die Existenz von drei, vier oder mehr Generationen innerhalb desselben Familiennetzwerks (Lauterbach & Klein, 1997). Das vielfach beschworene harmonische Zusammenleben mehrerer Generationen in der vormodernen Großfamilie muss schon allein deshalb als Mythos eingestuft werden (Nave-Herz, 2004; Rosenbaum, 1982). Die deutlich gestiegene Lebenserwartung ist im Übrigen auch Voraussetzung dafür, dass eine Mehrheit der Bevölkerung heute erfüllte Großeltern-Enkel-Beziehungen erleben kann (Lange & Lauterbach, 1997; Lauterbach, 2002; Uhlenberg & Kirby, 1998).

Aber es gibt auch gegenläufige demografische Trends. Der Rückgang der Fertilität und das steigende Lebensalter von Frauen bei der Geburt ihres ersten Kindes verringern die Wahrscheinlichkeit der parallelen Existenz vieler Generationen, da die Abstände zwischen den Generationen wieder größer werden. Eine weitere Konsequenz dieser Entwicklung ist es, dass es in den nachrückenden Generationen immer weniger Kinder (und dementsprechend weniger Enkel und Urenkel) gibt. Dementsprechend haben Anzahl und Anteil kinderloser Haushalte zugenommen – und zwar nicht nur in den Altersgruppen, die nach dem Auszug ihrer Kinder aus dem elterlichen Haushalt allein leben (Engstler & Menning, 2003).

Ein weiterer, von Familienpolitikern mit Sorge betrachteter Trend ist die Zunahme von Haushalten allein lebender Menschen. Dies betrifft vor allem höheraltrige und hochaltrige Frauen, deren männliche Lebenspartner vor ihnen gestorben sind. Diese Frauen sind oft hilfebedürftig, während die Anzahl verwandter Personen, die als Hilfepotenzial infrage kommen, auch aus natürlichen Gründen immer geringer wird (Bundesministerium für Familie, Senioren, Frauen und Jugend, 2002).

Seit den 1970er Jahren ist die Zahl der Ehescheidungen sprunghaft angestiegen: wurde damals nur jede sechste Ehe geschieden, so waren es im Jahre 2000 mehr als 38 Prozent aller Ehen (Engstler & Menning, 2003). Parallel dazu nahm die Zahl der Eheschließungen deutlich ab. So haben sich die Formen des Zusammenlebens, zumindest in den jüngeren Generationen, erheblich verändert. Das gilt auch für die Lebensform Familie. Seit den 1970er Jahren sind Anzahl und Anteil sogenannter „neuer" Familienformen (allein erziehende, unverheiratete Paare mit Kindern, Stieffamilien) an allen Familienhaushalten um ein Vielfaches gestiegen und der Anteil von Haushalten mit Kindern an den Haushalten insgesamt ist seitdem rückläufig (Engstler & Menning, 2003; Klar & Sardei-Biermann, 1996). In den letzten Jahren hat sich für die aus mehreren „alten" und „neuen" Familienmitgliedern zusammengesetzte Familiennetzwerke der Begriff „Patchwork-Familie" eingebürgert. Obwohl die Lebensform Familie historisch betrachtet selten Konstanz erlebt hat (Nave-Herz, 2004; Rosenbaum, 1982), sind die dramatischen demografischen Veränderungen in Hinblick auf Lebenserwartung, Fertilität, Haushaltsstrukturen, Heirats- vs. Scheidungshäufigkeit und die zunehmende Pluralisierung von Familienformen, die wir seit Beginn der 1970er-Jahre erleben, in ihrer Häufung außergewöhnlich. Angesichts dieser Ballung verschiedener demografischer Trends muss von einem gravierenden Strukturwandel der Familie gesprochen werden (Hill & Kopp, 1995). Dieses Urteil hat auch dann Bestand, wenn man die vormalige „Monopolstellung" der „bürgerlichen Klein- oder Kernfamilie" während der 1950er- und 1960er-Jahre als historische Ausnahmesituation und die seitdem entstehende Vielfalt von Familienformen als Prozess der historischen Normalisierung betrachtet (Meyer, 1992).

Eine der brennendsten Fragen der Alter(n)sforschung ist es, welche Konsequenzen der oben in groben Zügen beschriebene demografische und familiale Wandel auf die Ausprägung von Familienbeziehungen im Alter hat bzw. haben wird. Im Vordergrund steht dabei zum einen der Erhalt der Funktionalität der Institution Familie in der zweiten Lebenshälfte (z.B. Unterstützung und Pflege bedürftiger Angehöriger, Reproduktion und Sozialisation nachfolgender Generationen), zum anderen die soziale Integration von Familienmitgliedern.

2.2 Fragestellungen

In diesem Abschnitt werden die Fragestellungen hergeleitet, die in diesem Beitrag untersucht werden sollen. Ausgangspunkt sind die beiden zentralen Betrachtungsweisen des vorliegenden Berichts, die Lebensverlaufsperspektive und der Wandel von Familienbeziehungen.

Zwischen den Konzepten der Familie und des Lebensverlaufs besteht ein enger Zusammenhang. Dabei ist „...der individuelle Lebensverlauf als Abfolge von Aktivitäten und Ereignissen in verschiedenen Lebensbereichen und verschiedenen institutionalisierten Handlungsfeldern..." (Mayer, 1990, S.9) zu verstehen. Fast jeder Mensch bleibt im Verlauf seines gesamten Lebens in ein bestimmtes Familiennetzwerk eingebunden. Vergangene Interaktionen mit Familienmitgliedern beeinflussen gegenwärtige und zukünftige Interaktionen ebenso wie die lebenslange Entwicklung des Individuums. Die Lebensverlaufsperspektive versetzt uns in die Lage, die Variabilität von Unterstützungsmustern und die Erwartungen zukünftiger Unterstützungsleistung aus der individuellen Historie gelebter Familien- und Unterstützungsbeziehungen abzuleiten (Fry & Keith, 1982; Jackson, Antonucci & Gibson, 1990; Kohli, 1986). Unterschiedliche Erfahrungen zu Beginn des Lebensverlaufs beeinflussen zudem die Ausstattung mit Bildungs- und sozio-ökonomischen Ressourcen im weiteren Lebensverlauf (Elder, 1974; Hareven & Adams, 1996). Das sogenannte ‚Konvoi-Modell' (Antonucci, 1985; Antonucci & Akiyama, 1995; Kahn & Antonucci, 1980) stellt eine Erweiterung der Lebenslaufperspektive, vor allem in Bezug auf die Untersuchung des Austauschs sozialer Unterstützung dar. Das Modell des sozialen Konvois betont den kumulativen Charakter sozialer Beziehungen, die sich im Verlauf eines Lebens im Ergebnis wiederholter Austauschbeziehungen und daraus resultierender Erfahrungen herausbilden.

Die familiensoziologische Zielstellung des Beitrages besteht darin, individuelle Entwicklung und sozialen Wandel im Hinblick auf ausgewählte, zentrale Aspekte der Generationenbeziehungen im erweiterten Familiennetzwerk zu untersuchen. Im Kern geht es darum zu analysieren, welche Konsequenzen der demografische Wandel und Wandel der Familienstrukturen für die Funktionalität der Familie in der zweiten Lebenshälfte hat. Konkret werden daraus folgende vier Fragenkomplexe abgeleitet, deren Beantwortung dieser Beitrag zum Ziel hat und die sich dementsprechend in der Gliederung des Beitrages in einzelnen Abschnitten widerspiegeln.

(1) Wie verbreitet sind intergenerationale Beziehungen in der zweiten Lebenshälfte?

Gegenstand dieses Fragenkomplexes ist die Deskription intergenerationaler Familienbeziehungen. Dabei geht es zum einen um die Erfassung der Anzahl tatsächlich im Familienkontext nachweisbarer Generationen und zum anderen um die Präsenz und Verteilung einzelner, die jeweiligen Generationen repräsentierenden Personengruppen. Auf einem etwas höheren Abstraktionsniveau soll zudem untersucht werden, wie sich spezifische Generationen-Konstellationen (zum Begriff der Generationen-Konstellationen vgl. Kohli, Künemund, Motel & Szydlik, 2000) mit zunehmendem Alter entwickeln und ob nachfolgende Kohorten hier andere Muster aufweisen als die 1996 erstmals befragten Teilnehmerinnen und Teilnehmer am Alterssurvey.

Das konkrete Forschungsinteresse an diesen Fragen ergibt sich aus einer kontrovers geführten Diskussion in der Familiensoziologie. Auf der einen Seite werden dramatische Veränderungen der Generationenstruktur von Familien als Folge des demografischen Wandels vorhergesagt. Ein besonders anschauliches Beispiel ist die Prognose der sogenannten „Bohnenstangenfamilie" (Bengtson, Rosenthal & Burton, 1990). Die Metapher der Bohnenstange wird zur Veranschaulichung des Wandels von Familienstrukturen verwendet: die Wahrscheinlichkeit des Auftretens von Vier-, Fünf- oder sogar Sechs-Generationen-Familien hat gegenüber früheren Epochen zugenommen, während gleichzeitig eine intragenerationale „Verschmälerung" (Hörl & Kytir, 1998) aufgrund von geringeren Kinder- und Geschwisterzahlen stattfindet. Andere behaupten, dass diese Mehr-Generationen-Konstellationen nur äußerst selten und wenn, dann nur sehr kurzfristig auftreten (zum Beispiel Uhlenberg, 1995).

Die Datenlage zur Verbreitung von Mehrgenerationenfamilien in Deutschland muss als unbefriedigend eingeschätzt werden. Den bahnbrechenden, allerdings nicht auf Repräsentativerhebungen basierenden Studien von Kruse (1983) sowie Lehr & Schneider (1983) folgten die umfassenden Erhebungen des Familiensurveys, in deren Fokus sich jedoch explizit die jüngeren Generationen befanden und die zudem maximal Drei-Generationen-Konstellationen erfasst haben (vgl. die Beiträge der Autoren in Bien, 1994). Auch die viel beachtete Studie von Lauterbach & Klein (1997) ist insofern eingeschränkt, als dass sie keine Aussagen über Urgroßeltern treffen kann. Die Berliner Altersstudie (BASE) schließlich bietet zwar umfassende Daten zu Mehrgenerationenbeziehungen, allerdings ausschließlich aus der Sicht über 70-Jähriger und regional (auf Berlin) beschränkt (Mayer & Baltes, 1999; Wagner, Schütze & Lang, 1999). Die erste umfassende und auf bundesweit repräsentativen Daten basierende Erhebung von Generationenbeziehungen und Generationen-Konstellationen im mittleren und höheren Erwachsenenalter war die 1996 durchgeführte erste Welle des Alterssurveys (vgl. Kohli et al., 2000; Szydlik, 2000).

Die Untersuchung der Generationenbeziehungen und -konstellationen in der zweiten Welle des Alterssurveys richtet sich also zum einen auf die Frage, ob es im Querschnittsvergleich der Jahre 1996 und 2002 zu Veränderungen bei den familialen Generationenstrukturen der 40- bis 85-Jährigen gekommen ist. Sollte dies der Fall sein, stellt sich die Frage, ob diese Divergenzen Hinweise auf einen sich vollziehenden Wandel der Familienstrukturen liefern. Maßgeblichen Einfluss haben zwei gegensätzliche demografische Trends: Einerseits nimmt mit weiterhin steigender Lebenserwartung auch die Wahrscheinlichkeit der Existenz von mehr als drei Generationen im erweiterten Familiennetzwerk zu. Urgroßeltern und Urenkel sind keine Seltenheit mehr. Andererseits führt das steigende Alter deutscher Frauen bei der Geburt ihres ersten Kindes zu einer Vergrößerung des Abstandes zwischen den Generationen. Es ist noch unklar, welcher der beiden Trends den stärkeren Effekt auf Generationen-Konstellationen in der zweiten Lebenshälfte haben wird, das heißt, ob innerhalb der erweiterten Familie eine Zunahme oder eine Abnahme der Prävalenz von Mehr-Generationen-Konstellationen erwartet werden kann.

Schließlich liegen mit der Panelstichprobe erstmals individuelle Längsschnittdaten zur Untersuchung der Entwicklung von Generationenbeziehungen über einen Abschnitt von sechs Jahren vor. Für diesen Zeitraum können altersspezifische Veränderungen identifiziert und analysiert werden. Es wird erwartet, dass mit dem Älterwerden der Anteil von Mehr-Generationen-Konstellationen zunimmt.

(2) Wie gestaltet sich das Zusammenleben von Generationen?

Im Gegensatz zum ersten Fragenkomplex liegt hier der Fokus auf Generationen-Konstellationen im Zusammenleben von Menschen – also primär auf der Haushaltsebene. Hier kommen dieselben demografischen Trends zur Wirkung wie in der erweiterten Familie. Aus diesem Grund wird hier auf eine nochmalige ausführliche Darstellung verzichtet. Im Gegensatz zur „multilokalen Mehrgenerationenfamilie" (Bertram, 2000) wird für die Entwicklung von Haushaltsstrukturen erwartet, dass sich Familienhaushalte im Querschnitt durch eine Abnahme der Generationenvielfalt auszeichnen. Dies liegt vor allem in der zunehmenden Anzahl von kinderlosen Paaren und Singles (Enquête-Kommission, 2002) und in der Pluralisierung von Lebensformen (Huinink & Wagner, 1998) begründet. Nach dem Auszug der Kinder aus dem elterlichen Haushalt dominieren Ein-Generationen-Haushalte, die sich aus den beiden Ehe- bzw. Lebenspartnern zusammensetzen. Dies gilt vor allem für Männer. Frauen hingegen leben ab dem 75. Lebensjahr häufig allein (Engstler & Menning, 2003). Dementsprechend wird das höhere Lebensalter, in dem sich aufgrund ihrer durchschnittlich höheren Lebenserwartung vor allem Frauen befinden, oft als strukturell isolierte Lebenssituation angesehen (Wagner & Wolf, 2001).

Im Gegensatz dazu stellt sich die Frage, ob im hohen Lebensalter der Anteil von Mehr-Generationen-Haushalten wieder zunimmt, dann nämlich, wenn Hochaltrige pflegebedürftig werden und von Angehörigen gepflegt werden müssen. In solchen Fällen ist die Koresidenz von hochaltrigen Eltern mit ihren Kindern und gegebenenfalls Enkelkindern vorgezeichnet. In der ersten Welle des Alterssurveys wurde für die Befragten, die 55 Jahre oder älter waren – im Vergleich zu den 40- bis 54-Jährigen – ein etwas größerer Anteil von in Koresidenz mit den eigenen Eltern lebenden Menschen registriert (Kohli et al., 2000). Pflegebedürftigkeit tritt jedoch erst ab einem Lebensalter von 80 bis 85 Jahren verstärkt auf. Auf der Basis der mit der zweiten Welle des Alterssurveys vorliegenden Panelstichprobe kann nun untersucht werden, ob es mit zunehmendem Alter tatsächlich zu einer Zunahme von Mehrgenerationenhaushalten kommt.

Daneben kommt der Untersuchung der über den unmittelbaren Haushalt hinausgehenden Wohnentfernung zwischen Eltern und Kindern große Bedeutung zu, da diese ein entscheidender Prädiktor wechselseitiger Unterstützung ist (Lauterbach & Pillemer, 2001). Es wird erwartet, dass sich die Wohnentfernung altersgruppenspezifisch unterschiedlich entwickelt: Für die 40- bis 60-Jährigen, die in dieser Lebensphase den Auszug ihrer Kinder aus dem elterlichen Haushalt erleben, ist von einer Vergrößerung der Wohnentfernung auszugehen. Im Gegensatz dazu wird für die Höher- und Hochaltrigen eine Verringerung der Wohnentfernung zu ihren Kindern erwartet, da eine stärkere Angewiesenheit der hilfebedürftigen Eltern auf die soziale Unterstützung ihrer Kinder die räumliche Nähe zumindest eines Kindes erforderlich macht.

(3) Welche Bedeutung haben intergenerationale Familienbeziehungen?

Familienbeziehungen gehören zu den wichtigsten sozialen Beziehungen überhaupt. Dies äußert sich sowohl in der subjektiven Bedeutung von Familienbeziehungen und dem Gefühl enger Verbundenheit mit der eigenen Familie als auch in „objektiven" Indikatoren der Kontakthäufigkeit oder des Anteils von Familienangehörigen am gesamten sozialen Netzwerk. Der rapide Wandel von Formen familialen Zusammenlebens könnte die wahrgenommene Bedeutung von Familie nachhaltig unterminiert haben, entsprechend der von einigen Familienforschern zu Beginn der 1980er-Jahre geäußerten Befürchtungen (vgl. beispielsweise Berger & Berger, 1984). Eine Vielzahl empirischer Erhebungen hat jedoch den nach wie vor äußerst hohen Stellenwert von Familie in allen Altersgruppen der deutschen Bevölkerung nachgewiesen, der demzufolge in den letzten 20 Jahren sogar noch gestiegen ist (Nave-Herz, 2004; Weick, 1999). Angesichts dieser gegensätzlichen Tendenzen stellt sich die Frage nach den Konsequenzen sozialen Wandels bei der Bewertung familialer Beziehungen durch Menschen in der zweiten Lebenshälfte. Auf der Basis der Alterssurvey-Daten sind sowohl die Frage nach der Entwicklung der subjektiven Einschätzung mit zunehmendem Alter im Lebensverlauf als auch die Überprüfung auf etwaige Veränderungen im Kohortenvergleich von Interesse.

Darüber hinaus sind in der Literatur verschiedene Merkmale der Beziehungsqualität diskutiert worden. Dabei handelt es sich vor allem um die subjektiv wahrgenommene Verbundenheit zwischen Kindern und Eltern einerseits und das objektive Maß der Kontakthäufigkeit zwischen beiden Seiten andererseits. Die Ergebnisse bisheriger Studien zeigen, dass Eltern eine größere Verbundenheit zu ihren Kindern angeben als umgekehrt (Bengtson & Kuypers, 1971; Giarusso, Stallings & Bengtson, 1995; Kohli et al., 2000). Szydlik (1995, 1997) betont zudem die Wichtigkeit dieses subjektiven Indikators für das Verstehen von Generationenbeziehungen – neben den „härteren" Indikatoren Kontakthäufigkeit und Wohnentfernung. Im Familiensurvey des Deutschen Jugendinstituts wurden für 40 bis 70 Prozent der befragten erwachsenen Kinder tägliche Kontakte zu den Eltern ermittelt (Bertram, 1995b). Die erste Welle des Alterssurveys kam zu etwas weniger optimistischen Ergebnissen – dennoch gaben mehr als drei Viertel der befragten Kinder und Eltern im Alter von 40 bis 85 Jahren an, mindestens wöchentlich mit dem jeweiligen Gegenüber in Kontakt zu sein (Kohli et al., 2000).

Diese Ergebnisse von 1996 werden in der zweiten Welle des Alterssurveys um die Resultate aus dem Jahr 2002 ergänzt. Der Vergleich beider Wellen kann gegebenenfalls Aufschluss über einen Wandel der Familienbeziehungen im gesamtgesellschaftlichen Kontext geben. Darüber hinaus gilt auch hier der Beobachtung der individuellen Entwicklung von Kontakthäufigkeit und der subjektiv wahrgenommenen Verbundenheit mit zunehmendem Alter besondere Aufmerksamkeit. Es wird erwartet, dass Verbundenheit und Kontakthäufigkeit zwischen Kindern und ihren Eltern stabil bleiben und zwar sowohl im Querschnittsvergleich als auch im Längsschnitt.

(4) Wie unterstützen sich die Generationen innerhalb der Familie?

Eine der zentralen Funktionen von Familien besteht in der wechselseitigen Unterstützung von Familienangehörigen. Ein gängiges Altersbild ist das der hilfebedürftigen Alten, die auf Unterstützung durch ihre Kinder und andere Familienangehörige zur Bewältigung ihres Alltags angewiesen sind. Dieses Image weist älteren Menschen eine passive Rolle als Hilfeempfänger zu. Nachdem sie im Verlauf ihres Lebens Unterstützung gegeben haben, sind sie nun in der Rolle des Bittstellers angelangt. Im Gegensatz zu dieser pauschalen Annahme mehren sich die Hinweise aus der Forschung, dass gerade die Älteren ganz entscheidende instrumentelle Hilfen für die Jüngeren bereitstellen, etwa durch Betreuung ihrer Enkel (Lauterbach, 2002; Uhlenberg & Kirby, 1998) – und nicht zuletzt durch die Gewährung finanzieller Unterstützung (Motel & Szydlik, 1999). Ältere Menschen sind also demnach noch lange in der Lage, erhaltene Unterstützung zu erwidern. Allerdings wird in der Forschung bis heute kontrovers diskutiert, ob auch familiale Austauschbeziehungen der – laut Gouldner (1960) universell gültigen – Reziprozitätsnorm unterliegen, d.h. der Erwartung eines Ausgleichs von Geben und Nehmen. Einige Autoren sehen gerade in der fehlenden Erwartung von Reziprozität in Familienbeziehungen den entscheidenden Unterschied zum Austausch in persönlichen, nicht auf Verwandtschaft beruhenden Beziehungen (Bengtson et al., 1990; Motel & Szydlik, 1999). Andere Autoren verweisen darauf, dass familiale Austauschbeziehungen durchaus von Reziprozität gekennzeichnet sind (beispielsweise Alt, 1994; Rossi & Rossi, 1990). Im Gegensatz zu anderen Austauschbeziehungen beruhen diese jedoch auf der Basis sehr langfristiger (teilweise lebenslanger) Verpflichtungen, sodass sie in der Regel in Form einer nachgelagerten, zeitlich versetzten Reziprozität auftritt (Antonucci, 1985; Antonucci, Sherman & Akiyama, 1996; Antonucci, 2001), die zum Teil auch über andere Familienmitglieder vermittelt wird, etwa im Sinne eines Kaskadenmodells.

Der Alterssurvey bietet eine umfassende Datenbasis zur Beschreibung von Familienbeziehungen und von Unterstützungsleistungen. Wie nicht zuletzt die Ergebnisse der ersten Welle des Alterssurveys 1996 nachdrücklich unter Beweis gestellt haben (Kohli et al., 2000), erfolgt wechselseitige Unterstützung innerhalb der Familie vor allem intergenerational – und hierbei in erster Linie zwischen Eltern und Kindern. Ein Großteil der Teilnehmer/innen des Alterssurveys nimmt ihre Unterstützungsfunktion aus einer Doppelrolle heraus wahr: einmal als erwachsenes Kind, zum anderen selbst als Eltern von Kindern. Der Alterssurvey stellt diesbezüglich Daten sowohl aus Eltern- als auch aus Kinderperspektive zur Verfügung. Ein wesentliches Ergebnis der ersten Welle des Alterssurveys war der Nachweis der aktiven Rolle der älteren Generationen bei der Unterstützung der Jüngeren (Kohli et al., 2000; Szydlik, 2000).

In diesem Beitrag soll untersucht werden, ob die sich verändernden gesellschaftlichen Rahmenbedingungen bereits zu einer Veränderung der sozialen Unterstützungsfunktion der Familie geführt haben. Stärkere Belastungen von Familien aufgrund höherer Anforderungen an die Flexibilität von Arbeitnehmer/innen ohne Rücksichtnahme auf ihre Familiensituation einerseits und zunehmende Arbeitslosigkeit andererseits, im Kontext von Sozialstaatsreform und daraus resultierenden zusätzlichen finanziellen Verpflichtungen, erhöhen die Notwendigkeit der Nutzung familialer Ressourcen. Leisten bzw. erhalten Menschen in der zweiten Lebenshälfte heute weniger Unterstützung als vor sechs Jahren? Gibt es Veränderungen hinsichtlich der personellen Zusammensetzung des Unterstützungsnetzwerks? Erste Reduktionen an dieser Stelle könnten darauf hindeuten, dass die Familie künftig nicht oder nur noch eingeschränkt in der Lage sein wird, ihre Unterstützungsfunktion zu erfüllen.

Der Aufbau des vorliegenden Beitrages orientiert sich an den vier genannten zentralen Fragestellungen, die im Folgenden in dieser Reihenfolge abgehandelt werden. Dabei entspricht der erste Fragenkomplex „Verbreitung intergenerationaler Beziehungen" dem unmittelbar folgenden Abschnitt 3, die zweite Fragestellung „Zusammenleben von Generationen" Abschnitt 4, die dritte „Bedeutung intergenerationaler Familienbeziehungen" Abschnitt 5 und schließlich der sechste Abschnitt der vierten zentralen Fragestellung „intergenerationale Unterstützung".

3 Generationen-Konstellationen im multilokalen Familienverbund

Generationenbeziehungen werden vor allem im familiären Kontext gelebt. In westlichen Industrienationen der Gegenwart ist die sogenannte „multilokale Mehrgenerationenfamilie" (Bertram, 1995a) der Normalfall, d.h. die Angehörigen einer Familie leben und wirtschaften in mehreren Haushalten, nicht selten auch durch größere räumliche Entfernungen voneinander getrennt; trotz der eigenständigen Haushaltsführung pflegen sie jedoch – haushaltsübergreifend – enge Kontakte und Austauschbeziehungen miteinander. Das Konzept eines familialen „Netzwerks" wird dementsprechend der Lebenswirklichkeit der erweiterten Familie am besten gerecht. Daher wird im folgenden Abschnitt das Konzept der Generationen-Konstellationen auf alle – an mehreren Orten lebenden – Familienmitglieder angewandt.

3.1 Generationen in der erweiterten Familie

Mit Hilfe des Alterssurveys können sechs Generationen identifiziert und Transferleistungen zwischen fünf dieser Generationen beschrieben werden[1]. Die in diesem Abschnitt dargestellten familialen Generationen-Konstellationen schließen folgende Generationen ein: (1) Großeltern (einschl. Großeltern des Partners/der Partnerin), (2) Eltern (einschließlich Eltern des Partners/der Partnerin), (3) Befragte (einschließlich Ehe- und Lebenspartner/innen), (4) Kinder (leibliche, Adoptiv-, Pflege-, Stiefkinder), (5) Enkel und (6) Urenkel. Die nachfolgende Abbildung 1 veranschaulicht das prozentuale Vorkommen der für die jeweiligen Generationen namensgebenden Familienangehörigen[2], die zugleich jeweils die wesentlichen Personen in der intergenerationalen Interaktion und Kommunikation sind.

Der Querschnittsvergleich zwischen 1996 und 2002 bestätigt, dass sich die erweiterte Familie in der zweiten Lebenshälfte im Hinblick auf ihre personelle Zusammensetzung vor allem durch Stabilität auszeichnet. Für die Existenz von Vätern und Enkeln kann jedoch ein leichter, statistisch signifikanter Anstieg und für das Vorhandensein eines Partners bzw. einer Partnerin ein leichter, aber knapp insignifikanter Rückgang konstatiert werden.

Zahlenmäßig dominierend sind erwartungsgemäß zum einen Kinder und zum anderen Ehe- bzw. Lebenspartner. Mehr als 85 Prozent der Befragten geben an, (noch lebende) Kinder zu haben. Knapp 80 Prozent der Befragten leben mit ihrem Partner/ihrer Partnerin zusammen. Mehr als 40 Prozent geben an, Enkel zu haben. Mehr als ein Drittel der Teilnehmerinnen und Teilnehmer am Alterssurvey berichtete zudem, dass zumindest ihre Mutter noch am Leben ist, während der Anteil derer, die gleiches über ihre Väter sagen können, um die Hälfte geringer ist. Die beiden auf das Lebensalter bezogen am „weitesten" von den Befragten entfernten Generationen – die Großeltern einerseits und die Urenkel andererseits – treten naturgemäß am wenigsten in Erscheinung.

Es versteht sich von selbst, dass mit zunehmendem Alter innerhalb des Familienverbunds eine Verschiebung der Prävalenz zugunsten jüngerer Familienangehöriger erfolgt. Während beispielsweise bei mehr als drei Viertel der 40- bis 54-Jährigen noch ein Elternteil lebte, waren es bei den 55- bis 69-Jährigen nur noch ein Fünftel.

---

1 Von der jüngsten erfassten Generation – Urenkel – wurde lediglich deren Existenz erfasst.
2 Eltern wurden separat nach Vater und Mutter aufgeführt, wobei in diesen Kategorien neben den biologischen auch Adoptiv-, Pflege- und Stiefeltern berücksichtigt wurden.

Abbildung 1: Existenz ausgewählter Familienmitglieder, 1996 und 2002 (in Prozent)[3]

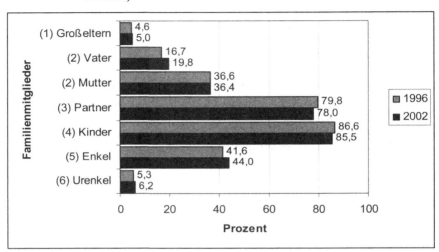

Quelle: Alterssurvey Basisstichprobe 1996 (n= 4.654-4.838) und Replikationsstichprobe 2002 (n= 2.975-3.084), gewichtete Daten; die Anteilsveränderung bei den Kategorien (2) und (5) sind statistisch signifikant (Chi²-Test, p<.05)

3.2 Generationen-Konstellationen im multilokalen Familienverbund

Diesem allgemeinen Überblick über die Existenz ausgewählter Familienmitglieder folgt nun die differenzierte Darstellung der Generationen-Konstellationen bzw. Generationenanzahl im Familienverbund. Die Zahl der Generationen richtet sich dabei nach der Existenz folgender Personen: Großeltern der Befragten oder ihrer Partner/innen (G1), Eltern der Befragten oder der Partner/innen (G2), Befragte (G3), Kinder (leibliche, Adoptiv-, Pflege- und Stiefkinder bzw. Kinder der Partner/innen) (G4), Enkel (G5) und Urenkel (G6). Betrachtet wird also im Wesentlichen die gerade Linie der Generationenabfolge; Seitenverwandte der vorhergehenden (z.B. Onkel und Tanten) oder nachfolgenden Generationen (z.B. Nichten und Neffen) bleiben hierbei unberücksichtigt.

Wie Tabelle 1 zeigt, leben die Deutschen in der zweiten Lebenshälfte mehrheitlich in Familienkonstellationen mit drei Generationen. Dies betrifft 2002 insgesamt 55 Prozent der Befragten. Auch eine altersgruppendifferenzierte Be-

---

3 Mehrfachnennungen möglich.

trachtung kommt – trotz erkennbarer Unterschiede – insgesamt zu demselben Ergebnis: Drei-Generationen-Konstellationen dominieren in allen Altersgruppen. Allerdings ist diese Dominanz zu Beginn der zweiten Lebenshälfte am stärksten: etwas mehr als 60 Prozent der Familien 40- bis 54-Jähriger folgen diesem Muster. Dieser Anteil reduziert sich bei den 55- bis 69-Jährigen auf etwas weniger als 50 Prozent. Bei den 70- bis 85-Jährigen liegt die Quote der Drei-Generationen-Konstellationen wieder etwas über der Hälfte. In Abhängigkeit vom Alter variiert auch die Zusammensetzung dieser Drei-Generationenfamilien: In der jüngsten Altersgruppe dominieren neben Angehörigen der eigenen Generation die Generationen der Kinder und der Eltern zur Familie. In der mittleren Altersgruppe hat deren Anteil rapide abgenommen, gleichzeitig ist der Anteil einer Generationen-Konstellation mit Kindern und Enkeln gestiegen, welcher in der Gruppe der 70- bis 85-Jährigen klar vorherrscht.

Tabelle 1: Generationen-Konstellationen im Familienverbund nach Altersgruppen, 1996 und 2002 (in Prozent)

	40-54		55-69		70-85		40-85	
	1996	2002	1996	2002	1996	2002	1996	2002
1-Generationen-Konstellation	2,4	2,7	10,0	6,9	15,5	13,1	7,3	6,4
2-Generationen-Konstellation	17,4	20,8	17,4	19,5	9,1	10,6	16,0	18,1
3-Generationen-Konstellation	62,8	61,1	48,4	49,6	52,2	52,6	55,9	55,2
4-Generationen-Konstellation	17,0	14,4	23,0	23,3	22,7	23,2	20,1	19,4
5-Generationen-Konstellation	0,4	0,9	1,2	0,7	0,5	0,5	0,7	0,7
N		1.647 1.025	1.561	930	1.137	928	4.345	2.883

Quelle: Alterssurvey Basisstichprobe 1996 (n= 4.345) und Replikationsstichprobe 2002 (n= 2.883), gewichtete Daten

Daneben gibt es eine Reihe von Menschen, in deren Familiennetzwerken noch mehr Generationen leben. Rund ein Fünftel der Teilnehmer am Alterssurvey 2002 gibt an, in Familien mit vier Generationen zu leben – einige wenige leben sogar in Fünf-Generationen-Familien. Der Anteil von Vier-Generationen-Konstellationen nimmt von der jüngsten zur mittleren Altersgruppe deutlich zu (von 14 auf 23 Prozent) und verharrt dann auch in der obersten der drei Altersgruppen auf diesem Niveau. Der Anteil generationenhomogener Familienkonstellationen ist im höheren Lebensalter größer. Der Prozentsatz derer, die nur Familienmitglieder der eigenen Generation haben, steigt von 2,7 Prozent bei den

40- bis 54-Jährigen über 6,9 Prozent bei den 55- bis 69-Jährigen auf 13,1 Prozent bei den 70- bis 85-Jährigen.

Vergleicht man die beiden Erhebungszeitpunkte 1996 und 2002, so ist festzuhalten, dass sich die Generationen-Konstellationen innerhalb dieses Beobachtungszeitraums durch große Stabilität auszeichnen. Im Detail zeichnet sich jedoch eine leichte Zunahme der Zwei-Generationen-Konstellationen ab – von 16,0 auf 18,1 Prozent – zulasten der anderen Konstellationen. Hervorzuheben ist im Vergleich zu 1996 der Rückgang der Ein-Generationen-Konstellationen bei den Personen ab 55 Jahren und der Rückgang der Vier-Generationen-Konstellationen bei den 40- bis 54-Jährigen zugunsten eines Anstiegs der Zwei-Generationen-Konstellationen (vgl. Tabelle 1).

Im Folgenden erfolgt eine nach Geburtskohorten differenzierte Analyse mit dem Ziel, diese im Vergleich der drei Hauptaltersgruppen identifizierten leichten Veränderungen genauer zu lokalisieren. Wegen des Sechsjahres-Abstands der beiden Erhebungszeitpunkte 1996 und 2002 sind für einen trennscharfen Kohortenvergleich die Befragten jeweils in sechs Jahre umfassende Alters- bzw. Geburtsjahrgangsgruppen unterteilt worden. Mit dieser Gruppenbildung wird verhindert, dass einzelne Geburtsjahrgänge zu beiden Messzeitpunkten der gleichen Altersgruppe angehören (vgl. die Ausführungen im Beitrag Engstler, Wurm in diesem Band). Die detaillierten Ergebnisse des Kohortenvergleichs der Generationen-Konstellationen in der erweiterten Familie können der Tabelle 2 auf der nächsten Seite entnommen werden.

In der jüngsten Altersgruppe (40-45 Jahre) kam es zwischen 1996 und 2002 zu einer außergewöhnlich deutlichen Verlagerung von Drei- hin zu Zwei-Generationen-Konstellationen. Hier machen sich die Auswirkungen des demografischen Wandels spürbar bemerkbar. Hauptgrund ist die Zunahme der Kinderlosigkeit bzw. der häufigere Aufschub der Elternschaft bis über das 40. Lebensjahr hinaus. 1996 hatten 14 Prozent der 40- bis 45-jährigen Deutschen keine (lebenden) Kinder, im Jahr 2002 waren es 23 Prozent. Bezogen auf die Generationentiefe der Familienstruktur in diesem Alter wurde der Anstieg der Kinderlosigkeit etwas kompensiert durch den wachsenden Anteil derer, die mit 40 bis 45 Jahren noch lebende Eltern (und Großeltern) haben. Auch bei den 46- bis 51-Jährigen hat die Kinderlosigkeit zugenommen. Bei dieser Altersgruppe führte dies maßgeblich zu einem quantitativen Rückgang der Vier-Generationen-Konstellationen.

Für die vorausgehenden Altersgruppen bedeutet der Aufschub der Familiengründung und die zunehmende Kinderlosigkeit in erster Linie einen Aufschub des Übergangs zur Großelternschaft und – je nach eigener Kinderzahl – ein erhöhtes Risiko des Ausbleibens von Enkelkindern. So sind von den 52- bis 57-Jährigen des Jahres 2002 erst 31 Prozent Großeltern, während von den Gleichaltrigen des Jahres 1996 bereits 41 Prozent ein Enkelkind gehabt hatten. Diese Veränderung äußert sich bei den 52- bis 57-Jährigen in einem Rückgang der Vier-Generationen-Konstellationen (vgl. Tabelle 2). Hingegen hat sich im Vergleich der Jahre 1996 und 2002 bei den 58- bis 63-Jährigen und den 64- bis 69-Jährigen der Anteil derer mit Enkelkindern leicht erhöht, da die Vertreter dieser Altersgruppen des Jahres 2002 die Eltern relativ geburtenstarker Jahrgänge sind. Dies erhöht die Wahrscheinlichkeit der Großelternschaft. Zugleich profitieren diese Altersgruppen etwas von der steigenden Lebenserwartung ihrer Eltern. Zusammen führte dies vor allem bei den 64- bis 69-Jährigen zwischen 1996 und 2002 zu einem deutlichen Rückgang der Ein-Generationen-Konstellationen (von 13,5 auf 8,6 Prozent).

Bei den 70- bis 75-Jährigen ist eine leichte Verlagerung von den Vier- zu den Drei-Generationen-Konstellationen zu beobachten, während es bei den 76- bis 81-Jährigen umgekehrt ist. Die Zunahme der Vier-Generationen-Konstellationen bei der ältesten 6-Jahres-Gruppe geht darauf zurück, dass die 76- bis 81-Jährigen des Jahres 2002 seltener kinder- und enkellos geblieben sind und häufiger Urenkel haben als die sechs Jahre vor ihnen Geborenen.

Tabelle 2: Altersspezifische Generationen-Konstellationen in der erweiterten Familie nach Geburtskohorten, 1996 und 2002 (in Prozent)

Alter	1-Generation-Konstellation 1996	2002	2-Generationen-Konstellation 1996	2002	3-Generationen-Konstellation 1996	2002	4-Generationen-Konstellation 1996	2002	5-Generationen-Konstellation 1996	2002
40-45	2,3	2,0	13,2	20,3	68,3	60,9	16,1	16,1	0,2	0,7
46-51	1,9	3,2	18,6	19,7	62,2	64,7	16,8	11,5	0,6	0,9
52-57	5,8	3,2	21,7	23,8	49,2	53,4	22,6	18,9	0,7	0,8
58-63	8,8	6,8	20,9	21,3	43,3	44,0	25,6	27,1	1,4	0,8
64-69	13,5	8,6	11,4	16,1	56,5	55,1	17,1	19,4	1,5	0,8
70-75	15,0	13,2	9,8	10,0	56,5	61,5	18,2	14,5	0,6	0,9
76-81	17,3	15,1	8,5	11,1	50,4	45,8	23,1	27,8	0,6	0,2

Quelle: Alterssurvey Basisstichprobe 1996 (n= 4.182) und Replikationsstichprobe 2002 (n= 2.788), gewichtete Daten

In einem Zwischenfazit bleibt festzuhalten, dass sich hinter der weitgehenden Stabilität der Generationen-Konstellationen im Durchschnitt der 40- bis 85-Jährigen durchaus kohortenspezifische Veränderungen abzeichnen. Während in den ältesten Altersgruppen – teilweise bedingt durch das Auslaufen negativer

Auswirkungen zweier Weltkriege und dem Nachhall der familienstrukturell positiven Einflüsse der ersten Nachkriegsjahrzehnte – eine leichte Erhöhung der Anzahl von Generationen im Familienverbund festzustellen ist, zeigen sich bei den jüngeren Altersgruppen schon die ersten Auswirkungen des Geburtenrückgangs, insbesondere der wachsenden Kinderlosigkeit und des steigenden Alters bei Familiengründung. Unabhängig davon wirkt die gestiegene Lebenserwartung in Richtung der Mehr-Generationen-Konstellationen.

Nach dem Überblick über die Verteilung von Ein-, Zwei-, Drei- und Mehr-Generationen-Konstellationen in den Familien von Menschen in der zweiten Lebenshälfte und den Veränderungen in der Kohortenabfolge gilt die Aufmerksamkeit im Folgenden den Entwicklungstrends auf der individuellen Ebene, d.h. den Veränderungen im beobachteten 6-Jahres-Ausschnitt des Lebensverlaufs. Abbildung 2 gibt auf Basis der Panelstichprobe einen Einblick in die Entwicklungsverläufe zwischen 1996 und 2002, jeweils differenziert nach Altersgruppen. Die linke Grafik enthält die Entwicklungsverläufe für die jüngste Altersgruppe im Alterssurvey, also die 1996 40- bis 54-Jährigen und dementsprechend 2002 46- bis 60-Jährigen, gefolgt von der mittleren (55-69 bzw. 61-75 Jahre) und der ältesten Altersgruppe (70-85 bzw. 76-91 Jahre). Noch einmal zur Erinnerung: Es wird erwartet, dass mit zunehmendem Alter der Anteil von Mehr-Generationen-Konstellationen zunimmt.

Abbildung 2: Entwicklung von Generationen-Konstellationen im familialen Netz nach Altersgruppen, 1996-2002 (in Prozent)

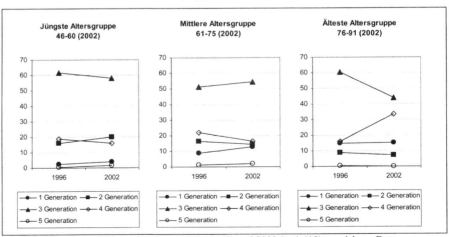

Quelle: Alterssurvey Panelstichprobe 1996 (n=1.379) und 2002 (n=1.418), gewichtete Daten

Beginnen wir die Betrachtung mit der linken Grafik, also der jüngsten Altersgruppe im Alterssurvey. Bei einem ersten Vergleich mit den Entwicklungsverläufen in den beiden älteren Altersgruppen fällt auf, dass sich die jüngste Altersgruppe durch ein hohes Maß an Stabilität auszeichnet. Seit 1996 hat es nur moderate Veränderungen gegeben, was sich im vergleichsweise flachen Kurvenverlauf widerspiegelt. In dieser Lebensphase dominieren Drei-Generationen-Konstellationen klar – daran hat sich auch sechs Jahre später nichts geändert. Dennoch zeichnet sich seit 1996 ein leichter Alternseffekt ab: Der Anteil von Drei- und Vier-Generationen-Konstellationen ist im Laufe der sechs Lebensjahre etwas zurückgegangen, hauptsächlich aufgrund des Todes von Familienmitgliedern aus der Eltern- und Großelterngeneration der Befragten.

In der mittleren Altersgruppe (mittlere Grafik) lassen sich Veränderungen beobachten, die sich aus dem Hinzukommen und dem Ableben von Familienmitgliedern ergeben. Drei-Generationen-Konstellationen haben aufgrund der Geburt von Enkelkindern leicht zugenommen, Vier-Generationen-Konstellationen werden seltener, da in diesem Alter viele den Tod des letzten (Schwieger-) Elternteils erleben. Sofern man selbst kinderlos geblieben ist, hat der Tod der Eltern den Wechsel von der Zwei- zur Ein-Generationen-Konstellation zur Folge, weshalb auch diese Konstellationen zunehmen.

In der ältesten Altersgruppe kam es in den sechs Lebensjahren zu einer kräftigen Verschiebung von den Drei- zu den Vier-Generationen-Konstellationen. Hauptgrund dafür ist die Geburt eines ersten Urenkels: Hatten von den 70- bis 85-jährigen Panelteilnehmern im Jahr 1996 erst 16,3 Prozent Urenkel, waren es sechs Jahre später 34,2 Prozent.

Die Ergebnisse aus der Längsschnittperspektive zusammenfassend kann also festgestellt werden, dass sich Generationen-Konstellationen in der erweiterten Familie mit zunehmendem Alter den zuvor formulierten Erwartungen entsprechend entwickelt haben. Der Anteil von Mehr-Generationen-Konstellationen nimmt mit steigendem Alter zu. Dieser Effekt kommt allerdings erst bei hochaltrigen Menschen zum Tragen. Im fünften und sechsten Lebensjahrzehnt überwiegt noch der Verlust von Angehörigen der Eltern- und Großelterngeneration, bevor die Generationenzahl aufgrund der Geburt von Enkeln und Urenkeln wieder zunimmt. Individuell entscheidend ist hierfür, wie groß der zeitliche Generationenabstand ist und ob die Generationenabfolge durch Kinderlosigkeit unterbrochen wird.

4 Zusammenleben der Generationen

Wie im vorangegangenen Beitrag diskutiert, hat sich in den 1990er-Jahren das Konzept der multilokalen Familie (Bertram, 1995a) durchgesetzt, welches bewusst den Blick auf den erweiterten Familienverbund richtet. Dieser besteht aus mehreren, geografisch voneinander getrennten Haushalten. In diesem Abschnitt ist der Fokus auf das unmittelbare Zusammenleben und Zusammenwirtschaften von Generationen gerichtet. Untersucht werden also die Haushalte von Menschen in der zweiten Lebenshälfte. Dabei ist das Hauptaugenmerk auf den Kern intergenerationaler Beziehungen gerichtet, nämlich auf Eltern-Kind-Beziehungen. Der detaillierten Betrachtung von Haushaltsbeziehungen logisch vorgelagert ist jedoch die Frage nach der Wohnentfernung zwischen Eltern und Kindern. Geographische Nähe bzw. Ferne hat einen entscheidenden Einfluss auf qualitative und quantitative Merkmale von Generationenbeziehungen (Szydlik, 1995) und auf die Wahrscheinlichkeit wechselseitiger Unterstützung (Lauterbach & Pillemer, 2001). Befragte mit Kindern erleben diese besondere Beziehung in einer Doppelrolle – zum einen als Kind alternder Eltern und zum anderen als Vater oder Mutter eigener Kinder. Beiden Perspektiven wird in diesem Abschnitt Rechnung getragen. Sozialer Wandel im gesamten Familiennetzwerk muss sich auch in seinen Elementen, den einzelnen Haushalten, in Form veränderter Haushaltsstrukturen niederschlagen. Dementsprechend bezieht sich die Untersuchung sozialen Wandels von Familienstrukturen und Familienfunktionen in diesem Abschnitt auf die Haushaltsebene. Zunächst werden Veränderungen der Haushaltsgröße betrachtet, bevor die Aufmerksamkeit auf Kontinuität und Wandel von Konstellationen innerhalb von Haushalten gerichtet wird.

4.1 Wohnentfernung zwischen Kindern und Eltern

Die in diesem Abschnitt vorgestellten Ergebnisse betreffen nur die Befragten des Alterssurveys, die Kinder haben. Das ist die große Mehrheit der Befragten von immerhin 86 Prozent (2002). Damit hat sich der Anteil von Kinderlosen gegenüber der Ersterhebung im Jahre 1996, als 87 Prozent der Befragten Kinder hatten, insgesamt nicht merklich erhöht.

Die Beziehung zu den Eltern ist, neben der zu den Kindern, die stärkste und dauerhafteste Bindung, die ein Mensch im Verlauf seines Lebens eingeht. Sie ist aus einer Vielzahl von Gründen einzigartig und für das eigene Leben außerordentlich wichtig. Das schließt emotionale, biografisch-identitätsbildende Beziehungsaspekte ebenso ein wie normative und funktionale. Die Wahrscheinlichkeit der Leistung bzw. des Erhalts von informeller Unterstützung nimmt mit abnehmender Wohnentfernung zu (Marbach, 1994). Natürlich leben Eltern und Kinder oft nicht am selben Ort – was von Rosenmayr und Köckeis (1965) bereits vor 40 Jahren so treffend mit dem Konzept der „Intimität aus der Ferne" (Rosenmayr & Köckeis, 1965) bezeichnet wurde. Moderne Telekommunikation hat zu einer Aufweichung des linearen Zusammenhangs zwischen Wohnentfernung und Kontakthäufigkeit geführt. Nichtsdestotrotz erhöht eine geringe Wohnentfernung nach wie vor die Möglichkeit wechselseitiger Interaktion und Kommunikation und eröffnet die Möglichkeit spontaner oder anderweitig kurzfristiger Kontakte. So ist eine geringe Wohnentfernung eine wichtige, aber nicht unabdingbare Bedingung für die emotionale Enge der Beziehung (Szydlik, 1995).

Wohnentfernung zu den Kindern

Die Wohnentfernung zwischen Eltern und Kindern ist im Lebensverlauf beträchtlichen Veränderungen unterworfen: dem Leben in einem gemeinsamen Haushalt folgt in der Regel der Aus- und Wegzug der Kinder. Der Alterssurvey vereint Menschen in unterschiedlichen Lebensphasen: viele Untersuchungsteilnehmer/innen in der jüngsten Altersgruppe haben gerade erst den Auszug ihrer Kinder erlebt oder erleben diesen gerade, während dies bei der mittleren Altersgruppe schon länger zurückliegt. Wenn Eltern alt und hilfebedürftig werden, kann die Notwendigkeit entstehen, dass sich zumindest ein Kind in relativer räumlicher Nähe zu den Eltern aufhält, um Unterstützung zu leisten. Nicht selten ziehen auch hochbetagte Eltern in die Nähe eines erwachsenen Kindes.

Die Darstellung der Wohnentfernung zum nächstwohnenden Kind beschränkt sich auf erwachsene Kinder, wobei „erwachsen" als im Alter von 16 Jahren oder älter definiert wurde. Hintergrund der Entscheidung für diese Altersgrenze ist, dass viele Jugendliche in diesem Alter nach einem Hauptschulabschluss oder nach Erlangung der mittleren Reife eine Lehre beginnen. Jugendliche erlangen in der späten Phase der Adoleszenz emotionale Unabhängigkeit von ihren Eltern und werden auf dieser Ebene zu gleichberechtigten Interaktionspartner/innen. Robert J. Havighurst benennt die Erlangung der emotionalen Unabhängigkeit von den Eltern und von anderen Erwachsenen als eine der Entwicklungsaufgaben der Adoleszenz (vgl. Havighurst, 1982; zitiert nach Dreher & Dreher, 1985; Oerter & Dreher, 1998). Der Beginn der Lehre markiert den Eintritt ins Berufsleben – Kinder übernehmen damit eine konkrete, inhaltlich bestimmbare Funktion in der Gesellschaft (Oerter & Dreher, 1998). Durch diese Vorgehensweise kann es zu Abweichungen von bereits publizierten Ergebnissen aus der ersten Welle des Alterssurveys (vgl. z.B. Kohli et al., 2000) kommen.

Im Alterssurvey wird die Wohnentfernung an drei verschiedenen Stellen (Elternmatrix[4], Kindermatrix und Netzwerkgenerator) jeweils mit Hilfe dergleichen Skala erfasst. Die Abfrage der Wohnentfernung erfolgt dabei zweistufig: Zunächst wurde gefragt, ob die betreffende Person (Elternteil, Kind oder Mitglied des privaten Netzwerks) „...bei Ihnen im Haus oder Haushalt" wohnt (Erfassung der Koresidenz). Die Wohnentfernung zu denjenigen, die nicht im Haus oder Haushalt der Befragten lebten, wurde mit Hilfe einer Skala mit 5 Ausprägungen (in Welle 1 nur die ersten 4 Ausprägungen) erfasst: „in der Nachbarschaft", „im gleichen Ort", „in einem anderen Ort, aber innerhalb von 2 Stunden erreichbar", „weiter entfernt, in Deutschland" und „weiter entfernt, im Ausland". Berücksichtigt werden konnten allerdings nur 1. bis 4. Kinder – für alle weiteren Kinder wurde die Wohnentfernung nicht mehr erfasst. Die nachfolgende Tabelle 3 gibt einen Überblick über die Veränderung der Wohnentfernung zwischen Eltern und ihren jeweils am nächsten lebenden Kindern ab 16 Jahren im Querschnittsvergleich der Jahre 1996 und 2002.

Wie schon 1996 berichtete auch 2002 die übergroße Mehrheit der Menschen in der zweiten Lebenshälfte, dass zumindest eines ihrer Kinder innerhalb von zwei Stunden erreichbar ist. Fast drei Viertel geben sogar an, dass eines ihrer Kinder im gleichen Ort lebt. Insgesamt konnte damit der Befund aus der ersten Welle bestätigt werden (Kohli et al., 2000). Der Anteil von Befragten, die angaben, dass ein Kind im selben Haus oder Haushalt lebt, ist seit 1996 jedoch beträchtlich gesunken – von 47 auf knapp 40 Prozent (vgl. rechte Spalte von Tabelle 3). Interessanterweise wird dieser Rückgang überwiegend durch die deutliche Abnahme ihres Anteils in den alten Bundesländern erklärt (1996: 48 Prozent; 2002: 39 Prozent). Leichte Anstiege sind hingegen in den Kategorien der am selben Ort wohnenden und der innerhalb von zwei Stunden Reiseentfernung lebenden Kinder zu verzeichnen. Anders ausgedrückt, haben im Jahr 2002 28 Prozent der Befragten keine am selben Ort lebenden Kinder. Das bedeutet einen Anstieg um 5 Prozentpunkte seit 1996. Für diese Menschen gibt es also eine deutlich verringerte Wahrscheinlichkeit, dass ihnen ihre erwachsenen Kinder im Alltag oder auch in Notfällen schnell zur Hilfe kommen können.

Die Zunahme der Wohnentfernung zu dem am nächsten lebenden Kind ist in der Gruppe der 55- bis 69-Jährigen am stärksten. In dieser Altersgruppe hat sich der Anteil der im selben Haus oder Haushalt lebenden Kinder von mehr als einem Drittel im Jahr 1996 auf ein gutes Viertel im Jahr 2002 verringert. Parallel dazu ist der Anteil nächstlebender Kinder, die nicht im gleichen Ort leben, von

---

4 Die Bezeichnung ‚Elternmatrix' ist eine Vereinfachung. In der so bezeichneten Matrix werden Merkmale der Personen abgefragt, bei denen die Befragten aufgewachsen sind. In den meisten Fällen handelt es sich dabei um die Eltern (auch Stief- und Pflegeeltern). In einigen wenigen Fällen wurden aber auch Großeltern, „andere Verwandte" oder „andere Personen" genannt.

27 auf 35 Prozent gestiegen (Summe der Kategorien „anderer Ort, weniger als 2 Stunden" + „weiter entfernt"). Diese Menschen verfügen also über weitaus weniger unmittelbare Unterstützungsmöglichkeiten durch ihre Kinder. In der ältesten Altersgruppe ist ebenfalls ein Rückgang der Koresidenz von Eltern und erwachsenen Kindern festzustellen, wobei dieser aber durch die prozentuale Zunahme von in der Nachbarschaft und vor allem am gleichen Ort lebenden Kindern kompensiert wird. Nahezu konstant geblieben ist hingegen die Wohnentfernung zum nächstlebenden Kind in der Altersgruppe der 40- bis 54-Jährigen. Im Kohortenvergleich fallen drei Geburtskohorten auf, die im Wesentlichen für die oben beschriebene Entwicklung verantwortlich sind. Bezogen auf Koresidenz mit erwachsenen Kindern im selben Haus gibt es die stärksten Veränderungen bei den jeweils 52- bis 63-Jährigen.

Tabelle 3: Wohnentfernung zum nächstwohnenden Kind ab 16 Jahren nach Altersgruppen, 1996 und 2002 (in Prozent)

	40-54 1996	40-54 2002	55-69 1996	55-69 2002	70-85 1996	70-85 2002	40-85 1996	40-85 2002
Im selben Haus	69,9	67,4	34,3	27,3	25,9	22,2	47,0	39,7
In der Nachbarschaft	6,2	4,8	14,7	14,3	17,6	19,0	11,8	12,2
Im gleichen Ort	8,9	9,4	24,4	23,8	23,9	28,8	18,1	20,1
Innerhalb v. 2 h erreichbar	11,3	13,2	19,6	26,1	23,4	22,3	17,0	20,8
Weiter entfernt	3,7	5,2	7,1	8,6	9,1	7,7	6,1	7,2
N	1.219	691	1.532	903	1.137	870	3.888	2.464

Quelle: Alterssurvey Basisstichprobe 1996 (n= 3.888) und Replikationsstichprobe 2002 (n= 2.464), gewichtete Daten
Signifikanz der Unterschiede p < .01.

Als nächstes wenden wir uns der Frage zu, wie sich die Wohnentfernung mit zunehmendem Alter entwickelt. Zur Beantwortung dieser Frage ist eine Längsschnittbetrachtung die am besten geeignete Methode – die Panelstichprobe des Alterssurveys bildet die Datenbasis (vgl. Abbildung 3). Hier werden also individuelle Entwicklungsverläufe dargestellt. In der linken Grafik sind die Verläufe für die 1996 40- bis 54-Jährigen abgebildet. Bei der Zweiterhebung im Jahre 2002 sind sie nicht nur sechs Jahre älter geworden, sondern viele Kinder haben inzwischen den elterlichen Haushalt verlassen. Dies lässt sich an der steil abfallenden oberen Linie ablesen. Parallel dazu sind für alle anderen Kategorien leichte Anstiege zu verzeichnen.

Abbildung 3: Entwicklung der Wohnentfernung zum nächstwohnenden Kind ab 16 Jahren, 1996 – 2002 (in Prozent)

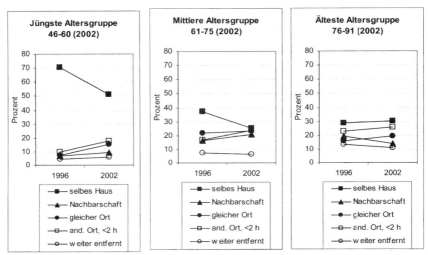

Quelle: Alterssurvey Panelstichprobe 1996 (n=1.216) und 2002 (n=1.273), gewichtete Daten

Eine bemerkenswerte Entwicklung erlebten Angehörige der mittleren Altersgruppe, die 2002 61 bis 75 Jahre alt waren (mittlere Grafik). Die Wohnentfernung zum nächstlebenden Kind ab 16 Jahren hat sich in dieser Altersgruppe durch den weiteren Rückgang der im selben Haushalt oder Haus lebenden Kinder zu einer hohen Heterogenität hin entwickelt, was in der annähernden Gleichverteilung der Anteile aller Entfernungskategorien zum Ausdruck kommt.

Die Wohnentfernungen zu den am nächsten wohnenden Kindern in der ältesten Altersgruppe der nun 76- bis 91-Jährigen zeichnen sich hingegen durch ein hohes Maß an Stabilität aus (vgl. rechte Grafik). Lediglich zwischen den Kategorien „wohnt in der Nachbarschaft" und „wohnt im selben Ort" kam es zu geringfügigen Verschiebungen. Erwähnenswert ist auch der leichte Anteilsanstieg derer, die – wieder – mit einem ihrer Kinder im gleichen Haushalt oder Haus wohnen.

Zusammenfassend bleibt also festzuhalten, dass nach wie vor fast drei Viertel der Befragten wenigstens ein Kind vor Ort haben, das ihnen im Bedarfsfall helfen kann. Insgesamt vergrößerten sich allerdings die Wohnentfernungen zum nächstlebenden Kind mit zunehmendem Alter leicht. Bemerkenswert ist vor allem der zunehmende Anteil derjenigen, deren Kinder nicht am selben Ort leben.

Dies kann gerade im hohen Alter zu Problemen bei der Bereitstellung von Unterstützungsleistungen durch die Kinder führen.

Wohnentfernung zu den Eltern

Wie eingangs erwähnt, befinden sich viele Menschen in der zweiten Lebenshälfte in einer Doppelrolle als Eltern heranwachsender Kinder einerseits und als erwachsene Kinder alternder Eltern andererseits. Dementsprechend stellt die nachfolgende Tabelle 4 die Veränderung der Wohnentfernung zu den eigenen Eltern dar. Von den 70- bis 85-Jährigen hatten allerdings nur noch 13 (1996) bzw. 10 Befragte (2002) einen lebenden Elternteil. Da auf dieser Basis keine zuverlässigen Schlussfolgerungen gezogen werden können, wurde für diese Altersgruppe auf eine Darstellung und Interpretation der Ergebnisse verzichtet.

Wie die Ergebnisse in Tabelle 4 zeigen, ist die Wohnentfernung zu den eigenen Eltern durch ein hohes Maß an Stabilität gekennzeichnet. Betrachtet man allein die in der rechten Spalte abgetragenen Gesamtverteilungen, so ist kein wesentlicher Unterschied zwischen beiden Erhebungszeitpunkten zu erkennen. Die Häufigkeitsverteilungen sind nahezu konstant geblieben. Die einzige Abweichung stellt die auch hier erkennbare Reduktion des Anteils von Koresidenz mit den Eltern dar. Hier hat sich der Gesamtanteil von 14 auf 11 Prozent verringert. Die altersgruppenspezifische Betrachtung bestätigt dieses Ergebnis, wobei diese Abnahme in der mittleren Altersgruppe am stärksten ausgeprägt ist. Davon abgesehen, ist der in Bezug auf Kinder identifizierte Trend sich vergrößernder Wohnentfernungen in der räumlichen Distanz zu den Eltern nicht erkennbar.

Tabelle 4: Wohnentfernung zum nächstwohnenden Elternteil nach Altersgruppen, 1996 und 2002 (in Prozent)

	40-54 1996	40-54 2002	55-69 1996	55-69 2002	70-85 1996	70-85 2002	40-85 1996	40-85 2002
Im selben Haus	13,0	10,4	17,3	12,9	/	/	14,0	10,9
In der Nachbarschaft	11,7	12,7	13,6	14,8	/	/	12,0	13,2
Im gleichen Ort	25,2	25,7	22,9	27,6	/	/	24,7	26,0
Innerhalb v. 2 h erreichbar	34,8	35,8	28,5	31,0	/	/	33,4	34,9
Weiter entfernt	15,3	15,3	17,8	13,8	/	/	15,9	15,0
N	1.156	787	380	192	13	10	1.549	989

Quelle: Alterssurvey Basisstichprobe 1996 (n=1.549) und Replikationsstichprobe 2002 (n=989), gewichtete Daten

Abschließend werden die Entwicklungstrends bei den zweimal befragten Personen in Bezug auf den Wohnort der Eltern dargestellt (vgl. Abbildung 4). Es kann nicht überraschen, dass es 2002 keine 76- bis 91-Jährigen gab, deren Eltern noch am Leben waren. Dementsprechend muss sich die Darstellung auf die beiden jüngeren Altersgruppen beschränken. Hält man sich das Alter der Befragten in der mittleren Altersgruppe (2002: 61 bis 75 Jahre) vor Augen, so wird klar, dass es sich bei diesen Eltern nur um sehr wenige, hochaltrige Menschen handeln kann. Aus diesem Grunde wurde die Darstellung in Abbildung 4 auf zwei Dimensionen der Wohnentfernung zugespitzt: Wohnen am selben Ort vs. weiter entferntes Wohnen.

Wie Abbildung 4 zu entnehmen ist, unterscheiden sich die individuellen Veränderungen gravierend von jenen für die Wohnentfernung zu den Kindern. In der jüngsten Altersgruppe des Alterssurveys herrscht beinahe absolute Stabilität in den Wohnverhältnissen vor – die Wohnentfernung zwischen den Befragten und ihren Eltern hat sich kaum verändert. Ein angesichts dessen unerwartetes Ergebnis erwartet den Betrachter in der mittleren Altersgruppe: mehr als die Hälfte der hochaltrigen Eltern leben nicht mehr am gleichen Ort wie ihre Kinder (siehe rechte Grafik), wobei sich dieser Anteil in den letzten sechs Jahren auf nunmehr knapp 60 Prozent erhöht hat.

Abbildung 4: Veränderung der Wohnentfernung zum nächstwohnenden Elternteil, 1996 – 2002 (in Prozent)

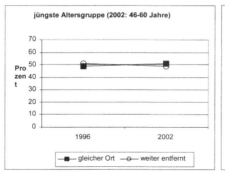
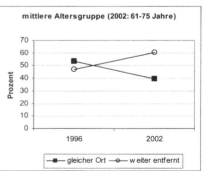

Quelle: Alterssurvey Panelstichprobe 1996 (n= 590) und 2002 (n= 403), gewichtete Daten

Zusammenfassend lässt sich also sagen, dass die überwiegende Mehrheit der Menschen in der zweiten Lebenshälfte in räumlicher Nähe zu ihren Kindern bzw. Eltern lebt. Im Jahre 2002 gibt es bei mehr als 70 Prozent der Befragten mit

Kindern ab 16 Jahren zumindest ein Kind, das im selben Ort wie die Eltern wohnt. Im Vergleich zu 1996 hat der Anteil der vor Ort lebenden Kinder jedoch deutlich abgenommen. Dabei handelt es sich sowohl um einen Alterseffekt, als auch um Auswirkungen sozialen Wandels, die im Vergleich von Gleichaltrigen zwischen 1996 und 2002 identifiziert wurden. Auch Koresidenz von Eltern und erwachsenen Kindern ist immer weniger die Norm. Gleiches gilt auch für Koresidenz mit hochaltrigen Eltern. Menschen in der zweiten Lebenshälfte legen offenbar bis ins hohe Lebensalter Wert auf Unabhängigkeit, was im Wohnen im eigenen Haushalt seinen Niederschlag findet. Aufgelöst wird dieser immer öfter erst durch den Tod oder den „Umzug" ins Pflegeheim.

4.2 Generationen-Konstellationen im Haushalt

Nachdem im vorigen Abschnitt die Wohnentfernung zwischen den Haushalten von Eltern und Kindern betrachtet wurde, stehen nun die Generationenbeziehungen innerhalb dieser Haushalte im Mittelpunkt. Anhand der Veränderung der durchschnittlichen Haushaltsgröße in Deutschland seit Beginn des 20. Jahrhunderts lässt sich der phänomenale Wandel, den deutsche Haushalte im letzten Jahrhundert durchlaufen haben, erahnen. Lebten um 1900 noch durchschnittlich 4,5 Personen in einem Haushalt, so hatte sich deren Anzahl bis zum Jahr 2000 auf 2,2 Personen halbiert (Statistisches Bundesamt, 2002). Natürlich sind Veränderungen dieser Größenordnung bei einem Beobachtungszeitraum von sechs Jahren nicht zu erwarten, zumal der Alterssurvey nur einen Teil der Bevölkerung, die 40- bis 85-Jährigen, untersucht. Dennoch ergeben sich beim Vergleich der Haushaltszusammensetzung im Jahre 2002 (Replikationsstichprobe) mit jener der Basisstichprobe 1996 Anzeichen für eine Fortsetzung dieses allgemeinen demografischen Trends. Selbst für diesen vergleichsweise kurzen Untersuchungszeitraum von sechs Jahren lässt sich eine Verringerung der Haushaltsgröße feststellen. Betrug die durchschnittliche Haushaltsgröße der 40- bis 85-jährigen Deutschen 1996 noch 2,52 Personen (SD 1,19), so hatte sich diese im Jahre 2002 auf 2,35 verringert (SD 1,13)[5]. Dieses Resultat bestätigt den aus der amtlichen Statistik bekannten allgemeinen Trend der Verkleinerung von Haushaltsgrößen seit Mitte der 1950er-Jahre. Im Vergleich mit den Daten des Mikrozensus aus dem Jahr 2000 liegt die durchschnittliche Haushaltsgröße in der zweiten Lebenshälfte jedoch noch geringfügig höher als im Durchschnitt der Gesamtbevölkerung (Engstler & Menning, 2003).

---

5   Die Mittelwertdifferenz zwischen beiden Erhebungszeitpunkten ist hoch signifikant: $p < 0.001$.

Die überwiegende Mehrheit der 40- bis 85-jährigen Deutschen lebt in einer Haushaltsgemeinschaft mit anderen. Der Anteil von alleinlebenden Personen ist allerdings zwischen 1996 und 2002 von 16,2 Prozent auf 20,5 Prozent deutlich angestiegen. Bezieht man darüber hinaus auch Zweipersonenhaushalte, deren Anteil ebenfalls leicht zugenommen hat, in die Betrachtung ein, so verstärkt sich der Eindruck tendenziell abnehmender Haushaltsgrößen – zwei Drittel der Befragten in Welle 2 leben in Ein- oder Zweipersonenhaushalten verglichen mit lediglich 60 Prozent im Jahre 1996. Der Anteil von Haushalten mit mehr als zwei Personen ist hingegen spürbar zurückgegangen (vgl. Abbildung 5).

Abbildung 5: Anzahl im Haushalt lebender Personen (in Prozent)

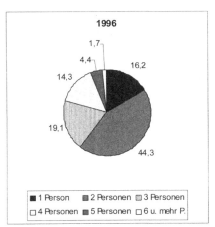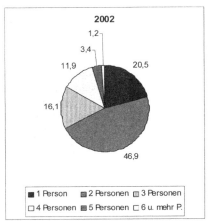

Quelle: Alterssurvey Basisstichprobe 1996 (n= 4.834) und Replikationsstichprobe 2002 (n= 3.082), jeweils gewichtete Daten

Die durchschnittliche Haushaltsgröße verringert sich mit zunehmendem Alter. Ergibt sich für die jüngste im Alterssurvey 2002 befragte Altersgruppe der 40- bis 54-Jährigen eine durchschnittliche Haushaltsgröße von 2,94 Personen (SD 1,27), so verringert sich diese auf 2,07 (SD 0,80) in der mittleren (55-69 Jahre) bzw. 1,67 (SD 0,67) in der ältesten Altersgruppe (70-85 Jahre). Diese Veränderung markiert den typischen Familienzyklus in der zweiten Lebenshälfte: in der jüngsten Altersgruppe des Alterssurveys (40-54 Jahre) leben in der Mehrzahl der Haushalte noch Kinder. Spätestens in der mittleren Altersgruppe der 55- bis 69-

Jährigen haben die Kinder den elterlichen Haushalt verlassen – das (noch immer typischerweise) verheiratete Paar lebt im sogenannten „empty nest". Die älteste Altersgruppe des Alterssurvey (70-85 Jahre) erlebt nun vielfach eine weitere Verkleinerung des Haushalts durch den Tod eines (in der Regel des männlichen) Ehepartners.

Jedoch nicht nur im Vergleich zwischen einzelnen Lebensphasen, sondern auch im Vergleich zwischen den beiden Erhebungszeitpunkten 1996 und 2002 hat sich die durchschnittliche Haushaltsgröße der jüngeren Altersgruppen signifikant verringert. 1996 lebten mit durchschnittlich 3,14 Personen (SD 1,25) noch signifikant mehr Personen im Haushalt 40- bis 54-jähriger Befragter. In geringerem Umfang, aber ebenfalls signifikant, hat sich das arithmetische Mittel der Haushaltsgröße in der Altersgruppe der 55- bis 69-Jährigen von 2,16 (SD 0,82) auf 2,07 Personen (SD 0,8) reduziert. Lediglich in der ältesten Altersgruppe der 70- bis 85-Jährigen blieb die durchschnittliche Haushaltsgröße konstant (1996: 1,69 (SD 0,78); 2002: 1,67 (SD 0,67).

Die Haushaltsgröße allein sagt wenig aus über die gelebten Beziehungen von Menschen in der zweiten Lebenshälfte. Wie im vorigen Abschnitt auf der Basis von Daten aus der Replikationsstichprobe 2002 gezeigt wurde, lebt die überwiegende Mehrheit von Menschen in der zweiten Lebenshälfte mit anderen Menschen zusammen. Von herausragender Bedeutung sind dabei Ehe- bzw. Lebenspartner/-innen – drei Viertel aller Befragten teilen im Jahre 2002 ihren Haushalt mit einem Partner bzw. einer Partnerin. Dabei ist zu bedenken, dass ihr Anteil ohne Berücksichtigung der 70- bis 85-Jährigen noch deutlich höher ausfallen würde. In der ältesten Altersgruppe leben 2002 nur noch wenig mehr als die Hälfte (53,2 Prozent) gemeinsam mit ihrem Partner. Hier zeigt sich auch der durch die unterschiedliche Lebenserwartung bedingte Geschlechtsunterschied – ältere Männer leben häufiger in Paarhaushalten als Frauen. Ein Drittel (32,6 Prozent) der Befragten des Jahres 2002 gibt an, dass in ihrem Haushalt Kinder leben. Dies betrifft jedoch vorwiegend die Jüngeren, die noch die Erziehungsverantwortung für minderjährige Kinder haben. Dementsprechend leben mehr als drei Viertel der angegebenen Kinder in den Haushalten 40- bis 54-jähriger Befragter, lediglich 5 Prozent in jenen der ältesten Altersgruppe (70-85 Jahre).

Ein Ergebnis der Ersterhebung des Alterssurveys im Jahre 1996 war es, dass in Deutschland Haushalte mit drei oder mehr Generationen die absolute Ausnahme bilden und dass der Anteil von Personen ohne Angehörige anderer Generationen im selben Haushalt mit zunehmendem Alter stark zunimmt (Kohli et al., 2000). Wenn man die Vorgehensweise aus Welle 1 unter Verwendung des von Kohli et al. (2000) benutzten Konzepts der Generationen-Konstellationen repliziert[6], ergeben sich für das Jahr 2002 ähnliche Ergebnisse wie 1996 (vgl. Tabelle 5). Während in der Gruppe der 40- bis 54-Jährigen Zwei-Generationen-Haushalte mit Kindern dominieren, sind in den beiden älteren Altersgruppen Ein-Generationen-Haushalte mit Abstand am weitesten verbreitet.

Tabelle 5 enthält jedoch auch Hinweise auf eine im Vergleich zu Welle 1 bemerkenswerte Veränderung: in den beiden jüngeren Altersgruppen (also bei den 40- bis 69-Jährigen) ist eine deutliche Verschiebung des Anteils von Zwei-Generationen-Haushalten hin zu Ein-Generationen-Haushalten festzustellen. In der Gruppe der 40- bis 54-Jährigen nahm der Anteil der Ein-Generationen-Haushalte zwischen 1996 und 2002 um 6,7 Prozentpunkte zu, bei den 55- bis 69-Jährigen betrug der Zuwachs 7,4 Prozentpunkte; in der ältesten Altersgruppe (70-85 Jahre) hingegen ist der Anteil nahezu konstant geblieben. Besonders stark fällt der Anstieg in der jüngsten Altersgruppe der 40- bis 54-Jährigen aus, in der sich der Anteil von Einpersonenhaushalten im Vergleich zu 1996 beinahe verdoppelt hat.

Tabelle 5: Haushaltsbezogene Generationen-Konstellationen nach Altersgruppen, 1996 und 2002 (in Prozent)

	40-54		55-69		70-85		40-85	
	1996	2002	1996	2002	1996	2002	1996	2002
1 Generationen	31,6	38,3	74,8	82,2	91,5	92,2	58,1	65,8
– Einpersonen	6,8	12,7	15,5	16,6	41,3	41,7	16,2	20,5
2 Generationen	65,4	59,3	23,4	16,6	6,6	6,8	39,5	32,5
– mit Eltern	2,3	1,5	2,8	1,8	0,3	0,2	2,1	1,3
– mit Kindern	62,9	57,6	19,8	14,7	5,6	6,0	36,9	30,9
3 Generationen	3,0	2,4	1,8	1,2	1,9	1,0	2,4	1,7
– Eltern/Kinder	2,7	2,3	0,8	0,2	–	–	1,5	1,1
– Kinder/Enkel	0,1	0,1	0,7	1,0	1,9	1,0	0,7	0,6
N	1.718	1.064	1.777	1.015	1.339	1.003	4.838	3.082

Quelle: Alterssurvey 1996 Basisstichprobe (n= 4.834) und 2002 Replikationsstichprobe (n= 3.082), gewichtete Daten

---

6 Dabei werden auch Seitenverwandte, die einer anderen Generation angehören (Tante, Onkel, Nichte, Neffe) und Schwiegerkinder in die Bestimmung der Generationenzahl einbezogen, sofern sie im selben Haushalt wie die Befragten wohnen.

Diese Veränderungen korrespondieren mit einem starken Rückgang des Anteils von Zwei-Generationen-Haushalten mit Kindern in den beiden jüngeren Altersgruppen (40- bis 54-Jährige: minus 5,3 Prozentpunkte; 55- bis 69-Jährige: minus 5,1 Prozentpunkte). Weniger als zwei Prozent der 40- bis 85-jährigen deutschen Bevölkerung lebt 2002 in häuslicher Gemeinschaft mit zwei anderen, also insgesamt drei Generationen. Haushalte, in denen vier Generationen zusammen lebten, können in der zweiten Welle des Alterssurveys überhaupt nicht nachgewiesen werden.

Zurückkehrend zur Ausgangsfrage dieses Beitrages nach der Identifikation von sozialem Wandel stellt sich nun die Frage, ob neben den benannten Alterseffekten auch Kohorteneffekte identifiziert werden können. Tabelle 6 enthält die nach Geburtskohorten aufgeschlüsselten Ergebnisse der Querschnitte (Basis- und Replikationsstichprobe) beider Erhebungswellen. Die Altersspannen von jeweils sechs Jahren, auf denen der Kohortenvergleich beruht, sind in der ersten Spalte abgetragen, in den Spalten 2 und 3 folgt die Zuweisung der entsprechenden Geburtskohorten zum Erhebungszeitpunkt der Welle 1 (Spalte 2) und der Welle 2 (Spalte 3). Die Angaben zu Ein-, Zwei- und Drei-Generationen-Haushalten folgen derselben Logik. Das heißt, die Erhebungszeitpunkte 1996 und 2002 beziehen sich auf zwei unterschiedliche Geburtskohorten, die zum Interviewzeitpunkt gleich alt waren. Der Unterschied im Vergleich der beiden Erhebungszeitpunkte (z.B. 20,5 Prozent (1996) vs. 32,0 Prozent (2002) für Ein-Generationen-Haushalte) kann also als Kohorteneffekt interpretiert werden.

Tabelle 6: Haushaltsbezogene Generationen-Konstellationen nach Geburtskohorten, 1996 und 2002 (in Prozent)

Alter	Geburtskohorten 1996	Geburtskohorten 2002	1 Generation im Haushalt 1996	1 Generation im Haushalt 2002	2 Generationen im Haushalt 1996	2 Generationen im Haushalt 2002	3 Generationen im Haushalt 1996	3 Generationen im Haushalt 2002
40-45	1951-56	1957-62	20,5	32,0	76,3	66,6	3,3	1,4
46-51	1945-50	1951-56	31,8	36,1	65,3	60,2	2,9	3,7
52-57	1939-44	1945-50	59,0	60,9	38,4	37,5	2,6	1,6
58-63	1933-38	1939-44	73,5	82,1	24,5	16,7	1,9	1,3
64-69	1927-32	1933-38	86,2	88,4	12,7	10,3	1,0	1,2
70-75	1921-26	1927-32	91,2	92,3	7,4	7,1	1,4	0,6
76-81	1915-20	1921-26	93,7	93,9	4,7	5,9	1,7	0,2

Quelle: Alterssurvey 1996 Basisstichprobe (n= 4.641) und 2002 Replikationsstichprobe (n= 2.981), gewichtete Daten

Wie aus Tabelle 6 ersichtlich wird, ist die Tendenz einer Zunahme des Anteils von Ein-Generationen- auf Kosten einer Abnahme des Anteils von Zwei-Generationen-Haushalten auch im Kohortenvergleich festzustellen. Das betrifft vor allem die beiden jüngsten Kohorten, also die 40- bis 51-Jährigen. Neben dieser aus dem normalen Familienzyklus erklärbaren Veränderung (Auszug der Kinder) fällt jedoch eine ältere Geburtskohorte auf, für die eine deutliche Veränderung konstatiert werden kann – die 58- bis 63-Jährigen. Bei diesen Geburtsjahrgängen, die heute den Übergang in den Ruhestand vollziehen, handelt es sich um die in der Zeit des Nationalsozialismus (1996: Geburtsjahrgänge 1933-38) bzw. während des Zweiten Weltkriegs (2002: Geburtsjahrgänge 1939-44) Geborenen.

Im Ergebnis der Betrachtung der beiden Querschnitte aus Erst- und Zweiterhebung des Alterssurveys kann also festgehalten werden, dass sich die generationenbezogene Haushaltsstruktur seit 1996 deutlich verändert hat. Der zu Beginn dieses Beitrages in Ansätzen beschriebene demografische und familiale Wandel hat hier deutliche Spuren hinterlassen. Dementsprechend wird dieser Frage im Folgenden mit Daten aus der Panelstichprobe des Alterssurveys nachgegangen. Abbildung 6 enthält die drei Entwicklungsverläufe für die drei Altersgruppen, jeweils für den Untersuchungszeitraum 1996 bis 2002.

Abbildung 6: Entwicklung haushaltsbezogener Generationen-Konstellationen, 1996-2002 (in Prozent)

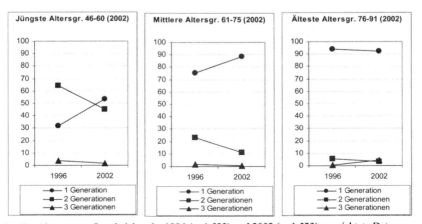

Quelle: Alterssurvey Panelstichprobe 1996 (n=1.522) und 2002 (n=1.523), gewichtete Daten

Vergleicht man die drei großen Altersgruppen in Abbildung 6 miteinander, so ergibt sich ein völlig unterschiedliches Bild. Auf den ersten Blick haben diese wenig gemein. Sieht man jedoch genauer hin, offenbaren sie die Kontinuität bestimmter Entwicklungstrends, namentlich der Verringerung des Anteils von Zwei-Generationen-Haushalten bei gleichzeitigem Anstieg des Anteils von Ein-Generationen-Haushalten mit zunehmendem Alter. In der jüngsten Altersgruppe der 1996 40- bis 54-Jährigen (linke Grafik in Abbildung 6) fällt dieser Alterseffekt besonders auf: während 1996 lediglich eine Minderheit in Ein-Generationen- und die große Mehrheit in Zwei-Generationen-Konstellationen lebte, hat sich dieses Verhältnis innerhalb der vergangenen sechs Jahre umgekehrt. Nun lebt die knappe Mehrheit in Ein-Generationen-Haushalten. Hintergrund dieser Entwicklung ist der verstärkte Auszug erwachsener Kinder aus dem Elternhaus gerade in diesem Zeitraum. Auch in der mittleren Altersgruppe der 2002 61- bis 75-Jährigen (mittlere Grafik) geht die Entwicklung eindeutig in Richtung Ein-Generationen-Haushalte. Fast alle 61- bis 75-Jährigen leben in Ein-Generationen-Haushalten. In der ältesten Altersgruppe (2002: 76 bis 91 Jahre) hat sich der Anteil von Ein-Generationen-Haushalten auf diesem hohen Niveau stabilisiert. Mit dem Eintritt in die Hochaltrigkeit erhöht sich jedoch auch das Angewiesensein auf Hilfe durch Familienangehörige. In einigen Fällen führte dies zum Zusammenzug in einen gemeinsamen Haushalt mit den erwachsenen Kindern, was sich – wenngleich auf niedrigem absoluten Niveau – in der Vervielfachung des Anteils von Drei-Generationen-Haushalten widerspiegelt. Drei-Generationen-Haushalte sind somit unter den 76- bis 91-Jährigen zumindest häufiger anzutreffen als Zwei-Generationen-Haushalte.

Zusammenfassend bleibt festzuhalten, dass die große Mehrheit der Menschen in der zweiten Lebenshälfte in einer Haushaltsgemeinschaft mit anderen lebt. Der demografische Wandel macht sich jedoch in der Haushaltszusammensetzung bemerkbar – im Vergleich zu 1996 hat sich sowohl der Anteil der Alleinlebenden als auch der von Zweipersonenhaushalten deutlich erhöht. Mit zunehmendem Alter verringert sich der Anteil von Menschen, die in Zwei-Generationen-Haushalten leben, zugunsten eines ebenso deutlichen Anstiegs des Anteils von Ein-Generationen-Haushalten. Neben dieser Entwicklung im Lebensverlauf zeichnet sich jedoch auch ein grundlegender Wandel der generationenbezogenen Haushaltszusammensetzung ab. Künftig werden in der zweiten Lebenshälfte Ein-Generationen-Haushalte dominieren, der Anteil von Mehr-Generationen-Haushalten wird weiter abnehmen. Dies geht einher mit dem Streben nach unabhängiger Lebensgestaltung bis ins hohe Lebensalter. Das deutet darauf hin, dass in der zweiten Lebenshälfte intergenerationale Beziehungen in Zukunft noch weniger im unmittelbaren Zusammenleben und gemeinsamen Wirtschaften innerhalb desselben Haushalts stattfinden werden. Daraus ergibt sich die Frage, wie es angesichts dieses Wandels der Formen des Zusammenlebens um die Bedeutung von intergenerationalen Beziehungen im erweiterten Familiennetzwerk bestellt ist. Das ist Gegenstand des folgenden Abschnittes.

5 Die Bedeutung familialer Generationenbeziehungen

Nachdem in den beiden vorangegangenen Abschnitten die Verbreitung von Generationen-Konstellationen einerseits und sich daraus ergebende Strukturen im Zusammenleben der Generationen und in der erweiterten Familie andererseits betrachtet wurden, widmet sich der nun folgende Abschnitt der Bedeutung von Generationenbeziehungen. Zunächst wird die subjektive Einschätzung der Familienbeziehungen durch die Befragten wiedergegeben sowie die Verbreitung des für den Zusammenhalt der Familie essenziellen Gefühls der Verbundenheit untersucht. Im weiteren Verlauf des fünften Abschnittes wird die Kontakthäufigkeit zwischen Eltern und Kindern analysiert.

5.1 Subjektive Bewertung von Familienbeziehungen

Familienbeziehungen spielen eine zentrale Rolle im Leben von Menschen in der zweiten Lebenshälfte. Dementsprechend gaben mehr als drei Viertel der Befragten des Alterssurveys bei der Erstbefragung im Jahre 1996 an, dass sie ihre Beziehung zu ihrer Familie als gut oder sehr gut einschätzen. Unter den Bedingungen gesellschaftspolitischer und ökonomischer Krisenerscheinungen hat die Familie in den letzten Jahren offenbar noch an Bedeutung gewonnen. So ist die Wertschätzung der Familie im Urteil der Teilnehmerinnen und Teilnehmer am Alterssurvey seit 1996 gestiegen: nahezu 80 Prozent der 40- bis 69-Jährigen und sogar etwas mehr als 80 Prozent der 70- bis 85-Jährigen schätzen im Jahre 2002 ihre Familienbeziehungen als sehr gut oder gut ein (vgl. Abbildung 7 auf der nächsten Seite)[7].

Die positive Bewertung hat in allen Altersgruppen zugenommen. Die größte Wertschätzung erfahren Familienbeziehungen in der ältesten Altersgruppe des Alterssurveys. Darüber hinaus berichteten Frauen generell positiver über Familienbeziehungen – im Jahre 2002 gibt es 82,1 Prozent, die sehr gute oder gute Beziehungen zur Familie angeben – gegenüber 78,4 Prozent der Männer. Dies bedeutete jedoch gleichzeitig für beide eine Steigerung um mehr als 3 Prozentpunkte gegenüber 1996. Diese überaus positive subjektive Bewertung der Fami-

---

[7] Der Wortlaut der Frage war: "Einmal insgesamt betrachtet, wie bewerten Sie Ihre derzeitige Beziehung zu Ihrer Familie?" (Frage 319)

lienbeziehungen ist auch über einen längeren Zeitraum stabil. So berichtet die überwältigende Mehrheit der Teilnehmerinnen und Teilnehmer am Alterssurvey 2002, dass ihre Beziehung zur Familie in den letzten sechs Jahren „gleich geblieben" ist. Auch hier sind die Zustimmungsraten bei den Älteren signifikant höher (40- bis 54-Jährige: 75 Prozent, 55- bis 69-Jährige: 80,6 Prozent; 70- bis 85-Jährige: 85,9 Prozent; jeweils gewichtete Daten). Mehr als 90 Prozent der Menschen in der zweiten Lebenshälfte erwarten zudem, dass sich ihre Familienbeziehungen auch in Zukunft nicht verändern werden. Die Analyse der hier nicht grafisch dargestellten Panelstichprobe weist im Längsschnitt einen klaren Alternseffekt nach. Der Anteil derjenigen, die ihre familialen Beziehungen als sehr gut oder gut einschätzen, ist bei den nun sechs Jahre Älteren noch einmal deutlich angestiegen. Diese Entwicklung lässt sich für jede einzelne Altersgruppe zeigen.

Abbildung 7: Subjektive Bewertung der Beziehung zur Familie, 1996 und 2002

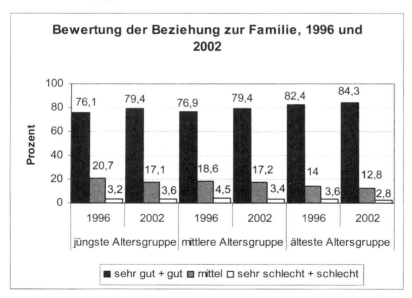

Quelle: Alterssurvey Basisstichprobe 1996 (n= 4.660) und Replikationsstichprobe 2002 (n= 2.999), gewichtete Daten

Mehr Bedeutung noch als der allgemeinen Bewertung der Beziehungen zur Familie wird dem Gefühl der Verbundenheit mit den am nächsten stehenden Familienangehörigen eingeräumt. Dieses Maß wurde in den wechselseitigen Beziehungen zwischen Eltern und Kindern zu beiden Untersuchungszeitpunkten erhoben. Der Tatbestand, dass die Wahrnehmung großer Verbundenheit innerhalb der Familie für Erhalt bzw. Leistung von sozialer Unterstützung förderlich ist, wurde in der Vergangenheit vielfach empirisch nachgewiesen. Dabei sehen Eltern ihre Beziehung zu ihren Kindern oft als enger an als diese im umgekehrten Verhältnis (Bengtson & Kuypers, 1971; Giarusso et al., 1995; Kohli et al., 2000). Im Alterssurvey wurden die Befragten gebeten, ihre derzeitige Beziehung zu ihren Kindern einerseits und zu ihren Eltern andererseits zu bewerten. Dazu wurde ihnen als Antwortmöglichkeiten eine 5er-Skala mit den Ausprägungen „Sehr eng", „Eng", „Mittel", „Weniger eng" und „Überhaupt nicht eng" vorgelegt.

Auf der Grundlage dieser Alterssurvey-Daten ist von einer Krise der Familienbeziehungen nichts zu spüren: 94 Prozent der Befragten berichten ein „sehr enges" oder „enges" Verhältnis zu ihren jugendlichen oder erwachsenen Kindern[8], mehr als zwei Drittel sogar ein „sehr enges". Das gilt für alle Altersgruppen und Geburtskohorten ebenso wie für alte und neue Bundesländer. Im Kohortenvergleich hat sich daran ebenso wenig geändert wie in der Längsschnittbetrachtung. Frauen berichten ein noch größeres Gefühl der Verbundenheit als Männer – wenngleich auch mehr als 90 Prozent der Männer angeben, sich „sehr eng" oder „eng" mit ihren Kindern verbunden zu fühlen. Umgekehrt zeichnen sich auch die Beziehungen der Befragten zu ihren Eltern durch hohe Verbundenheitswerte aus, wenngleich nicht auf ganz so hohem Niveau wie zu den Kindern. „Sehr enge" oder „enge" Beziehungen zu ihren Eltern berichteten etwa drei Viertel der Befragten.

In einem ersten Zwischenfazit kann festgehalten werden, dass die übergroße Mehrheit der Eltern-Kind-Beziehungen in der zweiten Lebenshälfte durch ein Gefühl enger oder sogar sehr enger Verbundenheit charakterisiert werden. Daran hat sich auch in den vergangenen sechs Jahren nichts geändert. Der von Menschen in der zweiten Lebenshälfte wahrgenommene Zusammenhalt innerhalb von Familien wird also durch ein hohes Maß an Stabilität und Kontinuität gekennzeichnet.

---

8   Berücksichtigt wurden hier nur Kinder ab 16 Jahren. Sofern die Befragten mehrere Kinder haben, beziehen sich die Angaben auf das Kind mit den engsten Beziehungen.

5.2 Kontakthäufigkeit

Ein weiteres Maß für die Bedeutung von Familie ist die Kontakthäufigkeit zwischen ihren Mitgliedern. Es ist sicherlich unbestritten, dass es einen Zusammenhang zwischen Wohnentfernung und Kontakthäufigkeit gibt. Allerdings haben moderne Kommunikationsmedien dazu beigetragen, dass wechselseitige Kommunikation nicht länger an die physische Präsenz beider Interaktionspartner/innen geknüpft ist. Anders sieht es hingegen bei der Leistung von sozialer Unterstützung aus. Während kognitive, emotionale und finanzielle Unterstützung bis zu einem gewissen Grad auch ohne physische Präsenz des Hilfeleistenden erfolgen kann, trifft dies für instrumentelle Unterstützung nicht zu. Im Folgenden wird die Kontakthäufigkeit der befragten Eltern zu ihren Kindern einerseits bzw. zu ihren Eltern andererseits untersucht.

Das Konstrukt der Kontakthäufigkeit impliziert verschiedene Kommunikationsformen, wie z.B. persönlicher Kontakt, Telefonate, Briefe-, E-Mail- oder SMS-Schreiben. Im Alterssurvey wird nicht nach der Art der Kommunikation differenziert, sondern lediglich die Häufigkeit des Kontakts erfasst. Analog zur Vorgehensweise bei der Messung der Wohnentfernung wurde dieser in der Eltern-, Kinder- und Netzwerkmatrix mittels einer 7-Punkte-Skala mit den Ausprägungen „täglich", „mehrmals pro Woche", „einmal pro Woche", „ein- bis dreimal im Monat", „seltener" und „nie" gemessen. Nachstehende Tabelle 7 gibt einen Überblick über die Kontakthäufigkeit der Befragten zu demjenigen ihrer Kinder ab 16 Jahren, mit dem sie am häufigsten kommunizieren.

Tabelle 7: Kontakthäufigkeit zu dem Kind ab 16 Jahren mit den meisten Kontakten, 1996 und 2002 (in Prozent)

	40-54		55-69		70-85		40-85	
	1996	2002	1996	2002	1996	2002	1996	2002
Täglich	74,3	72,8	50,6	41,8	47,7	42,2	59,5	52,4
Mindestens wöchentlich	19,5	20,2	37,4	48,3	40,5	46,0	30,9	38,2
Weniger häufig	5,4	5,5	11,2	8,8	10,8	11,4	8,8	8,3
Nie	0,7	1,5	0,8	1,2	1,1	0,4	0,8	1,1
N	1.215	694	1.539	913	1.144	873	3.898	2.480

Quelle: Alterssurvey Basisstichprobe 1996 (n= 3.898) und Replikationsstichprobe 2002 (n= 2.480), gewichtete Daten

Insgesamt betrachtet, hat mehr als die Hälfte der Teilnehmer und Teilnehmerinnen am Alterssurvey täglich Kontakt zu mindestens einem ihrer Kinder (vgl. rechte Spalte in Tabelle 7). Etwa 90 Prozent stehen mindestens einmal pro Woche mit einem ihrer Kinder in Verbindung. Zwischen 1996 und 2002 gab es jedoch einen deutlichen Rückgang der maximalen Kontakthäufigkeit – der Anteil von mindestens täglichen Interaktionen hat sich von knapp 60 auf wenig mehr als 50 Prozent reduziert, zugleich nahm der Anteil der zweithäufigsten Kategorie („mehrmals wöchentlich") ebenso deutlich zu. Es sei an dieser Stelle noch einmal das Ergebnis tendenziell zunehmender Wohnentfernungen in Erinnerung gerufen (vgl. Abschnitt 4.1.). Im Vergleich zu 1996 hat sich die Wohnentfernung zum nächstwohnenden Kind erhöht – dementsprechend hat auch die Kontakthäufigkeit abgenommen. Eine nach Altersgruppen differenzierte Betrachtung offenbart, dass diese in Anbetracht des kurzen Zeitraums von sechs Jahren erstaunlich klare Veränderung ihren Ausgangspunkt in der mittleren und älteren Altersgruppe, also bei den 55- bis 85-Jährigen, hat. In diesen Familien leben die Kinder in der Regel nicht mehr im elterlichen Haushalt.

Mit Hilfe eines Kohortenvergleichs lässt sich diese Gruppe genauer eingrenzen: Demzufolge sind von dieser Entwicklung vor allem die 52- bis 63-Jährigen betroffen, also die Menschen, die sich kurz vor dem oder bereits im Übergang in den Ruhestand befinden. Während in den Geburtskohorten 1945/50 54 Prozent täglich Kontakt zu ihren Kindern haben, sind das bei den 1939/44 Geborenen nur 38 Prozent. Danach – bei den noch früher geborenen Jahrgängen – steigt der Anteil täglicher Kontakte wieder leicht auf über 40 Prozent an. Bisher ist die Familienforschung davon ausgegangen, dass am Übergang in den Ruhestand eine Rückbesinnung auf die Familie und auf andere Netzwerkaktivitäten stattfindet. Stellt dieser Befund die Rückbesinnungsthese infrage? Könnte es sich hier um die Vorboten langfristigen sozialen Wandels handeln? Der in Abschnitt 4.1 erwähnte Befund einer zwischen 1996 und 2002 insbesondere bei den 52- bis 63-Jährigen zugenommenen Wohnentfernung zu den Kindern deutet darauf hin, dass mehr junge Erwachsene aus beruflichen oder ausbildungsbezogenen Gründen weiter wegziehen vom elterlichen Haushalt und dadurch die Möglichkeiten für tägliche Kontakte abnehmen. Welche Ursachen für den festgestellten Rückgang täglicher Kontakte zwischen Eltern und ihren erwachsenen Kindern im Einzelnen verantwortlich sind, sollte in zukünftigen vertiefenden Analysen genauer untersucht werden.

Angesichts dieser deutlichen Veränderungen kommt der Längsschnittperspektive in dieser Frage besondere Bedeutung zu. Gibt es auch auf der individuellen Ebene mit zunehmendem Alter starke Veränderungen? Besonderes Augenmerk gilt angesichts des obigen Ergebnisses der mittleren Altersgruppe – und hierbei insbesondere den Kohorten, die seit 1996 den Übergang in den Ruhestand vollzogen haben. Die nachstehende Abbildung 8 fasst die diesbezüglichen Entwicklungsverläufe zwischen 1996 und 2002 zusammen. Sie erbringt den Nachweis einer klaren Abnahme der Kontakthäufigkeit zwischen Eltern und ihren erwachsenen Kindern im Verlauf der beobachteten sechs Lebensjahre. Ob es sich hierbei um einen Alterseffekt handelt, kann nicht eindeutig beantwortet werden. Möglich wäre auch ein Periodeneffekt, der alle gleichermaßen betrifft. Für alle drei Altersgruppen kann im Verlauf der letzten sechs Jahre ein deutlicher Rückgang täglicher Kontakte bei paralleler Zunahme ein- bis mehrmaliger Interaktionen pro Woche konstatiert werden. Dasselbe gilt auch im Vergleich zwischen der jüngsten und den beiden älteren Altersgruppen. Es gibt jedoch eine sehr große Ähnlichkeit der Verläufe in den beiden älteren Altersgruppen.

Abbildung 8: Entwicklung der Kontakthäufigkeit zum Kind ab 16 Jahren mit den meisten Kontakten, 1996 und 2002 (in Prozent)

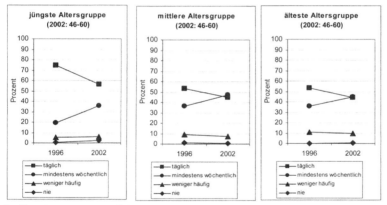

Quelle: Alterssurvey Panelstichprobe 1996 und 2002 (n= 1.185); Personen, die zu beiden Befragungszeitpunkten Angaben zur Kontakthäufigkeit gemacht haben, gewichtete Daten

Im Folgenden wenden wir uns nun der umgekehrten Seite der Beziehungsrolle der Befragten zu: der Häufigkeit ihrer Kontakte zu den eigenen Eltern. Tabelle 8 auf der nächsten Seite enthält den Altersgruppenvergleich der Kontakthäufigkeit zu den Eltern. Hat es hier ähnlich starke Veränderungen seit 1996 gegeben wie in der Beziehung zu den erwachsenen Kindern? Zunächst fällt auf, dass Menschen in der zweiten Lebenshälfte grundsätzlich weniger häufig Kontakt zu ihren

Eltern[9] als zu ihren Kindern haben. Waren in der Interaktion mit Kindern tägliche Kontakte mit zumindest einem Kind die Regel, so dominieren im Verhältnis zu den Eltern ein- oder mehrmalige Kontakte pro Woche. Verglichen mit der Kontakthäufigkeit zu Kindern fällt auch der Anteil von einem knappen Fünftel auf, der zu seinen Eltern weniger häufig als wöchentlich Kontakt hat.

Der Querschnittsvergleich zwischen 1996 und 2002 zeigt in der Beziehung zu den Eltern mehr Stabilität als in dem zu Kindern. Allerdings gab es auch hier spürbare Veränderungen, vor allem in der Gruppe der 40- bis 54-jährigen Befragten: So ist in dieser Gruppe der Anteil täglicher Kontakte seit 1996 zugunsten wöchentlicher Interaktionen zurückgegangen. In der mittleren Altersgruppe der 55- bis 69-Jährigen hingegen nahm die Kontakthäufigkeit zu. In dieser Altersgruppe machen Gebrechlichkeit oder gar Pflegebedürftigkeit der Eltern ein höheres Maß an Aufmerksamkeit erforderlich. Auch 2002 gibt es in der ältesten Altersgruppe der 70- bis 85-Jährigen immerhin noch 10 Personen, die angeben, dass wenigstens ein Elternteil noch am Leben sei. Angesichts der geringen Fallzahl wurde jedoch auf eine Auszählung und Interpretation der Ergebnisse verzichtet.

Tabelle 8: Kontakthäufigkeit zum Elternteil mit den meisten Kontakten, 1996 und 2002 (in Prozent)

	40-54 1996	40-54 2002	55-69 1996	55-69 2002	70-85 1996	70-85 2002	40-85 1996	40-85 2002
Täglich	26,9	21,8	34,6	34,7	/	/	28,5	24,4
Mindestens wöchentlich	49,3	56,9	44,1	48,2	/	/	48,2	55,1
Weniger häufig	21,9	19,4	20,5	15,7	/	/	21,7	18,7
Nie	1,9	1,9	0,8	1,5	/	/	1,6	1,8
N (ungewichtet)	1.173	804	385	200	14	10	1.572	1.014

Quelle: Alterssurvey Basisstichprobe 1996 (n= 1.572) und Replikationsstichprobe 2002 (n= 1.014), gewichtete Daten
Signifikanz der Unterschiede: $p < .05$.

Abschließend erfolgt ein Blick auf die individuellen Entwicklungsverläufe für die beiden jüngeren Altersgruppen auf Basis der Panelstichprobe. Diese sind in der nachfolgenden Abbildung 9 dargestellt. Im Unterschied zum Kohortenvergleich zeigt sich bei den individuellen Entwicklungen in den sechs Lebensjahren

---

9 Wie bei den Kindern wird die Kontakthäufigkeit zum Elternteil mit den häufigsten Kontakten betrachtet.

kein Rückgang der täglichen Kontakte zu den Eltern. Im Gegenteil: Bei beiden Altersgruppen haben die täglichen und die ein- bis mehrmals pro Woche stattfindenden Kontakte zu den Eltern leicht zugenommen. Dies spricht dafür, dass mit dem Älterwerden betagter und hochbetagter Eltern, die nicht selten auch mit Verlusten nahestehender Personen der gleichen Generation verbunden sind (Partner, Geschwister, Freunde), den Kindern, eine weiter wachsende Bedeutung zukommt und sie diese auch wahrnehmen. Es überlagern sich also zwei Entwicklungen: die in der Kohortenabfolge abnehmende Prävalenz täglicher Kontakte der über 40-Jährigen zu ihren Eltern mit der im Verlauf der zweiten Lebenshälfte relativ stabilen bis leicht zunehmenden Kontakthäufigkeit zu den betagten Eltern.

Abbildung 9: Entwicklung der Kontakthäufigkeit zu den Eltern, 1996 und 2002 (in Prozent)

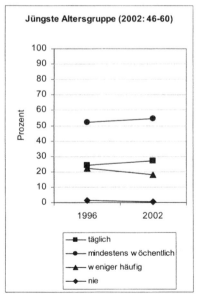
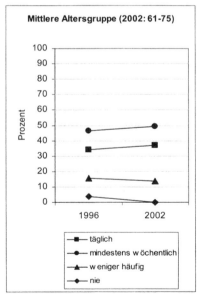

Quelle: Alterssurvey Panelstichprobe 1996 und 2002 (n=396); Personen, die zu beiden Befragungszeitpunkten Angaben zur Kontakthäufigkeit (zum Elternteil mit den häufigsten Kontakten) gemacht haben, gewichtete Daten

Zusammenfassend kann festgehalten werden, dass sich die Kontakthäufigkeit seit 1996 insgesamt leicht verringert hat. Der Anteil täglicher Interaktionen hat sich verringert, während der Anteil ein- oder mehrmaliger Kontakte pro Woche zugenommen hat. Bei diesem Befund könnte es sich zum einen um ein Indiz für größere wechselseitige Unabhängigkeit als Konsequenz fortgesetzter Individualisierungstendenzen in unserer Gesellschaft handeln. Es könnte sich jedoch auch um erste Anzeichen einer beginnenden Überlastung individueller Akteure, die sich im Alltag zwischen Familie und Beruf aufreiben, handeln. Es sollte die Aufgabe vertiefender Analysen sein, dies näher zu ergründen.

Zum Abschluss dieses Abschnittes kann festgehalten werden, dass die Menschen in der zweiten Lebenshälfte ihren Beziehungen zu anderen Familienmitgliedern große Bedeutung beimessen. Das kommt sowohl in dem ausgeprägten Gefühl der Verbundenheit zwischen Eltern und Kindern als auch in der subjektiven Einschätzung der vergangenen, gegenwärtigen und zukünftigen Familienbeziehungen zum Ausdruck. Im Widerspruch dazu stehen allerdings die tendenziell zunehmende Wohnentfernung und die tendenziell abnehmende Kontakthäufigkeit.

6 Leistung und Erhalt von sozialer Unterstützung

Im Zuge der öffentlichen Diskussion um den demografischen Wandel wird immer wieder die Sorge geäußert, dass die abnehmende Kinderzahl in deutschen Familien bei gleichzeitiger Zunahme der Anzahl hochaltriger Personen in Zukunft zu einer Überlastung familialer Unterstützungsnetzwerke führen wird. Das gängige Altersbild, welches darin implizit zum Ausdruck kommt, ist das der hilfebedürftigen Alten, die auf Unterstützung ihrer Kinder und anderer Familienangehöriger angewiesen sind. Dieses Image weist älteren Menschen eine passive Rolle als Empfänger von Unterstützung zu. Nachdem sie im Verlauf ihres Lebens Unterstützung gegeben haben, sind sie nun in der Rolle des Unterstützungsempfängers angelangt. Im Gegensatz zu dieser pauschalen Annahme mehren sich die Hinweise aus der Forschung, dass gerade die Älteren ganz entscheidende Hilfen für die Jüngeren bereitstellen und etwa durch die Betreuung ihrer Enkel – und nicht zuletzt durch die Gewährung finanzieller Unterstützung helfen, deren Lebensstandard zu verbessern bzw. aufrechtzuerhalten. Die Untersuchung dieser intergenerationalen Transferströme hatte in den Auswertungen der ersten Welle des Alterssurveys einen prominenten Stellenwert. Die Ergebnisse sind inzwischen in zahlreichen Publikationen veröffentlicht worden (z. B. Kohli et al., 2000; Künemund & Hollstein, 2000; Motel & Szydlik, 1999; Motel-Klingebiel, 2000). Wie gezeigt werden konnte, leisten ältere Menschen noch bis ins hohe

Alter hinein soziale Unterstützung. Die Ausweitung der Datenbasis um eine zweite Welle bietet erweiterte Möglichkeiten zur Beschreibung des Austauschs von sozialer Unterstützung. Gegenstand dieses Abschnittes ist eine Bestandsaufnahme von Leistung und Erhalt sozialer Unterstützung[10].

Wie bereits gezeigt wurde, gibt es einen Trend der Abnahme der Anzahl sozialer Kontakte mit zunehmendem Alter. Daraus auch eine lineare Abnahme des Empfangs und der Bereitstellung informeller Unterstützung zu schlussfolgern, wäre allerdings voreilig. Künemund & Hollstein (2000, S.242ff.) konstatieren unterschiedliche Verläufe nach Unterstützungstyp und Geschlecht. Es gibt eine Reihe einflussreicher Typologien von Unterstützungsarten (beispielsweise Pearson, 1990; Cutrona & Suhr, 1994). Diewald (1991) unterscheidet 16 Formen sozialer Unterstützung, differenziert nach den drei Dimensionen „konkrete Interaktion", „Anerkennung" und „emotionale Unterstützung" (Diewald, 1991). Die folgenden Analysen berücksichtigen allein konkrete Interaktionsformen: (a) kognitive, (b) emotionale, (c) instrumentelle und (d) finanzielle Unterstützung (Künemund & Hollstein, 2000; Kohli et al., 2000). Dabei wurden einerseits Leistung und Erhalt instrumenteller Unterstützung und materieller Transfers (Tabelle 9) und andererseits Leistung und Erhalt kognitiver Unterstützung und emotionaler Hilfe (Tabelle 10) gegenübergestellt.

Unterstützungsleistung und Unterstützungserhalt wurden im Alterssurvey folgendermaßen operationalisiert. Für jeden einzelnen Unterstützungstyp (kognitiv, emotional, instrumentell, finanziell) wurde zunächst in einem ersten Schritt die erwartete Verfügbarkeit, also das Unterstützungspotenzial, erfragt. Dies geschah aufgrund der folgenden Frage (Beispiel für Erfassung kognitiver Unterstützung, Frage 700): „Wenn Sie wichtige persönliche Entscheidungen zu treffen haben: Hätten Sie da jemanden, den Sie um Rat fragen können?" Eine analoge Filterfrage gab es auch für alle anderen Unterstützungstypen. Emotionale Unterstützung wurde durch folgende Frage erfasst: „An wen könnten Sie sich wenden, wenn Sie einmal Trost oder Aufmunterung brauchen, z.B. wenn Sie traurig sind." Eine Besonderheit betrifft die Abfrage instrumenteller Unterstützung, die mittels „Arbeiten im Haushalt, z.B. beim Saubermachen, bei kleinen Reparaturen oder beim Einkaufen" operationalisiert wurde: Hier wurden nur Personen berücksichtigt, die nicht im selben Haushalt leben. Finanzielle Unterstützung wurde mit Hilfe der Frage nach „Geldgeschenken, größeren Sachgeschenken oder regelmäßiger finanzieller Unterstützung" abgefragt. Tatsächliche Inanspruchnahme oder Leistung von Hilfen wurde mit Hilfe der Frage nach der Unterstützungshäufigkeit in den letzten 12 Monaten gemessen (für eine detaillierte Darstellung zur Auswahl dieser Erhebungsinstrumente vgl. Künemund & Hollstein,

---

10 Im Verlauf dieses Beitrages werden die Begriffe „soziale Unterstützung" und „informelle Unterstützung" synonym gebraucht.

2000). Dabei geht es hier nicht um die angenommene Verfügbarkeit informeller Unterstützung, sondern um das härtere Kriterium der tatsächlichen Inanspruchnahme innerhalb der vergangenen 12 Monate. Diese wird der im gleichen Zeitraum *geleisteten* sozialen Unterstützung gegenübergestellt, um die Doppelrolle von Menschen in der zweiten Lebenshälfte als Empfänger oder Empfängerin von Unterstützung und als Unterstützungsleistende/Unterstützungsleistender von Anfang an im Zusammenhang betrachten zu können. Die Betrachtung beider Seiten ist wichtig, um der realen Lebenssituation älterer Menschen und ihrer Einbettung in soziale Netzwerke gerecht zu werden. Obwohl in familialen Netzen Unterstützung primär aufgrund des Bedürftigkeitsprinzips und nicht in Erwartung von Gegenleistungen (Reziprozitätsprinzip) bereitgestellt wird, so ist dennoch unbestritten, dass die Fähigkeit zur Reziprozität für die Empfänger sozialer Unterstützung eine wichtige Quelle von Selbstwertgefühl und damit nicht zuletzt Voraussetzung für die Inanspruchnahme von Unterstützung ist.

Beim Vergleich von geleisteter und erhaltener Unterstützung (Tabellen 9 und 10 auf den folgenden Seiten) fällt auf, dass Menschen in der zweiten Lebenshälfte bei allen Unterstützungstypen mehr Unterstützung an Andere leisten als sie selbst in Anspruch nehmen. Dies gilt für kognitive, emotionale, instrumentelle und finanzielle Unterstützung. Besonders groß ist diese Diskrepanz hinsichtlich finanzieller Unterstützung – hier greifen ältere Menschen anderen mehr als viermal so häufig unter die Arme als sie selbst finanzielle Hilfe in Anspruch nehmen. So unterstützen im Jahre 2002 31,3 Prozent der 40- bis 85-Jährigen andere finanziell während gerade einmal 7,5 Prozent selbst solche Leistungen in Empfang genommen haben (Tabelle 9). Auch der Anteil derer, die in den letzten 12 Monaten emotionale Unterstützung geleistet haben, ist mit 83,9 Prozent deutlich höher als der derjenigen, die im selben Zeitraum selbst Trost suchten (67,4 Prozent) (Tabelle 10). Im gleichen Zeitraum leisteten 29,6 Prozent der 40- bis 85-Jährigen instrumentelle Hilfen, während 25 Prozent von ihnen solche Unterstützung erhielten (Tabelle 9). Betrachten wir die kognitive Unterstützung, so leisteten 84,7 Prozent der 40- bis 85-Jährigen Hilfe und 76 Prozent erhielten sie (Tabelle 10).

Insgesamt ergibt der Vergleich der beiden Erhebungszeitpunkte 1996 und 2002 ein Bild relativer Stabilität. Der informelle Austausch von Unterstützungsleistungen funktioniert also nach wie vor, trotz sich verändernder gesellschaftlicher Rahmenbedingungen. Allerdings gilt das nicht für alle Unterstützungstypen uneingeschränkt. Während sich die finanziellen Unterstützungsmuster gegenüber von 1996 als erstaunlich stabil erwiesen haben (Leistung 1996 und 2002 jeweils 31 Prozent; Erhalt 1996: 8,4 Prozent, 2002: 7,5 Prozent), haben die Menschen in der zweiten Lebenshälfte 2002 sowohl deutlich weniger häufig Unterstützung im Haushalt erfahren (minus 5,6 Prozent im Vergleich zu 1996) als auch selbst an andere geleistet (minus 4,7 Prozent). Hierbei handelt es sich höchstwahrscheinlich um einen Effekt der tendenziell zunehmenden Wohnentfernung zu den eigenen Kindern. Auch bei Betrachtung von emotionaler und kognitiver Unterstützung fällt ein geringfügiger Rückgang der Häufigkeit von Unterstützungsleistungen auf.

Tabelle 9: Leistung und Erhalt instrumenteller Unterstützung und materieller Transfers (in Prozent)

		Instrumentelle Unterstützung			Geld- und Sachtransfers		
		Männer	Frauen	Gesamt	Männer	Frauen	Gesamt
Leistung						
1996	40-54 Jahre	44,0	39,5	41,8	28,6	30,0	29,3
	55-69 Jahre	33,9	31,8	32,8	32,8	32,4	32,6
	70-85 Jahre	20,4	16,9	18,2	37,2	29,5	32,3
	Gesamt	36,9	31,8	*34,3*	31,4	30,8	*31,0*
2002	40-54 Jahre	38,9	35,6	37,3	27,5	26,7	27,1
	55-69 Jahre	34,3	24,2	29,1	38,1	35,1	36,6
	70-85 Jahre	17,1	14,7	15,6	34,8	28,6	31,0
	Gesamt	33,3	26,3	*29,6*	32,7	30,1	*31,3*
Erhalt						
1996	40-54 Jahre	33,6	25,8	29,8	11,5	13,9	12,7
	55-69 Jahre	25,9	26,9	26,4	5,0	5,8	5,4
	70-85 Jahre	36,2	44,3	41,3	2,2	4,1	3,4
	Gesamt	31,1	30,2	*30,6*	7,8	9,0	*8,4*
2002	40-54 Jahre	25,4	19,9	22,7	10,2	13,1	11,6
	55-69 Jahre	24,1	17,5	20,7	4,3	6,6	5,5
	70-85 Jahre	30,2	40,0	36,3	1,6	3,3	2,7
	Gesamt	25,8	24,2	*25,0*	6,5	8,4	*7,5*

* sofern vorhanden.
Quelle: Alterssurvey Basisstichprobe 1996 (n=4.791) und Replikationsstichprobe 2002 (n=3.065), gewichtet.

Abgesehen von wenigen Ausnahmen erbringen Menschen in der zweiten Lebenshälfte grundsätzlich mehr soziale Unterstützung als sie von anderen erhalten. Insgesamt ist festzuhalten, dass die 40- bis 54-Jährigen (entsprechend ihrer Leistungsfähigkeit) bei allen immateriellen Unterstützungsarten den größten Anteil der Hilfeleistungen erbringen. Im Gegensatz dazu leisten die 55- bis 85-Jährigen den größten Teil der finanziellen Unterstützung.

Tabelle 10: Leistung und Erhalt kognitiver Unterstützung und emotionaler Hilfe (in Prozent)

		Kognitive Unterstützung			Emotionale Hilfe		
		Männer	Frauen	Gesamt	Männer	Frauen	Gesamt
	Leistung						
	40-54 Jahre	90,8	92,1	91,5	84,6	91,1	87,8
1996	55-69 Jahre	85,8	87,8	86,8	78,6	85,9	82,2
	70-85 Jahre	80,6	79,9	80,2	75,1	81,3	79,0
	Gesamt	87,5	88,0	*87,7*	81,0	87,1	*84,2*
	40-54 Jahre	88,4	93,7	91,0	85,3	93,4	89,3
2002	55-69 Jahre	83,1	83,6	83,4	80,6	86,1	83,4
	70-85 Jahre	73,2	75,6	74,7	69,3	77,2	74,2
	Gesamt	83,7	85,5	*84,7*	80,7	86,7	*83,9*
	Erhalt						
	40-54 Jahre	78,9	84,2	81,5	68,5	78,2	73,3
1996	55-69 Jahre	69,5	79,2	74,4	59,2	73,5	66,4
	70-85 Jahre	66,5	73,8	71,1	59,0	69,5	65,6
	Gesamt	73,7	80,2	*77,1*	63,7	74,7	*69,4*
	40-54 Jahre	77,0	83,0	80,0	65,1	82,7	73,8
2002	55-69 Jahre	72,5	75,7	74,2	56,1	68,3	62,4
	70-85 Jahre	64,9	74,9	71,1	57,0	66,8	63,1
	Gesamt	73,2	78,4	*76,0*	60,4	73,6	*67,4*

* sofern vorhanden. Quelle: Alterssurvey Basisstichprobe 1996 (n= 4.791) und Replikationsstichprobe 2002 (n=3.065), gewichtet.

Nach Unterstützungstypen und Altersgruppen differenziert ergibt sich folgendes Bild:

(1) Kognitive Unterstützung: Rat und Entscheidungshilfen werden am häufigsten von den 40- bis 54-Jährigen erbracht – allerdings sind sie auch diejenigen, die umgekehrt am häufigsten kognitive Unterstützung in Anspruch nehmen. Auffällig ist jedoch der reduzierte Anteil *geleisteter* kognitiver Unterstützung in der ältesten Altersgruppe (1996: 87,7 Prozent, 2002: 84,7 Prozent).

(2) Emotionale Unterstützung: Hier ergibt sich ein ähnliches Bild wie bei kognitiver Unterstützung – in der jüngsten Altersgruppe der 40- bis 54-Jährigen wird sowohl am häufigsten Trost und Aufmunterung an Andere geleistet als auch selbst in Anspruch genommen. Verglichen mit 1996 dominiert die Kontinuität der Verhältnisse. Gestört wird dieser allgemeine Eindruck der Stabilität jedoch durch deutliche Veränderungen in zwei Altersgruppen: (a) Die 55- bis 69-Jährigen erhalten 2002 etwas weniger emotionale Unterstützung als noch sechs Jahre zuvor; (b) Ähnlich wie bei der kognitiven Unterstützung leisten die 70- bis 85-Jährigen 2002 erkennbar weniger emotionale Unterstützung.

(3) Instrumentelle Unterstützung: Das für beide Erhebungszeitpunkte beobachtete typische Muster ist entsprechend der jeweiligen körperlichen Voraussetzungen ein Plus geleisteter instrumenteller Hilfen in der jüngeren Altersgruppe, während die 70- bis 85-Jährigen mehr instrumentelle Unterstützung in Anspruch nehmen als sie selbst leisten. Dem Grundsatz nach hat sich daran in den letzten sechs Jahren nichts geändert. Der weiter oben konstatierte deutliche Rückgang von Leistung und Erhalt instrumenteller Unterstützung ist offenbar ein universelles Phänomen, das alle Altersgruppen gleichermaßen betrifft. Die Reduktionsraten sind jedoch sowohl auf der Leistungs- als auch auf der Empfangsseite in der jüngeren Altersgruppe am höchsten.

(4) Finanzielle Unterstützung: Im Hinblick auf finanzielle Unterstützung fällt das bereits erwähnte Missverhältnis zwischen Unterstützungsleistung und den in weitaus geringerem Umfang erhaltenen finanziellen Hilfen ins Auge. Der geringe Umfang des Erhalts informeller finanzieller Hilfen durch Menschen in der zweiten Lebenshälfte betrifft alle Altersgruppen, wobei die Divergenz zwischen Leistung und eigener Inanspruchnahme finanzieller Unterstützung in der ältesten Altersgruppe eindeutig am stärksten ausgeprägt ist. Während 40- bis 54-Jährige mehr als doppelt so häufig finanzielle Unterstützung leisten wie sie selbst empfangen, tun dies 55- bis 69-Jährige sogar mehr als sechsmal und 70- bis 85-Jährige mehr als elfmal so oft. Der schon aus Welle 1 bekannte geringe Umfang des Erhalts finanzieller Unterstützung (Kohli et al., 2000) hat sich praktisch nicht verändert. Bei der Leistung finanzieller Unterstützung sind für die jüngere und die ältere Altersgruppe geringfügige Verringerungen festzustellen. Auffallend ist

zudem ein deutlicher Anstieg der Unterstützungshäufigkeit durch die 55- bis 69-Jährigen.

Geschlechtsspezifische Diskrepanzen beschränken sich im Wesentlichen auf erwartbare Unterschiede. So leisten Männer (wie schon 1996) häufiger instrumentelle Unterstützung als Frauen. Beim Erhalt instrumenteller Unterstützung unterscheiden sie sich jedoch nicht. Umgekehrt erhalten Frauen öfter Rat und Entscheidungshilfen als Männer, während beide ungefähr gleich oft mit Rat zur Stelle sind. Die deutlichsten Unterschiede treten erwartungsgemäß bei der Leistung und dem Erhalt emotionaler Unterstützung auf – hier leisten und empfangen Frauen signifikant häufiger emotionale Hilfen. Es liegt nahe anzunehmen, dass Frauen emotional engere persönliche Beziehungen pflegen als dies bei Männern der Fall ist. Kaum Unterschiede zwischen den Geschlechtern gibt es im Hinblick auf Geld- und Sachtransfers.

Wie gezeigt wurde, waren Leistung und Erhalt sozialer Unterstützung zwischen 1996 und 2002 trotz des vergleichsweise kurzen Beobachtungszeitraums durchaus einigen Veränderungen ausgesetzt. Bei diesen Veränderungen handelte es sich überwiegend um leichte Rückgänge des Erhalts bzw. der Inanspruchnahme informeller Unterstützung. Weniger klar ist die Interpretation dieser Veränderungen. Wenn die Menschen in der zweiten Lebenshälfte weniger soziale Unterstützung erhalten, so könnte dies auf einen Mangel an Unterstützungsressourcen in ihrem familialen Umfeld hindeuten. Genauso gut könnte eine zurückgehende Inanspruchnahme informeller Unterstützungsleistungen aber auch eine Verbesserung der allgemeinen Lebensbedingungen dieser Menschen bedeuten, die eine Inanspruchnahme informeller Unterstützung nicht mehr benötigt.

7 Zusammenfassung und sozialpolitische Implikationen

Abschließend werden die wichtigsten Ergebnisse des vorliegenden Beitrages zusammengefasst. Auf dieser Grundlage werden im Anschluss daran sozialpolitische Handlungsempfehlungen formuliert. Ziel dieses Beitrages war es, den Wandel von Familiengenerationen zu untersuchen. Vier zentrale Fragestellungen standen im Mittelpunkt.

Wie verbreitet sind intergenerationale Beziehungen in der zweiten Lebenshälfte?

Generationenbeziehungen werden heute vor allem im „multilokalen Familienverbund" gelebt. Das Konzept der Generationen-Konstellationen gibt Auskunft über die Anzahl der Generationen und der Generationenstruktur in der erweiterten Familie. Die meisten Deutschen leben heute in Drei-Generationen-Konstellationen. In der zweiten Lebenshälfte zeichnen sich Generationen-Konstellationen durch ein hohes Maß an Kontinuität aus. Erste Anzeichen für die Auswirkungen des demografischen Wandels machen sich jedoch bemerkbar. Es konnte eine leichte Zunahme der Zwei-Generationen-Konstellationen zulasten der anderen Konstellationen beobachtet werden.

Wie gestaltet sich das Zusammenleben von Generationen?

Die große Mehrheit der Menschen in der zweiten Lebenshälfte lebt in einer Haushaltsgemeinschaft mit Anderen. Der demografische Wandel macht sich jedoch in der Haushaltszusammensetzung bemerkbar – im Vergleich zu 1996 hat sich sowohl der Anteil von Alleinlebenden, als auch der von Paaren ohne Kinder deutlich erhöht. Mit zunehmendem Alter verringert sich der Anteil von Menschen, die in Zwei-Generationen-Haushalten leben, zugunsten eines ebenso deutlichen Anstiegs des Anteils von Ein-Generationen-Haushalten. Neben dieser Entwicklung im Lebensverlauf zeichnet sich auch ein grundlegender Wandel der generationenbezogenen Haushaltszusammensetzung ab – mit dem weiteren Anstieg kinderloser Haushalte in den nächsten Jahren wird sich der Anteil von Ein-Generationen-Haushalten weiter erhöhen. Obwohl die überwiegende Mehrheit der Menschen in der zweiten Lebenshälfte in räumlicher Nähe zu ihren Kindern und Eltern lebt, ist die Wohnentfernung zwischen Eltern und Kindern 2002 größer als vor sechs Jahren. Vor allem der Anteil von am selben Ort lebenden Kindern hat im Vergleich zu 1996 abgenommen. Koresidenz von Eltern und erwachsenen Kindern ist 2002 noch weniger die Norm als vor sechs Jahren.

Welche Bedeutung haben intergenerationale Familienbeziehungen?

Die Beziehungen zu ihrer Familie werden von fast allen Befragten als positiv eingeschätzt. Sie haben sich gegenüber von 1996 sogar noch verbessert. In Einklang damit werden Eltern-Kind-Beziehungen durch ein Gefühl großer Verbundenheit charakterisiert. Die wichtigsten Kontaktpersonen sind und bleiben Familienangehörige. Im Gegensatz dazu hat sich allerdings die Kontakthäufigkeit zwischen Eltern und Kindern etwas verringert.

Wie unterstützen sich die Generationen innerhalb der Familie?

Das Bild der „hilfebedürftigen Alten" entspricht nicht der Realität. Menschen in der zweiten Lebenshälfte sind keineswegs die Kostgänger der jüngeren Generationen – im Gegenteil, sie leisten mehr Unterstützung als sie umgekehrt erhalten. Im Jahre 2002 hat sich dieses Missverhältnis noch verschärft – die Menschen in der zweiten Lebenshälfte erhalten jetzt noch weniger Unterstützung als vor sechs Jahren. Mit zunehmendem Lebensalter nimmt aber die Unterstützungsleistung ab. Parallel dazu steigt die Inanspruchnahme von instrumentellen Hilfen. Soziale Unterstützung wird überwiegend von Familienangehörigen geleistet. Die Anzahl von Hilfepersonen bleibt bis ins hohe Alter weitestgehend konstant.

Es stellt sich nun die Frage, was staatliche Sozialpolitik zur Stärkung intergenerationaler Familienbeziehungen beitragen kann. Die Institution Familie hat nach wie vor eine zentrale gesellschaftliche Bedeutung. Gerade in Zeiten eines tiefgreifenden Wandels der Gesellschaft gibt die Familie Halt. Durch die Pluralisierung von Lebensformen hat sich jedoch die Familie in ihrem äußeren Erscheinungsbild gewandelt. Der demografische Wandel führt zu veränderten Familienstrukturen. Deutschland zeichnet sich schon jetzt durch einen im internationalen Vergleich außergewöhnlich hohen Anteil von Einpersonenhaushalten aus. Generationenbeziehungen werden daher überwiegend jenseits der Haushaltsebene, in der „multilokalen Generationenfamilie" (Bertram, 2000) gelebt. Dieser Trend wird sich mit dem weiter steigenden Anteil von älteren und alten Menschen bei gleichzeitig sinkenden Geburtenraten noch verschärfen.

Die Mehrzahl der heute 60-Jährigen kann damit rechnen, ein bis zwei weitere Lebensjahrzehnte in guter Gesundheit zu verbringen. Viele von ihnen werden aktiv an der Betreuung ihrer Enkelkinder teilnehmen und die Geburt von Urenkeln erleben. Mehr-Generationen-Konstellationen in der erweiterten Familie sind die Regel. Mit dem Nachrücken der geburtenschwächeren Jahrgänge in die Elterngeneration wird sich die Zahl von Kindern, Enkeln und Urenkeln jedoch sukzessive verringern. Was die nach dem Umlageverfahren finanzierten Sozialversicherungssysteme vor enorme Probleme stellt, kann sich für die wenigen Kinder und Enkelkinder zunächst positiv auswirken, wenn sie zum Empfänger der gebündelten Aufmerksamkeit und finanzieller Transfers von mehreren Großeltern werden, die sich wenige Enkel „teilen" müssen.

Das Subsidiaritätsprinzip, auf dem der deutsche Sozialstaat beruht, hat in der Vergangenheit dazu geführt, dass Familien in Deutschland eine Vielzahl von Aufgaben übernommen haben, die in anderen Gesellschaftssystemen von anderen Institutionen getragen werden. Indem Menschen informelle Unterstützung leisten, entlasten sie den Sozialstaat um Milliardenbeträge, die andernfalls in die Bereitstellung formeller Hilfestrukturen investiert werden müssten. Zudem hat soziale Unterstützung einen positiven Effekt auf die Lebensqualität. Im Zuge der sich verlängernden Lebenszeit übernehmen Familien neue Aufgaben bei der Pflege und Betreuung alter Familienangehöriger. Neben der Reproduktions-, Sozialisations-, und der Regenerationsfunktion ist die Funktion der sozialen Unterstützung ein wesentlicher Bestandteil familialer Beziehungen geworden.

Soziale Unterstützungsbeziehungen und intergenerationale Solidarität werden in der Kindheit geprägt. Voraussetzung für verlässliche und belastbare soziale Unterstützung im Alter sind in erster Linie intakte Familien. Daher ist es empfehlenswert, noch mehr in Hilfen zu Erziehung und Familienbildung zu investieren, um Familien zu helfen, in denen diese Werte nicht im Rahmen der kindlichen Sozialisation vermittelt werden. Geld, das so frühzeitig in die Förderung sozialer Unterstützungsbeziehungen investiert wird, ist eine gute Geldanlage mit lebenslangem Nutzen sowohl für die Familie als auch für den Sozialstaat.

Der wechselseitige Austausch von Unterstützung erfolgt primär zwischen den Generationen, vor allem zwischen erwachsenen Kindern und ihren Eltern. Gerade die relativ wenigen Angehörigen der geburtenschwachen Jahrgänge werden für die Pflege der Angehörigen der „Babyboom"-Generation aufkommen müssen. Ein Szenario, in dem sich eine Person um die Pflege mehrerer Familienangehöriger kümmern muss, wird in Zukunft immer wahrscheinlicher. Die übergroße Mehrheit der Deutschen räumt der häuslichen Pflege nach wie vor eindeutig Vorrang gegenüber der stationären Pflege ein (Berger-Schmidt, 2003). Da es noch immer vorwiegend Frauen sind, die sich um pflegebedürftige Familienangehörige kümmern, werden gerade sie Unterstützung benötigen. War bisher die Forderung nach einer besseren „Vereinbarkeit von Familie und Beruf" ausschließlich auf Eltern mit kleinen Kindern gerichtet, sollte sie künftig auch Anwendung finden auf die Förderung von Frauen (und Männern), die pflegebedürftige Familienangehörige betreuen. Die Tatsache, dass es mehrere Jahrzehnte gedauert hat bis auch Männer bereit waren, sich stärker an der Kindererziehung zu beteiligen, unterstreicht zudem die Dringlichkeit eines gesellschaftlichen Umdenkens, das Männern eine stärkere Verantwortungsübernahme in der häuslichen Pflege erleichtert.

Verschärft wird sich diese Situation für kinderlose Menschen darstellen. Kinderlose werden ihre Eltern genauso pflegen wie andere auch – doch wer pflegt sie im Alter? Kinderlose Menschen verfügen im Alter in weitaus geringerem Maße über soziales Unterstützungspotenzial in ihrem familiären Umfeld. Kinderlose werden die fehlende Unterstützung im Freundeskreis, vor allem aber durch die Bezahlung entsprechender Dienstleistungen kompensieren müssen. Es ist jedoch abzusehen, dass nicht alle kinderlosen Menschen wohlhabend genug sein werden, um dieses Defizit auszugleichen. Hier entsteht eine neue Zielgruppe staatlicher Sozialpolitik. Der Sozialstaat wird zur Unterstützung dieser Menschen in Zukunft mehr ambulante Pflegestrukturen aufbauen bzw. finanzieren müssen. Schließlich trägt noch ein dritter Trend zur Notwendigkeit des Ausbaus ambulanter Pflegestrukturen bei: Wie im vorliegenden Beitrag gezeigt wurde, nimmt die Wohnentfernung zwischen Eltern und Kindern zu. Solange in der deutschen Gesellschaft die Erfordernisse des Arbeitsmarktes Priorität haben gegenüber den Bedürfnissen von Familien, wird vielen Angehörigen der Elterngeneration im hohen Lebensalter die unmittelbare Unterstützung durch ihre Kinder vor Ort fehlen. Der schon heute feststellbare Rückgang an instrumenteller Unterstützung unterstreicht diese Notwendigkeit zusätzlich.

Auch hochaltrige Menschen legen großen Wert auf eine unabhängige Lebensführung. Da die nachrückenden Generationen in noch viel stärkerem Maße durch die Individualisierung der Gesellschaft geprägt wurden, wird sich dieser Wunsch nach Unabhängigkeit noch verstärken. Hochaltrige Menschen benötigen Unterstützung zur Führung ihres Haushalts. Wenn diese durch Familienangehörige wegen zu großer Wohnentfernung nicht geleistet werden kann, müssen diese Hilfen entweder privat bezahlt oder durch den Sozialstaat bereitgestellt werden.

Sozialpolitik besteht jedoch nicht nur in der Bereitstellung von Leistungen – zu Sozialpolitik gehört auch die Schaffung von geeigneten Rahmenbedingungen für die Hilfe zur Selbsthilfe. Der demografische Wandel wird in den nächsten Jahren zu einschneidenden Veränderungen auf dem Arbeitsmarkt führen. So wird es künftig zu wenige Pflegekräfte für die wachsende Zahl hochaltriger Menschen geben. Zur Lösung dieses Problems könnte die Beschäftigung von ausländischen Pflegekräften sowohl in der stationären und ambulanten Pflege als auch in den Haushalten hochaltriger Menschen beitragen. Deutschland wird jedoch um diese begehrten Arbeitskräfte aus dem Ausland mit anderen europäischen Ländern konkurrieren müssen.

Der demografische Wandel wird in den kommenden Jahrzehnten zu einem gewaltigen Anstieg der Anzahl Hochaltriger führen. Soziale Unterstützung hat jedoch ihre Grenzen – sie wird nie eine adäquate stationäre Pflege schwer und schwerst Pflegebedürftiger leisten können. Schon allein deshalb stehen ambulante und stationäre Pflegeeinrichtungen vor völlig neuen Herausforderungen, die sich nur durch den umfassenden Ausbau der vorhandenen Strukturen lösen lassen. Obwohl Deutschland mit der Einführung der Pflegeversicherung gegenüber vielen anderen Ländern im Vorteil ist, bedarf auch diese fünfte Säule der deutschen Sozialversicherung einer umfassenden Reform.

Zu Beginn dieses Abschnitts ist die aktive Förderung des Erlernens sozialer Unterstützungsbeziehungen von Kindheit an empfohlen worden. Außerdem sind eine Reihe von Maßnahmen zur Unterstützung häuslicher Pflege benannt worden. Neben diesen konkreten, sozialpolitischen Empfehlungen wird abschließend in Anlehnung an eine Idee von Lüscher & Liegle (2003) die Zusammenführung der bisher separat geführten politischen Handlungsfelder von Familien-, Kinder-, Senioren- und Bildungspolitik zu einer „Generationenpolitik" (Lüscher & Liegle, 2003) angeregt. Dabei handelt es sich um ein gesellschaftspolitisches Programm zur Förderung des künftigen Zusammenlebens von Generationen. Generationenpolitik setzt die Kooperation verschiedener gesellschaftlicher Akteure (Staat, Kirchen, Verbände, Unternehmen, etc.) voraus. Eine koordinierte Generationenpolitik hat die Interessen aller Generationen im Blick und geht von den Leitideen der Generationengerechtigkeit, wechselseitiger Verantwortung und der Verantwortung für die Zukunft im Sinne von Nachhaltigkeit aus. Wenn beispielsweise Kinder zu Generationensolidarität und intergenerationaler Unterstützung erzogen werden, dann werden damit zugleich die Interessen der älteren Generation vertreten. So werden Kinder- und Seniorenpolitik zu zwei Seiten derselben Medaille.

Literatur

Alt, C. (1994). Reziprozität von Eltern-Kind-Beziehungen in Mehrgenerationennetzwerken. In W. Bien (Ed.), *Eigeninteresse oder Solidarität. Beziehungen in modernen Mehrgenerationenfamilien* (pp. 197 – 222). Opladen: Leske + Budrich.

Antonucci, T. C. (1985). Social support: Theoretical advances, research findings and pressing issues. In I. G. Sarason & B. R. Sarason (Eds.), *Social support: theory, research and applications* (pp. 21-37). The Hague: Marinus Nijhof.

Antonucci, T. C. (2001). Social relations: An examination of social networks, social support , and sense of control. In J. E. Birren & K. W. Schaie (Eds.), *Handbook of the psychology of aging* (pp. 427-453). San Diego, CA: Academic Press.

Antonucci, T. C. & Akiyama, H. (1995). Convoys of social relations: Family and friendships within the life span context. In R. Blieszner & V. H. Bedford (Eds.), *Handbook of aging and the family* (pp. 355-371). Westport: CT: Greenwood Press.

Antonucci, T. C., Sherman, A. M. & Akiyama, H. (1996). Social networks, support, and integration. In J. Birren (Ed.), *Encyclopedia of gerontology* (Vol. 2, pp. 505-515). San Diego, CA: Academic Press.

Bengtson, V. L. & Kuypers, J. A. (1971). Generational difference and the developmental stake. *Aging and Human Development, 2*, 249-260.

Bengtson, V. L., Rosenthal, C. & Burton, L. (1990). Families and aging: Diversity and heterogeneity. In R. H. Binstock & L. George (Eds.), *Handbook of ageing and the social sciences* (pp. 263-287). San Diego, CA: Academic Press.

Berger, P. L. & Berger, B. (1984). *In Verteidigung der bürgerlichen Familie.* Frankfurt/Main: Fischer.

Berger-Schmidt, R. (2003). Geringere familiale Pflegebereitschaft bei jüngeren Generationen. Analysen zur Betreuung und Pflege alter Menschen in den Ländern der Europäischen Union. *ISI Informationsdienst Soziale Indikatoren, 29*, 12-15.

Bertram, H. (1995a). Individuen in einer individualisierten Gesellschaft. In H. Bertram (Ed.), *Das Individuum und seine Familie* (pp. 9-34). Opladen: Leske + Budrich.

Bertram, H. (1995b). Regionale Vielfalt und Lebensform. In H. Bertram (Ed.), *Das Individuum und seine Familie* (pp. 157-195). Opladen: Leske + Budrich.

Bertram, H. (2000). Die verborgenen familiären Beziehungen in Deutschland: Die multilokale Mehrgenerationenfamilie. In M. Kohli & M. Szydlik (Eds.), *Generationen in Familie und Gesellschaft* (pp. 97-121). Opladen: Leske + Budrich.

Bien, W. (1994). *Eigeninteresse oder Solidarität. Beziehungen in modernen Mehrgenerationenfamilien.* Opladen: Leske + Budrich.

Bundesministerium für Familie, Senioren, Frauen und Jugend. (2002). *Vierter Bericht zur Lage der älteren Generation.* Bonn: Bundesministerium für Familie, Senioren, Frauen und Jugend.

Coleman, J. S. (1990). *The foundations of social theory.* Cambridge, MA: Belknap Press.

Cutrona, C. E. & Suhr, J. A. (1994). Social support communication in the context of marriage. An analysis of couples' supportive interactions. In B. R. Burleson & T. L. Albrecht & I. G. Sarason (Eds), *Communication of social support.* Thousand Oaks: Sage.

Diewald, M. (1991). *Soziale Beziehungen: Verlust oder Liberalisierung? Soziale Unterstützung in informellen Netzwerken.* Berlin: Edition Sigma.

Dreher, E. & Dreher, M. (1985). Entwicklungsaufgaben im Jugendalter: Bedeutsamkeit und Bewältigungskonzepte. In: D. Liepmann & A. Stiksrud (Eds.), *Entwicklungsaufgaben und Bewältigungsprobleme in der Adoleszenz* (pp.56-70). Göttingen: Hogrefe.

Elder, G. H. J. (1974). *Children of the great depression: Social change in life experience.* Chicago: University of Chicago Press.

Engstler, H. & Menning, S. (2003). *Die Familie im Spiegel der amtlichen Statistik.* Berlin: Bundesministerium für Familie, Senioren, Frauen und Jugend.

Enquête-Kommission. (2002). *Enquête-Kommission Demographischer Wandel. Herausforderungen unserer älter werdenden Gesellschaft an den Einzelnen und die Politik.* Berlin: Deutscher Bundestag.

Esser, H. (1993). *Soziologie. Allgemeine Grundlagen.* Frankfurt/Main: Campus.

Esser, H. (1999). *Soziologie. Spezielle Grundlagen. Band 1: Situationslogik und Handeln.* Frankfurt/Main: Campus.

Fry, C. L. & Keith, J. (1982). The life course as a cultural unit. In M. W. Riley & R. P. Abeles & M. S. Teitelbaum (Eds), *Ageing from birth to death* (pp. 51-70). Boulder: Westview Press.

Galaskiewicz, J. & Wasserman, S. (1994). Introduction. Advances in the social and behavioral sciences from social network analysis. In S. Wasserman & J. Galaskiewicz (Eds), *Advances in social network analysis. Research in the social and behavioral sciences.* Thousand Oaks: Sage.

Giarusso, R., Stallings, M. & Bengtson, V. L. (1995). The „intergenerational stake" hypothesis revisited: parent-child differences in perceptions of relationships 20 years later. In V. L. Bengtson & K. Warner Schaie & L. M. Burton (Eds), *Adult intergenerational relations: Effects of societal change* (pp. 227-263). New York: Springer.

Gouldner, A. W. (1960). The norm of reciprocity: A preliminary statement. *American Sociological Review, 25,* 161 - 179.
Hareven, T. K. & Adams, K. (1996). The generation in the middle: Cohort comparisons in assistance to aging parents in an American community. In T. K. Hareven (Ed.), Aging and generational relations over the life course: *A historical and cross-cultural perspective* (pp. 272-293). Berlin: Walter de Gruyter.
Havighurst, R. J. (1982). *Developmental tasks and education.* 1st ed. 1948. New York: Longman.
Hill, P. B. & Kopp, J. (1995). *Familiensoziologie.* Stuttgart: Teubner.
Hörl, J. & Kytir, J. (1998). Die „Sandwich-Generation": Soziale Realität oder gerontologischer Mythos? *Kölner Zeitschrift für Soziologie und Sozialpsychologie,* 50(4), 730-741.
Hradil, S. (2001). Sozialer Wandel. Gesellschaftliche Entwicklungstrends. In B. Schäfers & W. Zapf (Eds), *Handwörterbuch der Gesellschaft Deutschlands* (pp. 642-652). Bonn: Bundeszentrale für politische Bildung.
Huinink, J. & Wagner, M. (1998). Individualisierung und die Pluralisierung von Lebensformen. In J. Friedrichs (Ed.), *Die Individualisierungs-These* (pp. 85-106). Opladen: Leske + Budrich.
Jackson, J. S., Antonucci, T. C. & Gibson, R. C. (1990). Cultural, racial and ethnic influences on aging. In J. Birren & K. W. Schaie (Eds), *Handbook of psychology of aging* (pp. 103-123). San Diego: Academic Press.
Kahn, R. L. & Antonucci, T. C. (1980). Convoys over the life course: Attachment, roles, and social support. *Life span development,* 3, 253-286.
Klar, C. u. Sardei-Biermann, S. (1996). Lebensbedingungen Alleinerziehender. In W. Bien (Ed.), *Familie an der Schwelle zum neuen Jahrtausend. Wandel und Entwicklung familialer Lebensformen* (pp. 140 – 149). Opladen: Leske + Budrich.
Kohli, M. (1986). Social organization and subjective construction of the life course. In A. B. Sorenson & F. E. Weinert & L. R. Sherrod (Eds), *Human development and the life course: Multidisciplinary perspectives* (pp. 271-292). Hillsdale: Lawrence Erlbaum.
Kohli, M., Künemund, H., Motel, A. & Szydlik, M. (2000). Generationenbeziehungen. In M. Kohli u. H. Künemund (Ed.), *Die zweite Lebenshälfte. Gesellschaftliche Lage und Partizipation im Spiegel des Alters-Survey* (pp. 176-211). Opladen: Leske + Budrich.
Kruse, A. (1983). Fünf-Generationen-Familien: Interaktion, Kooperation und Konflikt. *Zeitschrift für Gerontologie,* 16, 205-209.
Künemund, H. & Hollstein, B. (2000). Soziale Beziehungen und Unterstützungsnetzwerke. In M. Kohli u. H. Künemund (Ed.), *Die zweite Lebenshälfte. Gesellschaftliche Lage und Partizipation im Spiegel des Alters-Survey* (pp. 212-276). Opladen: Leske + Budrich.
Lange, A. & Lauterbach, W. (1997). *Wie nahe wohnen Enkel bei ihren Großeltern? Aspekte der Mehrgenerationenfamilie heute* (Arbeitspapier Nr. 24). Konstanz: Sozialwissenschaftliche Fakultät.

Lauterbach, W. (2002). Großelternschaft und Mehrgenerationenfamilien – soziale Realität oder demographischer Mythos? *Zeitschrift für Gerontologie und Geriatrie, 35*(6), 540-555.

Lauterbach, W. & Klein, T. (1997). Altern im Generationenzusammenhang. In J. Mansel, G. Rosenthal & A. Tölke (Eds), *Generationen-Beziehungen, Austausch und Tradierung* (pp. 109-120). Opladen.

Lauterbach, W. & Pillemer, K. (2001). Social structure and the family: A United States – Germany comparison of residential proximity between parents and adult children. *Zeitschrift für Familienforschung, 13*(1), 68-88.

Lehr, U. & Schneider, W.-F. (1983). Fünf-Generationen-Familien: einige Daten über Ururgroßeltern in der Bundesrepublik Deutschland. *Zeitschrift für Gerontologie, 16*, 200-204.

Lüscher, K. & Liegle, L. (2003). *Generationenbeziehungen in Familie und Gesellschaft.* Konstanz: UVK Verlagsgesellschaft.

Marbach, J. H. (1994). Der Einfluß von Kindern und Wohnentfernung auf die Beziehungen zwischen Eltern und Großeltern: Eine Prüfung des quasi-experimentellen Designs der Mehrgenerationenstudie. In W. Bien (Ed.), *Eigeninteresse oder Solidarität. Beziehungen in modernen Mehrgenerationenfamilien* (pp. 77-112). Opladen: Leske + Budrich.

Mayer, K. U. (1990). Lebensverläufe und sozialer Wandel. Anmerkungen zu einem Forschungsprogramm. In K. U. Mayer (Ed.), *Lebensverläufe und sozialer Wandel* (pp. 7-21). Opladen: Leske + Budrich.

Mayer, K. U. & Baltes, P. B. (Eds.). (1999). *Die Berliner Altersstudie* (2. Aufl.). Berlin: Akademie Verlag.

Meyer, T. (1992). *Modernisierung der Privatheit. Differenzierungs- und Individualisierungsprozesse des familialen Zusammenlebens.* Opladen: Westdeutscher Verlag.

Motel, A. & Szydlik, M. (1999). Private Transfers zwischen den Generationen. *Zeitschrift für Soziologie, 28*, 3-22.

Motel-Klingebiel, A. (2000). *Alter und Generationenvertrag im Wandel des Sozialstaats. Alterssicherung und private Generationenbeziehungen in der zweiten Lebenshälfte.* Berlin: Weißensee.

Nave-Herz, R. (2004). *Ehe- und Familiensoziologie.* München: Juventa.

Noll, H.-H. (1999). Die Perspektive der Sozialberichtserstattung. In P. Flora & H.-H. Noll (Eds), *Sozialberichterstattung und Sozialstaatsbeobachtung* (pp. 13-28). Frankfurt/Main: Campus.

Oerter, R. & Dreher, E. (1998). Jugendalter. In R. Oerter, R. & L. Montada (Eds.), *Entwicklungspsychologie* (4. Aufl., pp. 310-395). Weinheim: Beltz.

Pearson, R. E. (1990). *Counselling and social support. Perspectives and practice.* Newbury Park: Sage.

Rosenbaum, H. (1982). *Formen der Familie. Untersuchungen zum Zusammenhang von Familienverhältnissen, Sozialstruktur und sozialem Wandel in der deutschen Gesellschaft des 19. Jahrhunderts.* Frankfurt/Main: Suhrkamp.

Rosenmayr, L. & Köckeis, E. (1965). *Umwelt und Familie alter Menschen.* Neuwied: Luchterhand.

Rossi, A. S. & Rossi, P. H. (1990). *On human bonding: Parent-child relations across the life course*. Hawthorne: de Gruyter.
Statistisches Bundesamt. (2002). *Datenreport 2002*. Bonn: Bundeszentrale für politische Bildung.
Statistisches Bundesamt. (2004). *Durchschnittliche weitere Lebenserwartung*. Retrieved 28.07.2004, http://www.destatis.de/basis/d/bevoe/bevoetab3.php
Szydlik, M. (1995). Die Enge der Beziehung zwischen erwachsenen Kindern und ihren Eltern – und umgekehrt. *Zeitschrift für Soziologie, 27*, 297-315.
Szydlik, M. (2000). *Lebenslange Solidarität? Generationenbeziehungen zwischen erwachsenen Kindern und Eltern*. Opladen: Leske + Budrich.
Tesch-Römer, C., Wurm, S., Hoff, A. & Engstler, H. (2002). Alterssozialberichterstattung im Längsschnitt: Die zweite Welle des Alterssurveys. In A. Motel-Klingebiel & U. Kelle (Eds), *Perspektiven der empirischen Alter(n)ssoziologie* (pp. 155-190). Opladen: Leske + Budrich.
Uhlenberg, P. (1995). Demographic influences on intergenerational relationships. In V. L. Bengtson & K. W. Schaie & L. Burton (Eds), *Adult intergenerational relations: Effects of societal change* (pp. 19-25). New York: Springer.
Uhlenberg, P. & Kirby, J. B. (1998). Grandparenthood over time: Historical and demographic trends. In M. E. Szinovcz (Ed.), *Handbook on grandparenthood* (pp. 23-39). Westport, CN: Greenwood.
Wagner, M., Schütze, Y. & Lang, F. R. (1999). Soziale Beziehungen alter Menschen. In K. U. Mayer & P. B. Baltes (Eds), *Die Berliner Altersstudie* (2. Aufl. ed., pp. 301-320). Berlin: Akademie Verlag.
Wagner, M. & Wolf, C. (2001). Altern, Familie und soziales Netzwerk. *Zeitschrift für Erziehungswissenschaft, 4*(4), 529-554.
Weick, S. (1999). Steigende Bedeutung der Familie nicht nur in der Politik. Untersuchungen zur Familie mit objektiven und subjektiven Indikatoren. *ISI Informationsdienst Soziale Indikatoren, 22*, 12-15.
Wiswede, G. (2000). Sozialer Wandel. In G. Reinhold (Ed.), *Soziologie-Lexikon* (4. ed., pp. 596-598). München: Oldenbourg.
Zapf, W. (Ed.). (1971). *Theorien des sozialen Wandels*. Köln: Kiepenheuer & Witsch.

Tätigkeiten und Engagement im Ruhestand

Harald Künemund

1 Einleitung

Tätigkeiten und Engagement in der „Lebensphase Alter" (vgl. als Übersicht: Backes & Clemens, 1998) sind seit langem ein wichtiges Thema im Bereich der sozialen Gerontologie wie auch der Soziologie des Alter(n)s in der Bundesrepublik. Zunächst wurde dabei – auch in Anlehnung an entsprechenden Debatten in den USA – der Übergang in den Ruhestand problematisiert, etwa wenn vom Ruhestand als „rollenlose Rolle" (Burgess, 1960), vom „umfassenden Umweltentzug" (Schelsky, 1965) oder gar vom „Pensionierungsschock" (z.B. Lehr, 1988) die Rede war. Der Fortfall der Erwerbstätigkeit wurde als kritisches Lebensereignis interpretiert, den es zu bewältigen gilt. Die größeren empirischen Studien stellten zunächst primär den Aspekt der Aktivität selbst (vgl. für die Bundesrepublik z.B. Boetticher, 1975) sowie den Zusammenhang mit der Zufriedenheit im Ruhestand bzw. der Anpassung an die neuen Lebenssituation in den Mittelpunkt (vgl. die Übersicht bei Tews, 1977). Es dominierte die Annahme, dass der Ruhestand tendenziell zu Unzufriedenheit führe, die nur durch alternative Aktivitätsmöglichkeiten wettgemacht werden könne. Diesen „Aktivitätstheorien" des Alters widersprach die „Disengagementtheorie" (Cumming & Henry, 1961): Eine Ablösung der Älteren von den wesentlichen gesellschaftlichen Rollen sei sowohl für die Gesellschaft wie auch für sie selbst funktional und führe zu erhöhter Zufriedenheit.

Die Auseinandersetzung zwischen diesen beiden Theorien beherrschte lange Zeit die sozialgerontologische Diskussion und gab Anlass zu einer Fülle von empirischen Untersuchungen über den Zusammenhang von Aktivität und Zufriedenheit, die allerdings nicht zu einer eindeutigen Klärung der Lage führten. Die Schwierigkeit liegt u.a. in der konkreten Entscheidung, ob die Lebenszufriedenheit eine Folge der Aktivität ist, umgekehrt Aktivität aus allgemeiner Lebenszufriedenheit heraus motiviert wird oder beides nur primär durch z.B. die Gesundheit bedingt ist (wobei letztere dann wiederum eine Folge der Aktivität sein kann usw.). Die diesbezüglichen Komplikationen zeigen sich schon darin, dass z.B. bereits mit den Daten der Kansas-City-Studie beide Thesen „bestätigt" werden konnten.[1] Und mit der Duke-Studie z.B. (Maddox, 1965) kam bereits der begründete Verdacht einer Scheinkorrelation zwischen Alter und Aktivität auf: Zwar gehen im höheren Lebensalter Aktivitäten zurück, aber dies liege eher an Gesundheit, sozio-ökonomischem Status und an diesbezüglichen Kohorteneffekten usw., aber nicht am Alter selbst oder einem zwangsläufigen Prozess des freiwilligen Rückzugs.

Die in der Folgezeit dominierenden Studien zur Anpassung an den Ruhestand betonten häufig den Aspekt der Kontinuität (vgl. auch die Übersicht bei Kohli et al., 1989). Atchley (1976) z.B. unterschied fünf Phasen, deren zeitliche Erstreckung individuell verschieden sein kann: eine Art „honeymoon" unmittelbar nach dem Ausscheiden aus der Arbeit; eine Ernüchterung („disenchantment") nach den ersten Wochen, in der die alltägliche Zeitstrukturierung und der Verlust der gewohnten Arbeitsumgebung zum Problem werden können; dann eine Neuorientierung („reorientation") innerhalb der Gegebenheiten der Lebenssituation, welche in eine länger anhaltende Phase der Stabilität mündet, und eine letzte Phase im hohen Alter oder nach zentralen Ereignissen – z.B. der Verwitwung oder der Pflegebedürftigkeit –, die durch Rückzug und Orientierung auf das Lebensende gekennzeichnet ist („termination"), also dem Disengagement im engeren Sinne. Für die empirische Prüfung solcher Entwicklungen bedarf es aber idealiter längsschnittlich angelegter Untersuchungen über einen sehr langen Zeitraum, die bis heute noch kaum vorliegen. Als weitere Komplikation kommt hinzu, dass z.B. Kontinuität nicht zwangsläufig bedeuten muss, dass gleiche Tätigkeiten fortgeführt werden, etwa wenn die Kontinuität der persönlichen Ziele gewahrt werden kann (z.B. Robbins, Lee & Wan, 1994). Damit wird die empirische Analyse des Zusammenhangs von Beendigung der Erwerbsphase und anderen Tätigkeiten insofern schwierig, als eine Veränderung im Tätigkeitsspektrum ein Zeichen für Kontinuität sein kann. Die verfügbaren Datensätze wie z.B. das Sozio-oekonomische Panel (SOEP) geben in dieser Hinsicht kaum Anhaltspunkte. Der Alterssurvey könnte – eine Fortführung vorausgesetzt – hier für die Bundesrepublik erstmals eine gewisse Grundlage geben.

Aber auch bereits für eine querschnittliche Betrachtung der Tätigkeiten im Ruhestand blieb die Datenlage in der Bundesrepublik lange Zeit sehr beschränkt (vgl. Kohli & Künemund, 1996). Dies stand in einem auffälligen Gegensatz zu

---

1   Es handelt sich im Übrigen um eine Studie, die heute nicht mehr ganz den Standards der empirischen Sozialforschung entsprechen würde: Die Auswertungen basieren auf den Angaben von 172 50- bis 70-Jährigen, wobei chronisch Kranke ebenso ausgeschlossen wurden wie Farbige und Farmer, aus in etwa gleich großen sozialen Schichten – upper and lower middle class sowie working class – sowie in etwa gleich vielen Männern und Frauen, also um eine nicht repräsentative Quotenstichprobe. Ergänzt wurde dies durch eine Stichprobe von 107 70- bis 90-Jährigen, rekrutiert nach der sog. „Buschfeuer-Methode": Drei Interviewer suchten in der unmittelbaren Nachbarschaft ihrer Wohnung schlicht nach Älteren, um sie zu interviewen.

der gestiegenen gesellschaftlichen Aufmerksamkeit, die im Zusammenhang mit dem Altern der Gesellschaft einherging, aber auch zu dem gestiegenen Interesse an den Fragen der Partizipation und des Engagements im Alter. Die Bedeutung, die den nachberuflichen Tätigkeiten zukommt, wird in der näheren Zukunft noch weiter zunehmen. Verständlich wird diese Entwicklung, wenn man in längerfristiger Perspektive die sozialpolitischen und demografischen Veränderungen in den Blick nimmt. Zum Zeitpunkt der Einführung der Alters- und Invalidenversicherung im Jahre 1891 erreichten z.b. nur knapp 40 Prozent der Frauen und rund ein Drittel der Männer überhaupt das 60. Lebensjahr. Heute sind es mehr als vier Fünftel der Frauen und mehr als neun Zehntel der Männer, die dieses Lebensalter erreichen, welches ungefähr dem derzeitigen durchschnittlichen Rentenzugangsalter entspricht. Und die durchschnittliche Lebenserwartung beträgt dann noch weitere knapp 18 Jahre für die Männer und gut 22 Jahre für die Frauen (vgl. Kohli, 1998, S.3). Auch die Erwerbsbeteiligung der über 60- bis 65-Jährigen war lange Zeit rückläufig. Über einen längeren Zeitraum betrachtet lässt sich also feststellen: Ein immer größer werdender Teil der Menschen erreicht das Rentenalter, und der ganz überwiegende Teil derjenigen, die das Rentenalter erreichen, geht dann auch tatsächlich in den Ruhestand, ohne noch hinzuzuverdienen. Wir haben es daher heute mit einer strukturell klar abgrenzbaren Lebensphase von erheblicher Länge für den überwiegenden Teil der Bevölkerung zu tun – also mit Alter als einem selbstverständlichen und eigenständigen Teil der Normalbiografie (Kohli, 1985). Wenn die Soziologie also die Frage nach den Tätigkeiten und dem Engagement in der nachberuflichen Lebensphase aufgreift, ist dies kein randständiges Thema, sondern es betrifft aktuell die Lebenssituation von fast einem Viertel der Bevölkerung. Schon bald werden die über 60-Jährigen sogar mehr als ein Drittel der Bevölkerung stellen.

Die gegenwärtige Aktualität der Frage nach dem Engagement und der „Produktivität" im Alter nährt sich aber auch aus weiteren Quellen. Neben der gestiegenen durchschnittlichen Lebenserwartung, des im Schnitt geringeren Alters bei Beendigung der Erwerbsphase und der dadurch zunehmenden „Entberuflichung" des Alters (Tews, 1989) fallen in der öffentlichen Diskussion insbesondere zwei weitere Aspekte auf: Zum einen die mit dem steigenden Anteil der Älteren an der Gesamtbevölkerung einhergehende „Alterslast" für die Sozialversicherungssysteme, zum anderen die zunehmend günstigere Ressourcenausstattung der Älteren – dem zunehmend brachliegenden „Humankapital".

Der erste Aspekt steht in der öffentlichen Diskussion zumeist im Vordergrund. Besonders auffällig sind die wiederkehrenden Versuche, einen Generationenkonflikt zu schüren. Jörg Tremmel – Mitbegründer der „Stiftung für die Rechte zukünftiger Generationen" – sieht z.B. eine Altenlobby am Werk, die die Zukunftschancen der Jüngeren ruiniert, und malt das Schreckensbild einer „Diktatur der Senioren und Senilen" (Tremmel, 1996, S.60) an die Wand. Zugespitzt wird formuliert, die Älteren hätten sich auf Kosten der nachfolgenden Generationen unrechtmäßig bereichert und würden heute vom Wohlfahrtsstaat unverhältnismäßig begünstigt: Der Wohlstand der heutigen Rentner und Pensionäre gehe zulasten enormer ökonomischer Folgekosten (Arbeitslosigkeit durch zu hohe Lohnnebenkosten, Kinderarmut, Verschuldung) und ökologischer Schäden (hemmungslose Ausbeutung der Ressourcen, Umweltzerstörung) für die jüngeren Generationen, während sich die Älteren derweil geruhsam in eine sozial abgefederte Konsumentenrolle zurückziehen und „in schmucken Ferienhäusern am Mittelmeer" überwintern (Schreiber, 1996, S.93). Diese Diskussion bezieht sich längst nicht mehr allein auf den Bereich der Renten und Pensionen – auch die Leistungen des Gesundheitssystems für Ältere stehen zunehmend in der Kritik. Ein bekanntes Beispiel hierfür gab z.B. Philipp Missfelder, der vorschlug, für 85-Jährige und Ältere künstliche Hüftgelenke nicht mehr auf Kosten der Solidargemeinschaft bereitzustellen – „Früher sind die Leute auch auf Krücken gelaufen".[2] Insgesamt wird eine „gierige Generation" (Klöckner, 2003) beklagt, und dabei zumeist geflissentlich übersehen, dass nicht alle Älteren im sonnigen Süden überwintern, nicht alle die Umwelt gleichermaßen vernachlässigt haben, und keinesfalls nur Rentner Zweitwohnungen im südlichen Ausland besitzen. Die Relevanz sozialer Ungleichheiten wird in dieser Diskussion oft ignoriert, ein in weiten Teilen altersunabhängiges Verteilungsproblem zum „Altersklassenkampf" (Schreiber, 1996, S.93) stilisiert.[3] Dabei wird die Leistungsbilanz zwi-

---

2 So formuliert in einem Interview mit dem Berliner Tagesspiegel, Nr. 18198 vom 3.8.2003, S. 8. Man kann einem solchen Schluss von der vermeintlichen Ursache der Kostenexplosion auf deren Eindämmung gemäß dem Verursacherprinzip mit einer ganzen Reihe von Argumenten begegnen, etwa dass die einzelne ältere Person, die mit 85 Jahren ein künstliches Hüftgelenk benötigt, höchstwahrscheinlich nicht dafür verantwortlich ist, dass die sozialen Sicherungssysteme an finanzielle Grenzen stoßen – weder dafür, dass es von diesem Altersjahrgang so viele und zugleich am Arbeitsmarkt so wenige Personen gibt, die faktisch etwas in das System einzahlen, noch besteht ein nennenswerter Einfluss auf die Preisgestaltung des gewünschten Gutes. Oder durch Verweis auf ethische Prinzipien, die solche Überlegungen generell nicht akzeptabel erscheinen lassen, auf Einsparmöglichkeiten in anderen gesellschaftlichen Bereichen, oder wenigstens auf eine solidarische Verteilung der Lasten, ohne dabei Personen allein aufgrund ihres Alters zu diskriminieren. Insbesondere aber wäre an alternative Gestaltungsmöglichkeiten zu denken, etwa die Möglichkeit einer Verbesserung von Arbeits- und Gesundheitschancen – z.B. gesundheitsfördernde Maßnahmen am Arbeitsplatz –, die sich in Kombination mit dem lebenslangen Lernen über eine längere Erwerbsphase im Lebenslauf positiv sowohl auf der Einnahmenseite als auch der Ausgabenseite des Sozialversicherungssystems auswirken könnten.

3 Zu einem wirklichen Altersklassenkampf fehlt in gewisser Hinsicht noch der Gegner auf gleicher Augenhöhe – zumindest bislang treten noch kaum öffentlichkeitswirksame und schlagkräftige Organisationen Älterer auf, die ähnlich plakativ den Jüngeren einen kollektiven Egoismus vorwerfen – etwa die rücksichtslose Maximierung ihrer „Wohlfahrtsbilanz" als kinderlose Doppelverdiener, bei der die Älteren als „Renditekiller" nur im Weg stehen.

schen den Generationen in diesem Zusammenhang meist einseitig – nämlich mit alleinigem Blick auf die öffentlichen Transferleistungen an die Älteren – dargestellt. Allenfalls die früheren Leistungen der Älteren – etwa in der Aufbauphase der Bundesrepublik oder ihre geleisteten Beiträge zum System sozialer Sicherung – finden vereinzelt anerkennende Erwähnung. Weitgehend unberücksichtigt aber bleiben die aktuellen Leistungen der Älteren selbst: Die wohlfahrtsstaatliche Umverteilung von den Erwerbstätigen zu den Rentnern und Pensionären schafft Freiräume und stellt Ressourcen bereit, die u.a. durch ehrenamtliche Tätigkeiten, Pflege, (Enkel-)Kinderbetreuung, informelle Unterstützungsleistungen und finanzielle Transfers in der Familie auch den Jüngeren wieder zugute kommen (vgl. Künemund, 1999; Kohli et al., 2000).

Hinsichtlich des zweiten Aspektes ist festzuhalten, dass die Älteren zunehmend einen Personenkreis darstellen, der mit den bisherigen Kategorien und Wahrnehmungsformen von „Rentnern" kaum noch angemessen zu erfassen ist: Sie werden nicht nur zahlenmäßig mehr, sondern sie verbringen eine deutlich gestiegene Lebenszeit im Ruhestand, sie sind gewissermaßen „jünger" und leben zugleich länger. Vor allem aber weist bislang jede jüngere Ruhestandskohorte eine im Schnitt bessere Bildung, eine bessere Gesundheit und auch eine bessere finanzielle Absicherung auf. Die Älteren bringen also zunehmend bessere Voraussetzungen für eine aktive und produktive Gestaltung mit in die nachberufliche Lebensphase. Insofern wäre es nicht überraschend, neue Partizipations- und Tätigkeitsformen im Alter vorzufinden, die sich von der „Altersfreizeit" z.B. der 1970er Jahre deutlich unterscheiden. Tatsächlich wird – seit die genannten Trends in das Blickfeld geraten sind – das Entstehen einer neuen Generation „zwischen Lebensmitte und Lebensabend" (Opaschowski & Neubauer 1984, S.36), eines „gewandelten Ruhestandsbewußtseins" (Naegele, 1984, S.64), einer „neuen Muße-Klasse" (Tokarski, 1985), von „neuen Freizeitgenerationen" (Attias-Donfut, 1988) oder zumindest eine Ausdifferenzierung von Lebensstilen auch im Alter erwartet (Tokarski, 1989). Die empirische Befundlage hierzu ist bislang allerdings eher dürftig. Die wenigen Studien, die „junge" oder „neue" Alte auf repräsentativer Basis empirisch identifizieren konnten, sind widersprüchlich und z.T. auch methodisch fragwürdig: zwischen zwei und 25 Prozent variieren die Ergebnisse allein für den Anteil „neuer" Alter (Künemund, 2001). Gelegentlich wird die Existenz neuer Lebens- und Freizeitstile im Alter schlicht unterstellt (z.B. Tokarski, 1998, S.111), doch überzeugende empirische Belege fehlen bislang. Dass sich die gesellschaftliche Partizipation im Alter weniger schnell und drastisch verändert, als dies in Anbetracht der veränderten Ressourcen zu erwarten wäre, liegt teilweise auch an den gesellschaftlichen Strukturen, die sich an das Altern der Gesellschaft noch kaum angepasst haben (Riley, Kahn & Foner, 1994). Gemessen an der historischen Zunahme der Lebenszeit außerhalb des

Bereichs der Erwerbsarbeit und der zunehmend besseren Ressourcenausstattung der Älteren erscheint die „gesellschaftliche Produktivität des Alters unterentwickelt" (Tews, 1996, S.193), auch weil die Opportunitätsstrukturen für ein produktives Engagement der Älteren unterentwickelt sind.

Für die beiden genannten Aspekte ist in gewisser Hinsicht somit die Frage nach der Produktivität des Alters zentral. Allerdings ist umstritten, was unter „Produktivität" zu verstehen ist, und ob man diesen Begriff überhaupt verwenden sollte (vgl. als Übersicht zu verschiedenen Definitionen O'Reilly & Caro, 1994). Während in soziologischer und ökonomischer Perspektive neben der Erwerbsarbeit primär Haushaltsproduktion, Eigenarbeit, Ehrenamt und Netzwerkhilfen in das Blickfeld geraten (z.b. Glatzer, 1986), kann in psychologischer Perspektive bereits die erfolgreiche Anpassung an spezifische Lebensbedingungen, also z.b. an altersspezifische Verluste, als „produktiv" bezeichnet werden (z.B. Baltes, 1996). Wird der Begriff dabei zu eng gefasst, besteht die Gefahr einer Privilegierung einzelner Tätigkeiten bei der gesellschaftlichen Bewertung eines erfolgreichen Alterns, bzw. umgekehrt: einer Stigmatisierung anderer Tätigkeiten sowie großer Teile der Bevölkerung als „unproduktiv". Wird der Begriff aber zu weit gefasst, so verbleibt nur ein kleiner Prozentsatz „unproduktiver" Menschen, deren „Unproduktivität" oftmals nicht freiwillig gewählt sein dürfte und für die dieses Konzept daher besonders unpassend erscheint. Soll die Perspektive der Produktivität empirisch Trennschärfe besitzen, muss daher irgendwo zwischen solchen Extremen eine Trennlinie gezogen werden – eine Engführung des Begriffs ist unerlässlich. Es geht dabei dann darum, die Produktivität gemäß dieser Definition in groben Zügen zu vermessen, wohl wissend, dass andere Aspekte von Produktivität dabei ausgeklammert bleiben und andere Definitionen auch zu anderen Ergebnisse führen können.

Es wurde bereits an früherer Stelle skizziert, welche Tätigkeitsfelder in der Lebensphase „Alter" gesellschaftlich als relevant herausgehoben werden können, aber zumeist noch zu selten angemessen zur Kenntnis genommen wurden (Kohli & Künemund, 1996; Künemund, 2000). Für einige dieser Tätigkeiten gab der Alterssurvey 1996 erstmals eine verlässliche empirische Grundlage (Künemund, 2001). An dieser Stelle soll die Bestandsaufnahme auf der Basis der zweiten Welle des Alterssurveys aktualisiert werden, wobei sich die Darstellung auf eine knappe Skizze „produktiver" Tätigkeiten und informeller Unterstützungsleistungen beschränkt. Deutlich gemacht werden soll damit auf der einen Seite, dass sich die Älteren keineswegs kollektiv in eine sozial abgefederte Konsumentenrolle zurückziehen und daher empirisch stichhaltig pauschal als egoistische, gierige Generation bezeichnet werden können, sondern sie in beträchtlichem Ausmaß produktiv etwas für die Gesellschaft leisten. Diese Leistung würde bei einer weiter gefassten Perspektive noch höher liegen, etwa bei Berücksichtigung

psychologischer Aspekte wie z.B. der Sinnerfüllung im Alter, die wiederum –
auch in ihrer „Summe" – eine erhebliche gesellschaftliche Bedeutung haben.
Zwar zeigt sich im Vergleich der Altersgruppen zumeist ein deutlicher Rückgang
der Partizipationsquoten im höheren Alter, aber die Ursachen hierfür sind nicht
zwingend in einem Egoismus der älteren Generation zu suchen – Opportunitätsstrukturen und Ressourcen wie Gesundheit, Bildung und ein hinreichendes und
verlässliches Einkommen dürften neben eingeschliffenen Routinen der Lebensführung und Altersbildern weit entscheidender sein.

Auf der anderen Seite soll durch einen Vergleich mit den entsprechenden
Befunden der ersten Welle des Altersurveys aus dem Jahr 1996 der Frage nachgegangen werden, ob sich die Beteiligungsquoten in jüngster Zeit verändert
haben. Die gesellschaftliche Aufmerksamkeit für solche Tätigkeiten – wie sie
sich etwa in der Organisation entsprechender Aktivitätsmöglichkeiten, z.B. „Seniorenexperten", die ihre Kompetenzen zur Verfügung stellen, Programme zur
Nutzung des „Erfahrungswissens" älterer Menschen und die Einrichtung von
Seniorenbüros zur Koordinierung und Vermittlung neuer Formen „produktiver"
Betätigung zeigt – hat enorm zugenommen, und es bleibt zu Fragen, ob sich dies
bereits in entsprechenden Veränderungen niedergeschlagen hat.

Im Folgenden wird daher die gegenwärtige Verbreitung der in diesen Zusammenhängen wichtigsten Tätigkeiten dokumentiert, wie sie mit dem Alterssurvey 2002 erfasst und mit den entsprechenden Befunden aus dem Jahr 1996
verglichen wurden. Auch wenn sich das Interesse im Sinne einer Sozialberichterstattung zu Altersfragen dabei hauptsächlich auf die gegenwärtigen Tätigkeiten
im Ruhestand richtet, ist der Einbezug jüngerer Personen wichtig: Zum einen
treten die Besonderheiten dieser Lebensphase erst im Vergleich zu anderen Altersgruppen hervor, zum anderen sind die Tätigkeitsformen der Jüngeren insofern von Interesse, als sie die zukünftigen Älteren darstellen. In den Abbildungen
werden daher Altersunterschiede über die Spanne von 40 bis 85 Jahren in Fünfjahresgruppen ausgewiesen, jeweils getrennt für Männer und Frauen in Ost und
West. Trotz der insgesamt hohen Fallzahl ist damit fast die Grenze der Aussagefähigkeit erreicht. Dies gilt insbesondere für die Altersgruppen von 75 bis 79
Jahren und 80 bis 85 Jahren in den neuen Bundesländern, da die Ausschöpfung
bei den Ältesten etwas weniger gut ausfiel. Konkret basieren die Daten für die
neuen Bundesländer im Jahre 1996 auf 52 Männern und 69 Frauen der Altersgruppe von 75 bis 79 Jahren sowie 49 Männern und 53 Frauen der Altersgruppe
von 80 bis 85 Jahren (jeweils ungewichtete Fallzahlen). Im Jahr 2002 sind es in
der Altersgruppe von 75 bis 79 Jahren mit 54 und 67 Fällen ähnlich viele Befragte, und auch in den jüngeren Altersgruppen sind es nur je um die 50 Fälle. Bei
den 80- bis 85-Jährigen sind es sogar nur 28 Männer und 39 Frauen. In Einzelfällen kann es bei dieser feinen Untergliederung in diesen Gruppen somit zu „un-

gewöhnlichen" Quoten kommen, die nicht überinterpretiert werden sollten. Die Tabellen im Anhang geben zusätzlich eine Übersicht zu den wichtigsten Ergebnissen, gegliedert nach den Schichtungskriterien der Stichprobe.

2 Erwerbstätigkeit

Mit dem Altern der Gesellschaft geht eine Verknappung des Arbeitskräfteangebots einher: Dem Arbeitsmarkt werden – auch bei fortgesetzter Zuwanderung – in Zukunft deutlich weniger junge Arbeitskräfte zur Verfügung stehen als bisher. Dem „Altern der Gesellschaft" korrespondiert daher ein „Altern der Belegschaften", was für die Leistungs- und Konkurrenzfähigkeit der Betriebe wie auch der Volkswirtschaft insgesamt gänzlich neue Herausforderungen stellt, die bislang noch kaum hinreichend erkannt worden sind (vgl. z.B. Frerichs, 1998; Bullinger, 2001; Herfurth, Kohli & Zimmermann, 2003). Die bisherige Praxis der beruflichen Frühausgliederung wird vor diesem Hintergrund ebenso infrage gestellt wie das gängige Bild älterer Arbeitnehmer – geringere Leistungsfähigkeit, höhere krankheitsbedingte Ausfallzeiten und geringere Qualifikation vor allem hinsichtlich des Umgangs mit neuen Technologien. Die Diskussionen zu Stichworten wie dem „Lebenslangen Lernen im Beruf", der Gestaltung der Arbeitsbedingungen für ältere Arbeitnehmer sowie nicht zuletzt der Veränderung der Altersgrenzen beim Ausscheiden aus dem Erwerbsleben und dem Übergang in den Ruhestand (vgl. den Beitrag von Engstler in diesem Band) werden jedoch noch kaum hinreichend wahrgenommen.

Der Blick auf die gegenwärtige Erwerbsbeteiligung Älterer ist vor diesem Hintergrund instruktiv, insofern er die Beschäftigungsfelder, Kompetenzen und Ressourcen in den Blick nehmen kann, auch wenn es sich derzeit nicht um eine besonders verbreitete Form nachberuflicher Tätigkeit handelt. Der Blick auf die Erwerbsbeteiligung steht aber hier vor allem deshalb an erster Stelle, weil der Rückgang der Erwerbsbeteiligung im Alter den Hintergrund für die Frage nach den nachberuflichen Tätigkeitsfeldern insgesamt erhellen kann.

Tätigkeiten und Engagement im Ruhestand

Abbildung 1: Alle Erwerbstätigkeiten 1996 und 2002 (in Prozent nach Altersgruppen)

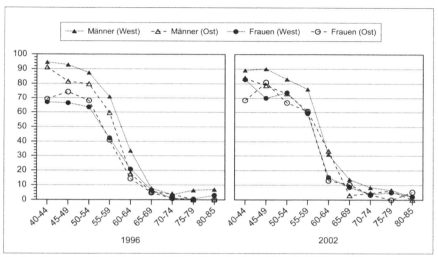

Quelle: Alterssurvey Basisstichprobe 1996 und Replikationsstichprobe 2002, gewichtet.

Die Ergebnisse des Alterssurveys 2002 zeigen eine relativ hohe Arbeitsmarktbeteiligung der 40- bis 44-jährigen Männer in den alten Bundesländern (89 Prozent, einschließlich unregelmäßiger, geringfügiger und Nebenerwerbstätigkeiten sowie der Erwerbstätigkeit von Rentnern und Pensionären; vgl. Abbildung 1), während in der Altersgruppe der 60- bis 64-Jährigen dieser Anteil nur bei 31 Prozent liegt. Im Vergleich zu 1996 sind diese Anteile kaum verändert, aber in den neuen Bundesländern liegen sie längst nicht mehr so deutlich unter jenen im Westen, wie dies noch 1996 der Fall war. Dies dürfte daran liegen, dass die Vorruhestands- und Altersübergangsgeldregelungen im Osten Deutschlands nicht mehr greifen bzw. ausgelaufen sind, die Wirkungen der massiven Ausgliederung älterer Arbeitnehmer nach der Wende – 1996 noch deutlich erkennbar – sind nun kaum noch auszumachen. Die Varianz hinsichtlich der Altersgrenze beim Ausscheiden aus dem Erwerbsleben hat insofern etwas abgenommen, während der Mittelwert leicht angestiegen ist. Der Rückgang der Erwerbsbeteiligung konturiert sich somit etwas markanter um die Altersgrenze von 60 Jahren. Dies entspricht auch z.B. den jüngsten Daten der OECD: Der Trend zum immer früheren Ruhestand, der seit den 1970er Jahren zu beobachten war, scheint in fast allen westeuropäischen Ländern zum Stillstand gekommen zu sein, die Erwerbsquoten

Älterer sind in den letzten Jahren sogar leicht angestiegen (vgl. ausführlich hierzu Maltby et al., 2004).

Die Quoten bei den 60- bis 64-Jährigen lägen allerdings noch etwas niedriger, wenn nur hauptberufliche Tätigkeiten betrachtet werden würden – die hier einbezogenen Erwerbstätigkeiten der Altersrentner führen zu einer leichten Überschätzung des Anteils der Personen, die noch voll im Erwerbsleben stehen. Eine solche Erwerbstätigkeit nach dem Übergang in den Ruhestand ist noch immer eine seltene Ausnahme, aber etwas häufiger als noch 1996: Es sind 6,3 Prozent derjenigen unter 86 Jahren erwerbstätig, die bereits eine Altersrente aus eigener Erwerbstätigkeit beziehen (1996: 5,1 Prozent); bei den 70- bis 85-Jährigen sind es 4,7 Prozent (vgl. Tabelle A.1).[4] Die Männer sind dabei mit 7,2 Prozent etwas aktiver als die Frauen (5,5 Prozent). Und im Osten Deutschlands ist eine Erwerbstätigkeit von Altersrentnern und Pensionären mit 4,9 Prozent etwas seltener als im Westen (6,7 Prozent). Kaum verändert haben sich hingegen die Wünsche bzw. Pläne zur Wiederaufnahme einer Erwerbstätigkeit: Wie bereits 1996 hat nur ein Prozent der Altersrentner und Pensionäre vor, noch einmal eine Erwerbstätigkeit aufzunehmen, ebenso viele sind unentschlossen (die analoge Frage an die Erwerbstätigen wurde 2002 nicht gestellt). So gesehen scheint das gegenwärtige Potenzial für eine Alterserwerbstätigkeit weitgehend ausgeschöpft. Insgesamt kann man also soweit festhalten, dass die „Entberuflichung" des Alters beinahe vollständig erfolgt – die Altersgrenzen des Rentenversicherungssystems sind weitgehend identisch mit dem faktischen und dem gewünschten endgültigen Ausscheiden aus dem Erwerbsleben, obgleich die Erwerbstätigkeit im Ruhestand ja keinesfalls verboten ist.

3 Ehrenamtliches Engagement

Das Interesse am Feld der ehrenamtlichen Tätigkeiten hat in den letzten Jahren enorm zugenommen, insbesondere auch hinsichtlich der Älteren. Auch die Datenlage hierzu hat sich deutlich verbessert, allerdings ist sie nicht immer leicht interpretierbar. Unter ehrenamtlicher Tätigkeit wurde lange Zeit freiwillige, nicht auf Entgelt ausgerichtete Tätigkeit im Rahmen von Institutionen und Vereinigungen verstanden, also eine an die Mitgliedschaft in Organisationen, Vereinen und Verbänden gebundene Funktion. Dieses „traditionelle" Bild des Ehrenamts gerät seit längerem in Bedrängnis – es wird eine „neue Ehrenamtlichkeit" außerhalb oder am Rande der traditionellen Institutionen – insbesondere der großen Wohlfahrtsverbände – konstatiert, nämlich in selbstorganisierten Gruppen, Initia-

---

[4] Nicht erhoben wurden Erwerbstätigkeiten von Vorruheständlern, Arbeitslosen und Beziehern von Erwerbs- und Berufsunfähigkeitsrenten.

tiven und Projekten (Olk, 1987). Was das qualitativ Neue an der neuen Ehrenamtlichkeit ist, bleibt dennoch oft etwas unklar. Schmitz-Scherzer et al. (1994, S.70) heben z.b. den Aspekt der Professionalisierung und eine Abkehr vom Prinzip der Unentgeltlichkeit hervor. In dieser Perspektive handelt es sich also tendenziell um eine „schlecht bezahlte Erwerbsarbeit", deren verstärkte Inanspruchnahme letztlich helfen soll, den Sozialstaat zu entlasten (vgl. auch die Diskussion im Band von Müller & Rauschenbach, 1988). Braun et al. (1997, S.98f.) stellen als Unterschied heraus, dass „traditionelles" Ehrenamt primär „Tätigkeit für andere" sei, das „neue" Ehrenamt eher „Tätigkeit für sich und für andere". In dieser Perspektive wird das gesellschaftliche bzw. sozialpolitische Interesse an einer verstärkten Nutzung unausgeschöpfter Potenziale ehrenamtlichen Engagements neben einem expliziten Hinweis auf die „process benefits" für die beteiligten Individuen gestellt. Empirisch allerdings dürften sowohl diese Differenzierung zwischen altruistischen bzw. Verpflichtungsmotiven und egoistischen bzw. Selbstentfaltungsmotiven als auch deren konkrete Mischungsverhältnisse kaum bestimmbar sein,[5] sodass auch dieser Wandel nur schwer empirisch belegt werden kann. Eindeutig scheint lediglich der Befund, dass sich die Felder ehrenamtlichen Engagements ausdifferenzieren und nicht mehr auf die traditionellen Vereine und Verbände beschränken.

Daneben kamen in den letzten Jahren zunehmend neuere Konzepte wie bürgerschaftliches Engagement oder freiwillige soziale Tätigkeiten in die Diskussion, die empirisch unterschiedlich erfasst werden und daher zu gänzlich anderen Ergebnissen führen. In die Erhebung bürgerschaftlichen Engagements etwa geht bereits die aktive Beteiligung in einer Selbsthilfegruppe oder der Kirchengemeinde ein, auch wenn damit kein „Amt" oder eine spezifische „Funktion" verbunden ist (Klages, 1998). Es stehen also weniger Funktionen oder Ämter als vielmehr das Engagement an sich im Vordergrund, wobei dann auch jemand, der sich aktiv z.B. für Dorf- und Stadtteilverschönerung einsetzt, explizit eingerechnet werden soll, und zwar auch dann, wenn diese Person in diesem Zusammenhang kein Amt bekleidet, sondern sich eben nur aktiv beteiligt. Diese Breite ist bei der allgemeineren Frage nach dem bürgerschaftlichen Engagement auch durchaus sinnvoll, jedoch sind die Ergebnisse dann nur sehr eingeschränkt mit den bisherigen Ergebnissen zum ehrenamtlichen Engagement vergleichbar: die so ermittelten Beteiligungsquoten liegen zwangsläufig deutlich höher. Damit werden die Ergebnisse empirischer Forschung vielfältiger, ein Querschnittsver-

---

5   Eine Mischung dieser Motive ist ohnehin auch beim „traditionellen" Ehrenamt wahrscheinlich: Das Erlangen der „Ehre", welche mit dem traditionellen politischen Ehrenamt einhergeht, kann selbst ein wesentliches Motiv zur Ausübung dieser Tätigkeiten darstellen. Und auch beim sozialen Ehrenamt spielen individuelle Interessen und Präferenzen (eine sinnvolle Aufgabe zu haben, Kontakte zu Anderen usw.) sicher schon länger eine erhebliche Rolle.

gleich zur Abschätzung gesellschaftlicher Veränderungen in diesem Bereich wird erschwert. Im Alterssurvey wurde hingegen versucht, das traditionelle Ehrenamt in den Mittelpunkt zu stellen, um mit früheren Studien vergleichbar zu bleiben, zugleich aber neuere Formen des Engagements insbesondere im altersspezifischen Bereich sowie weitere ehrenamtliche Tätigkeiten ohne Anbindung an Vereine oder Verbände zusätzlich einzubeziehen.[6]

Im Bereich des so gemessenen ehrenamtlichen Engagements fällt der Rückgang der Partizipation im höheren Alter erheblich aus (vgl. Abbildung 2 sowie Tabelle A1). Die Beteiligung geht von 23 Prozent bei den 40- bis 54-Jährigen auf neun Prozent bei den 70- bis 85-Jährigen zurück. Im Osten ist ein ehrenamtliches Engagement in allen Altersgruppen deutlich seltener als im Westen. Männer sind in allen Altersgruppen – in Ost und West – häufiger ehrenamtlich tätig als Frauen, und diese Differenz nimmt über die Altersgruppen zu, stärker noch, als dies bereits 1996 der Fall war.

Die höchsten Quoten von ehrenamtlich Tätigen unter den 40- bis 85-Jährigen finden sich bei den Sportvereinen, geselligen Vereinigungen, kirchlichen bzw. religiösen Gruppen und den wohltätigen Organisationen, d.h. solchen Vereinen, Gruppen und Verbänden, die man als „altersunspezifisch" bezeichnen kann. Im Kontrast zu der wissenschaftlichen und sozialpolitischen Aufmerksamkeit, die dem „altersspezifischen" Bereich der Seniorengenossenschaften, Vorruhestands- und Seniorenselbsthilfegruppen, politischen Interessenvertretungen Älterer oder dem Bereich der Bildung im Alter zuteil wird, ist eine faktische Teilnahme in diesen Bereichen eher selten. Und auch bei den altersspezifischen Gruppen und Vereinen ist die Beteiligung im „traditionellen" Bereich am stärksten, also in den Seniorenfreizeitstätten oder z.B. in Seniorentanzgruppen. Die „neuen" Formen altersspezifischer Partizipation stoßen auf wesentlich geringeren Zuspruch. Vergleichsweise hoch liegt dagegen mit gut sechs Prozent der Anteil der Ehrenämter und Funktionen, die nicht an eine Mitgliedschaft in einem Verein oder Verband gebunden sind.

---

6 Die Erhebung der ehrenamtlichen Tätigkeiten erfolgte in drei Schritten: Neben Fragen nach der Mitgliedschaft in Vereinen und Verbänden sowie der in diesem Zusammenhang ausgeübten ehrenamtlichen Tätigkeiten wurden die über 49-Jährigen speziell nach einer Partizipation an altersspezifischen Gruppen gefragt, anschließend wurden mit einer offenen Frage weitere ehrenamtliche Tätigkeiten (auch solche ohne Anbindung an Vereine oder Verbände) erhoben. Die verwendete Liste zu den Vereinen, Gruppen und Verbänden schließt u.a. Selbsthilfegruppen, Bürgerinitiativen, Seniorengenossenschaften, Gruppen für freiwillige Tätigkeiten und Hilfen ein; es lassen sich also mit dem Alterssurvey – zumal auch informelle Hilfen und Pflegetätigkeiten erhoben wurden – im Prinzip verschiedene Konzepte messen und analysieren. Im Folgenden wird aber eine eher konservative Definition des Ehrenamts verwendet, die nur konkrete Funktionen bzw. Ämter in diesen Gruppen berücksichtigt, nicht aber bereits die Mitgliedschaft z.B. in einer Selbsthilfegruppe oder Bürgerinitiative.

Abbildung 2: Ehrenamtliches Engagement 1996 und 2002 (in Prozent nach Altersgruppen)

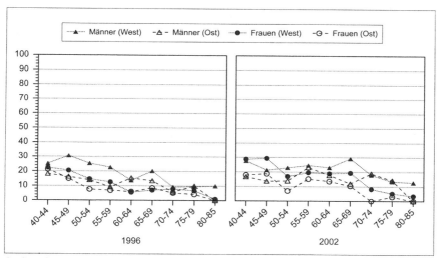

Quelle: Alterssurvey Basisstichprobe 1996 und Replikationsstichprobe 2002, gewichtet.

Insgesamt ist Engagementquote der 40- bis 85-Jährigen hinsichtlich der Funktionen und Ämter aber von 16 Prozent im Jahr 1996 auf 18,9 Prozent im Jahr 2002 gestiegen. Dieser Anstieg betrifft nicht alle Altersgruppen gleichermaßen, sondern insbesondere die 40- bis 59-jährigen Frauen sowie die über 55-jährigen Männer, und diese Tendenz zeigt sich sowohl in Ost- als auch in Westdeutschland. Diese Zunahme spielt sich allerdings weniger im altersspezifischen Segment der Vorruhestandsgruppen, Seniorengenossenschaften, Seniorenselbsthilfegruppen, Seniorenakademien sowie der Seniorenarbeit der Parteien und Gewerkschaften ab. Eine leichte Zunahme zeigt sich eher im „traditionellen" Bereich altersspezifischen Engagements – den Seniorenfreizeitstätten, -treffpunkten sowie Sport- und Tanzgruppen sowie den kirchlichen Gruppen (und dies primär bei den 55- bis 69-jährigen Frauen). Und bei den politischen Parteien, wohltätigen Organisationen sowie den Heimat und Bürgervereinen ist im Vergleich zu 1996 die Quote der dort engagierten 70- bis 85-jährigen Männer leicht angestiegen.

Die ehrenamtlich Tätigen in Vereinen oder Verbänden sind meist wöchentlich (48 Prozent) oder monatlich (36 Prozent) in dieser Funktion tätig; drei Prozent sind sogar täglich, weitere 13 Prozent sind aber auch seltener als monatlich engagiert. Frauen und Männer unterscheiden sich in dieser Hinsicht nicht – es gibt also in allen Altersgruppen bei Männern und Frauen etwa gleich hohe Anteile von mehr und weniger aktiven Ehrenamtlichen. Im Schnitt werden knapp 18 Stunden pro Monat in eine ehrenamtliche Tätigkeit investiert – 19 Stunden von den 40- bis 54-Jährigen und 17 Stunden von den 70- bis 85-Jährigen. Dem deutlichen Rückgang im Beteiligungsgrad entspricht also kein ebenso deutlicher Rückgang der Intensität des Ehrenamtes. Es handelt sich oftmals um ein erhebliches Engagement, welches die Älteren weitgehend unentgeltlich einbringen.

In den Analysen der ersten Welle zeigte sich, dass der Rückgang des ehrenamtlichen Engagements nicht in systematischem Zusammenhang mit der Stellung im Erwerbsleben steht (Künemund, 2000, S.298ff.). Um diesen relativ überraschenden Befund mit den Daten der zweiten Welle zu überprüfen, mussten einige Variablen in veränderter Weise berechnet werden.[7] In bivariater Betrachtung zeigen sich wiederum die erwartbaren und weitgehend bekannten Zusammenhänge: Ehrenamtliche Tätigkeiten sind in den höheren Altersgruppen seltener, bei den Männern und bei höherer Bildung häufiger sowie in den neuen Bundesländern und bei schlechter Gesundheit – hier: regelmäßigem Hilfebedarf – seltener (vgl. Tabelle 1). Die Stellung im Erwerbsleben erweist sich nur in bivariater Betrachtung als signifikantes Korrelat der ehrenamtlichen Tätigkeit. Im Gegensatz zu den Analysen der ersten Welle erweist sich der Gesundheitszustand auch in multivariater Betrachtung als relevant (auch bei Verwendung der differenzierteren subjektiven Bewertung des Gesundheitszustands sowie in schrittweisen Modellierungen). Jedoch bleibt das Alter auch kontrolliert für die Gesundheitssituation erklärungskräftig, während die Stellung im Erwerbsleben ihre Erklärungskraft jeweils einbüßt. Insofern bleiben zusätzlich soziale (z.B. Altersgrenzen) und individuelle Faktoren (z.B. Disengagement) in Rechnung zu stellen, will man den Rückgang des ehrenamtlichen Engagements in den höheren Altersgruppen erklären. Darüber hinaus kann weiterhin angenommen werden, dass bei dem Übergang in den Ruhestand oder dem Ausscheiden aus dem Erwerbsleben kein sofortiger Rückzug aus dem Bereich des ehrenamtlichen Engagements erfolgt. Eine deutliche Zunahme des ehrenamtlichen Engagements nach dem Übergang in den Ruhestand ist aber ebenfalls unwahrscheinlich. Es ist je-

---

[7] Beispielsweise wurde die Frage nach der Behinderung bei der Erfüllung alltäglicher Aufgaben durch gesundheitliche Einschränkungen nicht mehr, jene nach den Ausbildungsabschlüssen in einem veränderten Filterweg gestellt. Daher wurde an dieser Stelle lediglich die Schulbildung sowie eine Frage nach dem regelmäßigen Hilfebedarf verwendet. Die Auswirkungen hinsichtlich der Interpretation des multivariaten Modells sind allerdings eher gering: Auch bei Verwendung z.B. der subjektiven Bewertung des Gesundheitszustands zeigt sich, dass die Erwerbstätigkeit selbst – kontrolliert für die anderen Variablen – keinen eigenständigen Effekt auf die Wahrscheinlichkeit eines ehrenamtlichen Engagements hat.

denfalls offenbar nicht so, dass ein Ehrenamt als „Ersatz" für den Fortfall der Erwerbstätigkeit aufgenommen wird.

Tabelle 1: Logistische Regression auf die ehrenamtliche Tätigkeit 2002 (odds ratios außer Konstante)

	Exp(b) (bivariat)	Exp(b) (multivariat)
Altersgruppen (Referenz: 40-54 Jahre)		
55-69 Jahre	0,91	0,98
70-85 Jahre	0,40**	0,48**
Geschlecht: Weiblich	0,74**	0,74**
Interview in den neuen Bundesländern	0,63**	0,58**
Bildung (Referenz: höchstens Hauptschule bzw. POS 8. Klasse)		
Realschule oder POS 10. Klasse	1,47**	1,29*
(Fach-)Hochschulreife	1,99**	1,64**
Regelmäßiger Hilfebedarf (Referenz: Nein)		
Ja	0,16**	0,24**
Stellung im Erwerbsleben (Referenz: erwerbstätig)		
Nicht erwerbstätig (einschl. Vorruhestand)	1,56**	1,14
Altersrente/Pension	0,82	1,14
Konstante	–	-1,35
P² (Nagelkerke)	–	0,07

Quelle: Alterssurvey 2002, Replikationsstichprobe, ungewichtet (*: p<0,05, **: p<0,01).

4 Pflegetätigkeiten

Nach den jüngsten Ergebnissen einer Repräsentativerhebung im Auftrag des Bundesministeriums für Familie, Senioren, Frauen und Jugend (BMFSFJ) liegt die Zahl der Hilfs- und Pflegebedürftigen in Privathaushalten – gemessen an den Leistungsbeziehern der sozialen oder privaten Pflegeversicherung – bei rund 1,4 Millionen (Schneekloth & Leven, 2003). Hinzu kommen knapp 3 Millionen so genannte hauswirtschaftlich Hilfebedürftige, die bei ihren alltäglichen Verrichtungen eingeschränkt sind; knapp die Hälfte davon ist auf tägliche Hilfe angewiesen. Die Studie zeigt auch, dass in ganz überwiegendem Maße die näheren

Angehörigen für die Betreuung Pflege- und Hilfsbedürftiger in Privathaushalten – meist unbezahlt – die Hauptverantwortung tragen.

Bei den ersten Auswertungen des Alterssurveys 1996 hatte sich gezeigt, dass die vorliegenden Studien z.T. durch die Konzentration auf die jeweiligen Hauptpflegepersonen, die auf der Ebene der gepflegten Personen erhoben werden, auf der Ebene der pflegenden Personen keine Repräsentativität beanspruchen können und hier eher zu Fehlschlüssen verleiten. Dies wurde u.a. daran deutlich, dass sich im Alterssurvey ein höherer Anteil von pflegenden Männern ergab, als dies üblicherweise angenommen wurde (vgl. ausführlich hierzu: Künemund, 2000). Inzwischen konnte diese Perspektive auch mit Daten des Soziooekonomischen Panels (SOEP) repliziert werden, wobei die Ergebnisse jenen des Alterssurveys weitgehend entsprechen (vgl. Schupp & Künemund, 2004). Die zweite Welle des Alterssurveys bietet hier insofern eine weitere Perspektive, als nun auch gefragt wurde, ob sich die Pflegenden selbst als Hauptpflegeperson bezeichnen würden.

Abbildung 3: Pflegetätigkeiten 1996 und 2002 (in Prozent nach Altersgruppen)

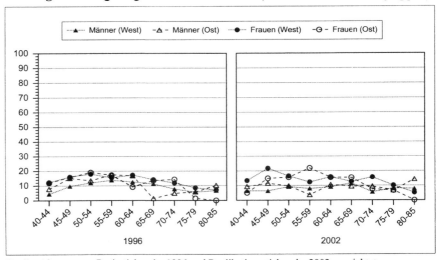

Quelle: Alterssurvey Basisstichprobe 1996 und Replikationsstichprobe 2002, gewichtet.

Zunächst weisen auch die Ergebnisse der zweiten Welle in die genannte Richtung. Insgesamt betreuen gut elf Prozent der 40- bis 85-Jährigen hilfe- oder pflegebedürftige Personen, und zwar überwiegend die (Schwieger-)Eltern: 51 Prozent der Pflegenden betreuen einen Angehörigen der Elterngeneration. Nur ein Prozent der Pflegenden betreut einen Angehörigen der Großelterngeneration, 18 Prozent betreuen einen (Ehe-)Partner, 19 Prozent einen anderen Verwandten und 17 Prozent eine nicht-verwandte Person. Der Anteil derjenigen Pflegenden, die einen Angehörigen der Elterngeneration betreuen, ist bei den 40- bis 54-Jährigen am höchsten (72 Prozent), da in den höheren Altersgruppen die Existenz eines Angehörigen der Elterngeneration zunehmend unwahrscheinlicher wird. Bei den 70- bis 85-Jährigen sind es hingegen überwiegend die (Ehe-)Partner, die gepflegt werden (45 Prozent). Aber auch der Prozentsatz derjenigen, die eine nicht-verwandte Person betreuen, nimmt über die Altersgruppen zu: Von den Pflegenden betreuen 15 Prozent der 40- bis 54-Jährigen, 22 Prozent der 55- bis 69-Jährigen und 32 Prozent der 70- bis 85-Jährigen eine Person, mit der sie nicht verwandt sind. Gleichzeitig geht die Quote der Pflegenden im Altersgruppenvergleich kaum zurück (vgl. Abbildung 3).

Deutlich erkennbar ist die höhere Quote der pflegenden Frauen: Sie pflegen mit knapp 15 Prozent deutlich häufiger als Männer (acht Prozent). Dieser Unterschied zwischen Frauen und Männern ist am höchsten in der Gruppe der 40- bis 54-Jährigen, in der es hauptsächlich um die Pflege der (Schwieger-)Eltern geht, und geringer in der mittleren und höchsten der drei Altersgruppen, in der die Pflege des (Ehe-)Partners in den Vordergrund tritt. Und wo (Ehe-)Partner gepflegt werden, handelt es sich oftmals um eine Betreuung „rund um die Uhr", weshalb der durchschnittliche Zeitaufwand bei den 70- bis 85-Jährigen auch fast doppelt so hoch ausfällt wie bei den 40- bis 54-Jährigen. Dem leichten Rückgang des Anteils der Pflegenden in den höheren Altersgruppen steht daher eine erhebliche zeitliche Intensivierung gegenüber, zugleich aber auch ein häufigeres Engagement für entferntere Verwandte, Freunde, Bekannte und Nachbarn, als dies bei den jüngeren zu beobachten ist.

Im Vergleich zu 1996 scheinen Pflegetätigkeiten auf den ersten Blick etwas seltener geworden zu sein – die Quote geht von 12,3 auf 11,4 Prozent zurück. Jedoch wurden Platzierung und Frageformulierungen in der Erhebung 2002 leicht abgeändert, sodass es sich hier auch um einen Methodeneffekt handeln könnte.[8] In Welle 2 wurden aber auch neue Fragen zu den Pflegetätigkeiten ge-

---

8   Die Frage nach den Pflegetätigkeiten wurde 2002 nicht mehr im Anschluss an die Fragen zu den Haushaltsangehörigen, sondern weiter hinten im Anschluss an einen neuen Block zu Gesundheit und Pflegebedürftigkeit der Befragten erhoben. Sie erwähnt nicht mehr explizit die Notwendigkeit, sowohl Haushaltsangehörige als auch haushaltsfremde Personen zu berücksichtigen, was zu einer geringfügig niedrigeren Quote führen könnte. Zusätzlich wurde sie in einen Filterweg integriert: Diese Frage wurde Personen nicht gestellt, die zuvor angaben, von der Sozialhilfe – die als dem Haushalt insgesamt zugehend betrachtet werden kann – Pflege-

stellt, u.a. ob die Befragten sich selbst als Hauptunterstützungspersonen bezeichnen würden und wie stark sie sich durch Hilfe- oder Pflegeleistungen belastet fühlen. Hier zeigt sich, dass die Wahrscheinlichkeit, Hauptpflegeperson zu sein, bei den Frauen mit dem Alter in einem leicht umgekehrt U-förmigen Zusammenhang steht, bei den Männer aber stark zunimmt: In den drei Altersgruppen von 42 über 53 auf 70 Prozent (Frauen: 62, 72 und 59 Prozent). Bei den Frauen schlagen sich die häufigeren Pflegetätigkeiten der Töchter also deutlich nieder.

Auffällig ist ebenfalls, dass sich die Frauen im Osten deutlich häufiger als Hauptpflegeperson bezeichnen als Frauen im Westen (82 Prozent gegenüber 62 Prozent), die Männer hingegen deutlich seltener (und zwar – auch wenn die geringe Fallzahl hier zu vorsichtiger Interpretation zwingt – offenbar insbesondere die Älteren: 53 Prozent gegenüber 76 Prozent bei den 70- bis 85-Jährigen). Die Geschlechterdifferenz hinsichtlich der Pflegetätigkeiten fällt also in dieser Hinsicht im Osten extrem stark aus – 82 Prozent der Frauen, aber nur 45 Prozent der Männer im Alter zwischen 40 und 85 Jahren bezeichnen sich in den neuen Bundesländern als „Hauptunterstützungsperson", im Westen ist diese Diskrepanz mit 62 und 52 Prozent deutlich geringer. Diese Unterschiede sind ausgesprochen markant und stehen in einem gewissen Widerspruch z.B. zu der höheren Erwerbsbeteiligung der Frauen im Osten Deutschlands – auch bei den 40- bis 54-Jährigen fällt diese Differenz derart eindrücklich aus (82 Prozent der Frauen und 44 Prozent der Männer), in der mittleren hier betrachteten Altersgruppe ist sie am deutlichsten. Die angegebenen Belastungen durch solche Pflege- oder Hilfeleistungen spiegeln diese Differenzen aber nur zum Teil wider. Zwar geben die 40- bis 54-jährigen Frauen häufiger eine starke oder sehr starke Belastung an als die Männer dieser Altersgruppe, jedoch ist in dieser Altergruppe der Unterschied im Osten geringer als im Westen.

Insgesamt aber lässt sich festhalten, dass Frauen insgesamt betrachtet häufiger und auch zeitlich intensiver mit Pflegetätigkeiten befasst sind. Diese Differenz zwischen Männern und Frauen nimmt allerdings über die Altersgruppen hinweg betrachtet ab (in der Erhebung 2002 pflegen die 70-85-jährigen Männer mit durchschnittlich 89 Stunden pro Monat sogar intensiver als die Frauen mit durchschnittlich 74 Stunden pro Monat). In Anbetracht der steigenden Erwerbsbeteiligung der Frauen wie auch der zukünftig erwartbar geringeren Zahl an Töchtern und Schwiegertöchtern wird die Frage nach der Beteiligung der Männer in diesem Bereich sicher noch stark an Bedeutung gewinnen.

---

geld bzw. Hilfe zur Pflege zu erhalten. Auch dies könnte daher zu geringeren Anteilen führen. Zu den unterschiedlichen Frageformulierungen vgl. Tabelle A2.

5 (Enkel-)Kinderbetreuung

Die Betreuung von Enkelkindern wurde in der Literatur zu Tätigkeitsformen im Alter bislang eher selten zum Thema gemacht. Sie ist dennoch in vielerlei Hinsicht von Bedeutung: für die Vergesellschaftung und familiale Integration der Älteren, aber auch für die mittlere Generation (z.B. hinsichtlich der Entlastung erwerbstätiger Personen) und die Sozialisation der Enkelkinder. Die strukturellen Möglichkeiten für solche Tätigkeiten haben historisch betrachtet deutlich zugenommen – die angestiegene Lebenserwartung hat die gemeinsame Lebenszeit unterschiedlicher Generationen innerhalb der Familie stark erhöht (Uhlenberg, 1980, 1996).

Eine Kinderbetreuung ist als Tätigkeit bei den 55- bis 69-Jährigen am häufigsten vorfindbar (vgl. Abbildung 4 sowie Tabelle A2). Der geringere Anteil bei den Ältesten hängt wahrscheinlich damit zusammen, dass die Enkelkinder hier oftmals ein Alter erreicht haben, in dem die Betreuung zunehmend überflüssig wird. Wie bei den Pflegetätigkeiten sind es eher die Frauen, die in diesem Bereich tätig sind. Die Unterschiede zwischen den alten und neuen Bundesländern sind insofern überraschend, als 1996 noch eine sehr viel höhere Beteiligung im Osten festgestellt wurde, und zwar insbesondere bei den 50- bis 64-jährigen Frauen und Männern. Dies dürfte 1996 z.T. auf die etwas höhere Fertilität und das niedrigere Alter der Eltern bei der Geburt der Kinder in den neuen Bundesländern zurückgegangen sein. Hingegen dürfte sich in der zweiten Welle der drastische Geburtenrückgang nach der Wende stärker auswirken – die Gelegenheitsstrukturen für solche Tätigkeiten haben sich in den neuen Bundesländern verschlechtert. Während sechs Jahre zuvor von beiden Geschlechtern und in allen Altersgruppen diese Tätigkeit in den neuen Bundesländern häufiger ausgeübt wurde, hat sich diese Differenz daher insgesamt betrachtet nunmehr umgekehrt: Die Tätigkeit wird im Westen häufiger angegeben als im Osten.

Der Zeitaufwand für diese Tätigkeit liegt im Durchschnitt bei ca. 35 Stunden pro Monat. Die Varianz ist aber erheblich, da in einigen wenigen Fällen eine Betreuung „rund um die Uhr" angegeben wurde, in anderen Fällen nur eine Stunde pro Monat. Die betreuten Personen sind überwiegend die Enkelkinder (73 Prozent), allerdings bei erheblichen Altersunterschieden: Bei den Jüngeren sind es überwiegend Kinder von Freunden oder Bekannten (35 Prozent); Enkelkinder sind hier noch vergleichsweise selten vorhanden. Bei den 70- bis 85-Jährigen aber sind es zu 90 Prozent Enkelkinder. Das Engagement der Älteren in diesem Bereich kommt also fast ausschließlich der Familie zugute.

Abbildung 4: (Enkel-)Kinderbetreuung 1996 und 2002 (in Prozent nach Altersgruppen)

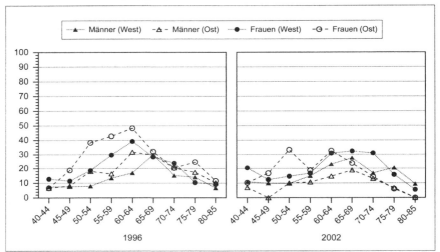

Quelle: Alterssurvey Basisstichprobe 1996 und Replikationsstichprobe 2002, gewichtet.

Insgesamt steht diese Tätigkeit nur mit wenigen anderen sozio-demografischen Merkmalen in Zusammenhang (vgl. auch Caro & Bass, 1993; Kohli & Künemund, 1996). Entscheidend sind insbesondere die Gelegenheitsstrukturen. Im Zusammenhang mit der steigenden Erwerbsbeteiligung der Frauen könnte diese Tätigkeit zukünftig noch wichtiger werden, auch wenn die Gelegenheitsstrukturen aufgrund der rückläufigen Geburtenzahlen noch geringer werden. Besonders interessant – und in der Bundesrepublik noch kaum untersucht – sind Fragen nach den Auswirkungen des veränderten Heirats- und Scheidungsverhaltens auf diese Gelegenheitsstrukturen. Dies gilt freilich ebenso für die Pflegetätigkeiten: Ob und inwieweit sich z.B. die ehemaligen Schwiegertöchter noch für die Eltern des geschiedenen Partners zuständig fühlen, ist ebenso offen wie die Fragen nach der Abstimmung hinsichtlich der Enkelkinderbetreuung, wenn in der so genannten „beanpole family" (Giarrusso, Silverstein & Bengtson, 1996) mehr als vier Großeltern für die Betreuung eines Enkelkindes infrage kommen.

6 Informelle Hilfen und Transfers

Mit zunehmendem Alter steigt die Wahrscheinlichkeit, informelle Hilfe und Unterstützung zu benötigen. Es ist aber auch hinsichtlich solcher Unterstützungsleistungen im Alltag zu einseitig, die Älteren nur als potenzielle oder faktische Empfänger von Hilfen darzustellen – ein erheblicher Anteil auch der Ältesten ist hinsichtlich solcher Unterstützungsleistungen im Alltag nicht hilfebedürftig (vgl. Künemund & Hollstein, 2000). Im Gegenteil hat sogar von den 70- bis 85-Jährigen jeder Siebente einer anderen Person, die nicht im gleichen Haushalt lebt, bei Arbeiten im Haushalt, z.B. beim Saubermachen, bei kleineren Reparaturen oder beim Einkaufen geholfen. Auch solche Tätigkeiten werden über die Altersgruppen hinweg betrachtet aber deutlich seltener – bei den 40- bis 54-Jährigen liegt dieser Anteil bei 47 Prozent (Abbildung 5).

Abbildung 5: Informelle Unterstützungsleistungen 1996 und 2002 (in Prozent nach Altersgruppen)

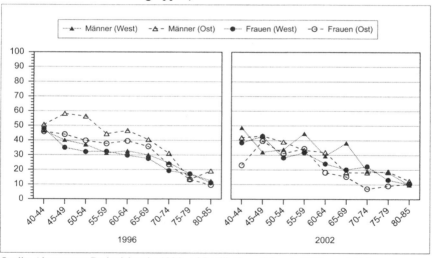

Quelle: Alterssurvey Basisstichprobe 1996 und Replikationsstichprobe 2002, gewichtet.

In den neuen Bundesländern sind solche Unterstützungsleistungen in allen Altersgruppen etwas seltener, und zwar insbesondere bei den Frauen. Bei den Jüngeren könnte dabei die stärkere Arbeitsmarktbeteiligung eine Rolle spielen, aber insgesamt ist dieser Trend überraschend, denn 1996 war es noch umgekehrt: In den neuen Bundesländern waren solche Unterstützungsleistungen in allen Altersgruppen häufiger, und dies lag insbesondere an den Männern, die hier stärker engagiert waren als die Frauen. Möglicherweise findet bei den Männern die veränderte Arbeitsmarktsituation ihren Niederschlag, denn 1996 hatten Vorruhestand, Altersübergang, Kurzarbeit usw. noch ein anderes Ausmaß. Wie ein Vergleich mit Abbildung 1 zeigt, reicht dies als Erklärung aber wahrscheinlich nicht aus. Möglicherweise liegt es z.T. auch daran, dass sich die ökonomische Lage verschlechtert hat (vgl. den Beitrag von Motel-Klingebiel in diesem Band), d.h. die Ressourcen insgesamt – Zeit und Geld – knapper geworden sind. Sollte dieser Zusammenhang für diesen Rückgang erklärungskräftig sein, müsste man hinsichtlich der weiteren Entwicklung – in Anbetracht der im Schnitt eher knapperen Renten und der längeren Lebensarbeitszeit – skeptisch sein.

Betrachten wir die Personengruppen, die instrumentell unterstützt werden, wird deutlich, dass die 40- bis 54-Jährigen häufig ihre (Schwieger-)Eltern unterstützen. Da die Existenz von Eltern mit steigendem Alter zunehmend unwahrscheinlicher wird, geht dieser Anteil über die Altersgruppen stark zurück (von 21 auf ein Prozent). Abgesehen von den Kindern werden aber auch alle anderen Personengruppen von den 70- bis 85-Jährigen seltener unterstützt als von den 40- bis 54-Jährigen, auch Nachbarn und Freunde. Und die 70- bis 85-Jährigen unterstützen ihre Kinder seltener instrumentell als z.B. die 40- bis 54-Jährigen ihre Eltern. Dies weist aber nicht zwangsläufig auf eine Einseitigkeit der familialen intergenerationellen Hilfebeziehungen hin. Den instrumentellen Hilfen stehen auch private materielle Transfers zwischen den Generationen gegenüber, die überwiegend in entgegengesetzter Richtung fließen. Und zumindest in diesem Punkt lässt sich keine dramatische Altersabnahme feststellen (vgl. Abbildung 6): knapp ein Drittel der 40- bis 85-Jährigen unterstützt andere Personen finanziell, und zwar ganz überwiegend Kinder und Enkel. Transferströme in umgekehrter Richtung sind deutlich seltener (vgl. Tabelle A4).

Der Anteil der Unterstützenden ist 2002 mit 37 Prozent in der mittleren Altersgruppe am höchsten; höchstwahrscheinlich spielen dabei sowohl die verfügbaren Ressourcen als auch die spezifischen Bedarfslagen der jeweiligen Kinder und Enkel eine größere Rolle. In dieser Altersgruppe werden die Kinder mit 71 Prozent am häufigsten genannt, die Enkelkinder von 24 Prozent. Bei den 70- bis 85-Jährigen liegt der Anteil der Kinder nur noch bei 59 Prozent, dafür steigt der Anteil derjenigen, die monetäre Transfers (auch) an die Enkelkinder leisten (48 Prozent). Insgesamt gesehen ist dies einer der wenigen Bereiche, in denen sich keine deutliche Abnahme in den höheren Altergruppen zeigt. Dies ist lediglich bei den älteren Frauen der Fall, was wiederum auf die verfügbaren Ressourcen verweisen dürfte. Solche Transfers können aber gerade für die Ältesten und

Hilfsbedürftigen von zentraler Bedeutung sein, da sie nicht einfach nur passive Empfänger von Hilfen bleiben müssen, sondern etwas „zurückgeben" (und vielfach deshalb auch erst annehmen) können (zu ausführlichen Analysen der Transfers vgl. die Beiträge von Motel-Klingebiel und Hoff in diesem Band).

Abbildung 6: Geleistete private Transfers 1996 und 2002 (in Prozent nach Altersgruppen)

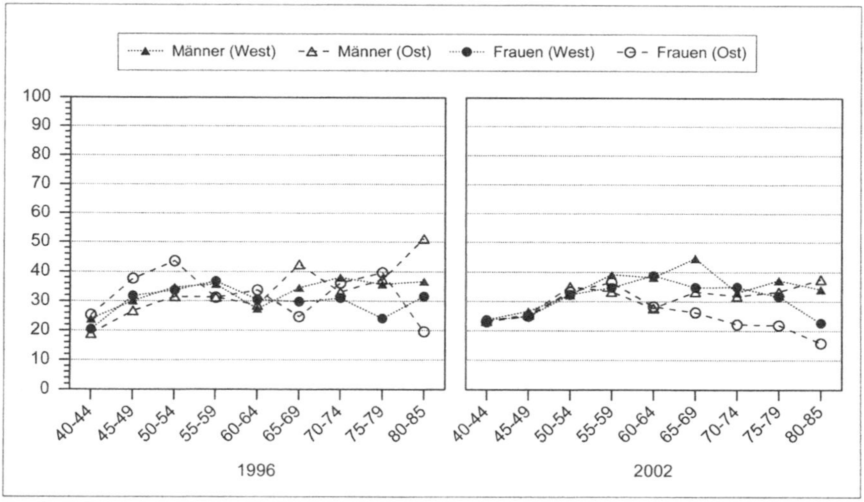

Quelle: Alterssurvey Basisstichprobe 1996 und Replikationsstichprobe 2002, gewichtet.

7 Partizipation an Bildungsangeboten

Die Frage nach der Partizipation an Bildung ist nicht nur für die späten Phasen des Erwerbslebens kritisch, wenn es um die Frage der Verlängerung der Lebensarbeitszeit und die Beschäftigungschancen älterer Arbeitnehmer geht. Sie hat auch in mehrerlei Hinsicht eine herausragende Bedeutung in der nachberuflichen Lebensphase. Beispielsweise hat die Technisierung der Umwelt – insbesondere auch im Haushalt – die Handlungsspielräume im höheren Alter erweitert und die Alltagsarbeit erheblich erleichtert. Wird der Umgang mit moderner Technik jedoch nicht erlernt bzw. geübt, bleibt es in vielen Bereichen der alltäglichen Lebensführung nicht nur bei einem relativen Verlust an Lebensqualität im Vergleich zu jenen, die den Umgang mit dieser Technik beherrschen, sondern diese

Technik kann dann sogar zu einem Hindernis werden und zu einem Verlust an Lebensqualität führen, etwa wenn der Bankautomat nicht bedient werden kann (vgl. z.B. Mollenkopf & Kaspar, 2004). Handlungsspielräume werden eingeschränkt und die Lebensführung insgesamt erschwert. Eine Teilnahme an Bildungsangeboten kann demgegenüber Produktivität freisetzen und zu selbstorganisierter produktiver Tätigkeit anregen (Schäffter, 1989, S.22). Dafür spricht der wiederholt belegte Zusammenhang zwischen Bildung und anderen produktiven Tätigkeiten, z.b. dem Ehrenamt: Bildung ist einer der stärksten Prädiktoren für ein solches Engagement (Künemund, 2000).

Für die Individuen kann die Partizipation an Bildung im Alter zudem Selbstsicherheit und Unabhängigkeit steigern, sie kann praktische und psychologische Probleme besser lösen helfen, neue Aufgabenfelder erschließen, Selbsterfahrung und Selbstinterpretation stärken und auch zur Strukturierung von Zeit, zur Einbindung in soziale Interaktion oder zur Erfahrung gesellschaftlicher Veränderungen beitragen. Auch können alterstypische Reduktionen der Leistungsfähigkeit im Hinblick auf Gedächtnis und psychomotorische Funktionen abgemildert werden (vgl. Baltes, 1987; Kruse & Rudinger, 1997). Bildung im Alter kann also die allgemeine Lebensqualität und Unabhängigkeit steigern und daher als sozialpolitische Prävention betrachtet werden (Naegele, 1991). Daneben können z.B. bereits ehrenamtlich Tätige ihre Kompetenzen durch gezielte Weiterbildung erweitern. Auch im Alter ist Bildung somit nicht nur „Konsum", sondern bleibt Investition: sie erhält und erweitert das Humanpotenzial im weitesten Sinne. Sie dient nicht einfach individuellen „Freizeit"-Interessen, sondern kann konkrete psychologische, soziale und ökonomische Effekte positiver Art haben (vgl. Sommer, Künemund & Kohli, 2004).

Entsprechend hoch ist die Aufmerksamkeit, die der Bildung im Alter zuteil wird. Dennoch ist dies ein Bereich, in dem die Partizipation im höheren Alter eher gering ausfällt – von den 70- bis 85-Jährigen besuchen nur 13 Prozent wenigstens einmal im Jahr einen Kurs oder Vortrag – und im Altersgruppenvergleich extrem stark zurückgeht (vgl. Abbildung 7). Von den 40- bis 54-Jährigen haben 2002 mehr als die Hälfte mindestens eine solche Bildungsveranstaltung besucht. Zwischen Männern und Frauen zeigen sich dabei keine nennenswerten Unterschiede, im Osten Deutschlands fällt die Beteiligung in diesem Bereich in allen hier betrachteten Altersgruppen geringer aus. Altersbildung erreicht also offenbar keine breite Schicht der Älteren, sondern nur einen relativ kleinen und hinsichtlich der sozialen Schichtung höchstwahrscheinlich sehr selektiven Teil der Altenpopulation (vgl. ausführlich hierzu Sommer, Künemund & Kohli, 2004).

Abbildung 7: Besuch von Kursen und Vorträgen 1996 und 2002 (in Prozent nach Altersgruppen)

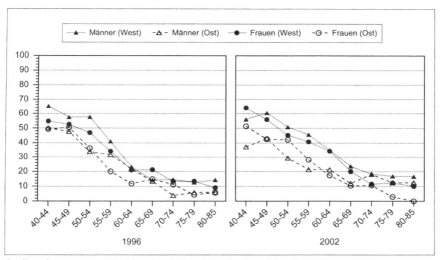

Quelle: Alterssurvey Basisstichprobe 1996 und Replikationsstichprobe 2002, gewichtet.

In den alten Bundesländern weist die mittlere Altersgruppe der 55- bis 69-Jährigen eine im Vergleich zu 1996 etwas höhere Beteiligungsquote auf, in den neuen Bundesländern sind die unter 65-jährigen Männer dagegen etwas seltener involviert. Zwar wäre in diesen sechs Jahren weder aufgrund von kohortenspezifischen Merkmalen noch aufgrund veränderter gesellschaftlicher Rahmenbedingungen ein besonders starker Anstieg zu erwarten gewesen, denkt man aber z.B. an die diversen Projekte und Initiativen in diesem Feld, z.B. zum Erlernen des Internetgebrauchs, könnte man auch einen sichtbaren Anstieg erwarten. Sowohl im Hinblick auf die älteren Arbeitnehmer als auch die Älteren in der nachberuflichen Lebensphase scheinen die Beteiligungsquoten verbesserungsfähig und - würdig. Dies insbesondere auch deshalb, weil sich die Bildung positiv hinsichtlich anderer Tätigkeitsfelder – und somit der gesellschaftlichen Partizipation und Integration insgesamt – auswirken kann.

8 Weitere Tätigkeiten

Die weiteren Tätigkeitsfelder und -bereiche, die mit dem Alterssurvey erhoben wurden, sollen – diese Betrachtung der Tätigkeiten in der nachberuflichen Lebensphase abschließend – überblicksartig zusammengefasst werden. Dabei wird der Schwerpunkt der Darstellung auf die Unterschiede zwischen den Altersgruppen gelegt.

Was zunächst die Hand-, Bastel- und Heimwerkerarbeiten betrifft, ist ein nur leichter Rückgang der Anteile über die Altersgruppen zu beobachten – rund drei Viertel der 40- bis 69-Jährigen und zwei Drittel der 70- bis 85-Jährigen geben eine solche Tätigkeit an. Die Abnahme im Altersgruppenvergleich ist dabei allein bei den eher selteneren Engagements feststellbar, „tägliche" Hand-, Bastel- und Heimwerkerarbeiten sind davon nicht betroffen. Das etwas geringere Ausmaß der Beschäftigung in diesem Bereich in der höchsten Altersgruppe verweist wahrscheinlich auf das Zunehmen gesundheitlicher Beeinträchtigungen, welche zu einer gewissen Polarisierung in Aktivität und Inaktivität bezüglich physisch anforderungsreicher Tätigkeiten führt. In diese Richtung weist auch die ähnlich gelagerte Verteilung bei Gartenarbeit. Sie ist in der mittleren Altersgruppe am weitesten verbreitet, im höheren Alter kommt es in diesem Bereich zu einer stärkeren Polarisierung in täglich bzw. mehrmals wöchentlich Aktive und gänzlich Inaktive. Der Anteil derjenigen, die in den letzten zwölf Monaten keine Gartenarbeit verrichtet haben, liegt in der höchsten Altersgruppe mit 39 Prozent sehr deutlich über jenem der unteren und mittleren Altersgruppen (26 respektive 23 Prozent); diese Differenz ist damit jener bei den Hand-, Bastel- und Heimwerkerarbeiten sehr ähnlich. Insgesamt handelt es sich bei Hand-, Bastel- und Heimwerkerarbeiten sowie Gartenarbeit in den Sommermonaten aber für einen erheblichen Teil der Älteren – Männer wie Frauen in Ost und West – um ein relativ häufiges und bedeutsames Tätigkeitsfeld.

Hinsichtlich der sportlichen Aktivität ist der Zusammenhang mit dem Alter erwartungsgemäß deutlich stärker. Immerhin rund 40 Prozent der 70- bis 85-Jährigen geben aber an, sich in den letzten zwölf Monaten sportlich betätigt zu haben. Auch hier bleibt der Anteil derer, die sich täglich engagieren, über die Altersgruppen hinweg betrachtet eher konstant. Rund ein Viertel der 70- bis 85-jährigen Männer besucht zudem mindestens einmal im Jahr eine Sportveranstaltung, von den Frauen etwa jede Zehnte. Bei den 40- bis 54-Jährigen liegen diese Anteile bei 57 und 33 Prozent, in der mittleren Altersgruppe bei 43 und 24 Prozent; d.h. der im Altersgruppenvergleich feststellbare Rückgang verläuft bei beiden Geschlechtern etwa parallel. Das Spazierengehen zählt zu den wenigen Tätigkeiten, die von den Älteren genauso häufig angegeben werden wie von den Jüngeren: 88 Prozent der 70- bis 85-Jährigen, 92 Prozent der 55- bis 69-Jährigen und 91 Prozent der 40- bis 54-Jährigen gehen überhaupt je spazieren. Die Häufigkeit nimmt sogar deutlich zu.

Ein ganz ähnliches Bild ergibt sich hinsichtlich der Beschäftigung mit Kreuzworträtseln oder Denksportaufgaben – hier gibt es keine Abnahme in den höheren Altersgruppen, wohl aber eine deutlich häufigere Nennung von „täglich". Abgesehen vom Fernsehen sind dies die einzigen Tätigkeiten, die von den Älteren intensiver ausgeübt werden als von den Jüngeren. Auch bei der künstlerischen Betätigung sind die Unterschiede zwischen den Altersgruppen eher gering. Dagegen werden Konzert-, Theater- oder Museumsbesuche in den höheren Altersgruppen zunehmend seltener, was im Vergleich zur eigenen künstlerischen Betätigung eher auf gesundheitliche und finanzielle Ressourcen denn als auf einen Rückgang des Interesses im Prozess des Alterns hinweisen dürfte. Ein Teil dieser Altersunterschiede könnte aber auch im Sinne von Kohorteneffekten interpretiert werden – anders gelagerte Interessen der verschiedenen Geburtsjahrgänge aufgrund ja spezifischer Sozialisationserfahrungen, Ressourcen und Lebensstile.

Ein Besuch von oder bei Freunden oder Bekannten wird in allen drei Altersgruppen am häufigsten „ein- bis dreimal im Monat" angegeben. Der Anteil derjenigen, die in den letzten zwölf Monaten keine solchen Besuche bekamen oder selbst unternahmen, steigt über die Altersgruppe hinweg betrachtet von zwei auf elf Prozent an, und auch „seltene" Besuche werden von den Ältesten häufiger genannt als von den Jüngeren. Karten- und Gesellschaftsspiele werden ebenfalls im höheren Alter seltener angegeben – der Anteil derer, die dies nie tun, steigt von 29 auf 53 Prozent. Die soziale Einbindung nimmt insofern offenbar stetig ab. Es gibt hier aber dennoch zugleich eine gewisse Zunahme in der Kategorie „täglich".

Auch politische Veranstaltungen werden von den Älteren zunehmend weniger besucht. Insbesondere bei den 70- bis 85-jährigen Frauen kommt dies praktisch gar nicht vor (knapp 94 Prozent beantworteten diese Frage mit „nie"), während von den 70- bis 85-jährigen Männern im Westen immerhin noch jeder Vierte, im Osten knapp jeder Fünfte mindestens eine solche Veranstaltung in den letzten zwölf Monaten vor der Befragung besucht hat. In den jüngeren hier betrachteten Altersgruppen liegen diese Anteile jeweils rund zehn Prozent höher, wobei dieser Rückgang bei den Frauen deutlich stärker ausfällt als bei den Männern. Entsprechend ist der Unterschied zwischen Männern und Frauen bei den 40- bis 54-Jährigen weniger groß als im Alter. Dass es sich hier um einen Kohorteneffekt handelt, sodass der Unterschied zwischen den Geschlechtern bei den zukünftigen Älteren geringer sein wird als bei den heutigen Älteren, scheint recht wahrscheinlich.

Was schließlich die Hausarbeit betrifft, zeigt sich eine höhere Beteiligung der Männer mit zunehmendem Alter – was das „tägliche" Engagement betrifft – ebenso wie eine geringere – nämlich mit Blick auf jenen Anteil der Männer, die nie Hausarbeit machen. Während für Letzteres wahrscheinlich traditionelle, kohortenspezifische Rollenerwartungen verantwortlich sind, deutet ersteres auf einen Ruhestandseffekt. Allerdings bleibt offen, welcher Art die Beteiligung an der Hausarbeit ist und ob die (Ehe-)Frauen dadurch entlastet werden. Sie sind jedenfalls in allen Altersgruppen zu über 80 Prozent täglich mit Arbeiten im Haushalt befasst. Das Lesen von Tageszeitungen wird von der mittleren der hier betrachteten Altersgruppe am häufigsten angegeben: Hier lesen drei Viertel täglich eine Tageszeitung. Überraschend hoch – jedenfalls im Vergleich zu den Männern – sind die Anteile der 70- bis 85-jährigen Frauen, die „nie" eine Tageszeitung lesen: In Ost und West jeweils jede siebente Frau. Beim Fernsehen gibt es eine solche Auffälligkeit nicht. Dies ist zugleich auch jene Tätigkeit, die als Einzige einen deutlichen Zuwachs sowohl hinsichtlich der Partizipationsquote als auch der zeitlichen Intensität im Vergleich der Altersgruppen offenbart.

Insgesamt muss man aus dem fast generellen Fehlen von Tätigkeiten, die mit zunehmendem Alter häufiger ausgeübt werden, entweder auf das Fehlen wichtiger Tätigkeitsbereiche in der Erhebung, oder aber – m.E. plausibler – auf eine zunehmende Selektivität sowie eine Intensivierung bzw. zeitliche Dehnung und Streckung von Tätigkeiten schließen, die auch schon in den jüngeren Altersgruppen bzw. vor dem Übergang in den Ruhestand ausgeübt werden.

Im Vergleich der beiden Erhebungszeitpunkte des Alterssurveys zeigen sich vor allem in der mittleren der hier betrachteten drei Altersgruppen leichte Zunahmen im Bereich der sportlichen Aktivität sowie dem Besuch von Konzerten, dem Theater oder dem Museum, aber auch dem Treffen mit Freunden und Bekannten, die im Sinne von Kohorteneffekten möglicherweise auch eine höhere Beteiligung bei den zukünftigen Älteren indizieren könnten. Bei den meisten Tätigkeiten allerdings sind die Unterschiede zwischen 1996 und 2002 sehr gering, was aufgrund der relativ geringen Zeitspanne nicht sonderlich überrascht.

Eine Ausnahme bildet lediglich die Beschäftigung mit dem Computer. Fast 40 Prozent der 40- bis 85-Jährigen nutzen im Jahr 2002 privat oder beruflich einen Computer, 1996 lag dieser Anteil noch bei knapp 20 Prozent. Einen steileren Abfall der Anteile über die Altersgruppen hinweg – und somit eine stärkere Ungleichheit zwischen ihnen – kann man lediglich bei der Erwerbstätigkeit feststellen: 61 Prozent der 40- bis 54-Jährigen, aber nur knapp acht Prozent der 70- bis 85-Jährigen verwendete in den letzten 12 Monaten mindestens einmal privat einen Computer. Diese Ungleichheit zwischen den Altersgruppen war 1996 noch wesentlich geringer ausgeprägt – dort lagen die entsprechenden Anteile bei 32 und drei Prozent. Zwar liegt der prozentuale Zuwachs damit bei den Älteren höher als bei den Jüngeren, aber dennoch hat sich in dieser Zeit – allen Bemühungen um Internet-Kurse für Ältere zum Trotz – der so genannte „digital divide" sehr viel stärker entlang der Altersachse konturiert, wesentlich stärker als etwa zwischen den Geschlechtern. Dies ist – wie bereits angesprochen – insofern bedenklich, als dass gerade die Älteren z.B. mit der Technisierung und Computerisierung des Alltags Probleme haben können, gerade sie aber zugleich erheblich von den neuen Technologien profitieren könnten.

9 Schlussfolgerungen

Für die meisten dieser Tätigkeiten gilt also, dass sie – wenn auch in ganz unterschiedlichem Ausmaß – mit zunehmendem Alter seltener ausgeübt werden. Ausnahmen mit einer deutlichen Zunahme oder Intensivierung sind einzig das Fernsehen und die Beschäftigung mit Kreuzworträtseln oder Denksportaufgaben. Eher stabil bleiben im Altersgruppenvergleich das Spazierengehen sowie z.B. die finanziellen Transfers, ansonsten zeigt sich fast überall ein mehr oder weniger deutlicher Rückgang der Partizipationsquoten. Bei allen Interpretationsproblemen, die sich aus den Begriffen Freizeit, Produktivität, Engagement usw. im Alter ergeben, entsteht aber – wie bereits bei der Analyse der Daten von 1996 – nicht der Eindruck, als würde die aktive Gestaltung der Zeit nach dem Übergang in den Ruhestand im Sinne neuer Lebensstile und Partizipationsformen an Bedeutung gewinnen. Eher scheint in den hier betrachteten Bereichen das Gegenteil der Fall zu sein – es sind eher die dem „traditionellen" Altersbild entsprechenden Tätigkeiten wie das Fernsehen, die von den Älteren praktiziert werden, und auch ihr ehrenamtliches Engagement konzentriert sich maßgeblich auf „traditionelle", altersunspezifische Gruppen, Vereine und Verbände. Die gesellschaftliche Partizipation im Alter – verstanden als Teilhabe an für die Vergesellschaftung der Individuen relevanten Bereichen und Institutionen der Gesellschaft – und das gesellschaftliche Engagement – verstanden als aktive Partizipation, die z.B. über die medienvermittelte Rezeption gesellschaftlicher Veränderungen hinausgeht – fallen in den höheren Altersgruppen zunehmend geringer aus.

Es wäre aber auch zu einseitig, z.B. die 70- bis 85-Jährigen als nur „passive" Empfänger von familialen oder sozialstaatlichen Hilfen und Transfers zu betrachten, denn sie tragen selbst in beträchtlichem Maße produktiv etwas zur Gesellschaft bei – es handelt sich zum Teil um Tätigkeiten, mit denen sie erhebliche wirtschaftliche Leistungen erbringen (vgl. Künemund, 1999).[9] Dies betrifft

---

9 Dies soll an dieser Stelle nicht durch eine erneute Berechnung verdeutlicht werden. Aufgrund von veränderten Details bei der Erhebung der Pflegetätigkeiten wären die Ergebnisse auch nicht mit jenen aus dem Jahr 1996 vergleichbar. Unabhängig davon wäre aber aufgrund des

vor allem die ehrenamtlichen Tätigkeiten, aber auch Hilfe- und Transferleistungen in Familie und sozialen Netzwerken wie z.B. Pflegetätigkeiten und Kinderbetreuung sowie die gezielte Weitergabe von Kenntnissen und Fertigkeiten (z.B. Projekte im Kontext von „Erfahrungswissen", Senior-Experten-Service und Wissensbörsen). Diese Tätigkeiten haben – im Gegensatz zu stärker konsumtiv gerichteten Tätigkeiten – nicht nur einen individuellen Wert, z.B. Sinnerfüllung und soziale Integration, sondern zusätzlich einen ökonomischen und gesellschaftlichen Wert. Der ökonomische Wert lässt sich erahnen, wenn man berücksichtigt, dass für viele dieser Tätigkeiten – würden sie nicht weitgehend unentgeltlich erbracht – sozialstaatliche Mittel aufgewendet werden müssten. Auch hängt die Funktionsfähigkeit vieler intermediärer Organisationen – z.B. der Wohlfahrtsverbände, aber auch der Sportvereine – zu einem großen Teil von der Bereitschaft zu ehrenamtlichem Engagement ab. Der gesellschaftliche Wert dieser Tätigkeiten lässt sich hingegen kaum quantifizieren, muss aber ebenfalls sehr hoch veranschlagt werden. Es geht hier nicht nur um den in der Einleitung angesprochenen Zusammenhalt der Generationen, sondern darüber hinaus um jenen der Gesellschaft insgesamt – um den „sozialen Kitt", der aktuell auch in den Diskussionen um die „Bürger-" oder „Zivilgesellschaft" eingefordert wird. Einschränkend muss allerdings auch konstatiert werden, dass diejenigen, die sich in mindestens einem dieser Bereiche engagieren, in der Minderheit sind und ihr Anteil über die Altersgruppen hinweg stark abnimmt.

Ein „Krieg der Generationen" ist derzeit nicht in Sicht, auch wenn Teile der Presse diesen zumindest herbeireden zu wollen scheinen. Auch die Politik trägt in gewisser Hinsicht möglicherweise hierzu bei, z.B. insofern sie insbesondere die geburtenstarken Jahrgänge z.B. hinsichtlich der Höhe und der Verlässlichkeit der Alterseinkommen – zusätzlich zu den bei ihnen ohnehin schon schlechten Arbeitsmarktbedingungen – benachteiligt. Würde es dann zu einer Herausbildung von starken Interessenorganisationen Älterer kommen, könnten die Verteilungskonflikte durchaus an Härte gewinnen. Die Rentnerdemonstrationen in Berlin gegen die Agenda 2010 geben davon bestenfalls einen ersten Eindruck, denn die heutigen Rentner stehen im Durchschnitt ja vergleichsweise ausgezeichnet da. Überhaupt sind die hohen Rentenversicherungsbeiträge derzeit noch weniger den demografischen Veränderungen als jenen am Arbeitsmarkt und diesbezüglichen politischen Entscheidungen geschuldet (vgl. z.B. Steffen 1996) – das demografische Problem steht erst noch an. Ein wesentlicher Erfolg des deutschen Sozialstaats – die Vermeidung von Altersarmut und materielle Sicherung der Lebensphase Alter – steht dann möglicherweise infrage (vgl. den Beitrag von Motel-Klingebiel in diesem Band). Damit würden auch die Vorausset-

---

Rückgangs bei der (Enkel-)Kinderbetreuung ein leichter Rückgang der so bewerteten „Produktivität" zu erwarten.

zungen für die gesellschaftliche Partizipation und das Engagement der zukünftigen Kohorten Älterer eher schlechter. Dies dürfte sozial differenziert wirksam werden, insofern die Voraussetzungen für ein aktives Engagement insbesondere bei den schlechter gestellten Älteren infrage gestellt wären. Ohnehin scheint eine Zunahme der sozialen Ungleichheiten im Alter wahrscheinlich, insbesondere bei den geburtenstarken 1960er Jahrgängen. Wie sich bereits bei der geringen Inanspruchnahme der Riester-Rente abzeichnet, könnten die später geringeren gesetzlichen Renten ohne zusätzlich private Absicherung zu einer neuerlichen Altersarmut führen, und zwar bevorzugt in bestimmten sozialen Schichten mit heute eher geringen Einkommen (Bertelsmann-Stiftung, 2003; Schwarze, Wagner & Wunder, 2004). Oder zumindest zu einer stärkeren Zunahme bei der bedarfsorientierten Grundsicherung im Alter. Zugleich lässt die Verteilung von Vermögen (und Erbschaften) wie auch die gegenwärtige Inanspruchnahme privater Vorsorge und der Riester-Rente erwarten, dass die Erträge aus privater Altersvorsorge vor allem Haushalten mit höherem und hohem Einkommen zufließen (Schmähl & Fachinger, 1999; Bäcker, 2002). Dass sich dies in der Summe positiv auf Partizipation und Engagement auswirkt, scheint eher unwahrscheinlich.

Dennoch muss man die möglichen zukünftigen Entwicklungen nicht zu skeptisch beurteilen. Da Gesundheit, materielle Absicherung und vor allem Bildungsniveau starke Prädiktoren der gesellschaftlichen Partizipation der Älteren (z.B. im ehrenamtlichen Engagement) sind, kann insgesamt auch mit einer stärkeren Beteiligung gerechnet werden. Zugleich dürfte sich der Anspruch auf sinnvolle Tätigkeiten als Funktion der gesellschaftlichen Individualisierungsprozesse erhöhen. Insofern können wir in diesen Bereichen der Zukunft auch durchaus optimistisch entgegensehen. Freilich wäre es in diesem Zusammenhang wünschenswert, dass die gesellschaftlichen Strukturen und Rahmenbedingungen für ein aktives Engagement, die gesellschaftliche Partizipation und Integration der Älteren insgesamt verbessert werden – z.B. rechtliche Rahmenbedingungen, altersgerechte Infrastruktur, ein realistischeres Altersbild, aber auch schlicht Sicherheit und Verlässlichkeit der Alterseinkommen – soll ein erfolgreiches Altern sowohl auf der individuellen als auch auf der gesellschaftlichen Ebene gelingen.

Literatur

Atchley, R. C. (1976). *The sociology of retirement*. Cambridge: Schenkman.
Attias-Donfut, C. (1988). Die neuen Freizeitgenerationen. In: Rosenmayr, L. & Kolland, F. (Hrsg.): *Arbeit – Freizeit – Lebenszeit. Grundlagenforschungen zu Übergängen im Lebenszyklus* pp. 57-73). Opladen: Westdeutscher Verlag.

Backes, G. M. & Clemens, W. (1998). *Lebensphase Alter. Eine Einführung in die sozialwissenschaftliche Alternsforschung.* Weinheim: Juventa.

Bäcker, G. (2002). Alterssicherung und Generationengerechtigkeit nach der Rentenreform. *Zeitschrift für Gerontologie und Geriatrie,* 35, 282-291.

Baltes, M. M. (1987). Erfolgreiches Altern als Ausdruck von Verhaltenskompetenz und Umweltqualität. In: Niemitz, C. (Ed.): *Erbe und Umwelt. Zur Natur von Anlage und Selbstbestimmung des Menschen* (pp. 353-376). Frankfurt: Suhrkamp.

Baltes, M. M. (1996). Produktives Leben im Alter: Die vielen Gesichter des Alterns – Resumee und Perspektiven für die Zukunft. In: Baltes, M. M. & Montada, L. (Eds.): *Produktives Leben im Alter* (pp. 393-408). Frankfurt: Campus.

Bertelsmann Stiftung (2003). *Die Riester-Rente: Wer hat sie, wer will sie? Vorabauswertung einer repräsentativen Umfrage zum Vorsorgeverhalten der 30- bis 50-Jährigen, erstellt von Johannes Leinert, Bertelsmann Stiftung, Gütersloh (Bertelsmann Stiftung Vorsorgestudien 14).* Gütersloh: Bertelsmann Stiftung.

Boetticher, K. W. (1975). *Aktiv im Alter. Eine Studie zur Wirklichkeit und Problematik des Alterns.* Düsseldorf: Econ.

Braun, J. & Claussen F., unter Mitarbeit von Bischoff, S., Sommer, L. & Thomas, F. (1997). *Freiwilliges Engagement im Alter. Nutzer und Leistungen von Seniorenbüros.* Stuttgart: Kohlhammer.

Bullinger, H.-J. (Ed.) (2001). *Zukunft der Arbeit in einer alternden Gesellschaft.* Stuttgart: IRB-Verlag.

Burgess, E. W. (1960). Aging in Western culture. In: Burgess, E. W. (Ed.): *Aging in Western societies* (pp. 3-28). Chicago: Chicago University Press.

Caro, F. G. & Bass, S. A. (1993). *Patterns of productive activity among older Americans.* Boston: Gerontology Institute, University of Massachusetts.

Cumming, E. & Henry, W. E. (1961). *Growing old. The process of disengagement.* New York: Basic Books.

Frerichs, F. (1998). *Älterwerden im Betrieb. Beschäftigungschancen und -risiken im demographischen Wandel.* Opladen: Westdeutscher Verlag.

Giarrusso, R., Silverstein, M. & Bengtson, V.L. (1996). Family complexity and the grandparent role. *Generations,* 20, 17-23.

Glatzer, W. (1986). Haushaltsproduktion, wirtschaftliche Stagnation und sozialer Wandel. In: Glatzer, W. & Becker-Schmitt, R. (Eds.): *Haushaltsproduktion und Netzwerkhilfe. Die alltäglichen Leistungen der Haushalte und Familien* (pp.9-50). Frankfurt: Campus.

Herfurth, M., Kohli, M. & Zimmermann, K. F. (Eds.) (2003). *Arbeit in einer alternden Gesellschaft. Problembereiche und Entwicklungstendenzen der Erwerbssituation Älterer.* Opladen: Leske + Budrich.

Klages, H. (1998). Engagement und Engagementpotential in Deutschland. Ergebnisse der empirischen Forschung. *Aus Politik und Zeitgeschichte,* B38/98, 29-38.

Klöckner, B. W. (2003). *Die gierige Generation. Wie die Alten auf Kosten der Jungen abkassieren.* Frankfurt: Eichborn.

Kohli, M. (1985). Die Institutionalisierung des Lebenslaufs. *Kölner Zeitschrift für Soziologie und Sozialpsychologie,* 37, 1-29.

Kohli, M. (1998). Alter und Altern der Gesellschaft. In: Schäfers, B. & Zapf, W. (Eds.): *Handwörterbuch zur Gesellschaft Deutschlands* (pp. 1-11). Opladen: Leske + Budrich.

Kohli, M. & Künemund, H. (1996). *Nachberufliche Tätigkeitsfelder – Konzepte, Forschungslage, Empirie.* Stuttgart: Kohlhammer.

Kohli, M., Gather, C., Künemund, H., Mücke, B., Schürkmann, M., Voges, W. & Wolf, J. (1989). *Je früher – desto besser? Die Verkürzung des Erwerbslebens am Beispiel des Vorruhestands in der chemischen Industrie.* Berlin: Edition Sigma.

Kohli, M., Künemund, H., Motel, A. & Szydlik, M. (2000). Generationenbeziehungen. In: Kohli, M. & H. Künemund (Eds.): *Die zweite Lebenshälfte – Gesellschaftliche Lage und Partizipation im Spiegel des Alters-Survey* (pp. 176-211). Opladen: Leske + Budrich.

Kruse, A. & Rudinger, G. (1997). Lernen und Leistung im Erwachsenenalter. In: Weinert, F. E. & Mandl, H. (Eds.): *Psychologie der Erwachsenenbildung* (pp. 45-85). Göttingen: Hogrefe.

Künemund, H. (1999). Entpflichtung und Produktivität des Alters. *WSI-Mitteilungen, 52,* 26-31.

Künemund, H. (2000). „Produktive" Tätigkeiten. In: Kohli, M. & Künemund, H. (Eds.): *Die zweite Lebenshälfte – Gesellschaftliche Lage und Partizipation im Spiegel des Alters-Survey* (pp. 277-317). Opladen: Leske + Budrich.

Künemund, H. (2001). *Gesellschaftliche Partizipation und Engagement in der zweiten Lebenshälfte. Empirische Befunde zu Tätigkeitsformen im Alter und Prognosen ihrer zukünftigen Entwicklung.* Berlin: Weißensee-Verlag.

Künemund, H. & Hollstein, B. (2000). Soziale Beziehungen und Unterstützungsnetzwerke. In: Kohli, Martin & Künemund, H. (Eds.): *Die zweite Lebenshälfte. Gesellschaftliche Lage und Partizipation im Spiegel des Alters-Survey* (pp. 212-276). Opladen: Leske + Budrich.

Lehr, U. (1988). Arbeit als Lebenssinn auch im Alter. Positionen einer differentiellen Gerontologie. In: Rosenmayr, L. & Kolland, F. (Eds.): *Arbeit – Freizeit – Lebenszeit. Neue Übergänge im Lebenszyklus* (pp. 29-45). Opladen: Westdeutscher Verlag.

Maddox, G.L. (1965). Fact and artifact: Evidence bearing on disengagement theory from the Duke Geriatrics Project. *Human Development, 8,* 117-130.

Maltby, T., Mirabile, M.-L., de Vroom, B. & Øverbye, E. (Eds.) (2004). *Ageing and the Transition to Retirement. A Comparative Analysis of European Welfare States.* Burlington: Ashgate.

Mollenkopf, H. & Kaspar, R. (2004). Technisierte Umwelten als Handlungs- und Erlebensräume älterer Menschen. In: Backes, G. M., Clemens, W. & Künemund, H. (Eds.): *Lebensformen und Lebensführung im Alter* (pp. 193-221). Wiesbaden: WS-Verlag für Sozialwissenschaften.

Müller, S. & Rauschenbach, T. (Eds.) (1988). *Das soziale Ehrenamt.* Nützliche Arbeit zum Nulltarif. Weinheim: Juventa.

Naegele, G. (1984). *Ältere Arbeitnehmer in der Spätphase ihrer Erwerbstätigkeit.* Bonn: Bundesministerium für Arbeit und Sozialordnung.

Naegele, G. (1991). Zum Stand der gerontologischen Forschung und Altenpolitik in NRW und zu einigen Implikationen für eine auf Älterwerden und Alter bezogene Bildungsarbeit. In: Landesinstitut für Schule und Weiterbildung (Ed.): *Sinnerfülltes Leben im Alter. Beiträge der Erwachsenenbildung* (pp. 36-63). Soest: Soester Verlagskontor.

Olk, T. (1987). Das soziale Ehrenamt. *Sozialwissenschaftliche Literaturrundschau* 10, 84-101.

Opaschowski, H. W & Neubauer, U. (1984). *Freizeit im Ruhestand. Erwartungen und Wirklichkeit von Pensionären.* Hamburg: BAT Freizeit-Forschungsinstitut.

O'Reilly, P. & Caro, F. G. (1994). Productive aging: An overview of the literature. *Journal of Aging and Social Policy* 3, 6, 39-71.

Riley, M. W., Kahn, R. L. & Foner, A. (Eds.) (1994). *Age and structural lag. Society's failure to provide meaningful opportunities in work, family, and leisure.* New York: Wiley.

Robbins, S. B., Lee, R. M. & Wan, T. H. (1994*). Goal continuity as a mediator of early retirement adjustment. Testing a multidimensional model. Journal of Counseling Psychology*, 41, 18-26.

Schäffter, O. (1989). Produktivität des Alters – Perspektiven und Leitfragen. In: Knopf, D., Schäffter, O. & Schmidt, R. (Eds.): *Produktivität des Alters* (pp. 20-25). Berlin: Deutsches Zentrum für Altersfragen.

Schmähl, W. & Fachinger, U. (1999). Armut und Reichtum: Einkommen und Konsumverhalten älterer Menschen. In: Niederfranke, A., Naegele, G. & Frahm, E. (Eds.): *Funkkolleg Altern 2. Lebenslagen und Lebenswelten, soziale Sicherung und Altenpolitik* (pp. 159-208). Opladen: Westdeutscher Verlag.

Schelsky, H. (1965). *Auf der Suche nach Wirklichkeit. Gesammelte Aufsätze.* Düsseldorf: Eugen Diedrichs Verlag.

Schmitz-Scherzer, R., Backes, G. M., Friedrich, I., Karl, F. & Kruse A. (1994). *Ressourcen älterer und alter Menschen.* Stuttgart: Kohlhammer.

Schneekloth, U. & Leven, I. (2003). *Hilfe- und Pflegebedürftige in Privathaushalten in Deutschland 2002.* Schnellbericht. München: Infratest.

Schreiber, H. (1996). *Das gute Ende. Wider die Abschaffung des Todes.* Reinbek: Rowohlt.

Schupp, J. & Künemund, H. (2004). Private Versorgung und Betreuung von Pflegebedürftigen in Deutschland. *DIW Wochenbericht*, 71, 289-294.

Schwarze, J., Wagner, G. G. & Wunder, C. (2004). Alterssicherung: Gesunkene Zufriedenheit und Skepsis gegenüber privater Vorsorge. *DIW Wochenbericht*, 71, 315-322.

Sommer, C., Künemund, H. & Kohli, M. (2004). *Zwischen Selbstorganisation und Seniorenakademie. Die Vielfalt der Altersbildung in Deutschland.* Berlin: Weißensee Verlag.

Steffen, Johannes (1996). Altersteilzeit und Rentenabschläge. Die Debatte um die Abschaffung des Arbeitslosen-Altersruhegeldes. In: *Sozialer Forschritt, 45,* 1-7.

Tews, H. P. (1977). *Soziologie des Alterns.* Heidelberg: Quelle und Meyer.

Tews, H. P. (1989). Die „neuen" Alten – Ergebnis des Strukturwandels des Alters. In: Karl, F. & Tokarski, W. (Eds.): *Die „neuen" Alten. Beiträge der XVII. Jahrestagung der deutschen Gesellschaft für Gerontologie* (pp. 126-143). Kassel: Gesamthochschulbibliothek.

Tews, Hans Peter (1996). Produktivität des Alters. In Baltes, M. & Montada, L. (Eds.), *Produktives Leben im Alter* (pp. 184-210). Frankfurt/M.: Campus.

Tokarski, W. (1985). „Freigesetzte" Arbeitnehmer im 6. Lebensjahrzehnt in der Freizeit: „Abgeschobene" oder eine neue „Muße-Klasse"? In: Dieck, M., Naegele, G. & Schmidt, R. (Eds.): *„Freigesetzte" Arbeitnehmer im 6. Lebensjahrzehnt – eine neue Ruhestandsgeneration?* (pp. 365-373). Berlin: Deutsches Zentrum für Altersfragen.

Tokarski, W. (1989). *Freizeit- und Lebensstile älterer Menschen.* Kassel: Gesamthochschulbibliothek.

Tokarski, W. (1998). Alterswandel und veränderte Lebensstile. In: Clemens, W. & Backes, G. M. (Eds.): *Altern und Gesellschaft. Gesellschaftliche Modernisierung durch Strukturwandel* (pp. 109-119). Opladen: Leske + Budrich.

Tremmel, J. (1996). *Der Generationsbetrug. Plädoyer für das Recht der Jugend auf Zukunft.* Frankfurt: Eichborn.

Uhlenberg, P. (1980). Death and the family. *Journal of Family History*, 5, 313-320.

Uhlenberg, P. (1996). Mortality decline in the twentieth century and supply of kin over the life course. *The Gerontologist*, 36, 681-685

Tabelle A1: „Produktive" Tätigkeiten – Erwerbstätigkeiten und ehrenamtliches Engagement

	40-54 Jahre			55-69 Jahre			70-85 Jahre			40-85 Jahre		
	Männer	Frauen	Gesamt	Männer	Frauen	Gesamt	Männer	Frauen	Gesamt	Männer	Frauen	Gesamt

Erwerbstätigkeiten parallel zu einem Altersrentenbezug (mündl. Interview, Fragen 109 bzw. 102; Basis: Altersrente aus eigener Erwerbstätigkeit lt. Fragen 107 bzw. 100)

1996: Gesamt	–	–	–	6,8 %	8,4 %	7,5 %	4,7 %	1,6 %	2,9 %	5,8 %	4,3 %	5,1 %
Alte Länder	–	–	–	7,6 %	9,4 %	8,3 %	5,3 %	1,8 %	3,4 %	6,5 %	4,6 %	5,6 %
Neue Länder	–	–	–	3,1 %	6,2 %	4,8 %	2,0 %	0,5 %	1,0 %	2,6 %	3,2 %	3,0 %
2002: Gesamt	–	–	–	8,4 %	7,9 %	8,2 %	6,0 %	3,7 %	4,7 %	7,2 %	5,5 %	6,3 %
Alte Länder	–	–	–	8,7 %	8,4 %	8,6 %	6,5 %	4,0 %	5,1 %	7,6 %	5,9 %	6,7 %
Neue Länder	–	–	–	7,3 %	6,5 %	6,9 %	3,8 %	2,6 %	3,1 %	5,7 %	4,4 %	4,9 %

Ehrenamtliche Tätigkeiten in Vereinen und Verbänden (mündl. Interview, Fragen 408 bzw. 414)

1996: Ja	21,7 %	11,3 %	16,6 %	15,5 %	6,7 %	11,1 %	7,7 %	3,8 %	5,2 %	17,4 %	8,1 %	12,6 %
Alte Länder	24,4 %	12,0 %	18,3 %	16,5 %	6,9 %	11,7 %	8,2 %	3,9 %	5,5 %	19,1 %	8,4 %	13,6 %
Neue Länder	10,4 %	8,6 %	9,5 %	11,2 %	6,1 %	8,6 %	5,0 %	3,2 %	3,8 %	10,0 %	6,7 %	8,3 %
2002: Ja	18,4 %	12,8 %	15,6 %	19,1 %	13,3 %	16,1 %	12,2 %	3,2 %	6,6 %	17,5 %	10,5 %	13,8 %
Alte Länder	20,1 %	14,5 %	17,3 %	20,1 %	14,5 %	17,3 %	12,8 %	3,5 %	7,1 %	18,7 %	11,6 %	15,0 %
Neue Länder	12,1 %	6,0 %	9,1 %	15,1 %	8,8 %	11,8 %	9,5 %	1,9 %	4,5 %	12,8 %	6,0 %	9,2 %

Ehrenämter insgesamt (mündl. Interview; Fragen 408, 414 und 416)

1996: Ja	25,1 %	18,4 %	21,8 %	17,9 %	8,6 %	13,3 %	8,9 %	5,7 %	6,8 %	20,1 %	12,2 %	16,0 %
Alte Länder	27,2 %	19,4 %	23,4 %	19,2 %	9,0 %	14,1 %	9,5 %	6,1 %	7,4 %	21,6 %	12,8 %	17,1 %
Neue Länder	16,2 %	14,3 %	15,2 %	12,4 %	7,1 %	9,7 %	5,5 %	3,7 %	4,3 %	13,4 %	9,6 %	11,4 %
2002: Ja	22,0 %	23,2 %	22,6 %	23,4 %	17,9 %	20,6 %	15,1 %	5,3 %	9,0 %	21,3 %	16,8 %	18,9 %
Alte Länder	23,8 %	25,5 %	24,6 %	25,0 %	19,2 %	22,1 %	15,4 %	6,1 %	9,7 %	22,7 %	18,3 %	20,4 %
Neue Länder	14,9 %	14,5 %	14,7 %	17,5 %	13,3 %	15,3 %	13,5 %	1,9 %	6,0 %	15,7 %	11,0 %	13,2 %

Alterssurvey Basisstichprobe 1996 und Replikationsstichprobe 2002, gewichtet.

Tätigkeiten und Engagement im Ruhestand 325

Tabelle A2: „Produktive" Tätigkeiten – Pflegetätigkeiten und (Enkel-)Kinderbetreuung

	40-54 Jahre			55-69 Jahre			70-85 Jahre			40-85 Jahre		
	Männer	Frauen	Gesamt	Männer	Frauen	Gesamt	Männer	Frauen	Gesamt	Männer	Frauen	Gesamt

„Gibt es innerhalb oder außerhalb Ihres Haushalts Personen, die Sie aufgrund einer Hilfe- oder Pflegebedürftigkeit privat oder ehrenamtlich pflegen oder denen Sie regelmäßig Hilfe leisten?" (Welle 1: mündl. Interview, Frage 323) bzw. „Gibt es Personen, die auf Grund ihres schlechten Gesundheitszustandes von Ihnen privat oder ehrenamtlich betreut bzw. gepflegt werden oder denen Sie regelmäßig Hilfe leisten?" (Welle 2: mündl. Interview, Frage 539)

1996: Ja	9,2 %	15,5 %	12,3 %	12,9 %	15,4 %	14,2 %	6,8 %	9,2 %	8,3 %	10,3 %	14,1 %	12,3 %
Alte Länder	8,5 %	15,4 %	11,9 %	12,8 %	15,7 %	14,2 %	6,9 %	9,7 %	8,6 %	9,9 %	14,2 %	12,1 %
Neue Länder	12,1 %	15,9 %	14,0 %	13,7 %	14,0 %	13,8 %	6,4 %	6,8 %	6,7 %	12,0 %	13,4 %	12,8 %
2002: Ja	7,8 %	16,0 %	11,9 %	9,3 %	14,6 %	12,0 %	7,4 %	10,4 %	9,3 %	8,3 %	14,1 %	11,4 %
Alte Länder	7,3 %	17,1 %	12,2 %	9,4 %	13,9 %	11,7 %	6,9 %	11,3 %	9,6 %	8,0 %	14,6 %	11,5 %
Neue Länder	9,5 %	11,8 %	10,7 %	8,9 %	17,0 %	13,1 %	10,0 %	6,8 %	8,0 %	9,4 %	12,5 %	11,0 %

„Betreuen oder beaufsichtigen Sie privat Kinder, die nicht Ihre eigenen sind, z.B. auch Ihre Enkel oder Kinder von Nachbarn, Freunden oder Bekannten?" (mündl. Interview. Fragen 423)

1996: Ja	8,3 %	15,7 %	12,0 %	20,1 %	34,2 %	27,1 %	13,8 %	16,6 %	15,6 %	13,5 %	22,4 %	18,1 %
Alte Länder	7,7 %	14,1 %	10,8 %	18,9 %	32,4 %	25,6 %	13,1 %	16,0 %	14,9 %	12,7 %	20,8 %	16,9 %
Neue Länder	10,9 %	22,2 %	16,5 %	24,9 %	41,5 %	33,4 %	17,2 %	19,6 %	18,7 %	17,0 %	28,6 %	23,1 %
2002: Ja	9,2 %	16,8 %	13,0 %	20,6 %	27,3 %	24,1 %	15,0 %	16,9 %	16,1 %	14,5 %	20,5 %	17,6 %
Alte Länder	10,3 %	16,0 %	13,1 %	22,2 %	27,6 %	24,9 %	16,3 %	19,0 %	17,9 %	15,7 %	20,8 %	18,4 %
Neue Länder	5,3 %	20,1 %	12,6 %	14,7 %	26,2 %	20,7 %	8,8 %	8,0 %	8,3 %	9,4 %	19,3 %	14,7 %

Alterssurvey Basisstichprobe 1996 und Replikationsstichprobe 2002, gewichtet.

Tabelle A3: Instrumentelle Unterstützungsleistungen

	40-54 Jahre			55-69 Jahre			70-85 Jahre			40-85 Jahre		
	Männer	Frauen	Gesamt	Männer	Frauen	Gesamt	Männer	Frauen	Gesamt	Männer	Frauen	Gesamt
1996: Nein	56,0 %	60,5 %	58,2 %	66,1 %	68,2 %	67,2 %	79,6 %	83,1 %	81,8 %	63,1 %	68,2 %	65,7 %
Alte Länder	58,6 %	61,4 %	60,0 %	68,6 %	69,6 %	69,1 %	80,3 %	83,2 %	82,1 %	65,5 %	69,1 %	67,4 %
Neue Länder	45,0 %	56,9 %	50,9 %	55,7 %	62,3 %	59,1 %	76,2 %	82,9 %	80,5 %	52,9 %	64,0 %	58,7 %
1 Person genannt	21,3 %	25,8 %	23,5 %	20,8 %	22,8 %	21,8 %	13,3 %	12,8 %	13,0 %	20,0 %	21,9 %	21,0 %
Alte Länder	20,2 %	25,4 %	22,8 %	19,2 %	22,6 %	20,9 %	12,3 %	13,0 %	12,7 %	18,7 %	21,6 %	20,2 %
Neue Länder	25,7 %	27,3 %	26,5 %	27,9 %	23,6 %	25,7 %	18,3 %	12,0 %	14,3 %	25,6 %	23,0 %	24,2 %
2 Personen genannt	11,7 %	8,9 %	10,3 %	7,6 %	6,9 %	7,2 %	4,4 %	2,7 %	3,3 %	9,1 %	6,8 %	7,9 %
Alte Länder	11,2 %	8,6 %	9,9 %	7,4 %	6,0 %	6,7 %	4,9 %	2,4 %	3,3 %	8,9 %	6,3 %	7,5 %
Neue Länder	13,4 %	10,5 %	12,0 %	8,6 %	10,2 %	9,4 %	1,5 %	4,1 %	3,2 %	10,1 %	9,1 %	9,6 %
3 od. mehr P. gen.	10,6 %	4,7 %	7,7 %	5,3 %	2,2 %	3,8 %	2,5 %	1,4 %	1,8 %	7,5 %	3,1 %	5,2 %
Alte Länder	9,5 %	4,5 %	7,0 %	4,8 %	1,8 %	3,3 %	2,2 %	1,5 %	1,8 %	6,7 %	2,9 %	4,7 %
Neue Länder	15,5 %	5,2 %	10,4 %	7,6 %	3,9 %	5,7 %	3,9 %	0,9 %	2,0 %	11,1 %	3,9 %	7,3 %
2002: Nein	61,9 %	64,4 %	63,1 %	66,0 %	75,8 %	71,1 %	83,1 %	85,3 %	84,5 %	67,2 %	73,7 %	70,7 %
Alte Länder	62,3 %	63,3 %	62,8 %	64,4 %	75,1 %	69,9 %	83,0 %	84,0 %	83,6 %	66,9 %	72,8 %	70,0 %
Neue Länder	60,3 %	68,6 %	64,5 %	72,4 %	78,5 %	75,5 %	83,6 %	90,7 %	88,2 %	68,6 %	77,5 %	73,4 %
1 Person genannt	19,6 %	24,3 %	21,9 %	21,8 %	18,4 %	20,0 %	11,8 %	11,1 %	11,4 %	19,0 %	18,9 %	18,9 %
Alte Länder	19,1 %	25,7 %	22,4 %	22,4 %	19,1 %	20,7 %	11,6 %	12,0 %	11,8 %	18,9 %	19,8 %	19,4 %
Neue Länder	21,2 %	18,9 %	20,1 %	19,4 %	15,8 %	17,6 %	12,6 %	7,4 %	9,3 %	19,1 %	15,0 %	16,9 %
2 Personen genannt	11,5 %	7,6 %	9,5 %	8,7 %	5,2 %	6,9 %	3,5 %	2,5 %	2,8 %	9,0 %	5,5 %	7,1 %
Alte Länder	12,2 %	7,0 %	9,6 %	9,7 %	5,3 %	7,4 %	3,4 %	2,8 %	3,0 %	9,6 %	5,3 %	7,3 %
Neue Länder	8,7 %	10,1 %	9,4 %	4,7 %	5,1 %	4,9 %	3,8 %	1,2 %	2,2 %	6,4 %	6,1 %	6,3 %
3 od. mehr P. gen.	7,1 %	3,7 %	5,4 %	3,5 %	0,6 %	2,0 %	1,6 %	1,1 %	1,3 %	4,8 %	1,9 %	3,3 %
Alte Länder	6,4 %	4,0 %	5,2 %	3,5 %	0,6 %	2,0 %	2,0 %	1,2 %	1,5 %	4,5 %	2,1 %	3,2 %
Neue Länder	9,8 %	2,4 %	6,1 %	3,5 %	0,6 %	2,0 %	0,0 %	0,6 %	0,4 %	5,8 %	1,3 %	3,4 %

„Haben Sie während der letzten 12 Monate jemandem, der nicht hier im Haushalt lebt, bei Arbeiten im Haushalt, z.B. beim Saubermachen, bei kleineren Reparaturen oder beim Einkaufen geholfen?" Falls ja: „Welche Person oder welche Personen sind das?" (mündl. Interview, Fragen 708 und 709)

Alterssurvey Basisstichprobe 1996 und Replikationsstichprobe 2002, gewichtet.

Tabelle A4: Monetäre Unterstützungsleistungen

	40-54 Jahre			55-69 Jahre			70-85 Jahre			40-85 Jahre		
	Männer	Frauen	Gesamt	Männer	Frauen	Gesamt	Männer	Frauen	Gesamt	Männer	Frauen	Gesamt

"Viele Menschen machen anderen Geld- oder Sachgeschenke oder unterstützen diese finanziell. Dabei kann es sich z.B. um Eltern, Kinder, Enkel oder andere Verwandte, aber auch um Freunde oder Bekannte handeln. Wie ist das bei Ihnen? Haben Sie in den letzten 12 Monaten jemandem Geld geschenkt, größere Sachgeschenke gemacht oder jemanden regelmäßig finanziell unterstützt?" (mündl. Interview, Fragen 800)

1996: Ja												
Alte Länder	28,6 %	30,0 %	29,3 %	32,8 %	32,4 %	32,6 %	37,2 %	29,5 %	32,3 %	31,4 %	30,8 %	31,0 %
Neue Länder	29,3 %	28,5 %	28,9 %	32,7 %	33,0 %	32,9 %	36,9 %	28,7 %	31,8 %	31,7 %	30,1 %	30,9 %
	25,7 %	36,3 %	30,9 %	32,8 %	30,2 %	31,5 %	38,3 %	33,3 %	35,1 %	29,9 %	33,5 %	31,8 %

Von diesen nennen 1996 (Mehrfachantwortmöglichkeit):

(Schwieger-)Eltern	16,2 %	13,4 %	14,8 %	3,7 %	4,9 %	4,3 %	0,5 %	0,0 %	0,2 %	8,7 %	7,5 %	8,1 %
Kinder	70,3 %	76,6 %	73,5 %	82,7 %	81,8 %	82,3 %	67,4 %	62,5 %	64,6 %	74,7 %	75,5 %	75,2 %
Enkel	3,3 %	3,5 %	3,4 %	14,0 %	15,6 %	14,8 %	26,8 %	39,6 %	34,1 %	11,4 %	15,6 %	13,5 %
Andere Verwandte	23,4 %	19,1 %	21,2 %	11,0 %	13,5 %	12,2 %	22,9 %	21,4 %	22,0 %	18,4 %	17,5 %	17,9 %
Andere Personen	12,2 %	10,9 %	11,6 %	6,0 %	9,6 %	7,8 %	11,4 %	9,3 %	10,2 %	9,6 %	10,1 %	9,9 %

2002: Ja												
Alte Länder	27,5 %	26,7 %	27,1 %	38,1 %	35,1 %	36,6 %	34,8 %	28,6 %	31,0 %	32,7 %	30,1 %	31,3 %
Neue Länder	27,6 %	26,7 %	27,1 %	40,1 %	36,5 %	38,3 %	35,0 %	30,5 %	32,2 %	33,5 %	31,0 %	32,2 %
	27,3 %	26,6 %	27,0 %	30,6 %	29,8 %	30,2 %	33,5 %	20,6 %	25,3 %	29,5 %	26,3 %	27,8 %

Von diesen nennen 2002 (Mehrfachantwortmöglichkeit):

(Schwieger-)Eltern	11,3 %	7,3 %	9,3 %	3,1 %	0,7 %	1,9 %	0,0 %	0,9 %	0,5 %	5,6 %	3,1 %	4,3 %
Kinder	63,0 %	72,9 %	67,9 %	72,1 %	70,7 %	71,4 %	60,1 %	57,5 %	58,6 %	66,4 %	68,3 %	67,3 %
Enkel	1,3 %	4,9 %	3,0 %	22,7 %	25,3 %	24,0 %	49,8 %	47,2 %	48,3 %	19,7 %	23,5 %	21,6 %
Andere Verwandte	27,6 %	20,9 %	24,4 %	12,3 %	10,2 %	11,3 %	19,3 %	17,8 %	18,5 %	19,5 %	15,9 %	17,6 %
Andere Personen	13,8 %	19,1 %	16,4 %	13,5 %	8,8 %	11,2 %	5,6 %	6,1 %	5,9 %	12,1 %	11,8 %	11,9 %

Alterssurvey Basisstichprobe 1996 und Replikationsstichprobe 2002, gewichtet.

Gesundheit, Hilfebedarf und Versorgung

Susanne Wurm und Clemens Tesch-Römer

1 Einleitung

Der sich derzeit vollziehende demografische Wandel führt auf individueller Ebene zu einer höheren Lebenserwartung und auf gesellschaftlicher Ebene zu einem Zuwachs des Anteils alter und sehr alter Menschen. Aktuelle Modellrechnungen gehen von einer Entwicklung der durchschnittlichen Lebenserwartung bis zum Jahr 2050 für Männer von 79 bis 83 Jahren aus, für Frauen von einem Anstieg auf 86 bis 88 Jahre (Statistisches Bundesamt, 2003). Derzeit liegt die Lebenserwartung bei Geburt für Männer bei 75,6, für Frauen bei 81,3 Jahren[1]. Zugleich wird der Anteil alter und sehr alter Menschen an der Gesamtbevölkerung in Zukunft deutlich zunehmen: Im Jahr 2002 waren 17,5 Prozent der Bevölkerung in Deutschland im Alter von 65 Jahren und älter. Der Anteil dieser Altersgruppe wird sich, Bevölkerungsvorausberechnungen zufolge, innerhalb der ersten Hälfte dieses Jahrhunderts fast verdoppeln – für das Jahr 2050 ist ein Anteil von 29,6 Prozent prognostiziert. Ein besonders hoher Anstieg wird für den Anteil der Hochbetagten erwartet, d.h. der 80-Jährigen und Älteren. Dieser betrug im Jahr 2002 4,0 Prozent der Bevölkerung und wird Vorausberechnungen zufolge bis zum Jahr 2050 mit 12,1 Prozent dreimal so hoch liegen[2]. Der prognostizierte demografische Wandel ist von hoher *individueller* Bedeutung, denn er impliziert für viele Menschen eine lange Lebensphase des Altseins. Gesundheit und Alltagskompetenz entscheiden dabei maßgeblich über die individuelle Lebensqualität (vgl. den Beitrag von Tesch-Römer, Wurm in diesem Band) sowie über die Möglichkeit, eine selbstständige Lebensführung aufrechterhalten zu können.

Zugleich hat der starke Anstieg des Anteils älterer und alter Menschen an der Bevölkerung hohe *gesellschaftliche* Bedeutung. In Hinblick auf Gesundheit lässt sich diese beispielhaft anhand zweier Themenkomplexe skizzieren. Angesichts der Verringerung des Erwerbspersonenpotenzials kann es sich in Zukunft als notwendig erweisen, die Lebensarbeitszeit zu verlängern. Eine zentrale Vor-

---

1   Vgl. Sterbetafel 2001/2003. Statistisches Bundesamt, www.destatis.de.
2   Variante 5 der 10. Koordinierten Bevölkerungsvorausberechnung; vgl. Hoffmann & Menning, 2004.

aussetzung für die Partizipation am Erwerbsleben ist jedoch eine ausreichend gute Gesundheit im mittleren Erwachsenenalter. Für alte und sehr alte Menschen entscheidet die Gesundheit hingegen oftmals über ein selbstständiges und selbstverantwortliches Leben im eigenen Haushalt. Die Erhaltung guter Gesundheit und Selbstständigkeit hat damit erhebliche Konsequenzen für die Kosten im Gesundheits- und Sozialwesen: Je besser die Gesundheit älter werdender Menschen, um so geringer wird die Inanspruchnahme von kostenträchtigen Krankenbehandlungen sowie die Notwendigkeit ambulanter wie stationärer pflegerischer Versorgung sein.

Zur Definition dessen, was unter Gesundheit zu verstehen ist, wurden lange Zeit ausschließlich medizinische Gesundheitsmodelle herangezogen. Im Mittelpunkt dieser Modelle stehen Krankheiten. Entsprechend werden als Indikatoren Maße der Morbidität, funktioneller Einschränkungen und Behinderungen herangezogen sowie Lebenserwartung und Mortalität berücksichtigt. Diese klassische, medizinische Sichtweise wurde von der Weltgesundheitsorganisation durch ein interdisziplinäres Gesundheitskonzept ergänzt (WHO, 1986). Dieses enthält Indikatoren subjektiver Gesundheit und Lebenszufriedenheit sowie Lebensstil und Gesundheitsverhalten als weitere bedeutsame Kriterien für Gesundheit. Die nachfolgenden Ausführungen zur Gesundheit in der zweiten Lebenshälfte greifen Aspekte des klassischen und interdisziplinären Gesundheitskonzeptes auf und ergänzen diese durch die Betrachtung einer Inanspruchnahme von Leistungen der Gesundheitsversorgung.

Über die Gesundheit und Gesundheitsversorgung von Personen im höheren und hohen Alter liegen gegenwärtig nur wenige bevölkerungsrepräsentative Datensätze vor. Zu umfangreichen Gesundheitssurveys, die mit deutscher Beteiligung oder innerhalb Deutschlands durchgeführt wurden, zählten in den 1980er- und 1990er-Jahren die MONICA-Studie („Monitoring Trends in Cardiovascular Disease") der Weltgesundheitsorganisation (WHO, 1988) sowie die so genannten „Nationalen Gesundheitssurveys" der Deutschen Herz-Kreislauf-Präventionsstudie (DHP-Studie). Grundlage dieser Studien waren allerdings nicht bundesweite, sondern regionale Stichproben. Diese konzentrierten sich auf die Bevölkerung im Alter zwischen 25 und 65 Jahren (MONICA) bzw. 25 und 69 Jahren (Nationale Gesundheitssurveys), während ältere Personen von diesen Studien ausgeschlossen blieben. Im Hinblick auf die Altersspanne komplementär hierzu ist die Berliner Altersstudie (Mayer & Baltes, 1996). In ihrem Rahmen wurden alte und hochaltrige Personen im Alter zwischen 70 und über 100 Jahren untersucht. Die Haupterhebung der Berliner Altersstudie fand (wie der dritte Nationale Gesundheitssurvey) zu Beginn der 1990er-Jahre statt und bezog sich auf alte und hochaltrige Personen aus West-Berlin. Aktuelle und umfangreiche Daten zur Gesundheit liefert schließlich der Bundes-Gesundheitssurvey. Dessen

Haupterhebung fand zwischen 1997 und 1999 statt; weitere Erhebungen mit dem Ziel eines jährlichen Gesundheitsmonitorings erfolgen seit dem Jahr 2002 über einen bundesweiten Telefongesundheitssurvey[3]. Im Vergleich zu den Nationalen Gesundheitsurveys (mit regionalen Stichproben der damaligen BRD[4]) liegt dem Bundes-Gesundheitssurvey eine bundesweite Stichprobe zugrunde, die eine breitere Altersspanne von Personen zwischen 18 und 79 Jahren aus Ost- wie Westdeutschland umfasst (Thefeld, Stolzenberg & Bellach, 1999). Neben Studien mit einem gesundheitsbezogenen Schwerpunkt enthalten auch allgemeine Bevölkerungsbefragungen wie der Mikrozensus, das Sozioökonomische Panel und der Wohlfahrtsurvey Fragen zur Gesundheit, jedoch in geringerem Umfang. Weitere gesundheitsbezogene Daten sind in der Regel fallbezogen (z.B. Krankenhausdiagnosestatistik) und nicht bevölkerungsbezogen oder berücksichtigen ältere, insbesondere hochbetagte Personen nicht.

Eine wesentliche Aufgabe des Alterssurveys ist die umfassende Beobachtung des Alterungsprozesses der deutschen Bevölkerung. Mit einer breiten Altersspanne von mehr als 45 Jahren[5] werden langfristige Prozesse der Alterung untersucht – beginnend vom mittleren Erwachsenenalter bis hin zur Anfangsphase der Hochaltrigkeit. Die allgemeine, bevölkerungsbezogene Perspektive der Gesundheitssurveys sowie die besonders auf Fragen zum hohen Alter konzentrierte Berliner Altersstudie können damit durch eine bedeutsame Perspektive erweitert werden. Denn im Rahmen des Alterssurveys steht die Gesundheit von Personen des mittleren und höheren Erwachsenenalters im Mittelpunkt.

Die gesundheitlichen Folgen des Alterns werden oftmals schon in den Anfängen der zweiten Lebenshälfte deutlich spürbar. Doch besonders in Hinblick auf das mittlere Erwachsenenalter bestehen noch immer erhebliche Forschungsdefizite (Staudinger & Bluck, 2001), da sich die Mehrheit der Studien auf Kindheit und Adoleszenz oder das hohe Alter konzentrieren. Vor dem Hintergrund des demografischen Wandels und seiner Implikationen für die Arbeitswelt und die Gesundheitsversorgung Älterer von heute und in naher Zukunft ist es wichtig, bei Fragen zum (möglichst) gesunden Altern die gesamte zweite Lebenshälfte in den Blickpunkt zu rücken. Das Aufdecken von Gesundheitseinschränkungen und Versorgungsdefiziten kann dabei behilflich sein, auf gesellschaftspolitischer wie individueller Ebene Maßnahmen zu ergreifen, die ein Altern in Gesundheit, Lebensqualität und Würde unterstützen.

---

3   Ein den Bundes-Gesundheitssurvey ergänzender Kinder- und Jugendsurvey („KIGGS") erfolgt seit 2003.
4   Als Ergänzung der westdeutschen DHP-Studie wurde in den Jahren 1991/92 der „Gesundheitssurvey Ost" durchgeführt.
5   Je nach Stichprobe des Alterssurveys handelt es sich um Personen im Alter zwischen 40 und 85 bzw. 46 und 91 Jahren.

Der vorliegende Beitrag konzentriert sich darauf, die bestehende Gesundheitssozialberichterstattung durch Daten zur Gesundheitssituation und Gesundheitsversorgung in der zweiten Lebenshälfte zu ergänzen. Dabei berücksichtigen die nachfolgenden Darstellungen neben dem höheren Erwachsenenalter auch die Lebensphase des mittleren Erwachsenenalters, während hingegen jene Personen unberücksichtigt bleiben müssen, die sich mit einem Alter von über 85 Jahren in der Lebensphase des hohen Alters befinden (vgl. Abschnitt 2 und den Beitrag von Engstler, Wurm in diesem Band).

Im vorliegenden Beitrag wird zunächst die Frage verfolgt, wie sich der *Gesundheitszustand* aus Sicht der Personen darstellt, die sich in der zweiten Lebenshälfte befinden (Abschnitt 3). Betrachtet werden hierbei Art und Umfang körperlicher Erkrankungen und damit verbundener Beschwerden (Unterabschnitt 3.1). Eine Folge von körperlichen Erkrankungen können temporäre oder chronische funktionelle Einschränkungen sein. Hierzu zählen insbesondere Einschränkungen der Mobilität. Diese gefährden eine selbstständige Lebensführung im Alter, können aber bereits in früheren Lebensphasen die Möglichkeiten einer gesellschaftlichen Teilhabe einschränken. In welchem Ausmaß Ältere von Mobilitätseinbußen betroffen sind und wie viele Personen auf Hilfeleistungen angewiesen sind, behandelt der zweite Unterabschnitt (3.2). Während die Betrachtung von Morbidität, Funktionseinbußen und Hilfebedürftigkeit einem eher medizinischen Gesundheitskonzept folgt, wird ergänzend – dem interdisziplinären Gesundheitskonzept folgend – auch die subjektive Gesundheitseinschätzung berücksichtigt (Unterabschnitt 3.3). Eine ergänzende Darstellung von Lebenszufriedenheit und Wohlbefinden Älterer findet sich im Beitrag von Tesch-Römer, Wurm in diesem Band.

Weiter beschäftigt sich der vorliegenden Beitrag damit, in welchem Ausmaß medizinische und andere *Gesundheitsdienstleistungen* in Anspruch genommen werden (Abschnitt 4). Betrachtet wird hierbei unter anderem, wie häufig Ältere eine Arztpraxis aufsuchen, welche Fachrichtungen hierbei besonders frequentiert werden und wie viele Personen bereits vor Einführung der Gesundheitsreform eine Hausärztin oder einen Hausarzt hatten. Neben der medizinischen Versorgung werden weitere gesundheitsbezogene Dienstleistungen berücksichtigt. Besonderes Augenmerk richtet sich hierbei auf Fragen zur Nutzung von Heilhilfsbehandlungen.

Im abschließenden Teil des Beitrags (Abschnitt 5) steht die Frage im Zentrum, ob sich abzeichnet, dass nachfolgende Geburtskohorten gesünder sind als früher geborene Kohorten gleichen Alters. Sollte dies der Fall sein, wäre das ein Hinweis darauf, dass die infolge steigender Lebenserwartung „gewonnenen" Lebensjahre nicht eine bloße Verlängerung von Lebensjahren in Krankheit und

Pflegebedürftigkeit beinhalten, sondern einen Gewinn aktiver Lebensjahre bedeuten könnten.

2 Datenbasis

Grundlage der nachfolgenden Ergebnisdarstellungen bilden in erster Linie die Daten der Replikationsstichprobe des Alterssurveys (vgl. den Beitrag von Engstler, Wurm in diesem Band zum methodischen Vorgehen und Untersuchungsplan). Es handelt sich hierbei um über 3000 Personen (n=3.084) der deutschen Wohnbevölkerung aus Privathaushalten. Im Befragungsjahr 2002 waren die Personen im Alter zwischen 40 und 85 Jahren. Innerhalb dieser Altersspanne von 45 Jahren wird zwischen drei Altersgruppen unterschieden: Die jüngste Altersgruppe war im Befragungsjahr zwischen 40 und 54 Jahren alt, die mittlere Altersgruppe zwischen 55 und 69 Jahren und die älteste Altersgruppe im Alter zwischen 70 und 85 Jahren.

Die Replikationsstichprobe wurde bei der Stichprobenziehung nach diesen drei Altersgruppen sowie zusätzlich nach Geschlecht und regionaler Herkunft geschichtet. Dadurch ist auch für die höchste der drei Altersgruppen (70-85 Jahre) eine ausreichend hohe Stichprobengröße gewährleistet (n=1.008), innerhalb derer noch nach Geschlecht und regionaler Herkunft (Ost-/Westdeutschland) differenziert werden kann. Um dieser Stichprobenschichtung Rechnung zu tragen und eine möglichst hohe Repräsentativität der Daten zu gewährleisten, erfolgt ein Ausgleich der Schichtungsfaktoren über den Einsatz einer Designgewichtung.

In der Basisstichprobe des Alterssurveys von 1996 zählte der Themenbereich Gesundheit nicht zu den zentralen Befragungsschwerpunkten, weshalb nur eine kleinere Zahl von Gesundheitsindikatoren erhoben wurde (Künemund, 2000). Für die zweite Welle des Alterssurveys im Jahr 2002 wurde der Themenbereich modifiziert und deutlich erweitert. Aus diesem Grund bezieht sich ein Großteil der Darstellungen auf die Querschnittsdaten der Replikationsstichprobe. Gesundheitsbezogene Fragen wurden dabei teilweise im Rahmen der persönlichen Interviews, teilweise im Rahmen der Selbstausfüller-Fragebögen gestellt. Da nicht alle Personen zusätzlich zum Interview auch einen Fragebogen ausfüllten, variiert in den nachfolgenden Darstellungen die zugrundeliegende Fallzahl für einzelne Auswertungen[6].

Lediglich für die Frage, ob nachfolgende Kohorten gesünder sind als früher Geborene gleichen Alters (s. Abschnitt 5), werden neben der Replikationsstich-

---

6   Von den interviewten Personen füllten 90,4 Prozent zusätzlich einen Fragebogen aus.

probe (Geburtskohorten 1917-1962) vergleichbare Angaben der Basisstichprobe (Geburtskohorten 1911-1956) hinzugezogen. Hierbei handelt es sich um die Betrachtung körperlicher Erkrankungen sowie der subjektiven Gesundheitseinschätzung. Die Angaben wurden in beiden Stichproben mit identischen Fragen erhoben; ebenso wenig wurde das Erhebungsinstrument variiert (Fragebogen bzw. Interview), innerhalb dessen die Fragen gestellt wurden.

Der Alterssurvey basiert, vergleichbar mit anderen Bevölkerungsumfragen wie dem Sozioökonomischen Panel (SOEP), Mikrozensus oder Wohlfahrtssurvey sowie großen Teilen des Bundes-Gesundheitssurveys, auf Selbstaussagen der Befragungspersonen. Die nachfolgenden Darstellungen zum Gesundheitszustand alternder und alter Personen sind folglich nicht als Ergebnisse medizinischer Untersuchungen zu interpretieren. Allerdings haben verschiedene Studien wiederholt gezeigt, dass eine hohe Übereinstimmung besteht zwischen selbstberichteten Erkrankungen und solchen, die durch Mediziner diagnostiziert wurden (z.B. Bush et al., 1989; Simpson et al., 2004).

Im Hinblick auf die Interpretation der nachfolgenden Ergebnisse zur Gesundheit in der zweiten Lebenshälfte soll auf zwei weitere Aspekte hingewiesen werden, welche die Repräsentativität der Ergebnisse einschränken: Zum einen ist im Alterssurvey, wie in anderen Bevölkerungsumfragen auch, die befragte Stichprobe zugunsten Gesünderer selektiert. Personen mit einem schlechten Gesundheitszustand lehnen häufiger die Teilnahme an einer Befragung ab als Personen mit einer guten Gesundheit. Zum anderen wurden, ebenfalls wie in den meisten anderen Surveys, keine Heimbewohner einbezogen, sondern nur Personen aus Privathaushalten. Dies führt dazu, dass die Daten ein insgesamt positiveres Bild vom Gesundheitszustand Älterer geben, als es für die Gesamtbevölkerung der 40- bis 85 Jährigen angenommen werden muss. Repräsentative Daten zu hilfe- und pflegebedürftigen Personen in Heimeinrichtungen liefern jedoch eigens hierauf ausgerichtete Studien (z.B. Schneekloth & Müller, 1997) sowie die Pflegestatistik der statistischen Landesämter und des statistischen Bundesamtes (z.B. Statistisches Bundesamt, 2005).

Der Alterssurvey zeichnet sich neben diesen Einschränkungen auch durch besondere stichprobenbezogene Stärken aus. Hierzu zählt, dass es sich um eine bundesweite Bevölkerungsstudie an älteren und alten Menschen handelt, bei der die Stichprobengröße innerhalb einzelner Altersgruppen ausreichend groß ist, um differenzierte Betrachtungen wie Geschlechts- und Ost-/Westvergleiche vornehmen zu können. Eine weitere Stärke des Alterssurveys ist die Kombination von Längsschnitt- und Kohortendesign. Dadurch lassen sich individuelle Entwicklungen analysieren und Kohortenvergleiche vornehmen. Letztere sind in diesem Beitrag eine zentrale Grundlage für die Frage, ob nachfolgende Geburtskohorten Älterer in besserer Gesundheit alt werden als früher geborene Kohorten (vgl. Abschnitt 5).

3 Gesundheitszustand

Im Folgenden werden Ergebnisse zum selbstberichteten Gesundheitszustand älter werdender und alter Personen dargestellt. Im Blickpunkt steht dabei die Frage, wie verbreitet verschiedene Erkrankungsgruppen, Beschwerden und körperliche Funktionseinbußen sind und wie ältere und alte Personen ihren Gesundheitszustand insgesamt bewerten. Die Betrachtung des Gesundheitszustands erfolgt hierbei vergleichend für die drei Altersgruppen der 40- bis 54-Jährigen, 55- bis 69-Jährigen und 70- bis 85-Jährigen. Außerdem wird untersucht, bezüglich welcher Gesundheitsaspekte sich Frauen und Männer voneinander unterscheiden. Denn bereits seit mehreren Jahrzehnten ist die höhere Mortalität von Männern bekannt, die einer höheren Morbidität von Frauen ge-genübersteht („women get sick and men die", Sen, 1996, S.211). Schließlich findet in den folgenden Darstellungen auch die Frage Berücksichtigung, inwieweit zwölf Jahre nach der Wiedervereinigung der beiden deutschen Staaten noch Gesundheitsdifferenzen zwischen Ost- und Westdeutschen festzustellen sind. Gesundheitsprobleme, die sich in Abhängigkeit von der betrachteten Altersgruppe, Geschlechtszugehörigkeit oder regionalen Herkunft zeigen, können Hinweise auf spezifische Bedarfe präventiver, kurativer und rehabilitativer Versorgung geben.

3.1 Körperliche Erkrankungen und Multimorbidität

Die körperliche Gesundheit unterliegt während des gesamten Lebens Entwicklungen und Veränderungen. Ab einem Alter von etwa 40 Jahren wird jedoch aus medizinischer wie subjektiver Sicht der physische Alterungsprozess stärker offensichtlich, und zunehmend mehr Personen sind von Gesundheitseinbußen betroffen. Dabei mehren sich zunächst vor allem chronische Erkrankungen, während mit steigendem Alter auch Funktionsverluste (z.B. Mobilitätseinbußen) und Veränderungen der kognitiven Leistungsfähigkeit zunehmen (vor allem demenzielle Erkrankungen, vgl. Förstl, Lauter & Bickel, 2001).

Die Gründe für einen altersabhängigen Anstieg von Erkrankungen und Funktionsverlusten liegen nicht allein an altersphysiologischen Veränderungen von Organen und Organsystemen (Walter & Schwartz, 2001). Auch die lange Latenzzeit mancher Krankheiten führt dazu, dass diese erst im mittleren und höheren Erwachsenenalter gehäuft auftreten. Hierzu zählen beispielsweise verschiedene Formen von Krebserkrankungen, bei denen zugleich die mit dem Alter abnehmende Immunresponsivität eine Rolle spielt. Ein weiterer Faktor für den altersabhängigen Anstieg von Erkrankungen ist oftmals auch die jahre- oder jahrzehntelange Exposition verschiedener Risikofaktoren (Umfeldfaktoren, z.B. Lärm, Gifte; Gesundheitsverhalten, z.B. Rauchen). Diese führt zur sukzessiven Schädigung von Organen bis hin zu chronischen Erkrankungen (z.B. chronische Bronchitis) oder dauerhaften Funktionsverlusten (z.B. Abnahme der Hörfähigkeit). Schließlich ist zu berücksichtigen, dass nicht alle Krankheiten erst im mittleren und höheren Erwachsenenalter auftreten, sondern lediglich „mitaltern", d.h. seit dem Auftreten in jüngeren Lebensjahren fortbestehen (Schwartz & Walter, 1998). Einige dieser Erkrankungen können durch die lange Dauer ihres Bestehens zu Folgekrankheiten führen. Dies ist beispielweise für Diabetes bekannt ist, die Arteriosklerose begünstigt und dadurch unter anderem die Wahrscheinlichkeit für Herzinfarkt, Nierenversagen und Erblindung erhöht.

Im Rahmen des Alterssurveys wurde anhand einer Liste von insgesamt elf Krankheiten und Krankheitsgruppen nach dem Vorhandensein körperlicher Erkrankungen gefragt. Die Befragungspersonen konnten zunächst angeben, ob die betreffende Krankheit bei ihnen besteht oder nicht. Gaben Personen an, die entsprechende Krankheit zu haben, wurden sie zusätzlich danach gefragt, wie groß die Beschwerden sind, die ihnen die Krankheit bereitet. Die Befragten konnten dabei angeben, ob sie „keine", „leichte", „mittlere" oder „große" krankheitsbedingte Beschwerden haben.

In der nachfolgenden Tabelle 1 sind die Angaben der Befragten zu entnehmen. Für jede der aufgeführten Krankheitsgruppen enthält die jeweils erste Zeile eine Information darüber, ob eine entsprechende Erkrankung vorliegt. Der jeweils zweiten Zeile kann ergänzend entnommen werden, bei welchem Anteil der Personen, die von einer Krankheit betroffen sind, dadurch mittlere bis große Beschwerden bestehen. Die Angaben beruhen auf Selbstaussagen der Befragungspersonen. Die erfragten Krankheitsgruppen subsumieren verschiedene Krankheiten, wie sie der ICD-Klassifikation zufolge unterschieden werden. Der Alterssurvey kann somit keine genauen Prävalenzdaten liefern. Die Daten bieten jedoch die Möglichkeit, über die Altersspanne von 45 Jahren Vergleiche zwischen verschiedenen Altersgruppen vorzunehmen. Es kann somit untersucht werden, welche gesundheitlichen Probleme bereits zu Beginn der zweiten Lebenshälfte bestehen und welche besonders im höheren Erwachsenenalter verbreitet sind. Eine wichtige ergänzende Information liefern hierbei die Aussagen über das krankheitsbedingte Beschwerdemaß.

Gesundheit, Hilfebedarf und Versorgung 337

Tabelle 1: Selbstaussagen zu Krankheiten und Beschwerden nach Altersgruppe und Geschlecht (Angaben in Prozent)

		40-54 Jahre Männer	40-54 Jahre Frauen	55-69 Jahre Männer	55-69 Jahre Frauen	70-85 Jahre Männer	70-85 Jahre Frauen	40-85 J. Gesamt
Gelenk-, Knochen-, Bandscheiben- od. Rückenleiden	Krank[1]	49,1	48,6	61,9	64,3	60,7	75,0	58,5
	Besch[2]	38,8	43,7	53,7	51,4	52,1	69,7	51,5
Herz-/ Kreislauferkrankung	Krank	16,2	17,0	38,7	33,9	52,5	50,5	31,2
	Besch	23,1	25,5	26,3	27,2	39,9	37,2	30,3
Durchblutungsstörungen	Krank	10,4	9,9	26,8	27,3	45,8	44,7	23,8
	Besch	20,5	32,9	33,0	26,4	36,5	39,3	32,7
Augenleiden, Sehstörungen	Krank	28,6	26,5	31,4	34,0	44,7	47,3	33,5
	Besch	24,5	29,8	25,1	27,2	37,8	43,9	31,2
Ohrenleiden, Schwerhörigkeit	Krank	9,1	6,8	22,3	10,3	33,7	24,2	15,2
	Besch	21,2	(16,4)[3]	32,0	36,0	41,3	47,2	34,6
Zucker / Diabetes	Krank	4,5	2,2	11,8	9,1	18,1	17,3	9,0
	Besch	(35,2)	(27,8)	38,9	36,8	50,7	44,5	41,1
Blasenleiden	Krank	3,3	6,5	9,8	12,4	16,6	17,4	9,8
	Besch	(28,0)	(22,2)	28,0	16,3	46,8	32,8	28,4
Atemwegserkrankg., Asthma, Atemnot	Krank	7,9	11,6	11,7	14,6	19,6	11,6	12,1
	Besch	(23,7)	31,3	41,1	37,6	44,2	39,0	36,0
Magen- oder Darmerkrankung	Krank	10,3	10,1	11,6	12,1	12,3	13,9	11,4
	Besch	16,0	36,1	41,5	35,5	34,4	37,5	33,2
Gallen-, Leber- oder Nierenleiden	Krank	4,3	5,1	6,9	10,6	8,0	12,5	7,5
	Besch	(21,9)	(14,3)	(30,7)	24,0	25,9	25,3	23,9
Krebserkrankung	Krank	2,3	1,8	3,8	5,2	8,3	4,9	3,8
	Besch	/[4] /		(32,1)	(28,2)	(45,1)	(37,5)	32,4

[1] Anteil der Personen (in Prozent), welche angeben, die entsprechende Erkrankung zu haben.
[2] Anteil der erkrankten Personen (in Prozent) mit mittleren oder hohen Beschwerden.
[3] Angaben in Klammern: ungewichtete Fallzahl 10 < n= 35.
[4] Ohne Angaben (Schrägstrich): ungewichtete Fallzahl n= 10.
Quelle: Replikationsstichprobe des Alterssurveys, 2002; n= 2.706-2.754, gewichtet.

Betrachtet man in Tabelle 1 zunächst die letzte Tabellenspalte, sind aus dieser die Angaben für die Gesamtgruppe aller 40- bis 85-jährigen zu entnehmen. Die Ergebnisse dieser Spalte machen deutlich, dass Gelenk-, Knochen-, Bandscheiben- und Rückenleiden den Befragten zufolge am weitesten verbreitet sind und im Vergleich zu den anderen dargestellten Erkrankungsgruppen auch am häufigsten mit größeren Beschwerden verbunden sind. Bei über der Hälfte aller Personen, die über Gelenk-, Knochen-, Bandscheiben oder Rückenleiden berichten, ist die Erkrankung von mittleren bis großen Beschwerden begleitet. Verbreitete Erkrankungen, die ebenfalls relativ häufig Beschwerden bereiten, sind Herz-Kreislauf-Erkrankungen sowie Augenleiden. Größere Beschwerden bereiten oftmals auch Diabeteserkrankungen, Atemwegserkrankungen und Magen-Darm-Erkrankungen, wenngleich der Anteil der Personen, die über diese Erkrankungen berichten, vergleichsweise klein ist.

Betrachtet man die Krankheitsnennungen für die drei Altersgruppen näher und vergleicht hierbei die Angaben von Frauen und Männern, ist festzustellen, dass verschiedene Krankheiten über die Altersgruppen hinweg häufiger genannt werden und teilweise hierbei Geschlechtsunterschiede bestehen. Im Folgenden wird auf jene Unterschiede näher eingegangen, die sich als statistisch bedeutsam erwiesen haben[7].

Über die Altersgruppen hinweg kommt es zu einem deutlichen Anstieg von Herz-Kreislauferkrankungen sowie von Durchblutungsstörungen, Ohrenleiden, Atemwegserkrankungen und Blasenleiden sowie zu einem leichten Anstieg von Krebserkrankungen. Geschlechtsunterschiede zeigen sich hierbei für Gelenk- und Knochenerkrankungen, von denen vor allem Frauen der höchsten Altersgruppe (70-85 Jahre) deutlich stärker betroffen sind als gleichaltrige Männer. Über Ohrenleiden berichten hingegen Männer aller Altersgruppen häufiger als Frauen. Eine Umkehrung der Geschlechterunterschiede über die Altersgruppen hinweg zeigt sich für Atemwegserkrankungen. Dabei steigt bei Männern der Anteil von Personen mit Atemwegserkrankungen, während bei Frauen der Anteil der Erkrankten weitgehend gleich bleibt. Infolgedessen liegt in den jüngeren Altergruppen zunächst die Zahl der betroffenen Frauen höher, in der ältesten Altersgruppe berichten hingegen mehr Männer als Frauen über Atemwegserkrankungen.

Bis auf eine Ausnahme zeigen sich für die Krankheitsnennungen keine Unterschiede zwischen ost- und westdeutschen Befragten. Aus diesem Grunde (und

---

7   In den nachfolgenden Darstellungen wird von „leichten" Unterschieden gesprochen, wenn es sich hierbei um statistisch signifikante Ergebnisse mit einer Irrtumswahrscheinlichkeit von $\alpha=5\%$ handelt, von „deutlichen" Unterschieden wird bei einer Irrtumswahrscheinlichkeit von $\alpha=0{,}1\%$ gesprochen. Alle anderen Darstellungen beruhen auf einer Irrtumswahrscheinlichkeit von $\alpha=1\%$.

aus Gründen der Übersichtlichkeit) wurde auf eine regionaldifferenzierte Darstellung in Tabelle 1 verzichtet. Die Ausnahme bilden hierbei Angaben zum Vorliegen einer Diabetes-Erkrankung: In allen Altersgruppen berichten Ostdeutsche häufiger (13,5%) als Westdeutsche (9,5%) über eine Diabeteserkrankung. Dies entspricht vorliegenden Erkenntnissen über eine erhöhte Prävalenz von Diabetes mellitus in Ostdeutschland (Sachverständigenrat, 2001b).

Nicht jede Krankheit führt zu hohen Beschwerden, und teilweise stellen sich erst dann hohe Beschwerden ein, wenn sich der Schweregrad einer Erkrankung verändert hat oder wenn körperliche Einschränkungen schlechter ausgeglichen werden können. Betrachtet man getrennt für die drei Altersgruppen, wie viele Personen über krankheitsbedingte Beschwerden berichten, wird deutlich, dass über die Altersgruppen hinweg eine Zunahme von Beschwerden festzustellen ist. Dabei findet sich in der Gruppe der 55- bis 69-Jährigen im Vergleich zu den 40- bis 54-Jährigen vor allem ein größerer Anteil von Personen, die über mittlere bis große Beschwerden infolge von Knochenerkrankungen (40-54 Jahre: 41%; 55-69 Jahre: 53%) oder Ohrenleiden (20% vs. 33%) berichten. Ein Vergleich der 70- bis 85-Jährigen mit Personen im Alter zwischen 55 und 69 Jahren zeigt, dass in der älteren der beiden Altersgruppen deutlich häufiger mittlere bis große Beschwerden aufgrund von Herz- Kreislauferkrankungen (55-69 Jahre: 27%, 70-85 Jahre: 38%), Knochenerkrankungen (53% vs. 64%), Blasenleiden (21% vs. 38%) und Augenleiden (26% vs. 42%) berichtet werden.

Wird das von Männern und Frauen berichtete Beschwerdemaß verglichen, finden sich nur für zwei Erkrankungsgruppen Unterschiede zwischen den Geschlechtern. Diese bestehen vor allem in der höchsten Altersgruppe: Frauen im Alter zwischen 70 und 85 Jahren haben deutlich häufiger mittlere bis große Beschwerden durch Gelenk- und Knochenerkrankungen (70%) als gleichaltrige Männer (52%). Männer dieser Altersgruppe berichten hingegen häufiger über Beschwerden durch Blasenleiden als Frauen (Männer: 47%; Frauen: 33%).

Ein ergänzender Vergleich zwischen ost- und westdeutschen Personen verdeutlicht, dass ebenso wie für die Erkrankungen auch hinsichtlich des Beschwerdemaßes kaum regionale Unterschiede bestehen. Es zeigen sich lediglich leichte Unterschiede für Beschwerden durch Magen- oder Darmerkrankungen. In den Altersgruppen der 55- bis 69-Jährigen und 70- bis 85-Jährigen berichten etwas mehr Westdeutsche als Ostdeutsche über größere Beschwerden, wenngleich sich keine bedeutsamen Unterschiede in der Krankheitshäufigkeit zeigen.

Je nach Krankheit und Beschwerdemaß können bereits einzelne Erkrankungen in erheblichem Maße die Lebensqualität beeinträchtigen und die Möglichkeit einer selbstständigen Lebensführung gefährden. Oftmals jedoch führt aber erst die Kumulation verschiedener Erkrankungen dazu, dass krankheitsbedingte Ein-

340 S. Wurm und C. Tesch-Römer

bußen nicht mehr ausreichend kompensiert werden können. Die nachfolgende Abbildung 1 weist auf deutliche Unterschiede zwischen den Altersgruppen hin.

Abbildung 1: Anzahl der berichteten Erkrankungen nach Altersgruppe, Geschlecht und Region (Angaben in Prozent)

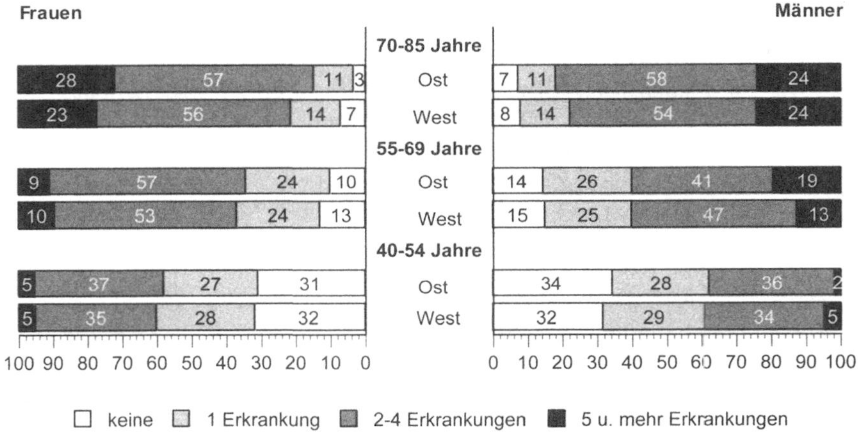

Frauen						Männer
			70-85 Jahre			
28	57	11	3	Ost	7	11	58	24
23	56	14	7	West	8	14	54	24
			55-69 Jahre			
9	57	24	10	Ost	14	26	41	19
10	53	24	13	West	15	25	47	13
			40-54 Jahre			
5	37	27	31	Ost	34	28	36	2
5	35	28	32	West	32	29	34	5

100 90 80 70 60 50 40 30 20 10 0   0 10 20 30 40 50 60 70 80 90 100

☐ keine ☐ 1 Erkrankung ▨ 2-4 Erkrankungen ■ 5 u. mehr Erkrankungen

Quelle: Replikationsstichprobe des Alterssurveys, 2002; n=2.788.

Abbildung 1 zeigt, dass bereits im Alter von 40 bis 54 Jahren rund 40 Prozent der Befragten über mindestens zwei, in selteneren Fällen auch über fünf und mehr Erkrankungen berichten. Der Anteil von Personen, die von zwei oder mehr Erkrankungen betroffen ist, liegt im Vergleich dazu in der Altersgruppe der 55- bis 69-Jährigen bei nahezu zwei Drittel (62%) der Befragten. In dieser Altersgruppe vergrößert sich gegenüber den 40- bis 54-Jährigen besonders der Anteil jener, die von mindestens fünf gleichzeitig bestehenden Erkrankungen berichten und damit eine hohe Multimorbidität aufweisen: Sind dies in der Altersgruppe der 40- bis 54-Jährigen noch durchschnittlich 4 Prozent der Befragten, nennen in der Gruppe der 55- bis 69-jährigen Personen dreimal so viele (12%) fünf und mehr gleichzeitig bestehende Erkrankungen. Dieser Anteil verdoppelt sich nochmals, betrachtet man schließlich die Angaben der ältesten Altersgruppe: Von den 70- bis 85-Jährigen nennen 24 Prozent und damit rund jede vierte Person fünf und mehr Erkrankungen. Dabei sind Mehrfacherkrankungen in Ost- und Westdeutschland gleichermaßen verbreitet. Leichte Geschlechtsunterschiede bestehen lediglich in der Altersgruppe der 55- bis 69-Jährigen, in der mehr Männer als Frauen über mehrere, gleichzeitig bestehende Erkrankungen berichten. Diese Geschlechtsunterschiede bestehen in der höchsten Altersgruppe nicht mehr, was vermutlich durch die höhere Frühsterblichkeit von Männern mitbedingt ist.

Die Ergebnisse machen zwei wesentliche Punkte deutlich. Zum einen veranschaulichen sie, dass der Anteil von Personen mit Mehrfacherkrankungen über die drei Altersgruppen hinweg stark zunimmt. Zum anderen zeigen sie, dass schon im Alter zwischen 55 und 69 Jahren die Mehrheit der Personen von zwei und mehr Erkrankungen betroffen ist. Hierbei handelt es sich um jene Altersgruppe, die in der Gegenwart und voraussichtlich in noch höherem Maße in Zukunft das Potenzial älterer Erwerbspersonen bilden.

Bei den dargestellten Angaben zu Erkrankungen muss einschränkend berücksichtigt werden, dass die Daten die tatsächliche Verbreitung von Erkrankungen unterschätzen. Gründe hierfür liegen sowohl in der Art der Erfassung der Erkrankungen (nur Selbstaussagen zu verschiedenen Erkrankungsgruppen, keine medizinischen Diagnosen) als auch in der Stichprobe begründet. Letzteres, da gesündere Personen mit größerer Wahrscheinlichkeit in Privathaushalten (und nicht in stationären Einrichtungen) leben und bereit sind, an einer Befragung wie der des Alterssurveys teilzunehmen.

Um ergänzend zu den Angaben über Erkrankungen und Beschwerden näheres über die Verbreitung schwerer Erkrankungen oder Unfälle zu erfahren, wurden die Befragten darum gebeten, schwere Krankheiten oder unfallbedingte Verletzungen zu nennen, sofern diese innerhalb der letzten 10 Jahre (vor dem Befragungsjahr) aufgetreten sind. Die Ergebnisse hierzu können nachfolgender Abbildung 2 entnommen werden.

Ein Vergleich der drei Altersgruppen macht deutlich, dass es neben dem bereits dargestellten Anstieg von Mehrfacherkrankungen zugleich zu einem Anstieg schwerer Erkrankungen und Unfälle kommt. Von den 40- bis 54-Jährigen berichtet rund jede fünfte Person (18%), in der mittleren Altersgruppe (55-69 Jahre) mehr als jede vierte (27%) und im Alter zwischen 70 und 85 Jahren jede dritte Person (34%) über mindestens eine schwere Erkrankung oder einen Unfall innerhalb von 10 Jahren. Diese Altersgruppen-Unterschiede erweisen sich als statistisch sehr bedeutsam ($p<.001$), während keine bedeutsamen Unterschiede zwischen Männern und Frauen sowie Ost- und Westdeutschen bestehen.

Abbildung 2: Anteil der Personen mit (mindestens) einer schweren Krankheit oder einem Unfall in den letzten 10 Jahren, nach Altersgruppe, Geschlecht und Region (Angaben in Prozent)

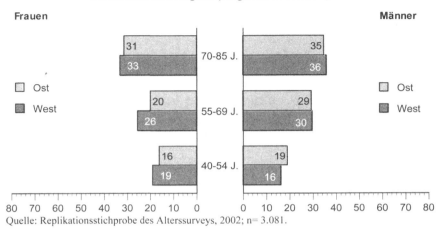

Quelle: Replikationsstichprobe des Alterssurveys, 2002; n= 3.081.

Obwohl, oder gerade weil, die Anzahl schwerer Erkrankungen mit dem Alter zunimmt, könnte es sein, dass Ältere das Auftreten einer schweren Krankheit oder einer Verletzung als geringere Belastung erleben als jüngere Menschen. Grund für diese Annahme besteht, da Personen im höheren Alter eher mit Krankheiten rechnen und als etwas zum Altern Gehörendes akzeptieren als Personen jüngeren Alters. Zugleich kann auch das Wissen, eine Krankheit nur noch eine – im Vergleich zum zurückliegenden Leben – kurze Lebenszeit ertragen zu müssen, dazu beitragen, dass im Alter schwere Erkrankungen zu geringeren Belastungen führen.

Die nachfolgende Abbildung 3 macht jedoch deutlich, dass dies nicht der Fall ist: Ältere fühlen sich in den meisten Fällen ebenso wie jüngere Altersgruppen durch das Auftreten einer schweren Krankheit oder eines Unfalls sehr belastet. In der jüngsten Altersgruppe (40-54 Jahre) berichten 58 Prozent der Personen mit einer schweren Krankheit oder einem Unfall, hierdurch sehr belastet gewesen zu sein. Im Vergleich dazu geben 62 Prozent der 55- bis 69-Jährigen und 57 Prozent der 70- bis 85-Jährigen an, hierdurch eine sehr große Belastung erlebt zu haben. Bedeutsame Geschlechtsunterschiede oder regionale Differenzen sind hingegen nicht festzustellen.

Abbildung 3: Anteil der Personen, die sich durch das Auftreten einer schweren Krankheit oder eines Unfalls sehr belastet fühlten, nach Altersgruppe, Geschlecht und Region (Angaben in Prozent)

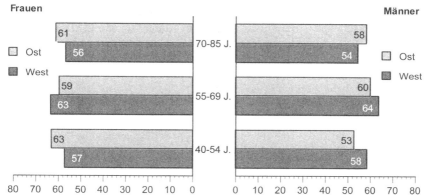

Nur Personen, die eine schwere Krankheit oder einen Unfall genannt haben (n= 798). Die Beantwortung der Frage erfolgte auf einer Skala von 1= „sehr belastet" bis 5= „überhaupt nicht belastet".
Quelle: Replikationsstichprobe des Alterssurveys, 2002.

Fasst man die dargestellten Ergebnisse zusammen, so machen die nach Altersgruppe, Geschlecht und Region differenzierten Darstellungen deutlich, dass sich vor allem die Altersgruppen bezüglich des berichteten Gesundheitszustands unterscheiden. Hingegen sind nur vereinzelt Geschlechtsunterschiede und nahezu keine Differenzen zwischen Ost- und Westdeutschland festzustellen. Bereits im Alter zwischen 40 und 54 Jahren und damit in der Phase des mittleren Erwachsenenalters berichtet ein nennenswerter Anteil von Personen von Erkrankungen und Beschwerden, schweren Krankheiten und Unfällen. Die gesundheitlichen Beeinträchtigungen steigen über die Altersgruppen hinweg an und führen besonders in der höchsten Altersgruppe zu einem hohen Anteil von Personen mit Mehrfacherkrankungen. Hervorzuheben sind hierbei vor allem Erkrankungen des Bewegungsapparates wie Gelenk-, Knochen-, Bandscheiben- und Rückenleiden. Diese Erkrankungen und damit verbundene Beschwerden haben bereits bei den 40- bis 54-Jährigen den im Vergleich zu anderen Erkrankungen höchsten Verbreitungsgrad, der über die drei Altersgruppen hinweg weiter ansteigt. Bemerkenswert sind im Hinblick auf Gelenk- Knochen-, Bandscheiben- oder Rückenleiden die deutlichen Geschlechtsunterschiede zu Ungunsten der Frauen.

Eng mit Fragen zur Multimorbidität und Beschwerden verknüpft ist die Frage, in welchem Ausmaß das Älterwerden mit Funktionseinbußen verbunden ist. Der nachfolgende Abschnitt zu funktionellen Einschränkungen beschäftigt sich deshalb damit, in welchem Ausmaß Personen in ihrer zweiten Lebenshälfte über Einschränkungen ihrer Mobilität berichten und wie viele Personen angeben, in ihrem Alltag auf fremde Hilfe oder Pflegeleistungen angewiesen zu sein. Dabei wird zu verfolgen sein, ob sich die größere Verbreitung von Erkrankungen des Bewegungsapparates bei Frauen gegenüber Männern auch in stärkeren Mobilitätseinbußen wiederfindet.

3.2 Mobilitätseinbußen und Hilfebedürftigkeit

Erkrankungen und Unfallfolgen stellen mit steigendem Alter in zunehmendem Maße einen Risikofaktor für die selbstständige Alltagsgestaltung dar. Art und Ausmaß körperlicher oder psychischer (insbesondere demenzieller) Erkrankungen sowie eine häufiger vorliegende Multimorbidität erschweren die Möglichkeit, gesundheitliche Einschränkungen zu kompensieren. Dies führt dazu, dass mit steigendem Alter Hilfs- und Pflegebedürftigkeit zunehmen.

Neben Erkrankungen führen altersphysiologische (und alterskorrelierte) Veränderungen zusätzlich zu Funktionseinbußen, die direkt die Aufrechterhaltung von Selbstständigkeit im Alter gefährden. Hierzu zählen sensorische Verluste, insbesondere visuelle Einschränkungen aufgrund von Alterssichtigkeit und Linsentrübungen sowie auditive Einbußen durch Hochtonverluste und Schwerhörigkeit. Ebenso können Veränderungen des Bewegungsapparates infolge einer Abnahme der Muskulatur, der Dehnbarkeit der Sehnen und der Gelenkbeweglichkeit zu funktionellen Einschränkungen führen, indem die Mobilität beeinträchtigt wird. Sensomotorische Funktionseinbußen können zugleich zu Krankheiten beitragen sowie insbesondere zu Verletzungen aufgrund von Stürzen. Zugleich beeinträchtigen Funktionseinbußen ebenso wie Krankheiten basale Aktivitäten des täglichen Lebens wie zum Beispiel die Körperpflege und instrumentelle Aktivitäten (z.B. Mahlzeitenzubereitung) sowie die Möglichkeiten einer Teilhabe am sozialen Leben.

Die nachfolgenden Darstellungen zeigen, welche Mobilitätseinbußen bereits im mittleren Erwachsenenalter und der Phase des jungen Alters festzustellen sind und welche Einschränkungen im Vergleich dazu im höheren Alter bestehen.

Abbildung 4 beruht auf Angaben, die mit Hilfe der Subskala „Körperliche Funktionsfähigkeit (Mobilität/Aktivitäten des täglichen Lebens)" des SF-36-Fragebogens erhoben wurden. Es handelt sich beim SF-36-Fragebogen um ein international anerkanntes Instrument zur Messung der gesundheitsbezogenen Lebensqualität (Kirchberger, 2000; Radoschewski & Bellach, 1999). Das Instrument enthält insgesamt neun Subskalen (unter anderem auch zu psychischem

Wohlbefinden, zu Vitalität und sozialer Funktionsfähigkeit), von denen jedoch ausschließlich die Subskala „Körperliche Funktionsfähigkeit" für den Einsatz im Alterssurvey ausgewählt wurde. Die körperliche Funktionsfähigkeit wird hierbei anhand von 10 Einzelaspekten der Mobilität erhoben; für jeden kann angegeben werden, ob diesbezüglich die Mobilität überhaupt nicht, etwas oder stark eingeschränkt ist. In der Abbildung ist eine Auswahl dieser 10 Mobilitätsaspekte enthalten. Diese sind abgestuft von anstrengenden Tätigkeiten („schnell laufen, schwere Gegenstände heben, anstrengenden Sport treiben") bis hin zu basalen Aktivitäten des täglichen Lebens („sich baden oder anziehen").

Abbildung 4 macht deutlich, dass es für alle dargestellten Mobilitätsaspekte über die drei Altersgruppen hinweg zu einem bedeutsamen Anstieg von Einschränkungen kommt. Von Einschränkungen bei der Ausführung anstrengender körperlicher Tätigkeiten ist bereits mehr als jede dritte Person zwischen 40 und 54 Jahren betroffen. Relativ früh im Lebensverlauf treten auch Probleme mit basalen Bewegungen wie dem sich Beugen, Knien oder Bücken auf, über die bereits rund jede siebte Person berichtet. Vergleicht man die jüngste (40-54 Jahre) und mittlere (55-69 Jahre) der drei Altersgruppen miteinander, zeigt sich, dass der Anteil jener Personen deutlich ansteigt, der Probleme mit anstrengenden Tätigkeiten oder Bewegungen des sich Beugens, Kniens oder Bückens hat. Die Zahl der hierbei stark eingeschränkten Personen erhöht sichzwischen den beiden Altersgruppen um den Faktor 2,5.

Für alle anderen dargestellten Aspekte körperlicher Mobilität nehmen die Einschränkungen besonders zwischen der mittleren und ältesten Altersgruppe zu. Dabei verdreifacht sich jeweils etwa der Anteil von Personen mit starken Mobilitätsbeeinträchtigungen. So geben beispielsweise fünf Prozent der 55- bis 69-Jährigen, aber 18 Prozent der 70- bis 85-Jährigen an, stark darin eingeschränkt zu sein, mehrere Straßenkreuzungen zu Fuß zu gehen.

Die Darstellung veranschaulicht, dass es über die drei Altersgruppen zu einem Anstieg von Funktionseinbußen kommt. Es sollte jedoch nicht übersehen werden, dass es auch in der Altersgruppe der 70- bis 85-Jährigen einen nennenswerten Anteil von Personen gibt, der von Mobilitätseinschränkungen nicht betroffen ist: Die Hälfte der 70- bis 85-Jährigen gibt an, keine Einschränkungen beim Heben bzw. Tragen von Einkaufstaschen zu haben, rund zwei Drittel können ohne Einschränkungen mehrere Straßenkreuzungen zu Fuß gehen und über drei Viertel der Befragten berichten, beim Baden oder Anziehen keine Probleme zu haben.

Abbildung 4: Mobilitätseinschränkungen[1] nach Altersgruppe (Angaben in Prozent)

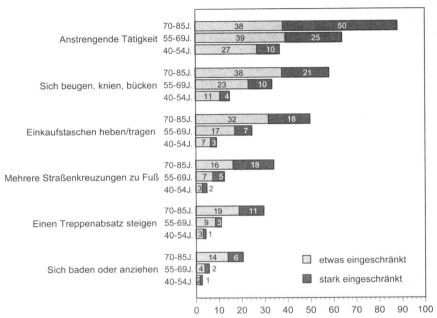

[1] Subskala „Körperliche Funktionsfähigkeit" des SF-36-Fragebogens; ausgewählte Mobilitätsaspekte.
Quelle: Replikationsstichprobe des Alterssurveys, 2002; n= 3.065-3.072, gewichtet.

Einschränkend ist allerdings nochmals darauf hinzuweisen, dass Bevölkerungsumfragen wie der Alterssurvey infolge der geringeren Teilnahmebereitschaft von gesundheitlich beeinträchtigten Personen sowie aufgrund der auf Selbstaussagen basierenden Ergebnisse in der Regel zu optimistischeren Befunden kommen, als dies der tatsächlichen Situation Älterer entspricht. Doch selbst unter Berücksichtigung dieser Einschränkung lassen die Ergebnisse insgesamt auf eher gute Mobilitätsmöglichkeiten im höheren Erwachsenenalter schließen. Auch im Rahmen der Berliner Altersstudie konnte ein hoher Grad von Mobilität und Selbstständigkeit 70- bis 84-Jähriger festgestellt werden. Durch diese Studie ist allerdings bekannt, dass es ab dem 85. Lebensjahr zu einem deutlichen Anstieg von Funktionseinbußen und einer damit verbundenen Hilfebedürftigkeit kommt (Steinhagen-Thiessen & Borchelt, 1996).

Der Abbildung 4 waren Altersgruppenvergleiche zu entnehmen, jedoch keine Vergleiche zwischen den Geschlechtern oder Regionen (Ost-/Westdeutschland). Ergänzend durchgeführte Vergleiche ergaben, dass keine bedeutsamen Mobilitätsunterschiede zwischen älteren Ost- und Westdeutschen bestehen, was den bereits dargestellten Ergebnissen in Bezug auf Erkrankungen und Beschwerden entspricht. Statistisch bedeutsame Unterschiede bestehen hingegen zwischen Frauen und Männern. Aus diesem Grund werden im Folgenden ergänzend die bestehenden Geschlechtsunterschiede betrachtet.

Hierzu wurde zunächst ein zusammenfassendes Maß über die körperliche Mobilität erstellt. Über alle 10 erhobenen Mobilitätsaspekte wurde pro Person ein Summenwert gebildet. Bei der Summenbildung wurde der Wert 3 vergeben, wenn ein Mobilitätsaspekt ohne Einschränkungen ausgeführt werden kann, der Wert 2 für die Angabe, hierbei „etwas" eingeschränkt zu sein, der Wert 1 für die Angabe, „sehr" eingeschränkt zu sein. Anschließend wurde für jede Person ein roher Punktsummenwert (Wertebereich 10-30) berechnet und dieser in eine Skalenspanne von 0 bis 100 transformiert. Dabei bedeutet der Wert 0, dass eine Person hinsichtlich aller erfragten Mobilitätsaspekte sehr eingeschränkt ist, der Wert 100 hingegen gibt an, dass eine Person über keinerlei Einschränkungen berichtet. Die Transformation in eine Skalenspanne von 0 bis 100 entspricht dem Standardvorgehen für Skalen des SF-36 wie der hier vorliegenden Skala zur körperlichen Funktionsfähigkeit.

Die nachfolgende Abbildung 5 veranschaulicht anhand dieses berechneten Summenmaßes körperlicher Funktionsfähigkeit, wie groß die Mobilitätsunterschiede zwischen Frauen und Männern über die zweite Lebenshälfte hinweg sind. Dabei ist der Abbildung zu entnehmen, dass sich zu Beginn der zweiten Lebenshälfte noch keine bedeutsamen Geschlechtsunterschiede zeigen. In höheren Altersgruppen jedoch wächst die Diskrepanz zwischen Frauen und Männern. Es ist ersichtlich, dass ältere Frauen von höheren Mobilitätseinschränkungen betroffen sind als Männer. Dies wird besonders anhand des polynomialen Kurvenverlaufs deutlich, der die in Abbildung 5 enthaltenen Mittelwertsangaben ergänzt[8].

---

8   Der lineare Zusammenhang zwischen körperlicher Funktionsfähigkeit und Alter liegt bei r= -.39 für Männer und r= -.52 bei Frauen.

Abbildung 5: Körperliche Funktionsfähigkeit nach Alter und Geschlecht (Mittelwerte und polynomialer Kurvenverlauf)

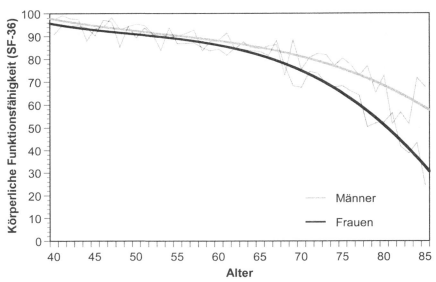

Summenscore der Subskala „Körperliche Funktionsfähigkeit" des SF-36-Fragebogens.
Quelle: Replikationsstichprobe des Alterssurveys, 2002; n= 3.035, gewichtet.

Die geschlechtsdifferenzierte Darstellung weist auf einen Befund hin, der auch aus anderen Studien bekannt ist: Ältere Frauen sind oftmals stärker von Behinderungen betroffen als Männer. Die höheren Mobilitätseinschränkungen korrespondieren mit dem bereits dargestellten Befund, dass bei Frauen im Alter zwischen 70 und 85 Jahren Erkrankungen des Bewegungsapparates deutlich verbreiteter sind als bei gleichaltrigen Männern. Die bestehenden Geschlechtsunterschiede sind teilweise auf eine höhere Frühsterblichkeit von Männern zurückzuführen. Männer haben häufiger Erkrankungen mit tödlichem Ausgang, wie kardiovaskuläre Erkrankungen und Krebs. Frauen hingegen berichten häufiger über Erkrankungen, die von Behinderungen begleitet sind, wie beispielsweise Arthritis (Gold et al., 2002). Der Grund für diese Geschlechtsunterschiede ist bis heute im wesentlichen noch unbekannt (Baltes, 1997), wenngleich verschiedene biologische, umwelt- und verhaltensbezogene Faktoren diskutiert werden.

Die über die Altersgruppen hinweg zunehmende Beeinträchtigung körperlicher Funktionsfähigkeit führt zwar zu Behinderungen in der Alltagsgestaltung, es tritt dadurch jedoch nicht unbedingt ein regelmäßiger Hilfe- oder Pflegebedarf

Gesundheit, Hilfebedarf und Versorgung

ein. Bis ins höhere Alter von 70 bis 85 Jahren gibt nur ein eher kleiner Teil von Personen an, so stark gesundheitlich eingeschränkt zu sein, dass eine regelmäßige Hilfe, Unterstützung oder Pflege benötigt wird. Dies veranschaulicht nachfolgende Abbildung 6.

Abbildung 6: Anteil von Personen, die aufgrund gesundheitlicher Einschränkungen regelmäßig Hilfe, Pflege oder andere Unterstützung benötigen, nach Altersgruppe, Geschlecht und Region (Angaben in Prozent)

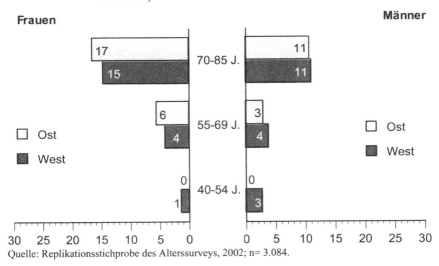

Quelle: Replikationsstichprobe des Alterssurveys, 2002; n= 3.084.

In der jüngsten Altersgruppe der 40- bis 54-Jährigen nennen zwei Prozent der Personen, Hilfe oder Pflege zu benötigen. In der mittleren Altersgruppe der 55- bis 69-Jährigen sind im Vergleich hierzu vier Prozent und damit doppelt so viele Personen von Hilfe- oder Pflegebedürftigkeit betroffen. Diese Zahl verdreifacht sich auf 13 Prozent in der Gruppe der 70- bis 85-Jährigen. In dieser Altersgruppe geben Frauen etwas häufiger an, hilfe- oder pflegebedürftig zu sein an als Männer. Regionale Differenzen (Ost-/West-Unterschiede) sind hingegen nicht festzustellen. Ergänzend können für die älteste der drei Altersgruppen die Daten der Pflegestatistik betrachtet werden (Statistisches Bundesamt, 2005). Demnach waren im Jahr 2003 10,5 Prozent der 70- bis 85-Jährigen gemäß Pflegeversicherung pflegebedürftig. Betrachtet man nur den Anteil derjenigen, die zu Hause versorgt werden, sind dies in der Altersgruppe der 70- bis 85-Jährigen 7,5 Prozent. Zusammenfassend machen die Darstellungen zu Mobilitätseinbußen und Hilfebedürftigkeit deutlich, dass oftmals bereits zu Beginn der zweiten Lebenshälfte Mobilitätseinbußen bestehen. Diese beziehen sich jedoch vor allem auf anstrengende Tätigkeiten, wobei es auch einen nennenswerten Anteil von Personen gibt, die über Einschränkungen bei Bewegungsformen des sich Beugens, Kniens oder Bückens berichten. Ein deutlicher Anstieg von starken Mobilitätseinschränkungen findet sich jedoch beim Vergleich der 55- bis 69-Jährigen und 70- bis 85-Jährigen. Dabei sind Frauen im Alter von 70 bis 85 Jahren deutlich stärker von Einschränkungen betroffen als Männer. Mobilitätseinschränkungen sind aber auch in der ältesten der betrachteten Altersgruppen nicht zwangsläufig mit einer Hilfs- oder Pflegebedürftigkeit verbunden. Von den 70- bis 85-Jährigen gibt nur etwa jede achte Person an, Hilfe, Pflege oder andere Unterstützung zu benötigen.

3.3 Subjektive Gesundheit

Im Gegensatz zu klassischen, medizinischen Gesundheitsmodellen beziehen neuere Definitionen von Gesundheit die subjektive Gesundheitseinschätzung mit ein. Ein wesentlicher Grund hierfür ist, dass die subjektive Gesundheitseinschätzung nicht mit der medizinisch messbaren, körperlichen Gesundheit gleichgesetzt werden kann, sondern eine eigenständige Bedeutung hat. Die Feststellung, dass die subjektive Einschätzung von Gesundheit nicht bloß die medizinisch messbare Gesundheit widerspiegelt, begründet sich im nur moderaten Zusammenhang zwischen objektiver und subjektiver Gesundheit. Neben dem Wissen über den eigenen, objektiven Gesundheitszustand fließen in die subjektive Gesundheitseinschätzung weitere Aspekte mit ein. Hierzu zählen, unter anderem, Lebenszufriedenheit, individuelle Kontrollüberzeugungen und Bewältigungskompetenzen sowie soziale Unterstützung und soziale Vergleichsprozesse.

Die subjektive Gesundheitseinschätzung wird zudem besonders im höheren Lebensalter als bedeutsame Gesundheitsinformation angesehen (Ebrahim, 1996), da sie sich im Vergleich zu medizinischen Gesundheitsmaßen als sensitiverer Indikator für das Mortalitätsrisiko erwiesen hat. Dieser Befund konnte in verschiedenen Längsschnittstudien gezeigt werden und zwar auch dann, wenn objektiver Gesundheitsstatus, Gesundheitsverhalten sowie Alter, Geschlecht und andere soziodemografische Variablen kontrolliert wurden (Idler & Kasl, 1991; Menec, Chipperfield & Raymond, 1999; Mossey & Shapiro, 1982).

Hierfür gibt es mehrere mögliche Erklärungen: (1) Es ist denkbar, dass subtile biologische und physiologische Veränderungen mittels objektiver, medizinischer Gesundheitsmessungen nicht ausreichend erfasst werden, während diese Veränderungen in einer subjektiven Einschätzung enthalten sind. Zudem können bei Selbsteinschätzungen auch individuelle Gesundheitsgewohnheiten und der Gesundheitsverlauf über die Lebensspanne einbezogen werden, das heißt, Personen berücksichtigen möglicherweise ihr biografisches Wissen bezüglich zurückliegender Erkrankungen sowie verschiedener Aspekte ihres Gesundheitsverhaltens (Mossey & Shapiro, 1982). Diese These, die auf die Grenzen medizinischer Messungen hinweist, wird bestärkt durch die Feststellung, dass gerade im höheren Alter Erkrankungen und Risikofaktoren wie Diabetes und Bluthochdruck häufig medizinisch undiagnostiziert bleiben (Ebrahim, 1996). (2) Eine weitere Erklärung ist, dass die subjektive Gesundheitseinschätzung den zeitlich nachfolgenden Gesundheitszustand beeinflusst und auf diese indirekte Weise eine Mortalitätsvorhersage leisten kann. Diese Annahme wurde empirisch untersucht, ergab bisher jedoch heterogene Befunde. Es konnte gezeigt werden, dass subjektive Gesundheit in einem Zeitraum von ein bis sechs Jahren die Veränderung von funktionellen Fähigkeiten vorhersagen kann (Idler & Kasl, 1995), Zusammenhänge zu Morbidität wurden bisher jedoch nicht festgestellt (Menec, Chipperfield & Raymond , 1999). (3) Schließlich ist es auch möglich, dass die subjektive Gesundheitseinschätzung einen direkten Vorhersagewert für die Mortalität hat. Im Falle positiver Einschätzungen könnten die optimistischen Gefühle als solche bereits eine protektive Wirkung haben, während im Fall von negativen Einschätzungen möglicherweise Depressionen oder anderen emotionalen Problemen eine Bedeutung für Mortalität zukommt.

Die verschiedenen Wirkmechanismen subjektiver Gesundheit werden derzeit noch diskutiert. Doch die verschiedenen Befunde weisen konsistent darauf hin, dass es gerade bei älteren Personen bedeutsam ist, die subjektive Gesundheitseinschätzung als ergänzende Gesundheitsinformation mit zu berücksichtigen.

Betrachtet man anhand der Daten des Alterssurveys die subjektive Gesundheit, so zeigt sich vergleichbar zu anderen Studien nur ein mittlerer Zusammenhang zur Anzahl körperlicher Erkrankungen (r = .45). Dies bedeutet, dass sich eine allgemeine subjektive Gesundheitseinschätzung nicht nur von medizinischen Diagnosen unterscheidet, sondern ebenso von Selbstaussagen zu körperlichen Erkrankungen. Eine getrennte Betrachtung der subjektiven Gesundheitseinschätzung liefert somit auch hier zusätzliche Informationen. Der nachfolgenden Abbildung 7 kann entnommen werden, wie viele Personen in der zweiten Lebenshälfte ihre Gesundheit als sehr gut bis gut, mittelmäßig oder schlecht bis sehr schlecht beurteilen.

Abbildung 7: Subjektive Gesundheitseinschätzung nach Altersgruppe, Geschlecht und Region (Angaben in Prozent)

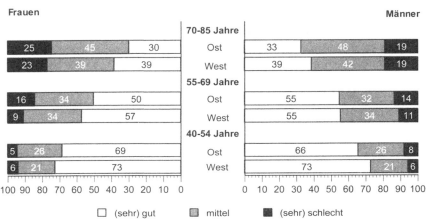

Quelle: Replikationsstichprobe des Alterssurveys, 2002; n= 3.080.

Wie anhand von Abbildung 8 deutlich wird, nimmt der Anteil der Personen, die ihre Gesundheit als subjektiv gut oder sehr gut einschätzen, von der jüngsten zur ältesten Altersgruppe deutlich ab, während zunehmend mehr Personen ihren Gesundheitszustand als schlecht oder sehr schlecht einschätzen. Frauen und Männer unterscheiden sich dabei in ihrer Gesundheitseinschätzung ebenso wenig wie Ost- und Westdeutsche.

Der Befund, dass die subjektive Gesundheit über die Altersgruppen hinweg zunehmend schlechter beurteilt wird, wird ergänzend durch Abbildung 8 anschaulich. Die hierbei differenzierte Darstellung nach Altersjahren zeigt, dass sich besonders innerhalb der höchsten Altersgruppe (70 bis 85 Jahre) die subjektive Gesundheitseinschätzung verschlechtert. Betrachtet man den linearen Zusammenhang zwischen subjektiver Gesundheit und Alter, zeigt sich eine bedeutsame Alterskorrelation (r= .32). Diese weist darauf hin, dass keine Altersinvarianz der subjektiven Gesundheit besteht, wie sie teilweise in anderen Studien gefunden wurde. In der Berliner Altersstudie zeigte sich beispielsweise für Personen aber 70 Jahren kein Zusammenhang zwischen Alter und subjektiver Gesundheitseinschätzung (r= -.01; Borchelt et al., 1996).

Abbildung 8: Subjektive Gesundheitseinschätzung nach Alter (Mittelwertsangaben, Variationskoeffizienten und polynomialer Kurvenverlauf)

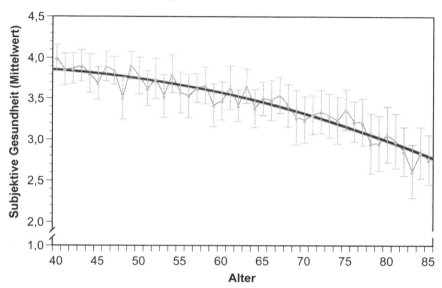

Der Darstellung liegt eine Antwortskala von 1=sehr schlecht bis 5=sehr gut zugrunde.
Quelle: Replikationsstichprobe des Alterssurveys, 2002; n= 3.080, gewichtet.

Wird der Zusammenhang zwischen körperlichen Erkrankungen und Alter betrachtet, zeigt sich ebenfalls eine bedeutsame Alterskorrelation (r = .39). Beim Vergleich der Korrelationen von subjektiver Gesundheit und Alter sowie körperlicher Gesundheit und Alter (mit Hilfe einer Fishers Z-Transformation), ist festzustellen, dass der Altersgradient für körperliche Erkrankungen deutlich steiler ist als für die subjektive Gesundheit. Die Anzahl der Erkrankungen steigt somit über die Altersgruppen stärker an, als sich die subjektive Gesundheitseinschätzung verschlechtert. Dieser Befund kann möglicherweise als relative Altersinvarianz interpretiert werden, da sich die subjektive Gesundheitseinschätzung in geringerem Umfang verschlechtert als die körperliche Gesundheit.

Allerdings beruhen die Zusammenhangsanalysen zwischen Gesundheit und Alter auf Querschnittsdaten und können nicht als individuelle Entwicklungsverläufe interpretiert werden. Ebenso können Kohortendifferenzen für die erkennbaren Altersunterschiede (mit-)verantwortlich sein. Es ist möglich, dass später geborene Geburtskohorten generell eine bessere subjektive Gesundheitseinschätzung haben und diese auch beibehalten, wenn sie älter werden. Gleiches gilt für körperliche Erkrankungen. Der Frage, ob zwischen verschiedenen Geburtskohorten gleichen Alters Differenzen in der Zahl der Erkrankungen und der subjektiven Gesundheitseinschätzung bestehen, wird in Abschnitt 5 nachgegangen.

4 Gesundheitsversorgung

Die vorangegangenen Darstellungen zum Gesundheitszustand veranschaulichten, dass in der zweiten Lebenshälfte körperliche Erkrankungen und funktionelle Einschränkungen deutlich zunehmen. Dabei zeichnen sich Erkrankungen in der zweiten Lebenshälfte gegenüber solchen der ersten Lebenshälfte durch die Besonderheit aus, dass sie oftmals chronisch und irreversibel sind, mit steigendem Alter in zunehmendem Maße mit Multimorbidität verbunden sind und zu dauerhaften Funktionseinschränkungen führen. Vor diesem Hintergrund ist eine angemessene Gesundheitsversorgung eine komplexe Aufgabe von hoher Wichtigkeit.

Zur Gesundheitsversorgung zählt dabei sowohl die medizinische Behandlung, wie sie durch ambulante Arztpraxen und stationäre Einrichtungen erfolgt, als auch die Behandlung durch weitere Formen von Gesundheitsdienstleistungen. Ziel dieser Versorgung kann gerade bei chronischen Erkrankungen nicht immer eine Heilung „ad integrum" sein (Sachverständigenrat, 2001b). Anzustreben ist jedoch, einen unter Berücksichtigung der Erkrankungen, möglichst optimalen Gesundheitszustand herzustellen (Bundesministerium für Familie, Senioren, Frauen und Jugend, 2002). Um dieses Ziel zu erreichen, sind neben medizinisch-kurativen Behandlungen auch gesundheitsfördernde, präventive und rehabilitative Maßnahmen notwendig. In welchem Maß diese verschiedenen Formen von Gesundheitsdienstleistungen tatsächlich genutzt werden, wird anhand nachfolgender Ergebnisse deutlich.

4.1 Inanspruchnahme medizinischer Gesundheitsdienstleistungen

In der zweiten Lebenshälfte nehmen die Gesundheitsbeeinträchtigungen zu. Was bedeutet dies für die Inanspruchnahme medizinischer Versorgung? Welche Fachärzte werden von Älteren besonders häufig aufgesucht und inwieweit sind Versorgungsdefizite zu erkennen?

Geht man diesen Fragen nach, lässt sich zunächst feststellen, dass nahezu alle Personen, die sich im Alter zwischen 40 und 85 Jahren befinden, mindestens einmal jährlich zu einem Arzt oder Zahnarzt gehen (97%). Dabei steigt der Anteil von Personen mit mindestens jährlichem Arztbesuch über die Altersgruppen nur minimal. Denn bereits 97 Prozent der 40- bis 54-Jährigen nennen einen mindestens jährlichen Arztkontakt, in der ältesten Altersgruppe (70-85 Jahre) sind es 98 Prozent. Ein jährlicher Arztbesuch kann dazu beitragen, bestehende Erkrankungen zu diagnostizieren, für eine medizinische Versorgung im Krankheitsfall ist jedoch oftmals ein wiederholter Arztbesuch erforderlich.

Der nachfolgenden Tabelle 2 ist zu entnehmen, wie häufig verschiedene Facharztgruppen von Älteren aufgesucht werden. Dabei veranschaulicht die nach Altersgruppen und Geschlecht differenzierte Darstellung, dass es mit steigender Altersgruppe zu einer deutlich höheren Inanspruchnahme von allgemeinmedizinischen, augenärztlichen und internistischen Arztpraxen kommt. Für Frauen zeigt sich zudem über die Altersgruppen hinweg ein Anstieg in der Nutzung orthopädischer Arztpraxen, für Männer ein Anstieg der Inanspruchnahme von Hals-Nasen-Ohren-Arztpraxen sowie von urologischen Arztpraxen.

Zugleich gibt es auch Arztpraxen, die über die Altersgruppen hinweg zunehmend seltener aufgesucht werden. Bei Frauen zeigt sich über die Altersgruppen eine deutlich abnehmende Nutzung von gynäkologischen Arztpraxen. Zugleich nimmt bei beiden Geschlechtern über die Altersgruppen hinweg die Inanspruchnahme von zahnärztlicher Versorgung deutlich ab. Insbesondere Personen der höchsten Altersgruppe (70-85 Jahre) geben deutlich seltener an, während der letzten 12 Monate eine zahnmedizinische Arztpraxis aufgesucht zu haben als Jüngere. Dieser Befund weist auf deutliche Defizite in der zahnmedizinischen Versorgung alter Menschen hin und bestätigt damit Erkenntnisse, die hierzu im Rahmen der Berliner Altersstudie gewonnen wurden (Nitschke & Hopfenmüller, 1996). Eine Erklärung für die geringere Inanspruchnahme von Zahnärzten liegt in der mit höherem Alter häufiger bestehenden Zahnlosigkeit. Allerdings sind regelmäßige Untersuchungen auch bei Personen mit Zahnprothesen erforderlich. Zudem weisen Nitschke und Hopfenmüller darauf hin, dass unbezahnte Personen halbjährliche Kontrolluntersuchungen aufsuchen sollten, damit eventuelle Munderkrankungen wie Pilzerkrankungen oder Tumore frühzeitig erkannt werden können (Nitschke & Hopfenmüller, 1996).

Tabelle 2: Häufigkeit der Arztbesuche in den letzten 12 Monaten vor Befragung, nach Altersgruppe und Geschlecht (Angaben in Prozent)

	Frauen			Fachbereich	Männer			
nie	1mal	2-6mal	öfter		nie	1mal	2-6mal	öfter
				Allgemeinmedizin				
15,7	24,8	48,4	11,1	40-54 Jahre	19,5	23,1	49,8	7,7
12,7	15,7	52,3	19,3	55-69 Jahre	14,2	16,5	45,3	23,9
6,6	7,3	49,9	36,1	70-85 Jahre	10,0	7,8	48,0	34,2
				Zahnmedizin				
10,7	35,2	50,4	3,7	40-54 Jahre	17,6	40,2	40,9	1,3
12,5	38,5	45,2	3,8	55-69 Jahre	20,3	35,4	41,3	3,0
33,5	41,4	24,5	0,6	70-85 Jahre	28,0	40,8	30,3	0,9
				Augenheilkunde				
57,5	35,0	6,3	1,2	40-54 Jahre	64,8	26,9	7,9	0,4
44,1	42,3	12,1	1,4	55-69 Jahre	49,6	37,5	12,0	0,9
34,0	33,1	31,6	1,2	70-85 Jahre	37,6	34,6	25,6	2,2
				Hals-Nasen-Ohren				
80,4	12,3	6,9	0,4	40-54 Jahre	83,7	11,6	4,3	0,5
79,4	13,5	6,5	0,6	55-69 Jahre	76,4	15,4	6,9	1,3
76,5	13,7	8,9	0,9	70-85 Jahre	72,9	19,5	7,3	0,3
				Orthopädie				
73,8	10,4	11,2	4,6	40-54 Jahre	75,1	12,6	10,1	2,1
62,7	14,0	18,9	4,4	55-69 Jahre	70,0	14,5	12,2	3,3
65,5	11,9	18,3	4,3	70-85 Jahre	71,8	12,1	13,2	2,9
				Innere Medizin				
71,0	18,4	8,0	2,6	40-54 Jahre	75,4	13,9	9,1	1,6
61,8	16,3	18,0	3,9	55-69 Jahre	65,4	15,6	14,2	4,8
60,9	13,8	18,0	7,3	70-85 Jahre	53,8	16,2	19,7	10,3
				Gynäkologie – Urologie				
13,8	50,4	34,2	1,7	40-54 Jahre	89,3	7,8	2,5	0,5
25,7	48,7	25,0	0,6	55-69 Jahre	71,6	16,0	11,4	1,1
57,5	30,7	11,2	0,6	70-85 Jahre	62,5	18,3	18,1	1,0

Quelle: Replikationsstichprobe des Alterssurveys, 2002; n= 2.706-2.754, gewichtet.

Die Unterschiede zwischen den Altersgruppen und Geschlechtern sind für vier der insgesamt acht in Tabelle 2 enthaltenen Fachärzte anhand von Abbildung 9 veranschaulicht. Die Abbildung enthält eine gegenüber der Tabelle zusammengefasste Information. In diesem Fall ist der Anteil aller Personen dargestellt, welche mindestens einmal pro Jahr die entsprechenden Arztpraxen aufgesucht haben. Die Darstellung macht erneut deutlich, dass innerhalb eines Jahres rund ein Drittel der 70- bis 85-jährigen Frauen und ein Viertel der gleichaltrigen Männer keinen Zahnarzt konsultieren, im Vergleich dazu suchten 93 Prozent der 70- bis 85-jährigen Frauen und 90 Prozent der Männer eine allgemeinmedizinische Praxis auf.

Die Facharztgruppen und die Form der Darstellung wurden so gewählt, dass sich die Ergebnisse mit jenen des Bundes-Gesundheitssurveys vergleichen lassen (Bergmann & Kamtsiuris, 1999). Dabei zeigen sich in beiden Surveys sehr ähnliche, altersgruppenabhängige Verläufe in der Inanspruchnahme der betreffenden Facharztgruppen, vergleicht man in beiden Befragungen nur die Angaben der über 40-Jährigen. Insgesamt liegt der prozentuale Anteil der Personen, die angeben, eine entsprechende Arztpraxis aufgesucht zu haben, im Alterssurvey etwas höher als im Bundes-Gesundheitssurvey.

Abbildung 9: Anteil der Personen, die mindestens einmal in den letzten 12 Monaten eine entsprechende Arztpraxis aufgesucht haben, nach Altersgruppe und Geschlecht (Angaben in Prozent)

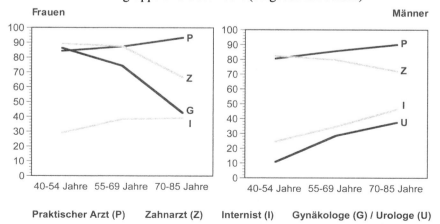

Quelle: Replikationsstichprobe des Alterssurveys, 2002; n= 3.005-3.076, gewichtet.

Ein Vergleich, ob sich Frauen und Männer unabhängig vom Alter in der Nutzung von Arztpraxen unterscheiden, weist insgesamt nur auf leichte Unterschiede hin. Über alle Altersgruppen betrachtet suchen Frauen gynäkologische Arztpraxen deutlich häufiger auf als Männer eine urologische Praxis, aber hinsichtlich anderer Fachärzte finden sich nur geringe Unterschiede, die sich in einer etwas selteneren Inanspruchnahme von Zahnärzten durch Frauen und Augenärzten durch Männer zeigen.

Neben Altersgruppen- und Geschlechtsunterschieden bestehen auch Unterschiede in der medizinischen Versorgung in Ost- und Westdeutschland. Personen aus Westdeutschland haben innerhalb eines Jahres häufiger eine internistische Praxis aufgesucht, während Personen aus Ostdeutschland eine häufigere Inanspruchnahme von praktischen Ärzte, Zahnärzten, Augenärzten und Urologen nennen. Die insgesamt höhere Nutzung von Ärzten in Ostdeutschland korrespondiert mit der aus anderen Studien bekannten höheren Prävalenz von Diabetes, Übergewicht, Alkoholerkrankungen und Paradontalerkrankungen in Ostdeutschland (Sachverständigenrat, 2001b).

Bei der Betrachtung verschiedener Facharztgruppen wurde deutlich, dass ein nennenswerter Anteil der Befragten seltener als einmal jährlich einen Zahnarzt aufgesucht hat. Hierbei handelt es sich um fast ein Drittel der 70- bis 85-Jährigen (31%) und in den beiden jüngeren Altersgruppen noch um rund jede sechste bis achte Person (40-54 Jahre: 13%; 55-69 Jahre: 15%). Eine mögliche Erklärung für die Vermeidung von Zahnarztbesuchen sind negative Erwartungen und Gefühle, die mit der Zahnarztbehandlung verbunden werden. Um Näheres über die Vermeidung von Zahnarztbesuchen zu erfahren, wurde ergänzend danach gefragt, ob in den vergangenen 12 Monaten eine Zahnbehandlung nötig gewesen wäre, jedoch keine Zahnarztpraxis aufgesucht worden sei.

Die Ergebnisse hierzu machen deutlich, dass insgesamt sieben Prozent aller Befragten einen notwendigen Zahnarztbesuch vermieden hat. In Abbildung 10 sind die Ergebnisse hierzu getrennt nach Altersgruppe, Geschlecht und Region dargestellt. Die in der Abbildung zu entnehmenden leichten Differenzen erweisen sich statistisch nicht als bedeutsam.

Berücksichtigt man hingegen nur jene Personen, die innerhalb von 12 Monaten keinen Zahnarzt aufgesucht haben und betrachtet für diese, wie viele von ihnen einen Zahnarztbesuch vermieden haben, lassen sich Unterschiede zwischen den Altersgruppen erkennen. So geben in der Gruppe der 40- bis 54-Jährigen immerhin 14 Prozent derjenigen ohne Zahnarztbesuch an, einen Besuch vermieden zu haben, in der Gruppe der 55- bis 69-Jährigen sind es 10 Prozent, in der ältesten Gruppe der 70- bis 85-Jährigen 4 Prozent. In der ältesten Altersgruppe sind demzufolge Ängste und Befürchtungen vergleichsweise seltener eine Erklärung für die geringen Zahnarztbesuche. Es entsteht vielmehr der Eindruck, dass bei Älteren häufiger die Einsicht in die Notwendigkeit fehlt, regelmäßig einen Zahnarzt aufzusuchen. Zu einem entsprechenden Befund kommt auch die Berliner Altersstudie. Hier erklärten Ältere wiederholt, es hätte keinen Grund gegeben, einen Zahnarzt aufzusuchen (Nitschke & Hopfenmüller, 1996).

Abbildung 10: Anteil der Personen, die im Verlauf von 12 Monaten eine zahnmedizinische Behandlung benötigt hätten, aber keine Zahnarztpraxis aufgesucht haben (Angaben in Prozent)

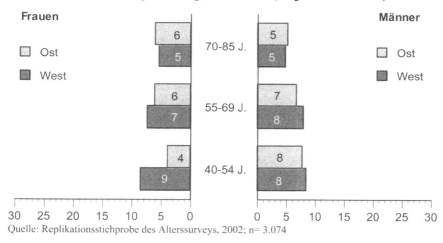

Quelle: Replikationsstichprobe des Alterssurveys, 2002; n= 3.074

Im Vergleich zu Fachärzten kommt Hausärztinnen und Hausärzten eine wichtige Zusatzaufgabe in Form einer „Lotsenfunktion" zu. Seit der Einführung der Gesundheitsreform zu Beginn des Jahres 2004 erfolgt deshalb eine gezielte Stärkung von Hausarztmodellen. Die Lotsenfunktion von Hausarztpraxen beinhaltet, Patienten über die Angebote des Gesundheitswesens zu beraten, sie zu behandeln und Leistungen von Fachärzten zu koordinieren. Diese Aufgaben sind besonders in der Versorgung älterer und alter Menschen von hoher Bedeutung. Grund hierfür ist die mit höherem Alter zunehmende Zahl von Personen, die von multiplen, chronischen und oftmals über Jahre bis Jahrzehnte bestehenden Erkrankungen betroffen sind. Hausärztliche Versorgung ist im Gegensatz zu fachärztlicher Versorgung zumeist durch eine vergleichsweise hohe Behandlungskontinuität gekennzeichnet. Diese ist hilfreich, um die vielfach komplexen und langjährigen Krankengeschichten Älterer erfassen und begleiten zu können. Eine hohe Behandlungskontinuität unterstützt zugleich den Aufbau eines Vertrauensverhältnisses in der Arzt-Patienten-Beziehung und kann damit Einsichten in die sozialen Strukturen sowie psychischen Ressourcen und Risiken von Patienten eröffnen. Im Sinne der Lotsenfunktion können Hausärzte dieses umfangreiche Wissen gewinnen und haben damit die Möglichkeit, die gesundheitliche Gesamtsituation zu überblicken und sie bei der Beratung und Behandlung ihrer Patienten angemessen zu berücksichtigen. Dies ist gerade bei Älteren von besonderer Bedeutung, da es in zunehmendem Maße nicht mehr nur die Kuration von Akuterkrankungen im Mittelpunkt steht. Vielmehr geht es häufig um die kontinuierliche Behandlung und Begleitung nicht heilbarer körperlicher wie kognitiver Erkrankungen sowie gegebenenfalls auch um die Auseinandersetzung mit pflegerischer Versorgung, Sterben und Tod.

Vor diesem Hintergrund ist bemerkenswert, dass bereits im Jahr 2002, also noch vor Einführung der aktuellen Gesundheitsreform, mit 94 Prozent ein Großteil der älterwerdenden und alten Menschen angeben, einen Hausarzt zu haben, den sie im Regelfall bei gesundheitlichen Problemen zuerst aufsuchen. Dabei steigt der Anteil von 91 Prozent in der Altersgruppe der 40- bis 54-Jährigen auf 96 Prozent in der ältesten Altersgruppe der 70- bis 85-Jährigen an. Im Vergleich zu Ergebnissen der Berliner Altersstudie, in der 93 Prozent aller 70-Jährigen und Älteren über eine regelmäßige hausärztliche Betreuung berichteten (Linden et al., 1996), liegt demnach den Daten des Alterssurveys zufolge die hausärztliche Versorgung im bundesweiten Durchschnitt sogar eher etwas höher oder ist möglicherweise seit Anfang der 1990er Jahre leicht angestiegen. Nähere Angaben zur hausärztlichen Versorgung können nachfolgender Abbildung 11 entnommen werden. Diese zeigt eine nach Altersgruppen, Geschlechtern und Regionen (Ost/West) differenzierte Darstellung.

Anhand von Gruppenvergleichen wird deutlich, dass Männer wie Frauen gleichermaßen häufig angeben, eine Hausärztin oder einen Hausarzt zu haben. Ebenso sind keine wesentlichen regionalen Unterschiede festzustellen. Deutlichere Unterschiede zeigen sich jedoch bei einem Vergleich der Altersgruppen. Dabei gibt besonders die Gruppe der 40- bis 54-Jährigen seltener an, eine Hausärztin oder einen Hausarzt zu haben als 55- bis 69-Jährige und 70- bis 85-Jährige.

Die vorliegenden Ergebnisse lassen den Schluss zu, dass der überwiegende Teil der älteren Bevölkerung eine hohe Bereitschaft hat, bei gesundheitlichen Problemen zunächst einen Hausarzt zu kontaktieren. Die Befunde weisen damit darauf hin, dass das im Zuge der Gesundheitsreform gestärkte, Hausarztmodell den Vorstellungen der meisten Älteren entsprechen könnte. Die Daten des Alterssurveys lassen hierbei jedoch keine eindeutigen Rückschlüsse von den Selbstaussagen auf das tatsächliche Verhalten zu. Darüber, ob ältere Personen im

Krankheitsfall tatsächlich zunächst ihre Hausärzte (und nicht Fachärzte) aufsuchen, können jedoch Daten aus Versichertenstichproben Aufschluss geben.

Abbildung 11: Anteil von Personen mit einer Hausärztin oder einem Hausarzt, welche/n sie im Regelfall zuerst bei gesundheitlichen Problemen aufsuchen, nach Altersgruppe, Geschlecht und Region (Angaben in Prozent)

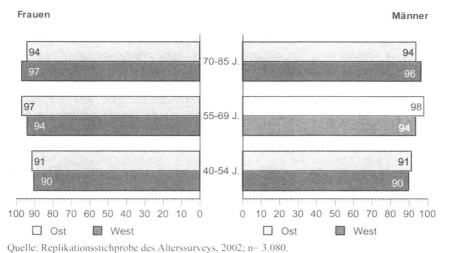

Quelle: Replikationsstichprobe des Alterssurveys, 2002; n= 3.080.

4.2 Inanspruchnahme weiterer gesundheitsbezogener Dienstleistungen

Zu einer ganzheitlichen Versorgung von Älteren, insbesondere von jenen mit dauerhaften Erkrankungen und Funktionseinbußen, zählen neben ärztlichen Behandlungen weitere Gesundheitsdienstleistungen. Diese umfassen neben dem Ziel einer möglichst weitgehenden Wiederherstellung von Gesundheit unter anderem auch präventive Maßnahmen, die Linderung von Beschwerden und die medizinisch-pflegerische Versorgung. Ein Teil dieser Dienstleistungen fällt unter die Heilmittelverordnung der Krankenkassen, ein anderer Teil jedoch wird von den Betroffenen selbst finanziert. Die nachfolgenden Darstellungen machen für insgesamt 15 solcher Dienstleistungen deutlich, in welchem Maß diese von Personen im Alter zwischen 40 und 85 Jahren genutzt werden.

Hinsichtlich der 15 ausgewählten Gesundheitsdienstleistungen handelt es sich bei sechs Dienstleistungen um Heilhilfsbehandlungen für körperliche Erkrankungen: Hierzu zählen passive Formen der Physiotherapie, wie Massagen, Fango, Bäder sowie aktivierende Formen der Physiotherapie im Sinne von Krankengymnastik. Als weitere physische Heilbehandlungen wurde die Rehabilitation, heilpraktische Behandlung und Fußpflege berücksichtigt (wenngleich letztere auch aus rein kosmetischen Gründen genutzt werden kann). Eine zweite Gruppe von Heilbehandlungen bezieht sich stärker auf psychische oder hirnorganische Erkrankungen. In diesem Zusammenhang wurde die Inanspruchnahme von psychotherapeutischen und ergotherapeutischen Behandlungen, (Sozial-) Beratungsstellen, logopädischen Behandlungen und Gedächtnissprechstunden erhoben. Eine dritte Gruppe von Gesundheitsdienstleistungen erfasst schließlich die über Heilbehandlungen hinausgehende Versorgung. Hierzu zählt die Nutzung von Haushaltshilfe, mobilem Mittagstisch, häuslicher Krankenpflege, aber auch die Inanspruchnahme von Transportdiensten, Notrufmeldungen und schließlich Apotheken. Für die genannten Dienstleistungen wurde danach gefragt, wie häufig diese von den Befragten in den letzten 12 Monaten für sich selbst in Anspruch genommen wurden.

Der nachfolgenden Tabelle 3 kann zunächst entnommen werden, wie groß der Anteil der Personen ist, die diese Dienstleistungen mindestens einmal im Verlauf eines Jahres in Anspruch genommen haben. In der Tabelle sind die verschiedenen Dienstleistungen nach der Nennungshäufigkeit sortiert.

Anhand von Tabelle 3 wird deutlich, dass ein Großteil der Befragten mindestens einmal im Jahr aus Gründen eines eigenen (Medikamenten-)Bedarfs eine Apotheke aufsucht. Jede fünfte Person gibt an, physiotherapeutische Behandlungen in Form von Massagen, Fango oder Bäder erhalten zu haben. Häufig genutzt werden außerdem Fußpflege und Krankengymnastik. Dabei zeigen sich für die Nutzung von physiotherapeutischen Behandlungen Ost-/West-Unterschiede: Während mehr Ostdeutsche über passive Heilbehandlungen (Massagen, Fango, Bäder) berichten, geben mehr Westdeutsche an, aktivierende Heilbehandlungen (Krankengymnastik) erhalten zu haben. Weniger als 10 Prozent der Befragten berichten, eine Haushaltshilfe, Heilpraktikerbehandlung oder eine Rehabilitation in Anspruch genommen zu haben.

Weitere auffällige Ost-/West-Unterschiede sind in Hinblick auf Haushaltshilfen, die von deutlich mehr West- als Ostdeutschen genutzt werden sowie für psychotherapeutische Behandlungen festzustellen ($p<.001$). Letztere erhalten mehr ost- als westdeutsche Personen im Alter zwischen 40 und 85 Jahren.

Tabelle 3: Inanspruchnahme ausgewählter Dienstleistungen durch 40- bis 85-Jährige (Angaben in Prozent)

Dienstleistungen	Inanspruchnahme mind. einmal in 12 Monaten vor Befragung		
	Gesamt	West	Ost
Apotheke	88,5	89,1	86,4
Massagen, Fango, Bäder	20,9	20,0	24,5
Fußpflege	18,8	18,5	20,2
Krankengymnastik	14,4	15,3	11,0
Haushaltshilfe	9,3	10,6	4,0
Heilpraktikerbehandlung	5,8	6,3	3,7
Rehabilitation, Kur	5,5	5,5	5,3
Psychotherapie	4,6	3,9	7,5
Notrufdienst, Rettungsdienst	2,7	2,4	4,2
Transportdienste	2,5	2,5	2,7
Beratungsstelle, Sozialberatung	2,3	2,3	2,3
Häusliche Krankenpflege	1,5	1,6	1,1
Essen auf Rädern	1,1	0,9	1,6
Arbeits-, Beschäftigungstherapie	0,6	0,5	0,7
Logopädie, Sprachschulung	0,3	0,2	0,6
Gedächtnissprechstunde	0,2	0,2	0,4

Quelle: Replikationsstichprobe des Alterssurveys, 2002; n= 2.731-3.070, gewichtet

Für alle anderen Dienstleistungen wie beispielsweise Beschäftigungstherapien, logopädische Behandlungen und Gedächtnissprechstunden zeigt sich, dass diese in Ost- wie Westdeutschland von weniger als fünf Prozent der in Privathaushalten lebenden Bevölkerung zwischen 40 und 85 Jahren genannt wird. Allerdings ist zu berücksichtigen, dass Personengruppen, die entsprechende Behandlungen benötigen, mit einer höheren Wahrscheinlichkeit für eine Befragung wie der Alterssurveys nicht zur Verfügung stehen.

Tabelle 4: Häufigkeit der Inanspruchnahme von Dienstleistungen, nach Altersgruppe und Geschlecht (Angaben in Prozent)

Frauen					Männer			
nie	1mal	2-6mal	öfter		nie	1mal	2-6mal	öfter
				Apotheke				
7,8	6,9	61,5	23,8	40-54 Jahre	21,8	11,4	53,5	13,3
8,0	4,8	55,3	32,0	55-69 Jahre	10,9	7,7	52,3	29,1
7,5	2,9	49,2	40,5	70-85 Jahre	9,5	4,0	46,6	39,9
				Massagen, Fango, Bäder				
74,9	5,4	11,5	8,2	40-54 Jahre	85,9	2,5	6,2	5,3
73,4	5,2	11,9	9,5	55-69 Jahre	82,3	2,2	8,1	7,4
77,3	4,7	10,5	7,5	70-85 Jahre	81,2	3,2	7,9	7,7
				Fußpflege				
79,9	4,8	11,6	3,7	40-54 Jahre	94,4	1,6	2,3	1,7
69,9	5,4	15,1	9,6	55-69 Jahre	90,7	2,2	4,2	2,9
63,6	4,5	20,9	10,9	70-85 Jahre	84,3	2,7	9,2	3,9
				Krankengymnastik				
85,7	2,8	4,7	6,9	40-54 Jahre	88,9	2,8	4,0	4,3
81,6	2,3	6,2	9,9	55-69 Jahre	86,0	1,8	5,0	7,2
82,3	2,7	7,1	7,9	70-85 Jahre	89,9	2,1	3,9	4,1
				Haushaltshilfe				
93,2	0,8	0,6	5,4	40-54 Jahre	95,6		0,8	3,6
90,7	0,4	2,1	6,8	55-69 Jahre	92,8	0,3	1,8	5,2
78,0	1,6	3,7	16,7	70-85 Jahre	88,7	0,7	1,2	9,5
				Heilpraktikerbehandlung				
93,4	1,1	4,0	1,6	40-54 Jahre	94,6	1,3	2,9	1,2
93,1	1,7	3,0	2,1	55-69 Jahre	95,3	2,2	2,4	0,1
93,0	1,3	3,9	1,9	70-85 Jahre	97,6	0,5	1,3	0,5
				Rehabilitation, Kur				
96,9	2,5	0,6		40-54 Jahre	95,9	3,2	0,9	
93,1	6,7	0,1		55-69 Jahre	93,7	5,8	0,4	0,1
93,3	6,1	0,6		70-85 Jahre	92,1	6,0	1,3	0,5

Quelle: Replikationsstichprobe des Alterssurveys, 2002; n= 2.738-2.750, gewichtet

Für jene Dienstleistungen, die von mehr als fünf Prozent der Älteren genutzt werden, ist Tabelle 4 detaillierter zu entnehmen, welche Unterschiede sich hierbei zwischen Frauen und Männern der drei Altersgruppen zeigen. Es ist zu erkennen, dass Frauen wie Männer mit steigendem Alter häufiger zur Apotheke gehen, was mit einer altersabhängig zunehmenden Medikation korrespondiert. Ebenso steigt über die Altersgruppen die Nutzung von Fußpflege und Haushaltshilfe. Neben Unterschieden zwischen den Altersgruppen zeigen sich Nutzungsdifferenzen zwischen den Geschlechtern. Dabei nehmen Frauen einige Dienstleistungen häufiger in Anspruch als Männer. Dies gilt für die Nutzung von Apotheken ebenso wie für eine höhere Inanspruchnahme von Haushaltshilfen. Letztere liegt bei Männern vermutlich dadurch niedriger, dass häufiger die (Ehe-)Partnerin diese Aufgabe übernimmt. Frauen geben zudem häufiger als Männer an, eine Fußpflege sowie physiotherapeutische Behandlungen (Krankengymnastik bzw. Massagen, Fango, Bäder) zu nutzen.

Anhand nachfolgender Abbildung 12 werden die berichteten Altersgruppen- und Geschlechtsunterschiede veranschaulicht. Dargestellt sind vier der insgesamt acht in Tabelle 4 dargestellten Dienste. Hierbei handelt es sich um physische Heilhilfsbehandlungen. In der Abbildung ist der Anteil jener Personen dargestellt, der innerhalb von 12 Monaten mindestens einmal eine entsprechende Behandlung genutzt hat.

Abbildung 12: Anteil von Personen, die ausgewählte Heilhilfsbehandlungen mindestens einmal innerhalb von 12 Monaten genutzt haben, nach Alter und Geschlecht (Angaben in Prozent)

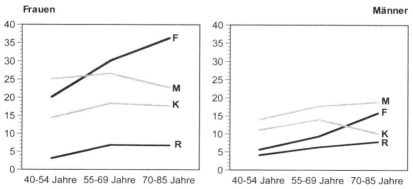

Fußpflege (F)   Massagen, Fango, Bäder (M)   Krankengymnastik (K)   Rehabilitation, Kur (R)

Quelle: Replikationsstichprobe des Alterssurveys, 2002; n= 2.739-2.750, gewichtet

Abbildung 12 verdeutlicht zwei Befunde. Zum einen nehmen Frauen gesundheitsbezogene, nicht-ärztliche Gesundheitsdienstleistungen insgesamt stärker in Anspruch als Männer. Zum anderen ist festzustellen, dass der Anteil von Personen, die eine physische Heilhilfsbehandlung wie Massagen, Krankengymnastik oder Rehabilitation in Anspruch nehmen, nicht von der jüngsten zur ältesten Altersgruppe zunimmt. Von der Fußpflege abgesehen, zeigt sich vor allem zwischen der jüngsten und mittleren Altersgruppe ein Anstieg von Personen, die Heilhilfsbehandlungen erhalten, während in der ältesten Altersgruppe dieser Anteil konstant bleibt oder sogar etwas abnimmt.

Dieses Ergebnis ist bemerkenswert, besonders vor dem Hintergrund des in höheren Altersgruppen zunehmenden Anteils von Personen, die von schweren Erkrankungen, Multimorbidität und Funktionsbeeinträchtigungen betroffen sind (vgl. Abschnitt 3). Würden auch im höheren Alter die präventiven Potenziale, d.h. besonders die Möglichkeiten einer Verringerung von Krankheiten, einer Verhinderung des Fortschreitens von Krankheiten sowie einer Vermeidung bzw. Minderung von Folgeschäden (u.a. Behinderungen) ausreichend genutzt, so müssten die Daten auch für die höchste Altersgruppe (70-85 Jahre) einen altersabhängigen Anstieg des Inanspruchnahmeverhaltens zeigen. Dies ist jedoch nicht der Fall. Es muss deshalb angenommen werden, dass insbesondere im höheren Alter entscheidende Präventions- und Rehabilitationspotenziale unausgeschöpft bleiben. Auf ein solches Präventionsdefizit hat auch der Sachverständigenrat zur Begutachtung der Entwicklung im Gesundheitswesen hingewiesen (Sachverständigenrat, 2001a).

Die dargestellten Ergebnisse zur Inanspruchnahme medizinischer und weiterer gesundheitsbezogener Dienstleistungen weisen auf Potenziale hin, wie die Versorgung Älterer weiter verbessert werden kann. Besonders deutlich zeigte sich eine über die Altersgruppen hinweg geringere Nutzung von Zahnarztpraxen und eine eher gleichbleibende Inanspruchnahme von Heilhilfsbehandlungen. Während zahnmedizinische Behandlungen bis ins hohe Alter und auch bei zahnlosen Patienten erforderlich ist, weisen die Ergebnisse zu Heilhilfsbehandlungen darauf hin, dass den über die Altersgruppen steigenden Mobilitätseinschränkungen – in Form von präventiven und rehabilitativen Maßnahmen – mehr Rechnung getragen werden könnte, als dies derzeit der Fall ist. Dabei sollte berücksichtigt werden, dass die Kosten für entsprechende Maßnahmen deutlich unter jenen Versorgungskosten liegen, die dann entstehen, wenn Einschränkungen und Mobilitätseinbußen nicht mehr kompensiert werden können und es infolgedessen zu einer Hilfs- oder Pflegebedürftigkeit kommt.

5 Gesundheit im sozialen Wandel

Die eingangs beschriebene, steigende Lebenserwartung wirft die Frage auf, was dieses „mehr" an Lebensjahren in seiner gesundheitlichen Ausgestaltung bedeutet. Impliziert das längere Leben zugleich eine längere Phase des Leidens an chronischen Erkrankungen und Funktionseinbußen und eine zeitliche Ausweitung von Hilfe- und Pflegebedürftigkeit? Oder haben die zukünftigen Alten eine bessere Gesundheit als Generationen von Älteren vor ihnen, sodass sie erst in einem späteren Lebensalter von gesundheitlichen Einschränkungen betroffen sind? Dies könnte bedeuten, dass sich trotz längerer Lebenszeit eine von Krankheiten und Beeinträchtigungen begleitete Lebensphase nicht verlängert, sondern gleich bleibt oder womöglich sogar verkürzt. Diese Frage nach der Gesundheitsentwicklung im Alter ist dabei nicht nur von hohem individuellen Interesse. Vor dem demografischen Hintergrund einer starken Zunahme des Anteils Älterer an der Gesamtbevölkerung ist sie auch von hoher gesundheitsökonomischer Bedeutung.

Mit der Frage, wie sich die behinderungsfreie Lebenserwartung („Disability Free Life Expectancy", auch als „Active Life Expectancy" bekannt) darstellt, wie diese sich in der Vergangenheit entwickelt hat und wie sie prognostisch betrachtet in Zukunft sein wird, beschäftigen sich verschiedene Theorien. Dabei lassen sich im wesentlichen drei Annahmen unterscheiden: Die pessimistische Theorie geht von einer Morbiditätsexpansion im Alter aus (mit zunehmender durchschnittlicher Lebensdauer wächst die Zahl der Jahre in Krankheit). Diese Expansion wird damit begründet, dass es durch medizinische Erfolge immer besser gelingt, das frühzeitige Sterben infolge lebensbedrohlicher Erkrankungen und Unfälle zu verhindern. Haben früher zumeist nur die besonders Gesunden ein höheres oder gar hohes Alter erreicht, ermöglichen die medizinischen Erfolge heute, dass viele Personen trotz schlechter Gesundheit in ein hohes Alter kommen[9]. Infolgedessen sei zu erwarten, dass zunehmend mehr Menschen eine längere Phase ihres Lebens in Krankheit und Pflegebedürftigkeit verbringen werden. Der Theorie zufolge ist jedes Jahr gewonnener Lebenserwartung nur ein zusätzliches Jahr in Behinderung (Kramer, 1980). Eine zweite Theorie geht hingegen davon aus, dass die behinderungsfreie Lebenserwartung gleich bleibt, da sich zwar die allgemeine Lebenserwartung erhöhe, aber Personen erst in entsprechend späterem Lebensalter mit steigenden Behinderungen zu rechnen hätten. Eine dritte, optimistische These geht schließlich von einer „Kompression der Morbidität" im Alter aus (mit zunehmender durchschnittlicher Lebensdauer

---

9   Der Beginn des vierten, hohen Alters wird je nach Kriterium unterschiedlich angesetzt und liegt zumeist zwischen 75 und 85 Jahren. Wir orientieren uns hier an einem Beginn des hohen Alters bei etwa 80 bis 85 Jahren (Baltes & Smith, 2003).

wächst die Zahl der Jahre in Gesundheit). Diese Kompression sei dadurch bedingt, dass ein weiterer Anstieg der Lebenserwartung an seine biologischen Grenzen stoße, während Erkrankungen und Behinderungen weiter abnehmen würden. Durch Maßnahmen zur Gesundheitserhaltung und Krankheitsprävention würde das Auftreten von Krankheiten und Behinderungen in eine sehr kurze Zeit vor dem biologisch notwendigen Tod „komprimiert" (Fries, 1980).

Zur Beantwortung der Frage nach der Entwicklung der behinderungsfreien Lebenserwartung bzw. der Lebenserwartung in guter Gesundheit („Healthy Life Expectancy") werden zumeist Morbiditäts- und Mortalitätsinformationen aus der Bevölkerung miteinander kombiniert. Anhand dieser kombinierten Betrachtung können Dauer und Ausmaß der Morbidität vor dem Lebensende ermittelt werden. Ein anderes Vorgehen ist, anhand von wiederholt durchgeführten Bevölkerungsumfragen Geburtskohorten miteinander zu vergleichen. Auf diese Weise kann untersucht werden, inwieweit sich später geborene Kohorten von vor ihnen geborenen in ihrer Gesundheit unterscheiden, wenn sie ins gleiche Alter kommen. Auch dieses Vorgehen liefert wichtige Hinweise im Hinblick auf die drei formulierten Theorien, die sich verkürzt als pessimistische (Morbiditätsexpansion), optimistische (Morbiditätskompression) oder „neutrale" Theorie (Morbiditätskonstanz) charakterisieren lassen. Solchermaßen kohortenvergleichende Auswertungen wurden in Deutschland unter anderem anhand der Daten des Mikrozensus vorgenommen (Dinkel, 1999). Hier, wie auch in den meisten anderen kohortenvergleichenden Untersuchungen, wird dabei auf Selbstaussagen zu Krankheit und Gesundheit zurückgegriffen. Grund hierfür ist, dass es kaum bevölkerungsrepräsentative Studien gibt, die auf medizinische Daten zurückgreifen können, ohne zugleich erhebliche Einschränkungen in der Bevölkerungsrepräsentativität der Stichprobe bzw. den Möglichkeiten von Kohortenvergleichen aufzuweisen. Die Auswertungen der hochrepräsentativen Daten des Mikrozensus (1%-Stichprobe der deutschen Bevölkerung) ergaben, dass sich für nachfolgende Geburtskohorten eine geringere, selbsteingeschätzte Krankheitsprävalenz und somit eine bessere Gesundheit zeigte, als für früher geborene Kohorten. Zu entsprechenden Ergebnissen kommen auch neuere Studien anderer Länder (z.B. Manton, Stallard & Corder, 1997). Die Befunde weisen darauf hin, dass sich eher die „neutrale" Theorie einer Morbiditätskonstanz, möglicherweise sogar die „optimistische" Theorie einer Morbiditätskompression in Zukunft bestätigen könnte.

Der Frage zur Morbiditätsentwicklung soll im Folgenden anhand der Daten des Alterssurveys nachgegangen werden. Grundlage der kohortenvergleichenden Untersuchung sind die Daten der Basisstichprobe aus dem Jahr 1996 mit den Geburtsjahrgängen von 1911 bis 1956 sowie die Daten der Replikationsstichprobe des Jahres 2002 mit den Jahrgängen 1917 bis 1962. Es handelt sich demzufolge um eine Kohortendifferenz von sechs Jahren. Dies entspricht der Kohortendifferenz, wie sie auch im Rahmen der Auswertungen des Mikrozensus gebildet wurde (Dinkel, 1999). Im Gegensatz zum Mikrozensus können im Rahmen des Alterssurveys nur die Angaben von zwei Befragungszeitpunkten (1996, 2002) miteinander verglichen werden, allerdings für insgesamt sieben Geburtsjahrgangsgruppen. Es kann beispielsweise betrachtet werden, inwieweit sich Personen, die im Jahr 2002 im Alter zwischen 76 und 81 Jahren waren (Geburtskohorten 1921-1926) hinsichtlich ihrer selbstberichteten Gesundheit von Personen unterscheiden, die bereits im Jahr 1996 ein Alter von 76 bis 81 Jahren erreicht hatten (Geburtskohorten 1915-1920, nähere Erläuterungen zum Kohortenvergleich vgl. den Beitrag von Engstler, Wurm in diesem Band, Abschnitt 1.3).

5.1 Kohortenvergleiche zu körperlichen Erkrankungen

Eine Betrachtung verschiedener Geburtskohorten gleichen Alters wird nachfolgend für zwei Gesundheitsindikatoren des Alterssurveys vorgenommen. Es handelt sich hierbei um Selbstaussagen zur Anzahl körperlicher Erkrankungen sowie um eine subjektive Bewertung des eigenen Gesundheitszustandes. Beide Gesundheitsmaße wurden bereits in vorangegangenen Abschnitten eingeführt (vgl. Abschnitt 3.1 bzw. 3.3).

In Abbildung 13 sind zunächst die Ergebnisse einer kohortenvergleichenden Betrachtung von Erkrankungen dargestellt. In der Darstellung ist jeweils die durchschnittliche Anzahl körperlicher Erkrankungen pro Altersgruppe angeben. Verglichen werden hierbei Personen der Basisstichprobe, die 1996 in der jeweils angegebenen Altersgruppe waren, mit jenen der Replikationsstichprobe, die sich 2002 im gleichen Alter befanden.

Die kohortenvergleichende Betrachtung macht deutlich, dass nachfolgende Geburtskohorten im Durchschnitt eine geringere Anzahl von Erkrankungen haben als früher geborene. Dies ist für die jüngeren Altersgruppen, die am Anfang der zweiten Lebenshälfte stehen, noch nicht konsistent festzustellen. Hier zeigen sich vor allem für die Gruppen der 40- bis 45-Jährigen und 52- bis 57-Jährigen keine bzw. nur leichte Kohortenunterschiede. Hingegen wird deutlich, dass besonders in der Lebensphase des „dritten Alters" nachfolgende Kohorten im Durchschnitt eine geringere Anzahl von Erkrankungen haben als Personen, die sechs Jahre vor ihnen geboren sind: Ab der Altersgruppe der 58- bis 63-Jährigen zeigt sich dieser bedeutsame Kohortenunterschied konsistent bis in die höchste Altersgruppe der 76- bis 81-Jährigen. Unterschiede zwischen Männern und Frauen sowie Ost- und Westdeutschen sind insgesamt nicht festzustellen.

Abbildung 13: Durchschnittliche Anzahl berichteter Erkrankungen im Kohortenvergleich, nach Altersgruppe (Mittelwerte und Variationskoeffizienten)

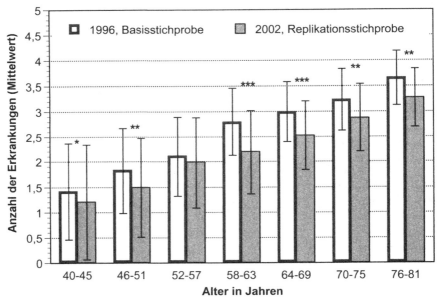

*p<.05, **p<.01, ***p<.001.
Quelle: Basisstichprobe 1996 (n= 4.003) und Replikationsstichprobe 2002 (n= 2.775) des Alterssurveys, gewichtet.

Die vorliegenden Ergebnisse weisen damit bereits für einen Kohortenunterschied von nur sechs Jahren darauf hin, dass nachfolgende Geburtskohorten weniger Erkrankungen haben als vor ihnen geborene. Die bis ins Alter von 76- bis 81- Jahren bestehenden Kohortenunterschiede verdeutlichen somit, dass die durch steigende Lebenserwartung „gewonnenen" Jahre, nicht nur Jahre in Krankheit und Gebrechlichkeit sind. Denkbar ist allerdings, dass die gefundenen Kohortenunterschiede nicht mehr für die Phase der Hochaltrigkeit bestehen. Denn es ist möglich, dass nachfolgende Kohorten zwar mit einem besseren gesundheitlichen Ausgangsniveau die Phase der Hochaltrigkeit beginnen, dieser Vorteil jedoch nicht vor großen Verlusten schützt (Baltes, 1997). Aus heutiger Sicht ist bekannt, dass in der Lebensphase der Hochaltrigkeit unter anderem die Prävalenz von Demenzen stark zunimmt. Etwa jede vierte Person zwischen 85 und 89 Jahren und jede dritte ab 90 Jahren ist gegenwärtig hiervon betroffen (Bundesministerium für Familie, Senioren, Frauen und Jugend, 2002). Selbst wenn man von der optimistischsten These einer zeitlichen Kompression der Morbidität ausgeht, stellt sich vor diesem Hintergrund die Frage, ob die „gewonnenen" Jahre sich zumindest im hohen Alter möglicherweise schließlich zu besonders schweren Jahren entwickeln.

Für die Altersgruppen bis 81 Jahren verweisen die vorliegenden Ergebnisse zumindest aber auf ein Mehr an Jahren in guter Gesundheit für nachwachsende Kohorten. Ob diese dazu beitragen, dass die Phase hoher Morbidität zeitlich komprimiert wird, lässt sich mit den vorliegenden Daten nicht beantworten. Hierzu wären zusätzliche Angaben zur Mortalität erforderlich. Die Ergebnisse sprechen jedoch im mindesten für eine Kontinuität der Morbidität wie sie aus bisherigen Kohorten Älterer bekannt ist und widersprechen demzufolge der pessimistischen These einer Morbiditätsexpansion.

Dies stützt die Ergebnisse von Dinkel (Dinkel, 1999). Auch hier zeigten sich gesundheitsbezogene Kohortenunterschiede für die Altersgruppen der 59- bis 64-Jährigen und älteren bis hin zur Altersgruppe der 77- bis 82-Jährigen, jeweils zugunsten der später Geborenen. Hinsichtlich der im Alterssurvey zusätzlich betrachteten Gruppen 40- bis 57-Jähriger sind keine Vergleiche möglich, da diese Altersgruppen in die Analysen des Mikrozensus nicht einbezogen wurden.

Die aufgezeigten Kohortendifferenzen weisen zugleich darauf hin, dass die bestehenden Unterschiede zwischen verschiedenen Altersgruppen nur eingeschränkt im Sinne einer Gesundheitsentwicklung interpretiert werden können. So werden beispielsweise Personen, die heute im Alter zwischen 40 und 54 Jahre alt sind, voraussichtlich mit einer besseren körperlichen Gesundheit ins Alter kommen als dies die körperliche Gesundheit der derzeit 70- bis 85-Jährigen erwarten lässt.

5.2 Kohortenvergleiche zur subjektiven Gesundheitseinschätzung

Ergänzend zur Betrachtung von Erkrankungen erfolgen Kohortenvergleiche für die subjektive Gesundheitseinschätzung. Die subjektive Gesundheit ist nicht gleichzusetzen mit Selbstaussagen zu Erkrankungen, sondern enthält neben einer Einschätzung der körperlichen Gesundheit auch andere Aspekte wie Lebenszufriedenheit (vgl. Abschnitt 3.3). Es ist deshalb zu erwarten, dass sich der oben gezeigte, bessere Gesundheitszustand nachfolgender Kohorten nicht in gleichem Ausmaß in einer besseren subjektiven Gesundheit widerspiegelt. Abbildung 14 enthält die Ergebnisse der Kohortenvergleiche zur subjektiven Gesundheit.

Abbildung 14: Subjektive Gesundheitseinschätzung im Kohortenvergleich, differenziert nach Altersgruppe (Mittelwerte und Variationskoeffizienten)

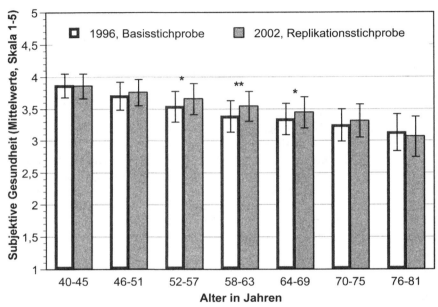

Subjektive Gesundheitseinschätzung: 1=sehr schlecht bis 5=sehr gut. *p<.05, **p<.01, ***p<.001.
Quelle: Basisstichprobe 1996 (n= 4.833) und Replikationsstichprobe 2002 (n= 3.081) des Alterssurveys, gewichtet.

Anhand von Abbildung 14 wird ersichtlich, dass sich für drei der betrachteten Altersgruppen Kohortenunterschiede zeigen. Hierbei handelt es sich um die Gruppen der 52- bis 57-Jährigen, 58- bis 63-Jährigen und 64- bis 69-Jährigen mit einer besseren Gesundheitseinschätzung der später geborenen Geburtskohorten. Diese Kohortendifferenzen fallen etwas geringer aus als bei der Betrachtung von Erkrankungen. In den beiden ältesten Altersgruppen (70-85 Jahre bzw. 76 bis 81 Jahre) sind hingegen keine bedeutsamen Kohortendifferenzen festzustellen. Während für körperliche Erkrankungen ersichtlich war, dass in allen Altersgruppen von 58 bis 81 Jahren später geborene Kohorten eine bessere Gesundheit haben, findet sich dies damit nicht konsistent in einer besseren subjektiven Gesundheit wieder.

Die Ergebnisse weisen erwartungsgemäß darauf hin, dass sich Geburtskohorten mit einer geringeren Anzahl von Erkrankungen nicht unbedingt zugleich durch eine bessere subjektive Gesundheitseinschätzung auszeichnen, da in die subjektive Einschätzung neben dem körperlichen Gesundheitszustand auch andere Beurteilungskriterien einfließen. Denkbar ist dennoch, dass bei größeren Kohortendifferenzen als den betrachteten sechs Jahren, die Kohortenunterschiede im körperlichen Gesundheitszustand so groß werden, dass sie sich auch in der subjektiven Gesundheitseinschätzung widerspiegeln.

6 Diskussion

Im Zentrum des vorliegenden Beitrags stand die Gesundheit und Gesundheitsversorgung von Personen im Alter zwischen 40 und 85 Jahren. Grundlage der Darstellungen bildeten die Daten der Replikationsstichprobe des Alterssurveys von 2002, für Kohortenvergleiche wurden zusätzlich die Daten der Basisstichprobe des Alterssurveys von 1996 herangezogen. Mit seinem Fokus auf die zweite Lebenshälfte und dem Vergleich verschiedener Altersgruppen innerhalb dieser Lebensphase bilden die Gesundheitsdaten des Alterssurveys eine wichtige Ergänzung anderer Surveybefragungen und Studien. Hierzu zählen insbesondere die Gesundheitssurveys, die sich allgemein mit der Bevölkerung im Erwachsenenalter befassen und dementsprechend in der Konzeption von Stichprobe, Befragungsinhalten sowie Datenauswertung keinen Schwerpunkt zu Fragen des Alterns und Alters haben sowie die Berliner Altersstudie, deren Forschungsschwerpunkt sich besonders auf die Lebensphase der Hochaltrigkeit richtete. In methodischer Hinsicht sind im Alterssurvey Kohortendesign und Längsschnittdesign kombiniert, sodass Gesundheitsveränderungen von Gruppen (Geburtskohorten) sowie individuelle Veränderungen gleichermaßen untersucht werden können.

Anhand des vorliegenden Beitrags wurden drei Fragen verfolgt: (1) Zunächst wurde der Frage nachgegangen, wie der selbstberichtete Gesundheitszustand älter werdender und alter Personen ist und welche spezifischen Gesundheitsprobleme in verschiedenen Altersgruppen anzutreffen sind. Dabei wurden die Altersgruppen 40- bis 54-Jähriger, 55- bis 69-Jähriger sowie 70- bis 85-Jähriger unterschieden. Neben Vergleichen dieser Altersgruppen wurde auf Differenzen zwischen Frauen und Männern eingegangen und untersucht, in welchem Ausmaß Gesundheitsunterschiede zwischen Ost- und Westdeutschen zu finden sind. (2) Daran anschließend wurde die Frage gestellt, in welchem Ausmaß ältere Personen medizinische und weitere gesundheitsbezogene Dienstleistungen in Anspruch nehmen und inwieweit sich hierbei Defizite hinsichtlich des

Inanspruchnahmeverhaltens feststellen lassen. (3) Abschließend wurde die Frage verfolgt, inwieweit eine kohortenvergleichende Untersuchung darauf hinweist, dass nachfolgende Geburtskohorten in besserer Gesundheit alt werden als früher Geborene. Ausgangspunkt dieser Betrachtung ist der Anstieg der Lebenserwartung, der die Frage aufwirft, in welcher Gesundheit die so „gewonnenen" Lebensjahre verbracht werden.

6.1 Gesundheitszustand

Körperliche Erkrankungen und Beschwerden

Die dargestellten Ergebnisse zum selbstberichteten Gesundheitszustand 40- bis 85-Jähriger machen deutlich, dass es über die untersuchten Altersgruppen hinweg zu einem Anstieg der Erkrankungen und damit verbundener Beschwerden kommt. Ein altersabhängiger Anstieg sowohl der Erkrankungsrate als auch gleichzeitig der Beschwerderate betrifft besonders die Gelenk-, Bandscheiben-, Knochen- oder Rückenleiden, Herz-Kreislauferkrankungen, Durchblutungsstörungen und Atemwegserkrankungen. Dabei sind Frauen häufiger von Erkrankungen des Bewegungsapparates (Gelenk-, Bandscheiben-, Knochen- oder Rückenleiden) betroffen als Männer und berichten diesbezüglich auch über ein höheres Beschwerdemaß. Männer hingegen berichten häufiger von Ohrenerkrankungen; haben Personen ein Ohrenleiden, so zeigen sich zwischen Frauen und Männern jedoch keine Unterschiede im Beschwerdemaß. Hingegen bereiten Männern Blasenleiden größere Beschwerden als Frauen. Im Gegensatz zu Geschlechtsunterschieden sind keine wesentlichen Unterschiede zwischen Ost- und Westdeutschen festzustellen.

Eine Betrachtung der Anzahl von Erkrankungen macht deutlich, dass bereits 40 Prozent der 40- bis 54-Jährigen über ein gleichzeitiges Vorhandensein von mindestens zwei Erkrankungen oder Funktionseinbußen berichtet. Bei den 70- bis 85-Jährigen liegt dieser Anteil etwa doppelt so hoch (79 Prozent), wobei allein ein Viertel der 70- bis 85-Jährigen über fünf und mehr Erkrankungen berichtet und damit eine hohe Multimorbidität aufweist.

Schließlich wurde untersucht, wie viele Personen in den vergangenen 10 Jahren vor dem Befragungszeitpunkt (mindestens) eine schwere Krankheit oder einen Unfall hatten. Dabei zeigte ein Vergleich der Altersgruppen, dass es von der jüngsten (40-54 Jahre) zur ältesten Altersgruppe (70-85 Jahre) nahezu zu einer Verdoppelung des Auftretens von schweren Krankheiten oder Unfällen kommt. Es wurde angenommen, dass Ältere möglicherweise weniger von solchen Ereignissen belastet sind, da sie sich in einem Alter befinden, indem

Krankheiten stärker verbreitet sind und zudem Folgen von Unfällen oder Krankheiten nur noch eine (im Vergleich zum zurückliegenden Leben) vergleichsweise kurze Zeit ertragen werden müssen. Diese Annahme musste anhand der Ergebnisse jedoch verworfen werden: Ältere wie Jüngere fühlen sich durch solche Lebensereignisse gleichermaßen belastet. Dabei zeigen sich sowohl in der Häufigkeit des Auftretens schwerer Krankheiten oder Unfälle, als auch im Belastungsgrad weder Geschlechts- noch Ost-/West-Unterschiede.

Mobilitätseinbußen und Hilfebedürftigkeit

Eine Betrachtung von Mobilität in der zweiten Lebenshälfte machte deutlich, dass bereits in der jüngsten Altersgruppe (40-54 Jahre) über ein Drittel der Befragten angibt, bezüglich anstrengender Tätigkeiten eingeschränkt zu sein. In dieser Altersgruppe berichtet zudem etwa jede siebte Person über Mobilitätseinschränkungen bei Bewegungen wie dem sich Beugen, Knien oder Bücken. Einschränkungen hinsichtlich anderer Aspekte der Mobilität (u.a. dem zu Fuß gehen von mehreren Straßenkreuzungen, Steigen eines Treppenabsatzes, sich Baden oder Anziehen) steigen erst zwischen der mittleren (55-69 Jahre) und höchsten Altersgruppe (70-85 Jahre) an. Während sich erneut keine regionalen Unterschiede zeigen, machen die Ergebnisse deutlich, dass Frauen im höheren Alter von stärkeren Mobilitätseinschränkungen betroffen sind als Männer. Ein Grund hierfür liegt vermutlich in der höheren Frühsterblichkeit von Männern, während Frauen trotz schlechten Gesundheitszustandes oftmals ein höheres Alter erreichen. Den Ergebnissen zu Mobilitätseinschränkungen entspricht der Befund, dass Frauen im Alter etwas häufiger auf Hilfe, Pflege oder andere Unterstützung angewiesen als Männer, während erneut keine Ost-/West-Unterschiede festzustellen waren.

Subjektive Gesundheit

Neben der körperlichen und funktionellen Gesundheit wurde die subjektive Gesundheit betrachtet. Diese wird als wesentlicher Ausdruck von Lebensqualität angesehen und hat sich im Rahmen verschiedener Studien als sensiblerer Mortalitätsindikator erwiesen als die objektive, körperliche Gesundheit. Die vorliegenden Analysen zeigten, dass zwischen körperlichen Erkrankungen und subjektiver Gesundheitseinschätzung nur ein mittlerer Zusammenhang besteht, obwohl beide Informationen auf Selbstaussagen beruhen. Bei der Betrachtung der subjektiven Gesundheitseinschätzung war festzustellen, dass sich diese über die Altersgruppen hinweg verschlechtert, während weder Geschlechtsdifferenzen noch regionale Unterschiede bestehen. Ein Vergleich der Alterskorrelationen körperlicher Erkrankungen und subjektiver Gesundheitseinschätzung machte deutlich, dass ein altersabhängiger Anstieg von Erkrankungen und eine Vergleich dazu geringere altersabhängige Verschlechterung der subjektiven Gesundheit festzustellen ist. Allerdings beruhen diese Ergebnisse auf Querschnittsdaten und können nicht mit individuellen Altersverläufen gleichgesetzt werden.

6.2 Gesundheitsversorgung

Inanspruchnahme medizinischer Gesundheitsdienstleistungen

Grundsätzlich ist die Inanspruchnahme medizinischer Dienstleistungen in der zweiten Lebenshälfte hoch. Es sind jedoch eine Reihe von differenzierenden Aussagen zu machen. Über 90 Prozent aller über 40-Jährigen haben mindestens einmal in den vorangegangenen zwölf Monaten eine Arztpraxis aufgesucht. Mit dem Alter steigt dieser Prozentsatz leicht an. Betrachtet man die Fachdisziplin der kontaktierten Arztpraxen, so steigt mit dem Alter insbesondere die Inanspruchnahme von Arztpraxen der Allgemeinmedizin, Augenheilkunde und inneren Medizin, im Hinblick auf Zahnarztpraxen ist hingegen eine abnehmende Nutzungshäufigkeit zu beobachten. Bei der ältesten Altersgruppe scheinen Ängste und Befürchtungen hinsichtlich einer Zahnarztbehandlung keine bedeutsamen Gründe für die Nicht-Inanspruchnahme zahnärztlicher Behandlung zu sein. Vielmehr ist anzunehmen, dass vor allem die Einsicht in die Notwendigkeit zahnärztlicher Kontrolle fehlt, die auch bei zahnlosen Menschen bzw. Personen mit Zahnprothesen notwendig ist. Zahnmedizinische Präventionspotenziale werden somit gerade von alten Menschen nicht ausreichend wahrgenommen.

Hinsichtlich der gegenwärtig diskutierten Hausarztmodelle ist es von Interesse, dass die überwiegende Mehrzahl der Personen in der zweiten Lebenshälfte über eine Hausärztin oder einen Hausarzt verfügt. Insgesamt geben im Jahr 2002 94 Prozent aller Personen im Alter zwischen 40 und 85 Jahren an, eine Hausärztin oder einen Hausarzt zu haben, den sie bei medizinischen Fragen im Regelfall zuerst aufsuchen. Dabei steigt der Anteil von Personen mit Hausärztin oder Hausarzt von 91 Prozent in der jüngsten Altersgruppe auf 96 Prozent in der ältesten Altersgruppe. Deutliche Unterschiede zwischen den Geschlechtern und Regionen finden sich hingegen nicht.

Inanspruchnahme weiterer Gesundheitsdienstleistungen

Unter den betrachteten nicht-medizinischen Gesundheitsdienstleistungen werden mit Abstand am häufigsten Apotheken aufgesucht. Daneben nimmt ein erheblicher Teil der Bevölkerung in der zweiten Lebenshälfte (mehr als 10 Prozent) mindestens einmal im Jahr Massagen (bzw. Fango- oder Bäderbehandlungen), Fußpflege oder Krankengymnastik in Anspruch. Dabei sind in Ostdeutschland passive Heilhilfsbehandlungen (wie etwa Massagen) häufiger, in Westdeutschland hingegen aktivierende Heilhilfsbehandlungen (wie Krankengymnastik oder Physiotherapie). Frauen nehmen entsprechende, gesundheitsbezogene Dienstleistungen deutlich häufiger in Anspruch als Männer. Der Anteil der Älteren, der logopädische Behandlungen, Gedächtnissprechstunden, Arbeits- oder Beschäftigungstherapie in Anspruch nimmt, ist sehr gering. Allerdings ist hierbei zu berücksichtigen, dass in allgemeinen Bevölkerungsumfragen gerade jene Personengruppen, die derartiger Interventionen bedürfen, einer Befragung oftmals nicht zur Verfügung stehen.

Obwohl mit dem Alter die Zahl der Personen zunimmt, die unter chronischen Krankheiten und Multimorbidität leiden, gibt es besonders zwischen den 55- bis 69-Jährigen und 70- bis 85-Jährigen keinen deutlichen Anstieg in der Inanspruchnahme von Heilhilfsbehandlungen. Angesichts des besonderen Bedarfs älterer Menschen, bei denen entsprechende Behandlungen für den Umgang mit chronischen Leiden (Disease Management) sinnvoll wären, legen die Ergebnisse nahe, dass Präventions- und Rehabilitationspotenziale im Alter nicht ausreichend genutzt werden.

6.3 Gesundheit im sozialen Wandel

Die Ergebnisse der Kohortenvergleiche zwischen den 40- bis 85-Jährigen der Jahre 1996 und 2002 verweisen darauf, dass nachfolgende Kohorten eine bessere Gesundheit haben, was sich in einer geringeren Zahl an Erkrankungen zeigt im Vergleich zu früher Geborenen. Dies wurde vor allem für Personen im Alter zwischen 58 und 85 Jahren deutlich und damit besonders für jene die sich in der Phase des so genannten dritten Lebensalters befinden. Die Ergebnisse zur körperlichen Gesundheit weisen darauf hin, dass die, durch eine höhere Lebenserwartung „gewonnenen", Lebensjahre nicht gemäß der Theorie einer Morbiditätsexpansion nur zusätzliche Jahre in schlechter Gesundheit sind, sondern es sich hierbei auch um gewonnene Lebenszeit in guter Gesundheit handelt.

Die Ergebnisse stützen damit (zumindest) die Theorie einer Morbiditätskonstanz, sind aber auch mit der Theorie der Morbiditätskompression vereinbar.

Denkbar ist allerdings, dass die gefundenen Kohortenunterschiede nicht mehr für die Phase der Hochaltrigkeit bestehen. Denn es ist möglich, dass zwar die nachfolgenden Kohorten mit einem besseren gesundheitlichen Ausgangsniveau die Phase der Hochaltrigkeit beginnen, dieser Vorteil jedoch nicht vor großen Verlusten schützt (Baltes, 1997). Aus heutiger Sicht ist bekannt, dass in der Lebensphase der Hochaltrigkeit unter anderem die Prävalenz von Demenzen stark zunimmt. Etwa jede vierte Person zwischen 85 und 89 Jahren und jede dritte ab 90 Jahren ist gegenwärtig hiervon betroffen (Bundesministerium für Familie, Senioren, Frauen und Jugend, 2002).

6.4 Empfehlungen

Die Ergebnisse zum Gesundheitszustand in der zweiten Lebenshälfte geben Hinweise auf verschiedene Präventionspotenziale: Es wurde gezeigt, dass es bereits im Alter von 40 bis 54 Jahren eine hohe Zahl von Personen gibt, die zwei oder mehr Erkrankungen sowie Mobilitätseinschränkungen haben. Vor dem Hintergrund, dass chronische Erkrankungen „mitaltern", d.h. bis ins hohe Alter fortbestehen und Folgeerkrankungen sowie Funktionseinbußen verursachen können, erscheint es wichtig, möglichst früh im Lebensverlauf eine Chronifizierung von Erkrankungen und Funktionseinbußen zu vermeiden. Dabei bestehen für eine Vielzahl von Erkrankungen wie Herz-Kreislauf-Erkrankungen, Atemwegserkrankungen und Diabetes mellitus, Möglichkeiten der Prävention. Geschlechtsdifferenzierte Ergebnisse zu Erkrankungen und Funktionseinbußen machten deutlich, dass mit steigendem Alter Frauen in höherem Maße von Erkrankungen und Beschwerden des Bewegungsapparates (Gelenk-, Bandscheiben-, Knochen- oder Rückenleiden) betroffen sind als Männer. Zugleich finden sich bei Frauen im Alter zwischen 70 und 85 Jahren stärkere Mobilitätseinbußen und eine höhere Hilfs- bzw. Pflegebedürftigkeit als bei gleichaltrigen Männern.

Die Möglichkeiten, chronische Erkrankungen, Multimorbidität und Funktionseinbußen zu vermeiden, sind umso größer, je früher im Lebensverlauf auf einen gesunden Lebensstil sowie im Bedarfsfall auf eine frühzeitige und umfassende Rehabilitation geachtet wird. Dabei zählen zu einem gesunden Lebensstil unter anderem eine gesunde, ausgewogene Ernährung, ausreichende Flüssigkeitszufuhr und körperliche Aktivität. Ebenso wichtig ist die Minimierung oder Vermeidung gesundheitsschädlicher Verhaltensweisen wie Rauchen und Alkoholkonsum.

Auch wenn für einen gesunden Lebensstil die Regel „je früher desto besser" gilt, sollten die hohen präventiven Potenziale, die ebenso für ältere Altersgruppen bestehen, nicht unterschätzt werden. Verschiedene Untersuchungen weisen darauf hin, dass Ältere besonders die präventiven Potenziale körperlicher Aktivität nicht ausreichend nutzen (Whitbourne, 2001; Wurm & Tesch-Römer, 2005), wenngleich gezeigt werden konnte, dass Bewegung bis ins hohe Alter von großem gesundheitlichen Nutzen ist (Leventhal et al., 2001).

Neben Maßnahmen der primären Prävention, die zum Ziel haben, die Gesundheit zu fördern und zu erhalten und die Entstehung von Krankheiten zu verhindern, gewinnen auch Maßnahmen der sekundären Prävention mit steigenden Alter an Bedeutung. Deren Ziel ist es, das Fortschreiten von Krankheiten durch Früherkennung und -behandlung zu verhindern oder zu verringern. Für einige Erkrankungen gibt es gezielte Vorsorgeprogramme zur Früherkennung von Krankheiten (z.B. Darmkrebsvorsorge). Oftmals werden Krankheiten jedoch erst dann diagnostiziert, wenn eine Person aufgrund von Beschwerden eine Arztpraxis aufsucht. Mit steigendem Alter stellt sich dabei für ältere Personen sowie für behandelnde Ärzte zunehmend häufiger die schwierige Aufgabe, zu unterscheiden, worauf Beschwerden zurückzuführen sind. Hierbei geht es darum, zwischen zu akzeptierenden, irreversiblen Alterungsprozessen und verbesserungsfähigen Gesundheitszuständen zu differenzieren. Diese Differenzierung bereitet den Beteiligten oftmals Probleme. Dabei tragen die vorherrschenden negativen Altersstereotype zusätzlich dazu bei, dass Ältere auch solche gesundheitlichen Probleme akzeptieren, die medizinisch behandelbar wären. Ebenso diagnostizieren Ärzte bei Älteren bestimmte Risikofaktoren und Erkrankungen seltener als bei Jüngeren (Ebrahim, 1996). Durch die Schwierigkeit einer Differenzierung von nicht-behandelbaren und behandelbaren gesundheitlichen Problemen besteht die Gefahr, dass Ältere und ihre Angehörigen sowie Mediziner wichtige Präventionspotenziale übersehen. Hinweise darauf lieferten die dargestellten Ergebnisse zur Inanspruchnahme medizinischer Gesundheitsdienstleistungen.

Hinsichtlich der Inanspruchnahme von Gesundheitsdienstleistungen war festzustellen, dass Menschen in der zweiten Lebenshälfte in der Regel über eine Hausärztin oder einen Hausarzt verfügen. Es war jedoch auch zu erkennen, dass die medizinische Versorgung alter Menschen nicht in allen Bereichen ideal ist. Hier ist insbesondere auf die zahnmedizinische Versorgung hinzuweisen. Es ist für die Vorsorge und Versorgung notwendig, dass auch alte Menschen regelmäßig eine zahnärztliche Untersuchung erhalten und zwar auch dann, wenn sie zahnlos sind bzw. eine Zahnprothese tragen.

Auch die Ergebnisse zur Inanspruchnahme nicht-medizinischer Gesundheitsdienstleistungen weisen darauf hin, dass bestehende Präventionspotenziale noch besser genutzt werden können. Denn obwohl Erkrankungen und Beschwerden sowie Funktionseinbußen mit dem Alter zunehmen, nutzen 70- bis 85-Jährige zahlreiche Heilhilfsbehandlungen nicht häufiger als die Vergleichsgruppe der 55- bis 69-Jährigen. Solche rehabilitativen Maßnahmen („tertiäre Prävention") dienen jedoch dazu, eine Verschlimmerung von Erkrankungen zu vermeiden und manifest gewordene Behinderungen wie Mobilitätseinschränkungen abzumildern. Die Bedeutung rehabilitativer Maßnahmen nimmt mit steigendem Alter auch deshalb zu, da diese Maßnahmen wesentlich dazu beitragen können, dass eine selbstständige Lebensführung aufrechterhalten oder wiedererlangt werden kann.

Um dem Wunsch näher zu kommen, viele behinderungsfreie Jahre und eine Kompression der Morbidität zu erreichen, ist es entscheidend, die bestehenden Präventionspotenziale Älterer stärker zu nutzen. Hierzu zählen neben den bereits genannten Maßnahmen auch Angebote der Beratung (z.B Wohnraumberatung), präventive Hausbesuche sowie der Einsatz von geriatrischem Assessment und geriatrischer Rehabilitation. Zugleich sollten ältere Personen über ihre Präventionsmöglichkeiten besser informiert werden, damit sie die Möglichkeit haben, eine stärkere Selbst- und Mitverantwortung für ihre Gesundheit zu übernehmen.

Dabei gilt es, die vorhandenen Barrieren zu berücksichtigen und sukzessive abzubauen, die dazu beitragen, dass Präventionspotenziale ungenutzt bleiben. Wichtig erscheint hierbei unter anderem die Reflektion der vorherrschenden, negativen Altersstereotype. Diese tragen mit dazu bei, dass nicht nur Jüngere, sondern oftmals auch Ältere die Frage aufwerfen, ob sich eine Gesundheitsversorgung im Alter noch lohnt. Bei der Beantwortung dieser Frage sollte der individuelle Wunsch nach behinderungsfreien Lebensjahren und einer selbstständigen wie selbstbestimmten Lebensführung ebenso bedacht werden wie die gesellschaftlichen Kosten, die besonders dann entstehen, wenn eine Person hilfs- oder pflegebedürftig wird.

Literatur

Baltes, P. B. (1997). On the incomplete architecture of human ontogeny: Selection, optimization, and compensation as foundation of developmental theory. *American Psychologist, 52*, 366-380.

Bergmann, E. & Kamtsiuris, P. (1999). Inanspruchnahme medizinischer Leistungen. *Gesundheitswesen, 61*, 138-144.

Borchelt, M., Gilberg, R., Horgas, A. L. & Geiselmann, B. (1996). Zur Bedeutung von Krankheit und Behinderung im Alter. In K. U. Mayer & P. B. Baltes (Eds.), *Die Berliner Altersstudie* (pp. 449-474). Berlin: Akademie-Verlag.

Bundesministerium für Familie, Senioren, Frauen und Jugend (Ed.). (2002). *Vierter Bericht zur Lage der älteren Generation in der Bundesrepublik Deutschland: Risiken, Lebensqualität und Versorgung Hochaltriger unter besonderer Berücksichtigung demenzieller Erkrankungen*. Bonn: Bundesministerium für Familie, Senioren, Frauen und Jugend.

Bush, T.L., Miller, S.R., Golden, A. & Hale, W.E. (1989). Self-report and medical record report agreement of selected medical conditions in the elderly. *American Journal of Public Health,* 78, 1554-1556.

Dinkel, R. (1999). Demografische Entwicklung und Gesundheitszustand. Eine empirische Kalkulation der Healthy Life Expectancy für die Bundesrepublik auf der Basis von Kohortendaten. In H. Häfner (Ed.), *Gesundheit - unser höchstes Gut?* (pp. 61-82). Berlin: Springer.

Ebrahim, S. (1996). Principles of epidemiology in old age. In S. Ebrahim & A. Kalache (Eds.), *Epidemiology in old age* (pp. 12-21). London: BMJ.

Förstl, H., Lauter, H. & Bickel, H. (2001). Ursachen und Behandlungskonzepte der Demenz. In Deutsches Zentrum für Altersfragen (Ed.), *Gerontopsychiatrie und Alterspsychotherapie in Deutschland* (pp. 113-199). Opladen: Leske + Budrich.

Fries, J. F. (1980). Aging, natural death, and the compression of morbidity. *The New England Journal of Medicine,* 329, 110-116.

Gold, C. H., Malmberg, B., McClearn, G. E., Pedersen, N. L. & Berg, S. (2002). Gender and health: A study of older unlike-sex twins. *Journal of Gerontology: Psychological and Social Sciences,* 57B, S168-176.

Hoffmann, E. & Menning, S. (2004). Wie alt ist Deutschland? Ein Blick auf 100 Jahre Bevölkerungsentwicklung. *Informationsdienst Altersfragen, Deutsches Zentrum für Alterfragen,* 1, 2-9.

Idler, E. L. & Kasl, S. V. (1991). Health perceptions and survival: Do global evaluations of health status really predict mortality? *Journal of Gerontology,* 46, 55-65.

Idler, E. L. & Kasl, S. V. (1995). Self-ratings of health: Do they also predict change in functional ability? *Journal of Gerontology: Social Sciences,* 50B, S344-353.

Kirchberger, I. (2000). Der SF-36-Fragebogen zum Gesundheitszustand: Anwendung, Auswertung und Interpretation. In U. Ravens-Sieberer & A. Cieza (Eds.), *Lebensqualität und Gesundheitsökonomie in der Medizin* (pp. 73-85). Landsberg: ecomed.

Kramer, M. (1980). The rising pandemic of mental disorders and associated chronic diseases and disabilities. *Acta Psychiatrica Scandinavica,* 62, 397-419.

Künemund, H. (2000). Gesundheit. In M. Kohli & H. Künemund (Eds.), *Die zweite Lebenshälfte - Gesellschaftliche Lage und Partizipation im Spiegel des Alters-Surveys* (pp. 102-123). Opladen: Leske + Budrich.

Leventhal, H., Rabin, C., Leventhal, E. A. & Burns, E. (2001). Health Risk Behaviors and Aging. In J. E. Birren & K. W. Schaie (Eds.), *Handbook of The Psychology of Aging* (5 ed., pp. 186- 214). San Diego: Academic Press.

Linden, M., Gilberg, R., Horgas, A. L. & Steinhagen-Thiessen, E. (1996). Die Inanspruchnahme medizinischer und pflegerischer Hilfe im hohen Alter. In K. U. Mayer & P. B. Baltes (Eds.), *Die Berliner Altersstudie* (pp. 475-495). Berlin: Akademie-Verlag.

Manton, K. G., Stallard, E. & Corder, L. S. (1997). Changes in the age dependence of mortality and disability: Cohort and other determinants. *Demography,* 34, 135-157.

Mayer, K. U. & Baltes, P. B. (Eds.). (1996). *Die Berliner Altersstudie.* Berlin: Akademie-Verlag.

Menec, V. H., Chipperfield, J. G. & Raymond, P. P. (1999). Self-perceptions of health: A prospective analysis of mortality, control, and health. *Journal of Gerontology: Psychological Sciences*, 54B, P85-P93.

Mossey, J. M. & Shapiro, E. (1982). Self-rated health: a predictor of mortality among the elderly. *American Journal of Public Health*, 72(8), 800-808.

Nitschke, I. & Hopfenmüller, W. (1996). Die zahnmedizinische Versorgung älterer Menschen. In K. U. Mayer & P. B. Baltes (Eds.), *Die Berliner Altersstudie* (pp. 429-448). Berlin: Akademie-Verlag.

Radoschewski, M. & Bellach, B.-M. (1999). Der SF-36 im Bundes-Gesundheitssurvey - Möglichkeiten und Anforderungen der Nutzung auf der Bevölkerungsebene. *Gesundheitswesen*, 61, 191-199.

Sachverständigenrat für die Konzertierte Aktion im Gesundheitswesen (2001a). *Bedarfsgerechtigkeit und Wirtschaftlichkeit. Band I: Zielbildung, Prävention, Nutzerorientierung und Partizipation.* Baden-Baden: Nomos.

Sachverständigenrat für die Konzertierte Aktion im Gesundheitswesen (2001b). *Bedarfsgerechtigkeit und Wirtschaftlichkeit, Band III.* Baden-Baden: Nomos.

Schneekloth, Z. & Müller, U. (1997). *Hilfe- und Pflegebedürftige in Heimen. Endbericht zur Repräsentativerhebung „Möglichkeiten und Grenzen selbstständiger Lebensführung in Einrichtungen".* Schriftenreihe. Bd. 147.2.

Schwartz, F. W. & Walter, U. (1998). Altsein - Kranksein? In F. W. Schwartz (Ed.), *Das Public-Health-Buch: Gesundheit und Gesundheitswesen* (pp. 124-140). München: Urban & Schwarzenberg.

Sen, K. (1996). Gender. In S. Ebrahim & A. Kalache (Eds.), *Epidemiology in old age* (pp. 210-220). London: BMJ.

Simpson, C.F., Boyd, C.M., Carlson, M.C., Griswold, M.E., Guralnik, J.M. & Fried, L.P. (2004). Agreement between selfl-report of disease diagnoses and medical report validation in disabled older women: Factors that modify agreement. *Journal of American Geriatrics Society*, 52, 123-127.

Statistisches Bundesamt. (2003). *10. Koordinierte Bevölkerungsvorausberechnung.* Wiesbaden: Statisches Bundesamt.

Statistisches Bundesamt (2005). *Pflegestatistik 2003.* Bonn: Statistisches Bundesamt.

Staudinger, U. M. & Bluck, S. (2001). A view on midlife development from life-span theory. In M. E. Lachman (Ed.), *Handbook of midlife development* (pp. 3-39). New York: John Wiley & Sons, Inc.

Steinhagen-Thiessen, E. & Borchelt, M. (1996). Morbidität, Medikation und Funktionalität im Alter. In K. U. Mayer & P. B. Baltes (Eds.), *Die Berliner Altersstudie* (pp. 151-184). Berlin: Akademie-Verlag.

Thefeld, W., Stolzenberg, H. & Bellach, B.-M. (1999). Bundes-Gesundheitssurvey: Response, Zusammensetzung der Teilnehmer und Non-Responder-Analyse. *Gesundheitswesen, 61, Sonderheft 2*, 57-61.

Walter, U. & Schwartz, F. W. (2001). Gesundheit der Älteren und Potenziale der Prävention und Gesundheitsförderung. In Deutsches Zentrum für Altersfragen (Ed.), *Expertisen zum Dritten Altenbericht der Bundesregierung, Band 1* (pp. 145-252). Opladen: Leske + Budrich.

Whitbourne, S. K. (2001). The Physical Aging Process in Midlife: Interactions with Psychological and Sociocultural Factors. In M. E. Lachman (Ed.), *Handbook of Midlife Development* (pp. 109-155). New York: John Wiley & Sons, Inc.

WHO (1986). *Charta der ersten internationalen Konferenz zur Gesundheitsförderung in Ottawa.* Genf: WHO.

WHO (1988). WHO MONICA project principal investigators: The World Health Organization MONICA Project (monitoring trends and determinants of cardiovascular disease): A major international collaboration. *Journal of Clinical Epidemiology*, 41, 105-114.

Wurm, S. & Tesch-Römer, C. (2005). Alter und Gesundheit. In R. Schwarzer (Ed.), *Gesundheitspsychologie. Enzyklopädie der Psychologie.* Göttingen: Hogrefe.

Veränderung des subjektiven Wohlbefindens in der zweiten Lebenshälfte

Clemens Tesch-Römer und Susanne Wurm

1 Einleitung

Subjektives Wohlbefinden und Lebensqualität sind zentrale Konzepte der Alterssozialberichterstattung und der sozial- und verhaltenswissenschaftlichen Alternsforschung. Auch im täglichen Leben sind die Bedingungen von „Zufriedenheit", „Freude" oder „Glück" von hohem Interesse. Für die *Sozialberichterstattung* ist subjektives Wohlbefinden ein bedeutsamer Indikator für die Bewertung gesellschaftlichen Wandels, das neben objektive Indikatoren wie materielle Lebenslage, Gesundheitszustand und soziale Integration tritt. Subjektives Wohlbefinden kann als Kriterium für die Wirksamkeit gesellschaftlicher Wohlfahrtsproduktion verstanden werden. Damit ist die kontinuierliche Beobachtung dieses Indikators im zeitlichen Verlauf eine der wichtigen Aufgaben der Sozialberichterstattung. In Ergänzung zu diesem Erkenntnisinteresse wird in der *sozial- und verhaltenswissenschaftlichen Alternsforschung* den individuellen und sozialen Bedingungen des subjektiven Wohlbefindens Aufmerksamkeit gewidmet. Ein Ausgangspunkt dieses Forschungsstranges ist die Beobachtung, dass die Lebensbedingungen einer Person und deren Bewertung nicht immer übereinstimmen. Neben den Merkmalen der Lebenssituation werden hierbei auch individuelle Standards und Erwartungen sowie personale Bewältigungskompetenzen bei der Verarbeitung von kritischen Lebensereignissen in den Blick genommen.

Die Frage nach der Lebensqualität gewinnt besondere Bedeutung mit Blick auf das Altwerden und Altsein. Ob die zweite Lebenshälfte als erfüllte Phase des Lebenslaufs zu charakterisieren ist, bestimmt sich auch durch das individuelle Wohlbefinden älter werdender Menschen. Angesichts des demografischen Wandels und einer hohen (und in Zukunft weiter steigenden) Lebenserwartung ist zu fragen, wie eine hohe Lebensqualität von Menschen in der zweiten Hälfte des Lebens sicher gestellt werden kann.

Im vorliegenden Beitrag stehen individuelle Entwicklungsprozesse und gesellschaftliche Veränderungen hinsichtlich subjektiven Wohlbefindens und Lebensqualität im Mittelpunkt des Interesses. Gibt es eine Veränderung der Lebensqualität im Verlauf der historischen Zeit? Verändert sich die Lebensqualität mit dem Alter einer Person? Welche Bedingungen beeinflussen die Entwicklung der Lebensqualität von älter werdenden Menschen? Um diese Fragen zu beantworten, werden zunächst theoretische Überlegungen und daraus resultierende Untersuchungsfragen formuliert. Daran schließen sich methodische Informationen zur Datenbasis und zu den verwendeten Indikatoren an. Den Hauptteil des Beitrags bilden jene Befunde aus dem Alterssurvey, die sich auf den Wandel von subjektivem Wohlbefinden und Lebensqualität in der historischen Zeit (Kohortenvergleich) sowie im biografischen Verlauf (Panelanalyse) beziehen. Abschließend werden die Befunde mit Blick auf Bewältigungskompetenz und Resilienz (Widerstandsfähigkeit, Robustheit) älter werdender Menschen interpretiert.

2 Theoretische Überlegungen

Konzeptuelle Überlegungen zu den Konstrukten subjektives Wohlbefinden und Lebensqualität werden mit Blick auf die Forschungstraditionen der Sozialberichterstattung sowie der sozial- und verhaltenswissenschaftlichen Alternsforschung erörtert; andere Perspektiven, wie etwa die medizinische oder psychiatrische Sicht des Wohlbefindens bleiben unberücksichtigt (vgl. Bullinger, 1997; Smith, Fleeson, Geiselmann, Settersten & Kunzmann, 1996). Zudem werden Modelle des Zusammenhangs zwischen Lebensbedingungen und Lebensbewertungen vorgestellt. Abschließend werden Forschungsfragen formuliert.

2.1 Die Konstrukte „Lebensqualität" und „subjektives Wohlbefinden"

Innerhalb der sozial- und verhaltenswissenschaftlichen Alternsforschung wird das Konstrukt „subjektives Wohlbefinden" definiert als emotionale und kognitive Reaktion auf Zustände, Ereignisse und Erfahrungen, mit denen eine Person im Verlauf ihres Lebens konfrontiert wird (Diener, Suh, Lucas & Smith, 1999; Okun, 2001). Im Bereich der Sozialberichterstattung wird in diesem Zusammenhang häufig auch der Begriff „Lebensqualität" verwendet (Campbell, Converse & Rogers, 1976; Noll & Schöb, 2002; Zapf, 1984). Beide Begriffe weisen eine so hohe konzeptuelle Ähnlichkeit auf, dass sie im folgenden synonym verwendet werden. Trotz dieser Ähnlichkeit zeigen sich auch Unterschiede zwischen den beiden Traditionen.

In der Sozialberichterstattung steht die *Wohlfahrtsproduktion von Gesellschaften* im Mittelpunkt des Interesses. Zentrale Aufgabe der Sozialberichterstattung ist die Bereitstellung von Informationen über Niveau, Verteilung und Verlauf individueller Wohlfahrt für Sozial- und Gesellschaftspolitik sowie für den allgemeinen gesellschaftlichen Diskurs (Noll, 1997; Zapf, 1977). Subjektive Reaktionen von Menschen auf ihre Lebenssituation werden als ein Bestandteil von Wohlfahrt angesehen, und zwar entweder als Komplement zu den objektiven Lebensbedingungen (Schupp, Habich & Zapf 1996; Zapf, 1984; Zapf & Habich 1996) oder als Indikator für die in der Biografie realisierten Lebensergebnisse (Campbell, Converse & Rodgers, 1976). Befunde zum subjektiven Wohlergehen von Gesellschaftsmitgliedern liefern damit einen bedeutsamen Beitrag zur Bewertung des Zustandes und der Entwicklung der betreffenden Gesellschaft. Ein Beispiel hierfür ist die Verwendung des globalen Indikators „allgemeine Lebenszufriedenheit" für die Bewertung der „Lebbarkeit" von Gesellschaften (Veenhoven, 2002). Neben globalen Maßen des allgemeinen subjektiven Wohlbefindens werden aber auch spezifische subjektive Indikatoren zu zentralen Lebensbereichen verwendet, etwa Zufriedenheit mit Gesundheit, Einkommen oder sozialen Netzwerken (Noll & Schöb, 2002).

Innerhalb der sozial- und verhaltenswissenschaftlichen Alternsforschung ist die Analyse subjektiven Wohlbefindens häufig eingebettet in übergreifende theoretische Konzeptionen *individuellen Verhaltens und individueller Entwicklung*, etwa mit Blick auf Motive menschlichen Verhaltens oder auf die Entwicklung des Selbst im Lebenslauf (Keyes & Ryff, 1999). Ziel dieser Forschung ist eine umfassende Beschreibung und Erklärung individuellen Wohlbefindens, die eine multidimensionale Erfassung des Konstrukts „subjektives Wohlbefinden" notwendig macht. Dabei werden nicht allein Beurteilungen der eigenen Lebenssituation, sondern auch Stimmungen und Gefühle erfasst. Ähnlich wie in der alltäglichen Unterscheidung zwischen „Zufriedenheit" und „Glück" lassen sich kognitive und emotionale Komponenten des subjektiven Wohlbefindens unterscheiden (Filipp, 2002). *Kognitive* Bestandteile des Wohlbefindens sind Bewertungen der eigenen Lebenssituation, die mit Blick auf bestimmte Maßstäbe oder Zielvorstellungen vorgenommen werden. *Emotionale* Bestandteile des Wohlbefindens sind Gefühlszustände und Affekte, die einerseits als direkte Reaktionen auf Erfahrungen und Erlebnisse vorübergehende Stimmungen der Person widerspiegeln, aber auch als stabile Grundgestimmtheiten Nähe zu Persönlichkeitseigenschaften aufweisen können. In der Forschung werden beide Dimensionen als Facetten desselben Konstrukts „subjektives Wohlbefinden" behandelt (Diener, 2000). Obwohl die zugrunde liegenden Mechanismen unterschiedlich sind, beeinflussen sich Zufriedenheitsurteile und Gefühlszustände gegenseitig. So zeigt sich in empirischen Untersuchungen, dass kognitive und emotionale Bestandteile des subjektiven Wohlbefindens miteinander korrelieren. Allerdings sind die Korrelationen in der Regel nur von mittlerer Größe (Westerhof, 2001), so dass es auch aus empirischer Sicht sinnvoll ist, diese Aspekte bei der Beschreibung der Lebensqualität zu trennen.

Zusätzlich zu der Unterscheidung zwischen kognitiven und emotionalen Komponenten subjektiven Wohlbefindens haben sich weitere Differenzierungen als nützlich und sinnvoll erwiesen. Kognitive Zufriedenheitsurteile können sich – wie oben bereits erwähnt – entweder als allgemeine Lebenszufriedenheit auf die gesamte Lebenssituation oder als bereichsspezifische Bewertungen auf einzelne Lebensbereiche wie Arbeit, Familie oder Gesundheit beziehen (Campbell, Converse & Rodgers, 1976; Smith et al., 1996). Hinsichtlich emotionaler Befindlichkeit wird zwischen positiven und negativen Affekten unterschieden (Bradburn, 1969). Während in unmittelbarer Anschauung das gleichzeitige Erleben positiver und negativer Emotionen nur schwer oder zumindest nur in besonderen Situationen vorstellbar ist, zeigt sich doch eine Unabhängigkeit beider Konstrukte, wenn man die Auftretenswahrscheinlichkeit positiver und negativer Emotionen über einen bestimmten Zeitraum in den Blick nimmt. Fragt man nach der Affekthäufigkeit innerhalb eines Zeitraums (z.B. in der letzten Woche, im letzten Monat, im letzten Jahr), so finden sich empirisch nur geringe Korrelationen zwischen positivem und negativem Affekt (Watson, Clark & Tellegen, 1988). Daher werden in der sozial- und verhaltenswissenschaftlichen Alternsforschung positive und negative Affekte als unabhängige Dimensionen des subjektiven Wohlbefindens berücksichtigt.

Im vorliegenden Kontext wird das übergeordnete Konstrukt des subjektiven Wohlbefindens bzw. der Lebensqualität anhand kognitiver und emotionaler Dimensionen definiert. Dabei werden im Bereich der *kognitiven Lebensbewertung* der übergeordnete Aspekt der „allgemeinen Lebenszufriedenheit" und – hierarchisch untergeordnete – bereichsspezifische Zufriedenheitsurteile unterschieden. Innerhalb des *emotionalen Wohlbefindens* werden die voneinander unabhängigen Komponenten des positiven und des negativen Affekts berücksichtigt.

2.2 Objektive Lebenssituation und subjektives Wohlbefinden

Eine zentrale Frage der Forschung zu Wohlbefinden und Lebensqualität betrifft den Zusammenhang zwischen objektiver Lebenssituation und subjektiver Lebensbewertung. Dabei lassen sich drei prototypische Ansätze unterscheiden. (a) „Bottom-up"-Ansätze basieren zunächst auf der Annahme, dass subjektives Wohlbefinden aus der Summe angenehmer und unangenehmer Ereignisse und Erlebnisse resultiert, die eine Person erfährt. Für den vorliegenden Kontext ist besonders die Annahme zentral, dass die objektive Lebenssituation einer Person, etwa hinsichtlich der individuellen Verfügbarkeit von Ressourcen, die Qualität von Ereignissen und Erlebnissen bestimmt. Da günstige Lebenslagen die Wahrscheinlichkeit für angenehme Ereignisse erhöhen, sollte auch das subjektive

Wohlbefinden von Personen in günstigen Lebenslagen positiver sein als von Personen in ungünstigen Lebenslagen. (b) „Top-down"-Ansätze gehen davon aus, dass Personen individuelle Prädispositionen für das Erleben von Glück oder Zufriedenheit aufweisen. Unabhängig von den Erlebnissen und Ereignissen sind Personen mit einer positiven Grundstimmung glücklicher oder zufriedener als Personen mit einer negativen Grundstimmung. (c) Der dritte Ansatz versucht, vermittelnde Bedingungen, wie etwa kognitive Wahrnehmungs- und Beurteilungsprozesse bei der individuellen Bewertung der objektiven Lebenssituation zu berücksichtigen.

„Bottom-up"-Ansätze des subjektiven Wohlbefindens

Ein reiner „Bottom-up"-Ansatz des subjektiven Wohlbefindens wird in der Forschung kaum vertreten. Anspruch der Sozialberichterstattung ist jedoch zumindest, das subjektive Wohlbefinden von Menschen auf ihre objektiven Lebensbedingungen zu beziehen (Habich & Noll, 2002). Ansätze der Sozialberichterstattung gehen davon aus, dass subjektives Wohlbefinden wesentlich von der Qualität des ökologischen, sozialen und gesellschaftlichen Kontextes abhängt. Dabei zeigen sich in entsprechenden Untersuchungen Zusammenhänge von materieller Lage, Erwerbsstatus und Haushaltsgröße mit Lebenszufriedenheit, Glücksempfinden, geäußerten Besorgnissen und Anomie-Symptomen (Bulmahn, 2002). Auch auf gesellschaftlicher Ebene lässt sich ein Zusammenhang zwischen objektiver Lebenslage und subjektivem Wohlbefinden nachweisen. In gesellschaftsvergleichenden Studien wird regelmäßig berichtet, dass die Wohlfahrt eines Landes und das (mittlere) subjektive Wohlbefinden seiner Bewohner miteinander korreliert sind (Diener, 1996; Fahey & Smyth, 2004; Veenhooven, 2002).

Folgt man dem „Bottom-up"-Ansatz des Wohlbefindens, so sollten jene Aspekte der objektiven Lebenssituation, die zu einer erhöhten Wahrscheinlichkeit positiver (oder negativer) Erlebnisse oder Erfahrungen führen, mit Zufriedenheit und Affekt korreliert sein. In der Tat korrelieren einige Merkmale der objektiven Lebenssituation mit dem subjektiven Wohlbefinden. Hierzu zählen Gesundheitsstatus (und zwar insbesondere funktionelle Gesundheit), materielle Lage, Erwerbsstatus und soziale Integration. Soziodemografische Merkmale wie Alter, Bildungsstand und ethnische Zugehörigkeit korrelieren nur gering mit Lebenszufriedenheit (Mannell & Dupuis, 1996; Okun, 2001). Während die Lebenszufriedenheit mit dem Alter nicht sinkt, scheint positiver Affekt jedoch mit dem Alter im Durchschnitt abzunehmen (Diener & Suh, 1998; Noll & Schöb, 2002). Frauen und Männer unterscheiden sich in der Regel zuungunsten der Frauen (geringerer positiver Affekt, höherer negativer Affekt). Ein Grund für diese Geschlechtsunterschiede könnte in ungleich verteilten Ressourcen und Opportunitätsstrukturen bestehen (Tesch-Römer, Motel-Klingebiel, Kondratowitz & Tomasik, 2003).

Trotz der Vielfalt von Zusammenhängen zwischen objektiver Lebenssituation und subjektivem Wohlbefinden muss man jedoch feststellen, dass Korrelationen zwischen objektiven Lebensbedingungen und subjektivem Wohlbefinden in der Regel nur mäßig sind[1]. Beispielsweise korrelieren materielle Lage und allgemeine Lebenszufriedenheit nicht sehr stark, und auch der Zusammenhang zwischen Einkommen und der bereichsspezifischen Bewertung des Lebensstandards ist nur von mittleren Höhe (Westerhof, 2001). Entsprechend sind die mittleren Unterschiede in der Lebenszufriedenheit zwischen Personen am oberen und unteren Ende der Einkommensverteilung häufig nur gering (Bulmahn, 2002). Zudem kontrastiert der im Lebenslauf häufig beobachtete Anstieg des Einkommens mit einem gleichbleibenden Niveau subjektiven Wohlbefindens im Lebenslauf: Die Zunahme des individuellen Einkommens führt nicht unbedingt zu einer Erhöhung von Lebenszufriedenheit und Glück (Easterlin & Schaeffer, 1999).

Eine Lösung der Divergenz zwischen objektiven Lebensbedingungen und subjektivem Wohlbefinden besteht darin, subjektives Wohlbefinden als Epiphänomen zu behandeln und weitgehend zu ignorieren. Diese Lösung bildet die Basis des schwedischen „levels-of-living"-Ansatzes der Sozialberichterstattung (Erikson, 1974; Noll, 2000; Vogel, 1999, 2002), in der die Wohlfahrt einer Gesellschaft ausschließlich anhand objektiver Indikatoren beschrieben wird. Eine zweite Lösungsmöglichkeit besteht darin, vermittelnde kognitive Prozesse der Wahrnehmung und Urteilsbildung zu analysieren. Die Berücksichtigung kognitiver Prozesse findet in empirischen Analysen nur selten Eingang, ihre Bedeutung wird jedoch oftmals bei der Interpretation von entsprechenden (divergierenden) Befunden betont.

„Top-down"-Ansätze des subjektiven Wohlbefindens

Die Bedeutung von individuellen Merkmalen als Bedingung des subjektiven Wohlbefindens wird in der Persönlichkeitspsychologie betont. Diese spricht individuellen Eigenschaften („Traits") eine zentrale Bedeutung für subjektives

---

1 Hier deutet sich schon an, dass subjektiv positive Erlebnisse nicht allein eine Funktion der Situation sind, sondern auch von individuellen Merkmalen der Person abhängen, also etwa von individuell unterschiedlichen Zielen, Werten, Erwartungen oder Vergleichsstandards. Diese Überlegungen werden weiter unten, im Abschnitt „Subjektives Wohlbefinden als Integration von Situation und Person" ausgeführt.

Wohlbefinden zu (Diener, 2000). Dieser „Top-down"-Ansatz geht davon aus, dass Individuen prädisponiert sind, auf Ereignisse oder Situationen in positiver oder negativer Weise zu reagieren – und zwar unabhängig von den Merkmalen der jeweiligen Situation. In den Worten von Proponenten dieses Ansatzes: „Despite circumstances, some individuals seem to be happy people, some unhappy people" (Costa, McCrae & Norris, 1981, S. 79). Die jeweiligen Merkmale einer Situation sind innerhalb dieser Position für das subjektive Wohlbefinden unbedeutend. Vielmehr werden Persönlichkeitseigenschaften wie beispielsweise Neurotizismus (Erregbarkeit/Ängstlichkeit) oder Extraversion (Aufgeschlossenheit) für das subjektive Wohlbefinden von Personen verantwortlich gemacht. Diese Eigenschaften werden als stabile Merkmale der Person konzeptualisiert, die – zumindest im Erwachsenenalter – kaum durch äußere Ereignisse beeinflusst oder verändert werden. Eine Reihe von Befunden spricht für die Bedeutung von Persönlichkeitseigenschaften als Bedingungsfaktoren subjektiven Wohlbefindens: Die Bewertung verschiedener Lebensbereiche durch dieselbe Person ist in der Regel sehr ähnlich (bereichsübergreifend hoch oder niedrig), die zeitliche Stabilität subjektiven Wohlbefindens über die Zeit hoch und die Korrelationen von subjektivem Wohlbefinden mit Persönlichkeitseigenschaften oft größer als mit Merkmalen der Situation (Diener, 1996).

Allerdings gibt es auch eine Reihe von Phänomenen und Fragen, die im Rahmen eines reinen „Top-down"-Ansatzes kaum zu erklären sind. So steht die empirisch beobachtbare intraindividuelle Variation des subjektiven Wohlbefindens über die Zeit im Widerspruch zur angenommenen Stabilität von Eigenschaften (Tesch-Römer, 1998). Insbesondere die Tatsache, dass kritische Lebensereignisse das Wohlbefinden von betroffenen Personen erheblich und langfristig verändern können, ist mit „Top-down"-Ansätzen inkompatibel. Schließlich ersetzt die Identifikation von Korrelationen zwischen Wohlbefinden und Persönlichkeitseigenschaften nicht die Erklärung von Prozessen, die für Veränderung und Stabilität subjektiven Wohlbefindens verantwortlich sind. Möglicherweise sind affektive Reaktionen in stärkerem Maß von Persönlichkeitseigenschaften beeinflusst als kognitive Zufriedenheitsurteile. Emotionen sind direkte Reaktionen auf Umweltreize. Insbesondere die Intensität emotionaler Reaktionen scheint eine starke biologische Fundierung (und damit eine Nähe zu Persönlichkeitseigenschaften) zu haben. Dies trifft für kognitive Wahrnehmungs-, Bewertungs- und Urteilsprozesse im Zuge von Zufriedenheitsaussagen in weniger starkem Maße zu. Allerdings sind auch hier personale Faktoren zu beachten, wie etwa Ziele und Bewertungsstandards, die diese kognitiven Prozesse beeinflussen.

Subjektives Wohlbefinden als Integration von Situation und Person

Die „Top-down"-Position des Wohlbefindens stellt eine bedeutsame Herausforderung für jene Bereiche der Sozialberichterstattung dar, die subjektives Wohlbefinden ohne weitere Umstände als Indikator für die gesellschaftliche Wohlfahrtsproduktion interpretieren. Im folgenden werden zwei Integrationsansätze vorgestellt, in denen die Bedingungen subjektiven Wohlbefindens in Merkmalen der Situation und in Merkmalen der Person gesehen werden (Brief, Butcher, George & Link, 1993). Hierbei handelt es sich um die Berücksichtigung von Bewertungs- bzw. von Bewältigungsprozessen.

Bewertungsprozesse: In der klassischen Studie zur „Quality of American Life" (Campbell, Converse & Rodgers, 1976) wurde davon ausgegangen, dass Zufriedenheitsurteile vor dem Hintergrund von Wahrnehmungs- und Beurteilungsprozessen entstehen. Zentral hierbei ist die Annahme, dass wahrgenommene Situationsmerkmale anhand persönlicher Vergleichsstandards bewertet werden. Die Bewertung von Situationsmerkmalen fließt in ein Zufriedenheitsurteil zu einem bestimmten Lebensbereich ein. Allgemeine Lebenszufriedenheit speist sich aus den jeweiligen bereichsspezifischen Zufriedenheitsurteilen. Das in der Berliner Altersstudie verwendete Kaskaden-Modell zur Vorhersage des allgemeinen subjektiven Wohlbefindens basiert auf diesem Modell (Smith et al., 1996, 1999): Soziodemografische Merkmale beeinflussen die objektiven Lebensbedingungen, diese beeinflussen subjektive Bereichsbewertungen und erst diese bereichsspezifischen Bewertungen bedingen das Niveau des allgemeinen subjektiven Wohlbefindens. Beide Modelle lassen sich als Mediator-Modelle des subjektiven Wohlbefindens charakterisieren: Zwischen dem interessierenden Konstrukt (allgemeines Wohlbefinden oder Lebenszufriedenheit) vermitteln eine Reihe von intervenierenden individuellen Wahrnehmungs- und Vergleichsprozessen (Mediatoren). Hierbei wird angenommen, dass Bewertungen vor dem Hintergrund von – individuell unterschiedlichen – Werten, Normen und Zielen verglichen werden. Subjektives Wohlbefinden entsteht also nicht aufgrund von „guten" Bedingungen der Lebenslage, sondern aufgrund von Urteilen, die eine konkrete Lebenslage als „gut" in Bezug auf einen bestimmten Vergleichsmaßstab charakterisiert. Eine ähnliche Konzeption findet sich in der finnischen Sozialberichterstattung (Allardt, 1993). Hintergrund dieses Ansatzes ist die Überzeugung, dass Menschen bestimmte universelle Grundbedürfnisse haben (die Charakterisierung dieser Motivsysteme durch die Begriffe „having-loving-being" erinnert etwa an die Motivpyramide Maslows (1954)). Die mehr oder weniger vollständige Befriedigung dieser Grundbedürfnisse ist der Hintergrund für subjektives Wohlbefinden (und für die Bewertung gesellschaftlicher Wohlfahrt).

Bewältigungsprozesse: Ausgangspunkt der gerontologischen Bewältigungsforschung ist die Beobachtung, dass Menschen im Verlauf des Älterwerdens eine Reihe von irreversiblen Verlusten erleiden. Nimmt man an, dass Verlustereignisse das subjektive Wohlbefinden beeinträchtigen, müsste man dementsprechend folgern, dass das subjektive Wohlbefinden mit zunehmendem Alter abnimmt. Die empirische Literatur hat aber wiederholt gezeigt, dass dies nicht der Fall ist. Die Korrelationen zwischen Alter und allgemeiner Lebenszufriedenheit sind in der Regel so gering (Mannell & Dupuis, 1996; Smith & Baltes, 1996, S. 234), dass – gerade mit Blick auf alte und sehr alte Menschen – vom „Zufriedenheitsparadox" gesprochen wird (Staudinger, 2000). Die hohe Adaptationsfähigkeit oder Resilienz älter werdender Menschen ist eindrücklich beschrieben worden (Brandtstädter & Greve, 1992; Brandtstädter & Renner, 1990; Staudinger, Freund, Linden & Maas, 1996). Auf Diskrepanzen zwischen Lebensbedingungen und Lebensbewertung wurde auch im Rahmen der Sozialberichterstattung mit den Stichworten „Adaptation" (Anpassung an ungünstige Lebensbedingungen) und „Dissonanz" (Unzufriedenheit mit günstigen Lebensbedingungen) hingewiesen (Zapf, 1984).

Mit der Erklärung der Konstanz von Lebenszufriedenheit bis in das hohe Alter haben sich eine Reihe von entwicklungs- und bewältigungspsychologischen Ansätzen befasst. Beispielsweise sind jene Bewältigungsprozesse beschrieben worden, die auf Zielstrukturen und Vergleichsstandards in der Auseinandersetzung mit kritischen Lebensereignissen Einfluss nehmen (Brandtstädter & Rothermund, 2002; Schulz, Wrosch & Heckhausen, 2003). Die Grundidee dieser Ansätze besteht darin, dass Personen im Verlauf ihres Lebens Diskrepanzen zwischen angestrebten Entwicklungszielen und aktuellem Entwicklungsstand erleben. Im hohen Alter ist es nicht selten der Fall, dass auf Grund von Entwicklungsverlusten ein wertgeschätzter Entwicklungszustand bedroht ist. Die Höhe von Soll-Ist-Diskrepanzen beeinflusst das subjektive Wohlbefinden einer Person: Je höher der Unterschied zwischen tatsächlichem und angestrebten Entwicklungsstand, desto geringer das subjektive Wohlbefinden. Im Fall eines Unterschieds zwischen angestrebtem „Soll" und erlebtem „Ist"-Zustand sind zwei grundsätzliche Lösungen für eine Reduktion dieser Diskrepanz möglich: Zum einen kann die Person versuchen, ihre Lebenssituation in Richtung des angestrebten Ziels zu verändern, zum andern können Zielstrukturen und Bewertungsmaßstäbe verändert werden. In beiden Fällen würde es aufgrund der Diskrepanzreduktion zwischen „Soll"- und „Ist"-Zustand zu einer Erhöhung (bzw. einer Wiederherstellung) von subjektivem Wohlbefinden kommen (und natürlich ist es auch denkbar, dass beide Bewältigungsprozesse kombiniert werden). In empirischen Untersuchungen konnte gezeigt werden, dass im Alter jene Prozesse an Bedeutung gewinnen, die auf Veränderung individueller Zielstrukturen und

Bewertungsmaßstäbe gerichtet sind und den Zusammenhang zwischen Belastung und Zufriedenheit moderieren. Hierfür finden sich in der Literatur Begriffe wie „sekundäre Kontrolle", „akkommodative Prozesse" oder „flexible Zielanpassung" (Brandtstädter, Rothermund & Schmitz, 1998; Schulz, Wrosch & Heckhausen, 2003).

Zwischenresümee

Die Überlegungen zu „Bottom-up"-, „Top-Down"- und integrierenden Ansätzen haben deutlich gemacht, dass die Analyse der Bedingungen subjektiven Wohlbefindens eine Reihe von Bedingungsfaktoren zu berücksichtigen hat. Offensichtlich gibt es keinen einfachen Zusammenhang zwischen Merkmalen der objektiven Lebenslage und dem subjektiven Wohlbefinden von Menschen. Es ist deshalb notwendig, bei der Analyse subjektiven Wohlbefindens Prozesse der Bewertung und Bewältigung zu berücksichtigen. Im folgenden sollen nun bislang nur implizit berücksichtigte dynamische Prozesse von Wandel und Entwicklung des Wohlbefindens expliziert werden.

2.3 Wandel und Entwicklung des Wohlbefindens

Sozialberichterstattung sowie sozial- und verhaltenswissenschaftliche Alternsforschung untersuchen Prozesse des Wandels und der Entwicklung mit unterschiedlichen Schwerpunktsetzungen (siehe dazu auch den einführenden Beitrag von Tesch-Römer et al. in diesem Band). Während die Sozialberichterstattung in erster Linie Veränderungen auf gesellschaftlicher Ebene („gesellschaftlicher Wandel") untersucht, geht es in der sozial- und verhaltenswissenschaftlichen Alternsforschung auch um Veränderungsprozesse von Personen („individuelle Entwicklungsdynamik"). Im Folgenden sollen Prozesse des gesellschaftlichen Wandels sowie individuelle Entwicklungsdynamiken erörtert und mit Fragen des subjektiven Wohlbefindens verknüpft werden.

Gesellschaftlicher Wandel

Steht die Bewertung der gesellschaftlichen Entwicklung im Mittelpunkt des Interesses (wie dies bei der Sozialberichterstattung oder Sozialstaatsbeobachtung der Fall ist; Flora & Noll, 1999), so kommt es darauf an, das subjektive Wohlbefinden der Bevölkerung oder von Bevölkerungsgruppen im Verlauf der historischen Zeit zu beschreiben. Methodisch können Fragen dieser Art durch wiederholte Querschnittsuntersuchungen bearbeitet werden. Im Prozess der deutschen Einigung hat sich beispielweise gezeigt, dass noch im Jahr 2000 erkennbare Unterschiede in der Lebenszufriedenheit zwischen West- und Ostdeutschen bestanden (Delhey, 2002). In einem analytisch komplexeren Ansatz kann man danach fragen, ob die durchschnittliche Einkommensentwicklung mit der Veränderung des Wohlbefindens korrespondiert. Ein Beispiel hierfür ist der Befund, dass in den vergangenen Jahrzehnten die durchschnittliche subjektive Zufriedenheit sukzessiv nachwachsender Kohorten (in den USA) gleich geblieben ist oder sogar abgenommen hat, obwohl das individuell verfügbare Einkommen, auch unter Berücksichtigung der Kaufkraft, zugenommen hat (Easterlin & Schaeffer, 1999). Dieser Befund kann nur mit einem (gesellschaftlichen) Wandel von Bewertungsmaßstäben interpretiert werden. Individuelle Maßstäbe als Basis von Zufriedenheitsurteilen sind offensichtlich in ein soziales Wertesystem eingebettet, das sich im Verlauf der historischen Zeit verändert. Hier zeigt sich auch, dass gesellschaftlicher Wandel und individuelle Veränderungsprozesse miteinander verknüpft sind.

Individuelle Entwicklungsdynamik

Ein deutlich davon zu unterscheidendes Erkenntnisinteresse betrifft die Entwicklung von Personen im Lebenslauf. Grundsätzlich stehen dabei allgemeine und differenzielle Prozesse des Älterwerdens sowie Mechanismen, die allgemeine und differenzielle Altersverläufe erklären können, im Mittelpunkt. Um Fragen individueller Entwicklung angemessen untersuchen zu können, ist es notwendig, dieselben Personen im Verlauf der Zeit mehrfach zu befragen („Panel" oder „Längsschnitt"). Längsschnittdaten erlauben „die Identifizierung interindividueller Unterschiede in intraindividuellen Veränderungen, bieten Einblicke in Determinanten von Veränderungen und ermöglichen Analysen systemischer Zusammenhänge von Verhaltensänderungen" (Smith & Delius, 2003, S. 229). Hinsichtlich des hier zentralen Themas geht es um die Fragen, wie sich individuelles Wohlbefinden mit fortschreitendem Alter verändert und welche Aspekte der Lebenssituation für Veränderung und Stabilität des Wohlbefindens verantwortlich sind.

Untersuchungsfragen

Im Folgenden werden drei Untersuchungsfragen spezifiziert, in denen die Überlegungen zum Zusammenhang zwischen objektiver Lebenssituation und subjektivem Wohlbefinden mit den Ebenen des gesellschaftlichen Wandels und individueller Entwicklungsdynamik verknüpft werden.

Mittlere Veränderungen des subjektiven Wohlbefindens: In einem ersten Schritt sollen – im Sinne der Sozialberichterstattung – die Verläufe des subjektiven Wohlbefindens zwischen den beiden Messzeitpunkten 1996 und 2002 beschrieben werden. Diese deskriptiven Analysen sollen aufzeigen, ob sich das subjektive Wohlbefinden der Bevölkerung in der zweiten Lebenshälfte innerhalb der sechs Jahre, die zwischen 1996 und 2002 verstrichen sind, im Mittel verändert hat. Dabei werden die Ergebnisse differenziert nach Altersgruppen, Geschlecht, Region und Schicht ausgewertet. Von besonderem Interesse hierbei ist die Frage, ob sich im Zuge der deutschen Einheit die regionalen Unterschiede zwischen Ost- und Westdeutschland verringert haben. Datenbasis dieser Auswertungen sind Basis- und Replikationsstichprobe (s.u. und Beitrag von Engstler, Wurm in diesem Band).

Objektive Lebenslage und subjektives Wohlbefinden im Querschnitt: In einem zweiten Schritt soll systematischer untersucht werden, in welcher Weise Merkmale der objektiven Lebenslage mit subjektivem Wohlbefinden korrelieren. Dabei wird dem oben diskutierten Mediator-Modell des subjektiven Wohlbefindens gefolgt. Somit werden nicht allein Merkmale der objektiven Lebenssituation, sondern auch bereichsspezifische Bewertungen berücksichtigt. In den Analysen der ersten Welle aus dem Jahr 1996 hatte sich gezeigt, dass weniger die Merkmale der objektiven Lebenssituation als vielmehr bereichsspezifische Bewertungen eine Vorhersage der allgemeinen Lebenszufriedenheit erlauben (Westerhof, 2001). Mit den Daten der zweiten Welle des Alterssurveys kann nun überprüft werden, ob die Zusammenhänge zwischen objektiver Lebenssituation, bereichsspezifischen Bewertungen und subjektivem Wohlbefinden über die Zeit hinweg (1996 und 2002) stabil sind. Dazu werden entsprechende Analysen mit der Basis- und Replikationsstichprobe durchgeführt.

Veränderung der Lebenssituation und subjektives Wohlbefinden: In einem dritten Schritt stehen individuelle Entwicklungsprozesse im Mittelpunkt der Analysen. Hier ergibt sich die Möglichkeit, Veränderungen in der objektiven Lebenssituation mit Veränderungen in bereichsspezifischen Bewertungen sowie Veränderungen in allgemeiner Lebenszufriedenheit in Beziehung zu setzen. Entsprechend dem Mediator-Modell des subjektiven Wohlbefindens sollten Veränderungen in der objektiven Lebenssituation stärker mit Veränderungen in bereichsspezifischen Bewertungen als mit Veränderungen in allgemeiner Lebenszufriedenheit korrelieren. Berücksichtigt werden hierbei individuelle Veränderungen im Erwerbsstatus, in der finanziellen Situation, im sozialen Netzwerk sowie im Gesundheitszustand. Dementsprechend stützen sich die Analysen auf die Panelstichprobe des Alterssurveys.

3 Datenbasis

Für die Analyse des Wandels im subjektiven Wohlbefinden werden *Basisstichprobe* (1996, n=4.838) und *Replikationsstichprobe* (2002, n=3.084) miteinander verglichen. Da nicht alle Personen, mit denen ein Interview geführt wurde, auch einen „Drop-off"-Fragebogen ausgefüllt haben, umfassen die Datensätze für jene Variablen, die ausschließlich im Fragebogen erhoben wurden, nur 4.034 Fälle (Basisstichprobe) bzw. 2.778 Fälle (Replikationsstichprobe). Beide Stichproben weisen zur Erhebung einen Altersrange von 40 bis 85 Jahren auf (Alter = Erhebungsjahr minus Geburtsjahr); allerdings beruht die Basisstichprobe auf den Geburtskohorten 1911-1956, die Replikationsstichprobe auf den Geburtskohorten 1917 bis 1962.

Für alle längsschnittlichen Analysen wird der *Paneldatensatz* verwendet. Dieser Datensatz umfasst n=1.524 Fälle, die zu beiden Messzeitpunkten in den Jahren 1996 und 2002 an der Erhebung teilgenommen haben. Für jene Variablen, die ausschließlich im Selbstausfüller-Fragebogen erhoben wurden, umfasst dieser Datensatz 1.438 Fälle. Der Altersrange der Panelstichprobe umfasst im Jahr 1996 die Altersgruppen 40 bis 85 Jahre und im Jahr 2002 die Altersgruppen 46 bis 91 Jahre (Geburtskohorten 1911-1956). Zu beachten ist, dass die Panelstichprobe zum ersten Messzeitpunkt eine Untermenge der Basisstichprobe ist.

Für deskriptive Analysen wurden gewichtete Daten verwendet, die im Fall von Basis- und Replikationsstichprobe die Schichtungsvariablen berücksichtigen. Für multivariate Analysen wurden ungewichtete Daten verwendet. Weitere Informationen zur Datenbasis und Gewichtung sind im Beitrag von Engstler, Wurm in diesem Band zu finden.

Als abhängige Variablen wurden kognitive und affektive Komponenten des Wohlbefindens erhoben (s. Tabelle 1). Die allgemeine Lebenszufriedenheit wurde mit einer fünf Items umfassenden Skala erhoben (Pavot & Diener, 1993). Zusätzlich wurden bereichsspezifische Einschätzungen der Lebenszufriedenheit herangezogen (für die Lebensbereiche Beruf bzw. Ruhestand, Lebensstandard, Partnerschaft, Verhältnis zu Freunden und Bekannten und Gesundheit); zur Einschätzung stand den Befragten jeweils eine fünfstufige Bewertung des Lebensbereichs (sehr gut, gut, mittel, schlecht, sehr schlecht) zur Verfügung. Die Häufigkeit des positiven und negativen Affekts wurde mit der PANAS-Skala erhoben (Watson, Clark & Tellegen, 1988).

Tabelle 1: Übersicht über Konstrukte und Indikatoren des subjektiven Wohlbefindens

Konstrukte	*Operationalisierung*
Allgemeine Lebenszufriedenheit	Skala (5 Items; Pavot & Diener, 1993): „In den meisten Dingen ist mein Leben nahezu ideal", „Meine Lebensbedingungen sind hervorragend", „Ich bin zufrieden mit meinem Leben", „Die wichtigsten Dinge, die ich im Leben will, habe ich weitestgehend erreicht", „Wenn ich mein Leben noch einmal leben könnte, würde ich kaum etwas anders machen". Antwortmöglichkeiten: trifft genau zu (5), trifft eher zu (4), weder/noch (3), trifft eher nicht zu (2), trifft gar nicht zu (1)
Bereichsspezifische Zufriedenheit	Einzel-Items zu den Bereichen Lebensstandard, Wohnsituation, Familie, Partnerschaft, Freunde/Bekannte, Beruf/Ruhestand, Freizeit, Gesundheit, z.B. „Einmal insgesamt betrachtet, wie bewerten Sie Ihre gegenwärtige berufliche Situation?" Antwortmöglichkeiten: sehr gut (5), gut (4), mittel (3), schlecht (2), sehr schlecht (1)
Positiver Affekt	Skala (10 Items; Watson, Clark & Tellegen, 1988). Bitte geben Sie an, wie Sie sich in den letzten Monaten gefühlt haben: begeistert, freudig erregt/erwartungsvoll, stark, interessiert, stolz, wach, angeregt, entschlossen, aufmerksam, aktiv. Antwortmöglichkeiten: sehr häufig (5), häufig (4), manchmal (3), eher selten (2), nie (1)
Negativer Affekt	Skala (10 Items; Watson Clark & Tellegen, 1988): Bitte geben Sie an, wie Sie sich in den letzten Monaten gefühlt haben: bedrückt, verärgert, schuldig, eingeschüchtert, feindselig, reizbar, beschämt, nervös, durcheinander, ängstlich. Antwortmöglichkeiten: sehr häufig (5), häufig (4), manchmal (3), eher selten (2), nie (1)

Tabelle 2 gibt einen Überblick zu deskriptiven Maßen (Range, arithmetischer Mittelwert, Standardabweichung und Stichprobengröße) der den Analysen zugrunde liegenden abhängigen Variablen. Die Skalen „Lebenszufriedenheit" (LZ), „Positiver Affekt" (PA) und „Negativer Affekt" (NA) korrelieren in mittlerer Höhe miteinander (im Jahr 1996: $r_{LZ-PA}=.33$, $r_{LZ-NA}=-.29$, $r_{PA-NA}=-.14$; im Jahr 2002: $r_{LZ-PA}=.49$, $r_{LZ-NA}=-.38$, $r_{PA-NA}=.23$). Diese Korrelationen zeigen, dass es sinnvoll und notwendig ist, drei Facetten des subjektiven Wohlbefindens voneinander zu unterscheiden: Lebenszufriedenheit, positiver Affekt und negativer Affekt. Allerdings erkennt man auch, dass diese Facetten miteinander zusammenhängen (und sich möglicherweise gegenseitig beeinflussen). Als soziodemografische Basisinformationen werden Angaben zu Alter, Geschlecht und Region herangezogen. Als Lebenslageindikator wird die Schichtzugehörigkeit (5-stufig)[2] berücksichtigt. Als weitere Aspekte der Lebenssituation werden die Bereiche Erwerbsstatus, Einkommen, Partnerschaft, Netzwerkgröße und Gesundheit berücksichtigt. Für Analysen der individuellen Entwicklungsdynamik wurden Veränderungen in diesen Lebensbereichen zwischen 1996 und 2002 berücksichtigt (vgl. Abschnitt 6).

Tabelle 2: Deskriptive Maße der Skalen des subjektiven Wohlbefindens[1]

	Range	$\bar{x}$	SD	N
Lebenszufriedenheit				
1996	1-5	3,72	0,83	4.004
2002	1-5	3,82	0,80	2.775
Positiver Affekt				
1996	1-5	3,33	0,63	3.867
2002	1-5	3,48	0,59	2.777
Negativer Affekt				
1996	1-5	2,12	0,53	3.865
2002	1-5	2,01	0,57	2.778

Quelle: Basisstichprobe (1996) und Replikationsstichprobe (2002) des Alterssurveys
1 Unter „www.dza.de/download/Alterssurvey_Instrumente.pdf" ist das vollständige Erhebungsinstrument ist erhältlich.

4 Gesellschaftlicher Wandel des subjektiven Wohlbefindens

Zunächst werden mittlere Veränderungen im subjektiven Wohlbefinden zwischen den beiden Meßzeitpunkten 1996 und 2002 differenziert nach Altersgruppen, Geschlecht, Region und Schicht beschrieben. Im Anschluss daran werden individuelle Verläufe des subjektiven Wohlbefindens zwischen den beiden Messzeitpunkten 1996 und 2002 analysiert. Berücksichtigung finden dabei Ergebnisse, die sich auf die Skalen „Allgemeine Lebenszufriedenheit", „Positiver Affekt" und „Negativer Affekt" beziehen. Mit den Befunden dieser deskriptiven Analysen lässt sich überprüfen, ob, wie stark und in welche Richtung sich das subjektive Wohlbefinden von 40- bis 85-jährigen Menschen zwischen 1996 und 2002 verändert hat. In diesen Analysen wird danach gefragt, ob sich allgemeine Trends bei Angehörigen verschiedener Altersgruppen, für Frauen und Männer, Ost- und Westdeutsche sowie für Angehörige verschiedener sozialer Schichten

---

2 Zur Operationalisierung der Schichtzugehörigkeit vgl. Mayer & Wagner, 1999, S.251ff. und Kohli, Künemund, Motel & Szydlik, 2000, S.322.

in ähnlicher Weise vollzogen haben. Besondere Aufmerksamkeit wird dabei regionalen Unterschieden gewidmet: Zu fragen ist, ob sich die Unterschiede zwischen Ost- und Westdeutschen im subjektiven Wohlbefinden, die noch im Jahr 1996 deutlich zu erkennen waren (Westerhof, 2001), im zeitlichen Verlauf vermindert haben. Datenbasis dieser Auswertungen sind die Basis- und Replikationsstichprobe des Altersurveys.

4.1 Allgemeine Lebenszufriedenheit

Die durchschnittlichen Werte der Skala „Allgemeine Lebenszufriedenheit" für die Jahre 1996 und 2002, getrennt nach Altersgruppen, Geschlecht, Region sowie Schichtzugehörigkeit, sind in Tabelle 3 aufgeführt. In Bezug auf die allgemeine Lebenszufriedenheit zeigt sich eine leichte, aber statistisch bedeutsame Zunahme zwischen den Jahren 1996 und 2002: Während die allgemeine Lebenszufriedenheit der 40- bis 85-jährigen Menschen im Jahr 1996 bei 3,72 Punkten liegt, beträgt dieser Wert im Jahr 2002 3,82 Punkte (s. Tabelle 3). Damit liegt die allgemeine Zufriedenheit auf einem recht hohen Niveau (die betreffende Skala reicht von 1 bis 5). Allerdings zeigt sich nicht für alle Untergruppen von Personen eine Zunahme der allgemeinen Lebenszufriedenheit. Im Jahr 1996 äußern die ältesten Befragten (70-85 Jahre) die höchste Zufriedenheit, im Jahr 2002 ist dies die mittlere Altersgruppe (55-69 Jahre). Während die älteste und die jüngste Gruppe stabile Werte aufweisen, zeigt sich in der mittleren Altersgruppe eine statistisch bedeutsame Zunahme an Zufriedenheit.

Frauen äußern zu beiden Zeitpunkten in stärkerem Maß Zufriedenheit als Männer. Für beide Geschlechter zeigen sich ähnliche positive Zuwächse in allgemeiner Lebenszufriedenheit. Während Menschen in den neuen Bundesländern im Jahr 1996 eine deutlich geringere Zufriedenheit äußern als Menschen in den alten Bundesländern, hat sich dieser Unterschied im Jahr 2002 verringert. Sehr deutliche Unterschiede in der allgemeinen Lebenszufriedenheit finden sich hinsichtlich der Schichtzugehörigkeit. Einen Zuwachs an geäußerter Lebenszufriedenheit zwischen 1996 und 2002 lässt sich zudem nur für die mittlere bis gehobene Mittelschicht finden. Die Lebenszufriedenheit von Menschen, die der Unterschicht, der unteren Mittelschicht und der oberen Mittelschicht angehören, erhöht sich dagegen zwischen 1996 und 2002 nicht wesentlich.

Tabelle 3: Mittelwerte der Skala „Lebenszufriedenheit" für die Jahre 1996 und 2002. Vergleich von Basis- und Replikationsstichprobe

	1996 $\bar{x}$	SD	2002 $\bar{x}$	SD	p
Insgesamt	3,72	0,83	3,82	0,80	**
Altersgruppen					
Jüngste Gruppe (40-54 Jahre)	3,70	0,80	3,74	0,81	n.s.
Mittlere Gruppe (55-69 Jahre)	3,72	0,85	3,93	0,75	**
Älteste Gruppe (70-85 Jahre)	3,79	0,83	3,79	0,85	n.s.
Geschlecht					
Männer	3,69	0,82	3,78	0,81	**
Frauen	3,76	0,83	3,85	0,80	**
Region					
Alte Bundesländer	3,78	0,81	3,85	0,81	**
Neue Bundesländer	3,49	0,84	3,69	0,78	**
Schicht					
Unterschicht	3,53	0,90	3,56	0,89	n.s.
Untere Mittelschicht	3,68	0,84	3,67	0,86	n.s.
Mittlere Mittelschicht	3,74	0,81	3,93	0,73	**
Gehobene Mittelschicht	3,80	0,79	3,93	0,73	**
Obere Mittelschicht	3,92	0,68	3,99	0,72	n.s.

Quelle: Alterssurvey Basisstichprobe 1996 (n= 4.004, gewichtet), Replikationsstichprobe 2002 (n= 2.775, gewichtet), *p<.05; **p<.01; SD = Standardabweichung

4.2 Positiver und negativer Affekt

Die Skala „Positiver Affekt" ist ein Indikator für die Häufigkeit angenehmer Emotionen, die eine Person in ihrem täglichen Leben erfährt. Zwischen 1996 und 2002 erhöhten sich die von den befragten Personen berichteten positiven Emotionen (s. Tabelle 4). Insgesamt erhöht sich der mittlere Skalenwert von 3,33 im Jahr 1996 auf 3,48 im Jahr 2002 (auch hier handelt es sich um eine Skala, die von 1 bis 5 reicht). Hinsichtlich des positiven Affekts zeigen sich statistisch bedeutsame Altersunterschiede: Die älteste Gruppe weist im Vergleich mit den beiden anderen Altersgruppen sowohl 1996 als auch 2002 die geringsten Werte auf. Zwischen 1996 und 2002 findet sich ein leichter, aber statistisch bedeutsamer Anstieg der Häufigkeit angenehmer Emotionen in allen drei Altersgruppen (p<.01).

Tabelle 4: Mittelwerte der Skala „Positiver Affekt" für die Jahre 1996 und 2002. Vergleich von Basis- und Replikationsstichprobe

	1996 $\bar{x}$	SD	2002 $\bar{x}$	SD	p
Insgesamt	3,33	0,63	3,48	0,59	**
Altersgruppen					
Jüngste Gruppe (40-54 Jahre)	3,43	0,58	3,56	0,57	**
Mittlere Gruppe (55-69 Jahre)	3,32	0,61	3,51	0,55	**
Älteste Gruppe (70-85 Jahre)	3,06	0,70	3,26	0,66	**
Geschlecht					
Männer	3,33	0,61	3,49	0,58	**
Frauen	3,32	0,65	3,46	0,60	**
Region					
Alte Bundesländer	3,34	0,63	3,48	0,59	**
Neue Bundesländer	3,24	0,61	3,44	0,61	**
Schicht					
Unterschicht	3,06	0,65	3,22	0,63	**
Untere Mittelschicht	3,29	0,65	3,31	0,60	n.s.
Mittlere Mittelschicht	3,39	0,57	3,56	0,54	**
Gehobene Mittelschicht	3,46	0,57	3,64	0,52	**
Obere Mittelschicht	3,50	0,58	3,80	0,50	**

Quelle: Alterssurvey Basisstichprobe 1996 (n= 4.004, gewichtet), Replikationsstichprobe 2002 (n= 2.775, gewichtet), *p<.05; **p<.01; SD = Standardabweichung

Größere Zuwächse in der Häufigkeit positiver Emotionen finden sich bei der mittleren und der ältesten Altersgruppe (55-69 bzw. 70-85 Jahre). Männer und Frauen unterscheiden sich im positiven Affekt nicht wesentlich, und auch die (statistisch bedeutsamen) Zuwächse zwischen 1996 und 2002 sind für beide Geschlechter ähnlich. Verglichen mit Menschen in den alten Bundesländern gaben Menschen in den neuen Bundesländern im Jahr 1996 seltener an, positive Emotionen zu erleben. Dieser Unterschied war im Jahr 2002 allerdings nahezu verschwunden: Der Zuwachs der Häufigkeit angenehmer Emotionen war in den neuen Bundesländern höher als in den alten Bundesländern (statistisch bedeutsame Interaktion). Deutliche Unterschiede im Erleben angenehmer Emotionen finden sich hinsichtlich der sozialen Schicht: Hier sind große Unterschiede zwischen Angehörigen der Unterschicht und der unteren Mittelschicht sowie Angehörigen der gehobenen und oberen Mittelschicht festzustellen. Die Unterschiede zwischen den Jahren 1996 und 2002 sind in Abhängigkeit von der Schichtzugehörigkeit unterschiedlich: Die Zunahme der Häufigkeit positiver Emotionen zwischen beiden Jahren ist für Angehörige der obersten Schichten am größten.

Die Skala „Negativer Affekt" ist ein Indikator für die Häufigkeit unangenehmer Emotionen, die eine Person in ihrem täglichen Leben erfährt. Insgesamt berichten alle Befragten zwischen 1996 und 2002 im Durchschnitt über eine leichte Abnahme im Erleben unangenehmer Gefühle, wobei die Häufigkeit negativer Emotionen durchgängig recht gering ist (s. Tabelle 5). Während der mittlere Wert im Jahr 1996 bei 2,12 Skalenpunkten liegt, sinkt dieser im Jahr 2002 auf 2,01 Skalenpunkte (auf einer Skala von 1 bis 5). Mit dem Alter verringert sich die Häufigkeit des Erlebens negativer Emotionen. Zudem sank zwischen 1996 und 2002 für alle Altersgruppen die Häufigkeit, unangenehme Gefühle zu erleben.

Frauen äußern eine höhere Häufigkeit negativer Gefühle als Männer ($p<.05$). Für beide Geschlechter ist zwischen den Jahren 1996 und 2002 ein ähnlicher Rückgang festzustellen. Die Menschen in West- und Ostdeutschland unterscheiden sich hinsichtlich des Erlebens negativer Emotionen kaum. Es zeigen sich geringe, aber statistisch signifikante Unterschiede zwischen Angehörigen verschiedener sozialer Schichten: Mit höherer sozialer Schicht sinkt das Erleben negativer Emotionen leicht. Veränderungen im Erleben unangenehmer Emotionen zwischen 1996 und 2002 unterscheiden sich nicht für verschiedene soziale Schichten.

Tabelle 5: Mittelwerte der Skala „Negativer Affekt" für die Jahre 1996 und 2002. Vergleich von Basis- und Replikationsstichprobe

	1996 $\bar{x}$	SD	2002 $\bar{x}$	SD	p
Insgesamt	2,12	0,53	2,01	0,57	**
Altersgruppen					
Jüngste Gruppe (40-54 Jahre)	2,18	0,53	2,11	0,59	**
Mittlere Gruppe (55-69 Jahre)	2,10	0,52	1,95	0,54	**
Älteste Gruppe (70-85 Jahre)	2,01	0,54	1,91	0,54	**
Geschlecht					
Männer	2,06	0,53	1,97	0,57	**
Frauen	2,18	0,53	2,04	0,57	**
Region					
Alte Bundesländer	2,12	0,53	2,01	0,57	**
Neue Bundesländer	2,12	0,52	1,99	0,58	**
Schicht					
Unterschicht	2,17	0,60	2,07	0,63	*
Untere Mittelschicht	2,12	0,54	1,99	0,59	**
Mittlere Mittelschicht	2,13	0,50	2,04	0,56	**
Gehobene Mittelschicht	2,10	0,50	1,97	0,56	**
Obere Mittelschicht	2,09	0,53	1,98	0,50	*

Quelle: Alterssurvey Basisstichprobe 1996 (n= 4.004, gewichtet), Replikationsstichprobe 2002 (n= 2.775, gewichtet), *p<.05; **p<.01; SD = Standardabweichung

4.3 Zusammenfassung

Zusammenfassend lässt sich mit Blick auf die gesellschaftliche Entwicklung feststellen, dass Menschen in der zweiten Lebenshälfte im Durchschnitt eine hohe Lebenszufriedenheit äußern, recht häufig positive Emotionen erleben und eher selten negative Gefühle erfahren. Zwischen 1996 und 2002 nahmen Zufriedenheit und positiver Affekt im Durchschnitt leicht zu und negativer Affekt leicht ab. Angesichts des statistisch zwar bedeutsamen, aber nur sehr geringen Anstiegs sollte mit Blick auf die durchschnittliche Befindlichkeit von Menschen in der zweiten Lebenshälfte von subjektivem Wohlbefinden auf hohem Niveau gesprochen werden. Die Ursachen für die Zunahme an Lebenszufriedenheit und positivem Affekt sowie die Abnahme an negativem Affekt können anhand der hier vorgelegten deskriptiven Befunde nicht identifiziert werden. Diesen Werten kann durchaus ein langfristiger Trend zugrunde liegen. Auch wenn nicht vollständig ausgeschlossen werden kann, dass es sich hierbei um kurzfristige Testzeiteffekte (Periodeneffekte) oder Methodenartefakte (etwa aufgrund von Veränderungen in anderen Teilen des Erhebungsinstruments) handelt, so sprechen zwei Argumente für das Vorhandensein eines Trends. Zum einen zeigen sich ähnliche Effekte in anderen Studien (z.B. im Wohlfahrtssurvey, Bulmahn, 2002). Zum anderen zeigen sich nicht für alle Subgruppen ähnliche Effekte. Hierbei sind zwei Befunde von besonderer Bedeutung. (a) Die Zufriedenheit von Menschen, die in den neuen Bundesländern leben, nahm zwischen 1996 und 2002 besonders deutlich zu. Es bestehen zwar auch im Jahr 2002 Unterschiede in der Lebenszufriedenheit, aber diese sind im Vergleich zum Jahr 1996 erheblich kleiner geworden. (b) Angehörige der unteren sozialen Schichten zeigen zwischen 1996 und 2002 nur geringe Zugewinne in der Lebenszufriedenheit. Diese Zugewinne waren für Angehörige der mittleren und gehobenen sozialen Schicht deutlich größer. Die erheblichen Unterschiede in der Lebenszufriedenheit zwischen sozialen Schichten blieben über den Zeitraum von sechs Jahren stabil.

In den Analysen zeigt sich auch, dass die berücksichtigten Komponenten des subjektiven Wohlbefindens (Zufriedenheit und Affekt) unterschiedliche Ergebnismuster aufweisen. Frauen geben zwar höhere Zufriedenheit an als Männer, äußern aber zugleich in höherem Maß das Erleben negativer Gefühle. Diese geschlechtsspezifischen Befundmuster sind möglicherweise auf unterschiedliche Verarbeitungsprozesse oder auf unterschiedliches Antwortverhalten von Männern und Frauen zurückzuführen: Frauen und Männer könnten sich mit Blick auf das Erleben negativer Emotionen unterscheiden; es könnte aber auch sein, dass Frauen eher bereit sind als Männer, über das Erleben negativer Emotionen zu sprechen.

Schließlich ist darauf hinzuweisen, dass die Unterschiede zwischen verschiedenen Vergleichsgruppen in den meisten Fällen gering ausfallen (maximal ein halber Punkt auf einer fünfstufigen Skala). Beispielsweise geben Angehörige der oberen Mittelschicht im Jahr 2002 im Mittel einen Wert von 4 auf der Skala „Lebenszufriedenheit" an (dies entspricht etwa dem Urteil „trifft eher zu"), während Angehörige der Unterschicht einen Wert von 3,6 angeben (dieser Skalenpunkt liegt zwischen den Urteilen „weder/noch" und „trifft eher zu"). Hieran ist zu erkennen, dass neben den Merkmalen der objektiven Lebenslage wahrscheinlich weitere Faktoren das individuelle Zufriedenheitsurteil beeinflussen. Entsprechende Analysen werden im nächsten Abschnitt vorgenommen.

5 Objektive Lebenslage und subjektives Wohlbefinden

In den bislang vorgelegten Analysen wurde der Einfluss der objektiven Lebenssituation auf das subjektive Wohlbefinden eher allgemein analysiert (durch den Vergleich verschiedener Bevölkerungsgruppen). Im Folgenden werden nun Analysen vorgelegt, in denen es um den Einfluss bestimmter Merkmale der Lebenslage auf das subjektive Wohlbefinden geht. Dabei wird der Zusammenhang zwischen Lebenslagemerkmalen, bereichsspezifischen Bewertungen und globalen Indikatoren subjektiven Wohlbefindens zunächst im Querschnitt analysiert. Im dann folgenden Abschnitt 6 werden Veränderungen der Lebenssituation mit Veränderungen des Wohlbefindens in Beziehung gesetzt.

5.1 Mediator-Modell des subjektiven Wohlbefindens

In der Literatur zum subjektiven Wohlbefinden wird davon ausgegangen, dass Zufriedenheitsurteilen Wahrnehmungs- und Beurteilungsprozesse zugrunde liegen (Campbell, Convers & Rodgers, 1976; Smith et al., 1996; 1999; s. auch Abschnitt 2.2). In Abbildung 1 ist ein entsprechendes Modell grafisch dargestellt. Lebenslagen sind durch eine Reihe spezifischer Dimensionen oder Merkmale gekennzeichnet. Diese Dimensionen umfassen beispielsweise die materielle Lage (etwa Einkommen und Vermögen), die soziale Integration (etwa Partnerschaft, Elternschaft, Einbettung in ein soziales Netz), die gesellschaftliche Partizipation (etwa durch Teilnahme am Erwerbsleben oder im bürgerschaftlichen Engagement) sowie Gesundheit.

Subjektives Wohlbefinden wird im Rahmen dieses Modells jedoch nicht direkt von den objektiven Bedingungen der Lebenslage beeinflusst, sondern aufgrund von lebensbereichsspezifischen Bewertungen. Personen beurteilen dabei unterschiedliche Aspekte ihrer Lebenslage mit Blick auf individuelle Vergleichsmaßstäbe. Erst diese bereichsspezifischen Bewertungen beeinflussen das subjektive Wohlbefinden. Dieses Modell lässt sich auch als *Mediator-Modell* des subjektiven Wohlbefindens bezeichnen.

In den Analysen der ersten Welle hatten sich Belege für das in Abbildung 1 dargestellte Modell gezeigt (Westerhof, 2001). Weniger die Merkmale der objektiven Lebenssituation als vielmehr die bereichsspezifischen Bewertungen erlaubten eine Vorhersage der allgemeinen Lebenszufriedenheit (Westerhof, 2001). Mit den Daten der zweiten Welle des Alterssurveys kann nun überprüft werden, ob die Zusammenhänge zwischen objektiver Lebenssituation, bereichsspezifischen Bewertungen und subjektivem Wohlbefinden über die Zeit hinweg (1996 und 2002) stabil sind.

Abbildung 1: Subjektives Wohlbefinden als Resultat kognitiver Bewertungsprozesse
(Mediator-Modell des subjektiven Wohlbefindens, SWB)

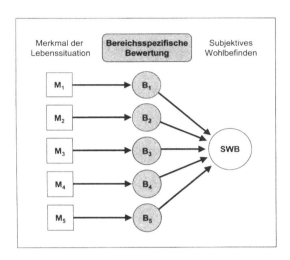

Mit Blick auf die Komponenten des subjektiven Wohlbefindens (Lebenszufriedenheit sowie positiver und negativer Affekt) kann man annehmen, dass dieses Modell vor allem für die kognitive Komponente des subjektiven Wohlbefindens, die allgemeine Lebenszufriedenheit zutrifft. Gerade hier geht es um die Bündelung bereichsspezifischer Zufriedenheitsurteile zu einem Gesamturteil über die eigene Lebenssituation. Das affektive System von (positiven und negativen) Emotionen scheint dem kognitiven System der Beurteilung der Situation dagegen vorgeordnet zu sein. Positive und negative Affekte entstehen in direkter Reaktion auf Ereignisse und Erfahrungen und beeinflussen ihrerseits Bewertungs- und Beurteilungsprozesse (Schwarz & Strack, 1991). Emotionale Zustände wie „Glück" oder „Niedergeschlagenheit" werden daher weniger von kognitiven Bewertungsprozessen als vielmehr von täglichen Ereignissen („daily hassles" und „uplifts") beeinflusst. Dies bedeutet für statistische Analysen, dass die Varianz der allgemeinen Lebenszufriedenheit durch eine Kombination von Indikatoren der Lebenslage und bereichsspezifischer Bewertungen besser erklärt werden kann als dies für die affektiven Indikatoren (positiver und negativer Affekt) zutrifft.

Im Folgenden werden die drei Aspekte des subjektiven Wohlbefindens (Lebenszufriedenheit, positiver Affekt, negativer Affekt) durch Merkmale der Lebenslage sowie durch bereichsspezifische Bewertungen vorhergesagt. Dabei wird neben den soziodemografischen Schichtungsmerkmalen der Stichprobe (Alter, Geschlecht, Landesteil) zusätzlich das Qualifikationsniveau mit vier Stufen berücksichtigt (ohne Berufsausbildung; niedriger Schulabschluss und nichtakademische Berufsausbildung; mittlerer oder höherer Schulabschluss und nicht akademische Berufsausbildung; abgeschlossenes Studium). Als Merkmale der Lebenssituation werden drei Bereiche herangezogen: Materielle Lage, soziale Integration und Gesundheit. Indikatoren der materiellen Lage sind nachfolgend soziale Schicht (fünfstufig: Unterschicht, untere Mittelschicht, mittlere Mittelschicht, gehobene Mittelschicht, obere Mittelschicht) und Einkommen (personenbezogenes Äquivalenzeinkommen, berechnet nach den aktuellen Vorgaben der OECD). Merkmale der sozialen Integration werden über das Vorhandensein von Partnerschaft, Elternschaft sowie Zahl der Netzwerkpartner berücksichtigt. Als Indikator für die körperliche Gesundheit wird die Zahl genannter Krankheiten herangezogen. Schließlich werden als bereichsspezifische Zufriedenheitsurteile die Bewertungen des Lebensstandards, der Familienbeziehungen, der Beziehung zum Partner (bzw. der Situation ohne Partner), der Beziehungen zu Freunden und Bekannten sowie der Gesundheit berücksichtigt.

5.2 Befunde

In Tabelle 6 sind die Ergebnisse von multiplen Regressionsanalysen für den Indikator „allgemeine Lebenszufriedenheit" zusammengestellt (jeweils für die Jahre 1996 und 2002). Im Modell 1 werden zunächst soziodemografische Charakteristika sowie Indikatoren der Lebenslage als Prädiktoren für allgemeine Lebenszufriedenheit verwendet. Im Modell 2 werden zusätzlich bereichsspezifische Bewertungen in die Regressionsgleichung eingeführt.

Im Jahr 2002 werden durch soziodemografische Charakteristika und Merkmale der Lebenssituation etwa 17 Prozent der Varianz in der abhängigen Variable „allgemeine Lebenszufriedenheit" aufgeklärt (Modell 1). Die stärksten Prädiktoren sind dabei Gesundheitszustand (ß=-.24, je mehr Krankheiten eine Person nennt, desto geringer ist ihre Lebenszufriedenheit), Alter (ß=.23, je höher das Alter, desto höher die Lebenszufriedenheit), Partnerschaft (ß=.21, Personen mit Partner äußern eine höhere Lebenszufriedenheit als Personen ohne Partner) und

Äquivalenzeinkommen (ß=.15, je höher das Einkommen, desto höher die Lebenszufriedenheit).

Tabelle 6: Ergebnisse der Regression der Skala „Lebenszufriedenheit" auf objektive Merkmale der Lebenssituation sowie subjektive bereichsspezifische Bewertungen

	1996 Modell 1 Beta	p	1996 Modell 2 Beta	p	2002 Modell 1 Beta	p	2002 Modell 2 Beta	p
Alter	.22	**	.16	**	.23	**	.18	**
Geschlecht (0=Männer, 1= Frauen)	.08	**	.04	**	.09	**	.05	**
Landesteil (0=Ost, 1=West)	.11	**	.08	**	.04	**	.02	n.s.
Qualifikationsniveau (4 Stufen)	-.04	n.s.	-.07	**	-.05	*	-.06	*
Soziale Schicht (5 Stufen)	.09	**	.03	n.s.	.09	**	.04	n.s.
Äquivalenzeinkommen	.13	**	.03	**	.15	**	.04	n.s.
Kinder (0=keine, 1= mind. eins)	.04	*	.04	**	.03	*	.04	*
Partner (0=kein Partner, 1=Partner)	.17	**	.04	**	.21	**	.10	**
Netzwerkgröße	.03	n.s.	.00	n.s.	.08	n.s.	.02	n.s.
Zahl der Krankheiten	-.19	**	-.06	**	-.24	**	-.12	**
Bewertung Lebensstandard			.31	**			.27	**
Bewertung Familie			.09	**			.07	**
Bewertung Partnerschaft			.16	**			.15	**
Bewertung Freunde/Bekannte			.05	**			.08	**
Bewertung Gesundheitszustand			.19	**			.19	**
R^2 *(korrigiert)*	.12	**	.30	**	.17	**	.35	**
Zuwachs an R^2 (korrigiert)			.18	**			.18	**

Quelle: Alterssurvey Basisstichprobe 1996 (n= 2.972), Replikationsstichprobe 2002 (n= 2.094).
* p<.05, ** p<.01

Fügt man in das Regressionsmodell bereichsspezifische Bewertungen ein (Modell 2), so werden im Jahr 2002 zusätzlich 18 Prozent an Varianz in der abhängigen Variable aufgeklärt (die gesamte Varianzaufklärung beträgt R^2=.35). Die stärksten Prädiktoren sind nun vor allem bereichsspezifische Bewertungen, und zwar die Bewertung des Lebensstandards (ß=.27), die Bewertung des Gesundheitszustandes (ß=.19) sowie die Bewertung der Partnerschaft (ß=.15). Hierbei gilt für alle bereichsspezifischen Bewertungen: Je besser die Bewertung des jeweiligen Lebensbereichs, desto höher ist die allgemeine Lebenszufriedenheit. Soziodemografische Charakteristika und Merkmale der objektiven Lebenssituation weisen in Modell 2 (im Vergleich zu Modell 1) durchweg verringerte Koeffizienten auf (s. insbesondere die Koeffizienten der Prädiktoren Gesundheitszustand, Partnerschaft und Äquivalenzeinkommen). Anzumerken ist, dass auch bei Berücksichtigung aller konkurrierender Prädiktoren der positive Zusammenhang zwischen Alter und Lebenszufriedenheit bestehen bleibt. Die bereichsspezifischen Bewertungen leisten einen eigenständigen Beitrag zur Varianzaufklärung der allgemeinen Lebenszufriedenheit. Diese ist also nicht nur bzw. nur teilweise durch die objektiven Lebenslagemerkmale determiniert.

Die Befunde für die Jahre 1996 und 2002 weisen hohe Ähnlichkeit auf. Zu beiden Messzeitpunkten wird ein erheblicher Anteil der Varianz hinsichtlich der Lebenszufriedenheit durch soziodemografische Charakteristika und Merkmale der objektiven Lebenssituation aufgeklärt (Modell 1, 1996: 12 Prozent, 2002: 17 Prozent). Die bereichsspezifischen Bewertungen, die in Modell 2 Verwendung finden, klären zu beiden Messzeitpunkten zusätzliche große Anteile an Varianz auf (1996 und 2002 jeweils 18 Prozent zusätzliche Varianzaufklärung). Auch das Muster der einzelnen Koeffizienten sind für 1996 und 2002 ähnlich. Relevante objektive Prädiktoren sind Alter, Gesundheitszustand, Partnerschaft sowie Einkommen. Relevante subjektive Prädiktoren sind die entsprechenden bereichsspezifischen Bewertungen zu Gesundheit, Partnerschaft und Lebensstandard. Auf eine Veränderung zwischen den Jahren 1996 und 2002 soll dennoch aufmerksam gemacht werden: Der Unterschied in der Lebenszufriedenheit zwischen Ost- und Westdeutschland ist zwischen 1996 und 2002 kleiner geworden. Während der entsprechende Koeffizient im Jahr 1996 noch signifikant war, selbst wenn alle anderen relevanten Prädiktoren berücksichtigt wurden (Modell 2, ß=.08, p<.01), ist dies im Jahr 2002 nicht mehr der Fall (Modell 2, ß=.02, n.s.).

Für die Skala „Positiver Affekt" sind die Varianzaufklärungen im Vergleich mit der Skala „Lebenszufriedenheit" insgesamt etwas geringer (vgl. nachfolgende Tabelle 7). Im Jahr 2002 werden für die Skala „Positiver Affekt" durch soziodemografische Merkmale 15 Prozent Varianz aufgeklärt (Modell 1) und durch bereichsspezifische Bewertungen zusätzlich 10 Prozent (Modell 2, Gesamtvarianzaufklärung R^2=.25). Im Modell 2 sind dabei im Jahr 2002 vor allem die Bewertungen des Gesundheitszustandes (ß=.21), der Partnerschaft (ß=.13), des Lebensstandards (ß=.11) sowie – als objektives Merkmal – die Schichtzugehörigkeit (ß=.17) von Bedeutung. Je positiver die bereichsspezifische Bewertung bzw. je höher die Schichtzugehörigkeit, desto häufiger berichtete die Person von positiven Gefühlen. Für das Jahr 1996 zeigt sich ein etwas anderes Muster. Zum einen ist die Varianzaufklärung noch geringer (Modell 1: 12 Prozent, Modell 2: zusätzliche 5 Prozent Varianzaufklärung; Gesamtvarianzaufklärung R^2=.17). Zum anderen sind vor allem das Alter (ß=-.14, mit zunehmendem Alter Abnahme des positiven Affekts), die Bewertung des Gesundheitszustandes (ß=.14) sowie die Bewertung des Freundeskreises (ß=.12) bedeutsame Prädiktoren (je positiver die bereichsspezifische Bewertung desto häufiger positive Emotionen). Trotz der Unterschiede in der Größe der Koeffizienten ist das Muster signifikanter Prädiktoren zu beiden Messzeitpunkten ähnlich.

Tabelle 7: Ergebnisse der Regression der Skala „Positiver Affekt" auf objektive Merkmale der Lebenssituation sowie subjektive bereichsspezifische Bewertungen

	1996 Modell 1 Beta	p	1996 Modell 2 Beta	p	2002 Modell 1 Beta	p	2002 Modell 2 Beta	p
Alter	-.13	**	-.14	**	-.08	**	-.09	**
Geschlecht (0=Männer, 1= Frauen)	.05	**	.03	n.s.	.04	*	.02	n.s.
Landesteil (0=Ost, 1=West)	.05	**	.04	*	.00	n.s.	-.02	n.s.
Qualifikationsniveau (4 Stufen)	.03	n.s.	.01	n.s.	.03	n.s.	.03	n.s.
Soziale Schicht (5 Stufen)	.12	**	.09	**	.21	**	.17	**
Äquivalenzeinkommen	.05	**	.02	n.s.	.07	**	.01	n.s.
Kinder (0=keine, 1= mind. eins)	.01	n.s.	.01	n.s.	.05	*	.05	**
Partner (0=kein P., 1=Partner)	.04	n.s.	-.01	n.s.	.08	**	.01	n.s.
Netzwerkgröße	.08	**	.05	**	.08	**	.03	n.s.
Zahl der Krankheiten	-.14	**	-.06	**	-.13	**	-.03	n.s.
Bewertung Lebensstandard			.10	**			.11	**
Bewertung Familie			.01	n.s.			.03	n.s.
Bewertung Partnerschaft			.06	**			.13	**
Bewertung Freunde/Bekannte			.12	**			.10	**
Bewertung Gesundheitszustand			.14	**			.21	**
R^2 *(korrigiert)*	.12	**	.17	**	.15	**	.25	**
Zuwachs an R^2 *(korrigiert)*			.05	**			.10	**

Quelle: Alterssurvey Basisstichprobe 1996 (n= 2.900), Replikationsstichprobe 2002 (n= 2.096), *p<.05, ** p<.01

Am geringsten sind die Varianzaufklärungen für die Skala „Negativer Affekt" (Tabelle 8). Hier betragen im Jahr 2002 die Varianzaufklärungen 13 Prozent durch soziodemografische Charakteristika und Merkmale der Lebenssituation (Modell 1) bzw. 3 Prozent durch bereichsspezifische Bewertungen (Modell 2, Gesamtvarianzaufklärung $R^2=.16$).

Tabelle 8: Ergebnisse der Regression der Skala „Negativer Affekt" auf objektive Merkmale der Lebenssituation sowie subjektive bereichsspezifische Bewertungen

	1996 Modell 1 Beta p	1996 Modell 2 Beta p	2002 Modell 1 Beta p	2002 Modell 2 Beta p
Alter	-.27 **	-.25 **	-.29 **	-.28 **
Geschlecht (0=Männer, 1= Frauen)	.12 **	.13 **	.09 **	.10 **
Landesteil (0=Ost, 1=West)	.02 n.s.	.02 n.s.	.04 n.s.	.05 *
Qualifikationsniveau (4 Stufen)	.04 n.s.	.06 *	-.01 n.s.	-.01 n.s.
Schicht (5 Stufen)	-.03 n.s.	.00 n.s.	.00 n.s.	.03 n.s.
Äquivalenzeinkommen	-.03 n.s.	.00 n.s.	-.03 n.s.	.02 n.s.
Kinder (0=keine, 1=mind. eins)	.00 n.s.	.00 n.s.	.01 n.s.	.00 n.s.
Partner (0=kein Partner, 1=Partner)	-.02 n.s.	.04 n.s.	-.01 n.s.	.05 *
Netzwerkgröße	.01 n.s.	.03 n.s.	.02 n.s.	.05 *
Zahl Krankheiten	.25 **	.19 **	.34 **	.29 **
Bewertung Lebensstandard		-.07 **		-.09 **
Bewertung Familie		-.02 n.s.		.01 n.s.
Bewertung Partnerschaft		-.09 **		-.10 **
Bewertung Freunde/Bekannte		-.05 *		-.06 *
Bewertung Gesundheitszustand		-.11 *		-.08 **
R^2 *(korrigiert)*	.10 **	.13 *	.13 *	.16 *
Zuwachs an R^2 (korrigiert)	.10 **	.03 *	.13 *	.03 *

Quelle: Alterssurvey Basisstichprobe 1996 (n= 2.900), Replikationsstichprobe 2002 (n= 2.097), * p<.05, ** p<.01

Hinsichtlich der Skala „Negativer Affekt" sind im Jahr 2002 im Gesamtmodell (Modell 2) bedeutsame Lebenslageindikatoren vor allem Alter (ß=.28, geringerer negativer Affekt bei Personen höheren Alters), Gesundheitsstatus (ß=.29, mit der Zahl der genannten Krankheiten nimmt der negative Affekt zu) und Geschlecht (ß=.10, Frauen äußern in stärkerem Maße negative Gefühle als Männer) sowie Zufriedenheit mit dem Lebensstandard und Zufriedenheit mit der Partnerschaft (als bereichsspezifische Bewertungen) signifikante Prädiktoren. Hierbei ist zu beachten, dass sich gegenläufige Zusammenhänge zeigen: Die Häufigkeit negativer Gefühle nimmt zwar mit dem Alter ab, steigt dagegen mit der Multimorbidität einer Person. Die Unterschiede zwischen den Geschlechtern (mit einer größeren Häufigkeit negativer Gefühle bei Frauen) bleiben auch dann bestehen, wenn die restlichen Prädiktoren berücksichtigt werden. Unterschiede in der Varianzaufklärung und im Prädiktorenmuster finden sich zwischen den beiden Messzeitpunkten 1996 und 2002 kaum.

Zusammenfassend kann man feststellen, dass die Zusammenhangsmuster zwischen soziodemografischen Merkmalen, Indikatoren der Lebenslage und bereichsspezifischen Bewertungen einerseits und subjektivem Wohlbefinden andererseits über die beiden Messzeitpunkte hinweg recht stabil sind. Allerdings findet sich eine bedeutsame Abweichung von diesem Muster. Diese Abweichung bezieht sich auf die Verringerung der regionalen Unterschiede in der Lebenszufriedenheit. Berücksichtigt man weitere relevante Einflussgrößen, so hat sich der Unterschied zwischen Ost- und Westdeutschen hinsichtlich allgemeiner Lebenszufriedenheit zwischen 1996 und 2002 nivelliert. Die in deskriptiven Analysen zu findenden Unterschiede zwischen Ost- und Westdeutschland scheinen also auf regionale Unterschiede in der Lebenssituation und in bereichsspezifischen Bewertungen zurückzuführen sein.

Geschlechtsunterschiede finden sich für Lebenszufriedenheit und negative Gefühle. Frauen äußern in höherem Maße Lebenszufriedenheit und zugleich in stärkerem Maß negative Gefühle als Männer, und zwar auch bei Berücksichtungen anderer relevanter Variablen. Auch das chronologische Alter ist ein bedeutsamer Prädiktor des subjektiven Wohlbefindens, selbst wenn relevante Lebenslagemerkmale und bereichsspezifische Bewertungen kontrolliert werden. Alter hat auch dann einen positiven Effekt auf die Lebenszufriedenheit, wenn andere altersassoziierte Einflüsse konstant gehalten werden. Allerdings kann – wie immer in Querschnittanalysen – der in diesen Analysen festgestellte Alterseinfluss nicht eindeutig als Lebensphaseneffekt interpretiert werden (es könnte auch ein Kohorteneffekt damit verbunden sein). Die Häufigkeit erlebter Gefühle nimmt mit dem Alter ab, und zwar sowohl die Häufigkeit positiver als auch die Häufigkeit negativer Gefühle. An diesen Befunden zu Geschlechts- und Altersunterschieden zeigt sich deutlich, dass die Komponenten Lebenszufriedenheit (kognitive Beurteilung der eigenen Lebenssituation) und Affekt (Erleben von Gefühlen) unterschiedliche Facetten des subjektiven Wohlbefindens sind. Lebenszufriedenheit betrifft die Beurteilung der eigenen Lebenssituation anhand von Bewertungsmaßstäben. Gefühlszustände spiegeln dagegen die Reaktion auf die Widerfahrnisse täglicher Ereignisse und Schwierigkeiten wider.

Welche Merkmale der Lebenssituation haben nun besondere Bedeutung für das subjektive Wohlbefinden von Menschen in der zweiten Lebenshälfte? Die Antwort lautet: Gesundheit, Lebensstandard und Vorhandensein eines Partners sind – innerhalb der objektiven Merkmale der Lebenssituation – die bedeutsamsten Prädiktoren subjektiven Wohlbefindens. Je gesünder Menschen in der zweiten Lebenshälfte sind, desto zufriedener sind sie, desto häufiger äußern sie positive Gefühle und desto seltener negative Gefühle. Höheres Einkommen korreliert mit höherer Lebenszufriedenheit, und Zugehörigkeit zu einer höheren Schicht hängt mit positiven Gefühlszuständen zusammen. Das Vorhandensein eines Partners ist mit höherer Lebenszufriedenheit verknüpft. Dies gilt auch dann, wenn andere Prädiktoren kontrolliert werden.

Die Ergebnisse machen zugleich deutlich, dass insbesondere die allgemeine Lebenszufriedenheit nicht allein durch objektive Lebenslagemerkmale, sondern vor allem durch bereichsspezifische subjektive Bewertungen vorhergesagt wird. Weniger die objektive Gesundheit, die tatsächliche Höhe des Einkommens oder das Vorhandensein eines Partners erklären die allgemeine Lebenszufriedenheit, sondern die Einschätzung der eigenen Gesundheit, die Bewertung des eigenen Lebensstandards und die Zufriedenheit mit der Partnerschaftssituation. Für die Vorhersage affektiver Komponenten des subjektiven Wohlbefindens haben bereichsspezifische Bewertungen dagegen wie erwartet weniger große Bedeutung.

Insgesamt stehen die hier vorgelegten Befunde mit dem oben diskutierten Modell des subjektiven Wohlbefindens in Einklang. Merkmale der objektiven Lebenssituation beeinflussen bereichsspezifische Bewertungen, diese wiederum sagen das subjektive Wohlbefinden, und zwar insbesondere die allgemeine Lebenszufriedenheit, vorher. In dem nun folgenden Abschnitt zur individuellen Entwicklungsdynamik werden sich die empirischen Analysen auf die Beziehung zwischen Veränderungen der Lebenssituation, Veränderungen in bereichsspezifischen Bewertungen und Veränderungen der allgemeinen Lebenszufriedenheit konzentrieren.

6 Veränderungen von Lebenssituation und subjektivem Wohlbefinden

Die Querschnittsanalyse des Zusammenhang zwischen Lebenslage und subjektiver Befindlichkeit muss ergänzt werden um eine dynamische Perspektive, in der Veränderungen der Lebenssituation mit Veränderungen im subjektiven Wohlbefinden in Beziehung gesetzt werden. Hier soll vor allem die Dynamik der Lebenssituation mit entsprechenden Entwicklungen in bereichsspezifischen Bewertungen und der Lebenszufriedenheit analysiert werden. In diesem Abschnitt stehen demnach individuelle Entwicklungsprozesse im Mittelpunkt.

6.1 Mediator-Modell der Veränderung subjektiven Wohlbefindens

Die Psychologie der Lebensspanne (Lehr, 2003; Lachman, 2001; Staudinger & Lindenberger, 2003) und die Soziologie des Lebenslaufs (Mortimer & Shanahan, 2003; Settersten, 1999; Settersten, 2002) haben in den vergangenen 30 Jahren deutlich gemacht, dass sich individuelle Prozesse der Veränderung und Entwicklung nicht allein in Kindheit und Jugend, sondern auch im frühen, mittleren und hohen Erwachsenenalter vollziehen. Gerade im Erwachsenenalter und Alter können individuelle Entwicklungsprozesse durch Veränderungen in der Lebenssituation angestoßen werden. Zudem sind neben graduellen, allmählichen Veränderungen der Lebenssituation auch Ereignisse zu berücksichtigen, die die gesamte Lebenssituation einer Person verändern können (Schroots, 2003; Staudinger & Bluck, 2001). Statuspassagen oder kritische Lebensereignisse berühren unterschiedliche Bereiche der Lebenslage teilweise tiefgreifend. Beispiele für gravierende Veränderungen der Lebenssituation finden sich unter anderem in den Bereichen Erwerbsleben (mittleres Erwachsenenalter: Verlust des Arbeitsplatzes, höheres Erwachsenenalter: Übergang in den Ruhestand), soziale Integration (Verlust des Partners durch Verwitwung, Zugewinn und Verlust von Freunden innerhalb des sozialen Netzes), materielle Lage (Veränderung der Einkommenssituation) sowie Gesundheit (Verbesserung oder Verschlechterung des Gesundheitszustandes, Erleben eines Unfalls).

Mit Blick auf das subjektive Wohlbefinden ist nun zu fragen, wie sich Veränderungen der Lebenssituation insbesondere auf die allgemeine Lebenszufriedenheit auswirken. Hierbei ist – entsprechend den Analysen im vorangegangenen Abschnitt – zu prüfen, welche Rolle bereichsspezifische Bewertungen bei Veränderungen des subjektiven Wohlbefindens spielen. In Abbildung 2 ist ein Analysemodell zum Zusammenhang zwischen Veränderungen der objektiven Lebenssituation und Veränderungen im subjektiven Wohlbefinden grafisch dargestellt. Diesem Modell folgend ist empirisch zu prüfen, ob Veränderungen der Lebenssituation das subjektive Wohlbefinden einer Person in direkter Weise beeinflussen oder ob bereichsspezifische Bewertungen als Mediatoren wirksam sind. Geht man davon aus, dass die Veränderungen der Lebenssituation das subjektive Wohlbefinden nur indirekt beeinflussen, so sollten Veränderungen der Lebenssituation bereichsspezifische Bewertungen sehr viel stärker beeinflussen als globale Indikatoren des Wohlbefindens (insbesondere allgemeine Lebenszufriedenheit). Beispielsweise sollten Veränderungen in der materiellen Situation zu einer Zu- oder Abnahme der Zufriedenheit mit dem Lebensstandard führen und Veränderungen im Freundeskreis zu Veränderungen in der Bewertung der sozialen Netzwerke. Die allgemeine Lebenszufriedenheit sollte weniger durch Veränderung der Lebenssituation als durch Veränderungen bereichsspezifischer Bewertungen beeinflusst werden.

Abbildung 2: Subjektives Wohlbefinden in Abhängigkeit von Veränderungen der Lebenssituation
(Mediator-Modell der Veränderung subjektiven Wohlbefindens)

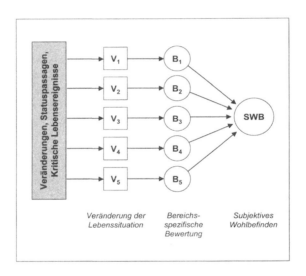

Zudem kann man annehmen, dass sich die allgemeine Lebenszufriedenheit nicht in gleicher Weise wie eine der bereichsspezifischen Zufriedenheiten ändert, da sie von mehreren Lebensbereichen abhängt, die sich möglicherweise nicht alle gleichzeitig oder nicht in die gleiche Richtung ändern. Denkbar ist zudem auch, dass bei eingetretener Verschlechterung in einem Lebensbereich die Person die Wichtigkeit dieses Lebensbereichs herabstuft, sodass eine Unzufriedenheit mit diesem Bereich weniger gravierend für die Gesamtzufriedenheit ist. Zuvor sollen jedoch in einem Exkurs die Stabilitäten des subjektiven Wohlbefindens über die Zeit (1996 und 2002) analysiert werden, um zu verdeutlichen, dass auch die allgemeine Lebenszufriedenheit individuellen Veränderungen unterliegt (d.h. kein zeitstabiles Merkmal darstellt). Das Vorhandensein von Veränderungen ist zentraler Ausgangspunkt für die Frage, welche Faktoren zu Veränderungen der Lebenszufriedenheit beitragen.

6.2 Exkurs: Stabilität subjektiven Wohlbefindens

In diesem Abschnitt wird danach gefragt, wie hoch die Stabilität des subjektiven Wohlbefindens ist. Grafisch kann die Stabilität des subjektiven Wohlbefindens als Streudiagramm dargestellt werden. Abbildung 3 zeigt Streudiagramme für die Skalen „Lebenszufriedenheit", „Positiver Affekt" und „Negativer Affekt".

Abbildung 3: Streudiagramme für die Skalen „Lebenszufriedenheit", „Positiver Affekt" und „Negativer Affekt" für die beiden Messzeitpunkte 1996 und 2002 (Panelstichprobe)

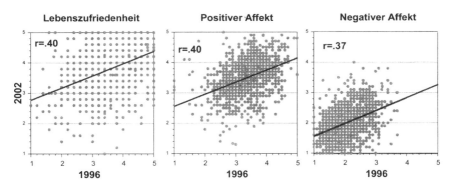

Quelle: Alterssurvey Panelstichprobe (N=1.243-1.273), gewichtet

Jedem Punkt entspricht eine Person, die in den Jahren 1996 und 2002 an der Panelbefragung des Alterssurveys teilgenommen hat. Die Werte auf der horizontalen Achse entstammen dem Jahr 1996, die Werte auf der vertikalen Achse dem Jahr 2002. Wäre das subjektive Wohlbefinden über den Zeitraum von sechs Jahren vollkommen stabil, so würden die Punkte auf einer Linie liegen (Personen, die im Jahr 1996 hohe Werte hatten, hätten auch im Jahr 2002 hohe Werte; Personen mit niedrigen Werten im Jahr 2002 hätten auch im Jahr 2002 niedrige Werte). Wie zu erkennen, ist dies für keine der drei Skalen der Fall: Die Werte der Jahre 1996 und 2002 unterscheiden sich für viele Personen so sehr, dass eine „Punktewolke" entsteht. Dies bedeutet, dass sich das subjektive Wohlbefinden von Personen individuell erheblich verändern kann: Keineswegs alle Personen, die im Jahr 1996 hohe Zufriedenheit angaben, tun dies auch im Jahr 2002 – und umgekehrt sind nicht alle im Jahr 1996 unzufriedenen Personen auch im Jahr 2002 unzufrieden.

Über die Stabilität des subjektiven Wohlbefindens geben Stabilitätskoeffizienten Aufschluss (Stabilitätskoeffizienten können Werte zwischen 0 und 1 annehmen, wobei Werte nahe 0 für eine sehr geringe Stabilität und Werte nahe 1 für eine hohe Stabilität stehen). Die Stabilitätskoeffizienten für die drei Skalen des subjektiven Wohlbefindens sind von nur mittlerer Höhe (Lebenszufriedenheit: $r=.40$, Positiver Affekt: $r=.40$, Negativer Affekt: $r=.37$). Da die Lebenssituation von Personen im mittleren und höheren Erwachsenenalter relativ stabil ist, könnte man annehmen, dass die Stabilitätskoeffizienten der Zufriedenheitsurteile (die sich auf die Gesamtheit der Lebenssituation beziehen) höher sind als die Stabilitätskoeffizienten der affektiven Wohlbefindensmaße, die – unter der Annahme von „Bottom-up"-Einflüssen – in stärkerem Ausmaß von wechselnden Ereignissen des täglichen Lebens beeinflusst werden. Dies ist für die Gesamtstichprobe offensichtlich nicht der Fall: Alle Stabilitätskoeffizienten sind von ähnlicher Größe.

Tabelle 9: Stabilitäten der Skalen „Lebenszufriedenheit", „Positiver Affekt" und „Negativer Affekt" für die gesamte Panelstichprobe sowie für die drei Altersgruppen

	40-54 Jahre	55-69 Jahre	70-85 Jahre	Gesamt
Lebenszufriedenheit	.37	.43	.42	.40
Positiver Affekt	.39	.40	.31	.40
Negativer Affekt	.42	.32	.26	.37
N	555-559	496-503	192-211	1.243-1.273

Quelle: Alterssurvey Panelstichprobe 1996-2002 (n= 1.243-1.273, gewichtet)

Hinsichtlich des Lebensalters könnte man erwarten, dass die Stabilitäten mit zunehmendem Alter geringer werden, da die Zahl unvorhergesehener kritischer

Lebensereignisse mit dem Lebensalter zunimmt. In Tabelle 9 sind die Stabilitäten der Skalen „Lebenszufriedenheit", „Positiver Affekt" und „Negativer Affekt" für die gesamte Stichprobe sowie für drei Altersgruppen (40-54 Jahre, 55-69 Jahre, 70-85 Jahre) dargestellt. Während für die Skala „Lebenszufriedenheit" die Stabilitäten über die Altersgruppen in etwa gleich sind, nimmt die Stabilität der Skala „positiver Affekt" über die Altersgruppen leicht und die Stabilität der Skala „negativer Affekt" deutlich ab (die Stabilität der Skala „negativer Affekt" ist in den beiden älteren Gruppen signifikant geringer als in der jüngsten Altersgruppe).

Diese Befunde haben Bedeutung für theoretische Konzeptionen, aber auch für nachfolgende statistische Analysen. Die Stabilität subjektiven Wohlbefindens kann entweder auf stabile Personeigenschaften zurückgeführt werden (im Sinne der in Abschnitt 9.1 diskutierten „Top-Down"-Modelle), kann aber auch auf eine gewisse Stabilität der Lebenssituation verweisen. Offensichtlich ist Lebenszufriedenheit über die Lebensspanne stabiler als affektive Komponenten des subjektiven Wohlbefindens (insbesondere die Stabilität negativer Gefühle sinkt mit dem Alter).

Diese Befunde haben aber auch Konsequenzen für die nachfolgenden statistischen Analysen. In den folgenden Analysen wird der Frage nachgegangen, welche Faktoren das subjektive Wohlbefinden über die Zeit hinweg beeinflussen (Zeitraum von sechs Jahren zwischen 1996 und 2002). Dabei sind nicht allein die Veränderungen der Lebenssituation, sondern auch die (relative) Konstanz des subjektiven Wohlbefindens zu berücksichtigen. Für die statistischen Analysen bedeutet dies, den jeweiligen Ausgangszustand einer abhängigen Variable zu kontrollieren. Technisch werden dabei nicht die Differenzwerte der jeweiligen Skalen herangezogen (die durch Subtraktion des Endwertes vom Ausgangswert entstehen), sondern Residuen, die bei der Regression der jeweiligen Variable aus dem Jahr 2002 auf die Variable aus dem Jahr 1996 entstehen[3]. In ähnlicher Weise werden als Veränderungswerte der objektiven Lebenssituation Residuen entsprechender Regressionsanalysen verwendet.

6.3 Befunde

Berücksichtigt werden im Folgenden Veränderungen im Erwerbsstatus, in der finanziellen Situation, im sozialen Netzwerk sowie im Gesundheitszustand. Die empirischen Analysen beschränken sich dabei auf die „allgemeine Lebenszufriedenheit" sowie bereichsspezifische Bewertungen der Bereiche Lebensstandard,

---

[3] Der Zusammenhang zwischen einfachen Veränderungswerten und Residualwerten ist recht hoch, variiert aber zwischen .60 und .95 für unterschiedliche Bereiche.

soziale Beziehungen und Gesundheit. Veränderungen der Lebenssituation werden für die Bereiche Erwerbsbeteiligung (Übergang von der Berufstätigkeit in die Arbeitslosigkeit oder in den Ruhestand, Übergang aus der Arbeitslosigkeit in die Erwerbstätigkeit oder in den Ruhestand), materielle Lage (Veränderung im Äquivalenzeinkommen), soziales Netz (Verlust des Partners, neue Partnerschaft, Veränderung im sozialen Netzwerk) sowie Gesundheit (Zahl der Krankheiten, Erleben einer schweren Krankheit oder eines Unfalls) berücksichtigt. Da es sich hierbei um Veränderungen in individuellen Lebenslagen handelt, stützen sich die Analysen auf die Panelstichprobe des Alterssurveys.

Veränderungen im Erwerbsstatus

Der Erwerbsstatus ist für viele Aspekte der Lebenslage von Menschen in der zweiten Lebenshälfte bedeutsam: Die finanzielle Situation, die soziale Integration, aber auch die Strukturierung des Tages werden von der Teilnahme am Berufsleben beeinflusst (Herfurth, Kohli & Zimmermann, 2003). Der Wechsel zwischen unterschiedlichen Positionen im Erwerbsleben kann demnach nicht allein für die materielle Lage, sondern auch für andere Lebensbereiche bedeutsame Folgen haben. Im Folgenden wird der Frage nachgegangen, wie sich die Veränderung des Erwerbsstatus zwischen 1996 und 2002 auf die Zufriedenheit von Personen auswirkt. Dabei werden bereichsspezifische Bewertungen und allgemeine Lebenszufriedenheit einander gegenübergestellt. Gemäß vorausgehend formulierter Überlegungen wird erwartet, dass die allgemeine Lebenszufriedenheit weniger durch Veränderungen der Lebenssituation beeinflusst wird als bereichsspezifische Bewertungen.

Zwischen 1996 und 2002 konnten Befragungsteilnehmerinnen und -teilnehmer des Alterssurveys in unterschiedlicher Weise am Arbeitsmarkt partizipieren. Hierbei handelt es sich vor allem um Personen der jüngsten und mittleren Altersgruppe (vor dem Übergang in den Ruhestand), die erwerbstätig waren oder eine Erwerbstätigkeit suchten. Innerhalb der Gruppe der Erwerbstätigen und Nicht-Erwerbstätigen, die noch keine Rente oder Pension erhalten, sind neben der „Kontinuität" des Erwerbsstatus (die Person hat 1996 und 2002 angegeben, erwerbstätig zu sein oder zu beiden Zeitpunkten nicht erwerbstätig zu sein) vier Veränderungskonstellationen möglich: Wechsel von der Erwerbstätigkeit in den Ruhestand oder die sonstige Nicht-Erwerbstätigkeit (vor allem in die Arbeitslosigkeit), Wechsel von der Nicht-Erwerbstätigkeit in die Erwerbstätigkeit oder in den Ruhestand. Diese Gruppen sind – entsprechend den Verhältnissen am Arbeitsmarkt – sehr unterschiedlich besetzt. (Mehr Informationen zur Erwerbstätigkeit älterer Arbeitnehmer/innen und den Übergang in den Ruhestand findet sich in dem Beitrag von Engstler in diesem Band).

Folgt man dem Modell der Veränderung des subjektiven Wohlbefindens (vgl. Abbildung 1), so kann man annehmen, dass Kontinuität und Veränderung in der Erwerbsposition stärker mit Veränderungen in der Bewertung der beruflichen Situation (bzw. der Situation im Ruhestand) zusammenhängen als mit Veränderungen der allgemeinen Lebenszufriedenheit. In Abbildung 4a (oberer Teil der Abbildung) sind die Verläufe der Skala „Lebenszufriedenheit" und des Items „Bewertung von Beruf/Ruhestand" für die vier beschriebenen Veränderungskonstellationen dargestellt. Wie deutlich zu erkennen ist, unterscheiden sich die Verläufe der bereichsspezifischen Bewertung (oben links) von den Verläufen der allgemeinen Lebenszufriedenheit (oben rechts).

Kontinuierlich erwerbstätige Personen gaben zu beiden Messzeitpunkten positive Bewertungen der beruflichen Situation (auf einer Skala von 1, sehr schlecht, bis 5, sehr gut) an; Personen, die zwischen 1996 und 2002 ihre Erwerbstätigkeit aufgegeben haben (oder aufgeben mussten), jedoch noch nicht in den Ruhestand gewechselt sind, erlebten einen Abfall der bereichsspezifischen Bewertung ($p<.01$); Personen, die zwischen 1996 und 2002 aus der Nicht-Erwerbstätigkeit in die Erwerbstätigkeit wechseln, bewerteten ihre berufliche Situation nun im Durchschnitt besser ($p<.01$); Personen, die kontinuierlich nicht-erwerbstätig waren, wiesen zu beiden Befragungszeitpunkten gleichermaßen geringe Werte auf. Entsprechende Veränderungen finden sich für die allgemeine Lebenszufriedenheit *nicht*: Diese ist für alle Gruppen recht stabil (nur für die Gruppe der kontinuierlich Erwerbstätigen zeigt sich eine leichte Zunahme allgemeiner Lebenszufriedenheit, $p<.05$).

Ähnlich differenzierte Veränderungen in bereichsspezifischer und allgemeiner Zufriedenheit zeigen sich für Personen, die zwischen 1996 und 2002 den Übergang in den Ruhestand vollzogen haben (Abbildung 4b, unterer Teil). Personen, die den Übergang in den Ruhestand vollzogen, zeigten im Jahr 2002 eine deutlich positivere bereichsspezifische Bewertung als im Jahr 1996 (linker Teil der Abbildung 4 unten). Die Verbesserung der bereichsspezifischen Bewertung war stärker für Personen, die aus der Nicht-Erwerbstätigkeit in den Ruhestand wechselten, als für Personen, die aus der Erwerbstätigkeit in den Ruhestand wechselten. Die bereichsspezifische Bewertung der Situation im Ruhestand blieb für Personen, die bereits 1996 im Ruhestand waren, über die sechs Jahre stabil. Der Übergang in den Ruhestand scheint allerdings auch mit der allgemeinen Lebenszufriedenheit zu korrelieren (rechter Teil der Abbildung 4 unten): Für beide Gruppen, die den Übergang in den Ruhestand vollzogen, war die allgemeine Lebenszufriedenheit im Jahr 2002 etwas höher als im Jahr 1996 ($p<.05$). Dies gilt nicht für die Personen, die schon im Jahr 1996 im Ruhestand waren.

Abbildung 4: Bewertung von Beruf/Ruhestand und allgemeine Lebenszufriedenheit von Gruppen mit unterschiedlichen Verläufen des Erwerbsstatus

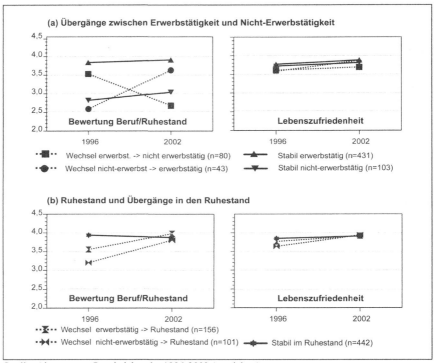

Quelle: Alterssurvey Panelstichprobe 1996-2002 (gewichtet)

Der in Abbildung 4 illustrierte Befund wurde auch durch eine Analyse bestätigt, in der die statistische Interaktion zwischen Messzeitpunkt und Erwerbsstatus unter Kontrolle der Kovariaten Alter, Geschlecht und Region überprüft wird. In einem Gesamtmodell sind Unterschiede im Verlauf zwischen 1996 und 2002 zwischen den (sieben) Erwerbsstatus-Gruppen nur für die Variable „Bewertung von Beruf/Ruhestand", nicht aber für „Lebenszufriedenheit" statistisch bedeutsam (und zwar auch dann, wenn die Variablen Alter, Geschlecht und Region als Kovariaten berücksichtigt werden).

Veränderungen im Einkommen

In der zweiten Lebenshälfte kann es aufgrund unterschiedlicher Ereignisse zu Veränderungen in der materiellen Lage kommen. Während der Erwerbsphase können berufliche Veränderungen wie der Übergang von der Erwerbstätigkeit in die Arbeitslosigkeit und der Übergang von der Arbeitslosigkeit in die Erwerbstätigkeit, der Übergang von der Erwerbstätigkeit in den Ruhestand sowie in der Phase des Ruhestands vor allem Verwitwung zu Veränderungen der materiellen Lage führen. Die Stabilität der materiellen Lage zwischen 1996 und 2002 (hier definiert als Äquivalenzeinkommen nach der neueren OECD-Definition) ist eher hoch. Der entsprechende Stabilitätskoeffizient beträgt r=.66 für die gesamte Stichprobe. Trotz dieser hohen Stabilität gibt es eine – zum Teil erhebliche – individuelle Einkommensdynamik (siehe den Beitrag von Motel-Klingebiel in diesem Band).

Im Folgenden soll überprüft werden, ob Veränderungen im Einkommen Veränderungen in der subjektiven Befindlichkeit nach sich ziehen. In Abbildung 5 sind Stabilitätskoeffizienten für die beiden Zufriedenheitsvariablen, das Äquivalenzeinkommen sowie die Korrelationen zwischen den Veränderungswerten im Einkommen und in der Zufriedenheit dargestellt (bei den Veränderungswerten handelt es sich um Residualwerte aus Regressionsanalysen, s.o.). Auf der linken Seite der Abbildung 5 sind die Koeffizienten der abhängigen Variable „Bewertung des Lebensstandards", auf der rechten Seite die Koeffizienten für die Skala „Allgemeine Lebenszufriedenheit" dargestellt. Lebenszufriedenheit und Bewertung des Lebensstandards weisen mittlere Stabilitätskoeffizienten auf (r=.40 bzw. r=.42). Von Interesse sind hier vor allem die Korrelationen zwischen den Veränderungswerten, die den Zusammenhang zwischen Veränderungen im Einkommen sowie Veränderungen in der subjektiven Befindlichkeit angeben (senkrechte Pfeile).

Während dieser Zusammenhang für das Item „Bewertung des Lebensstandards" r=.22 (p<.01) beträgt, liegt er für die Skala „Allgemeine Lebenszufriedenheit" nur bei r=.06 (p<.05). Dies macht wie erwartet deutlich, dass Veränderungen der Einkommenssituation mit veränderten Bewertungen des Lebensstandards einhergehen, weniger jedoch mit Veränderungen der allgemeinen Lebenszufriedenheit.

Entsprechende Befunde zeigen Regressionsanalysen, in denen die Zufriedenheitsvariablen des Jahres 2002 durch die Zufriedenheitsvariablen aus dem Jahr 1996 sowie die Kontrollvariablen Alter, Geschlecht und Region vorhergesagt wurden. Die in einem gesonderten Schritt eingeführten Veränderungswerte des Einkommens erklären in der bereichsspezifischen Bewertung des Lebensstandards zusätzlich 3,8 Prozent Varianz (R^2_{change}). Für die allgemeine Lebenszufriedenheit beträgt die zusätzliche Varianzaufklärung durch die Werte der Einkommensveränderung dagegen lediglich 0,3 Prozent.

Abbildung 5: Zusammenhänge zwischen Veränderung des Einkommens mit Veränderungen in der Bewertung des Lebensstandards sowie der allgemeinen Lebenszufriedenheit

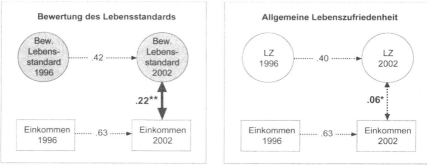

Quelle: Alterssurvey Panelstichprobe 1996-2002 (n= 1.081, gewichtet)
* p<.05; ** p<.01

Veränderungen der sozialen Integration

Eine der bedeutsamsten Veränderungen des sozialen Netzes im höheren Erwachsenenalter ist der Verlust des Partners durch Verwitwung (Hollstein, 2002), wobei es vor allem Frauen sind, die diesen Verlust erleben. Partnerschaften können aber auch durch Trennung und Scheidung gelöst werden, und dies auch nach langjährigen Ehen (Fooken, 2002). Allerdings können auch in der zweiten Lebenshälfte neue Partnerschaften entstehen. Neben Veränderungen der Partnerschaft können sich auch die weiteren soziale Netze einer Person in der zweiten Lebenshälfte verändern. Hierbei sind nicht allein Verlustereignisse zu berücksichtigen. In der gerontologischen Literatur ist wiederholt gezeigt worden, dass es auch in der zweiten Lebenshälfte zur Begründung neuer Freundschaften kommt (Wenger & Jerrome, 1999). (Weitere Informationen zum sozialen Netz finden sich im Beitrag von Hoff in diesem Band).

Im Folgenden wird zunächst analysiert, welche Folgen die Veränderung im Partnerschaftsstatus für bereichsspezifische Bewertungen sowie für Lebenszufriedenheit haben. Danach werden Veränderungen in der Netzwerkgröße mit Veränderungen in Zufriedenheitsurteilen in Beziehung gesetzt. Hinsichtlich des

Partnerschaftsstatus wird im Folgenden nur unterschieden, ob eine Person angibt, eine feste Partnerschaft zu haben oder nicht (es wird also nicht nach ledigen, verwitweten, geschiedenen oder getrennt lebenden Personen unterschieden). Bei der Veränderung der Partnerschaft entstehen auf diese Weise vier Veränderungskonstellationen: (1) Personen, die zu beiden Messzeitpunkten angaben, einen Partner zu haben („in Partnerschaft"). (2) Personen, die zwischen 1996 und 2002 den Verlust oder die Trennung von einem Partner erlebt haben („Partnerverlust"). (3) Personen, die im Jahr 1996 ohne Partner lebten und im Jahr 2002 angaben, einen Partner zu haben („Partnergewinn"). (4) Personen, die während des gesamten Zeitraums keinen Partner hatten („ohne Partner"). Ähnlich wie im Fall des Erwerbsstatus zeigen sich Unterschiede in der Gruppengröße bei den verschiedenen Konstellationen in der Veränderung des Partnerschaftsstatus.

Abbildung 6: Bewertung der Partnerschaft bzw. der Situation ohne Partner sowie allgemeine Lebenszufriedenheit für Gruppen mit unterschiedlichen Veränderungen im Partnerschaftsstatus 1996 und 2002

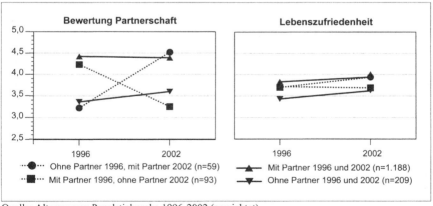

Quelle: Alterssurvey Panelstichprobe 1996-2002 (gewichtet)

In Abbildung 6 sind die durchschnittlichen Werte der bereichsspezifischen Bewertung der Situation (mit bzw. ohne Partner, linke Seite) sowie der Lebenszufriedenheit (rechte Seite) für die vier Gruppen des Partnerschaftsstatus dargestellt. Es ist anhand von Abbildung 6 deutlich zu sehen, dass es vor allem in der bereichsspezifischen Bewertung der Partnerschaftssituation deutliche Unterschiede zwischen den Gruppen im Verlauf zwischen 1996 und 2002 gibt. Personen, die zu beiden Messzeitpunkten in Partnerschaft lebten, gaben keine bedeutsame Veränderung in der Bewertung der Partnerschaftssituation an. Personen, die einen Partnerverlust erlitten hatten, zeigten im Jahr 2002 eine deutlich negativere bereichsspezifische Bewertung als im Jahr 1996 ($p<.01$), und Personen, die im Verlauf der zurückliegenden sechs Jahre eine Partnerschaft eingegangen sind, zeigten im Jahr 2002 eine deutlich positive Bewertung ihrer Partnerschaftssituation ($p<.01$). Personen, die sowohl 1996 als auch 2002 nicht in Partnerschaft lebten, zeigten eine leichtere Verbesserung in dieser bereichsspezifischen Bewertung ($p<.05$). Die Veränderungen im Bereich der allgemeinen Lebenszufriedenheit waren dagegen insgesamt kleiner. Hier zeigten die beiden Gruppen der Personen in Partnerschaft und ohne Partnerschaft eine Zunahme der Lebenszufriedenheit ($p>.01$), die beiden anderen Gruppen zeigten dagegen keine signifikanten Veränderungen.

Der in Abbildung 6 illustrierte Befund wird durch eine Analyse bestätigt, in dem die statistische Interaktion zwischen Messzeitpunkt und Partnerschaftsstatus überprüft wird, wobei für die Variablen Alter, Geschlecht und Region kontrolliert wird. In einem Gesamtmodell sind Unterschiede im Verlauf zwischen 1996 und 2002 zwischen den (vier) Partnerschafts-Gruppen nur für die Variable „Bewertung der Situation mit bzw. ohne Partner", nicht aber für „Lebenszufriedenheit" statistisch bedeutsam (und zwar auch dann, wenn die Variablen Alter, Geschlecht und Region als Kovariaten berücksichtigt werden).

Ein weiterer Bereich der sozialen Integration betrifft das soziale Netzwerk, das nicht allein durch Familienmitglieder, sondern auch durch Freunde und Bekannte konstituiert wird. An dieser Stelle soll untersucht werden, ob die Veränderung der Netzwerkgröße zwischen 1996 und 2002 mit Veränderungen in der bereichsspezifischen Bewertung bzw. in der Lebenszufriedenheit zusammenhängt. In Abbildung 7 sind Stabilitätskoeffizienten für die beiden Zufriedenheitsvariablen, die Netzwerkgröße sowie die Korrelationen zwischen den Veränderungswerten in Netzwerkgröße und den beiden Zufriedenheitsmaßen dargestellt (als Veränderungswerte wurden wiederum Residualwerte verwendet). Das Item „Bewertung des Verhältnisses zu Freunden und Bekannten" sowie die Netzwerkgröße weisen nur geringe Stabilitätskoeffizienten auf ($r=.17$ bzw. $r=.21$).

Auf der linken Seite der Abbildung 7 sind die Koeffizienten der abhängigen Variablen „Bewertung des Verhältnisses zu Freunden und Bekannten" dargestellt. Der Zusammenhang zwischen den Veränderungswerten der Netzwerkgröße und den Veränderungswerten der bereichsspezifischen Bewertung beträgt $r=.23$ ($p<.01$). Auf der rechten Seite der Abbildung 7 finden sich die entsprechenden Werte für die allgemeine Lebenszufriedenheit. Veränderungen in der

Netzwerkgröße korrelieren geringer mit Veränderungen in der allgemeinen Lebenszufriedenheit (r=.03, n.s.).

Abbildung 7: Zusammenhänge zwischen Veränderung der Netzwerkgröße mit Veränderungen in der Bewertung des Verhältnisses zu Freunden und Bekannten sowie der allgemeinen Lebenszufriedenheit

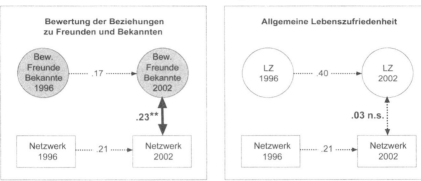

Quelle: Alterssurvey Panelstichprobe 1996-2002 (n= 1.143; gewichtet)

Entsprechende Befunde zeigen Regressionsanalysen, in denen die Zufriedenheitsvariablen des Jahres 2002 zunächst durch die Zufriedenheitsvariablen aus dem Jahr 1996 sowie durch Alter, Geschlecht und Region als Kontrollvariablen vorhergesagt wurden. In einem gesonderten Analyseschritt wurden die Veränderungswerte der sozialen Netzwerkgröße in das Regressionsmodell eingeführt. Die zusätzliche Varianzaufklärung (R^2_{change}) durch die Veränderung in der Netzwerkgröße beträgt für die Bewertung des Verhältnisses zu Freunden und Bekannten 4,5 Prozent, für die allgemeine Lebenszufriedenheit dagegen lediglich 0,5 Prozent.

Veränderungen in der körperlichen Gesundheit

Veränderungen im Gesundheitsstatus sind nach wie vor bedeutsamer Bestandteil des Alternsprozesses. Mit zunehmendem Alter steigt die Wahrscheinlichkeit, an verschiedenen, vor allem chronischen Erkrankungen zu leiden (Multimorbidität) und Funktionseinbußen, insbesondere im Bereich der Mobilität zu erleben (Wurm & Tesch-Römer, im Druck). Zudem steigt die Wahrscheinlichkeit, einen schweren Unfall oder eine gravierende Erkrankung zu erleiden bzw. erlitten zu haben (s. zum Thema „Gesundheit" den Beitrag von Wurm, Tesch-Römer in diesem Band). Im Folgenden werden Veränderungen im Bereich Gesundheit mit Veränderungen in der subjektiven Bewertung des Gesundheitszustands (von 1, sehr schlecht, bis 5, sehr gut) und der allgemeinen Lebenszufriedenheit in Beziehung gesetzt. Dabei geht es um Veränderungen hinsichtlich der Zahl selbstberichteter Krankheiten bzw. Multimorbidität (Abbildung 8) sowie das Erleben eines Unfalls oder einer schweren Krankheit (Abbildung 9).

In Abbildung 8 sind Stabilitätskoeffizienten für die beiden Zufriedenheitsvariablen, die Zahl der selbstberichteten Krankheiten (Multimorbidität) sowie die Korrelationen zwischen den Veränderungswerten der Multimorbidität und den beiden Zufriedenheitsmaßen dargestellt (als Veränderungswerte wurden wiederum Residualwerte verwendet). Die Zahl der selbstberichteten Krankheiten weist eine mittlere Stabilität auf (r=.49), ebenso wie die subjektive Gesundheit (r=.48).

Abbildung 8: Zusammenhänge zwischen der Veränderung der körperlichen Gesundheit (Multimorbidität) mit Veränderungen in der subjektiven Gesundheit sowie der allgemeinen Lebenszufriedenheit

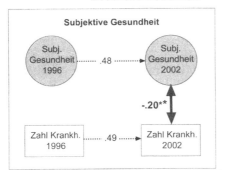
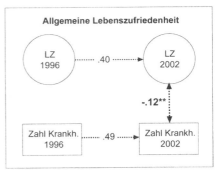

Quelle: Alterssurvey Panelstichprobe 1996-2002 (n= 1.261; gewichtet)

Auf der linken Seite der Abbildung 8 sind die Koeffizienten für die abhängige Variable „subjektive Gesundheit" dargestellt. Der Zusammenhang zwischen der Veränderung in der Multimorbidität und der Veränderung in der subjektiven Gesundheit beträgt r=-.20 (p<.01). Mit anderen Worten: Eine Zunahme der selbstberichteten Erkrankungen führt zu einer schlechteren Beurteilung des eigenen Gesundheitszustands. Auf der rechten Seite der Abbildung finden sich die entsprechenden Werte für die allgemeine Lebenszufriedenheit. Veränderungen in der Zahl der berichteten Krankheiten korrelieren etwas geringer mit Veränderungen in der allgemeinen Lebenszufriedenheit (r=-.12, p<.01) als mit der Veränderung der subjektiven Gesundheitseinschätzung.

Entsprechende Befunde ergeben sich aufgrund von Regressionsanalysen, in denen subjektive Gesundheit und allgemeine Lebenszufriedenheit im Jahr 2002 zunächst durch die entsprechenden Variablen aus dem Jahr 1996 sowie durch Alter, Geschlecht und Region als Kontrollvariablen vorhergesagt werden. Die, in einem zweiten Schritt eingeführten, Veränderungswerte der (selbstberichteten) Multimorbidität klären innerhalb der subjektiven Gesundheit 2,8 Prozent zusätzliche Varianz (R^2_{change}) und in der allgemeinen Lebenszufriedenheit 1,5 Prozent zusätzliche Varianz auf.

Abbildung 9: Allgemeine Lebenszufriedenheit und subjektive Gesundheit von Personen, die einen Unfall oder eine schwere Krankheit erlebt haben, bzw. von Personen ohne ein solches Erlebnis

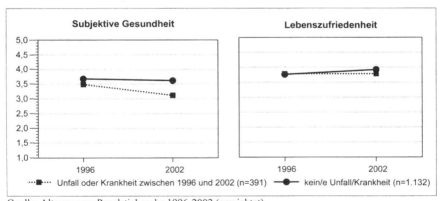

Quelle: Alterssurvey Panelstichprobe 1996-2002 (gewichtet)

In Abbildung 9 sind die Verläufe für jene Personen dargestellt, die zwischen 1996 und 2002 einen Unfall oder eine schwere Krankheit erlitten haben, sowie für jene Personen, die ein solches kritisches Lebensereignis nicht zu verzeichnen hatten. Das Alter der beiden Gruppen unterscheidet sich (Personen, die einen Unfall oder eine Krankheit erlebten, waren im Jahr 2002 im Durchschnitt 68 Jahre alt; Personen ohne dieses kritische Lebensereignis im Durchschnitt 62 Jahre). Personen, die einen Unfall oder eine schwere Krankheit erlitten haben, weisen bei der Wiederholungsbefragung im Jahr 2002 eine schlechtere subjektive Gesundheit auf als im Jahr 1996 (p<.01). Zwar sinkt in diesem Zeitraum auch die subjektive Gesundheit der Personen ohne ein kritisches Lebensereignis (p<.05), allerdings ist das Absinken der subjektiven Gesundheit bei den von Unfall oder Krankheit betroffenen Personen größer (die statistische Interaktion der Faktoren „Unfall" und „Zeitpunkt" ist statistisch bedeutsam, p<.01). Während im Bereich der allgemeinen Lebenszufriedenheit für die Personen mit Unfall oder Krankheit zwischen 1996 und 2002 kein signifikanter Anstieg zu verzeichnen ist, kann man einen geringen (statistisch bedeutsamen) Anstieg in allgemeiner Lebenszufriedenheit für die Personen ohne Unfall oder Krankheit (p<.05) beobachten. Allerdings ist die Interaktion zwischen Zeitpunkt und Gruppenzugehörigkeit (Faktor „Unfall") statistisch nicht signifikant.

Der in Abbildung 9 illustrierte Befund wird auch durch eine Analyse bestätigt, in der die statistische Interaktion zwischen Messzeitpunkt und „Unfall/Krankheit" überprüft wird, wobei Alter, Geschlecht und Region als Kontrollvariablen berücksichtigt werden. In einem Gesamtmodell sind Unterschiede im Verlauf zwischen 1996 und 2002 zwischen den beiden Gruppen „Unfall/Krankheit" bzw. „kein Unfall/Krankheit" nur für die Variable „subjektive Gesundheit", nicht aber für „Lebenszufriedenheit" statistisch bedeutsam (und zwar auch dann, wenn die Variablen Alter, Geschlecht und Region als Kovariaten berücksichtigt werden).

Zwischenresümee

Die bislang durchgeführten Analysen bestätigen einen substantiellen Teil des Mediator-Modells zur Veränderung des subjektiven Wohlbefindens (s. Abbildung 2). Aus diesem Modell lässt sich die Hypothese ableiten, dass Veränderungen in der persönlichen Lebenssituation weniger die allgemeine Lebenszufriedenheit als vielmehr bereichsspezifische Bewertungen beeinflussen. Für die Bereiche Erwerbsstatus, materielle Lage, soziale Integration und Gesundheit wurden Analysen vorgelegt, deren Ergebnisse diese Annahme stützen. Es zeigte sich, dass die – zum Teil erheblichen – Veränderungen der Lebenssituation nur gering mit Veränderungen in der allgemeinen Lebenszufriedenheit korrelierten. Sehr viel stärkere Korrelationen konnten mit bereichsspezifischen Zufriedenheitsurteilen nachgewiesen werden. In den bisherigen Analysen ist noch nicht überprüft worden, ob es tatsächlich Veränderungen in bereichsspezifischen Bewertungen sind, die Veränderungen in der allgemeinen Lebenszufriedenheit (statistisch) erklären können. Entsprechende Analysen sollen nun abschließend vorgenommen werden.

Veränderungen in bereichsspezifischen Bewertungen und Lebenszufriedenheit

Dabei werden Veränderungen in der objektiven Lebenssituation (hier beschränkt auf Einkommen, Partnerschaft, soziales Netz und Gesundheit) sowie Veränderungen in bereichsspezifischen Bewertungen verwendet, um Veränderungen in der allgemeinen Lebenszufriedenheit zwischen 1996 und 2002 vorherzusagen.

In Tabelle 10 sind die Ergebnisse einer schrittweisen multiplen Regressionsanalyse für den Indikator „allgemeine Lebenszufriedenheit im Jahr 2002" zusammengestellt. Im Modell 1 wird zunächst die Variable „allgemeine Lebenszufriedenheit im Jahr 1996" eingeführt. In diesem ersten Schritt werden 15 Prozent an Varianz aufgeklärt (dies entspricht der oben mehrfach erwähnten Stabilität zwischen den beiden Messzeitpunkten). Im Modell 2 werden die zur Stichprobenschichtung verwendeten Variablen Alter, Geschlecht und Region eingeführt. Durch diesen Schritt wird keine weitere Varianzaufklärung erreicht; keiner der Koeffizienten erreicht statistische Bedeutsamkeit. Im dritten Modell werden Veränderungsinformationen zu den Bereichen Einkommen, soziales Netzwerk sowie Gesundheit eingeführt. Dabei werden drei Prozent zusätzliche Varianz aufgeklärt. In diesem Modell sind (neben „Lebenszufriedenheit 1996") nur die beiden Gesundheitsindikatoren – selbstberichtete Multimorbidität und Erleben eines Unfalls oder einer Krankheit – sowie das Alter statistisch von Bedeutung. In Modell 4 werden schließlich die Veränderungswerte der bereichsspezifischen Bewertungen zu den Bereichen Lebensstandard, Partnerschaft, Verhältnis zu Freunden und Bekannten sowie subjektive Gesundheit eingegeben.

Durch die Einführung dieser vier Prädiktoren wird die Erklärungskraft des Gesamtmodells deutlich verbessert (10 Prozent zusätzliche Varianzaufklärung). Innerhalb dieses Modells erweisen sich die vier Indikatoren zu Veränderungen in bereichsspezifischen Bewertungen als hoch signifikant (daneben weisen nur noch die Variablen „Lebenszufriedenheit 1996" sowie Alter signifikante Koeffizienten auf). Insgesamt klärt dieses Modell 30 Prozent an Varianz innerhalb der allgemeinen Lebenszufriedenheit (erhoben im Jahr 2002) auf.

Tabelle 10: Ergebnisse der schrittweisen Regression der Skala „Lebenszufriedenheit 2002" auf „Lebenszufriedenheit 1996", Veränderungen der objektiven Lebenssituation sowie Veränderungen bereichsspezifischer Bewertungen

	Modell 1		Modell 2		Modell 3		Modell 4	
	Beta	p	Beta	p	Beta	p	Beta	p
Lebenszufriedenheit 1996	.32	**	.42	**	.39	**	.36	**
Alter			-.02	n.s.	.10	*	.07	*
Geschlecht			-.01	n.s.	.02	n.s.	-.01	n.s.
Region (0=Ost, 1=West)			.00	n.s.	.00	n.s.	-.02	n.s.
Veränderung im Einkommen					.05	n.s.	.00	n.s.
Veränderung im Netzwerk					.05	n.s.	.01	n.s.
Partner 1996 und 2002[1]					.09	n.s.	.03	n.s.
Kein Partner 1996, Partner 2002[1]					.05	n.s.	.01	n.s.
Partner 1996, kein Partner 2002[1]					-.03	n.s.	.00	n.s.
Veränderung Gesundheit					-.09	*	-.05	n.s.
Unfall/Krankheit					-.08	*	-.04	n.s.
Veränderung Bewertung Lebensstandard							.21	**
Veränderung Bewertung Partnerschaft							.12	**
Veränderung Bewertung Freude/Bekannte							.10	**
Veränderung subjektive Gesundheit							.12	**
R^2 (korrigiert)	.18	*	.18	*	.20	*	.30	*
Zuwachs an R^2 (korrigiert)	.18	*	.00		.02	*	.10	*

Quelle: Alterssurvey Panelstichprobe 1996-2002 (n= 968), * p<.05, ** p<.01
1) Referenzgruppe: Kein Partner, 1996 und 2002.

In einer abschließenden Analyse soll der Frage nachgegangen werden, ob die Bedeutung der bereichsspezifischen Prädiktoren im Altersverlauf stabil bleibt. In nachfolgender Tabelle 11 sind die Ergebnisse des vollen Modells – getrennt für die drei Altersgruppen – aufgeführt. Hier zeigt sich ebenfalls, dass in allen drei Altersgruppen vor allem die Indikatoren zu bereichsspezifischen Bewertungen bedeutsame Prädiktoren für die allgemeine Lebenszufriedenheit sind. Dabei zeigen sich jedoch interessante Veränderungen mit dem Alter: Während die Bewertung des *Lebensstandards* in der jüngeren und mittleren Altersgruppe statistisch bedeutsam ist, ist dies für die älteste Altersgruppe nicht der Fall. Umgekehrt wächst mit dem Lebensalter die Bedeutung der *subjektiven Gesundheit* für die Vorhersage der Veränderungen in der allgemeinen Lebenszufriedenheit. Während in der jüngsten Altersgruppe die subjektive Gesundheit statistisch nicht bedeutsam ist, ist dieser Indikator für die älteste Altersgruppe der einzige bedeutsame Indikator (neben der Autokorrelation der Skala). Für alle Altersgruppen zeigen die Indikatoren zur Bewertung des sozialen Netzes (Partnerschaft, Verhältnis zu Freunden und Bekannten) ähnliche Größenordnungen. Allerdings sind die entsprechenden Koeffizienten in der ältesten Altersgruppe (möglicherweise aufgrund der geringeren Stichprobengröße) nicht signifikant.

Tabelle 11: Altersgruppendifferenzierte Analyse: Ergebnisse der schrittweisen Regression der Skala „Lebenszufriedenheit 2002" auf „Lebenszufriedenheit 1996", Veränderungen der objektiven Lebenssituation sowie Veränderung bereichsspezifischer Bewertungen

	Jüngste Altersgruppe Beta p	Mittlere Altersgruppe Beta p	Älteste Altersgruppe Beta p
Lebenszufriedenheit 1996	.32 **	.43 **	.35 **
Alter	.07 *	-.04 n.s	.01 n.s.
Geschlecht	.04 n.s.	-.04 n.s.	-.06 n.s.
Region (0=Ost, 1=West)	.06 n.s.	-.11 **	.03 n.s.
Veränderung im Einkommen	-.04 n.s.	.05 n.s.	.12 n.s.
Veränderung im Netzwerk	.02 n.s.	.01 n.s.	-.04 n.s.
Partner 1996 und 2002[1]	-.11 n.s.	.06 n.s.	.09 n.s.
Kein Partner 1996, Partner 2002[1]	-.06 n.s.	.02 n.s.	-- --
Partner 1996, kein Partner 2002[1]	-.06 n.s.	-.03 n.s.	.13 n.s.
Veränderung Gesundheit	-.08 *	-.01 n.s.	-.08 n.s.
Unfall/Krankheit	-.06 n.s.	-.03 n.s.	-.04 n.s.
Veränderung Bewertung Lebensstandard	.25 **	.17 **	.13 n.s.
Veränderung Bewertung Partnerschaft	.16 **	.09 n.s.	.13 n.s.
Veränderung Bewertung Freunde/Bekannte	.10 *	.10 *	.13 n.s.
Veränderung subjektive Gesundheit	.07 n.s.	.11 **	.30 **
R^2 (korrigiert)	.28 *	.32 *	.36 *
N	442	392	157

Quelle: Alterssurvey Panelstichprobe 1996-2002, * p<.05, ** p<.01.
1) Referenzgruppe: Kein Partner, 1996 und 2002; in der ältesten Altersgruppe gab es keine Personen, die über einen „Partnergewinn" berichteten.

Die in den Tabellen 10 und 11 aufgeführten Analysen bestätigen ebenfalls das Mediator-Modell zur Veränderung des subjektiven Wohlbefindens. Mit diesen Ergebnissen kann belegt werden, dass es vor allem Veränderungen in bereichsspezifischen Bewertungen sind, die Veränderungen in der allgemeinen Lebenszufriedenheit (statistisch) vorhersagen. Allerdings ergeben sich altersspezifische Verschiebungen in der Gewichtung von bereichsspezifischen Bewertungen. Während in den jüngeren Altersgruppen vor allem Veränderungen in der Bewertung des Lebensstandards und der sozialen Integration Veränderungen in der Lebenszufriedenheit vorhersagen, haben in der ältesten Altersgruppe Veränderungen der subjektiven Gesundheit die höchste Vorhersagekraft.

6.4 Zusammenfassung

Das Mediator-Modell der Veränderung des subjektiven Wohlbefindens postuliert, dass allgemeine Lebenszufriedenheit nicht direkt von Veränderungen in den objektiven Bedingungen der Lebenslage, sondern aufgrund von Veränderungen in bereichsspezifischen Bewertungen verändert wird. In den Analysen dieses Abschnitts wurden zwei Vorhersagen geprüft, die aus diesem Modell abgeleitet werden können. Zum einen konnte gezeigt werden, dass bereichsspezifische Bewertungen sehr viel stärker als der globale Indikator „Allgemeine Lebenszufriedenheit" durch Veränderungen der Lebenssituation beeinflusst werden. Die Befunde zeigen, dass Veränderungen in der persönlichen Lebenssituation vor allem mit Veränderungen in bereichsspezifischen Bewertungen zusammenhängen. Entsprechende Analysen wurden für Veränderungen im Erwerbsstatus, in der materiellen Lage, im Partnerschaftsstatus, in der Größe des Netzwerks sowie für den Gesundheitszustand vorgelegt. Zum anderen konnten Befunde dafür vorgelegt werden, dass Veränderungen der allgemeinen Lebenszufriedenheit vor allem mit Veränderungen in bereichsspezifische Bewertungen (und weniger mit Veränderungen der objektiven Lebenssituation) zusammenhängen. Dabei zeigten sich altersspezifische Verschiebungen in der Gewichtung von bereichsspezifischen Bewertungen. Während in den jüngeren Altersgruppen vor allem Veränderungen in der Bewertung des Lebensstandards und der sozialen Integration Veränderungen in der allgemeinen Lebenszufriedenheit vorhergesagt werden, sind dies in der ältesten Altersgruppe vor allem Veränderungen in der subjektiven Gesundheit.

7 Ausblick

Gegenstand dieses Beitrages war die Analyse subjektiven Wohlbefindens im zeitlichen Verlauf. Gesellschaftlicher Wandel und Bedingungen individueller Veränderungen von Lebenszufriedenheit, positivem Affekt und negativem Affekt standen hierbei im Mittelpunkt. In diesem abschließenden Abschnitt werden zunächst die wesentlichen Befunde aus der zweiten Welle des Alterssurveys – getrennt nach Ergebnissen des Kohorten- und des Panelvergleichs – zu subjektivem Wohlbefinden und Lebensqualität zusammengefasst. Danach werden theoretische Implikationen dieser Ergebnisse diskutiert. Abschließend werden Handlungsempfehlungen erörtert, die sich auf die hier vorgelegten Befunde beziehen.

7.1 Ergebnisse

Ergebnisse I: Dimensionen des subjektiven Wohlbefindens

Lebenszufriedenheit und Emotionen stellen unterschiedliche Komponenten subjektiver Lebensqualität dar. Lebenszufriedenheit resultiert aus der Beurteilung der eigenen Lebenssituation anhand von Bewertungsmaßstäben. Gefühlszustände spiegeln dagegen die Reaktion auf tägliche Ereignisse und Schwierigkeiten wider (bzw. sind als Grundgestimmtheit der Hintergrund für Beurteilungen und Bewertungen der eigenen Lebenssituation). Die Notwendigkeit, diese Komponenten des subjektiven Wohlbefindens gesondert zu betrachten, wird durch unterschiedliche empirische Befundmuster deutlich (etwa hinsichtlich Alters- und Geschlechtsunterschieden).

Ergebnisse II: Mittlere Veränderungen im subjektiven Wohlbefinden

Allgemeine Trends: Menschen in der zweiten Lebenshälfte äußern im Durchschnitt hohe Zufriedenheit, erleben häufig positive Emotionen und erfahren eher selten negative Gefühle. Zwischen 1996 und 2002 nahmen Zufriedenheit und positiver Affekt im Durchschnitt leicht zu und negativer Affekt leicht ab. Bedeutsam ist hierbei, dass nicht für alle Gruppen der Bevölkerung die subjektive Lebensqualität in diesem Zeitraum angestiegen ist.
Altersunterschiede: Die drei Komponenten subjektiven Wohlbefindens – Lebenszufriedenheit, positive Gefühle und negative Gefühle – verändern sich mit dem Alter in unterschiedlicher Weise. Die Lebenszufriedenheit bleibt bis ins hohe Alter stabil. Berücksichtigt man in statistischen Analysen relevante Lebens-

lagemerkmale und bereichsspezifische Bewertungen, so steigt die Lebenszufriedenheit mit dem Alter sogar: Je älter Menschen sind, desto zufriedener sind sie mit ihrem Leben. Allerdings muss man anmerken, dass mit dem Alter das Risiko für Verschlechterungen des Gesundheitszustandes sowie Verlusterfahrungen steigt, so dass Menschen mit zunehmendem Alter möglicherweise mit indirekten Auswirkungen auf die allgemeine Lebenszufriedenheit rechnen müssen. Gleichzeitig nimmt mit dem Alter die Häufigkeit erlebter Gefühle insgesamt ab. Je älter Menschen werden, desto seltener erleben sie sowohl positive Gefühle (wie „Glück") als auch negative Gefühle (wie „Trauer"). Allerdings ist bei querschnittlichen Ergebnissen nicht auszuschließen, dass ein Kohorteneffekt für diese Altersunterschiede verantwortlich ist.

Geschlechtsunterschiede: Frauen äußern höhere Zufriedenheit mit ihrem Leben als Männer. Dieser Unterschied zwischen den Geschlechtern verändert sich zwischen 1996 und 2002 nicht. Gleichwohl äußern Frauen in höherem Maß als Männer das Erleben negativer Gefühle. Die geschlechtsspezifischen Befundmuster hinsichtlich negativen Affekts könnten auf unterschiedliches Antwortverhalten von Männern und Frauen zurückzuführen sein: Es ist möglich, dass Frauen eher bereit sind als Männer, das Erleben negativer Emotionen zu berichten.

Regionale Unterschiede: Zwischen 1996 und 2002 hat sich eine Annäherung zwischen Ost- und Westdeutschland hinsichtlich der geäußerten Lebenszufriedenheit vollzogen. Die Zufriedenheit von Menschen, die in den neuen Bundesländern leben, erhöhte sich zwischen 1996 und 2002 stärker als bei Menschen, die in den alten Bundesländern leben. Es bestehen zwar auch im Jahr 2002 noch regionale Unterschiede in der Lebenszufriedenheit. Gleichwohl ist eine deutliche Annäherung in der Zufriedenheit von Menschen in Ost- und Westdeutschland zu verzeichnen.

Soziale Ungleichheit: Die Befunde zeigen deutlich die negativen Auswirkungen sozialer Ungleichheit für subjektive Lebensqualität. Unterschiede der sozialen Schichtzugehörigkeit sind nicht allein mit der Verfügbarkeit von Ressourcen verbunden, sondern spiegeln sich auch in der subjektiven Befindlichkeit wider. Die Lebenszufriedenheit steigt mit der Schichtzugehörigkeit, und Angehörige der unteren sozialen Schichten zeigen zwischen 1996 und 2002 nur geringe Zugewinne in der Lebenszufriedenheit. Für Angehörige der mittleren und gehobenen sozialen Schicht waren die entsprechenden Zuwächse in der subjektiven Lebensqualität deutlich größer. Die erheblichen Unterschiede zwischen sozialen Schichten im subjektiven Wohlbefinden blieben über den Zeitraum von sechs Jahren stabil.

Ergebnisse III: Objektive Lebenssituation, bereichsspezifische Bewertungen und subjektive Lebensqualität

Es wurde empirisch auch geprüft, ob Merkmale der objektiven Lebenssituation das subjektive Wohlbefinden einer Person in direkter Weise beeinflussen oder ob bereichsspezifische Bewertungen vermittelnd wirksam sind. Bereichsspezifische Bewertungen beziehen sich auf die Einschätzung unterschiedlicher Lebensbereiche. Menschen bewerten die verschiedenen Bereiche ihrer Lebenssituation – Arbeit, Einkommen, Familie, Freunde, Gesundheit – anhand von Vergleichsmaßstäben und Zielvorstellungen. Erst diese bereichsspezifischen Bewertungen fließen ein in das Gesamturteil darüber, wie zufrieden sie mit ihrem Leben insgesamt sind.

Objektive Lebenssituation: Gesundheit, Lebensstandard und Vorhandensein eines Partners sind – als Bestandteile der objektiven Lebenssituation – mit subjektivem Wohlbefinden verknüpft. Je gesünder Menschen in der zweiten Lebenshälfte sind, desto zufriedener sind sie, desto häufiger äußern sie positive Gefühle und desto seltener negative Gefühle. Höheres Einkommen korreliert mit höherer Lebenszufriedenheit, und Zugehörigkeit zu einer höheren Schicht hängt mit positiven Gefühlszuständen zusammen. Das Vorhandensein eines Partners ist mit höherer Lebenszufriedenheit verknüpft. Dies gilt auch dann, wenn andere Merkmale der Lebenssituation kontrolliert werden.

Bereichsspezifische Bewertungen: In den Analysen hat sich deutlich gezeigt, dass allgemeine Lebenszufriedenheit nicht allein durch objektive Lebenslagemerkmale, sondern – und zwar in höherem Maße – durch bereichsspezifische subjektive Bewertungen vorhergesagt wird. Die Einschätzung der eigenen Gesundheit, die Bewertung des eigenen Lebensstandards oder die Beurteilung der Partnerschaftssituation leisten neben den Merkmalen der objektiven Lebenssituation unabhängige Beiträge zur Aufklärung der interindividuellen Variabilität der allgemeinen Lebenszufriedenheit einer Person von Bedeutung. Für die Vorhersage affektiver Komponenten des subjektiven Wohlbefindens (positive und negative Gefühle) haben bereichsspezifische Bewertungen dagegen weniger große Bedeutung.

Veränderungen der Lebenssituation: Auch die Analysen zur individuellen Entwicklungsdynamik haben das Modell der indirekten Beziehung zwischen objektiver Lebenssituation und subjektiver Lebensqualität bestätigt. Veränderungen in der persönlichen Lebenssituation hängen vor allem mit Veränderungen in bereichsspezifischen Bewertungen zusammen – und erst diese Veränderungen in bereichsspezifischen Bewertungen korrelieren mit Veränderungen der allgemeinen Lebenszufriedenheit. Mit dem Alter verändern sich die Gewichtungen einzelner Lebensbereiche (bzw. deren Bewertungen) für die allgemeine Lebenszufriedenheit. Während in den jüngeren Altersgruppen Veränderungen in der Bewertung des *Lebensstandards* und der *sozialen Beziehungen* Bedeutung für Veränderungen in der allgemeinen Lebenszufriedenheit haben, sind dies in der ältesten Altersgruppe vor allem Veränderungen in der *subjektiven Gesundheit*.

7.2 Theoretische und sozialpolitische Implikationen

Die hier vorgelegten Analysen stehen im Einklang mit Befunden der sozial- und verhaltenswissenschaftlichen Alternsforschung. Die kognitive Komponente des subjektiven Wohlbefindens – Lebenszufriedenheit – bleibt über den Lebenslauf relativ stabil (Okun, 2001). Der Begriff des „Paradoxes der Lebenszufriedenheit im hohen Alter" wird bereits seit geraumer Zeit in der Gerontologie diskutiert (Staudinger, 2000). Hiermit ist gemeint, dass die generelle Lebenszufriedenheit im Alter recht stabil ist, obwohl man annehmen könnte, dass aufgrund zunehmender Verlusterfahrungen auch das subjektive Wohlbefinden eingeschränkt sein müsste. Diese hohe Widerstandsfähigkeit (Resilienz) alter und sehr alter Menschen kann als bedeutsames Potenzial des Alters bezeichnet werden: Auch angesichts widriger Lebensumstände können Zufriedenheit und eine positive Lebenseinstellung bewahrt werden. Dies wird im vorliegenden Zusammenhang insbesondere daran deutlich, dass die allgemeine Lebenszufriedenheit im Gegensatz zu bereichsspezifischen Zufriedenheitsurteilen weniger stark von objektiven Lebenslagemerkmalen oder kritischen Lebensereignissen wie Arbeitslosigkeit, Krankheit oder Unfällen beeinflusst ist.

Die Bedingungsfaktoren der allgemeinen Lebenszufriedenheit sind demnach nicht in erster Linie die objektiven Lebenslagen. Vielmehr spielen hier offensichtlich bereichsspezifische Bewertungen eine zentrale Rolle. Anhand der Daten des Alterssurveys konnte das Modell der indirekten Beziehung zwischen objektiver Lebenssituation und subjektiver Lebensqualität nicht allein anhand querschnittsbezogener Informationen, sondern auch im Längsschnitt geprüft werden. Hier zeigt sich auch, dass die Bedeutung von Lebensbereichen einem Wandel über die Lebensspanne unterliegt: Während einige Bereiche mit zunehmendem Alter bedeutsamer werden (Bewertung der eigenen Gesundheit), werden andere Bereiche weniger wichtig (Bewertung des eigenen Lebensstandards).

Das Modell kann auch verwendet werden, um die Stabilität der Lebenszufriedenheit angesichts widriger Lebensumstände zu erklären (vgl. auch Smith et al., 1996). Veränderungen der Lebenssituation beeinflussen die Lebenszufriedenheit einer Person nicht auf direktem Weg. Vielmehr werden die Auswirkungen von Veränderungen der Lebenslage zweifach „abgepuffert". Zum einen verändert sich je nach betroffenem Bereich der Lebenssituation zunächst nur die bereichsspezifische Bewertung: Ein Zugewinn in einem Lebensbereich macht die entsprechende bereichsspezifische Bewertung besser, ein Verlust schlechter. Erst in einem weiteren Schritt wirkt sich die Veränderung der bereichsspezifischen Bewertung auf die Lebenszufriedenheit einer Person aus. Zum anderen wird Lebenszufriedenheit nicht nur durch eine, sondern durch viele bereichsspezifische Bewertungen beeinflusst. Dies bedeutet, dass Veränderungen in nur einem Lebensbereich (und der entsprechenden bereichsspezifischen Bewertung) durch Stabilität in anderen Lebensbereichen aufgefangen werden kann.

Überlegungen in diese Richtung würden es auch ermöglichen, die – aus der Tradition der Sozialberichterstattung – scheinbar – inkonsistenten Wohlfahrtspositionen von „dissonant" und „adaptiert" urteilenden Personen verständlich zu machen (Zapf, 1984). In dieser Tradition werden objektive Lebensbedingungen und subjektive Lebensbewertungen aufeinander bezogen. Als konsistent werden dabei die Konstellationen des „Well-Being" (Zusammentreffen von guten Lebensbedingungen und positivem Wohlbefinden) und der „Deprivation" bezeichnet (schlechte Lebensbedingungen gehen mit negativem Wohlbefinden einher). Als inkonsistent werden die Konstellationen „Dissonanz" (Kombination von guten Lebensbedingungen und Unzufriedenheit) sowie „Adaptation" (Verbindung von schlechten Lebensbedingungen und Zufriedenheit) bezeichnet. Allerdings zeigen sich hier auch die Grenzen der vorliegenden Analysen. Da es offensichtlich nicht die Lebensbedingungen selbst sind, die sich direkt auf die Lebenszufriedenheit auswirken, kann es durchaus möglich sein, dass besonders saliente bereichsspezifische Bewertungen für die auf den ersten Blick inkonsistenten Konstellationen von Dissonanz und Adaption verantwortlich sind. An dieser Stelle wird aber auch deutlich, dass es sich lohnen kann, die hier vorgelegten Befunde um die Analyse der Entstehung bereichsspezifischer Bewertungen zu ergänzen. Hierzu wäre es notwendig, individuelle Vergleichsmaßstäbe oder Wertüberzeugungen zu berücksichtigen (Campbell, Converse & Rodgers, 1976).

Allerdings deutet sich im Zusammenhang mit den Phänomenen der „Adaptation" bzw. des „Zufriedenheitsparadoxes" (Staudinger, 2000; Zapf, 1984) ein Problem an, das sozialpolitisch relevant ist. Gerade adaptierte Menschen – also die trotz Benachteiligung zufriedenen Personen – stellen aus sozial- und gesellschaftspolitischer Sicht eine besondere Problemgruppe dar: „Die Adaptierten repräsentieren häufig die Realität von Ohnmacht und gesellschaftlichem Rückzug. Gerade sie, die sich subjektiv in greifbare Mangellagen fügen, werden häufig von den etablierten sozialpolitischen Maßnahmen nicht erreicht" (Zapf, 1984, S. 26). Unter älteren Menschen finden sich häufiger als in anderen Altersgruppen Menschen, die in diesem Sinne als „adaptiert" zu bezeichnen sind. So wurde in der gerontologischen Forschung wiederholt aufgezeigt, dass sich Befunde zum objektiven Gesundheitszustand von den subjektiven Einschätzungen der eigenen

Gesundheit deutlich unterscheiden (Lehr, 1997). Hohe Zufriedenheitsurteile dürfen also nicht den Blick für mögliche Situationen des Hilfe- und Unterstützungsbedarfs verstellen.

Gleichwohl ist festzuhalten, dass sehr starke Belastungen oder die Kumulation verschiedener Belastungen sowie gravierende Unterschiede in der Lebenslage nicht allein bereichsspezifische Bewertungen, sondern durchaus auch die Lebenszufriedenheit beeinflussen können. In den vorliegenden Analysen hat sich gezeigt, dass insbesondere Schichtunterschiede sowie gesundheitliche Einbußen offensichtlich nicht vollständig durch intrapsychische Verarbeitungsmechanismen abgefedert werden. Unterschiede in der materiellen Situation und in der Schichtzugehörigkeit sind offenbar vor allem im mittleren Erwachsenenalter bedeutsam, gesundheitliche Einbußen gewinnen im höheren Erwachsenenalter an Bedeutung. Wie gezeigt wurde, können bereits hinter kleinen Veränderungen der allgemeinen Lebenszufriedenheit große Veränderungen in den bereichsspezifischen Bewertungen liegen. Letztere sind oftmals verursacht durch Veränderungen in der objektiven Lebenssituation. Für die Beobachtung gesellschaftlicher Trends erscheint es daher notwendig, dass auch kleine Unterschiede und geringere Veränderungen im (allgemeinen) subjektiven Wohlbefinden registriert und ernst genommen werden.

Es ist das Ziel der Senioren- und Sozialpolitik, die Lebensbedingungen älter werdender und alter Menschen zu wahren. In diesem Zusammenhang ist auch die Beobachtung des subjektiven Wohlbefindens älter werdender Menschen von Bedeutung. Angesichts des demografischen Wandels und einer hohen (und in Zukunft weiter steigenden) Lebenserwartung sollte angestrebt werden, die Bedingungen für hohe Lebensqualität von Menschen in der zweiten Hälfte des Lebens sicherzustellen. Dabei sind anhand des vorliegenden Beitrags folgende Empfehlungen von besonderer Bedeutung.

Positiven Alternsdiskurs prägen: Die hier vorgelegten Befunde zeigen, dass das subjektive Wohlbefinden, insbesondere die Zufriedenheit mit der eigenen Lebenssituation, bis ins fortgeschrittene Alter hoch bleibt. Dies ist, gerade angesichts eines nicht selten negativen „Belastungsdiskurses" in den Medien, eine positive und optimistische Botschaft. Dieser Befund sollte zum Anlass genommen werden, den medialen Diskurs über das Alter optimistischer zu gestalten. Das negative Altersstereotyp entspricht offensichtlich nicht dem Erleben älter werdender und alter Menschen. Zugleich sollte dabei jedoch nicht übersehen werden, dass gerade alte und sehr alte Menschen nur selten Unzufriedenheit mit der objektiven Lebenssituation äußern. Der an sich positiv zu bewertende Befund einer hohen Lebenszufriedenheit auch im höheren Erwachsenenalter sollte nicht dazu führen, dass ältere Menschen generell aus dem Blickfeld sozialpolitischer Wachsamkeit geraten.

Kleine Unterschiede beachten: Offensichtlich müssen Ergebnisse zum subjektiven Wohlbefinden mit Bedacht interpretiert werden. Die allgemeine Lebenszufriedenheit ist im Durchschnitt auch unter verschiedensten Formen von Lebenslagen häufig recht hoch: Die meisten Menschen in der zweiten Lebenshälfte sind mit sich und ihrem Leben zufrieden. Als „Frühwarnsysteme" der Sozial- und Gesellschaftspolitik sind daher – auf konkrete Lebensbereiche bezogene – Bewertungsindikatoren sehr viel geeigneter als Informationen über die „allgemeine Lebenszufriedenheit". Neben globalen Maßen des subjektiven Wohlbefindens sollten daher vor allem bereichsspezifische Bewertungen Beachtung finden, da diese für Unterschiede oder Veränderungen der Lebenssituation sehr viel sensibler sind als Maße der allgemeinen Lebenszufriedenheit. Betrachtet man ausschließlich Daten zur Lebenszufriedenheit, so sollten selbst kleine Unterschiede oder Veränderungen der allgemeinen Lebenszufriedenheit Beachtung finden, da sie auf erhebliche Unterschiede oder Veränderungen der Lebenssituation hinweisen können.

Annäherungen im Einigungsprozess würdigen: Ein hervorzuhebendes, positives Ergebnis ist die Annäherung zwischen Ost- und Westdeutschland im Ausmaß der Zufriedenheit. Dieser Befund ist eine gute Botschaft: Offensichtlich haben sich nicht allein die objektiven Lebensbedingungen von älter werdenden und alten Menschen in den sechs Jahren zwischen 1996 und 2002 angeglichen, sondern auch die Bewertung der eigenen Lebenssituation. Allerdings ist dieser Prozess noch nicht abgeschlossen: Auch im Jahr 2002 finden sich geringe, aber bedeutsame Unterschiede in der subjektiven Lebensqualität zwischen Menschen in der zweiten Lebenshälfte: Noch immer ist die Rate zufriedener und sehr zufriedener Menschen in Ostdeutschland nicht so hoch wie in Westdeutschland. Wenngleich es Erfolge bei der Annäherung „in den Köpfen der Menschen" zu verzeichnen gilt, so ist der Vereinigungsprozess auch in diesem Bereich der subjektiven Lebensqualität offensichtlich noch nicht abgeschlossen.

Folgen sozialer Ungleichheit registrieren: Die größten Unterschiede zwischen verschiedenen Bevölkerungsgruppen zeigten sich hinsichtlich der Zugehörigkeit zur sozialen Schicht. Menschen in der Unterschicht und der unteren Mittelschicht äußern seltener als Menschen in den gehobenen und oberen sozialen Schichten eine hohe Lebenszufriedenheit. Zudem zeigte sich, dass die Angehörigen der unteren Schichten kaum von dem ansonsten positiven Trend zu höherer Zufriedenheit und positivem Wohlbefinden zwischen den Jahren 1996 und 2002 profitierten. Soziale Ungleichheit betrifft demnach nicht allein die Verteilung von Ressourcen, sondern wirkt sich auch auf die Verteilung subjektiver Lebensqualität aus. Dies ist umso bedeutsamer, als die hier betrachteten Menschen in der zweiten Lebenshälfte nur noch wenige Chancen haben, ihre objektive Lebenssituation durch eigene berufliche Aktivitäten nachhaltig zu verändern. Politische Maßnahmen zur Vermeidung oder Entschärfung sozialer Ungleichheit zielen zwar häufig in erster Linie auf Verursachungskonstellationen (wie etwa die Erhöhung von Bildungschancen in früheren Lebensabschnitten). Die Begründung solcher Maßnahmen kann aber möglicherweise auch mit dem Verweis auf die biografischen Folgen sozialer Ungleichheit für die subjektive Lebensqualität erfolgen.

Literatur

Allardt, E. A. (1993). Having, loving, being: An alternative to the Swedish model of welfare research. In M. Nussbaum & A. Sen (Eds.), *The quality of life*. Oxford: Oxford University Press.
Bradburn, N. M. (1969). *The structure of psychological wellbeing*. Chicago: Aldine.
Brandststädter, J. & Greve, W.(1994). The aging self: Stabilizing and protective processes. *Developmental Review, 14*, 52-80.
Brandtstädter, J. & Renner, G. (1990). Tenacious goal pursuit and flexible goal adjustment: Explication and age-related analysis of assimilative and accommodative strategies of coping. *Psychology and Aging, 5*, 58-67.
Brandtstädter, J. & Greve, W. (1992). Das Selbst im Alter: adaptive und protektive Mechanismen. *Zeitschrift für Entwicklungspsychologie und Pädagogische Psychologie, 24*, 269-297.
Brandtstädter, J. & Rothermund, K. (2002). The life-course dynamics of goal pursuit and goal adjustment: A two-process framework. *Developmental Review, 22*, 117-150.
Brandtstädter, J., Rothermund, K. & Schmitz, U. (1998). Maintaining self-integrity and self-efficacy through adulthood and later life: The adaptive functions of assimilative persistence and accommodative flexibility. In J. Heckhausen & C. Dweck (Eds.), *Motivation and self-regulation across the life-span* (pp. 365-388). New York: Cambrigde University Press.
Brief, A. P., Butcher, A. H., George, J. M. & Link, K. E. (1993). Integrating bottom-up and top-down theories of subjective well-being: The case of health. *Journal of Personality and Social Psychology, 64*, 646-653.
Bulmahn, T. (2002). Globalmaße des subjektiven Wohlbefindens. In Statistisches Bundesamt (Ed.), *Datenreport 2002. Zahlen und Fakten über die Bundesrepublik Deutschland* (pp. 423-631). Bonn: Bundeszentrale für politische Bildung.
Bullinger, M. (Ed.). (1997). *Lebensqualität. Bedeutung – Anforderung – Akzeptanz.* Stuttgart: Schattauer.
Campbell, A., Converse, P. E. & Rodgers, W. L. (1976). *The quality of American life: perceptions, evaluations, and satisfactions.* New York: Russel Sage.
Costa, P. T., McCrae, R. R. & Norris, A. H. (1981). Personal adjustment to aging: Longitudinal prediction from neuroticism and extraversion. *Journal of Gerontology, 36*, 78-85.

Delhey, J. (2002). Lebensbedingungen und Wohlbefinden in Europa. In Statistisches Bundesamt (Ed.), *Datenreport 2002. Zahlen und Fakten über die Bundesrepublik Deutschland* (pp. 616-623). Bonn: Bundeszentrale für politische Bildung.

Diener, E. (1996). Traits can be powerful, but are not enough: lessons from subjective well-being. *Journal of Research in Personality, 30*, 389-399.

Diener, E. (2000). Subjective well-being. *American Psychologist, 55*, 34-43.

Diener, E. & Suh, E. M. (1998). Age and subjective well-being: An international analysis. In K. W. Schaie & L. M. Powell (Eds.), *Annual Review of Gerontology and Geriatrics, Vol. 17: Focus on emotion and adult development* (pp. 304-324). New York: Springer.

Diener, E., Suh, E. M., Lucas, R. E. & Smith, H. L. (1999). Subjective well-being: Three decades of progress. *Psychological Bulletin, 125*, 276-302.

Easterlin, R. A. & Schaeffer, C. M. (1999). Income and subjective well-being over the life cycle. In C. D. Ryff & V. Marshall (Eds.), The *self and society in aging processes* (pp. 279-302). New York: Springer.

Erikson, R. (1974). Welfare as a planning goal. *Acta Sociologica, 17*, 273-278.

Fahey, T. & Smyth, E. (2004). Do subjective indicators measure welfare? *European Societies, 6*, 5-27.

Filipp, S.-H. (2002). Gesundheitsbezogene Lebensqualität alter und hochbetagter Frauen und Männer. In Deutsches Zentrum für Altersfragen (Ed.), *Expertisen zum vierten Altenbericht der Bundesregierung, Band I: Das hohe Alter – Konzepte, Forschungsfelder, Lebensqualität* (pp. 315-414). Hannover: Vincentz.

Flora, P. & Noll, H.-H. (Eds.) (1999). *Sozialberichterstattung und Sozialstaatsbeobachtung*. Frankfurt/Main: Campus.

Fooken, I. (2002). Wege in die „Lieblosigkeit". Lebensverlaufsmuster und seelische Gesundheit bei Männern und Frauen im Kontext von Scheidungen oder Trennungen nach langjährigen Ehen. In M. Peters & J. Kipp (Eds.), *Zwischen Abschied und Neubeginn* (pp. 157-172). Gießen: Psychosozial.

Habich, R. & Noll, H.-H. (2002). Objektive Lebensbedingungen und subjektives Wohlbefinden im vereinten Deutschland. In Statistisches Bundesamt (Ed.), *Datenreport 2002* (pp. 423-631). Bonn: Bundeszentrale für politische Bildung.

Herfurth, M., Kohli, M. & Zimmermann, K. F. (2003). *Arbeit in einer alternden Gesellschaft. Problembereiche und Entwicklungstendenzen der Erwerbssituation Älterer*. Opladen: Leske + Budrich

Hollstein, B. (2002). *Soziale Netzwerke nach der Verwitwung* Eine Rekonstruktion der Veränderungen informeller Beziehungen. Opladen: Leske + Budrich.

Keyes, C. L. M. & Ryff, C. D. (1999). Psychological well-being in midlife. In S. L. Willis & J. D. Reid (Eds.), *Life in the middle* (pp. 161-180). San Diego: Academic Press.

Kohli, M., Künemund, H., Motel, A. & Szydlik, M. (2000). Soziale Ungleichheit. In M. Kohli & H. Künemund (Eds.), *Die zweite Lebenshälfte – Gesellschaftliche Lage und Partizipation im Spiegel des Alters-Survey* (pp. 318-336). Opladen: Leske + Budrich.

Lachman, M.E. (2001) (Ed.). *Handbook of midlife development*. New York: Wiley.

Lehr, U. (1997). Gesundheit und Lebensqualität im Alter. *Zeitschrift für Gerontopsychologie und -psychiatrie, 10*, 277-287.

Lehr, U. (2003). *Psychologie des Alterns* (10 ed.). Heidelberg: Quelle & Meyer
Mannell, R. C. & Dupuis, S. (1996). Life satisfaction. In J. E. Birren (Ed.), *Encyclopedia of gerontology* (Vol. II: L-Z, pp. 59-64). San Diego: Academic Press.
Maslow, A. H. (1954). *Motivation and personality.* New York: Harper.
Mayer, K.-U. & Wagner, M. (1999). Lebenslagen und soziale Ungleichheit im hohen Alter. In K.-U. Mayer & P. B. Baltes (Eds.), *Die Berliner Altersstudie* (pp. 251-275). Berlin: Akademie Verlag.
Mortimer, J.T. & Shanahan, M.S. (Eds.) (2003). *Handbook of the life course.* New York: Kluwer Academic.
Noll, H.-H. (1997). Sozialberichterstattung: Zielsetzungen, Funktionen und Formen. In H.-H. Noll (Ed.), *Sozialberichterstattung in Deutschland: Konzepte, Methoden und Ergebnisse für Lebensbereiche und Bevölkerungsgruppen* (pp. 7-16). Weinheim: Juventa.
Noll, H.-H. (2000). *Konzepte der Wohlfahrtsentwicklung: Lebensqualität und „neue" Wohlfahrtskonzepte.* (No. P00-505). Berlin: Wissenschaftszentrum Berlin für Sozialforschung.
Noll, H. H. & Schöb, A. (2002). Lebensqualität im Alter. In Deutsches Zentrum für Altersfragen (Ed.), *Expertisen zum vierten Altenbericht der Bundesregierung, Band I: Das hohe Alter. Konzepte, Forschungsfelder, Lebensqualität* (pp. 229-313). Hannover: Vincentz.
Okun, M. L. (2001). Subjective well-being. In G. L. Maddox (Ed.), *The encyclopedia of aging* (3 ed., pp. 986-989). New York: Springer.
Pavot, W. & Diener, E. (1993). Review of the satisfaction with life scale. *Psychological Assessment, 5*, 164-172.
Schroots, J. J. F. (2003). Life-course dynamics: A research program in progress from The Netherlands. *European-Psychologist, 8*, 192-199.
Schulz, R., Wrosch, C. & Heckhausen, J. (2003). The life span theory of control: Issues and evidence. In S. H. Zarit, L. I. Pearlin & K. W. Schaie (Eds.), *Personal control in social and life course contexts* (pp. 233-262). New York: Springer.
Schupp, J., Habich, R. & Zapf, W. (1996). Sozialberichterstattung im Längsschnitt: Auf dem Weg zu einer dynamischen Sicht der Wohlfahrtsproduktion. In W. Zapf, J. Schupp & R. Habich (Eds.), *Lebenslagen im Wandel: Sozialberichterstattung im Längsschnitt* (pp. 11-45). Frankfurt/Main: Campus.
Schwarz, N. & Strack, F. (1991). Evaluating one's life: A judgment model of subjective well-being. In F. Strack & M. Argyle (Eds.), *Subjective well-being: An interdisciplinary perspective* (pp. 27-47). Elmsford, NY: Pergamon.
Settersten, R.A. (1999). Lives in time and place. *The problems and promises of developmental science.* Amityville, NY: Baywood.
Settersten, R. A. (Ed.) (2002). *Invitation to the life course: toward new understandings of later life.* Amityville, NY: Baywood Publishing.
Smith, J. & Baltes, P. B. (1996). Altern aus psychologischer Perspektive: Trends und Profile im hohen Alter. In K. U. Mayer & P. B. Baltes (Eds.), *Die Berliner Altersstudie* (pp. 221-250). Berlin: Akademie Verlag.
Smith, J. & Delius, J. (2003). Die längsschnittlichen Erhebungen der Berliner Altersstudie (BASE): Design, Stichproben und Schwerpunkte 1990-2002. In F. Karl (Ed.),

Sozial- und verhaltenswissenschaftliche Gerontologie (pp. 225-249). Weinheim: Juventa.

Smith, J., Fleeson, W., Geiselmann, B., Settersten, R. & Kunzmann, U. (1996). Wohlbefinden im hohen Alter: Vorhersagen aufgrund objektiver Lebensbedingungen und subjektiver Bewertung. In K. U. Mayer & P. B. Baltes (Eds.), *Die Berliner Altersstudie* (pp. 497-523). Berlin: Akademie Verlag.

Smith, J., Fleeson, W., Geiselmann, B., Settersten, R. A. J. & Kunzmann, U. (1999). Sources of well-being in very old age. In P. B. Baltes & K. U. Mayer (Eds.), *The Berlin Aging Study: Aging from 70 to 100* (pp. 450-471). Cambridge: Cambridge University Press.

Staudinger, U. M. (2000). Viele Gründe sprechen dagegen und trotzdem geht es vielen Menschen gut: Das Paradox des subjektiven Wohlbefindes. *Psychologische Rundschau, 51*, 185-197.

Staudinger, U. M. & Bluck, S. (2001). A view on midlife development from life-span theory. In M. E. Lachman (Ed.), *Handbook of midlife development* (pp. 3-39). New York: Wiley

Staudinger, U., Freund, A. M., Linden, M. & Maas, I. (1996). Selbst, Persönlichkeit und Lebensgestaltung im Alter: Psychologische Widerstandsfähigkeit und Vulnerabilität. In K. U. Mayer & P. B. Baltes (Eds.), *Die Berliner Altersstudie* (pp. 321-350). Berlin: Akademie Verlag.

Staudinger, U. M. & Lindenberger, U. (2003). *Understanding human development*. Boston: Kluwer.

Tesch-Römer, C. (1998). Alltagsaktivitäten und Tagesstimmung. *Zeitschrift für Gerontologie und Geriatrie, 31*, 257-262.

Tesch-Römer, C., Motel-Klingebiel, A., Kondratowitz, H.-J. & Tomasik, M. (November, 2003). *Welfare state, gender, and age: country specific gender differences in health and well-being*. Paper presented at the 55th Annual Scientific Meeting of the Gerontological Society of America, San Diego, CA.

Veenhoven, R. (2002). Die Rückkehr der Ungleichheit in die moderne Gesellschaft? Die Verteilung der Lebenszufriedenheit in den EU-Ländern von 1973 bis 1996. In W. Glatzer, R. Habich & K. U. Mayer (Eds.), *Sozialer Wandel und gesellschaftliche Dauerbeobachtung* (pp. 273-293). Opladen: Leske + Budrich.

Vogel, J. (1999). Der Europäische Wohlfahrtsmix: Institutionelle Konfiguration und Verteilungsergebnis in der Europäischen Union und Schweden. Eine Längsschnitt- und vergleichende Perspektive. In P. Flora & H. H. Noll (Eds.), *Sozialberichterstattung und Sozialstaatsbeobachtung* (pp. 73-109). Frankfurt/Main: Campus.

Vogel, J. (2002). Towards a typology of European welfare production. In W. Glatzer, R. Habich & K. U. Mayer (Eds.), *Sozialer Wandel und gesellschaftliche Dauerbeobachtung* (pp. 229-253). Opladen: Leske + Budrich.

Watson, D., Clark, L. A. & Tellegen, A. (1988). Development and validation of brief measures of positive and negative affect: The PANAS scales. *Journal of Personality and Social Psychology, 54*, 1063-1070.

Wenger, G. C. & Jerrome, D. (1999). Change and stability in confidant relationships findings from the Bangor Longitudinal Study of Ageing. *Journal of Aging Studies, 13*, 269-294

Westerhof, G. J. (2001). Wohlbefinden in der zweiten Lebenshälfte. In F. Dittmann-Kohli, C. Bode & G. F. Westerhof (Eds.), *Die zweite Lebenshälfte – Psychologische Perspektiven* (pp. 77-128). Stuttgart: Kohlhammer.

Wurm, S. & Tesch-Römer, C. (im Druck). Alter und Gesundheit. In R. Schwarzer (Ed.), *Gesundheitspsychologie. Enzyklopädie der Psychologie*. Göttingen: Hogrefe.

Zapf, W. (Ed.) (1977). *Lebensbedingungen in der Bundesrepublik. Sozialer Wandel und Wohlfahrtsentwicklung*. Frankfurt/Main: Campus.

Zapf, W. (1984). Individuelle Wohlfahrt: Lebensbedingungen und wahrgenommene Lebensqualität. In W. Glatzer & W. Zapf (Eds.), *Lebensqualität in der Bundesrepublik Deutschland. Objektive Lebensbedingungen und subjektives Wohlbefinden* (pp. 13-26). Frankfurt/Main: Campus.

Zapf, W. & Habich, R. (1996). Einleitung. In W. Zapf & R. Habich (Eds.), *Wohlfahrtsentwicklung im vereinten Deutschland. Sozialstruktur, sozialer Wandel und Lebensqualität* (pp. 11-21). Berlin: Sigma.

Die Lebenssituation älterer Ausländerinnen und Ausländer in Deutschland

Helen Baykara-Krumme und Andreas Hoff

1 Einleitung

Die mit dem Begriff „Altern der Gesellschaft" bezeichnete demografische Entwicklung beschränkt sich nicht allein auf deutsche Staatsangehörige – auch unter der in Deutschland lebenden nicht-deutschen Bevölkerung ist der Anteil Älterer in den letzten Jahren gestiegen, wobei die Zuwachsraten in dieser Bevölkerungsgruppe sogar höher lagen als in der deutschen Bevölkerungsmehrheit. Nach Daten der Bevölkerungsfortschreibung des Statistischen Bundesamtes ist die Zahl der älteren Ausländer (60 Jahre und älter) von 1991 bis 2003 um fast das Dreifache auf 759.200 gewachsen, während gleichzeitig die Gesamtzahl der ausländischen Bevölkerung leicht zurückging. Die Zunahme bei den älteren Deutschen betrug im gleichen Zeitraum lediglich 21,6 Prozent auf 19,6 Mio. (Roloff, 2004). Bei einer insgesamt wesentlich jüngeren Altersstruktur in der ausländischen als in der deutschen Bevölkerung stellen ältere Ausländer eine stark wachsende Bevölkerungsgruppe dar und werden dies auch auf längere Zeit hin bleiben. Nach der mittleren Variante der Modellrechnungen wird sich die Zahl der 60-jährigen und älteren Ausländer bis 2010 auf 1,3 Mio. erhöhen und sich bis 2030 auf 2,5 Millionen noch einmal fast verdoppeln (Beauftragte der Bundesregierung für Ausländerfragen, 2002, 278)[1].

Hintergrund dieses Alterungsprozesses der ausländischen Bevölkerung, der außer in Deutschland auch in einigen anderen westeuropäischen Ländern zu beobachten ist (vgl. zum Beispiel Bolzman et al., 2004), ist neben den über die Jahre insgesamt gesunkenen Fertilitätsraten das Immigrationsgeschehen nach dem Zweiten Weltkrieg (vgl. Meyer, 2002). So zeigen Daten zu Nationalität und Aufenthaltsdauer, dass es sich bei einem großen Teil der Älteren um Arbeitsmigranten und Arbeitsmigrantinnen handelt, die auf der Grundlage von bilatera-

---

[1] Bei dieser Prognose sollte allerdings berücksichtigt werden, dass Vorhersagen über die Entwicklung der ausländischen Bevölkerungsgruppe aufgrund von Fluktuation durch Zu- und Abwanderung sowie Einbürgerung weniger treffsicher sind als jene für die deutsche Bevölkerung. Auch Bestandsdaten zu Ausländern stellen nur Tendenzwerte dar. Aufgrund von bspw. nicht erfolgter Abmeldung bei Fortzügen muss man von etwas überhöhten Zahlen ausgehen (vgl. Roloff, 2004).

len Anwerbeabkommen zwischen 1955 und 1973 aus verschiedenen Mittelmeerstaaten in die Bundesrepublik kamen, entgegen ursprünglich an Rückkehr orientierten Lebensentwürfen in Deutschland blieben und nun hier alt werden (vgl. DZA, 2003)[2]. Ihr Anteil an den ausländischen Älteren ist in den vergangenen Jahren gestiegen und er wird weiter zunehmen (BMFSFJ, 2000). So stellen Staatsangehörige der Türkei, des ehemaligen Jugoslawien, Italiens und Griechenlands die größten Gruppen in der älteren ausländischen Bevölkerung (vgl. Tabelle 1 unten), wobei sich darunter neben den Arbeitsmigranten und ihren Ehepartnern zum Teil auch Flüchtlinge und anerkannte Asylbewerber befinden.

Tabelle 1: Zusammensetzung der ausländischen Bevölkerung (60 Jahre und älter) in Deutschland nach Staatsangehörigkeit (Stand: 31.12.2002)

Staatsangehörigkeit	Anteil (in Prozent)	Anzahl
Gesamt	100,0	711.000
Türkei	24,8	176.100
Ehem. Jugoslawien	15,5	110.000
Italien	9,8	69.900
Griechenland	7,5	53.100
Ehem. Sowjetunion	7,1	50.700
Andere	35,3	251.000

Quelle: Statistisches Bundesamt, 2002, Tab. 6, S. 22ff.

Die Anwerbepraxis, nach der mehr männliche als weibliche und eher jüngere als ältere Arbeitskräfte eingestellt wurden, erklärt auch die sich von der deutschen Bevölkerungsmehrheit unterscheidende Geschlechts- und Altersstruktur der älteren Ausländerinnen und Ausländer. So findet sich bei den bis 75-jährigen Ausländern ein Männerüberschuss. Außerdem sind ältere Ausländerinnen und Ausländer noch überwiegend „junge Alte": Im Jahr 2003 waren 11,4 Prozent der insgesamt 7,3 Mio. Ausländer und Ausländerinnen zwischen 50 und 59 Jahre alt, was in etwa dem Anteil dieser Altersgruppe an der deutschen Bevölkerung entspricht (12,1 Prozent). Im Gegensatz dazu waren nur 10,3 Prozent der ausländischen Bevölkerung 60 Jahre und älter, während der Anteil dieser Altersgruppe

---

2 Die amtliche Statistik (Bevölkerungsfortschreibung, Ausländerzentralregister, Mikrozensus, Zu- und Fortzugsstatistik) erfasst nicht den Migrationsanlass, sondern lediglich – in den Datenquellen unterschiedlich differenziert – die Staatsangehörigkeit bzw. das Herkunftsland sowie die Aufenthaltsdauer.

an der deutschen Bevölkerung mit 24,6 Prozent mehr als doppelt so hoch lag (Statistisches Bundesamt, Bevölkerungsfortschreibung; DZA, 2003).

Schließlich zeigen auch die Daten zur Aufenthaltsdauer, dass die auf staatlicher Ebene initiierte Arbeitsmigration und dann folgende Familienmigration das Bild der heute älteren ausländischen Bevölkerung entscheidend prägen. Über die Hälfte der 50- bis 64-Jährigen und mehr als ein Drittel der 65-Jährigen und Älteren reiste im Zeitraum der Hauptanwerbung und des einsetzenden Familiennachzugs zwischen 1961 und 1975 ein. Zugleich implizieren diese Zahlen jedoch, dass ein nicht unbedeutender Teil der älteren Ausländer nicht im Rahmen der Anwerbemigration nach Deutschland kam, sondern zu einem früheren bzw. späteren Zeitpunkt einreiste. Neben den Arbeitsmigranten gehören zu den ausländischen Älteren beispielsweise Menschen aus Deutschlands Anrainerstaaten wie Österreich, Niederlande und Polen, die zum Teil schon lange oder sogar seit ihrer Geburt in Deutschland leben. So hatten beispielsweise im Jahr 2000 12 Prozent der über 65-Jährigen bereits mehr als 40 Jahre in der Bundesrepublik verbracht und 2,6 Prozent der 50- bis 64-Jährigen und 7,6 Prozent der 65-Jährigen Ausländer wurden in Deutschland geboren. Zehn Prozent der 50- bis 64-Jährigen und 14,4 Prozent der 65-Jährigen und Älteren reisten in den vergangenen Jahren seit 1991 ein (DZA, 2003). Darunter befinden sich beispielsweise Kriegsflüchtlinge und Kontingentflüchtlinge, die häufig im Familienverband migrierten. Außerdem handelt es sich um hilfe- oder pflegebedürftige Eltern, die von ihren Kindern für die Versorgung nach Deutschland geholt wurden (vgl. BMFSFJ, 2000). Zur Gruppe der älteren Ausländer und Ausländerinnen gehören des Weiteren ehemalige Kriegsgefangene, ehemalige Mitglieder von in Deutschland stationierten ausländischen Streitkräften sowie Spätaussiedler, die nicht anerkannt wurden und daher nicht die deutsche Staatsangehörigkeit, aber eine Aufenthaltserlaubnis bekamen (vgl. Freie und Hansestadt Hamburg, 1998). Asylsuchende sind unter den Älteren insgesamt unterrepräsentiert (vgl. Dietzel-Papakyriakou & Olbermann, 1998). Insgesamt handelt es sich also bei den älteren Ausländern um eine hinsichtlich der Nationalität, der Aufenthaltsdauer, des Migrationshintergrunds wie auch des rechtlichen Status sehr heterogene Bevölkerungsgruppe. Eingebürgerte und als Aussiedler bzw. Spätaussiedler anerkannte Personen gehören rechtlich nicht zu den Ausländerinnen und Ausländern, auch wenn sie als Migrantinnen und Migranten mit all jenen, die nicht in Deutschland geboren wurden, eine Migrationsbiografie teilen (vgl. Hinrichs, 2003).

Die soziale Bedeutung der oben beschriebenen demografischen Entwicklung des Alterns der ausländischen Bevölkerung wurde in den vergangenen Jahren zunehmend erkannt (z.B. Dietzel-Papakyriakou, 1993; Olbermann, 1993; Schulte, 1995; Eggen, 1997; Naegele & Olbermann, 1997; Martinez & Avgoustis, 1998; Dietzel-Papakyriakou & Olbermann, 1998; Schneiderheinz, 1998;

BMFSFJ, 1999; Kulbach, 1999; Tufan 1999; BMFSFJ, 2000; BMFSFJ, 2001; Kaewnetara & Uske, 2001; Zeman 2002; DZA, 2003). In den 1980er Jahren wurden zunächst die Wohlfahrtsverbände und Sozial- und Gesundheitsdienste verstärkt auf die Probleme der älter werdenden Arbeitsmigranten aufmerksam. Ab Anfang der 1990er Jahre beschäftigten sich auch die Sozialwissenschaften mit dem Thema, vorrangig mit praxisbezogenen Fragestellungen beispielsweise zur Lebenssituation oder der Versorgung im Pflegefall. So gibt es inzwischen eine Reihe von regionalen Studien, die die zentralen Lebensbereiche der älteren Migranten und Migrantinnen bzw. Ausländer und Ausländerinnen untersuchen (vgl. Überblick in Zoll, 1997 und Söhn, 2000). Sie sind meist in enger Zusammenarbeit mit Wohlfahrtsverbänden und zum Teil als Auftragsforschung der (bundes-) politischen Institutionen entstanden und dienen der Exploration des weitgehend neuen Feldes, als Grundlage für Weiterentwicklungen im Bereich der Altenarbeit und Sozialen Dienste bzw. der politischen Sozialberichterstattung. Die Untersuchungen beziehen verschiedene Nationalitäten- bzw. Migrantengruppen ein, beschränken sich aber fast ausschließlich auf die größten Nationalitätengruppen, d.h. die angeworbenen Arbeitsmigranten und -migrantinnen. Sowohl die qualitativ-empirischen Studien auf der Grundlage von offenen narrativen bzw. Leitfaden-Interviews (z.B. Krüger, 1995; Blechner, 1998; Seeberger, 1998; Sen & Tufan, 2000; Spohn, 2002; Matthäi, 2004) als auch die quantitativ-empirischen Studien auf der Grundlage von standardisierten Interviews (z.B. Zentrum für Türkeistudien, 1992; Schuleri-Hartje, 1994; Olbermann & Dietzel-Papkyriakou, 1995; Zoll, 1997; Jurecka, 1998; Freie und Hansestadt Hamburg, 1998) beanspruchen keine oder nur (regional) begrenzte Repräsentativität der Ergebnisse.

Fünf größere Studien sind hervorzuheben, auf deren Ergebnisse sich die verschiedenen Veröffentlichungen zu dem Thema der älteren Migranten und Migrantinnen in der Regel stützen: Eine erste größer angelegte Studie mit in Deutschland lebenden älteren Türken und Italienern wurde 1991 vom Zentrum für Türkeistudien im Auftrag des Bundesministeriums für Arbeit und Sozialforschung durchgeführt (Zentrum für Türkeistudien, 1992). Befragt wurden etwa 200 Personen in Duisburg, Köln und München zu ihrer Migrationsbiografie, der aktuellen Lebenssituation und ihren Zukunftsplänen. Eine andere Studie, die von 1993 bis 1995 in Nordrhein-Westfalen als Panelbefragung durchgeführt wurde, hatte neben der Erhebung von Daten zur Lebenssituation die Evaluierung bestehender Angebote der Altenhilfe, sowie die Entwicklung, Erprobung und Evaluierung neuer gruppenspezifischer Konzepte für die Sozialen Altendienste zur Aufgabe. Etwa 100 Personen (Herkunftsländer: Spanien, Griechenland, ehemaliges Jugoslawien, Türkei) wurden im Auftrag des Bundesministeriums für Arbeit und Sozialordnung unter Zusammenarbeit mit drei großen Wohlfahrtsverbänden untersucht (Olbermann & Dietzel-Papakyriakou, 1995). Eine weitere größere Untersuchung zur sozialen Lage älterer Migranten, an der 320 Ältere italienischer, jugoslawischer, portugiesischer und spanischer Nationalität teilnahmen, war Inhalt eines studentischen Studienprojektes in Essen in Zusammenarbeit mit dem dortigen Caritasverband (Zoll, 1997). Die bisher größte Studie zum Thema wurde 1998 in Hamburg vom Senat in Auftrag gegeben und mit etwa 1000 Älteren der in Hamburg am häufigsten vertretenen ausländischen Nationalitäten durchgeführt (Freie und Hansestadt Hamburg, 1998). Anfang der 1990er Jahre erhobene Daten zur Lebens- und Wohnsituation deutscher Älterer wurden hier zum Teil zu Vergleichszwecken herangezogen. Diese für die ältere Wohnbevölkerung Hamburgs repräsentative Studie ist somit die bisher einzige Untersuchung, die einen Vergleich mit der gleichaltrigen einheimischen Bevölkerung ermöglicht. Die aktuellste Studie, die vom Bundesministerium für Familie, Senioren, Frauen und Jugend in Auftrag gegeben wurde, eruiert die soziale Lage allein stehender älterer Migrantinnen auf der Grundlage von 87 narrativen Interviews. Sie wurden geführt mit älteren Frauen aus der Türkei, Italien, Griechenland, dem ehemaligen Jugoslawien und Vietnam (Matthäi, 2004). In allen genannten Untersuchungen hatten die Befragten die Option, das Interview in ihrer Muttersprache zu führen. Diese Möglichkeit wurde jeweils von einer großen Mehrheit der Untersuchungspersonen genutzt.

Die Ergebnisse der genannten Untersuchungen zur sozialen Lage der älteren Ausländer bzw. Migranten stimmen weitgehend überein. So wird bei den Migranten aus den Anwerbeländern auf den auf Rückkehr ausgerichteten Lebensentwurf hingewiesen (Rückkehrorientierung). Als Gründe für die faktische Niederlassung in Deutschland werden u.a. die familiären Bindungen an Deutschland, das bessere Gesundheits- und soziale Sicherungssystem und eine Entfremdung vom Herkunftskontext genannt. Dennoch besteht bei vielen Älteren weiterhin ein Wunsch nach Rückkehr, der sich jedoch mit steigender Aufenthaltsdauer und Hilfebedürftigkeit zunehmend als eine Rückkehrillusion (Dietzel-Papakyriakou, 1993) erweist. Über die Zahl der tatsächlichen Rückkehrer liegen wenige Informationen vor. Außerdem sind Rückkehrwillige in den in Deutschland durchgeführten Untersuchungen unterrepräsentiert. Als Alternative zu Verbleib bzw. Heimkehr findet sich bei einer großen Zahl von älteren Migranten die Vorstellung oder bereits dessen Ausführung, zwischen Herkunftsland und Deutschland zu pendeln (vgl. auch Dietzel-Papakyriakou, 1999; Krumme, 2004).

Hinsichtlich der materiellen Lage wird in den Studien auf überwiegend unterdurchschnittliche Rentenkeinkommen der ehemaligen Arbeitsmigranten hingewiesen. Sie sind Resultat der geringeren Beitragszeiten, der niedrigen Rentenbeiträge aus un- und niedrigqualifizierten Beschäftigungen und einem häufig früheren krankheitsbedingten Austritt aus dem Erwerbsleben. Die besonders schweren

Arbeitsbedingungen der „Gastarbeiter" sowie psychische Belastungen durch die Migrationssituation werden auch als Erklärungsfaktoren für den von einem Großteil der Älteren genannten schlechten persönlichen Gesundheitszustand angeführt. Ein unterdurchschnittlicher Wohnstandard und eine geringe Integration u.a. aufgrund mangelhafter Deutschkenntnisse sind weitere Charakteristika der Lebenssituation der älteren ausländischen Bevölkerung.

Neben diesen vielschichtigen strukturellen Benachteiligungen gelten das aufgrund der höheren Kinderzahl relativ größere familiäre Netzwerk und die familiäre Einbindung der älteren Migranten und Migrantinnen als eine wichtige soziale Ressource. Zwar ist der Mehrgenerationenhaushalt nicht die Norm, dennoch leben ältere Ausländer seltener als Deutsche allein. Kinder wohnen, wenn nicht im Haushalt, räumlich relativ nah bei ihren Eltern und die Kontakthäufigkeit ist hoch. Ältere Migranten leisten vielfältige Unterstützung innerhalb der Familie und sind zugleich wesentliche Hilfeempfänger. Die Unterstützungserwartung seitens der Älteren ist im Hinblick auf Pflege groß. Betont wird, dass es bisher auch für die Älteren eine offene Frage ist, ob die Angehörigen den Erwartungen tatsächlich gerecht werden wollen und können. Die Studien verweisen auf das immanente Konfliktpotenzial und auf die prekäre Situation derjenigen, die über keine familiären Netzwerke verfügen.

Insbesondere qualitativ angelegte Studien heben hervor, dass Ältere durchaus Zweifel an der Pflege- und Unterstützungsbereitschaft der Kindergeneration hegen, und zugleich auch den Institutionen des Aufenthaltslandes gegenüber skeptisch sind (z.B. Krüger, 1995). Darüber hinaus wird betont, dass es sich bei den älteren Migranten um eine sehr heterogene Gruppe handelt. So zeigt Matthäi, dass allein stehende Migrantinnen weder in gleichem Maß von Armuts- oder Marginalisierungsrisiken betroffen noch in ähnlicher Weise auf Sozialleistungen angewiesen sind. Neben isolierten und kaum integrierten Älteren gibt es auch sozial sehr gut eingebettete Migranten. „Das Klischee der älteren ,hilf- und sprachlosen' Migrantin ist ... zu revidieren" (Matthäi, 2004, S.216). In ähnlicher Weise versucht Spohn das herrschende Bild über türkische Männer zu korrigieren. Sie setzen sich im Hinblick auf familiäre Vorstellungen und Erwartungen mit ihrer Umgebung auseinander. „Es ist keineswegs so, ..., dass die türkischen Migranten der ersten Generation unverändert und starr an alten Bildern festhalten" (Spohn, 2002, S.440). Schließlich zeigen sich ältere Berliner Migranten unterschiedlich (un)zufrieden mit ihrer Lebenssituation (Sen & Tufan, 2000). Einhellig verweisen alle quantitativen und qualitativen Untersuchungen auf den notwendigen sozialpolitischen Informations- und Handlungsbedarf hinsichtlich der Versorgung der älteren Migrantinnen und Migranten im Rahmen der Alten- und Pflegehilfe.

Kennzeichnend für die bisherige Datenlage ist, dass die Studien mit relativ geringen Fallzahlen und nur regional begrenzt durchgeführt wurden, Repräsentativität damit nicht oder nur für sehr spezifische Grundgesamtheiten beansprucht werden kann und kaum Vergleiche mit der einheimischen Bevölkerung möglich sind. Vorliegende bundesweite Surveys der Sozialberichterstattung dagegen umfassen häufig nur Deutsche. Ausnahmen bilden der Mikrozensus, der allerdings nur sehr spezifische amtliche Daten zu ausländischen Haushalten zur Verfügung stellt, und das Sozio-oekonomische Panel (SOEP), das mit einer eigenen Ausländerstichprobe repräsentative Aussagen über bestimmte Nationalitätengruppen für das gesamte Bundesgebiet zulässt. Daneben gibt es bisher keine für ganz Deutschland repräsentativen Daten zu älteren Ausländern. Die Datenlage für die Beschreibung ihrer Lebensumstände im Rahmen der nationalen Sozialberichterstattung gilt daher als äußerst schlecht (vgl. Adolph, 2001). Vor diesem Hintergrund wurde im Jahr 2002 zeitgleich mit der Panel- und der Replikationsstichprobe der zweiten Welle des Alterssurveys eine sogenannte Ausländerstichprobe gezogen, welche die 40- bis 85-jährigen Nicht-Deutschen in Deutschland berücksichtigt. Erstmals liegen damit deutschlandweite Daten vor, die eine umfassende Untersuchung der „zweiten Lebenshälfte", also des mittleren und höheren Erwachsenenalters der Menschen nichtdeutscher Staatsangehörigkeit ermöglichen.

Dieser Beitrag verfolgt das Ziel, die Lebenssituation der heute und in absehbarer Zukunft älteren Menschen nichtdeutscher Staatsangehörigkeit zu untersuchen und mit den Lebensbedingungen der gleichaltrigen deutschen Wohnbevölkerung zu vergleichen. Die Datenbasis für diesen Vergleich bilden die Ausländerstichprobe und die Replikationsstichprobe des Alterssurveys 2002. Die Analyse leistet einen Beitrag sowohl zur Alterssozialberichterstattung als auch zur sozial- und verhaltenswissenschaftlichen Alternsforschung. Sie ist dabei primär deskriptiv und thematisch breit angelegt (mehr dazu im einleitenden Beitrag in diesem Band).

Drei Konzepte bilden den theoretischen Rahmen. Das Konzept der Lebensqualität ist ein zentraler Aspekt der theoretischen Grundlagen des Alterssurvey (vgl. Kohli et al., 2000; Tesch-Römer et al., 2002; Hoff et al., 2003). Individuelle Wohlfahrt wird hier als Konstellation von objektiven Lebensbedingungen und subjektivem Wohlbefinden definiert und operationalisiert. Ziel ist die Untersuchung des Niveaus und der Verteilung der individuellen Wohlfahrt bzw. Lebensqualität und gruppenspezifischer Wohlfahrtslagen.

Neben der Wohlfahrtsmessung verfolgt der Alterssurvey die Frage nach Formen von Vergesellschaftung der Menschen in der zweiten Lebenshälfte (vgl. Kohli et al., 2000; Hoff et al., 2003). Soziale Beziehungen, konsumtive oder produktive Tätigkeiten und Partizipation des Individuums in verschiedenen Bereichen der Gesellschaft (Staat, Markt, Zivilgesellschaft, Familie) sind demnach nicht nur hinsichtlich ihres Beitrages zur Wohlfahrt des Individuums von Relevanz, sondern auch in Bezug auf den Grad seiner sozialen Einbindung (Inklusion). Dieser Aspekt ist von besonderem Interesse für Menschen, die mit dem Ausscheiden aus dem Erwerbsleben einen wichtigen Bereich der Vergesellschaftung verlassen oder auch für Migranten, die nach erfolgter Migration auf eine ihnen fremde Gesellschaft treffen.

Des Weiteren wird Bezug genommen auf ein zentrales Analysekonzept in der Migrationsforschung, das den Grad der Integration von Zugewanderten in die verschiedenen Bereiche der Ankunftsgesellschaft zum Gegenstand hat (vgl. Han, 2000; Treibel, 2003). Der Begriff der „Integration" bedarf jedoch einer Klärung, da er nicht nur im öffentlichen, sondern auch im wissenschaftlichen Diskurs unterschiedlich definiert und konzeptualisiert wird. Wichtige sozialwissenschaftliche Beiträge stammen beispielsweise von Hoffmann-Nowotny (1973), der „Integration" als die Partizipation der Zuwanderer an der Statusstruktur (berufliche Stellung, Einkommen, Bildung, rechtliche Stellung, Wohnen) definiert. „Assimilation" bezieht sich bei ihm auf die Angleichung an die Kultur (Sprache, Wertorientierung) der Aufnahmegesellschaft (Hoffmann-Nowotny, 1973, S.171ff.). Esser (1980) dagegen differenziert nach kognitiver, struktureller, sozialer und identifikativer Assimilation, die er als einen linearen, sequenziell verlaufenden Prozess begreift. In der letzten Stufe ist demnach ein „Zustand der Ähnlichkeit des Wanderers in Handlungsweisen, Orientierungen und interaktiver Verflechtung zum Aufnahmesystem" erreicht (Esser, 1980, S.22). In Abgrenzung dazu ist „Integration" bei Esser definiert als ein personaler oder relationaler Gleichgewichtszustand, der auch innerhalb der ethnischen Gruppe erreicht werden kann, also nicht notwendigerweise mit Formen der Assimilation in der Ankunftsgesellschaft einhergeht. Die folgende Analyse orientiert sich inhaltlich an dem Konzept der „Integration" von Hoffmann-Nowotny bzw. fokussiert auf den Aspekt der „strukturellen Assimilation" von Esser. Gegenstand ist die Deskription von strukturellen Unterschieden zwischen Ausländern und Deutschen im Bereich der materiellen Lage, der Gesundheit und der sozialen Beziehungen. Inwiefern in Deutschland lebende ausländische Menschen in der zweiten Lebenshälfte auch kognitiv, sozial oder identifikativ assimiliert sind, d.h. beispielsweise über deutsche Sprachkenntnisse und formelle und informelle interethnische Kontakte verfügen bzw. sich der deutschen Gesellschaft zugehörig fühlen und Einbürgerungsabsichten hegen, kann mit den Daten des Alterssurveys nicht untersucht werden. Der für die deutsche Bevölkerung entwickelte Fragebogen von Welle 1 des Alterssurveys wurde nur mit wenigen Fragen zur Migrationsgeschichte und Staatsangehörigkeit ergänzt. Daher können nur einige der in der Migrationsforschung relevanten Fragen zur Integration, Assimilation und ethnischen Segregation von älteren Ausländern bzw. Migranten beantwortet werden. Zu berücksichtigen ist ferner, dass im Gegensatz zu den oben angeführten Studien das Instrument des Alterssurveys nicht in die jeweilige Muttersprache übersetzt wurde und während des Interviews kein Muttersprachler anwesend war. Es ist daher davon auszugehen, dass es sich bei den Personen in der Stichprobe um sprachlich bereits weitgehend assimilierte Menschen ausländischer Herkunft handelt.

Die zentrale Frage der vorliegenden Analyse lautet, ob es Unterschiede hinsichtlich der Wohlfahrtslage und den Vergesellschaftungsformen zwischen älteren Menschen nichtdeutscher und deutscher Staatsangehörigkeit gibt und ob von einer erfolgreichen Integration bzw. strukturellen Assimilation gesprochen werden kann. Eine Hypothese ist, dass Menschen ausländischer Herkunft aufgrund ihrer Migrationsbiografie und der diskriminierenden Lebensumstände in der Ankunftsgesellschaft einen geringeren Vergesellschaftungsgrad aufweisen und ihre Lebensumstände von geringerer Lebensqualität gekennzeichnet sind. Dies postuliert beispielsweise die in den Vereinigten Staaten entwickelte und inzwischen kritisch diskutierte These der „double jeopardy" (vgl. Prahl & Schroeter, 1996), nach der ältere Migranten und Migrantinnen bzw. Angehörige ethnischer Minderheiten als Mitglieder der Altenpopulation einerseits und der ethnischen Minderheit andererseits doppelt belastet und benachteiligt sind. Als Gegenhypothese zu dieser Defizitperspektive ließe sich erstens formulieren, dass die Ausländer- und Migrantenpopulation hinsichtlich ihrer Herkunft und ihren Lebensbedingungen sehr heterogen ist. Der Vergleich mit der einheimischen Bevölkerung erfordert dementsprechend eine differenziertere Herangehensweise. Zweitens könnte aus einer Ressourcenperspektive angenommen werden, dass die Lebensqualität und der Vergesellschaftungsgrad bei älteren Nichtdeutschen bzw. Migranten und Migrantinnen größer ist, da sie über bestimmte migrations- oder kulturbedingte Ressourcen verfügen, auf die Einheimische nicht zurückgreifen können, wie beispielsweise besonders enge familiäre und ethnische Netzwerke (vgl. BMFSFJ, 2001).

Abschließend soll in der Einleitung kurz auf die verwendete Terminologie eingegangen werden. Der Begriff „Ausländerin" bzw. „Ausländer" wird heutzutage außerhalb von rechtlichen und statistischen Kontexten aufgrund seiner stereotypisierenden und diskriminierenden Konnotation weitgehend vermieden. So wird beispielsweise in der Literatur zu älteren Menschen ausländischer Herkunft fast ausschließlich und zum Teil synonym von „Migranten" bzw. „Migrantinnen" gesprochen (siehe dazu auch Dietzel-Papakyriakou & Olbermann, 1998; BMFSFJ, 1999). Im vorliegenden Beitrag werden beide Begriffe in ihrer ursprünglichen Bedeutung gebraucht. Die Begriffe „Ausländer" bzw. „Nichtdeutsche" verweisen auf eine Unterscheidung auf Grundlage der formalen Staatsangehörigkeit. Sie bezeichnen die Menschen mit ausschließlich ausländischer Staatsangehörigkeit (vgl. Hinrichs, 2003, S.5), welche die Grundgesamtheit der Ausländerstichprobe des Altersurveys bildet. Als „Migranten" oder „Zuwanderer" werden hingegen die Menschen bezeichnet, die bisher mindestens einmal ihren Lebensmittelpunkt für eine nicht unerhebliche Zeitdauer von einem Land in ein anderes (in diesem Fall Deutschland) verlegt haben (vgl. Treibel, 2003, S.21).

Der Beitrag ist wie folgt gegliedert: Im nachfolgenden Abschnitt wird zunächst eine umfassende Beschreibung der Ausländerstichprobe vorgenommen. Im Anschluss daran werden die Ergebnisse themenspezifischer deskriptiver Analysen vorgestellt. Zur Beschreibung der Lebenssituation wurden folgende Themenbereiche ausgewählt: materielle Lage, einschließlich Einkommen und Wohnsituation (Abschnitt 3), Gesundheit (Abschnitt 4), Familienstruktur und intergenerationale Familienbeziehungen (Abschnitt 5), soziale Unterstützung (Abschnitt 6) und Bleibe- bzw. Auswanderungsorientierung (Abschnitt 7). Abschließend werden die zentralen Ergebnisse dieser Analysen in einem achten Abschnitt zusammengefasst.

2 Stichprobenbeschreibung

2.1 Datenbasis

Die Ausländerstichprobe wurde mit dem Ziel erhoben, eine Datenbasis für die Analyse der Lebensumstände der nicht-deutschen Bevölkerung im Alter von 40 bis 85 Jahren bereitzustellen. Zielgruppe sind die Personen, die nur eine ausländische Staatsangehörigkeit haben. Personen, die über die deutsche oder eine deutsche und eine weitere Staatsangehörigkeit verfügen („Doppelstaatler") wurden der Auswahlpopulation der Replikationsstichprobe zugeordnet. Maßgebend war dabei die Information der Einwohnermeldeämter über das Vorhandensein oder Fehlen einer deutschen Staatsangehörigkeit. Für die ausländische Bevölkerungsgruppe wurden die gleichen Fragebögen in deutscher Sprache eingesetzt wie in der Replikationsstichprobe, so dass die Grundgesamtheit der Ausländerstichprobe zu definieren ist als alle nichtdeutschen Personen in Privathaushalten im Alter von 40 bis 85 Jahren, die der deutschen Sprache mächtig sind oder die Möglichkeit der Interview-Unterstützung durch eine Person des Vertrauens mit ausreichenden deutschen Sprachkenntnissen haben.[3]

---

3 Tatsächlich ließen sich nach Angaben der Interviewer von den 586 Befragten der Ausländerstichprobe immerhin 10,9 Prozent das Interview fast vollständig und 17,2 Prozent teilweise von anwesenden Personen übersetzen. Die Hälfte machte keine Angaben hierzu.

Aufgrund des erwartbaren geringen Anteils von Nichtdeutschen in einigen Stichprobenzellen des für die Replikationsstichprobe verwendeten Stichprobenplans (vor allem in Ostdeutschland und bei den Hochaltrigen) wurde die Ausländerstichprobe proportional, d.h. ohne Schichtung erhoben. Die Auswahl der Bruttostichprobe erfolgte durch Zufallsziehung aus den Registern der Einwohnermeldeämter. Aus zunächst 60.000 gezogenen Adressen ergaben sich 3.255 Adressen von Personen mit ausschließlich ausländischer Staatsangehörigkeit. Nach Abzug der neutralen Ausfälle ergab sich ein bereinigter Stichprobenansatz von 2.343 Personen. Nach Wegfall der systematischen Ausfälle konnten 628 Interviews geführt werden, von denen 588 auswertbar waren. Mit der Nacherhebung des Jahrgangs 1962 konnten diese um fünf weitere auswertbare Interviews ergänzt werden, sodass zunächst insgesamt 593 Interviews zur Auswertung vorlagen. Bei der Realisierung der Interviews gab es drei zentrale Problemfelder, die maßgeblich zu der geringen Ausschöpfungsquote der realisierten (26,8 Prozent) und der auswertbaren (25,1 Prozent) Interviews beitrugen. Erstens war die Qualität der Adressen deutlich schlechter als bei der Replikationsstichprobe. Zweitens verfügten 10 Prozent der Zielpersonen aus der Bruttostichprobe nicht über ausreichende Deutschkenntnisse, um an dem Interview teilzunehmen.[4] Drittens war die Erreichbarkeit der nichtdeutschen Zielpersonen deutlich schwieriger als bei den deutschen Zielpersonen. Die Teilnahmebereitschaft der erreichten Zielpersonen war jedoch besser als in der Replikationsstichprobe (infas, 2003; vgl. auch die Ausführungen zur Stichprobenziehung im Beitrag Engstler, Wurm in diesem Band).

Im Hinblick auf die Staatsangehörigkeit zeigten sich bei der Datenbereinigung in einer nicht unerheblichen Zahl von Fällen Inkonsistenzen zwischen den vom Feldforschungsinstitut (infas) verwendeten Informationen der Einwohnermeldeämter, auf denen die Stichprobenzuordnung beruht, und der Eigenangabe der befragten Personen. Auf die Frage „Welche Staatsangehörigkeit haben Sie?" (Frage 329) antworteten 90 Personen (15,2 Prozent) der Ausländerstichprobe, ausschließlich über eine deutsche Staatsangehörigkeit zu verfügen. Des Weiteren gaben 31 Personen (5,2 Prozent) der Ausländerstichprobe mehr als eine Staats-

---

4 Es gibt keine amtlichen Daten oder Informationen zu den Deutschkenntnissen der nichtdeutschen Bevölkerung, die Hinweise darauf geben könnten, in welchem Ausmaß dieser Ausfall und die damit verbundene Selektivität die Repräsentativität der Stichprobe tatsächlich schmälert. Nach Daten des Sozio-oekonomischen Panels schätzen 7 Prozent der Ausländerinnen und Ausländer im Alter zwischen 40 und 85 Jahren ihre mündlichen Deutschkenntnisse als eher schlecht ein und 9 Prozent geben an, gar kein Deutsch sprechen zu können. Als „es geht" beurteilen 36 Prozent ihre mündlichen deutschen Sprachkenntnisse – 23 Prozent bezeichnen sie als „sehr gut", 25 Prozent als „gut" (Eigene Berechnung, SOEP 2001, gewichtet). Welche dieser Personen jedoch tatsächlich ein deutsches Interview aufgrund mangelnder Sprachkenntnisse verweigern würde, muss offen bleiben.

angehörigkeit an, sind demnach also Doppelstaatler. Die Ursache für diese Inkonsistenz konnte nicht geklärt werden. Verschiedene Fehlerquellen sind denkbar. So könnte es sich um subjektive Divergenzen des befragten Individuums zu seiner offiziellen Staatsangehörigkeit handeln, um Fehler bei der Stichprobenzuordnung auf Grundlage der von den Meldeämtern gelieferten Adressen oder um eine nicht korrekte, möglicherweise nicht aktuelle Registration der Staatsangehörigkeit bei der zuständigen Meldebehörde. Auch der zeitliche Abstand zwischen Stichprobenziehung und Interviewdurchführung und eine in diesem Zeitraum erfolgte Einbürgerung könnte in einzelnen Fällen dazu geführt haben, dass die Stichprobenzuordnung und die Selbstangabe der befragten Person nicht übereinstimmen. Zur Überprüfung der Plausibilität der Eigenangabe wurden Indikatoren aus dem Interview herangezogen, die Aufschluss über das Vorliegen einer deutschen Staatsangehörigkeit geben können (für eine detaillierte Beschreibung des Auswahlprozesses vgl. den Beitrag von Engstler, Wurm in diesem Band). Im Ergebnis dieser sorgfältigen Prüfung wurden 7 Personen aus der Ausländerstichprobe ausgeschlossen, bei denen mit einiger Sicherheit davon ausgegangen werden konnte, dass es sich um Deutsche handelt. Nach Ausschluss dieser Personen liegt die Gesamtzahl der auswertbaren Interviews somit bei 586. Die vorliegende Ausländerstichprobe weist daher erstens aufgrund der relativ hohen Zahl unplausibler Fälle in der Staatsangehörigkeit und zweitens mit der Selektivität aufgrund der für das Interview erforderlichen deutschen Sprachkenntnisse Besonderheiten auf, die bei der Datenauswertung und -interpretation berücksichtigt werden müssen. So ist allgemein bekannt, und diverse Studien haben es wiederholt gezeigt, dass gerade die Arbeitsmigranten der ersten Generation nur über geringe Deutschkenntnisse verfügen (vgl. Fußnote 4). Ein Vergleich der Verteilungen einiger soziodemografischer Merkmale in der Ausländerstichprobe mit dem Mikrozensus 2002 zeigt dennoch erstaunlich große Übereinstimmungen. Zwar wird auch der Mikrozensus lediglich in deutscher Sprache erhoben, da es sich jedoch um eine Pflichtbefragung von Haushalten handelt, ist davon auszugehen, dass sich das Problem der geringen Sprachkenntnisse nicht in vergleichbarem Maße auf die Repräsentativität auswirkt wie im Alterssurvey.[5] Nichtsdestotrotz gilt angesichts der Selektion aufgrund der deutschen Sprachkenntnisse und der Inkonsistenzen hinsichtlich der Staatsangehörigkeitsfrage, dass über die Stichprobenpopulation hinaus verallgemeinernde Aussagen nur eingeschränkt ge-

---

5 In Haushaltsbefragungen besteht die Option, dass jeweils die der deutschen Sprache mächtigsten Haushaltsangehörigen die Interviewfragen beantworten. Nach eigenen Angaben des Statistischen Bundesamtes, das die Befragung des Mikrozensus leitet, hatte es Überlegungen gegeben, die Interviews zu übersetzen. Da die Interviewer dafür jedoch keinen Bedarf sahen, wurde dies verworfen. Beim Alterssurvey handelt es sich um eine Personenbefragung, die eine individuelle, personenspezifische Beantwortung der Fragen erfordert.

macht werden können. Interpretationen von Daten müssen stets die Besonderheiten der Ausländerstichprobe berücksichtigen.

Tabelle 2: Verteilung ausgewählter Merkmale in der Ausländerstichprobe und im Mikrozensus 2002 (Angaben in Prozent)

	Ausländerstichprobe	Mikrozensus 2002[1]
Alter:		
40 – 54	59,2	59,2
55 – 69	32,1	34,7
70 – 85 (70+)	8,7	6,1[2]
Geschlecht:		
Männlich	52,0	54,0
Weiblich	48,0	46,0
Landesteil:		
West	93,7	97,4
Ost	6,3	2,6
Familienstand:		
Ledig	5,8	6,3
Verheiratet	78,0	80,4
geschieden, verwitwet	16,2	13,4
Erwerbsstatus:		
Erwerbstätig	51,4	50,1
nicht erwerbstätig	48,6	49,9
Haushaltsgröße:		
1 Person	14,7	15,5[3]
2 und mehr	85,3	84,5[3]

Quellen: Alterssurvey 2002, Ausländerstichprobe (n=586); Deutsches Zentrum für Altersfragen – Gerostat; Statistisches Bundesamt (2003a, S.47, 2003b, S.109)
[1] Bevölkerung im Alter von 40 und mehr Jahren am Ort der Hauptwohnung;
[2] 70 und mehr Jahre alt;
[3] Haushalte mit ausländischer Bezugsperson.

Abschließend wird in der nachfolgenden Tabelle 3 die Verteilung der Ausländerstichprobe nach Geschlecht, Alter und Landesteil vorgestellt. Nur 37 der befragten 586 Personen kamen aus den neuen Bundesländern – 94 Prozent der Befragten leben auf dem Gebiet der alten Bundesrepublik. Angesichts der Tatsache, dass der Anteil von Personen mit nichtdeutscher Staatsbürgerschaft (alle Altersgruppen, nicht auf die zweite Lebenshälfte beschränkt) an der ostdeutschen Wohnbevölkerung im Jahr 2002 gerade einmal 2,3 Prozent betrug (Statistisches Bundesamt, Bevölkerungsfortschreibung), ist dieses Ergebnis nicht überraschend. Es hat jedoch zur Konsequenz, dass mit den Daten der Ausländerstichprobe des Alterssurveys 2002 praktisch nur Aussagen über die in den alten Bundesländern lebenden Ausländerinnen und Ausländer gemacht werden können.

Tabelle 3: Verteilung der Ausländerstichprobe 2002 nach Geschlecht, Alter und Landesteil (absolut und in %)

Landesteil	Geschlecht	Altersgruppen						Gesamt	
		40-54		55-69		70-85			
		n	%	n	%	n	%	n	%
Ost	männlich	11	2	7	1	2	0,3	20	3
	weiblich	8	1	5	1	4	1	17	3
	zusammen	19	3	12	2	6	1	37	6
West	männlich	156	27	105	18	24	4	285	49
	weiblich	172	29	71	12	21	4	264	45
	zusammen	328	56	176	30	45	8	549	94
Gesamt		347	59	188	32	51	9	586	100

Quelle: Alterssurvey 2002, Ausländerstichprobe (n=586), ungewichtet; Abweichungen zu 100 Prozent bei Summenbildungen sind rundungsbedingt.

Abgesehen von dieser großen Diskrepanz zwischen Deutschen und Nichtdeutschen hinsichtlich des Wohnorts der Befragten ist die älteste Altersgruppe der 70- bis 85-jährigen Personen in der Ausländerstichprobe deutlich schwächer besetzt. Nur 9 Prozent der ausländischen Befragten gehören der ältesten Altersgruppe des Alterssurveys an. Den größten Anteil machen die 40- bis 54-Jährigen mit fast 60 Prozent aller Befragten aus. In Bezug auf das Geschlecht ergibt sich der in der ausländischen Bevölkerung insgesamt vorhandene, geringfügig höhere Anteil männlicher Befragter: 52 Prozent sind Männer.

Nachdem in diesem Abschnitt die Besonderheiten der Stichprobe des Alterssurveys beschrieben wurden, erfolgt im nächsten Abschnitt eine differenzierte Betrachtung soziodemografischer und sozialstruktureller Merkmale.

2.2 Soziodemografische und sozialstrukturelle Merkmale

Zunächst soll der Frage nachgegangen werden, wie viele der Menschen nichtdeutscher Staatsangehörigkeit auch ein Migrant oder eine Migrantin sind. Die Daten zeigen, dass der Großteil der Befragten in der Ausländerstichprobe aus einem anderen Land nach Deutschland immigriert und in diesem Sinne ein internationaler Migrant ist. Die hier verwendete Definition von „Migrant" bezieht sich auf den Geburtsort bzw. den Ort des Aufwachsens: Eine Person gilt als Migrant, wenn sich ihr Geburtsort nicht auf dem Gebiet des heutigen Deutschlands befindet oder sie in den früheren deutschen Ostgebieten geboren wurde, aber nach der doppelten Staatsgründung 1949 in die Grenzen des heutigen Deutschlands immigrierte.[6] Außerdem gelten die Personen als Migranten, die zwar in Deutschland geboren wurden, ihre überwiegende Kindheit jedoch im Ausland verbrachten (Remigranten) und dann wieder nach Deutschland zurückkehrten. Demnach sind 95 Prozent der Befragten Migranten. Die meisten nichtdeutschen Migranten verbrachten ihre überwiegende Kindheit und Jugendzeit bis zum 16. Lebensjahr in dem Land, dessen Staatsangehörigkeit sie heute noch haben (siehe unten). Von den Migranten in der Ausländerstichprobe, die ausschließlich die deutsche Staatsangehörigkeit angeben, wuchsen 41 Prozent (n=34) in den Staaten der ehemaligen Sowjetunion auf, 8 Prozent (n=7) in den Ländern des ehemaligen Jugoslawiens und 7 Prozent (n=6) in den ehemaligen deutschen Ostgebieten. Ein gutes Drittel der Migranten und Migrantinnen in der Ausländerstichprobe (37 Prozent) reiste zwischen 1955 und 1973, d.h. in der Anwerbephase der Arbeitsmigration, ein. Weitere 29 Prozent der Migrantinnen und Migranten immigrierten im Anschluss an den Anwerbestopp bis 1989, zum Teil als Familienangehörige, d.h. sie wurden von den Arbeitsmigranten der ersten Generation nachgeholt. Ein Drittel reiste erst nach dem Fall des „Eisernen Vorhangs" 1990 ein, lebt also seit vergleichsweise wenigen Jahren in Deutschland. Die Ausländerstichprobe des Alterssurveys 2002 umfasst viele verschiedene Nationalitätengruppen. Die größte Gruppe stellen die türkischen Staatsangehörigen (16,2 Prozent), gefolgt von den Menschen mit einer jugoslawischen Staatsangehörigkeit bzw. einer Staatsangehörigkeit aus einem der Länder des ehemaligen Jugoslawiens (11,4 Prozent). Eine italienische Staatsangehörigkeit haben 8 Prozent der Befragten der Ausländerstichprobe, und 6,1 Prozent gehören staatsrechtlich einem Land der ehemaligen Sowjetunion an. Eine detaillierte Übersicht über die Verteilung nach Staatsangehörigkeit in der bereinigten Ausländerstichprobe des Alterssurveys gibt Tabelle A1 im Anhang.

Im Hinblick auf die Altersverteilung zeigt sich in der Stichprobenbevölkerung die im Vergleich zur deutschen Bevölkerung jüngere Altersstruktur der ausländischen Bevölkerung (vgl. auch Tabelle 3). So gehören 59,2 Prozent der befragten Ausländer und Ausländerinnen der jüngsten Altersgruppe (40-54 Jahre) an, 32,1 Prozent sind zwischen 55 und 69 Jahre alt und lediglich 8,7 Prozent 70 bis 85 Jahre alt. Im Vergleich dazu gehören in der Replikationsstichprobe 22

---

6 Die Hauptphase der Flucht und Vertreibung aus den ehemaligen deutschen Ostgebieten endete 1948.

Prozent der ältesten Altersgruppe an. Jedoch ist auch hier der Anteil derjenigen in der jüngsten Altersgruppe mit 42,3 Prozent am höchsten, 35,7 Prozent der Deutschen sind 55 bis 69 Jahre alt. Der Altersdurchschnitt der Deutschen ist dementsprechend mit 58,7 Jahren signifikant höher als bei den Nichtdeutschen (53,7 Jahre).

Wie in Tabelle 3 gezeigt und oben erwähnt, befinden sich unter den Personen der Ausländerstichprobe etwas mehr Männer als Frauen. Bei den in der Replikationsstichprobe befragten Deutschen ist das Verhältnis hingegen umgekehrt, wobei es jedoch altersgruppenspezifische Unterschiede gibt. Auch zwischen den einzelnen Nationalitäten gibt es deutliche Unterschiede. So sind unter den Befragten aus Griechenland, Italien, Ex-Jugoslawien und der früheren Sowjetunion deutlich mehr Männer als Frauen. Im Gegensatz dazu sind unter den polnischen und türkischen Befragten die Frauen in der Mehrheit.

In beiden Bevölkerungsgruppen ist der überwiegende Teil der Befragten verheiratet und lebt mit dem Partner zusammen. Der Anteil der Geschiedenen liegt mit 9,3 Prozent bei den Deutschen nur gering höher als bei den Ausländern (8,2 Prozent). Ebenso sind etwas mehr Deutsche als Ausländer verwitwet (11,3 bzw. 8,0 Prozent). Die Zahl der Ledigen ist in beiden Bevölkerungsgruppen vergleichsweise klein.

Die deutsche Bevölkerung in der zweiten Lebenshälfte weist ein durchschnittlich höheres Schul- und Ausbildungsniveau auf als die gleichaltrige ausländische Wohnbevölkerung. Maximal einen Hauptschulabschluss (in Tabelle 4 Schulausbildung auf niedrigem Niveau)[7] haben demnach etwas mehr als die Hälfte der Deutschen, aber nahezu zwei Drittel der ausländischen Staatsangehörigen. Ein nahezu ausgewogenes Verhältnis gibt es im Hinblick auf mittlere Reife oder Fachhochschulreife: Jeweils ein knappes Drittel der Deutschen und der Ausländer und Ausländerinnen haben einen mittleren Schulabschluss. Über ein Abitur oder die Hochschulreife verfügt nur eine verschwindend kleine Minderheit der ausländischen Befragten (2,2 Prozent), aber immerhin 15,1 Prozent der Deutschen. Insgesamt schlossen 99 Prozent der Deutschen im Alter zwischen 40 und 85 Jahren die Pflichtschule oder eine weiterführende Schule mit einem Abschluss ab. In der ausländischen Bevölkerung sind dies lediglich 80 Prozent.

---

7 Aufgrund der häufig nicht mit dem deutschen Bildungssystem vergleichbaren Abschlüsse wurde diese einfache Terminologie gewählt.

Tabelle 4: Soziodemografische und sozialstrukturelle Merkmale der Populationen der Ausländer- und Replikationsstichprobe

		Ausländerstichprobe %	n	Replikationsstichprobe %	n
Migrationshintergrund	Migrant/in	94,9	556	6,7	205
	Nichtmigrant/in	5,1	30	93,3	2879
Immigrationszeitraum	1940-1954	1,3	7	27,7	52
(bei Migration)	1955-1973	37,3	202	20,0	37
	1974-1989	29,2	158	23,4	44
	nach 1990	32,3	175	28,9	54
Geschlecht	Weiblich	48,0	281	52,9	1632
	Männlich	52,0	305	47,1	1452
Alter	40-54 Jahre	59,2	347	42,3	1304
	55-69 Jahre	32,1	188	35,7	1101
	70-85 Jahre	8,7	51	22,0	679
Familienstand	Verh.zusammenlebend	73,7	432	70,4	2170
	Verh.getrenntlebend	4,3	25	2,0	63
	Geschieden	8,2	48	9,3	287
	Verwitwet	8,0	47	11,3	348
	Ledig	5,8	34	7,0	215
Schulausbildung	Niedrig	65,0	381	54,7	1686
	Mittel	32,8	192	30,3	933
	Hoch	2,2	13	15,1	465
Berufsausbildung	Keine od. keine Angabe	37,4	219	14,7	454
	Nicht-akad. Ausbildung	57,5	337	68,0	2097
	Studium	5,1	30	17,3	533
Erwerbsstatus	Aktiv erwerbstätig	50,7	297	43,6	1346
	Im Ruhestand	17,6	103	40,6	1253
	Sonst. Nicht-Erwerbst.	31,7	186	15,8	486
Schichtzugehörigkeit	Unterschicht	25,2	136	5,6	155
	Unterre Mittelschicht	25,2	136	22,1	614
	Mittlere Mittelschicht	16,7	90	28,5	789
	Gehobene Mittelschicht	23,7	128	30,1	834
	Obere Mittelschicht	9,3	50	13,7	380
Gesamt		100,0	586	100,0	384

Quelle: Alterssurvey 2002, Ausländerstichprobe, ungewichtet; Replikationsstichprobe 2002, gewichtet.

Knapp 6 Prozent der Ausländerinnen und Ausländer besuchten gar keine Schule, weitere 15 Prozent verließen sie ohne einen Abschluss. Besonders unter den türkischen Staatsangehörigen sind die Werte in den letzteren Kategorien hoch. Ausländer und Ausländerinnen aus den Staaten der ehemaligen Sowjetunion haben dagegen besonders häufig einen höheren Schulabschluss. Knapp 15 Prozent der Deutschen, aber deutlich mehr als ein Drittel der ausländischen Befragten hat zudem keine Berufsausbildung abgeschlossen. Dies trifft nicht nur für die meisten türkischen Staatsangehörigen zu, sondern auch für den Großteil der griechischen und italienischen Staatsbürger. Einen Hochschulabschluss haben 17 Prozent der Deutschen, aber nur 5 Prozent der Ausländer und Ausländerinnen.

Gut die Hälfte der befragten Nichtdeutschen ist noch erwerbstätig, ein weiteres Drittel aus verschiedenen anderen Gründen (Vorruhestand/Frührente, Arbeitslosigkeit, Umschulung, Hausfrau/Hausmann) nicht erwerbstätig, 18 Prozent befinden sich im Ruhestand. Der vergleichsweise hohe Anteil Erwerbstätiger im Vergleich zur deutschen Wohnbevölkerung ergibt sich aus der jüngeren Altersstruktur (siehe oben). Dementsprechend ist umgekehrt der Anteil der Deutschen im Ruhestand deutlich höher als jener der Ausländerinnen und Ausländer. Letztere sind jedoch vor der Ruhestandsphase fast doppelt so häufig von Arbeitslosigkeit betroffen wie Deutsche: Betrachtet man nur die sich noch nicht im Ruhestand befindlichen Personen, so sind 15 Prozent der befragten Ausländerinnen und Ausländer, aber nur 8 Prozent der noch erwerbsfähigen Deutschen arbeitslos.

Die Zahlen zur sozialen Schichtzugehörigkeit zeigen in der beruflichen Stellung deutliche Unterschiede zwischen deutschen und nichtdeutschen Staatsangehörigen. Ausländerinnen und Ausländer sind im Vergleich zur deutschen Wohnbevölkerung in den unteren sozialen Schichten deutlich überrepräsentiert. Ein Viertel der befragten Nichtdeutschen gehört der Unterschicht an. Der Anteil ist damit fast fünfmal so hoch wie unter den Deutschen in der zweiten Lebenshälfte.

In diesem Abschnitt erfolgte zunächst eine umfassende Beschreibung von Merkmalen der Ausländerstichprobe. Im Anschluss daran wurden wesentliche soziodemografische und sozialstrukturelle Charakteristika von Ausländerinnen und Ausländern einerseits und Deutschen andererseits verglichen. Besonders auffallend ist dabei die insgesamt jüngere Altersstruktur, das durchschnittlich geringere Schulbildungs- und Berufsausbildungsniveau und die stärkere Betroffenheit von Arbeitslosigkeit der ausländischen Befragten, was sich auch in einer Überrepräsentation in den unteren sozialen Schichten widerspiegelt. Nach diesem allgemeinen Überblick über wichtige soziodemografische Indikatoren werden nun einige Lebensbereiche vertiefend betrachtet.

3 Materielle Lage

Die materielle Lage besteht nicht nur aus den Einkommensverhältnissen, sondern umfasst auch nicht-monetäre Aspekte wie die Wohnbedingungen. In diesem Abschnitt werden zunächst Einkommensverteilungen sowie Armuts- und Wohlstandslagen von ausländischen und deutschen Befragten detailliert betrachtet. Im Anschluss daran werden die Wohnverhältnisse von Ausländern und Deutschen verglichen.

3.1 Einkommen

Die verfügbaren wirtschaftlichen Mittel in Form von Einkommen und Vermögen bestimmen als individuelle Ressourcen den Spielraum für die aktuelle Lebensgestaltung und haben bedeutenden Einfluss auf die Lebenssituation im Alter. Eine gesicherte materielle Existenzgrundlage ist wesentliche Voraussetzung für eine aktive und selbstständige Lebensführung. Geringe finanzielle Ressourcen dagegen weisen auf Problemlagen (vgl. Motel, 2000). Das Einkommen ist zugleich Ausdruck aktueller und vergangener Formen von Einbindung in verschiedene gesellschaftliche Institutionen. Während der direkte Arbeitsmarktbezug über das Erwerbseinkommen mit höherem Alter aufgrund des Übergangs in den Ruhestand an Bedeutung verliert, spielt die Erwerbsbiografie beim Rentenbezug weiterhin eine zentrale Rolle, da sich die Rentenhöhe bekanntlich nach Beitragsdauer und Beitragshöhe im Verlauf der Erwerbsbiografie richtet. Wie bisherige Daten zeigen, führt insbesondere diese Regelung zu geringeren Renteneinkommen bei älteren Ausländern als bei der deutschen älteren Bevölkerung (z.B. Eggen, 1997; Freie und Hansestadt Hamburg, 1998).

Die oben beschriebene, auf der beruflichen Stellung basierende Schichtungsstruktur der beiden Bevölkerungsgruppen findet sich in der Einkommensverteilung wieder. Die Einkommenssituation der Nichtdeutschen ist deutlich schlechter als die der Deutschen ($p<.01$). So ist insbesondere der Anteil der Haushalte mit sehr niedrigen und niedrigen Einkommen unter den Nichtdeutschen deutlich höher, der Anteil der Haushalte mit höheren Einkommen dagegen deutlich geringer als bei den Deutschen (vgl. Abbildung 1 unten). Beispielsweise verfügen 9,4 Prozent der Nichtdeutschen, aber lediglich 2,8 der Deutschen über ein Nettoäquivalenzeinkommen[8] von weniger als 511 € (weniger als 1000 DM)

---

8 Anders als bei den Konzepten des persönlichen Einkommens bzw. des einfachen Haushaltseinkommens, das lediglich das von einer Person erzielte Einkommen bzw. die Summe der persönlichen Einkommen eines Haushalts betrachtet, berücksichtigt das Äquivalenzeinkommen neben dem gesamten Haushaltseinkommen den Bedarf des Haushalts. Durch eine Gewichtung des

im Monat. Nur 33,5 Prozent der Nichtdeutschen, aber über die Hälfte der Deutschen haben dagegen ein monatliches Nettoäquivalenzeinkommen von 1278 € (2500 DM) und mehr. Dieses divergente Muster ist weitgehend konsistent für die jüngere und mittlere Altersgruppe: Einkommensunterschiede bleiben hoch signifikant. In der höchsten Altersgruppe gleichen sich die Einkommen an. Bestehende Differenzen sind nicht mehr signifikant.

Abbildung 1: Einkommensverteilung (Monatliches Nettoäquivalenzeinkommen in Euro/DM nach neuer OECD-Skala)

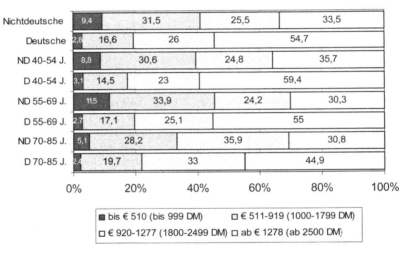

Quelle: Alterssurvey 2002, Replikationsstichprobe (n=2684), gewichtet; Ausländerstichprobe (n=498), ungewichtet.

Der folgende Überblick über die Einkommens- und Vermögenssituation von Ausländern und Deutschen (Tabelle 5) bestätigt die deutliche schlechtere ökonomische Situation der Ausländerinnen und Ausländer in der zweiten Lebenshälfte. Das mittlere Nettoäquivalenzeinkommen der ausländischen Befragten liegt mit 1.160 € um 368 € unter dem der Deutschen. Der Einkommensunterschied zwischen ausländischen und deutschen Befragten ist in der jüngsten Al-

---

Haushaltseinkommens entsprechend des Bedarfs des Haushaltstyps, d.h. der Haushaltsgröße und der Altersstruktur seiner Mitglieder, erhält man eine aussagekräftigere Information zur relativen Wohlstandsposition des Haushalts (vgl. Beitrag von Motel-Klingebiel in diesem Band).

tersgruppe des Alterssurveys am stärksten ausgeprägt (p<.01), während nach dem Übergang in den Ruhestand eine leichte Annäherung der Nettoäquivalenzeinkommen stattfindet. So ist die durchschnittliche Einkommensdifferenz bei den 40- bis 54-Jährigen mit 438 € am größten und bei den 70- bis 85-Jährigen mit 246 € am geringsten. Unterschiede bleiben aber auch in der höchsten Altersgruppe noch bedeutsam (p<.05) (vgl. erste Zeile in Tabelle 5). Im Gegensatz zur deutschen Bevölkerung, in der die Frauen durchschnittlich geringere Nettoäquivalenzeinkommen haben als Männer (p<.01), konnten für Ausländerinnen und Ausländer keine geschlechtspezifischen Einkommensunterschiede festgestellt werden.

Tabelle 5: Einkommens- und Vermögensverteilung (Angaben in Euro bzw. Prozent)

	Gesamt			40-54 Jahre			55-69 Jahre			70-85 Jahre		
	ND[2]	D[3]	sig.[4]	ND	D	sig.	ND	D	sig.	ND	D	sig.
mittleres NÄE[1] in Euro	1160	1528	**	1177	1615	**	1143	1536	**	1100	1346	*
Einkommensarmut[5]	22,5	7,4	**	22,4	7,2	**	23,6	7,8	**	17,9	7,4	*
Einkommensreichtum[5]	3,0	7,8	**	2,4	9,4	**	4,8	8,1	n.s.	0	4,2	n.s.
Schulden[5]	16,8	16,2	n.s.	22,8	26,6	n.s.	8,6	11,8	n.s.	5,4	3,4	n.s.
Vermögen[5]	57,9	78,4	**	59,9	79,6	**	57,3	79,9	**	45,9	73,5	**

[1] NÄE = Nettoäquivalenzeinkommen; [2] ND=Nicht-Deutsche; [3] D=Deutsche; [4] sig.=Signifikanzniveau, ** p<.01, * p<.05; [5] Definition im Text.
Quelle: Altersurvey 2002, Replikationsstichprobe (n=2726), gewichtet; Ausländerstichprobe (n=511), ungewichtet

Armut und Reichtum werden hier relativ auf der Basis des durchschnittlichen Nettoäquivalenzeinkommens definiert. Dabei wird das Konzept des ersten Armuts- und Reichtumsberichts der Bundesregierung aufgegriffen (vgl. BMAS, 2001), das die Betrachtung explizit nicht ausschließlich auf Armut beschränkt, sondern auch Reichtum in den Blick nimmt, um zu einer differenzierten Analyse der Lebenslagen in Deutschland zu kommen. Eine Person gilt demnach als arm, wenn ihr monatliches Nettoäquivalenzeinkommen weniger als 50 Prozent des Durchschnittseinkommens der Gesamtbevölkerung, d.h. aller Deutschen und Ausländer bzw. Ausländerinnen beträgt. Als reich gelten die Personen, deren monatliches Nettoäquivalenzeinkommen bei mehr als dem Doppelten des mittleren Nettoäquivalenzeinkommens liegt. Im Jahr 2002 lagen die relative Armutsgrenze bei 680 € und die relative Reichtumsgrenze bei 2720 €.

Wie angesichts der Einkommensverteilung zu erwarten, sind Ausländerinnen und Ausländer mit 22,5 Prozent deutlich häufiger von Einkommensarmut betroffen als Deutsche (vgl. Tabelle 5 oben). Der Unterschied bleibt in allen Altersgruppen bedeutsam. Während deutsche Frauen in der höchsten Altersgruppe häufiger von Armut betroffen sind als Männer (p<.01), finden sich bei den nichtdeutschen Staatsangehörigen auch bei Kontrolle des Alters keine Geschlechtsunterschiede. Im Übrigen stellt auch der Sozialhilfebezug ein Armutsmaß dar. Daten der amtlichen Statistik, wonach ältere Ausländer häufiger Sozialhilfe beziehen, werden mit den Daten des Alterssurveys bestätigt. Insgesamt beziehen im Jahr 2002 7,8 Prozent der befragten Ausländerinnen und Ausländer, und nur 1,4 Prozent der befragten Deutschen Sozialhilfe (Laufende Hilfe zum Lebensunterhalt) (p<.01).

Einkommensreichtum ist erwartungsgemäß bei den Deutschen weitaus häufiger der Fall als bei Menschen nichtdeutscher Staatsangehörigkeit. Der Anteil der Wohlhabenden ist unter den Deutschen etwa so hoch wie der Anteil der Armen. Bei den Nichtdeutschen gelten lediglich 3,0 Prozent als reich. Ebenso verfügen Deutsche weitaus häufiger über Vermögen als Ausländer und Ausländerinnen, das hier definiert ist als Besitz von Geldvermögen (Sparbücher, Bausparverträge, Lebensversicherungen, Wertpapiere) und Wertgegenständen (ohne Immobilien). Die Zahl der verschuldeten Personen (Schulden aus Krediten, ohne Hypotheken) ist dagegen in beiden Gruppen gleich groß und unterscheidet sich nicht signifikant. Eine im Vergleich zu Deutschen materiell problematischere Lage ergibt sich also für viele Nichtdeutsche aufgrund ihres durchschnittlich geringeren Einkommens und der selteneren finanziellen Rücklagen.

Abschließend stellt sich die Frage, ob Nichtdeutsche und Deutsche ihren Lebensstandard vor dem Hintergrund der dargestellten differierenden objektiven Ressourcenlagen auch subjektiv unterschiedlich bewerten. Die Daten des Alterssurveys bestätigen dies. Knapp 70 Prozent der Deutschen, aber nur 48 Prozent der nichtdeutschen Staatsangehörigen bewerten ihren Lebensstandard mindestens als gut (vgl. Abbildung 2 unten). Die Unterschiede bleiben auch nach Kontrolle für das Alter in den jüngsten und den mittleren Altersgruppen hoch signifikant, nicht jedoch in der höchsten Altersgruppe. Damit verläuft die subjektive Bewertung des eigenen Lebensstandards weitgehend parallel zur tatsächlichen Einkommensverteilung.

Abbildung 2: Subjektive Bewertung des Lebensstandards

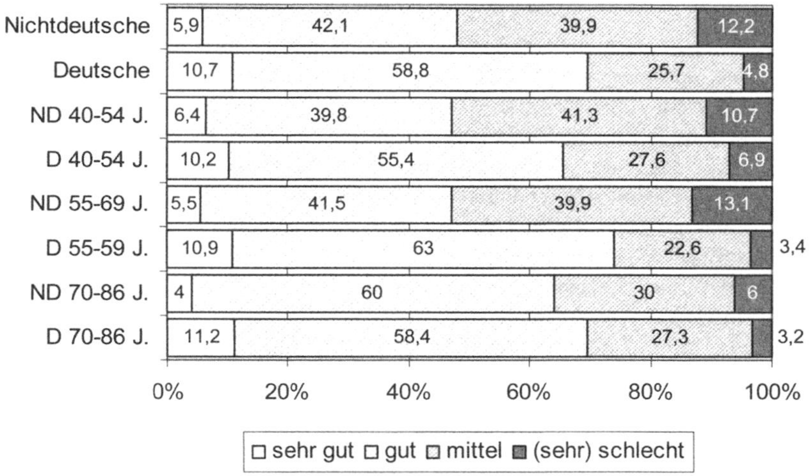

	sehr gut	gut	mittel	(sehr) schlecht
Nichtdeutsche	5,9	42,1	39,9	12,2
Deutsche	10,7	58,8	25,7	4,8
ND 40-54 J.	6,4	39,8	41,3	10,7
D 40-54 J.	10,2	55,4	27,6	6,9
ND 55-69 J.	5,5	41,5	39,9	13,1
D 55-59 J.	10,9	63	22,6	3,4
ND 70-86 J.	4	60	30	6
D 70-86 J.	11,2	58,4	27,3	3,2

☐ sehr gut ☐ gut ☐ mittel ■ (sehr) schlecht

Quelle: Alterssurvey 2002, Replikationsstichprobe (n=3074), gewichtet; Ausländerstichprobe (n=577), ungewichtet.

3.2 Wohnen

Mit dem Übergang in den Ruhestand und dem als Verlust oder auch Befreiung erlebten Wegfall arbeitsweltlicher Bezüge sowie gesundheitlich bedingten Mobilitätseinschränkungen gewinnt der Wohnbereich im Alter zunehmend an Bedeutung. Die Wohnsituation stellt eine Ressource dar: Wohnqualität und Wohnausstattung bestimmen die Möglichkeiten der Aufrechterhaltung einer selbstständigen Lebensführung im Alter. Bisherige Studienergebnisse belegen eine schlechtere Wohnversorgung für ältere Migranten und Migrantinnen als für ältere Einheimische (Dietzel-Papakyriakou & Olbermann, 1998).

Die Daten des Alterssurveys weisen in die gleiche Richtung. Ausländer und Ausländerinnen sind auch in diesem Aspekt der materiellen Lage gegenüber Deutschen benachteiligt. Zum einen verfügen Deutsche grundsätzlich häufiger über Wohnungseigentum als Nichtdeutsche (59,5 bzw. 24,9 Prozent). Nur etwas mehr als ein Drittel der Deutschen wohnt zur Miete (37,5 Prozent) – aber fast drei Viertel der ausländischen Staatsangehörigen (73,2 Prozent) (p<.01).

Auch in der Ausstattung der Wohnungen unterscheiden sich die Wohnverhältnisse von Deutschen und Ausländern bzw. Ausländerinnen. Keine signifikanten Unterschiede gibt es bei der Ausstattung mit Zentral- oder Etagenheizung. Nichtdeutsche Befragte haben jedoch signifikant seltener einen Balkon oder eine Terrasse (p<.01) bzw. einen Garten (p<.01). Außerdem fehlen ihnen im Vergleich zu deutschen Haushalten signifikant häufiger eine Waschmaschine (p<.05) und Spülmaschine (p<.01), ein Tiefkühlschrank (p<.01), ein Computer (p<.01) sowie ein Auto (p<.01).

Außerdem leben Ausländerinnen und Ausländer in kleineren Wohnungen bzw. Häusern. Da in den Haushalten von Nichtdeutschen zudem durchschnittlich mehr Personen leben als in deutschen, ergibt sich für ausländische Haushalte eine deutlich größere Wohndichte. Während in deutschen Haushalten jedem Haushaltsmitglied durchschnittlich zwei Zimmer zur Verfügung stehen, sind dies bei nichtdeutschen Staatsangehörigen in der zweiten Lebenshälfte im Mittel nur 1,4 Zimmer pro Person (ohne Küche, Bad, WC) (p<.01). Eine Betrachtung nach Wohnfläche kommt zu dem gleichen Ergebnis: Stehen jedem Ausländer bzw. jeder Ausländerin im Mittel 36,9 m² Wohnfläche zur Verfügung, hat jeder Deutsche bzw. jede Deutsche durchschnittlich 51,8 m² zur Verfügung (p<.01).

Als möglicher Grund für diese Differenzen wird in der Literatur der höhere Anteil von Großstädtern unter Ausländern angeführt. Da der Wohnraum in Städten durchschnittlich kleiner und die Wohndichte größer ist, würde die räumliche Verteilung das Ergebnis verzerren. Die Daten des Alterssurveys bestätigen zunächst die ungleiche räumliche Verteilung: Während fast die Hälfte der Deutschen in Kleinstädten mit bis zu 20.000 Einwohnern lebt, sind dies bei Ausländerinnen und Ausländern lediglich ein Drittel. In mittelgroßen Städten (Städte mit 20.000 bis unter 100.000 Einwohnern) sind die Anteile beider Bevölkerungsgruppen mit ca. 23 Prozent ungefähr gleich groß. In Großstädten mit 100.000 und mehr Einwohnern leben dagegen mehr als 44 Prozent der befragten Ausländer und Ausländerinnen verglichen mit nur 30 Prozent der Deutschen. Auch bei Kontrolle für die Gemeindegröße bleiben die Differenzen für beide Messarten der Wohndichte jedoch hoch signifikant: In jeder Gemeindegrößenklasse bestehen die Unterschiede weiterhin. So beträgt die Wohndichte (Wohngröße in qm² pro Person) für Deutsche in kleinen Orten 53,8 qm², in mittelgroßen Städten 51,3 qm² und in Großstädten 49,1 qm². Für Ausländer und Ausländerinnen ist sie jeweils deutlich niedriger: In kleinen Orten 38,7 qm² (p<.01), in mittelgroßen Städten 35,4 qm² (p<.01) und in Großstädten 36 qm² (p<.01). Der Unterschied in der Wohnungsgröße bzw. Wohndichte kann demnach nicht allein mit dem größeren Anteil von (Groß-) Städtern unter den Menschen nichtdeutscher Staatsangehörigkeit erklärt werden.

Abbildung 3: Wohnzufriedenheit

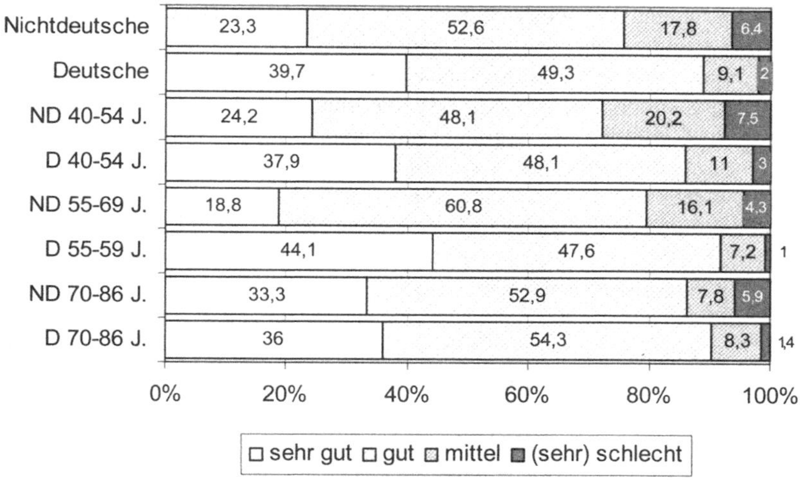

	sehr gut	gut	mittel	(sehr) schlecht
Nichtdeutsche	23,3	52,6	17,8	6,4
Deutsche	39,7	49,3	9,1	2
ND 40-54 J.	24,2	48,1	20,2	7,5
D 40-54 J.	37,9	48,1	11	3
ND 55-69 J.	18,8	60,8	16,1	4,3
D 55-59 J.	44,1	47,6	7,2	1
ND 70-86 J.	33,3	52,9	7,8	5,9
D 70-86 J.	36	54,3	8,3	1,4

□ sehr gut □ gut □ mittel ■ (sehr) schlecht

Quelle: Alterssurvey 2002, Replikationsstichprobe (n=3080), gewichtet, Ausländerstichprobe (n=584), ungewichtet.

Wie schon bei den Einkommensverhältnissen spiegeln sich die objektiven Wohnverhältnisse auch im subjektiven Wohlbefinden der ausländischen Befragten wider. Zwar empfindet die große Mehrheit von drei Viertel der ausländischen Befragten ihre Wohnsituation als „gut" oder „sehr gut". Insgesamt bewerten Ausländer und Ausländerinnen ihre Wohnsituation jedoch deutlich schlechter als Deutsche ($p<.01$) (vgl. Abbildung 3 oben).

4 Gesundheit

Neben der materiellen Lage prägt der Gesundheitszustand die Lebensqualität in zentraler Weise. Die Möglichkeiten der Lebensgestaltung wie auch die Zufriedenheit mit dem Leben werden von der gesundheitlichen Situation maßgeblich beeinflusst. Mit zunehmendem Alter nehmen jedoch die Erkrankungswahrscheinlichkeit, die Wahrscheinlichkeit körperlicher Beeinträchtigungen und damit auch der Hilfebedarf in der alltäglichen Lebensführung zu (vgl. BMFSFJ, 2001). Bei der Beschreibung des Gesundheitszustandes der Bevölkerung wird der Einschätzung der Gesundheit durch die Betroffenen selbst, d.h. dem „subjektiven" Gesundheitszustand, große Bedeutung beigemessen (Künemund, 2000). Gemessen wird also neben objektiven Variablen die subjektive Bewertung der eigenen Gesundheit. Für ältere Menschen nichtdeutscher Herkunft bzw. Staatsangehörigkeit gibt es derzeit keine repräsentativen epidemiologischen Untersuchungen zum objektiven Gesundheitszustand. Daten des Sozio-oekonomischen Panels zeigen für die ausländische Bevölkerung, dass der sogenannte „healthy migrant effect", d.h. der relativ gute Gesundheitszustand in der Migrantenbevölkerung aufgrund der selektiven Anwerbung von jüngeren und gesunden Arbeiterinnen und Arbeitern in den 1950er, 1960er und 1970er Jahren, seit den 1980er Jahren nicht mehr nachweisbar ist (Lechner & Mielck, 1998). Im Gegenteil weisen bisherige kleinere Studien eine besondere Betroffenheit von gesundheitlichen Beeinträchtigungen und einen hohen Hilfebedarf bei älteren Migranten auf. Sie sind zurückzuführen auf die spezifischen Belastungen in der Migration, wie z.B. schlechtere Arbeits- und Wohnbedingungen sowie psychische Belastungen aufgrund der Migrationssituation (z.B. Freie und Hansestadt Hamburg, 1998).

Tabelle 4 fasst die subjektive Bewertung des Gesundheitszustandes von Nichtdeutschen und Deutschen zusammen. Gemessen an den Erwartungen zeigen die Daten des Alterssurveys insgesamt eher geringe Unterschiede zwischen beiden Bevölkerungsgruppen. Jeweils ist eine große Mehrheit von etwa 60 Prozent mit ihrem Gesundheitszustand zufrieden. Allerdings bewerten mit 13,3 Prozent deutlich mehr Nichtdeutsche als Deutsche (3,1 Prozent) ihren Gesundheitszustand als schlecht bzw. sehr schlecht.

Bemerkenswerterweise bezeichnen mehr Nichtdeutsche als Deutshe ihren Gesundheitszustand als sehr gut. Nach Kontrolle für das Alter findet sich dieser Unterschied nur in der jüngsten Altersgruppe. In allen drei Altersgruppen bleibt dagegen der Anteil der Personen, die einen schlechten oder sehr schlechten Gesundheitszustand angeben, bei den Nichtdeutshen größer als bei den Deutschen. Insgesamt ist sowohl bei Nichtdeutschen als auch bei Deutschen eine Abnahme der positiven Einschätzung des Gesundheitszustands mit dem Alter zu beobachten. Die bedeutsamsten Unterschiede zwischen Deutschen und Nichtdeutschen finden sich in der mittleren Altersgruppe: Ausländer und Ausländerinnen mittleren Alters bewerten ihren Gesundheitszustand signifkant schlechter als Deutsche der gleichen Altersgruppe ($p<.05$). Berücksichtigt man innerhalb dieser Altersgruppe zusätzlich die soziale Schichtzugehörigkeit, so gibt es auch hier keine Differenzen mehr. Unterschiede in der Bewertung des Gesundheitszustands lassen sich hier mit der differierenden Verteilung nach sozialer Schichtzugehörigkeit erklären: Nichtdeutsche und Deutsche mittleren Alters, die der Unterschicht und unteren Mittelschicht angehören, schätzen ihren Gesundheitszustand gleich ein.

Abbildung 4: Subjektive Bewertung des Gesundheitszustandes

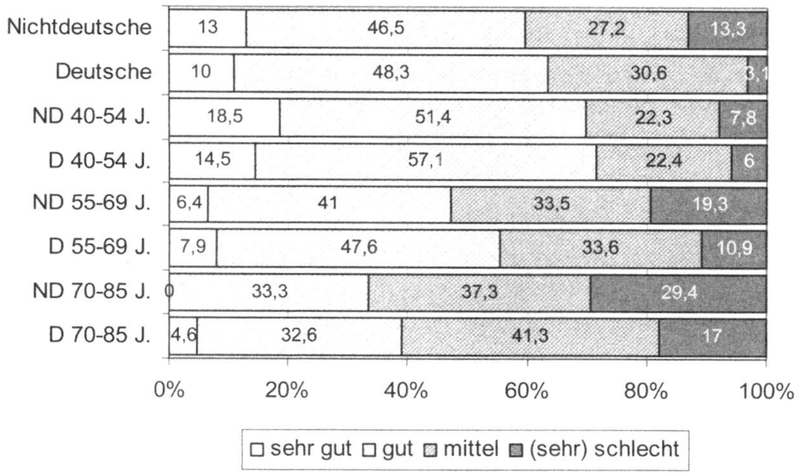

	sehr gut	gut	mittel	(sehr) schlecht
Nichtdeutsche	13	46,5	27,2	13,3
Deutsche	10	48,3	30,6	
ND 40-54 J.	18,5	51,4	22,3	7,8
D 40-54 J.	14,5	57,1	22,4	6
ND 55-69 J.	6,4	41	33,5	19,3
D 55-69 J.	7,9	47,6	33,6	10,9
ND 70-85 J.	0	33,3	37,3	29,4
D 70-85 J.	4,6	32,6	41,3	17

Quelle: Alterssurvey 2002, Replikationsstichprobe (n=3081), gewichtet; Ausländerstichprobe (n=585), ungewichtet.

In einem weiteren Schritt werden die Auswirkungen der gesundheitlichen Situation auf die Verrichtung alltäglicher Arbeiten betrachtet (vgl. Tabelle 6). Datengrundlage bildet die Subskala „Körperliche Funktionsfähigkeit (Mobilität / Aktivitäten des täglichen Lebens)" des SF-36-Fragebogens. Der SF-36-Fragebogen ist ein international anerkanntes Instrument zur Messung der gesundheitsbezogenen Lebensqualität (Kirchberger, 2000; Radoschewski & Bellach, 1999; für detailliertere Ausführungen zu diesem Instrument vgl. Beitrag von Wurm, Tesch-Römer in diesem Band.

Zum Vergleich herangezogen wurden nur als stark empfundene Einschränkungen der jeweiligen Dimensionen mit dem Ziel, eine signifikante Minderung der Lebensqualität zu erfassen. Betrachtet man alle Menschen in der zweiten Lebenshälfte, so sind die Personen, die sich bei der Ausübung verschiedener alltäglicher Tätigkeiten aus gesundheitlichen Gründen stark eingeschränkt fühlen, in der Minderheit, und es ergeben sich kaum Unterschiede in den Anteilen zwischen Nichtdeutschen und Deutschen. Die einzige Ausnahme bilden anstrengende Tätigkeiten, bei denen sich allerdings entgegen den Erwartungen ein deutlich größerer Teil der Deutschen stark eingeschränkt fühlt. Auch beim altersgruppenspezifischen Vergleich beider Bevölkerungsgruppen finden sich in der jüngsten und mittleren Altersgruppe keine Unterschiede in der Häufigkeit empfundener Einschränkungen. Allerdings berichten in Übereinstimmung mit den Ergebnissen zur subjektiven Bewertung des Gesundheitszustandes ausländische 70- bis 85-Jährige in allen Kategorien deutlich häufiger über starke Einschränkungen als die gleichaltrigen Deutschen. Signifikante Differenzen finden sich bei den Tätigkeiten „Einkaufstaschen heben oder tragen" ($p<.05$), „mehrere Treppenabsätze steigen" ($p<.01$) und „Sich baden oder anziehen" ($p<.01$).

Tabelle 6: Gesundheitliche Einschränkungen bei alltäglichen Tätigkeiten nach Staatsangehörigkeit und Alter (nur starke Einschränkungen, Angaben in Prozent)

	Gesamt		40 – 54 Jahre		55 – 69 Jahre		70 – 85 Jahre	
	ND	D	ND	D	ND	D	ND	D
Anstrengende Tätigkeiten	18,8	24,2	10,4	9,7	22,3	24,6	64,0	51,4
Taschen heben/tragen	6,5	8,0	2,3	2,6	7,4	7,3	31,4	19,6
Treppenabsätze steigen	8,5	8,9	3,5	3,3	9,1	7,6	41,2	21,7
Beugen/bücken/knien	8,0	10,2	4,6	4,1	10,1	10,2	23,5	21,7
Mehrere Kreuzungen zu Fuß	5,1	6,7	1,7	2,0	5,9	5,1	25,5	18,5
Baden/anziehen	2,9	2,5	1,2	0,9	2,1	1,8	17,6	6,8

Quelle: Alterssurvey 2002, Replikationsstichprobe (n=3072), gewichtet; Ausländerstichprobe (n=586), ungewichtet.

Insgesamt kann auf Grundlage der Daten des Alterssurveys konstatiert werden, dass sich die Lebensqualität von Deutschen und Menschen nichtdeutscher Staatsangehörigkeit im Hinblick auf den subjektiv empfundenen Gesundheitszustand und die selbst wahrgenommenen gesundheitlichen Einschränkungen kaum unterscheiden. Lediglich die altersspezifische Differenzierung zeigt gewisse Unterschiede zwischen Deutschen und Nichtdeutschen in der erwarteten Richtung: Sowohl in der mittleren als auch der ältesten Altersgruppe beurteilen Ausländerinnen und Ausländer ihren Gesundheitszustand eher schlechter als Deutsche. Insbesondere die Ältesten müssen zudem öfter mit Einschränkungen bei alltäglichen Tätigkeiten leben als gleichaltrige Deutsche. Aufgrund der geringen Fallzahl in der Gruppe der 70- bis 85-jährigen Nichtdeutschen steht dieses Ergebnis jedoch unter Vorbehalt. Grundsätzlich überrascht dieses Ergebnis angesichts der Informationen, die aus anderen Studien bisher bekannt sind. Im Rahmen weiterer Analysen ist daher der Frage nachzugehen, inwiefern die Heterogenität der Gruppe der Nichtdeutschen nivellierend wirkt, und ob es unter den

Menschen deutscher und nichtdeutscher Staatsangehörigkeit jeweils bestimmte Personengruppen gibt, deren Hilfebedarf besonders groß ist.

5 Familienstruktur und intergenerationale Familienbeziehungen

Mit zunehmendem Hilfebedarf im höheren Lebensalter gewinnt schließlich die Frage nach familiären Unterstützungspotenzialen an Bedeutung. Diesem Aspekt der sozialen Lage älterer Ausländer und Ausländerinnen soll in diesem Abschnitt ausführlicher nachgegangen werden. Die Einbettung in soziale Beziehungen ist eine wichtige Form gesellschaftlicher Integration. Für Menschen nichtdeutscher Herkunft stellt sich in besonderer Weise die Frage nach dem Eingebundensein in Netzwerkbeziehungen. Im Zuge einer grenzüberschreitenden, länger andauernden oder endgültigen Emigration werden soziale Netzwerke im Herkunftsland verlassen. Wenngleich sie bis zu einem gewissen Grad transnational weitergeführt werden können, müssen im Zielland neue soziale Beziehungen zu Angehörigen der eigenen ethnischen Gruppe bzw. der Ankunftsgesellschaft aufgebaut werden. Ausgrenzungs- und Diskriminierungserfahrungen sowie nicht ausreichende Sprachkenntnisse erschweren den Kontaktaufbau zu Einheimischen.

Fand eine Migration im Familienverband statt oder folgten Familienmitglieder sukzessive (Kettenmigration), so stellen familiäre Beziehungen eine potenzielle Ressource dar. In der Migrationsforschung wird eine enge Einbindung in familiäre oder verwandtschaftliche Netzwerke unterschiedlich gewertet (vgl. Nauck, 1985; Nauck, 1989; Steinbach 2004). Einerseits wird argumentiert, die Familie und Verwandtschaft stelle ähnlich wie die ethnische Kolonie ein Eingliederungshemmnis dar. Viele soziale Bedürfnisse würden erfüllt, ohne dass ein Kontakt mit der Ankunftsgesellschaft und der Erwerb von Fähigkeiten wie der Sprache, die für eine langfristig erfolgreiche Integration bzw. Assimilation unabdingbar sind, notwendig sei. Andererseits wird die Familie ähnlich wie die ethnische Kolonie als unerlässliches Unterstützungssystem im Integrationsprozess gesehen. Demnach teilten Familienmitglieder untereinander das erforderliche Wissen, die Fähigkeiten und die sozialen Kontakte zu Einheimischen zur Bewältigung des Alltags in der Ankunftsgesellschaft. Daneben würde eine starke Familienorientierung assimilative Handlungen geradezu motivieren, beispielsweise um den Erfolg der nächsten Generation sicherzustellen.

Neben dieser offenen Debatte zu der Bedeutung der Familie in der Migrationssituation gibt es eine weitere zentrale Frage in dem Bereichskomplex Migration und Familie, die sich mit den Folgen der Migration für die Familienstruktur beschäftigt (Dumon, 1989; Nauck et al. 1997; Herwartz-Emden 2000; Nauck, 2001). Die öffentliche und wissenschaftliche Diskussion ist seit vielen Jahren von zwei einander kontrastierenden Hypothesen geprägt. Zum einen bestimmt eine problematische Sichtweise das Bild von Ausländer- und Migrantenfamilien. Arbeitsmigrantenfamilien seien – anders als Aussiedlerfamilien, die i.d.R. gemeinsam immigrieren – durch die Migration zerrissen und die Beziehungen durch die biographische Erfahrung der Familienfragmentierung gestört. Zudem seien die Kinder von ihren Eltern unter dem Akkulturationsdruck entfremdet. Die kulturell divergenten Sozialisationskontexte der ersten, zweiten und inzwischen auch der dritten Generation führten zu Generationenkonflikten über kulturelle Normen und Wertvorstellungen. So seien beispielsweise Kinder zunehmend abgeneigt, den elterlichen Erwartungen im Hinblick auf Hilfe im Alter nachzukommen. Im Gegensatz dazu wird postuliert, Ausländer- bzw. Migrantenfamilien böten ein größeres Unterstützungspotenzial als einheimische Familien, und der Familienintegration käme eine besondere Bedeutung zu. Begründet wird dies zum einen mit einem (häufig unterstellten) größeren Familienzusammenhalt in der Herkunftsgesellschaft, der mit einer kulturell anderen Familienorientierung (kollektivistisch/interdependent vs. individualistisch/independent) bzw. dem angesichts fehlender staatlicher Sicherungssysteme notwendigen größeren Familienzusammenhalt erklärt wird. Impliziert wird eine Kontinuität enger familiärer Bindungen über die Migration hinaus. Zum anderen wird auf die Belastungen in der Migrationssituation verwiesen. Für das Individuum dient die Familie als Rückzugsort und übernimmt wichtige Kompensationsfunktionen. Demzufolge nimmt die familiale Orientierung in der Migration zu. Außerdem wird im Hinblick auf Unterstützungspotenziale darauf aufmerksam gemacht, dass der Akkulturationsprozess nicht zwangsläufig eine Aufkündigung der Familiensolidarität bedeutet, da auch in deutschen Familien die meisten Hilfeleistungen von Familienmitgliedern erbracht werden.

Die bisherige Forschung zu Migrantenfamilien konzentriert sich weitgehend auf junge Familien, deren Kinder im Kindes-, Jugend- oder jungen Erwachsenenalter sind (vgl. Hänze & Lantermann 1999; Nauck 2000; des Weiteren z.B. Hämmig 2000; Baros 2001; Nohl 2001). Dies hat auch demografische Gründe, da v.a. viele Angehörige der zweiten Arbeitsmigrantengeneration erst in den vergangenen Jahren das (mittlere) Erwachsenenalter erreicht haben. Während frühere Studien und qualitative Untersuchungen zum großen Teil die problematische Sichtweise stützen, geben quantitative Untersuchungsergebnisse der letzten Jahre empirische Evidenz für die zweite Hypothese, wonach die Migrationssituation intergenerationale Beziehungen eher stärkt als schwächt. So zeigen Daten zur intergenerationalen Transmission eine hohe Ko-Orientierung in (türkischen, italienischen, griechischen und als Spätaussiedler immigrierten) Migrantenfamilien, d.h. einen hohen Grad an Übereinstimmung in Situationswahrnehmungen, Einstellungen und Handlungspräferenzen. Im Fall der türkischen Migrantenpopulation ist der Grad der intergenerationalen Kongruenz, der als Indikator für innerfamiliale Integration und Interaktionsdichte gewertet werden kann, durchgängig höher als bei Familien in der Türkei. Außerdem zeigen Kinder aus Migrantenfamilien eine hohe Bereitschaft, die von ihnen erwarteten Solidarleistungen zu erbringen (Nauck et al., 1997; Nauck 2000, 2001). Lediglich für die türkischen männlichen Jugendlichen lässt sich ein gewisses familiäres Konfliktpotenzial ausmachen, v.a. durch ihre starke normative Geschlechtsrollenorientierung. Allerdings zeigt sich im Vergleich zu deutschen Jugendlichen bei allen türkischen Jugendlichen ein engeres emotionales Verhältnis zu den Eltern (Steinbach 2004). Auch in den Studien zu älteren Migranten wurden einzelne Aspekte der Generationenbeziehungen untersucht. Insgesamt zeichnen sie ein Bild enger solidarischer Generationenbeziehungen mit – sofern Vergleichsdaten für Deutsche vorliegen – höheren Koresidenzraten und einer höheren Kontakthäufigkeit als in deutschen Familien (z.B. Freie und Hansestadt Hamburg 1998, 216).

Mit dem Alterssurvey ist es möglich, Familienbeziehungen in erwachsenen Ausländerfamilien in vergleichender Perspektive zu untersuchen. Vor dem Hintergrund der Alterung der Bevölkerung und des Rückgangs der Fertilitätsraten in den Industrieländern sind die Generationenbeziehungen in einheimischen (erwachsenen) Familien in den vergangenen Jahrzehnten verstärkt in den Fokus wissenschaftlichen Interesses gerückt, und stellen auch im Alterssurvey einen zentralen Schwerpunkt dar (vgl. Kohli et al., 2000). Eine zentrale Frage in der deutschen Familiensoziologie lautet, welche Folgen der demografische Wandel für die Familienstruktur und die Generationenbeziehungen hat. Die These, dass sich die Beziehungen zu den Eltern verflüchtigen, wenn die Kinder erwachsen werden, wurde inzwischen vielfach widerlegt. So hat die Forschung zu deutschen Familien gezeigt, dass Generationenbeziehungen zwischen Kindern und ihren Eltern nicht primär innerhalb des Familienhaushalts, dafür aber in aus mehreren Haushalten bestehenden ‚multilokalen Mehrgenerationenfamilien' (Bertram, 2000) von großer Bedeutung sind. Alterssurvey-Daten aus der Ersterhebung belegen, dass erwachsene Kinder und ihre Eltern überwiegend nicht weit entfernt voneinander wohnen, sich zum ganz überwiegenden Teil emotional eng verbunden fühlen und einander Unterstützung leisten (z.B. Kohli et al. 2000; Szydlik, 2000; vgl. auch Beitrag 5 in diesem Band).

Im Folgenden soll zunächst der Frage nachgegangen werden, welche Familienangehörigen von Nichtdeutschen im Vergleich zu Deutschen überhaupt existieren, d.h. über welches Familienpotenzial in Deutschland lebende Menschen nichtdeutscher Staatsangehörigkeit verfügen. Angesichts der Erkenntnisse über die Bedeutung außerhäuslicher familiärer Beziehungen wird anschließend die Familienstruktur sowohl im Haushalt als auch außerhalb des Haushalts näher untersucht. Wer wohnt zusammen, wie häufig sind Mehrgenerationenhaushalte und wie weit entfernt leben Eltern und Kinder voneinander, nachdem letztere das Elternhaus verlassen haben? Abschließend soll dann der Frage nachgegangen werden, wie die intergenerationalen Beziehungen qualitativ gelebt und erfahren werden. Zentrale Dimensionen sind die Kontakthäufigkeit und die Beziehungsenge. Dem Austausch von sozialer Unterstützung wird aufgrund seiner herausragenden Bedeutung ein eigener Abschnitt (6) gewidmet.

5.1 Strukturell verfügbare Familienmitglieder

In einem ersten Schritt wird vergleichend untersucht, welche Familienangehörigen verschiedener Generationen in den Familien Nichtdeutscher und Deutscher in der zweiten Lebenshälfte vorhanden sind. Dabei ist der Wohnort nicht von Bedeutung: Berücksichtigt werden hier alle Familienangehörigen im Herkunftsland und in Deutschland. Insgesamt lebt noch bei 7,5 Prozent der Nichtdeutschen (5,0 Prozent der Deutschen) ein eigenes Großelternteil bzw. ein Großelternteil des Partners ($p<.05$). Ebenso haben signifikant mehr Nichtdeutsche als Deutsche noch ein eigenes Elternteil oder ein Elternteil des Partners (46,5 vs. 40,2 Prozent, $p<.01$). Dagegen unterscheiden sich weder die Anteile der Alleinstehenden noch die der Kinderlosen nennenswert zwischen beiden Bevölkerungsgruppen. Knapp vier Fünftel der Nichtdeutschen und der Deutschen haben einen Partner und 84,7 Prozent der Nichtdeutschen bzw. 85,5 Prozent der Deutschen haben mindestens ein leibliches oder ein Adoptiv-, Pflege- oder Stiefkind. Deutlich höher ist dagegen die Zahl der deutschen Befragten, die selbst bereits Großeltern sind: 44 Prozent haben ein Enkelkind, gegenüber lediglich 34,5 Prozent der Nichtdeutschen ($p<.01$). Erwartungsgemäß ist auch der Anteil der Urenkel bei den Deutschen deutlich höher ($p<.01$). Während nur 3,3 Prozent der Nichtdeutschen ein Urenkelkind haben, sind es bei den Deutschen immerhin 6,2 Prozent.

Die Lebenssituation älterer Ausländerinnen und Ausländer in Deutschland

Abbildung 5: Existenz ausgewählter Familienangehöriger

a) Eltern/-teil

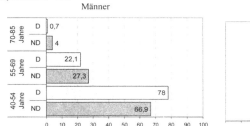
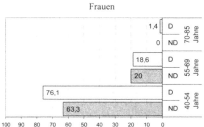

Quelle: Alterssurvey 2002, Replikationsstichprobe (n=1531, 1521), gewichtet; Ausländerstichprobe (n=298,276), ungewichtet.

b) Partner

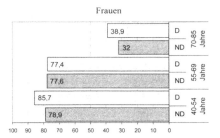

Quelle: Alterssurvey 2002, Replikationsstichprobe (n=1548, 1536), gewichtet; Ausländerstichprobe (n=305, 281), ungewichtet.

c) Kinder

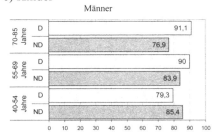
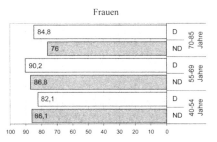

Quelle: Alterssurvey 2002, Replikationsstichprobe (n=1542, 1532), gewichtet; Ausländerstichprobe (n=302, 281), ungewichtet.

d) Enkel

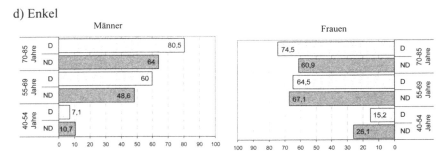

Quelle: Alterssurvey 2002, Replikationsstichprobe (n=1508, 1503), gewichtet; Ausländerstichprobe (n=291, 272), ungewichtet.

Offensichtlich spielt die unterschiedliche Altersstruktur der beiden Bevölkerungsgruppen eine Rolle. Eine nach Alter und Geschlecht differenzierte Darstellung der Ergebnisse gibt detaillierten Aufschluss darüber, welche Familienmitglieder potenzielle Unterstützungs- oder Belastungsfaktoren darstellen.

Eltern stellen in Abhängigkeit von ihren Ressourcen und ihrem Interesse an der Generationenbeziehung ein Unterstützungspotenzial dar, sie sind aber ihrerseits in bestimmten Situationen auch auf Unterstützung der Kinder angewiesen. Nach Kontrolle für Alter und Geschlecht haben nur die 55- bis 69-jährigen Nichtdeutschen tendenziell etwas häufiger noch Eltern. In der jüngsten Altersgruppe dagegen existiert bei Nichtdeutschen im Vergleich zu Deutschen signifikant seltener noch ein eigenes Elternteil bzw. ein Elternteil des Partners (p<.01). Werte für die Altersgruppe der 70- bis 85-Jährigen sind vor dem Hintergrund geringer Fallzahlen nur eingeschränkt interpretierbar.

In allen Altersgruppen sind deutlich mehr Frauen als Männer alleinstehend. Bedeutsame Unterschiede zwischen Deutschen und Nichtdeutschen finden sich lediglich bei den Frauen in der jüngsten Altersgruppe (p<.05): 40 bis 54-jährige nichtdeutsche Frauen sind häufiger ohne Partner als deutsche Frauen. Weitere potenzielle Problemgruppen hinsichtlich fehlender Unterstützung stellen sowohl die deutschen als auch die nichtdeutschen Frauen in der höchsten Altersgruppe dar.

Auch bei der differenzierten Betrachtung nach Alter und Geschlecht bleiben Unterschiede zwischen Deutschen und Nichtdeutschen hinsichtlich der Existenz von mindestens einem Kind eher gering. Zwar sind in der jüngsten Altersgruppe Kinder bei Nichtdeutschen tendenziell häufiger als in der Vergleichsgruppe, und umgekehrt in den beiden anderen Altersgruppen tendenziell häufiger bei Deutschen. Bedeutsame Unterschiede gibt es jedoch nur bei den 70- bis 85-jährigen

Männern (p<.05). Wie erwartet, unterscheiden sich die beiden Bevölkerungsgruppen jedoch signifikant in der Kinderzahl: Nichtdeutsche haben im Mittel 2,08 Kinder, Deutsche dagegen lediglich 1,80 (p<.01). Die 40- bis 54-jährigen Nichtdeutschen haben durchschnittlich 2,07 Kinder, gleichaltrige Deutsche dagegen 1,60 (p<.01). Für die 55- bis 69-Jährigen liegen die Werte bei 2,16 bzw. 1,94 (p<.05). Für die Ältesten ist der Unterschied nicht signifikant: Nichtdeutsche haben im Mittel weniger Kinder als Deutsche (1,80 bzw. 1,95). Interpretiert man das Vorhandensein von Kindern als familiäres Unterstützungspotenzial, so liegt dieses für die Nichtdeutschen insgesamt etwas höher als für Deutsche und beruht ausschließlich auf der höheren Kinderzahl.

Nichtdeutsche Männer und Frauen der höchsten Altersgruppe haben seltener Kinder und infolge dessen auch seltener Enkel. Signifikante Unterschiede beschränken sich jedoch auf die 55- bis 69-jährigen Männer, bei denen mehr Deutsche als Nichtdeutsche bereits Großvater sind, und die 40- bis 54-jährigen Frauen: Vermutlich aufgrund des jüngeren Alters bei Geburt des ersten Kindes haben mehr Nichtdeutsche als Deutsche dieser jungen Altersgruppe bereits mindestens ein Enkelkind. Die insgesamt größere Häufigkeit von Mehrgenerationenfamilien mit Kindern und Enkeln bei Deutschen in der zweiten Lebenshälfte ist also zu einem gewissen Teil auf Unterschiede in der Altersstruktur zurückzuführen.

5.2 Haushaltsgröße und intergenerationales Zusammenleben

Im Folgenden soll die Bedeutung des familiären Unterstützungspotenzials konkretisiert werden, in dem die Haushaltstruktur untersucht wird. Haushaltsgröße und Haushaltszusammensetzung stellen einen zentralen Aspekt der Lebensqualität dar. Sie bestimmen nicht nur die Wohnsituation entscheidend mit. So können beispielsweise größere Haushalte in kleineren Wohnungen als belastend empfunden werden (hohe Wohndichte) (vgl. Abschnitt 3). Betrachtet man die Haushaltsgröße jedoch aus der Unterstützungsperspektive, so stehen in größeren Haushalten mehr potenzielle Helfer zur Verfügung. Menschen, die allein leben, haben kein vergleichbares unmittelbares Unterstützungspotenzial. In der deutschen Bevölkerung betrifft das vor allem hochaltrige Frauen, deren Lebenspartner bereits verstorben sind. Für ältere Migranten und Migrantinnen zeigen bisherige Daten einen geringeren Singularisierungsgrad und im Vergleich zur einheimischen Bevölkerung größere Haushalte, in denen mehr Generationen unmittelbar zusammenleben. Allerdings scheint intergenerationales Zusammenleben nicht die typische Haushaltsform zu sein. Studienergebnisse zeigen eine relativ

große Heterogenität der Wohnsituation (vgl. Dietzel-Papakyriakou & Olbermann, 1998).
Die Daten des Alterssurveys bestätigen diese Ergebnisse (vgl. Tabelle 7 unten). Der Anteil der Alleinlebenden ist unter den nichtdeutschen Staatsangehörigen signifikant geringer als unter den Deutschen (vgl. letzte Zeile in Tabelle 7). Kontrolliert man jedoch das Alter, so verschwindet der signifikante Unterschied: Das durchschnittlich niedrigere Alter der Ausländer und Ausländerinnen in der zweiten Lebenshälfte ist der entscheidende Faktor für den insgesamt geringeren Singularisierungsgrad. Denn in beiden Bevölkerungsgruppen sind erwartungsgemäß Einpersonenhaushalte unter den 70- bis 85-Jährigen am weitesten und in der jüngsten Altersgruppe am seltensten verbreitet. Daneben tritt bei den Deutschen der erwartete Geschlechtsunterschied auf: Frauen leben aufgrund ihrer durchschnittlich höheren Lebenserwartung viel häufiger allein als Männer. In deutlichem Kontrast dazu gibt es keinen signifikanten Unterschied in der Verbreitung Alleinlebender zwischen ausländischen Männern und Frauen (vgl. Tabelle 7).

Tabelle 7: Anteil von Alleinlebenden und durchschnittliche Haushaltsgröße

	Anteil Alleinlebender (in Prozent)			Durchschnittliche Haushaltsgröße (Personenzahl)		
	ND	D	sig.	ND	D	sig.
40 – 54 Jahre	10,4	12,7	n.s.	3,3	2,9	**
55 – 69 Jahre	16,5	16,6	n.s.	2,4	2,1	**
70 – 85 Jahre	37,3	41,7	n.s.	1,8	1,7	n.s.
Weiblich	14,9	25,5	**	2,8	2,2	**
Männlich	14,4	14,9	n.s.	2,9	2,5	**
Gesamt	14,7	20,5	**	2,9	2,4	**

Quelle: Alterssurvey 2002, Replikationsstichprobe (n=3082), gewichtet; Ausländerstichprobe (n=586), ungewichtet. Signifikanzniveaus: ** = $p < 0.01$, * = $p < 0.05$.

In Bezug auf die Haushaltsgröße zeigen sich ebenfalls die erwarteten Muster. Mit durchschnittlich 2,9 Personen sind Haushalte von Ausländern und Ausländerinnen in der zweiten Lebenshälfte signifikant größer als die Haushalte von Deutschen, in denen durchschnittlich 2,4 Personen leben. Bei einer altersgruppenspezifischen Betrachtung bleibt dieser Effekt in der jüngeren und mittleren Altersgruppe bestehen. Bei den 70- bis 85-Jährigen gibt es jedoch keine bedeutsamen Unterschiede zwischen Deutschen und Nichtdeutschen. Die geschlechtsspezifische Betrachtung bringt den aus deutscher Sicht unerwarteten Befund, dass sich – wie die Anteile der Alleinlebenden – auch die durchschnittlichen Haushaltsgrößen von ausländischen Frauen und Männern kaum unterscheiden. Während deutsche Männer aufgrund ihrer geringeren Lebenserwartung in durchschnittlich größeren Haushalten leben als Frauen, existiert ein solcher Alterseffekt bei Ausländern bisher nicht. Allerdings wird Hochaltrigkeit auch bei den Personen ausländischer Herkunft weiblich sein (vgl. BMFSFJ 2000, 121), sodass sich die deutschen geschlechtsspezifischen Haushaltsstrukturmuster im Alter in Zukunft möglicherweise auch bei Ausländern zeigen werden. Dagegen spricht die verbreitete Hypothese, dass ältere Migranten stärker familiär eingebunden sind als Einheimische.

Aktuelle Daten zu haushaltsspezifischen Generationenkonstellationen weisen tendenziell in diese Richtung. Zwei- und Dreigenerationenhaushalte sind bei Nichtdeutschen signifikant häufiger als bei Deutschen: Deutlich mehr Nichtdeutsche als Deutsche leben in einem Zweigenerationenhaushalt zusammen mit mindestens einem Kind oder mit mindestens einem Kind und einem Enkel. Allerdings ist hier zunächst nicht für das Alter kontrolliert: Höhere Zweigenerationenhaushalte können daher auf das jüngere Alter der Kinder zurückzuführen sein, die noch im Haushalt der Eltern leben. Zudem ist der Anteil der Haushalte mit drei Generationen zwar signifikant höher bei Ausländern, aber auch dort mit 3,4 Prozent vergleichsweise selten (vgl. Tabelle 8).

Entgegen dem weit verbreiteten Bild von Migrantenfamilien in der Öffentlichkeit, aber in Übereinstimmung mit bisherigen Studienergebnissen (z.B. Eggen 1997; Dietzel-Papakyriakou et al., 1998) zeigen diese Daten, dass der Mehrgenerationenhaushalt, der drei und mehr Generationen umfasst, nicht die Norm ist. Vielmehr lebt knapp die Hälfte der Nichtdeutschen in einem Zweigenerationenhaushalt und etwa ebenso viele in einem Eingenerationenhaushalt, zum überwiegenden Teil mit dem Partner. In deutschen Familien in der zweiten Lebenshälfte dominiert dagegen der Eingenerationenhaushalt; etwa 45 Prozent leben in einem Paarhaushalt und ein Fünftel allein (vgl. auch Beitrag Hoff in diesem Band). Ein Zusammenleben mit den eigenen Eltern ist sowohl in deutschen als auch in nichtdeutschen Haushalten äußerst selten. Häufig leben die Eltern von Migranten im Herkunftsland. Vergleichsweise hoch ist der Anteil der Dreigenerationenhaushalte mit Eltern und Kindern jedoch bei Italienern. Bei der nach den vier größten Staatsangehörigkeitsgruppen differenzierten Betrachtung fallen des Weiteren die Menschen türkischer Herkunft auf: Wie bereits aus Mikrozensusdaten bekannt, leben sie besonders häufig in Zweigenerationenhaushalten mit mindestens einem Kind. Auch der Anteil der Personen in einem Dreigenerationenhaushalt ist hier am größten. Dafür ist der Anteil der Alleinlebenden unter den türkischen Staatsangehörigen besonders gering. Annähernd ähnlich oft wie Deutsche leben dagegen Bürger des ehemaligen Jugoslawiens und der Sowjetunion in einem Eingenerationenhaushalt. Grundsätzlich stellt sich die Frage, inwiefern die auffälligen Unterschiede zwischen Nichtdeutschen und Deutschen in der Häufigkeit der Ein- und Zweigenerationenhaushalte (mit Kindern) auf eine differente Altersstruktur zurückzuführen sind.

Tabelle 8: Haushaltsbezogene Generationenkonstellationen nach Staatsangehörigkeit (in Prozent)

	Deutsche	Nicht-Deutsche	Türkei	Jugoslawien	Italien	Sowjetunion	Andere
1 Generation	65,8	47,1**	33,7**	53,7	46,8*	58,3	48,4**
– alleinlebend	20,5	14,7**	5,3**	16,4	21,3	13,9	16,1
2 Generationen	32,5	49,5**	60,0**	44,8	48,9*	41,7	48,4**
– mit Eltern	1,3	0,7	0	1,5	0	2,8	0,6
– mit Kindern	30,9	48,6**	60,0**	43,3*	48,9**	38,9	47,5**
3 Generationen	1,7	3,4**	6,3**	1,5	4,3*	0	3,2**
– Eltern/Kinder	1,1	1,5	2,1	0	4,3*	0	1,5
– Kinder/Enkel	0,6	1,9**	4,2**	1,5	0	0	1,8*
N	3.082	586	95	67	47,0	36	341

Spalten "In Dtl. lebende StaatsbürgerInnen des (ehem.) Landes": Türkei, Jugoslawien, Italien, Sowjetunion, Andere.

Quelle: Alterssurvey 2002, Replikationsstichprobe (n=3.082), gewichtetet; Ausländerstichprobe (n=586), ungewichtetet. Signifikanztests beziehen sich auf Vergleiche zwischen Deutschen und Nichtdeutschen bzw. Deutschen und Personen mit der jeweiligen Staatsangehörigkeit: ** p<.01, * p<.05.

Tabelle 9 weist daher die verschiedenen Konstellationen des intergenerationalen Zusammenlebens für die Menschen in der mittleren Altersphase (55 bis 69 Jahre) aus. Diese Phase wird auch als „empty-nest"- oder „nachelterliche" Lebensphase bezeichnet, in der typischerweise die inzwischen erwachsenen Kinder das Elternhaus verlassen haben. Die Daten zeigen, dass die Anteile der Eingenerationenhaushalte sowohl bei Deutschen als auch bei Nichtdeutschen im Vergleich zur jeweiligen 40- bis 85-jährigen Gesamtpopulation deutlich höher liegen, während die Anteile der Zweigenerationenhaushalte wesentlich niedriger sind. Dabei bleiben jedoch die signifikanten Differenzen zwischen Menschen deutscher und nichtdeutscher Staatsangehörigkeit weitgehend bestehen. Dies trifft auch für die Dreigenerationenhaushalte zu. Insgesamt weisen Nichtdeutsche dieser Altersgruppe keine völlig differente, aber eine heterogenere Haushaltskonstellation auf als Deutsche: Wie bei den Deutschen dominiert der Eingenerationenhaushalt, daneben leben aber ein Drittel der Nichtdeutschen und lediglich ein gutes Sechstel der Deutschen mit mindestens einem Kind, seltener einem Elternteil, in einem intergenerationalen Haushalt. Damit sind Nichtdeutsche tendenziell besser familial integriert als Deutsche. Auch in dieser Altersgruppe ist der Anteil von Zweigenerationenhaushalten mit Kind(ern) bei den türkischen Staatsangehörigen vergleichsweise hoch. Die familiale Einbindung scheint hier – gewollt oder ungewollt – besonders hoch zu sein. Wenngleich in einem gemeinsamen Haushalt gegenseitige intergenerationale Unterstützung und Entlastung am Unkompliziertesten gewährt werden kann, und Ältere leicht nützliche Funktionen übernehmen können, die die Familienkohäsion weiter stärkt (vgl. BMFSFJ 2000, 121), verschließt die alleinige Analyse der Haushaltsstruktur den Blick für darüber hinausgehende familiäre Ressourcen, wie die Forschung zu deutschen Familien eindrucksvoll zeigt. Im Folgenden geht es zunächst um die Frage, wie weit entfernt Kinder und Eltern voneinander wohnen, wenn sie nicht im gleichen Haushalt leben und wie sich die Familiennetzwerke ausländischer Menschen in der zweiten Lebenshälfte von den gleichaltrigen Deutschen in dieser Hinsicht unterscheiden.

Tabelle 9: Haushaltsbezogene Generationenkonstellationen nach Staatsangehörigkeit für die 55- bis 69-Jährigen (in Prozent)

	Deutsche	Nicht-Deutsche	Türkei	Jugo-slawien	Italien	Sowjet-union	Andere
1 Generation	82,2	66,5**	52,8**	69,6	71,4	78,6	68,3**
– alleinlebend	16,6	16,5	2,8*	21,7	28,6	14,3	18,8
2 Generationen	16,6	30,3**	38,9**	30,4	28,6	21,4	28,7**
– mit Eltern	1,8	0,5	0	0	0	0	1,0
– mit Kindern	14,7	29,8**	39,8**	30,4*	28,6	21,4	27,7**
3 Generationen	1,2	3,2**	8,3**	0	0	0	3,0**
– Kinder/Enkel	1,0	2,7	8,3**	0	0	0	2,0
N	1.101	188	36	23	14	14	101

Quelle: Alterssurvey 2002, Replikationsstichprobe (n=1.101), gewichtetet; Ausländerstichprobe (n=188), ungewichtetet. Zu berücksichtigen sind die geringen Fallzahlen in den einzelnen Staatsangehörigkeitsgruppen, die nur eine eingeschränkte Interpretation der Werte erlauben.

5.3 Wohnentfernung

Die geografische Entfernung ist Teil der Opportunitätsstruktur von Generationenbeziehungen. Sie bestimmt in zentraler Weise die Möglichkeiten der Interaktion zwischen den Familienmitgliedern und damit andere Dimensionen sozialer Beziehungen wie Kontakthäufigkeit und instrumentelle Unterstützung. Obwohl dank moderner Kommunikationsmedien die Aufrechterhaltung der Familienbeziehungen nicht mehr ausschließlich an den persönlichen Kontakt geknüpft ist, korreliert doch eine geringe Wohnentfernung mit intensiveren Beziehungen und erhöht die Wahrscheinlichkeit sozialer Unterstützung (Lauterbach, 2001; Marbach, 1994). Auf der Basis des Alterssurveys kann die Wohnentfernung zwischen Eltern und Kindern analysiert werden. Die Befragten können sich dabei in einer Doppelrolle befinden – einmal als Eltern erwachsener Kinder, zum anderen im Verhältnis zu ihren eigenen Eltern. Die zentrale Frage lautet hier, ob ausländische Staatsangehörige durch eine vergleichbare oder geringere Wohnentfernung zu dem am nächsten wohnenden Kind bzw. Elternteil über ähnliche oder größere Möglichkeiten der direkten Kommunikation verfügen wie Deutsche. Von besonderem Interesse ist dabei, welchen Anteil transnationale Eltern-Kind-Interaktionen haben. Tabelle 10 enthält die Wohnentfernungen von erwachsenen Kindern zu ihren Eltern einerseits und die der befragten Eltern zu ihren Kindern andererseits.

Transnationale soziale Beziehungen zeigen sich in besonders großem Ausmaß bei den Eltern der hier untersuchten nichtdeutschen Staatsangehörigen. Sowohl Deutsche als auch Ausländerinnen und Ausländer leben eher selten mit ihren Eltern in einem Haushalt. Während aber 85 Prozent der deutschen Eltern maximal in einem anderen Ort leben, der innerhalb von 2 Stunden zu erreichen ist, leben fast drei Viertel der ausländischen Eltern im Ausland. Dieser Anteil ist bei den Staatsangehörigen aus dem ehemaligen Jugoslawien mit 96 Prozent am höchsten, gefolgt von italienischen (82 Prozent) und türkischen Staatsangehörigen (73 Prozent). Dies kann mit dem Migrationshintergrund erklärt werden. Bei den hier interessierenden 40- bis 85-jährigen nichtdeutschen Staatsangehörigen handelt es sich vorwiegend um Migranten und Migrantinnen der ersten Generation, die ihre Eltern im Herkunftsland zurückließen. Im Fall von Angehörigen der zweiten Generation kann es sich um Eltern handeln, die zurückgekehrt sind. Inwiefern transnationale Pendler berücksichtigt werden – ein Phänomen, das unter Arbeitsmigranten im Ruhestand zunehmend zu beobachten ist – kann anhand der Alterssurvey-Daten nicht festgestellt werden. Es ist zu vermuten, dass die transnationale Familienorganisation weitere Aspekte von Generationenbeziehungen und die Struktur des sozialen Netzwerks insgesamt beeinflusst.

Tabelle 10: Wohnentfernung zum nächstwohnenden Elternteil bzw. Kind ab 16 Jahren (in Prozent)

	Gesamt		40-54 Jahre		55-69 Jahre		70-85 Jahre	
	ND	D	ND	D	ND	D	ND	D
Wohnentf. zu Elternteil								
Gleiches Haus/Haushalt	3,9	10,9	3,3	10,4	6,8	13,0	/	/
Nachbarschaft	3,1	13,2	3,3	12,7	2,3	14,6	/	/
Gleicher Ort	8,9	26,0	9,8	25,7	4,5	27,8	/	/
Anderer Ort, max. 2 Std.	8,1	34,9	8,9	35,8	4,5	30,8	/	/
Weiter entfernt, in D	3,5	13,1	3,7	13,1	2,3	13,8	/	/
Ausland	72,6	1,9	71,0	2,3	79,5	0	/	/
Wohnentf. zu Kind								
Gleiches Haus/Haushalt	54,7	39,7	69,5	67,4	40,4	27,3	22,2	22,2
Nachbarschaft	9,7	12,2	3,1	4,8	15,9	14,3	25,0	19,0
Gleicher Ort	13,8	20,1	12,8	9,4	14,6	23,8	16,7	28,8
Anderer Ort, max. 2 Std.	10,2	20,8	7,1	13,2	15,2	26,1	8,3	22,3
Weiter entfernt, in D	4,1	6,2	2,2	4,4	4,6	7,8	13,9	6,3
Ausland	7,5	1,0	5,3	0,8	9,3	0,8	13,9	1,5

Quelle: Alterssurvey 2002, Replikationsstichprobe, (n=989, 2464), gewichtet; Ausländerstichprobe (n=259, 413), ungewichtet. In der Altersgruppe der 70 bis 85-Jährigen war die Zahl der Personen mit Elternteil zu gering (< 30).

Die Daten zur Wohnentfernung zu Kindern zeigen zunächst den oben bereits erwähnten Befund, dass Ausländer häufiger mit mindestens einem Kind zusammen im gleichen Haushalt leben als Deutsche. Bezogen auf die 16 Jahre und älteren Kinder und das intergenerationale Zusammenleben im Haushalt und Haus liegen die Werte bei 54,7 Prozent für Ausländer gegenüber 39,7 Prozent für Deutsche. Wenn auch die Anteile der Deutschen mit mindestens einem Kind in der Nachbarschaft bzw. im gleichen Ort größer sind als bei den Nichtdeutschen, verfügen mit 78 Prozent immer noch mehr nichtdeutsche Staatsangehörige als deutsche (72 Prozent) über Kinder vor Ort. Insbesondere in der mittleren Altersgruppe unterscheiden sich die Anteile in der Koresidenz mit 16-jährigen und älteren Kindern deutlich. Unterschiede zwischen Deutschen und Ausländern bleiben daneben im Hinblick auf die weitere Wohnentfernung bedeutsam. Als problematisch hinsichtlich der Voraussetzungen für häufige direkte Kontakte und Hilfeleistungen ist die Lage der Personen einzuschätzen, deren Kinder weiter weg, d.h. mehr als zwei Stunden entfernt, leben. Dies sind bei den Deutschen 7 Prozent und bei den Ausländern knapp 12 Prozent, wovon immerhin 7,5 Prozent im Ausland leben. Bei den 70- bis 85-jährigen Ausländern beträgt der Anteil sogar 14 Prozent. Im Fall der im Ausland lebenden Kinder handelt es sich entweder um Personen, die ohne ihre Kinder nach Deutschland immigriert sind, oder um Eltern remigrierter Kinder. Da nicht spezifiziert wurde, ob mit „Ausland" das Herkunftsland der befragten Person gemeint ist, kann es sich auch um andere Arten von Auslandsaufenthalten handeln. Sind diese dauerhaft, so fehlt den Eltern ein zentrales Unterstützungspotenzial, das zur Vermeidung von Notlagen durch andere verwandtschaftliche oder professionelle Hilfe kompensiert werden muss.

5.4 Kontakthäufigkeit

Die Kontakthäufigkeit stellt eine weitere wichtige Dimension von Generationenbeziehungen dar, die Informationen über die Bedeutung der Familie und die Qualität der Beziehungen gibt. Sie umfasst verschiedene Aktivitäten und Formen der Kommunikation. Im Alterssurvey wurde erfragt, wie häufig man miteinander Kontakt hat, beispielsweise durch Besuche, Briefe oder Telefonate. In Tabelle 11 wird jeweils die Eltern-Kind-Beziehung mit dem häufigsten Kontakt dargestellt. Von den 70- bis 85-Jährigen hatten nur noch sieben Deutsche und eine nichtdeutsche Person noch lebende Eltern, so dass aufgrund der geringen Fallzahl auf eine Darstellung verzichtet wurde. Neben der insgesamt geringen Wohnentfernung zu den Kindern unterstreichen die Daten zur Kontakthäufigkeit das Bild der regen Generationenbeziehungen.

Allerdings unterscheiden sich Menschen nichtdeutscher Staatsangehörigkeit in der Kontakthäufigkeit zu ihren Eltern erheblich von Deutschen in der zweiten Lebenshälfte. Während die Mehrheit der Deutschen (56 Prozent) zumindest wöchentlich mit den Eltern in Kontakt steht, ist dies bei Ausländern deutlich seltener der Fall (10 Prozent). Die große räumöliche Entfernung schränkt die Kontakthäufigkeit ein. Dies gilt für alle Altersgruppen.

Mit Kindern stehen Ausländerinnen und Ausländer durchschnittlich häufiger im Kontakt als Deutsche. Dieses Ergebnis ist nicht allein der höheren Koresidenzrate geschuldet. Betrachtet man ausschließlich den Kontakt zu Kindern, die außerhalb des Haushalts oder Hauses der Eltern leben, so reduzieren sich Unterschiede zwischen Deutschen und Nichtdeutschen beträchtlich, bleiben tendenziell aber bestehen. Gegenüber 25 Prozent der Deutschen haben 28 Prozent der Nichtdeutschen täglichen Kontakt zu mindestens einem getrennt lebenden, mindestens 16 Jahre alten Kind. Auch differenziert nach Altersgruppen haben Ausländer jeweils häufiger täglichen Kontakt. Der Unterschied ist in der jüngsten Altersgruppe am geringsten (23 bzw. 26 Prozent), nimmt in der mittleren Altersgruppe leicht zu (25 bzw. 29 Prozent) und ist in der Altersgruppe der 70 bis 85-Jährigen am größten (27 Prozent gegenüber 35 Prozent). Bei einem insgesamt regen intergenerationalen kommunikativen Austausch in beiden Bevölkerungsgruppen auch über die Haus- und Haushaltsgrenzen hinaus, zeigen die Daten somit einen etwas häufigeren intergenerationalen Kontakt in Ausländerfamilien. Seltenen oder keinen Kontakt hat jeweils nur eine kleine Minderheit.

Tabelle 11: Kontakthäufigkeit zum Elternteil bzw. Kind ab 16 Jahren mit dem meisten Kontakt (in Prozent)

	Gesamt		40-54 Jahre		55-69 Jahre		70-85 Jahre	
	ND	D	ND	D	ND	D	ND	D
Kontakt. zu Elternteil								
Täglich	8,3	24,4	7,7	21,8	11,1	34,7	/	/
Mehrmals pro Woche	15,8	31,5	16,4	32,6	13,3	26,8	/	/
Einmal pro Woche	28,9	23,6	29,1	24,3	26,7	21,3	/	/
1 bis 3mal im Monat	24,8	13,0	24,1	13,8	28,9	9,0	/	/
Mehrmals im Jahr	10,5	5,0	10,0	4,6	13,3	6,7	/	/
Seltener	10,2	0,8	10,9	1,0	6,7	0	/	/
Nie	1,5	1,8	1,8	1,9	0	1,5	/	/
Kontakt zu Kind								
Täglich	65,6	52,4	75,4	72,8	53,6	41,8	52,8	42,2
Mehrmals pro Woche	16,9	26,9	11,4	14,2	23,8	34,0	22,2	32,4
Einmal pro Woche	7,5	11,3	5,3	5,9	9,3	14,3	13,9	13,5
1 bis 3mal im Monat	5,3	5,3	3,1	3,5	8,6	5,2	5,6	7,9
Mehrmals im Jahr	3,4	2,2	2,6	1,3	4,0	2,4	5,6	3,0
Seltener	1,2	0,8	1,8	0,6	0,7	1,2	0	0,5
Nie	0,2	1,1	0,4	1,5	0	1,2	0	0,4

Quelle: Alterssurvey 2002, Replikationsstichprobe, (n=1014, 2480), gewichtet; Ausländerstichprobe (n=266, 415), ungewichtet. In der Altersgruppe der 70 bis 85-Jährigen war die Zahl der Personen mit Elternteil zu gering (< 30).

5.5 Enge der Beziehung

Im Folgenden wird die subjektive Einschätzung der emotionalen Enge der Beziehung untersucht. Grundsätzlich ist dabei zu bedenken, dass es nicht um eine Beziehungsbewertung nach den Kriterien gut/schlecht geht. Häufig sind nämlich gerade enge Beziehungen nicht ausschließlich positiv, sondern auch konfliktbeladen, und werden insgesamt beispielsweise ambivalent erlebt (vgl. Lüscher & Pillemer, 1998; Lüscher, 2004). Außerdem ist besonders bei dieser subjektiven Variable das Phänomen der sozial erwünschten Antworten zu berücksichtigen, d.h. Befragte antworten nicht gemäß der eigenen Einschätzung, sondern entsprechend gesellschaftlicher Normvorstellungen. Damit verbunden ist ein möglicherweise kulturspezifisches Antwortverhalten.

Insgesamt zeigt sich zwischen Deutschen und Ausländern bzw. Ausländerinnen erneut ein erstaunlich einheitliches Bild (vgl. Tabelle 12). Zwar ist der Anteil der Personen, die den höchsten Wert, in diesem Fall „sehr enge Beziehungen" zu den Kindern angeben, unter den ausländischen Staatsangehörigen höher als unter den Deutschen. Aber dieser Unterschied findet sich nur in der mittleren und höchsten Altersgruppe. Und vergleichbar den Ergebnissen zur Kontakthäufigkeit sind die Anteile der Deutschen und Nichtdeutschen, die mindestens den zweithöchsten Wert angeben (d.h. eine enge oder sehr enge Beziehung zu den Kindern haben) ähnlich hoch. Insgesamt bestehen also zu den Kindern in beiden Bevölkerungsgruppen ganz überwiegend nicht nur regelmäßig häufige Kontakte, sondern auch enge emotionale Beziehungen. Auffällig ist der Unterschied zur Beurteilung der Elternbeziehungen, der sowohl bei den Deutschen als auch bei den Ausländern und Ausländerinnen der „Intergenerational Stake"-Hypothese entspricht (vgl. Giarusso, 1995), nach der Eltern in der Regel von engeren Beziehungen zu ihren Kindern berichten als diese umgekehrt von ihren Beziehungen zu den Eltern. Dabei sind die Beziehungen der Ausländerinnen und Ausländer zu ihren Eltern – entgegen den Erwartungen angesichts der geringeren Kontakthäufigkeit – noch enger als bei den Deutschen. Es gibt offensichtlich einige Fälle, die trotz relativ seltenen Kontakts zu den Eltern die Beziehung als eng bewerten. Die Transnationalität der Familie hat also Einfluss auf die Kontakthäufigkeit, nicht aber auf das Gefühl der Verbundenheit.

Die Daten des Alterssurveys vermitteln in Übereinstimmung mit quantitativ-empirischen Studien zu jüngeren ausländischen Familien keineswegs das Bild von einander entfremdeten Generationen in räumlich distanzierten und emotional zerrütteten Familien. Im Gegenteil fühlen sich erwachsene Nichtdeutsche mit ihren Eltern und erwachsenen Kindern durchschnittlich enger emotional verbunden als die Deutschen. Außerdem kommunizieren sie mit ihren Kindern häufiger und haben selbst zu ihren überwiegend im Ausland lebenden Eltern relativ häufigen Kontakt. Allerdings sind die Differenzen zu deutschen Familien insgesamt nicht sehr groß und gelten auch nur für die 55- bis 69-Jährigen sowie die 70- bis 85-Jährigen. Sowohl in nichtdeutschen als auch in deutschen Familien sind Generationenbeziehungen zum weit überwiegenden Teil von emotionaler Nähe und häufigem Kontakt geprägt.

Tabelle 12: Verbundenheit mit Elternteil bzw. Kind ab 16 Jahren mit den engsten Beziehungen (in Prozent)

	Gesamt ND	Gesamt D	40-54 Jahre ND	40-54 Jahre D	55-69 Jahre ND	55-69 Jahre D	70-85 Jahre ND	70-85 Jahre D
Verbundenheit mit Elternteil								
Sehr eng	43,9	38,6	41,2	37,8	55,8	41,8	/	/
Eng	38,4	40,9	39,3	42,1	34,9	36,0	/	/
Mittel	12,9	14,9	14,2	14,6	7,0	16,4	/	/
Weniger eng	2,7	3,8	2,8	3,6	2,3	3,6	/	/
Überhaupt nicht eng	2,0	1,9	2,4	1,9	0	2,1	/	/
Verbundenheit mit Kind								
Sehr eng	72,2	66,5	75,6	75,1	67,3	61,3	71,0	62,7
Eng	21,7	27,8	18,7	19,5	26,0	32,3	22,6	31,8
Mittel	4,2	4,1	3,6	3,5	4,7	4,3	6,5	4,4
Weniger eng	1,5	0,8	1,3	1,1	2,0	0,8	0	0,5
Überhaupt nicht eng	0,5	0,9	0,9	0,7	0	1,2	0	0,5

Quelle: Alterssurvey 2002, Replikationsstichprobe (n=986, 2401), gewichtet; Ausländerstichprobe (n=255, 406), ungewichtet. In der Altersgruppe der 70 bis 85-Jährigen war die Zahl der Personen mit Elternteil zu gering (< 30).

6 Soziale Unterstützung

Nach der Untersuchung zentraler Beziehungsparameter intergenerationaler familialer Beziehungen im vorangegangenen Abschnitt stehen nun die sozialen Unterstützungsbeziehungen im Zentrum. Die Existenz von Unterstützungsnetzwerken, wie bspw. Partner oder Kinder, stellt einen wichtigen Beitrag zur Lebensqualität dar (vgl. Beitrag Tesch-Römer, Wurm in diesem Band). So kann insbesondere familiäre Unterstützung und Zuwendung die Aufrechterhaltung einer selbstständigen Lebensführung und ein Leben im vertrauten Umfeld ermöglichen. Aber auch das Geben von Hilfe erhöht das subjektive Wohlbefinden. Es verbindet sich mit dem Gefühl, gebraucht zu werden. So haben die Autoren der ersten Welle des Alterssurveys für die deutsche Bevölkerung den Nachweis erbracht, dass gerade die Älteren ganz entscheidende Hilfen für die Jüngeren bereitstellen, sei es durch Betreuung ihrer Enkel oder durch die Gewährung finanzieller Unterstützung (z.B. Kohli et al., 2000; Künemund & Hollstein, 2000; Motel & Szydlik, 1999; Motel-Klingebiel, 2000). Es ist zu fragen, ob sich die Rollenverteilung innerhalb des sozialen Unterstützungsnetzwerks bei Ausländerinnen und Ausländern von jener der Deutschen unterscheidet. Ausgangspunkt ist dabei das nach wie vor gängige Altersbild der hilfebedürftigen Alten, die auf Unterstützung ihrer Kinder und anderer Familienangehöriger angewiesen sind. Im Alterssurvey werden vier Formen der Unterstützung unterschieden: Kognitive, emotionale, instrumentelle und finanzielle Hilfe. Im Folgenden werden zunächst die kognitiven und emotionalen Unterstützungspotenziale von Menschen in der zweiten Lebenshälfte untersucht. Anschließend stehen geleistete instrumentelle und finanzielle Hilfen im Zentrum der Analyse.

6.1 Kognitive und emotionale Unterstützungspotenziale

Nicht nur für das subjektive Wohlbefinden spielt es eine wichtige Rolle zu wissen, dass man in soziale Netzwerke eingebunden ist und im Bedarfsfall mit Unterstützung rechnen kann. Der Grad der sozialen Inklusion bzw. der Vereinsamung und sozialer Isolation Einzelner hat auch gesellschaftspolitische Relevanz. Es ist Aufgabe des Gemeinwesens dafür Sorge zu tragen, dass Menschen, die nicht über adäquate private soziale Unterstützungsnetzwerke verfügen, in Notlagen auf öffentliche Hilfe zurückgreifen können. Im Rahmen der Sozialberichterstattung ist es daher wichtig, Informationen über die existierenden Unterstützungspotenziale und den bestehenden Bedarf bereitzustellen. In diesem Unterabschnitt werden die kognitiven und emotionalen Unterstützungspotenziale betrachtet. Kognitive Unterstützung wird im Alterssurvey operationalisiert als Rat bei wichtigen persönlichen Entscheidungen. Die Frage lautet: „Wenn Sie wichtige persönliche Entscheidungen zu treffen haben: Hätten Sie da jemanden, den Sie um Rat fragen können?" Im Hinblick auf emotionale Unterstützung lautet die Frage: „An wen könnten Sie sich wenden, wenn Sie einmal Trost oder Aufmunterung brauchen, z.B. wenn Sie traurig sind: Hätten Sie da jemanden?" Angesichts der geringen Differenzen in der strukturellen Existenz von Familienangehörigen und den ähnlich engen Generationenbeziehungen sind insgesamt keine großen Unterschiede in den kognitiven und emotionalen Unterstützungspotenzialen zwischen deutschen und nichtdeutschen Staatsangehörigen zu erwarten.

Abbildung 6: Anteil der Personen, die über potenzielle Unterstützung verfügen (in Prozent)

a) kognitives Unterstützungspotenzial (Rat)

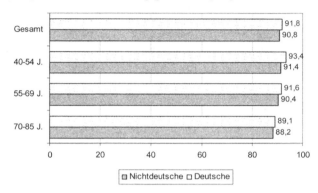

b) emotionales Unterstützungspotenzial (Trost)

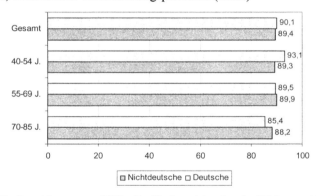

Quelle: Alterssurvey 2002, Replikationsstichprobe (n=3084), gewichtet, Ausländerstichprobe (n=586), ungewichtet.

In bestimmten Bedarfssituationen kann jedoch die räumliche Entfernung eine Rolle spielen. So könnte die kognitive Hilfe eine Kenntnis des unmittelbaren Umfeldes voraussetzen, oder Trost könnte vorzugsweise im direkten Gespräch mit einer Person gesucht werden, sodass sich möglicherweise die durchschnittlich größeren Wohnentfernungen zu den Eltern und Kindern bei den Nichtdeutschen im Hinblick auf Unterstützungspotenziale negativ auswirken.

Tatsächlich unterscheiden sich Nichtdeutsche und Deutsche kaum: Die große Mehrheit ist im Hinblick auf kognitive und emotionale Unterstützung gut sozial eingebunden. Lediglich in der jüngsten Altersgruppe findet sich eine signifikante Differenz, die für die große Bedeutung des Partners für emotionale Unterstützung spricht: Mehr 40- bis 54-jährige Deutsche als gleichaltrige Nichtdeutsche verfügen über emotionales Unterstützungspotenzial ($p<.05$), und wie oben gezeigt, differieren die Frauen dieser Altersgruppe auch hinsichtlich der Existenz eines Partners (vgl. Abschnitt 6.1). Die Anteile der Personen, die Unterstützungspotenzial haben, sinken mit dem Alter. Im Bedarfsfall sind insgesamt etwa zehn Prozent der befragten Ausländer und Deutschen ohne Hilfe; unter den 70- bis 85-Jährigen sind es sogar zwischen knapp 12 und 15 Prozent.

Tabelle 13: Mittlere Zahl der genannten potenziellen Unterstützungspersonen und Angaben zu Mehrbedarf (in Prozent)

	Mittl. Zahl der genannten Personen			Mehrbedarf an Unterstützung (%)		
	ND	D	sig.	ND	D	sig.
Kognitive Unterstützung						
40 – 54 Jahre	2,0	2,3	n.s.	9,8	5,9	*
55 – 69 Jahre	2,0	2,1	n.s.	9,3	5,5	*
70 – 85 Jahre	2,0	2,1	n.s.	6,4	7,4	n.s.
Gesamt	2,1	2,2	n.s.	9,3	6,1	**
Emotionale Unterstützung						
40 – 54 Jahre	2,0	2,2	n.s.	10,9	9,2	n.s.
55 – 69 Jahre	2,0	2,0	n.s.	8,8	8,3	n.s.
70 – 85 Jahre	1,9	2,1	n.s.	12,5	11,8	n.s.
Gesamt	2,0	2,1	n.s.	10,4	9,5	n.s.

Quelle: Alterssurvey 2002, Replikationsstichprobe, (n=2796, 2738), gewichtet, Ausländerstichprobe (n=530, 521), ungewichtet. Signifikanztests: ** $p<.01$, * $p<.05$.

Auch im Hinblick auf die mittlere Zahl der genannten potenziellen Unterstützungspersonen sind die Differenzen zwischen Ausländern und Deutschen marginal.[9] Ausländer geben im Mittel zwei Personen an, Deutsche 2,2 bzw. 2,1 Perso-

---

9   Es konnten fünf Personen aufgeführt werden, sowie die Angabe ob mehr als fünf Personen genannt wurden. Dies wurde mit sechs codiert. Insofern handelt es sich um eine eher konservati-

nen (Tabelle 13). Deutsche Frauen nennen durchschnittlich etwas mehr Personen als deutsche Männer, bei den Nichtdeutschen gibt es keinen Geschlechterunterschied.

Daneben wird im Alterssurvey der Mehrbedarf an Hilfe und Unterstützung erhoben. Die Frage lautet, ob mehr Ratschläge in schwierigen Situationen oder Aufmunterung gebraucht würden. Die Anteile der Personen, die mehr Aufmunterung brauchen, liegen bei etwa einem Zehntel. Sie unterscheiden sich nicht zwischen den Menschen mit deutscher bzw. nichtdeutscher Staatsangehörigkeit. Markant ist jedoch der größere Bedarf an kognitiver Unterstützung bei Nichtdeutschen. Mehr Ratschläge in schwierigen Situationen bräuchten demnach 9,3 Prozent der Nichtdeutschen, aber nur 6,1 Prozent der Deutschen (p<.01). Offensichtlich können die derzeitigen sozialen Netzwerkpersonen der Nichtdeutschen deren kognitiven Unterstützungsbedürfnissen nicht gerecht werden. Dies kann daran liegen, dass Nichtdeutsche aufgrund ihrer besonderen Situation als Ausländer bzw. Migranten unter Umständen nicht nur größeren, sondern auch spezifischeren Bedarf an Rat und Beistand haben. Eine große räumliche Distanz zu Kindern bzw. Eltern spielt hinsichtlich des Mehrbedarfs keine Rolle. Nur 6,5 Prozent der Eltern, von denen sämtliche Kinder im Ausland leben, und 7,7 Prozent der Kinder, deren Eltern im Ausland leben, äußern mehr Bedarf an Rat. Bedeutsamer ist die Staatsangehörigkeit, und möglicherweise eine damit verbundene größere Häufigkeit von schwierigen Situationen. 14 Prozent der türkischen Staatsangehörigen und 17 Prozent der Menschen mit einer Staatsangehörigkeit aus einem Land der ehemaligen Sowjetunion, aber lediglich 4,4 Prozent der Personen mit einer Staatsangehörigkeit aus einem Land des ehemaligen Jugoslawiens und 4,4 der Italiener wünschen sich mehr Rat in schwierigen Situationen.

Vor diesem Hintergrund soll im Folgenden die Zusammensetzung des potenziellen kognitiven Unterstützungsnetzwerks genauer untersucht werden. Ein guter Rat in schwierigen persönlichen Entscheidungssituationen setzt Wissen und Erfahrung der Rat gebenden Person ebenso voraus wie eine gewisse Vertrauensbasis zwischen Hilfesuchenden und Hilfeleistenden. In Tabelle 14 werden die kognitiven Unterstützungspotenziale von Menschen verschiedener Staatsangehörigkeiten verglichen.

---

ve Schätzung. Die Mittelwerte beziehen sich hier auf die Personen, die mindestens eine Unterstützungsperson angeben.

Tabelle 14: Häufigkeit der Nennung von potenziellen Ratgebern (in Prozent; kontrolliert für Existenz)

	Deutsche	Nicht-Deutsche	Türkei	Jugoslawien	Italien	Sowjetunion	Andere
Partner/Partnerin	83,2	81,4	69,5**	83,2	81,8	79,9	84,3
Kinder	34,3	32,2	42,8	33	32,5	34,7	27,9*
Eltern	22,5	10,5**	4,5**	(14,8)	(18,2)	(7,5)	10,5**
Geschwister	18,2	16,0	6,8**	10,4	14,3	(8,4)	20,5
Andere Verwandte	8,5	7,0	3,1	7,3	6,4	12,9	7,3
Freunde	23,5	20,3	9,2**	30,0	19,1	15,5	22,3
Nachbarn/Kolleg.	3,3	3,4	1,0	1,5	4,3	0	4,7
Andere Personen	3,7	2,4	2,0	2,9	4,3		2,3

In Dtl. lebende StaatsbürgerInnen des (ehem.) Landes

Quelle: Alterssurvey 2002, Replikationsstichprobe (n=1014-3068), gewichtet, Ausländerstichprobe (n=265-583), ungewichtet. Signifikanztests beziehen sich auf Vergleiche zwischen Deutschen und Nichtdeutschen bzw. Deutschen und Personen mit der jeweiligen Staatsangehörigkeit: ** $p<.01$, * $p<.05$. Angaben in Klammern beziehen sich auf Anteile an Gesamtzahlen, die unter 30 liegen.

Die zentrale Unterstützungsperson im Fall von wichtigen persönlichen Entscheidungen ist sowohl für Deutsche als auch für Nichtdeutsche der Lebenspartner oder die Lebenspartnerin. Demgegenüber spielen Kinder eine deutlich geringere Rolle, werden aber auch in dieser spezifischen Dimension sozialer Unterstützung noch vor Freunden am zweithäufigsten genannt. In Übereinstimmung mit bisherigen Erkenntnissen (z.B. Olbermann & Dietzel-Papakyriakou, 1995; Freie und Hansestadt Hamburg 1998), kommt der eigenen Kernfamilie damit als Unterstützungspotenzial eine herausragende Bedeutung zu. Eltern haben eine größere Bedeutung für Deutsche als für Ausländer und Ausländerinnen, was vor dem Hintergrund der großen räumlichen Entfernung zu erwarten war. Weitere Verwandte werden in beiden Bevölkerungsgruppen nur selten genannt.

Die Zusammensetzung des potenziellen kognitiven Unterstützungsnetzwerkes von Menschen mit einer Staatsangehörigkeit aus einem Land des ehemaligen Jugoslawiens bzw. der Sowjetunion und von Italienern unterscheidet sich kaum von denen der Deutschen. Allerdings zeigt sich bei den türkischen Staatsangehörigen ein davon abweichendes Muster. Der Partner bzw. die Partnerin wird zwar am häufigsten als Unterstützungsperson angeführt, aber deutlich seltener als von den Deutschen und den Ausländerinnen und Ausländern insgesamt. Auch Eltern, Geschwister und Freunde haben eine geringere Bedeutung. Dafür spielen Kinder eine größere Rolle. Türkische Staatsangehörige stehen ihren Kindern offensichtlich besonders nah: Sie leben nicht nur häufiger mit ihnen zusammen (vgl. Abschnitt 5.2), sondern haben augenscheinlich auch das größte Vertrauen in sie und ihre Kenntnisse, sodass sie sie häufiger als andere in schwierigen persönlichen Angelegenheiten konsultieren.

6.2 Finanzielle und instrumentelle Unterstützungsleistungen

Nach der Darstellung potenzieller Unterstützungsleistungen wird im Folgenden nun tatsächlich erhaltene Hilfe betrachtet. Der Fokus liegt auf finanzieller und instrumenteller Unterstützung. Im Alterssurvey wurden finanzielle Transfers definiert als Geldgeschenke, größere Sachgeschenke oder regelmäßige finanzielle Unterstützung, die in den vergangenen 12 Monaten getätigt bzw. entgegengenommen wurden. Der enge Zeitrahmen von einem Jahr impliziert dabei eine sehr konservative Schätzung intergenerationaler Transfers. Auch instrumentelle Hilfen beziehen sich auf Hilfen in den vergangenen 12 Monaten, d.h. Unterstützung bei Arbeiten im Haushalt, z.B. beim Saubermachen, bei kleineren Reparaturen oder beim Einkaufen. Erfragt wird hier jedoch nur Unterstützung von Personen, die außerhalb des Haushalts leben. Insgesamt haben deutlich mehr Deutsche (24,9 Prozent) als Nichtdeutsche (17,6 Prozent) Hilfe im Haushalt erhalten ($p<.01$), während die Anteile der Personen, die finanzielle Hilfen erhielten, gleich groß sind (7,5 bzw 7,1 Prozent). Deutsche greifen demnach für instrumentelle Hilfen mehr auf Personen außerhalb des Haushalts zurück. Dagegen sind Nichtdeutsche aufgrund des höheren Anteils an Zweigenerationenhaushalten mit Kindern wahrscheinlich in geringerem Maße auf eine solche Hilfe angewiesen (vgl. Abschnitt 5).

Im Folgenden wird der Blick noch einmal auf die Familie gerichtet. Die für die Deutschen und Nichtdeutschen gleichermaßen bedeutsamen Generationenbeziehungen werden wieder aufgegriffen und im Hinblick auf die Frage betrachtet, ob die beobachteten überwiegend kontaktreichen und engen Eltern-Kind-Beziehungen auch zu einem regen intergenerationalen Hilfeaustausch führen. Damit finden Ältere nicht nur als Hilfeempfänger, sondern auch als Hilfeleistende Berücksichtigung. In der Annahme, dass innerhalb eines Haushaltes vielfältige intergenerationale Unterstützung alltäglich ist, werden hier nur die Beziehungen zwischen Eltern und Kindern untersucht, die nicht in einem Haushalt leben. Unterschiede zwischen Deutschen und Nichtdeutschen werden vor allem angesichts der durchschnittlich größeren Wohnentfernung der nicht in einem Haushalt zusammenlebenden Eltern bzw. Kinder erwartet. Eine größere räumliche Distanz impliziert eine geringere Opportunität für instrumentellen Austausch. Finanzielle Hilfen sind davon nicht direkt betroffen. Bedeutsamer als die Wohnentfernung sind hier grundsätzlich die jeweils vorhandenen finanziellen Ressourcen, die allerdings insbesondere bei im Heimatland verbliebenen Eltern geringer sein dürften als bei der deutschen Vergleichsgruppe. Insgesamt ist daher zu vermuten, dass das kaskadenähnliche Muster der intergenerationalen finanziellen Unterstützungsleistungen (überwiegend von der älteren zur jüngeren Generation) sowie das divergente Muster für instrumentelle Hilfen (überwiegend von der jüngeren zu der älteren Generation), die die Autoren der ersten Welle des Alterssurveys für die Deutschen zeigen konnten, nicht in gleicher Weise für Nichtdeutsche gelten. In den Tabellen 15 und 16 werden die Häufigkeiten finanzieller Transfers und instrumenteller Hilfen für die jüngste bzw. die mittlere Altersgruppe dargestellt.

Tabelle 15: Finanzielle und instrumentelle Hilfeleistungen von und an 40- bis 54-Jährige (in Prozent)

	Finanzielle Transfers			Instrumentelle Hilfen		
	ND	D	sig.	ND	D	Sig.
von Eltern	2,9	8,8	**	0,5	4,6	**
an Eltern	15,8	2,8	**	4,4	23,0	**
von Kindern	2,9	1,4	n.s.	5,0	9,2	n.s.
an Kinder	21,5	31,6	*	6,5	6,0	n.s.

Quelle: Alterssurvey 2002, Replikationsstichprobe (n=708, 403), gewichtet, Ausländerstichprobe (n=206, 139), ungewichtet. Betrachtet werden nur Transfers und Hilfen von Eltern bzw. Kindern, die außerhalb des Haushalts der Befragungsperson leben. Datenbasis sind daher jeweils die Personen mit mindestens einem Elternteil bzw. mindestens einem Kind, das außerhalb des Haushalts lebt; ** p<.01, * p<.05.

Die Daten für die jüngste Altersgruppe bestätigen das für die Deutschen aus der ersten Welle des Alterssurveys bekannte Muster, wonach finanzielle Transfers vorrangig von der älteren an die jüngere Generation geleistet werden, während umgekehrt häufiger Mitglieder der jüngeren Generation instrumentelle Hilfe an Mitglieder der älteren Generationen leisten (vgl. Kohli et al., 2000). Dieses Muster gilt für Ausländer und Ausländerinnen jedoch nicht. Zwar geben mit 21,5 Prozent auch Ausländerinnen und Ausländer weitaus häufiger finanzielle Transfers an ihre Kinder als sie von ihnen erhalten (2,9 Prozent). Deutlich mehr Menschen nichtdeutscher Staatsangehörigkeit unterstützen jedoch auch ihre Eltern finanziell (15,8 Prozent). Das liegt wie erwähnt vermutlich daran, dass die große Mehrheit der Eltern ausländischer Befragter im Ausland lebt (vgl. Abschnitt 5.3 zur Wohnentfernung). Diese transnationalen Rücküberweisungen sind vor allem im Zusammenhang von Arbeitsmigration nicht nur Teil des oftmals familiären Migrationsprojekts, sie kompensieren teilweise auch die instrumentelle Hilfe, die aufgrund der räumlichen Trennung nicht oder nur selten möglich ist. Damit befinden sich Ausländer und Ausländerinnen der mittleren Generation also im Vergleich zu gleichaltrigen Deutschen in einer besonders belastenden finanziellen Gebersituation, ohne selbst nennenswerte monetäre oder instrumentelle Unterstützung zu erhalten.

Die divergenten Muster intergenerationalen Austauschs zwischen Deutschen und Nichtdeutschen finden sich auch in der Altersgruppe der 55- bis 69-Jährigen wieder: Finanziell ist auch diese Generation der Nichtdeutschen von Eltern und Kindern doppelt gefordert. Dabei nimmt in der mittleren Altersgruppe die Bedeutung finanzieller Unterstützung für die Kinder ab und die für die Eltern zu. Nahezu ein Viertel aller befragten Nichtdeutschen, aber lediglich 2,8 Prozent der Deutschen unterstützt die eigenen Eltern finanziell. Während unter den Deutschen auch finanzielle Unterstützung von Kindern äußerst selten ist, erhalten immerhin 3,8 Prozent der Nichtdeutschen von ihren Kindern Transfers. Monetäre Unterstützungsleistungen von „unten nach oben" haben unter den Nichtdeutschen – aufgrund der im Vergleich zu Deutschen geringeren finanziellen Ressourcen der jeweils Älteren – eine größere Bedeutung. Im Vergleich zur jüngeren Altersgruppe kommen Formen instrumenteller Hilfe in nichtdeutschen Familien der mittleren Altersgruppe häufiger vor: Immerhin etwa ein Zehntel der Befragten dieser Altersgruppe leistet instrumentelle Hilfe an Eltern und fast ein Zehntel bekommt Unterstützung von Kindern, die außerhalb des Haushalts leben. Instrumentelle Hilfen von Jüngeren an Ältere finden sich damit gleich häufig bei Deutschen und bei Nichtdeutschen.

Tabelle 16: Finanzielle und instrumentelle Hilfeleistungen von und an 55- bis 69-Jährige (in Prozent)

	Finanzielle Transfers			Instrumentelle Hilfen		
	ND	D	sig.	ND	D	Sig.
von Eltern	0	6,9	n.s	0	1,8	n.s.
an Eltern	24,4	2,8	**	9,8	23,4	n.s.
von Kindern	3,8	1,9	*	9,0	7,9	n.s.
an Kinder	15,2	28,0	**	6,8	9,0	n.s

Quelle: Alterssurvey 2002, Replikationsstichprobe (n=164, 834), gewichtet, Ausländerstichprobe (n=41, 133), ungewichtet. Betrachtet werden nur Transfers und Hilfen von Eltern bzw. Kindern, die außerhalb des Haushalts der Befragungsperson leben. Datenbasis sind daher jeweils die Personen mit mindestens einem Elternteil bzw. mindestens einem Kind, das außerhalb des Haushalts lebt; ** $p<.01$, * $p<.05$.

Die Daten des Alterssurveys zeigen, dass auch ältere Nichtdeutsche keineswegs nur als Hilfeempfänger wahrgenommen werden dürfen, sondern selbst umfangreiche Unterstützung leisten. Insgesamt sind Ausländer und Ausländerinnen in der zweiten Lebenshälfte in ähnlichem Maße sozial eingebunden wie gleichaltrige Deutsche. Der weitaus größte Teil verfügt ebenso wie der größte Teil der Deutschen über potenzielle kognitive und emotionale Unterstützung. Relativ häufig findet auch instrumenteller und finanzieller Hilfeaustausch statt. Unterstützung zu empfangen und selbst auch Hilfe zu leisten, sind wichtige Voraussetzungen für positive Lebensqualität. Sie können aber auch Belastungen darstellen oder Unzufriedenheit auslösen, wenn bspw. die erforderlichen Hilfeleistungen die eigenen Kapazitäten übersteigen oder eigentlich selbst mehr Hilfe gebraucht würde. Die Daten des Alterssurveys zeigen solche Problempotenziale auf: Ausländer in der zweiten Lebenshälfte wünschen sich mehr kognitive Unterstützung als tatsächlich vorhanden ist. Außerdem verfügen sie selbst nur über ein relativ geringes Einkommen, und sind dennoch vergleichsweise häufig als Geber von intergenerationaler finanzieller Unterstützung gefordert. Es ist an dieser Stelle wichtig zu betonen, dass im Alterssurvey nur bestimmte Formen der Unterstützung erhoben wurden und intergenerationale Unterstützung vermutlich weit darüber hinaus geht. Möglicherweise sind auch die diesbezüglichen Unterschiede zwischen Deutschen und Nichtdeutschen deutlich größer. Da der für die deutsche Bevölkerung konzipierte Fragebogen nur ergänzt um Fragen zum Einreisezeitpunkt, Herkunftsland, Staatsangehörigkeit und Ausreiseabsichten der ausländischen Bevölkerung vorgelegt wurde, fanden viele ausländer- oder migrantenspezifische Aspekte, wie beispielsweise sprachliche Unterstützung der Eltern durch die Kinder oder Hilfen bei Arzt- und Behördenbesuchen keine Berücksichtigung.

Insgesamt können die intergenerationalen Beziehungen von Deutschen und Nichtdeutschen überwiegend als räumlich nah, emotional eng, von häufigem Kontakt und gegenseitiger Unterstützung geprägt, beschrieben werden. Markante Unterschiede zwischen den beiden Staatsangehörigkeitsgruppen finden sich in erster Linie in den Beziehungen zu den Eltern. Sie sind von der Tatsache bestimmt, dass ein Großteil der Eltern der Nichtdeutschen im Ausland lebt. Diese Beziehungen werden daher transnational gepflegt. Kennzeichnend sind eine geringere, aber immerhin noch überwiegend rege Kontakthäufigkeit und vergleichsweise häufige finanzielle Transfers. Ausländer bewerten ihre Elternbeziehungen bei größerer räumlicher Entfernung und geringerer Kontakthäufigkeit insgesamt enger als die Deutschen. Neben kulturellen Unterschieden trägt möglicherweise gerade die größere Entfernung dazu bei.

7 Bleiben oder Auswandern – Internationale Mobilität im Alter

Die Ursachen und Hintergründe für internationale Migrationen sind vielfältig. Die meisten Migranten wandern jedoch begleitet von dem Gedanken an eine mögliche Rückkehr aus, auch wenn die faktischen Rückkehroptionen variieren. Der Rückkehrwunsch muss nicht mit einer realen Rückkehroption einhergehen. Entscheidend für die Entwicklung der Rückkehrgedanken sind neben den politischen und rechtlichen Voraussetzungen vor allem Möglichkeiten der Realisierung der mit der Migration verbundenen Ziele und Inklusions- und Ausgrenzungserfahrungen im Ankunfts- und im Herkunftsland (vgl. Pagenstecher, 1996).

Die Arbeitsmigration Mitte des 20. Jahrhunderts nach Europa stellt eine Form der Vertragsarbeitsmigration dar, die explizit temporär angelegt war („Rotationsprinzip"). Sowohl die anwerbenden Länder und die Ausreiseländer als auch die „Gastarbeiter" und ihre Familien gingen von einer baldigen Rückkehr aus. Mit der bei vielen über die Jahre stattfindenden faktischen Niederlassung wurde die Rückkehrorientierung in der Regel nicht aufgegeben, sondern lediglich zeitlich aufgeschoben und zunehmend zur „Rückkehrillusion" (Dietzel-Papakyriakou, 1993). Die Frage nach der Bleibe- bzw. Rückkehrorientierung der Migranten gewinnt mit zunehmendem Alter, dem alters- bzw. häufig krankheitsbedingten Austritt aus dem Erwerbsleben: Der ursprüngliche Grund für den Aufenthalt in Deutschland ist nicht mehr gegeben. Studien in Deutschland zeigen ein Rückkehrinteresse bei etwa einem Sechstel der Befragten; Interesse an einem Verbleib hat etwa ein Fünftel. Ein etwa gleich großer Teil der Befragten ist noch unentschlossen. Insbesondere für Türken und Portugiesen stellt das Pendeln eine wichtige Alternative dar. Wichtige Motive für den Verbleib sind die Familienangehörigen in Deutschland sowie die sozialen Sicherungs- und Gesundheitssysteme. Motive für eine Rückkehr sind u.a. Heimweh, ein besseres Klima und geringere Lebenshaltungskosten (vgl. Freie und Hansestadt Hamburg, 1998; Olbermann & Dietzel-Papakyriakou, 1995; Zoll, 1997). Im Gegensatz zu den Migranten aus den Anwerbeländern sind (Spät-)Aussiedler und ihre Angehörigen nach Deutschland gekommen, um sich hier für immer niederzulassen. Für Bürgerkriegs- und politische Flüchtlinge stellt die Rückkehr i.d.R. keine realistische Perspektive dar, wenngleich der Wunsch bestehen mag (vgl. BMFSFJ, 2000). In der Studie der Stadt Hamburg beispielsweise gaben 8,1% der über 55-jährigen Befragten an, dass sie gerne zurückkehren würden, dies jedoch nicht möglich sei.

In den vergangenen Jahren hat eine weitere Gruppe älterer Migranten an öffentlicher und wissenschaftlicher Aufmerksamkeit gewonnen. So ist die Zahl der einheimischen Rentner gestiegen, die ihren Wohnsitz permanent oder zeitweise in ein anderes Land, vorzugsweise nach Südeuropa, verlegen. Bereits in den

1990er Jahren galt dieses Phänomen als historisch neu und wissenschaftlich wenig erforscht, aber empirisch durchaus relevant (vgl. Seiler, 1994; Huber, 1999; Breuer, 2003). Verschiedene Untersuchungen zeigen die vielfältigen Ausreisemotive, wie z.B. das vorteilhaftere Klima, niedrigere Lebenshaltungskosten, Immobilienbesitz mit Angestellten, Kompensation von Rollenverlusten im Ruhestand. Die Motivation zu Fernwanderungen wird erleichtert durch Kompetenzen, die durch häufiges Reisen erworben wurden, und sie ist maßgeblich beeinflusst von den materiellen Ressourcen. So handelt es sich bei den emigrierenden Deutschen vor allem um Ältere der Ober- bzw. Mittelschicht.

Nach Umfrageergebnissen[10] aus dem Jahr 2004 können sich immerhin ein Viertel der über 60-Jährigen vorstellen, den Lebensabend im Ausland zu verbringen. Diese Daten zeigen allerdings auch, dass das Interesse bei den Jüngeren deutlich höher ist und mit zunehmendem Alter abnimmt: Mehr als zwei Drittel (68 Prozent) der Befragten zwischen 15 und 39 Jahren, aber nur noch 58 Prozent der 40- bis 49-Jährigen bzw. noch 42 Prozent der 50- bis 59-Jährigen antworten positiv. Mehr Männer (52 Prozent) als Frauen (47 Prozent) könnten sich einen Altersitz im Ausland vorstellen.

Die Frage nach einer Ausreiseabsicht ist also sowohl für Ausländer als auch für Deutsche von Bedeutung. Im Alterssurvey wurde gefragt, ob der Plan besteht, in ein anderes Land zu ziehen. Weitergehend wurde nach dem Zeitraum gefragt, in dem die Emigration geplant ist. Vor dem Hintergrund der differenten biografischen Migrationserfahrung ist zu erwarten, dass ein deutlich höherer Anteil von Ausländern als Deutschen eine Ausreise plant. Bei Ausländern wird die finanzielle Situation weniger eine Rolle spielen als bei Deutschen: Es ist davon auszugehen, dass bei der Ausreise die über die Jahre des Aufenthaltes in Deutschland aufrechterhaltenen Bindungen zu einem Herkunftskontext genutzt werden (soziale Kontakte, Investitionen im Herkunftsland) und erneute finanzielle Aufwendungen weniger wichtig sind. Allerdings ist aufgrund der häufig bereits seit der Einreise gehegten und bisher nie erfüllten Rückkehrpläne zu erwarten, dass die zeitlichen Ausreisepläne weniger konkret sind als die der Deutschen und in größerem Maße lediglich das Aufrechterhalten einer „Rückkehroption" darstellen.

Knapp ein Fünftel der befragten Ausländer plant eine Auswanderung aus Deutschland (vgl. Tabelle 15). Da andere Studien zu älteren Ausländern einen ähnlich großen Anteil an Rückkehrinteressierten aufweisen, ist anzunehmen, dass es sich bei den meisten Ausreiseplänen um eine Rückkehr in das Herkunftsland handelt. Genauere Informationen zum Zielland und Alternativen zu Ausrei-

---

10 Das Meinungsforschungsinstitut Emnid befragte im August 2004 im Auftrag von Reader' Digest 1000 zufällig ausgewählte Deutsche, ob sie sich vorstellen können, den Lebensabend im Ausland zu verbringen (Reader's Digest, tns/emnid).

se und Verbleib (Pendeln) existieren im Alterssurvey leider nicht. Unter den Deutschen in der zweiten Lebenshälfte ist der Anteil derer, die eine Emigration planen, erwartungsgemäß deutlich geringer. Lediglich 4,5 Prozent der Deutschen geben an, ins Ausland ziehen zu wollen. Die Werte liegen weit unter denen in der Emnid-Befragung und widersprechen dem Bild, das diverse Publikationen zu dem Thema suggerieren. Der Anteil der an einer Emigration Interessierten mag in den vergangenen Jahren gestiegen sein und zahlreiche mobile Ältere befinden sich möglicherweise auch schon außerhalb Deutschlands an den Küsten Südeuropas. Derzeit ist jedoch der Wunsch nach einem grenzüberschreitenden Wohnortwechsel unter Deutschen im mittleren und höheren Alter kein verbreitetes empirisches Phänomen. Auch für ausländische Menschen in der zweiten Lebenshälfte gilt der sozialpolitisch relevante Aspekt, dass eine Ausreise, d.h. eine Rückkehroption für die große Mehrheit keine Rolle (mehr) spielt.

Tabelle 17: Auswanderungsabsicht (in Prozent)

	Nichtdeutsche	Deutsche
Alter		
40 – 54 Jahre	19,3	6,9
55 – 69 Jahre	21,3	4,1
70 – 85 Jahre	4,2	0,8
Geschlecht		
Weiblich	19,3	3,3
Männlich	17,9	5,8
Migrationshintergrund		
vorhanden	19,4	5,5
nicht vorhanden	9,3	4,5
Schichtzugehörigkeit		
Unterschicht / untere Mittelschicht	17,6	3,1
Mittlere Mittelschicht	10,7	3,4
Gehobene Mittelschicht	17,2	6,6
Obere Mittelschicht	28,9	5,8
Gesamt	18,6	4,5

Quelle: Alterssurvey 2002, Replikationsstichprobe (n=2985), gewichtet; Ausländerstichprobe (n=522), ungewichtet.

Die bisherigen Befragungsergebnisse werden im Hinblick auf die Präferenzen nach Geschlecht, Alter und Schichtzugehörigkeit bestätigt. So äußern deutsche Männer signifikant häufiger eine Ausreiseabsicht als deutsche Frauen und das Auswanderungsinteresse nimmt mit zunehmendem Alter ab. Insbesondere Angehörige der gehobenen und oberen Mittelschicht planen auszuwandern. Eine logistische Regression für die deutsche Bevölkerung bestätigt signifikante Einflüsse für diese zentralen Variablen. Das Durchschnittsalter der deutschen Ausreiseinteressierten liegt bei 52 Jahren. Die Personen, die in Deutschland bleiben möchten, sind dagegen im Mittel 59 Jahre alt. Offen bleiben muss hier, ob diese Altersunterschiede Hinweise auf eine zukünftige Zunahme internationaler Altersmobilität geben (Kohorteneffekt), oder ob es sich um einen Alterseffekte handelt, das Ausreiseinteresse also mit zunehmendem Alter nachlässt.

Bei den Menschen nichtdeutscher Staatsangehörigkeit finden sich dagegen keine statistisch signifikanten Schicht- und Geschlechtsdifferenzen, auch wenn der Anteil der Auswanderungsinteressierten unter den Angehörigen der oberen Mittelschicht besonders hoch ist. In der logistischen Regression zeigt sich lediglich ein Einfluss des Alters, das heißt auch unter den Ausländern nimmt die Wahrscheinlichkeit für eine Ausreiseabsicht mit zunehmendem Alter ab: Das Durchschnittsalter derjenigen, die emigrieren wollen, liegt hier bei 52,6 Jahre. Die Personen mit Verbleibabsicht sind im Mittel jedoch lediglich anderthalb Jahre älter. Der Migrationshintergrund spielt weder bei deutschen noch bei ausländischen Staatsangehörigen eine bedeutende Rolle. Damit bestätigen die Daten das geringe Rückkehrinteresse bei Aussiedlern, die Migranten sind, aber über die deutsche Staatsangehörigkeit verfügen.

Die Antworten zu dem Zeitraum, in dem eine Emigration geplant ist, zeigen, wie wenig konkret die Ausreiseabsichten tatsächlich sind. So sagen ein Drittel der befragten Ausländer mit Ausreiseabsicht, dass der Zeitpunkt dafür noch nicht feststeht und weitere 18,8 Prozent geben an, dass die Ausreise erst in mehr als 10 Jahren stattfindet. Damit findet sich ein weiterer Hinweis auf die identifikative Bedeutung der Aufrechterhaltung einer Rückkehroption, die ein spezifisches Merkmal der Biografien vieler Arbeitsmigranten ist. Nur gut ein Viertel der Befragten, die eine Ausreise planen, will diese bereits in den nächsten fünf Jahren vollziehen; davon 6 Prozent bereits im nachfolgenden Jahr. Ein weiteres Fünftel plant in 5 bis 10 Jahren auszureisen. Erwartungsgemäß ist der Anteil der Unentschlossenen bei den Deutschen kleiner. Aber auch hier plant ein Großteil die Ausreise nicht für die darauf folgenden Jahre: Knapp ein Viertel hat noch keine zeitlichen Vorstellungen und 32 Prozent der Befragten will noch mindestens zehn Jahre in Deutschland bleiben. Die zeitlichen Vorstellungen ähneln denen der Nichtdeutschen: Bei den Deutschen sind es 4 Prozent, die im Laufe eines Jahres, und insgesamt knapp ein Viertel, die in den nächsten fünf

Jahre ausreisen wollen. Ein Viertel plant in den kommenden 5 bis 10 Jahren zu emigrieren.

Die Daten des Alterssurveys zeigen, dass das Auswanderungsinteresse bei Nichtdeutschen deutlich höher liegt als bei Deutschen, was auf den spezifischen Migrationshintergrund zurückzuführen ist. Lediglich eine kleine Minderheit der einheimischen Bevölkerung ist an einem Altersitz im Ausland interessiert. Aber auch die große Mehrheit der Nichtdeutschen beabsichtigt zu bleiben (vgl. auch Matthäi 2004). Wie erwartet sind sowohl Geschlechts- als auch Schichtunterschiede in der ausländischen Bevölkerung weniger relevant. In beiden Gruppen haben jedoch eher jüngere Menschen Auswanderungsabsichten. Ganz offensichtlich handelt es sich bei den Auswanderungsabsichten der Menschen nichtdeutscher und deutscher Staatsangehörigkeit um verschiedene Formen der Fernwanderung (vgl. auch Dietzel-Papakyriakou 1999). Allerdings ist der Anteil der Personen, die die Ausreise bereits für die nächsten Jahre planen gering. Bei den Ausländern weist der hohe Anteil der noch Unentschlossenen auf das Phänomen der Bewahrung einer Rückkehroption auch im mittleren und höheren Alter. Eine Rolle für den durchschnittlich späten Emigrationszeitpunkt spielt sowohl bei den deutschen als auch bei den ausländischen Ausreisewilligen allerdings auch die relativ junge Altersstruktur der Ausreisewilligen: Die meisten planen eine Emigration erst für die Zeit nach dem Austritt aus dem Erwerbsleben.

8 Zusammenfassung und Implikationen

8.1 Zusammenfassung

Die Ausländerstichprobe des Alterssurveys bietet eine Datenbasis für die Analyse zentraler Dimensionen der Lebenssituation von Menschen nichtdeutscher Staatsangehörigkeit in der zweiten Lebenshälfte. In diesem Beitrag wurden zentrale Dimensionen der sozialen Lage im Hinblick auf ihre Bedeutung für die Lebensqualität und den Grad der Teilhabe und Integration der älteren Ausländer betrachtet, mit einem thematischen Schwerpunkt auf dem Aspekt der Einbindung in Familienbeziehungen.

Die Daten bestätigen die bisherigen Kenntnisse zur materiellen Lage älterer Ausländer und Ausländerinnen. Sie verfügen im Durchschnitt über niedrigere Einkommen als gleichaltrige Deutsche. Dementsprechend sind sie häufiger von Armut betroffen als Deutsche und sind seltener wohlhabend. Sie besitzen seltener Wohneigentum und teilen sich ihre durchschnittlich kleineren und weniger gut ausgestatteten Wohnungen mit mehr Personen. Diese Schlechterstellung in den objektiven Lebensbedingungen im Vergleich zu den Deutschen findet ihren

Ausdruck in einem insgesamt niedrigeren subjektiven Wohlbefinden. Anders als bei den Deutschen, bei denen sich die Situation hochaltriger, zumeist verwitweter und demzufolge alleinlebender Frauen als besonders problematisch darstellt, gibt es bei Ausländerinnen und Ausländern in der zweiten Lebenshälfte keinen vergleichbaren Geschlechtseffekt.

Vor dem Hintergrund nachteiliger Arbeits- und Wohnbedingungen in Verbindung mit einem von einer Migrationsbiografie geprägten Leben war eine deutlich schlechtere gesundheitliche Situation im Vergleich zu den Deutschen erwartet worden. Daten zur subjektiven Bewertung des Gesundheitszustandes, zu gesundheitlichen Einschränkungen und Hilfebedarf bestätigen diese Hypothese jedoch nur teilweise. Insgesamt fallen die gesundheitlichen Differenzen erstaunlich gering aus. Lediglich Nichtdeutsche der mittleren Altersgruppe schätzen ihre Gesundheit deutlich schlechter ein als gleichaltrige Deutsche, was auf eine divergente Schichtungsstruktur zurückgeführt werden kann. Außerdem fühlen sich ausländische 70- bis 85-Jährige häufiger eingeschränkt bei Tätigkeiten im Alltag als gleichaltrige Deutsche. Allerdings ist diese Bevölkerungsgruppe hier deutlich unterrepräsentiert, sodass Aussagen nur unter Vorbehalt getroffen werden können.

Soziale Einbindung findet durch familiale und außerfamiliale Beziehungen und Unterstützungsnetzwerke statt. Ausländer und Ausländerinnen sind in diesem gesellschaftlichen Bereich ebenso integriert wie Deutsche, d.h. sie sind nicht häufiger von Vereinsamung und Isolation betroffen. Andererseits ist der Grad der sozialen Integration auch nicht nennenswert größer als bei Deutschen. Eine Ausnahme bilden Kinderzahl und Haushaltsgröße: Nichtdeutsche haben durchschnittlich mehr Kinder, leben in durchschnittlich größeren Haushalten und öfter in Zweigenerationenhaushalten mit ihren Kindern. Während Differenzen in der Existenz von Familienangehörigen, abgesehen von einzelnen Ausnahmen, in erster Linie auf die jüngere Altersstruktur der nichtdeutschen Bevölkerung zurückzuführen sind, finden sich größere Anteile von Zwei- und Dreigenerationenhaushalten sowohl bei jüngeren als auch bei älteren Ausländern in der zweiten Lebenshälfte.

Die Familie hat im Leben von Nichtdeutschen eine ebenso große Bedeutung wie bei den Deutschen. So bestätigen die Daten keineswegs das Bild der von Konflikt oder Distanz geprägten intergenerationalen Beziehungen in Ausländerfamilien. Mit einer durchschnittlich etwas größeren Kontakthäufigkeit und einer tendenziell engeren emotionalen Verbundenheit sind die Beziehungen zu Kindern allerdings auch nicht sehr viel intensiver als in deutschen Familien. Insbesondere 40- bis 54-jährige Deutsche und Nichtdetusche ähneln sich diesbezüglich sehr. Der Großteil der Kinder von Deutschen und Nichtdeutschen lebt in der näheren Umgebung der Eltern und bietet so die Möglichkeit für direkte Interaktion und Kommunikation. Ein zentraler Unterschied besteht jedoch darin, dass von einem nicht geringen Teil der Nichtdeutschen alle Kinder im Ausland leben. Noch bedeutsamer ist die Transnationalität in der Beziehung zu den Eltern – bei den nichtdeutschen Staatsangehörigen leben diese überwiegend im Ausland. Die Wohnentfernung hat offensichtlich Auswirkungen auf die Kontakthäufigkeit, jedoch nicht auf die empfundene Enge der Beziehung. Während Deutsche häufiger Kontakt zu ihren näher wohnenden Eltern pflegen, haben Nichtdeutsche zwar seltener Kontakt zu ihren weiter entfernt wohnenden Eltern, bezeichnen die Beziehung jedoch häufiger als sehr eng.

Ein abweichendes Muster ergibt sich auch im Hinblick auf finanzielle und instrumentelle Hilfen. Im Gegensatz zu den Deutschen erhalten nichtdeutsche Angehörige der mittleren Generation seltener finanzielle Hilfen von ihren Eltern. Vielmehr leisten sie selbst häufiger finanzielle Hilfe an diese. Dies kann zum einen mit dem i.d.R. vorhandenen ökonomischen Gefälle zwischen Aufnahmeland und Herkunftsland erklärt werden und dem Bedarf der Eltern im wirtschaftlich schwächeren Herkunftsland. Zum anderen stellen finanzielle Transfers vermutlich auch eine Kompensation für – aufgrund der großen räumlichen Entfernung – nicht zu realisierende instrumentelle Hilfen dar. Gleichzeitig unterstützen Nichtdeutsche ihre Kinder finanziell häufiger als sie umgekehrt Hilfe von ihnen erhalten und befinden sich daher – im Gegensatz zu Deutchen – in einer doppelten Geberrolle. Allerdings leisten sie seltener finanzielle Hilfe an die jüngere Generation als Deutsche.

In weitgehender Übereinstimmung mit bisherigen Studienergebnissen geben 18,6 Prozent der befragten Ausländerinnen und Ausländer Auswanderungspläne an. Mit über vier Fünfteln beabsichtigt demnach der weit überwiegende Teil der in Deutschland lebenden Menschen nichtdeutscher Staatsangehörigkeit, in Deutschland zu bleiben. Vermutlich liegt der Anteil sogar noch höher, da etwa ein Drittel der Auswanderungsinteressierten noch keine zeitlichen Vorstellungen für die Ausreise hat. Möglicherweise setzt sich hier das Muster der Aufrechterhaltung einer Rückkehroption bzw. der „Rückkehrillusion" fort, das häufig die gesamte Biografie der Arbeitsmigranten prägt.

Grundsätzlich müssen bei der Interpretation der Ergebnisse die Besonderheiten der Datengrundlage berücksichtigt werden. Die Ausländerstichprobe schließt die gesamte Gruppe der nichtdeutschen Wohnbevölkerung in Privathaushalten in der zweiten Lebenshälfte ein. Sie verfolgt das Ziel, die Stichprobe der deutschen Wohnbevölkerung der zweiten Welle des Alterssurveys um den Bevölkerungsteil zu ergänzen, der bisher fehlte, und Vergleiche zwischen beiden Populationen zu ermöglichen. Dabei kann sie jedoch der enormen Heterogenität der ausländischen Bevölkerungsgruppe Deutschlands im Hinblick auf Staatsangehörigkeit, kultureller Herkunft, Migrationshintergrund und Migrationsursache, rechtlichem Status sowie strukturellem, sprachlichem, sozialem und identifikativem Intergrations- bzw. Assimilationsniveau und möglichen Diskriminierungserfahrungen keinesfalls gerecht werden. Einzelne Staatsangehörige beispielsweise sind jeweils nur mit wenigen Fällen vertreten. Lediglich die vier größten Nationalitätengruppen – die Staatsangehörigen der Türkei, des ehemaligen Jugoslawiens, Italiens und der ehemaligen Sowjetunion – verfügen über annähernd ausreichend Fälle für Analysen, allerdings ist auch hier keine differenzierte Betrachtung von Untergruppen möglich. Darüber hinaus weist die Ausländerstichprobe ein Selektivitätsproblem auf: Nur Menschen ausländischer Staatsangehörigkeit, die subjektiv das Gefühl hatten, über ausreichend deutsche Sprachkenntnisse zu verfügen, nahmen am Interview teil. Außerdem ist offensichtlich auch eine Unterscheidung nach deutscher bzw. nichtdeutscher Staatsangehörigkeit nicht eindeutig möglich. So bleiben nach intensiver Ursachensuche Inkonsistenzen bestehen: Immerhin 14,2 Prozent der Personen, die nach Meldeamtsangaben nur die ausländische Staatsangehörigkeit haben (und somit der Ausländerstichprobe zugeordnet wurden) geben selbst an, nur die deutsche Staatsangehörigkeit besitzen und weitere 5,3 Prozent haben nach eigener Angabe eine doppelte Staatsangehörigkeit. Unabhängig davon, dass es inhaltlich bei bestimmten Fragestellungen sinnvoller ist, nicht nach Staatsangehörigkeit, sondern nach nationaler Herkunft, ethnischer oder kultureller Zugehörigkeit oder Migrationshintergrund zu differenzieren, sind die genannten Punkte Charakteristika der Ausländerstichprobe, die bei der Interpretation der Daten bedacht werden müssen.

8.2 Sozial- und gesellschaftspolitische Implikationen

Der Alterssurvey bietet umfangreiches Datenmaterial für eine Analyse vielfältiger Lebensbereiche der ausländischen und der deutschen Bevölkerung in der zweiten Lebenshälfte. Die besondere Stärke des Alterssurveys besteht darin, dass Interaktionen zwischen einzelnen Lebensbereichen im Detail analysiert werden können. Wie oben ausgeführt, ist die ausländische Bevölkerungsgruppe in Deutschland in sich jedoch sehr heterogen und besteht aus vielen ethnischen Gruppen und einer Vielzahl von Nationalitäten (vgl. auch Tabelle A1 im Anhang). Dies erschwert die Datenanalyse und die Aussagekraft der Analyseergebnisse, da jeweils nur geringe Fallzahlen zur Verfügung stehen. Vor dem Hintergrund der oben erwähnten spezifischen Probleme der Ausländerstichprobe des Alterssurveys (Selektivität, Inkonsistenzen in der Staatsangehörigkeitsfrage) sind die hier vorgelegten Ergebnisse nur unter sehr großem Vorbehalt auf die ausländische Bevölkerung Deutschlands zu beziehen. Vielmehr kann die Ausländerstichprobe nur als ein weiterer wichtiger Beitrag zur Verbesserung der Datenlage zur Bevölkerung der Menschen nichtdeutscher Staatsangehörigkeit, nichtdeutscher Herkunft bzw. deutscher Herkunft mit Migrationshintergrund in Deutschland gesehen werden. Fortschritte in diesem Bereich sind nach wie vor dringend notwendig.

Außerdem ist es angesichts der Heterogenität der ausländischen Menschen in der zweiten Lebenshälfte kaum möglich, eine einheitliche Sozialpolitik für alle zu gestalten. Dennoch wird im Folgenden der Versuch unternommen, auf der Basis gewisser Regelmäßigkeiten in den Lebensverhältnissen 40- bis 85-jähriger Nichtdeutscher sozial- und gesellschaftspolitische Empfehlungen zu geben.

Das aus der Literatur zur allgemeinen Lebenssituation von Ausländerinnen und Ausländern in Deutschland hinlänglich bekannte Ergebnis relativer sozioökonomischer Deprivation (geringere Schul- und Berufsbildungsqualifikationen, niedrige Einkommen, stärkere Betroffenheit von Arbeitslosigkeit und Armut – und daraus folgend niedrigere Altersrenten, seltener Wohneigentum) wurde mit den Daten des Alterssurveys bestätigt. Ausländische Menschen in der zweiten Lebenshälfte sind dementsprechend stärker auf staatliche finanzielle Transfers angewiesen als gleichaltrige Deutsche. Diese stärkere Bedürftigkeit wird noch dadurch verstärkt, dass ausländische Menschen in der zweiten Lebenshälfte keine finanzielle Unterstützung von ihren (überwiegend im Herkunftsland) lebenden Eltern erwarten können. Im Gegenteil; ein Teil der in Deutschland lebenden 40- bis 85-Jährigen spielt selbst eine entscheidende Rolle als finanzieller Unterstützer der im Herkunftsland zurückgebliebenen Familienangehörigen.

Auf der anderen Seite sind in Deutschland lebende Ausländerinnen und Ausländer in geringerem Maße auf instrumentelle Haushaltshilfen angewiesen. Das liegt unter anderem daran, dass sie öfter mit Kindern im eigenen Haushalt leben und so auf dieses Unterstützungspotenzial zurückgreifen können. Zu bedenken gilt jedoch, dass familiäre Netzwerke nur begrenzt belastbar sind und insbesondere die Arbeitsmigrantinnen und -migranten der ersten Anwerbungswellen in den 1950er Jahren erst in den nächsten Jahren die Lebensphase der Hochaltrigkeit erreichen werden. Die verstärkte Notwendigkeit außerhäuslicher instrumenteller Hilfen ergibt sich jedoch auch in der deutschen Bevölkerung erst ab einem Alter von 70 Jahren. Es ist also fraglich, ob es sich bei diesem Ergebnis um einen genuinen Unterschied zwischen Nichtdeutschen und Deutschen oder lediglich um einen Alterseffekt der im Durchschnitt jüngeren Ausländerinnen und Ausländer handelt. Es ist eine wesentliche Aufgabe zukünftiger Alterssozialberichterstattung, dieser Frage nachzugehen.

Sollte das Letztere der Fall sein, dann werden hochaltrige Nichtdeutsche in Zukunft ebenfalls auf externe instrumentelle Hilfen angewiesen sein. Aufgrund der zuvor beschrieben, ökonomisch deprivierten Lebensumstände werden sie jedoch kaum in der Lage sein, für Haushaltshilfen zu bezahlen. Hochaltrige Ausländerinnen und Ausländer könnten so zu einer wesentlichen Zielgruppe zukünftiger sozialpolitischer Interventionen werden.

Darüber hinaus ist es notwendig, bei der Planung zukünftiger ambulanter und stationärer Pflegestrukturen die besonderen Bedürfnisse dieser aus anderen Kulturkreisen stammenden Personen zu berücksichtigen. Es ist davon auszugehen, dass sich mit der rapiden Alterung der ausländischen Bevölkerungsgruppe ein starker zusätzlicher Bedarf an Pflegeeinrichtungen ergeben wird. Dabei sollte besonderer Wert auf eine kultursensible Pflege gelegt werden.

Zu den Bedingungen der Lebensgestaltung von älteren Migranten gehören eine freie Entscheidung über den Wohnort und der Abbau von Rückkehrhindernissen. Grundsätzlich sollte es allen älteren Menschen, d.h. neben den Angehörigen der EU auch den Migranten aus Nicht-EU-Staaten, möglich sein, die Aufenthaltsdauer im Herkunfts- oder Ankunftsland unabhängig von sozial- und aufenthaltsrechtlichen Bestimmungen individuell festzulegen. Eine transnationale Komponente muss auch in den Gesetzen zur Pflegeversicherung verankert werden, sodass erworbene Ansprüche auf Leistungen auch außerhalb Deutschlands genutzt werden können.

Es ist eine wesentliche Aufgabe deutscher Gesellschafts- und Sozialpolitik, zu einer gelingenden Integration ausländischer Menschen beizutragen. Die Nachhaltigkeit solcher Maßnahmen wird am besten durch umfassende Bildungsangebote für alle Altersgruppen erhöht. Dies bedeutet z.B. Sprachkurse vor allem für die jüngeren Menschen in der zweiten Lebenshälfte anzubieten. Für Menschen nichtdeutscher Herkunft im mittleren und höheren Alter sind bei Sprachschwierigkeiten und Informationsdefiziten dagegen Beratungs- und Hilfsangebote in der jeweiligen Muttersprache eine zentrale Voraussetzung für die Partizipation an den vorhandenen Hilfemaßnahmen, für soziale Eingebundenheit und Lebensqualität, gegen Isolation und Rückzug. Daneben bleibt es langfristig wichtig, schulische und berufliche Qualifikationen der jüngeren Generationen zu erhöhen, um ihnen aktuelle und zukünftigen Integrationsgrundlagen zu schaffen und sie zugleich in die Lage zu versetzen, sich selbst und ihren Familienangehörigen zu helfen. Das ist das Ziel einer aktivierenden Sozialpolitik – und das ist auch das Ziel einer erfolgreichen Generationenpolitik (vgl. dazu auch die Ausführungen im Beitrag Hoff in diesem Band).

Literatur

Adolph, H. (2001). *Die Situation älterer Migranten in Deutschland im Spiegel des Dritten Altenberichts der Bundesregierung*, Berlin: Deutsches Zentrum für Altersfragen.

Beauftragte der Bundesregierung für Ausländerfragen (2002). *Bericht über die Lage der Ausländer in der Bundesrepublik Deutschland,* Berlin und Bonn.

Baros, W. (2001). *Familien in der Migration. Eine qualitative Analyse zum Beziehungsgefüge zwischen griechischen Adoleszenten und ihren Eltern im Migrationskontext.* Frankfurt/Berlin: Lang.

Bertram, H. (2000). Die verborgenen familiären Beziehungen in Deutschland: Die multilokale Mehrgenerationenfamilie. In M. Kohli & M. Szydlik (Eds.), *Generationen in Familie und Gesellschaft* (pp. 97-121). Opladen: Leske + Budrich.

Blechner, G. (1998). *Altwerden in der Heimat und in Deutschland: Zurückgekehrte und hiergebliebene alte, italienische Migranten – aus drei Regionen – im Vergleich.* Frankfurt/Berlin: Lang.

Bundesministerium für Arbeit und Sozialordnung (BMAS) (2001). *Lebenslagen in Deutschland. Der erste Armuts- und Reichtumsbericht der Bundesregierung.* Bonn: Bundesministerium für Arbeit und Sozialordnung.

Bundesministerium für Familie, Senioren, Frauen und Jugend (BMFSFJ) (1999). *Ältere Ausländerinnen und Ausländer in Deutschland.* Stuttgart: Kohlhammer.

Bundesministerium für Familie, Senioren, Frauen und Jugend (BMFSFJ) (2000). *Familien ausländischer Herkunft in Deutschland. Leistungen, Belastungen, Herausforderungen. Sechster Familienbericht.* Berlin: Bundesministerium für Familie, Senioren, Frauen und Jugend.

Bundesministerium für Familie, Senioren, Frauen und Jugend (BMFSFJ) (2001). *Dritter Altenbericht. Allgemeine Bestandsaufnahme der Lebenssituation älterer Menschen in Deutschland.* Berlin: Bundesministerium für Familie, Senioren, Frauen und Jugend.

Bolzman, C., Poncioni-Derigo, R., Vial, M. & Fibbi, R. (2004). Old labour migrants well being in Europe: the case of Switzerland. *Ageing and Society, 24*(3), 411-429.

Breuer, T. (2003). Deutsche Rentnerresidenten auf den Kanarischen Inseln. *Geographische Rundschau, 5,* 44-51.

Deutsches Zentrum für Altersfragen (DZA) (2003). Ältere Migrantinnen und Migranten in Deutschland. *Informationsdienst Alterfragen. Themenheft „Ältere Migrantinnen und Migranten", 30*(1), 11-13.

Dietzel-Papakyriakou, M. (1993). *Altern in der Migration. Die Arbeitsmigranten vor dem Dilemma: Zurückkehren oder bleiben?* Stuttgart: Enke.

Dietzel-Papakyriakou, M. (1999). Wanderungen alter Menschen – das Beispiel der Rückwanderungen der älteren Arbeitsmigranten. In G. Naegele & R.-M. Schütz (Eds.), *Soziale Gerontologie und Sozialpolitik für ältere Menschen* (pp. 141-156). Wiesbaden: Westdeutscher Verlag.

Dietzel-Papakyriakou, M. & Olbermann, E. (1998). Wohnsituation älterer Migranten in Deutschland. In Deutsches Zentrum für Altersfragen (DZA) (Ed.), *Wohnverhältnisse älterer Migranten. Expertisenband 4 zum Zweiten Altenbericht der Bundesregierung.* Frankfurt/Main: Campus.

Dumon, W.A. (1989). Family and migration. In: *International Migration, 27,* 2, 251-270.

Eggen, B. (1997). Familiale und ökonomische Lage älterer Deutscher und Ausländer. In K. Eckart & S. Grundmann (Eds.), *Demographischer Wandel in der demographischen Dimension und Perspektive* (pp. 83-110). Berlin: Duncker & Humblot.

Esser, H. (1980). *Aspekte der Wanderungssoziologie. Assimilation und Integration von Wanderern, ethnischen Gruppen und Minderheiten. Eine handlungstheoretische Analyse*. Neuwied: Luchterhand.

Freie und Hansestadt Hamburg (Ed.) (1998). *Älter werden in der Fremde. Wohn- und Lebenssituation älterer ausländischer Hamburgerinnen und Hamburger*. Hamburg: Freie und Hansestadt Hamburg.

Giarusso, R., Stallings, M. & Bengtson, V. L. (1995). The „intergenerational stake" hypothesis revisited: Parent-child differences in perceptions of relationships 20 years later. In V. L. Bengtson, K. Warner Schaie & L. M. Burton (Eds.), *Adult intergenerational relations: Effects of societal change* (pp. 227-263). New York: Springer.

Hämmig, O. (2000). *Zwischen zwei Kulturen. Spannungen, Konflikte und ihre Bewältigung bei der zweiten Ausländergeneration*. Opladen: Leske & Budrich.

Hänze, M. & Lantermann, E.-D. (1999). Familiäre, soziale und materielle Ressourcen bei Aussiedlern. In R. K. Silbereisen, E.-D. Lantermann & E. Schmitt-Rodermund (Eds.). *Aussiedler in Deutschland. Akkulturation von Persönlichkeit und Verhalten* (pp. 143-161). Opladen: Leske & Budrich.

Han, P. (2000). *Soziologie der Migration*. Stuttgart: Lucius & Lucius.

Herwartz-Emden, L. (Ed.) (2000). *Einwandererfamilien*. Osnabrück: Rasch.

Hinrichs, W. (2003). *Ausländische Bevölkerungsgruppen in Deutschland. Integrationschancen 1985 und 2000*. Berlin: Wissenschaftszentrum Berlin für Sozialforschung.

Hoff, A., Tesch-Römer, C., Wurm, S. & Engstler, H. (2003). „Die zweite Lebenshälfte" – der Alterssurvey zwischen gerontologischer Längsschnittanalyse und Alterssozialberichterstattung im Längsschnitt. In F. Karl (Ed.), *Sozial- und verhaltenswissenschaftliche Gerontologie* (pp. 185-204). Weinheim: Juventa.

Hoffmann-Nowotny, H.-J. (1973). *Soziologie des Fremdarbeiterproblems*. Stuttgart: Enke.

Huber, A. (1999). *Neue Heimat – zweites Glück? Sechs Portäts von Schweizer Rentnerinnen und Rentnern an der Costa Blanca*. Zürich: Seismo.

infas – Institut für angewandte Sozialwissenschaft (2003). *Alterssurvey – Die zweite Lebenshälfte. Methodenbericht zur Erhebung der zweiten Welle 2002*. Bonn: infas.

Jurecka, P. (1998): Ausländische Arbeitnehmer der ersten Generation im Saarland. Eine empirische Untersuchung zu ihrer Lebenslage im Alter. *Iza – Zeitschrift für Migration und soziale Arbeit, 1*, 64-67.

Kaewnetara, E. & Uske, H. (Eds.) (2001): *Migration und Alter. Auf dem Weg zu einer kulturkompetenten Altenarbeit. Konzepte – Methoden – Erfahrungen*. Duisburg: DISS.

Kirchberger, I. (2000). Der SF-36-Fragebogen zum Gesundheitszustand: Anwendung, Auswertung und Interpretation. In U. Ravens-Sieberer & A. Cieza (Eds.), *Lebensqualität und Gesundheitsökonomie in der Medizin* (pp. 73-85). Landsberg: ecomed.

Kohli, M., Künemund, H., Motel, A. & Szydlik, M. (2000). Generationenbeziehungen. In M. Kohli & H. Künemund (Ed.), *Die zweite Lebenshälfte. Gesellschaftliche Lage und Partizipation im Spiegel des Alters-Survey* (pp. 176-211). Opladen: Leske + Budrich.

Krüger, D. (1995): Pflege im Alter: Pflegeerwartungen und Pflegeerfahrungen älterer türkischer Migrantinnen – Ergebnisse einer Pilotstudie. *Zeitschrift für Frauenforschung, 3*, 71-86.

Krumme, H. (2004). Fortwährende Remigration: Das transnationale Pendeln türkischer Arbeitsmigrantinnen und Arbeitsmigranten im Ruhestand. *Zeitschrift für Soziologie, 2*, 138-153.

Kulbach, R. (1999). Probleme älterer Migranten in der Bundesrepublik Deutschland. *Soziale Arbeit, 10-11*, 392-398.

Künemund, H. (2000). Gesundheit. In M. Kohli & H. Künemund (Ed.), *Die zweite Lebenshälfte. Gesellschaftliche Lage und Partizipation im Spiegel des Alters-Survey* (pp. 102-123). Opladen: Leske + Budrich.

Künemund, H. & Hollstein, B. (2000). Soziale Beziehungen und Unterstützungsnetzwerke. In M. Kohli & H. Künemund (Ed.), *Die zweite Lebenshälfte. Gesellschaftliche Lage und Partizipation im Spiegel des Alters-Survey* (pp. 212-276). Opladen: Leske + Budrich.

Lauterbach, W. & Pillemer, K. (2001). Social Structure and the Family: A United States – Germany Comparison of Residential Proximity Between Parents and Adult Children. *Zeitschrift für Familienforschung, 13*(1), 68-88.

Lechner, I. & Mielck, A. (1998). Die Verkleinerung des ‚Healthy-Migrant-Effects': Entwicklung der Morbidität von ausländischen und deutschen Befragten im sozioökonomischen Panel 1984-1992. *Gesundheitswesen, 60*, 715-720.

Lüscher, K. (2004). Conceptualizing and Uncovering Intergenerational Ambivalence. In K. Pillemer & K. Lüscher (Eds.), *Intergenerational Ambivalences: New Perspectives on Parent-Child Relations in Later Life* (pp. 23-62). Oxford: Elsevier.

Lüscher, K. & Pillemer, K. (1998). Intergenerational ambivalence: A new approach to the study of parent-child relations in later life. *Journal of Marriage and the Family, 60*, 413-425.

Marbach, J. H. (1994). Der Einfluß von Kindern und Wohnentfernung auf die Beziehungen zwischen Eltern und Großeltern: Eine Prüfung des quasi-experimentellen Designs der Mehrgenerationenstudie. In W. Bien (Ed.), *Eigeninteresse oder Solidarität. Beziehungen in modernen Mehrgenerationenfamilien* (pp. 77-112). Opladen: Leske + Budrich.

Martinez, H. M. & Avgoustis, G. (1998). *Ältere Migranten und Selbstorganisation*. Bonn: Bundesarbeitsgemeinschaft der Immigrantenverbände in der Bundesrepublik e.V.

Matthäi, I. (2004): *Lebenssituation der älteren alleinstehenden Migrantinnen*. Berlin: BMFSFJ.

Meyer, T. (2002): Sozialstruktur und Migration – Die soziale Lage der Arbeitsmigranten in Deutschland. In A. Treichler (Ed.), *Wohlfahrtsstaat, Einwanderung und ethnische Minderheiten. Probleme, Entwicklungen, Perspektiven* (pp.69-82). Wiesbaden: Westdeutscher Verlag.

Motel, A. (2000). Einkommen und Vermögen. In M. Kohli & H. Künemund (Ed.), *Die zweite Lebenshälfte. Gesellschaftliche Lage und Partizipation im Spiegel des Alters-Survey* (pp. 41-101). Opladen: Leske + Budrich.

Motel, A. & Szydlik, M. (1999). Private Transfers zwischen den Generationen. *Zeitschrift für Soziologie, 28*, 3-22.

Motel-Klingebiel, A. (2000). *Alter und Generationenvertrag im Wandel des Sozialstaats. Alterssicherung und private Generationenbeziehungen in der zweiten Lebenshälfte.* Berlin: Weißensee.

Naegele, G. & Olbermann, E. (1997). Ältere Ausländer – ihre Lebensbedingungen und Zukunftsperspektiven im Prozess des demographischen Wandels. In K. Eckart & S. Grundmann (Eds.), *Demographischer Wandel in der demographischen Dimension und Perspektive* (pp. 71-81). Berlin: Duncker & Humblot.

Nauck, B. (1985): *Arbeitsmigration und Familienstrukturen. Eine Analyse der mikrosozialen Folgen von Migrationsprozessen.* Frankfurt/New York: Campus.

Nauck, B. (1989). Assimilation process and group integration of migrant families. *International Migration 27*, 1, 27-47.

Nauck, B., Kohlmann, A. & Diefenbach, H. (1997). Familiäre Netzwerke, intergenerative Transmission und Assimilationsprozesse bei türkischen Migrantenfamilien. *Kölner Zeitschrift für Soziologie und Sozialpsychologie, 49,* 3, 477-499.

Nauck, B. (2000). Eltern-Kind-Beziehungen in Migrantenfamilien – ein Vergleich zwischen griechischen, italienischen, türkischen und vietnamesischen Familien in Deutschland. In Sachverständigenkommission 6. Familienbericht (Ed.). *Empirische Beiträge zur Familienentwicklung und Akkulturation.* Opladen: Leske & Budrich, 347-392.

Nauck, B. (2001): Intercultural contact and intergenerative transmission in immigrant families. *Journal of Cross-Cultural Psychology 32*, 159-173.

Nohl, A-M. (2001). *Migration und Differenzerfahrung. Junge Einheimische und Migranten im rekonstruktiven Milieuvergleich.* Opladen: Leske & Budrich.

Olbermann, E. (1993). Ältere Ausländer – eine Zielgruppe für Altenarbeit und -politik. In S. Kühnert & G. Naegele (Eds.), *Perspektiven moderner Altenpolitik und Altenarbeit* (pp. 149-170). Hannover: Vincentz.

Olbermann, E. & Dietzel-Papakyriakou, M. (1995). *Entwicklung von Konzepten und Handlungsstrategien für die Versorgung älter werdender und älterer Ausländer.* Bonn: Bundesministerium für Arbeit und Sozialordnung.

Pagenstecher, C. (1996). Die „Illusion" der Rückkehr. Zur Mentalitätsgeschicht von „Gastarbeit" und Einwanderung. *Soziale Welt, 2,* 140-179.

Prahl, H.-W. & Schroeter, K.-R. (1996). *Soziologie des Alterns.* Paderborn: Schöningh.

Radoschewski, M. & Bellach, B.-M. (1999). Der SF-36 im Bundes-Gesundheits-Survey-Möglichkeiten und Anforderungen der Nutzung auf der Bevölkerungsebene. *Gesundheitswesen, 61*(2), 191-199.

Roloff, J. (2004). Die Alterung der deutschen und ausländischen Bevölkerung in den Bundesländern – ein Jahresvergleich. *BiB-Mitteilungen 25*(4), 12-18.

Schneiderheinz, K. (1998). Regionale Unterschiede der Wohnverhältnisse älterer Migranten in Deutschland. In Deutsches Zentrum für Altersfragen (DZA) (Ed.), *Wohnverhältnisse älterer Migranten. Expertisenband 4 zum Zweiten Altenbericht der Bundesregierung.* Frankfurt/Main: Campus.

Schuleri-Hartje, K.-U. (1994). *Migranten im Alter: Möglichkeiten kommunaler Altenhilfe.* Berlin: Deutsches Institut für Urbanistik.

Schulte, A. (1995). Zur Lebenssituation und Integration älterer Migranten in der Bundesrepublik Deutschland. In W. Seifert (Ed.), *Wie Migranten leben: Lebensbedingun-*

gen und soziale Lage der ausländischen Bevölkerung in der Bundesrepublik (pp. 61-73). Berlin: Wissenschaftszentrum Berlin für Sozialforschung.

Seeberger, B. (1998). *Altern in der Migration – Gastarbeiterleben ohne Rückkehr.* Köln: Kuratorium Deutsche Altenhilfe.

Seiler, D. (1994). *Sozialpolitische Aspekte der internationalen Mobilität von Rentnern – insbesondere von deutschen Rentnern in Spanien.* Frankfurt: Lange.

Sen, F. & Tufan, I. (2000): *Die soziale Lage der älteren türkischen Migranten und Migrantinnen in Berlin.* Aachen: Shaker Verlag.

Söhn, N. (2000). *Rechercheprojekt zum Thema „Ältere MigrantInnen" – Literatur und Daten.* Unveröffentlichter Bericht. Berlin: Freie Universität.

Spohn, M. (2002). *Türkische Männer in Deutschland. Familie und Identität. Migranten der ersten Generation erzählen ihre Geschichte.* Bielefeld: Transcript.

Steinbach, A. (2004). Solidarpotenziale in Migrantenfamilien. In M. Krüger-Potratz & K. Huxel (Eds.), *Familien in der Einwanderergesellschaft.* Göttingen: V & R unipress.

Szydlik, M. (2000). *Lebenslange Solidarität? Generationenbeziehungen zwischen erwachsenen Kindern und Eltern.* Opladen: Leske + Budrich.

Tesch-Römer, C., Wurm, S., Hoff, A. & Engstler, H. (2002). Alterssozialberichterstattung im Längsschnitt: Die zweite Welle des Alterssurveys. In A. Motel-Klingebiel & U. Kelle (Eds.), *Perspektiven der empirischen Alter(n)ssoziologie* (pp. 155-190). Opladen: Leske + Budrich.

Treibel, A. (2003). *Migration in modernen Gesellschaften. Soziale Folgen von Einwanderung, Gastarbeit und Flucht.* Weinheim: Juventa.

Tufan, I. (1999). Über die gesundheitliche Lage der älteren türkischen MigrantInnen in Deutschland. *IZA: Zeitschrift für Migration und Soziale Arbeit, 2,* 50-53.

Zentrum für Türkeistudien (1992). *Lebenssituation und spezifische Problemlage älterer ausländischer Einwohner in der Bundesrepublik Deutschland.* Bonn: Bundesministerium für Arbeit und Sozialordnung.

Zeman, P. (2002). *Ältere Migrantinnen und Migranten in Berlin. Expertise im Auftrag der Senatsverwaltung für Gesundheit, Soziales und Verbraucherschutz.* Regensburg: Transfer Verlag.

Zoll, R. (Ed.). (1997). *Die soziale Lage älterer MigrantInnen in Deutschland.* Münster: Lit.

Tabelle A1: Zusammensetzung der Ausländerstichprobe des Alterssurveys 2002 nach Staatsangehörigkeit (Selbstangabe, Frage 329)

	Fallzahl (n)	Anteil an der Stichprobe (Prozent)
Europa		
EU-Mitgliedsländer		
Italien	47	8,0
Österreich	28	4,8
Griechenland	27	4,6
Niederlande	18	3,1
Polen	13	2,2
Frankreich	12	2,0
Großbritannien	9	1,5
Tschechien/Slowakei/Tschechoslowakei	6	1,0
Portugal	5	0,9
Spanien	4	0,7
Irland	2	0,3
Finnland	2	0,3
Belgien	1	0,2
Dänemark	1	0,2
Schweden	1	0,2
Weitere europäische Länder		
Türkei	95	16,2
Staaten des ehemaligen Jugoslawien	67	11,4
Staaten der ehemaligen Sowjetunion	36	6,1
Schweiz	7	1,2
Rumänien	5	0,9
Ungarn	3	0,5
Island	1	0,2
Nord- und Südamerika		
USA	16	2,7
Brasilien	1	0,2
Kolumbien	1	0,2
Peru	1	0,2
Afrika		
Ghana	3	0,5
Algerien	1	0,2
Eritrea	1	0,2
Marokko	1	0,2
Sambia	1	0,2
Senegal	1	0,2
Tunesien	1	0,2
Naher und mittlerer Osten		
Irak	3	0,5
Libanon	3	0,5

Fortsetzung Tabelle A-1

	Fallzahl (n)	Anteil an der Stichprobe (Prozent)
Israel	1	0,2
Jordanien	2	0,3
Kurdistan	1	0,2
Asien		
Iran	6	1,0
Indien	5	0,9
Afghanistan	4	0,7
Vietnam	4	0,7
China	3	0,5
Malaysia	3	0,5
Philippinen	3	0,5
Thailand	3	0,5
Pakistan	2	0,3
Japan	1	0,2
Indonesien	1	0,2
Korea	1	0,2
Singapur	1	0,2
Sri Lanka	1	0,2
Australien	2	0,3
Staatsangehörigkeiten		
Doppelstaatler: zwei ausländ.	1	0,2
Deutschland	84	14,3
Doppelstaatler: dt.u. ausländ.	30	5,1
Staatenlos	3	0,5
Gesamt	586	100,0

Quelle: Alterssurvey 2002, Ausländerstichprobe (n=586)

Implikationen der Befunde des Alterssurveys für Gesellschaft, Wirtschaft und Politik

Clemens Tesch-Römer, Susanne Wurm, Andreas Hoff, Heribert Engstler und Andreas Motel-Klingebiel

1 Einleitung

Die umfassende und breit angelegte Studie des Alterssurveys liefert Informationen und Erkenntnisse zu sozialem Wandel und individuellen Entwicklungsdynamiken in der zweiten Lebenshälfte. Diese sind nicht allein für die sozial- und verhaltenswissenschaftliche Alternswissenschaft von Bedeutung. Sie dienen – im Sinne von Sozialberichterstattung – auch dazu, Beiträge für die Beratung der Politik sowie für gesellschaftliche Diskurse zu leisten. In dieser abschließenden Zusammenschau wird diskutiert, welche Implikationen die Ergebnisse der zweiten Welle des Alterssurveys für Gesellschaft, Wirtschaft und Politik haben können. Dabei möchten wir uns auf jene gesellschaftlichen und politischen Diskurse beziehen, in denen der demografische Wandel und die aus diesem Wandel erwachsenen Konsequenzen thematisiert werden (unabhängig davon, ob es sich dabei um sichere, wahrscheinliche oder nur befürchtete bzw. erwünschte Konsequenzen handelt). An dieser Stelle möchten wir drei Diskurse zum demografischen Wandel und zur gesellschaftlichen Bedeutung von Alter und Altern unterscheiden, die zum Teil gegensätzliche Aussagen über die Auswirkungen des demografischen Wandels machen, zum Teil aber auch unterschiedliche Themen und Argumentationsebenen aufweisen: (1) Bedarfs- und Versorgungsdiskurs, (2) Belastungsdiskurs und (3) Potenzialdiskurs. Diese Diskurse werden im Folgenden zunächst prototypisch skizziert. Anschließend soll gefragt werden, inwiefern ausgewählte Befunde der zweiten Welle des Alterssurveys für diese Diskurse von Relevanz sind. Dabei werden aufbauend auf den Schlussfolgerungen der Einzelkapitel auch Implikationen für die Gesellschafts- und Sozialpolitik diskutiert. Es sei darauf hingewiesen, dass die theoretischen und praktischen Implikationen der Befunde in den jeweiligen thematischen Kapiteln umfassender erörtert werden.

Bedarfs- und Versorgungsdiskurs: Die Analyse des Verhältnisses zwischen Bedarfslagen älterer Menschen und ihrer Versorgung durch sozialstaatliche Sicherungssysteme hat in der sozialen Gerontologie eine lange und bedeutende

Tradition (Dieck & Naegele, 1993; 1978), wobei die Sicht des Alters als „soziales Problem" auch kritisch diskutiert wird (Kondratowitz, 1999). Bei diesem Diskurs geht es grundsätzlich um die Frage, wie die Lebenslagen älterer Menschen zu bewerten sind bzw. ob die Bedarfe älter werdender und alter Menschen durch sozialstaatliche, marktliche und ehrenamtliche Versorgungsangebote gedeckt werden. Als prominente Beispiele für eine Sozialberichterstattung, die im Rahmen dieses Bedarfs- und Versorgungsdiskurses vorgelegt wurden, können einige der Altenberichte der Bundesregierung genannt werden. So wurde beispielsweise im zweiten Altenbericht die Wohnsituation älterer Menschen ausführlich bewertet (BMFSFJ, 1998). Der vierte Altenbericht nahm die Situation sehr alter Menschen in den Blick, wobei die Versorgung hochaltriger Menschen mit demenziellen Erkrankungen in besonderem Maße berücksichtigt wurde (BMFSFJ, 2002). Eine ähnliche, bedarfs- und versorgungsbezogene Perspektive findet sich auch im Ausblick des Berichts zur ersten Welle des Alterssurveys (Kohli & Künemund, 2000). Dabei wurde mit Blick auf die Bewertung der Lebenssituation von Menschen in der zweiten Lebenshälfte festgestellt, dass die vorgelegten Befunde nicht dazu angetan seien, „das heutige Alter zu dramatisieren oder gar zu skandalisieren" (Kohli & Künemund, 2000, S. 337).

Belastungsdiskurs: Während es bei dem „Bedarfs- und Versorgungsdiskurs" zunächst nur um eine Bewertung der Angemessenheit von Versorgungsstrukturen angesichts vorhandenen Bedarfs geht, werden innerhalb der öffentlichen Debatte auch die gesellschaftlichen Kosten einer umfassenden Versorgung älterer Menschen diskutiert. Bei der Einschätzung des demografischen Wandels wird in den Medien der wachsende Anteil älterer Menschen an der Gesellschaft häufig mit steigenden ökonomischen Belastungen in Zusammenhang gebracht. Im Rahmen dieses „Belastungsdiskurses" wird auf wachsende Beitragssätze in der Renten-, Kranken- und Pflegeversicherung hingewiesen, deren Ursachen im demografischen Wandel zu suchen seien und deren bedrohliche Auswirkungen vor dem „demografischen Kippen" der Gesellschaft, also dem Zeitpunkt, in dem ältere Menschen die Mehrheit der Wählerschaft stellen, abgewehrt werden müssten (Sinn & Übelmesser, 2000). Zudem wird darauf hingewiesen, dass das Altern der Erwerbsbevölkerung negative Konsequenzen für die wirtschaftliche Entwicklung insgesamt habe, da eine alternde Erwerbsbevölkerung weniger leistungsfähig und innovativ sei (Hoffmann, Köhler & Sauer, 1999). In diesem Zusammenhang wird auch nicht selten das Problem der „intergenerationalen Gerechtigkeit" diskutiert. Dabei wird darauf verwiesen, dass in den sozialen Sicherungssystemen die Beitragsrenditen für zukünftige Generationen von Ruheständlern im Vergleich mit aktuellen Generationen von Rentnerinnen und Rentnern sinken werde, und es werden Vorschläge gemacht, wie eine darauf bezogene Gerechtigkeit zwischen den Generationen herzustellen sei (Tremmel, 1997).

Insgesamt wird im Rahmen des „Belastungsdiskurses" der demografische Wandel als Problem und Gefährdung für den Zusammenhalt der Gesellschaft und die Existenz sozialstaatlicher Institutionen gesehen. Die Befunde der im Rahmen des „Bedarfs- und Versorgungsdiskurses" vorgelegten Sozialberichterstattung zur insgesamt als gut einzuschätzenden Lebenssituation vieler älterer Menschen können dabei sogar als Argument für die Möglichkeit (oder Notwendigkeit) von Kürzungen sozialstaatlicher Leistungen eingesetzt werden.

Potenzialdiskurs: Der „Belastungsdiskurs" des Alter(n)s wird aus ethischer und ökonomischer Sicht kritisiert (Gronemeyer, 1996; Schmähl, 2002). Dabei wird nicht allein darauf verwiesen, dass mit bestimmten Maßnahmen, wie etwa der Verlängerung der Lebensarbeitszeit, die Herausforderungen des demografischen Wandels erfolgreich bewältigt werden könnten, sondern es werden auch potenziell positive Aspekte des Alters und Alterns herausgestellt. Wie bereits seit längerem innerhalb der Gerontologie (Baltes, 1984; Lehr, 1978; Thomae & Lehr, 1973), wird zunehmend auch in der politischen Diskussion der demografische Wandel unter der Perspektive eines bislang zu wenig genutzten und in Zukunft besser zu realisierenden Potenzials des Alters geführt. Anschaulich wird dies an den Altenberichten der Bundesregierung. Bereits im dritten Altenbericht wurde nicht allein die Frage gestellt, welche gesellschaftlichen Ressourcen für ein gutes Leben im Alter bereitgestellt werden müssen, sondern auch, welche Ressourcen ältere Menschen in die Gesellschaft einbringen können (BMFSFJ, 2001). Der fünfte Altenbericht ist schließlich ganz explizit den Potenzialen des Alters in Wirtschaft und Gesellschaft gewidmet (BMFSFJ, 2005). Der Potenzialdiskurs des Alter(n)s stützt sich auf die Ergebnisse unterschiedlicher Disziplinen. Die Entwicklungspsychologie der Lebensspanne beschreibt seit längerem die zweidimensionale Entwicklung kognitiver Kompetenz mit der Möglichkeit der Formbarkeit grundlegender kognitiver Prozesse einerseits und der Stabilität wissensbasierter Komponenten andererseits (Baltes, 1984), wobei ein uneingeschränkter Optimismus im Hinblick auf die Vermeidung kognitiven Abbaus im Alter kaum mehr vertreten wird (Baltes, 2003). Die Arbeitswissenschaft und die Entwicklungspsychologie haben eindrucksvoll belegt, dass hingegen die Leistungsfähigkeit am Arbeitsplatz kaum mit dem Lebensalter korreliert (Hallsten & Solem, 2001; Dittmann-Kohli, Sowarka & Timmer, 1997). Innerhalb der Gesundheitswissenschaften wurde zudem wiederholt gezeigt, dass die Gesundheit nachwachsender Kohorten älter werdender Menschen im historischen Verlauf besser geworden ist, so dass die Leistungsfähigkeit vor allem jüngerer Ruheständlerinnen und Ruheständler in der Regel sehr hoch ist (Manton & Gu, 2005). In diesem Zusammenhang wurde auch darauf hingewiesen, dass die Übernahme von ehrenamtlichen Tätigkeiten und bürgerschaftlichem Engagement älterer Menschen bereits jetzt weit verbreitet sei, aber durch geeignete Opportunitätsstrukturen noch gesteigert werden könne (Künemund, 2000). Insgesamt betont der „Potenzialdiskurs" also die positiven Aspekte oder Möglichkeiten der demografischen Alterung.

Wie an dieser kurzen Skizze zu erkennen ist, stehen die Diskurse des demografischen Wandels in einem komplexen Beziehungs- und Spannungsverhältnis. Bei der Auseinandersetzung zwischen Proponenten von Belastungs- und Potenzialdiskurs geht es letztlich darum, ob es angemessener sei, den demografischen Wandel als Bedrohung oder Chance einer Gesellschaft zu interpretieren – und darum, welche politischen Maßnahmen angesichts der jeweiligen Szenarien einzusetzen sind. Dagegen wird im Bedarfs- und Versorgungsdiskurs ein „gutes Leben" im Alter (im Sinne von Lebensqualität und Wohlbefinden) thematisiert. Im Folgenden soll der Versuch unternommen werden, die Befunde der zweiten Welle des Alterssurveys auf diese Diskurse zu beziehen – um so die Wahl angemessener Interventionen zu erleichtern und mit Argumenten zu stützen.

2 Erwerbstätigkeit

Die Ergebnisse der beiden Wellen des Alterssurveys haben gezeigt, dass sich zwischen 1996 und 2002 eine Trendwende hin zu einem längeren Verbleib im Erwerbsleben andeutet. In diesen sechs Jahren kam es zu deutlichen Veränderungen in den individuellen Erwartungen eines frühen Ruhestandes: Ältere Erwerbstätige planen im Jahr 2002 sehr viel seltener als im Jahr 1996, mit 60 Jahren oder früher in den Ruhestand zu gehen. Dies könnte bedeuten, dass älter werdende Arbeitnehmerinnen und Arbeitnehmer ihre eigenen Lebensplanungen mit Blick auf eine biografisch verlängerte Erwerbsphase verändert haben. Allerdings ist diese Veränderung noch nicht begleitet von klaren Vorstellungen darüber, bis zu welchem Lebensalter die betreffenden Personen weiter arbeiten wollen. Offensichtlich haben die zahlreichen gesetzlichen Maßnahmen der vergangenen Jahre zur Verringerung der Anreize für einen frühzeitigen Übergang in den Ruhestand erste Wirkungen entfaltet, die sich vor allem in den Erwerbsbeendigungsplänen, aber noch nicht in gleicher Weise in der Erwerbsbeteiligung und dem Ausstiegsalter niederschlagen. Während sich in den Erwartungen und Plänen bereits eine deutliche Abkehr vom frühen Ausscheiden aus dem Erwerbsleben zeigt, ist eine solche Trendwende bei Betrachtung der altersspezifischen Erwerbsbeteiligung und des tatsächlichen Ausstiegsalters erst im Ansatz zu erkennen. Allerdings zeigen neuere Ergebnisse des Mikrozensus auch für die Zeit nach 2002 einen Anstieg der Erwerbsbeteiligung Älterer, wenn auch häufig in Form von Teilzeitarbeit und geringfügiger Beschäftigung. Das Potenzial zur Ausweitung und Verlängerung der Erwerbstätigkeit scheint vorhanden, und auch die Bereitschaft nimmt zu, länger zu arbeiten und später in Rente zu gehen. Insofern entfalten die Rentenreformen zur Rücknahme von Anreizen für einen frühen Ruhestand erste Wirkungen.

Allerdings setzt ein längerer Verbleib im Beschäftigungssystem eine entsprechende Nachfrage nach älteren Arbeitskräften voraus. Betrachtet man die Entwicklungen auf dem Arbeitsmarkt, so sind Zweifel angebracht, ob es bereits in naher Zukunft zu einer verlängerten Erwerbsphase kommen wird. Werden Betriebe auch weiterhin die Frühausgliederung älterer Arbeitnehmerinnen und Arbeitnehmer praktizieren, so bedeutet dies für die betroffenen Personen oft, dass sich die Dauer der Arbeitslosigkeit bis zum Renteneintritt verlängert und zugleich die finanzielle Absicherung verschlechtert. Maßnahmen, die in erster Linie darauf abzielen, den Druck zum Anbieten der eigenen Arbeitskraft zu erhöhen, werden vermutlich nicht ausreichen, um das von der Europäischen Union vorgegebene Ziel einer Erwerbstätigenquote von 50 Prozent der älteren Arbeitskräfte bis 2010 zu erreichen. Notwendig sind flankierende Maßnahmen, die die Arbeitsfähigkeit fördern und die Nachfrage nach älteren Arbeitskräften stimulieren. Ob diese Nachfrage ausgerechnet durch die Beseitigung des Kündigungsschutzes gesteigert werden kann, wie derzeit von manchen gefordert, ist jedoch ungewiss. Erfahrungen mit den bisherigen Maßnahmen zur erleichterten Einstellung älterer Arbeitsloser sprechen eher dagegen.

Wichtige Voraussetzungen für ein Gelingen des Umsteuerns zu einem längeren Verbleib im Erwerbsleben und seiner Akzeptanz bei Beschäftigten und Betrieben sind die Überwindung der Wachstumsschwäche, eine allgemeine Entspannung des Arbeitsmarkts, der Abbau von Vorbehalten gegenüber älteren Arbeitskräften, die Verbesserung ihrer Arbeitsbedingungen und die Förderung ihrer Arbeitsfähigkeit und -motivation. Unter diesen Rahmenbedingungen könnte es in Zukunft möglich sein, die Potenziale älterer Arbeitnehmerinnen und Arbeitnehmer besser zu nutzen als dies im Augenblick der Fall ist. Die individuellen Voraussetzungen in Form sich wandelnder Lebensentwürfe und -planungen scheinen allmählich gegeben. Und mit der Akzeptanz einer längeren Erwerbsphase im Lebenslauf und einer sich verlängernden tatsächlichen Erwerbsphase könnten auch die Belastungen der sozialen Sicherungssysteme, insbesondere durch die immer noch praktizierten Formen der Frühverrentung, deutlich verringert werden.

3 Materielle Lage

Die aktuelle materielle Lage älterer Menschen wird in der Sozialberichterstattung in der Regel als recht gut bezeichnet (BMFSFJ, 2001), wobei sich allerdings das Ausmaß sozialer Ungleichheiten bis in das hohe Alter nicht verringert (Kohli, Künemund, Motel & Szydlik, 2000). Die hier vorgelegten Befunde der zweiten Welle des Alterssurveys zeigen, dass sich die aktuell positive materielle Lage älterer Menschen in Zukunft verändern kann, da die künftige Entwicklung der Ruhestandseinkommen möglicherweise nicht mit dem Anstieg der Erwerbseinkommen in der Lebensmitte Schritt halten wird. Zugleich ist eine weitere Ausdifferenzierung der materiellen Lagen im Alter zu erwarten. Beide Tendenzen lassen sich mit gewissen Einschränkungen bereits heute ausmachen. Zwischen 1996 und 2002 haben insbesondere in Ostdeutschland die Einkommen der über 70-Jährigen nicht mit jenen der Jüngeren Schritt gehalten. In Ostdeutschland ist auch eine steigende Differenzierung der Einkommen in der zweiten Lebenshälfte festzustellen.

Entgegen der Erwartung, dass die Einkommenslagen älterer Menschen stabil bleiben, zeigt sich, dass Auf- oder Abstiege in der Einkommensverteilung durchaus häufig vorzufinden sind. In den oberen Altersgruppen ist der Anteil stabiler Einkommen jedoch merklich höher. Aufstiege finden sich besonders häufig unter den jüngeren Menschen, die aufgrund ihrer Teilhabe am Erwerbsleben auch über höhere Chancen verfügen, ihre Einkommenssituation zu verbessern. Zudem ist zu konstatieren, dass die Altersgruppen im erwerbsfähigen Alter im Mittel zu den Aufsteigern zu zählen sind, da sie im Vergleich mit der allgemeinen Einkommensentwicklung überproportionale Gewinne realisieren konnten, während die Personen im Ruhestandsalter im Mittel absteigen. Besonders häufig sind Abstiege in der ältesten Altersgruppe in Ostdeutschland. Dort finden sich auch seltener Aufstiege in der relativen Einkommensposition.

Die Ergebnisse zur Entwicklung von Armut und Wohlstand entsprechen teilweise den Tendenzen, die sich mit Blick auf das durchschnittliche Einkommen zeigen. Zwischen 1996 und 2002 gibt es einen leichten Anstieg der Armutsquoten in der zweiten Lebenshälfte, der allerdings auf die Entwicklung in Ostdeutschland zurückzuführen ist. Während die Armutsquote in Westdeutschland nahezu konstant bleibt, steigt sie in Ostdeutschland deutlich an. Dieser Unterschied tritt unter den über 70-Jährigen am deutlichsten zu Tage. Auch die positive Entwicklung des Anteils hoher Einkommen findet vor allem in Westdeutschland statt: Gewinner scheinen hier die 55- bis 69-jährigen westdeutschen Männer zu sein. Die 70- bis 85-Jährigen in Ostdeutschland partizipieren dagegen nach wie vor kaum an hohen Einkommen. Hinsichtlich Vermögen und Verschuldung zeigen sich in den Niveaus kaum Veränderungen über die Zeit, und die Differenzen zwischen West und Ost bleiben bestehen. Auch hier deutet sich die besondere Problemlage der Ältesten in Ostdeutschland an: Den zwischen 1996 und 2002 nur wenig gestiegenen Einkommen steht eine geringe Vermögensausstattung zur Seite.

Die hier vorgelegten Befunde zur materiellen Situation älterer Menschen in Ost- und Westdeutschland zeigen ein differenziertes Bild. Die materielle Lage älterer und alter Menschen ist gegenwärtig im Mittel als gut einzuschätzen. In diesem Sinne ist hier ein Potenzial für Produkte und Dienstleistungen vorhanden, das möglicherweise durch adäquate Angebote erschlossen werden kann. Dennoch ist zu betonen, dass die Unterschiede im Alter groß (und offenkundig recht stabil) sind.

Mit Blick auf die künftigen Alten deutet sich an, dass die aktuell insgesamt positiven materiellen Lagen der jüngsten Ruhestandskohorten nicht einfach fortgeschrieben werden können. Neben der allmählichen Absenkung des Rentenniveaus wirken sich die angespannte Situation auf den Arbeitsmärkten mit ihren negativen Folgen für viele Versichertenbiografien und die ungleich verteilten Möglichkeiten privaten Sparens aus. Die Ergebnisse des Alterssurveys lassen auch nicht erwarten, dass verminderte Einkommen aus öffentlichen Alterssicherungssystemen ausreichend durch private Vermögensübertragungen kompensiert werden können. Die Spielräume für Rückführungen der wohlfahrtsstaatlichen Alterssicherung scheinen geringer zu sein, als es oftmals vermutet wird. Mit Blick auf mögliche Wirkungen ist daher nach Grenzen der Absenkung des Niveaus der gesetzlichen Alterssicherung zu fragen, zumal die Ausweitung der Lebensarbeitszeit eine alternative und möglicherweise mit weniger negativen Effekten behaftete Maßnahme ist.

4   Familie und intergenerationale Unterstützung

Der demografische Wandel berührt in direkter Weise die soziale Einbettung älter werdender und alter Menschen, vor allem innerhalb der Familie. Generationenbeziehungen Älterer werden heute vor allem im ‚multilokalen Familienverbund' gelebt: Die Angehörigen einer Familie wohnen nicht unbedingt im selben Haushalt, aber sie halten miteinander Kontakt und unterstützen sich regelmäßig. Die meisten Deutschen leben dabei heute in Konstellationen von drei Generationen. In den Ergebnissen der zweiten Welle des Alterssurveys machen sich jedoch erste Anzeichen für die Auswirkungen des demografischen Wandels bei der jüngsten Altersgruppe bemerkbar. Hier konnte zwischen 1996 und 2002 in den Familien eine Verschiebung des Anteils von Drei- und Vier-Generationen-Konstellationen hin zu Zwei-Generationen-Konstellationen beobachtet werden. Auch die Zusammensetzung der Haushalte der 40- bis 85-Jährigen verändern sich. Im Vergleich zu 1996 hat sich im Jahr 2002 sowohl der Anteil von Alleinlebenden, als auch der von Paaren ohne Kinder deutlich erhöht. Mit dem weiteren Anstieg kinderloser Haushalte wird in den nächsten Jahren der Anteil von Ein-Generationen-Haushalten zunehmen. Kinderlose Menschen verfügen im

Alter in weitaus geringerem Maße über soziales Unterstützungspotenzial in ihrem familiären Umfeld. Kinderlose werden die eingeschränkte oder fehlende familiale Unterstützung durch Hilfen aus dem Freundeskreis, vor allem aber durch die Bezahlung entsprechender Dienstleistungen kompensieren müssen. Es ist jedoch abzusehen, dass nicht alle kinderlosen Menschen wohlhabend genug sein werden, um dieses Defizit auszugleichen. Hier entsteht eine neue Zielgruppe staatlicher Sozialpolitik, insbesondere bei Pflegebedürftigkeit.

Obwohl die überwiegende Mehrheit der Menschen in der zweiten Lebenshälfte in räumlicher Nähe zu ihren Kindern und Eltern lebt, ist die Wohnentfernung zwischen Eltern und Kindern 2002 größer als noch sechs Jahre zuvor. Vor allem der Anteil von am selben Ort lebenden Kindern hat im Vergleich zu 1996 abgenommen. Koresidenz von Eltern und erwachsenen Kindern ist 2002 noch weniger weit verbreitet als vor sechs Jahren. Für die Zukunft ist bei abnehmender Kinderzahl der Familien, steigender Qualifikations- und Mobilitätserfordernisse des Arbeitsmarktes und geänderter weiblicher Erwerbsbiografien und -perspektiven eine weitere Zunahme des Anteils alter Menschen zu erwarten, die keine Kinder in unmittelbarer Nähe haben. Diese Älteren werden unter anderem darauf angewiesen sein, ihren Bedarf an instrumenteller Unterstützung, die üblicherweise durch die jüngeren Familienmitglieder erbracht wird, anderweitig zu decken. Eine solche Entwicklung trägt zu einer Ausweitung der Möglichkeiten und Notwendigkeiten extrafamilialer Dienstleistungen für ältere Menschen bei.

Die Beziehungen zur Familie werden von Menschen in der zweiten Lebenshälfte in der Regel als positiv eingeschätzt. Diese Bewertungen sind zwischen 1996 und 2002 sogar noch positiver geworden. In Einklang damit werden Eltern-Kind-Beziehungen durch ein Gefühl großer Verbundenheit charakterisiert. Die wichtigsten Kontaktpersonen älter werdender und alter Menschen sind und bleiben Familienangehörige. Allerdings hat sich die Kontakthäufigkeit zwischen Eltern und Kindern innerhalb der sechs Jahre zwischen 1996 und 2002 etwas verringert. Zu betonen ist, dass Menschen in der zweiten Lebenshälfte keineswegs eine Last für die Familienmitglieder der jüngeren Generationen sind. Im Gegenteil leisten ältere Familienmitglieder mehr Unterstützung als sie umgekehrt erhalten. Im Jahre 2002 hat sich dieser Unterschied sogar noch vergrößert.

Es stellt sich nun die Frage, was staatliche Sozialpolitik zur Stärkung intergenerationaler Familienbeziehungen beitragen kann. Sozialpolitik besteht nicht nur in der Bereitstellung von Versorgungsleistungen – zu Sozialpolitik gehört auch die Schaffung von geeigneten Rahmenbedingungen für die Hilfe zur Selbsthilfe und für das Zusammenführen der Generationen. Ein Beispiel ist die Verbesserung der „Vereinbarkeit von Pflege und Beruf". War bisher die Forderung nach einer besseren „Vereinbarkeit von Familie und Beruf" ausschließlich auf Eltern mit kleinen Kindern gerichtet, sollte sie künftig auch Anwendung finden auf die Förderung von Frauen und Männern, die pflegebedürftige Familienangehörige betreuen. Wünschenswert wäre eine Integration der bisher separat geführten politischen Handlungsfelder von Familien-, Kinder-, Senioren- und Bildungspolitik zu einer „Generationenpolitik" (Lüscher & Liegle, 2003). Dabei handelt es sich um ein gesellschaftspolitisches Programm zur Förderung des künftigen Zusammenlebens von Generationen. Generationenpolitik setzt die Kooperation verschiedener gesellschaftlicher Akteure (Staat, Kirchen, Verbände, Unternehmen, etc.) voraus. Eine koordinierte Generationenpolitik hat die Interessen aller Generationen im Blick und geht von den Leitideen der Generationengerechtigkeit, wechselseitiger Verantwortung und der Verantwortung für die Zukunft im Sinne von Nachhaltigkeit aus. Wenn beispielsweise durch staatliche Erziehungs- und anderweitige Hilfen der familiäre Zusammenhalt jüngerer Familien gestärkt und Krisensituationen überwunden werden können, fördert dies auch die Chance auf langfristige intergenerationale Solidarität und soziale Unterstützung im Alter. Andere Beispiele sind die Schaffung von Begegnungsmöglichkeiten für jüngere und ältere Menschen (etwa über Wissens- oder Zeitzeugenbörsen) und Angebote, dass ältere Menschen Verantwortung für jüngere Menschen übernehmen (etwa in Bildungs- oder Betreuungseinrichtungen). So können Kinder- und Seniorenpolitik einander ergänzen, und es könnte gelingen, das Potenzial des Alters zu nutzen, um das Miteinander der Generationen zu verbessern.

5 Gesellschaftliche Partizipation

Die Potenziale des Alters werden sehr deutlich in den produktiven Tätigkeiten des bürgerschaftlichen Engagements und der privaten Hilfeleistungen. Die Übernahme an Verantwortung in Vereinen oder anderen Institutionen, aber auch die Beteiligung an Pflegetätigkeiten und Betreuung von Kindern sind bedeutsame bürgerschaftliche Aufgaben. Für die meisten dieser Tätigkeiten gilt jedoch, dass sie – wenn auch in unterschiedlichem Ausmaß – mit zunehmendem Alter seltener ausgeübt werden. Im Bereich des ehrenamtlichen Engagements fällt der Rückgang der Partizipation im höheren Alter weniger dramatisch aus als etwa bei der Erwerbstätigkeit aus, ist aber immer noch erheblich. Die Beteiligung an ehrenamtlichen Tätigkeiten geht von der jüngsten zur ältesten der drei Altersgruppen um fast zwei Drittel zurück. Dennoch wäre es falsch, die 70- bis 85-Jährigen als nur „passive" Empfänger von familialen oder sozialstaatlichen Hilfen und Transfers zu betrachten, denn sie tragen selbst in beträchtlichem Maße produktiv etwas zur Gesellschaft bei – es handelt sich zum Teil um Tätigkeiten, mit denen sie erhebliche wirtschaftliche Leistungen erbringen (vgl. Künemund, 1999). In

Zukunft könnte sich im Zuge der Verbesserung der individuellen Ressourcen der Personenkreis der ehrenamtlich aktiven älteren Menschen erweitern: Bislang weist jede jüngere Ruhestandskohorte ein höheres Ausbildungsniveau und eine bessere Gesundheit auf, verfügt also über mehr Ressourcen für Aktivität als die Geburtsjahrgänge zuvor. Da sich besser gebildete und gesündere ältere Menschen in höherem Maße engagieren als Personen mit niedrigerem Bildungsniveau und schlechteter Gesundheit, kann mit einer wachsenden gesellschaftlichen Partizipation gerechnet werden. Zugleich dürfte sich – als Folge der gesellschaftlichen Individualisierungsprozesse – der Anspruch auf sinnvolle Aktivitäten erhöhen. Voraussetzung für eine solche Entwicklung ist jedoch, dass die gesellschaftlichen Strukturen und Rahmenbedingungen für ein aktives Engagement, und eine gesellschaftliche Partizipation und Integration der Älteren insgesamt verbessert werden. Das bereits vorhandene und in Zukunft noch zunehmende Potenzial des Alters durch geeignete Angebote und Opportunitätsstrukturen zu realisieren, ist eine bedeutsame seniorenpolitische Aufgabe (Braun, Burmeister & Engels, 2004).

6 Gesundheit

In guter Gesundheit ein hohes Alter zu erreichen, ist ein Ziel, das älter werdende und alte Menschen haben und das zugleich eine hohe Priorität in der Sozial- und Gesundheitspolitik besitzt. Die Ergebnisse der zweiten Welle des Alterssurveys haben gezeigt, dass es über die untersuchten Altersgruppen hinweg zu einem Anstieg der Erkrankungen und der damit verbundenen Beschwerden kommt. Dies bestätigt die Befunde anderer Studien, etwa der Berliner Altersstudie (Steinhagen-Thiessen & Borchelt, 1996). Neben einem Anstieg von chronischen Erkrankungen kommt es im höheren Alter auch zu einer erhöhten Häufigkeit von Unfällen und akuten Erkrankungen. Zudem gibt es Altersgruppenunterschiede hinsichtlich Mobilität und subjektiver Gesundheitseinschätzung. Frauen weisen im höheren Lebensalter eine höhere Beeinträchtigung der Mobilität auf als Männer, was teilweise auf die höhere Frühsterblichkeit von Männern zurückzuführen ist. Die subjektive Gesundheitseinschätzung fällt mit höherem Alter zunehmend ungünstiger aus. Dies korrespondiert mit der Zunahme körperlicher Erkrankungen.

Diesen, teilweise auch aus anderen Studien bekannten Ergebnissen, die eine Abnahme der Gesundheit mit wachsendem Alter belegen, ist jedoch ein bedeutsamer Befund des Alterssurveys zum Wandel des Gesundheitszustandes in der Kohortenabfolge zur Seite zur stellen. Die Ergebnisse zeigen, dass nachfolgende Geburtsjahrgänge eine bessere Gesundheit, d.h. eine geringere Multimorbidität und eine geringere Zahl von bedeutsamen Beschwerden haben als früher Geborene. Insgesamt kann man feststellen, dass die durch eine höhere Lebenserwartung „gewonnenen" Lebensjahre nicht durch schlechte Gesundheit gekennzeichnet sind, sondern dass die gewonnene Lebenszeit eher in guter Gesundheit verbracht werden kann. Die Ergebnisse des Alterssurveys weisen zumindest auf eine Morbiditätskonstanz hin. Möglicherweise erfolgt jedoch sogar eine Morbiditätskompression, d.h. dass durch geeignete gesundheitsfördernde und präventive Maßnahmen das Auftreten von – die Funktionstüchtigkeit beeinträchtigenden – Krankheiten in eine kurze Phase am Lebensende „komprimiert" wird. Denkbar ist allerdings, dass die gefundenen Kohortenunterschiede nicht mehr für die Phase der Hochaltrigkeit bestehen. Denn es ist möglich, dass zwar die nachfolgenden Kohorten mit einem besseren gesundheitlichen Ausgangsniveau die Phase des hohen Alters beginnen, dieser Vorteil jedoch nicht vor großen Verlusten in dieser letzten Lebensphase schützt (Baltes, 2003). Aus heutiger Sicht ist bekannt, dass im hohen Alter unter anderem die Prävalenz von Demenzen stark zunimmt. Etwa jede vierte Person zwischen 85 und 89 Jahren und jede dritte Person ab 90 Jahren ist gegenwärtig hiervon betroffen (BMFSFJ, 2002).

Dennoch bestärken die hier vorgelegten Befunde die Annahme, dass Maßnahmen der Prävention und Rehabilitation das Potenzial älter werdender und alter Menschen für ein Leben in gesellschaftlicher Partizipation sowie in Selbstbestimmtheit und Selbstständigkeit fördern können. Die Ergebnisse zum Gesundheitszustand in der zweiten Lebenshälfte geben Hinweise auf verschiedene, teilweise noch unzureichend genutzte, Präventionspotenziale. Vor dem Hintergrund, dass chronische Erkrankungen „mitaltern", d.h. bis ins hohe Alter fortbestehen und Folgeerkrankungen sowie Funktionseinbußen verursachen können, erscheint es wichtig, möglichst früh im Lebensverlauf die Chronifizierung von Erkrankungen und Funktionseinbußen zu vermeiden. Die hohe Zahl der 40- bis 54-Jährigen, die zwei oder mehr Erkrankungen angeben und Einschränkungen hinsichtlich anstrengender Tätigkeiten nennen, weist auf einen entsprechenden Präventions- und Rehabilitationsbedarf hin. Die Möglichkeiten, dauerhafte Multimorbidität und Funktionseinbußen zu vermeiden, sind im mittleren Erwachsenenalter zumeist am größten. Aber auch hinsichtlich der älteren Altersgruppen sollten die hohen präventiven Potenziale nicht unterschätzt werden. Eine Vielzahl von Erkrankungen, unter anderem Herz-Kreislauf-Erkrankungen, Atemwegserkrankungen und Diabetes mellitus (Typ II), weisen bis ins hohe Alter deutliche Präventionspotenziale auf. Dabei nimmt mit steigendem Alter neben Primär- und Sekundärprävention die Bedeutung von Tertiärprävention zu, d.h. die Vermeidung oder Verzögerung der Verschlimmerung einer Erkrankung sowie die Verhinderung oder Milderung bleibender Funktionseinbußen.

Insgesamt machen die vorgelegten Ergebnisse deutlich, dass die gesundheitliche Versorgung älter werdender und alter Menschen weiter verbesserbar ist. Neben Maßnahmen der Kuration und Rehabilitation sollten stärker die präventiven Potenziale in den Blickpunkt gerückt werden, die bis ins hohe Alter bestehen. Gesundheitsverhalten und Gesundheitsversorgung tragen nicht nur dem individuellen Wunsch nach behinderungsfreien Lebensjahren Rechnung, sondern können auch die gesellschaftlichen Kosten dämpfen, die besonders dann entstehen, wenn es zu Hilfe- oder Pflegebedürftigkeit kommt.

7 Subjektives Wohlbefinden

Neben dem Gesundheitszustand ist das subjektive Wohlbefinden ein bedeutsamer Bestandteil eines guten Lebens im Alter. Lebenszufriedenheit und Gefühle stellen unterschiedliche Komponenten subjektiven Wohlbefindens dar. Lebenszufriedenheit betrifft die Beurteilung der eigenen Lebenssituation anhand von Bewertungsmaßstäben. Gefühlszustände spiegeln dagegen die Reaktion auf tägliche Ereignisse und Schwierigkeiten wider. Menschen in der zweiten Lebenshälfte äußern im Durchschnitt hohe Zufriedenheit, erleben häufig positive Emotionen und erfahren eher selten negative Gefühle. Zwischen 1996 und 2002 nahmen Zufriedenheit und positiver Affekt im Durchschnitt leicht zu und negativer Affekt leicht ab. Die Komponenten subjektiven Wohlbefindens – Lebenszufriedenheit, positive Gefühle und negative Gefühle – verändern sich mit dem Alter in unterschiedlicher Weise. Die Lebenszufriedenheit bleibt bis ins hohe Alter zumindest stabil, und es zeigen sich sogar Hinweise, dass Lebenszufriedenheit mit dem Alter tendenziell ansteigt. Gleichzeitig nimmt mit dem Alter die Häufigkeit erlebter Gefühle insgesamt ab. Je älter Menschen werden, desto seltener erleben sie sowohl positive Gefühle (wie „Glück") als auch negative Gefühle (wie „Trauer").

Frauen äußern höhere Zufriedenheit mit ihrem Leben als Männer. Dieser Unterschied zwischen den Geschlechtern verändert sich zwischen 1996 und 2002 nicht. Gleichwohl äußern Frauen auch in höherem Maß als Männer das Erleben negativer Gefühle. Die geschlechtsspezifischen Befundmuster hinsichtlich negativen Affekts könnten auf unterschiedliches Antwortverhalten von Männern und Frauen zurückzuführen sein: Es ist möglich, dass Frauen eher bereit sind als Männer, das Erleben negativer Emotionen zu berichten. Ein hervorzuhebendes, positiv zu bewertendes Ergebnis bezieht sich auf die Annäherung zwischen Ost und Westdeutschland. Die Zufriedenheit von Menschen, die in den neuen Bundesländern leben, erhöhte sich zwischen 1996 und 2002 stärker als bei Menschen, die in den alten Bundesländern leben. Es bestehen zwar auch im Jahr

2002 noch Ost-West-Unterschiede in der Lebenszufriedenheit. Gleichwohl ist eine deutliche Annäherung in der Zufriedenheit von Menschen in Ost- und Westdeutschland zu verzeichnen. Hinsichtlich sozialer Ungleichheit zeigen die Befunde deutlich Unterschiede zu Ungunsten der Angehörigen unterer sozialer Schichten. Dieser Einfluss der Schicht zeigt sich auch in anderen Studien (Bulmahn, 2002). Angehörige der unteren sozialen Schichten zeigen zudem zwischen 1996 und 2002 nur geringe Zugewinne in der Lebenszufriedenheit. Für Angehörige der mittleren und gehobenen sozialen Schicht waren die entsprechenden Zuwächse in der subjektiven Lebensqualität deutlich größer. Die erheblichen Unterschiede zwischen sozialen Schichten im subjektiven Wohlbefinden blieben über den Zeitraum von sechs Jahren stabil.

Die längsschnittlichen Analysen zur individuellen Entwicklungsdynamik zeigen, dass Veränderungen in der persönlichen Lebenssituation vor allem mit Veränderungen in bereichsspezifischen Bewertungen zusammen hängen – und erst diese veränderte Bewertung eines Lebensbereiches korreliert mit Veränderungen der allgemeinen Lebenszufriedenheit. Mit dem Alter verändern sich die Gewichtungen der Bewertung verschiedener Lebensbereiche für die allgemeine Lebenszufriedenheit. Während in den jüngeren Altersgruppen Veränderungen in der allgemeinen Lebenszufriedenheit vor allem durch eine veränderte Bewertung des Lebensstandards und der sozialen Beziehungen zustande kommen, spielen in der ältesten Altersgruppe vor allem Veränderungen der subjektiven Gesundheitseinschätzung eine wichtige Rolle.

Die hier vorgelegten Befunde belegen, dass das subjektive Wohlbefinden, insbesondere die Zufriedenheit mit der eigenen Lebenssituation, bis ins fortgeschrittene Alter hoch bleibt. Dies ist, gerade angesichts eines nicht selten negativen „Belastungsdiskurses" in den Medien, eine positive und optimistische Botschaft. Dieser Befund sollte zum Anlass genommen werden, den medialen Diskurs über das Alter optimistischer zu gestalten. Das negative Altersstereotyp trifft offensichtlich nicht das Selbstbild älter werdender und alter Menschen. Zugleich sollte dabei jedoch nicht übersehen werden, dass gerade alte und sehr alte Menschen nur selten Unzufriedenheit mit der objektiven Lebenssituation äußern, selbst wenn diese – von außen betrachtet – verbesserungsnotwendig erscheinen. Der an sich positiv zu bewertende Befund einer hohen Lebenszufriedenheit auch im höheren Erwachsenenalter sollte nicht dazu führen, dass ältere Menschen generell aus dem Blickfeld sozialpolitischer Wachsamkeit geraten. Dies zeigt sich insbesondere vor dem Hintergrund sozialstruktureller Unterschiede des subjektiven Wohlbefindens.

8 Die Lebenssituation der ausländischen Bevölkerung

Der Alterssurvey bietet umfangreiches Datenmaterial für eine Analyse vielfältiger Lebensbereiche der ausländischen und der deutschen Bevölkerung in der zweiten Lebenshälfte. Die ausländische Bevölkerungsgruppe in Deutschland ist in sich jedoch sehr heterogen und besteht aus vielen ethnischen Gruppen und einer Vielzahl von Nationalitäten. Dies erschwert zum einen die Datenanalyse und die Aussagekraft der Analyseergebnisse, da jeweils nur geringe Fallzahlen zur Verfügung stehen. Zum anderen ist es kaum möglich, eine einheitliche Sozialpolitik für alle ausländischen Menschen in der zweiten Lebenshälfte zu gestalten. Dennoch wird im folgenden der Versuch unternommen, auf der Basis gewisser Regelmäßigkeiten in den Lebensverhältnissen 40- bis 85-jähriger Nichtdeutscher sozial- und gesellschaftspolitische Empfehlungen zu geben.

Das aus der Literatur zur allgemeinen Lebenssituation von Ausländerinnen und Ausländern in Deutschland hinlänglich bekannte Ergebnis relativer sozioökonomischer Deprivation (geringere Schul- und Berufsbildungsqualifikationen, niedrigere Einkommen, stärkere Betroffenheit von Arbeitslosigkeit und Armut – und daraus folgend niedrigere Altersrenten, selteneres Wohneigentum) wurde mit den Daten des Alterssurveys bestätigt. Ausländische Menschen in der zweiten Lebenshälfte sind dementsprechend stärker auf staatliche finanzielle Transfers angewiesen als gleichaltrige Deutsche. Diese stärkere Bedürftigkeit wird noch dadurch verstärkt, dass ausländische Menschen in der zweiten Lebenshälfte keine finanzielle Unterstützung von ihren (im Herkunftsland) lebenden Eltern erwarten können. Im Gegenteil, die in Deutschland lebenden 40- bis 85-Jährigen selbst spielen eine entscheidende Rolle als finanzielle Unterstützer ihrer im Herkunftsland lebenden Familienangehörigen.

Die Familie nimmt – sowohl bei Deutschen als auch bei Ausländern – eine zentrale Stellung ein. Der Großteil der Kinder von Deutschen und Nichtdeutschen lebt in der näheren Umgebung der Eltern und bietet so die Möglichkeit für direkte Interaktion und Kommunikation. Ein zentraler Unterschied besteht jedoch darin, dass die Kinder eines erheblichen Teils der Nichtdeutschen im Ausland leben. Noch bedeutsamer ist jedoch die Transnationalität in der Beziehung zu den Eltern, die bei den nichtdeutschen Staatsangehörigen zum weit überwiegenden Teil im Ausland leben. Die Wohnentfernung hat zwar Auswirkungen auf die Kontakthäufigkeit, nicht aber auf die empfundene Enge der Beziehung. Während also Deutsche häufiger Kontakt zu ihren näher wohnenden Eltern pflegen, haben Nichtdeutsche zwar seltener Kontakt zu ihren weiter entfernt wohnenden Eltern, bezeichnen die Beziehung jedoch ebenfalls als eng bzw. sehr eng. Die in Deutschland lebenden Ausländerinnen und Ausländer sind in geringerem Maße auf instrumentelle Haushaltshilfen angewiesen. Das liegt zum einen vermutlich darin begründet, dass sie öfter mit Kindern im eigenen Haushalt leben und so auf dieses Unterstützungspotenzial zurückgreifen können. Zu bedenken ist jedoch, dass die Arbeitsmigrantinnen und -migranten der ersten Anwerbungswellen in den 1950er Jahren erst in den nächsten Jahren die Lebensphase der Hochaltrigkeit erreichen werden. Die verstärkte Notwendigkeit außerhäuslicher instrumenteller Hilfen ergibt sich jedoch auch in der deutschen Bevölkerung erst ab einem Alter von 70 Jahren. Es ist also fraglich, ob es sich bei diesem Ergebnis um einen genuinen Unterschied zwischen Nichtdeutschen und Deutschen oder lediglich um einen Alterseffekt der im Durchschnitt jüngeren Ausländerinnen und Ausländer handelt. Es ist eine wesentliche Aufgabe zukünftiger Alterssozialberichterstattung, dieser Frage nachzugehen.

Sollte das Letztere der Fall sein, dann werden hochaltrige Ausländerinnen und Ausländer in Zukunft ebenfalls auf externe instrumentelle Hilfen angewiesen sein. Aufgrund der zuvor beschriebenen, ökonomisch deprivierten Lebensumstände werden sie jedoch kaum in der Lage sein, für Haushaltshilfen zu bezahlen. Hochaltrige Ausländerinnen und Ausländer könnten so zu einer wesentlichen Zielgruppe zukünftiger sozialpolitischer Interventionen werden. Darüber hinaus ist es notwendig, bei der Planung zukünftiger ambulanter und stationärer Pflegestrukturen die besonderen Bedürfnisse dieser aus anderen Kulturkreisen stammenden Personen zu berücksichtigen. Es ist davon auszugehen, dass sich mit der rapiden Alterung der ausländischen Bevölkerungsgruppe ein starker zusätzlicher Bedarf an ambulanter und stationärer Pflege ergeben wird. Dabei sollte besonderer Wert auf eine kultursensible Pflege gelegt werden. Es ist eine wesentliche Aufgabe deutscher Gesellschafts- und Sozialpolitik, zu einer gelingenden Integration ausländischer Menschen beizutragen. Die Nachhaltigkeit solcher Maßnahmen wird am besten durch umfassende Bildungsangebote für alle Altersgruppen erhöht. Dies bedeutet unter anderem, Sprachkurse für ältere Menschen anzubieten. Langfristig noch wichtiger ist es aber, schulische und berufliche Qualifikationen der jüngeren Generationen zu erhöhen, um diese in die Lage zu versetzen, sich selbst und ihren Familienangehörigen zu helfen. Das ist das Ziel einer aktivierenden Sozialpolitik und zugleich das Ziel einer erfolgreichen Generationenpolitik.

9   Ausblick

Der demografische Wandel und die damit verbundenen Veränderungen stellen Gesellschaft, Wirtschaft und Politik einerseits vor große Herausforderungen (Enquete-Kommission, 2002), bieten andererseits aber auch Chancen für gesellschaftliche Weiterentwicklung (Qualls & Abeles, 2000). Die in den Beiträgen dieses Bandes vorgestellten Ergebnisse auf der Grundlage des Alterssurveys stellen für Akteure in Gesellschaft, Wirtschaft und Politik umfassende Informationen zu sozialem Wandel und individueller Entwicklung in der zweiten Lebenshälfte zusammen. Die gegenwärtigen und auch künftigen Generationen älterer Menschen verfügen über zahlreiche Ressourcen, die bereits jetzt im Rahmen von familialer Unterstützung und bürgerschaftlichem Engagement gesellschaftlich nutzbar gemacht werden, die aber in Zukunft möglicherweise noch breiter aktiviert werden können.

Im Sinne des oben skizzierten „Bedarfs- und Versorgungsdiskurses" lassen die Befunde zu den verschiedenen Themen erkennen, dass es der gegenwärtigen Generation älterer Menschen insgesamt recht gut geht. Die Einkommenssituation ist im Durchschnitt als adäquat zu bezeichnen, die soziale Integration in Familie und soziale Netzwerke ist gut und das subjektive Wohlbefinden ist hoch. Allerdings ist dabei zu berücksichtigen, dass durch Durchschnittswerte die zum Teil bestehenden, erheblichen Differenzierungen und sozialen Ungleichheiten verdeckt werden, die nach wie vor eine Herausforderung für Gesellschafts- und Sozialpolitik darstellen. Zudem machen die Befunde zum sozialen Wandel deutlich, dass zukünftig in den Bereichen materielle Versorgung und soziale Integration möglicherweise mit einem Anstieg von Problemlagen zu rechnen ist. Das Sicherungsniveau der gesetzlichen Rentenversicherung wird in Zukunft durch getroffene Dämpfungsmaßnahmen und Veränderungen in den Erwerbsbiografien sinken. Insbesondere bei den unteren sozialen Schichten und bedürftigen Haushalten ist nicht davon auszugehen, dass sie in der Lage sein werden, dies durch private und betriebliche Altersvorsorge ausreichend kompensieren zu können. Der Wandel in der Zusammensetzung von Familien, die weiterhin steigende Kinderlosigkeit nachwachsender Generationen sowie die ansteigende Mobilität der Kindergenerationen kann in Zukunft zu häufiger werdenden Konstellationen brüchiger sozialer Unterstützungsnetzwerke führen. Hier ist es sicherlich notwendig, geeignete sozialpolitische Maßnahmen im Bereich der sozialen Sicherung sowie der Unterstützung von älteren Menschen mit Hilfe- und Pflegebedarf zu treffen. Diese Entwicklungen lassen es geraten erscheinen, nicht allzu voreilig Entwarnung mit Blick auf den Hilfebedarf alter und sehr alter Menschen zu geben.

Gleichwohl lassen sich in den Befunden der zweiten Welle des Alterssurveys auch sehr positive und optimistisch stimmende Botschaften entnehmen. Offenkundig hält der Trend zu verbesserter Gesundheit nachwachsender Generationen an. Deutliche Anzeichen für verbesserte Gesundheit der zukünftigen „jungen Alten" ließen sich in den Befunden ablesen. Gerade hier ist jedoch zu betonen, dass die gesundheitlichen Potenziale älter werdender Menschen durch Maßnahmen der Gesundheitsförderung und Prävention gestützt werden sollten. Der

Blick auf die in der Regel recht gute Gesundheit von Menschen zwischen 40 und 70 Jahren lässt auch den Schluss zu, dass gesundheitliche Gründe kaum gegen eine Verlängerung der durchschnittlichen Lebensarbeitszeit sprechen. Dazu kommt die Tatsache, dass sich in den Köpfen älter werdender Arbeitnehmerinnen und Arbeitnehmer offensichtlich ein Wandel hinsichtlich der eigenen Lebensplanung vollzieht: Immer weniger ältere Arbeitnehmerinnen und Arbeitnehmer planen einen Berufsausstieg mit 60 Jahren. Allerdings muss hierbei bedacht werden, dass im Arbeitsmarkt gegenwärtig noch keine starke Nachfrage nach (älteren) Arbeitskräften besteht. Daher sind in jedem Fall Maßnahmen der Schonung und Pflege von Humankapitalressourcen, die auch in der Verantwortung von Betrieben liegen, sowie der flankierenden Absicherung angesichts eines gegenwärtig wenig dynamischen Arbeitsmarktes notwendig.

Wir hoffen, dass die hier vorgelegten Befunde dabei helfen werden, die Herausforderungen des demografischen Wandels nicht ausschließlich unter der Perspektive der gesellschaftlichen Belastungen und ihrer Verteilung zu sehen. Vielmehr denken wir, dass es eine Reihe von Chancen gibt, die der demografische Wandel und die sich daran anschließenden gesellschaftlichen Veränderungen bieten. Sich den Herausforderungen optimistisch zu stellen und die Chancen produktiv zu nutzen, sollte das Ziel gemeinsamer Anstrengungen von Gesellschaft, Wirtschaft und Politik sein.

Literatur

Baltes, P. B. (1984). Intelligenz im Alter. *Spektrum der Wissenschaft, Mai 1984*, 46-60.
Baltes, P. B. (2003). On the incomplete architecture of human ontogeny. Selection, optimization, and compensation as foundation of development theory. In U. M. Staudinger & U. Lindenberger (Eds.), *Understanding human development* (pp. 17-43). Boston.
Bertelsmann Stiftung. (2003a). *Altersvorsorge 2003: Wer hat sie, wer will sie? Private und betriebliche Altersvorsorge der 30- bis 50-Jährigen in Deutschland* (Bertelsmann Stiftung Vorsorgestudien 18). Gütersloh: Bertelsmann Stiftung.
Bertelsmann Stiftung (Ed.). (2003b). *Vorsorgereport. Private Alterssicherung in Deutschland*. Gütersloh: Bertelsmann Stiftung.
BMFSFJ, Bundesministerium für Familie, Senioren, Frauen und Jugend (Ed.). (1998). *Zweiter Bericht zur Lage der älteren Generation in der Bundesrepublik Deutschland: Wohnen im Alter*. Bonn: BMFSFJ.
BMFSFJ, Bundesministerium für Familie, Senioren, Frauen und Jugend (Ed.). (2001). *Alter und Gesellschaft. Dritter Bericht zur Lage der älteren Generation in der Bundesrepublik Deutschland*. Bonn: BMFSFJ (zugleich Bundestagsdrucksache 14/5130).

BMFSFJ, Bundesministerium für Familie, Senioren, Frauen und Jugend (Ed.). (2002). *Vierter Bericht zur Lage der älteren Generation in der Bundesrepublik Deutschland: Risiken, Lebensqualität und Versorgung Hochaltriger – unter besonderer Berücksichtigung dementieller Erkrankungen*. Bonn: BMFSFJ (zugleich Bundestagsdrucksache 14/8822).

BMFSFJ, Bundesministerium für Familie, Senioren, Frauen und Jugend (2005). *Altenbericht im Dialog – Potenziale des Alters in Wirtschaft und Gesellschaft*. Berlin: BMFSFJ.

Braun, J., Burmeister, J. & Engels, D. (Eds.). (2004). *seniorTrainerin: Neue Verantwortungsrolle und Engagement in Kommunen*. Köln: Institut für sozialwissenschaftliche Analysen und Beratung.

Bulmahn, T. (2002). Globalmaße des subjektiven Wohlbefindens. In Statistisches Bundesamt (Ed.), *Datenreport 2002. Zahlen und Fakten über die Bundesrepublik Deutschland* (pp. 423-631). Bonn: Bundeszentrale für politische Bildung.

Dieck, M. & Naegele, G. (Eds.). (1978). *Sozialpolitik für ältere Menschen*. Heidelberg: Quelle & Meyer.

Dieck, M. & Naegele, G. (1993). „Neue Alte" und alte soziale Ungleichheiten – vernachlässigte Dimensionen in der Diskussion des Altersstrukturwandels. In G. Naegele & H. P. Tews (Eds.), *Lebenslagen im Strukturwandel des Alters* (pp. 43-60). Opladen: Westdeutscher Verlag.

Dittmann-Kohli, F., Sowarka, D. & Timmer, E. (1997). Beruf und Alltag: Leistungsprobleme und Lernaufgaben im mittleren und höheren Erwachsenenalter. In F. E. Weinert & H. Mandl (Eds.), *Psychologie der Erwachsenenbildung. Enzyklopädie für Psychologie, Themenbereich D, Praxisgebiete, Serie I, Pädagogische Psychologie, Band 4* (pp. 197-235). Göttingen: Hogrefe.

Enquete-Kommission. (2002). *Schlussbericht der Enquete-Kommission „Demographischer Wandel – Herausforderungen unserer älter werdenden Gesellschaft an den einzelnen und die Politik"*. Berlin: Deutscher Bundestag.

Gronemeyer, R. (1996). Die gesellschaftlichen Belastungsdiskurse und die Solidarität der Generationen. In B. Dinkel (Ed.), *KAB-Altenarbeit* (pp. 147-155). Bornheim: KAB.

Hoffmann, M., Köhler, A. & Sauer, U. (1999). Omas kontra Enkel. *Wirtschaftswoche* (9. September 1999), 32-42.

Hallsten, L. & Solem, P. E. (2001). Alter und Arbeitsleistung. In G. Aronsson & A. Kilbom (Eds.), *Arbeit über 45. Historische, psychologische und physiologische Perspektiven älterer Menschen im Berufsleben* (pp. 151-160). Dortmund/Berlin: Bundesanstalt für Arbeitsschutz und Arbeitsmedizin.

Kohli, M. & Künemund, H. (2000). Bewertung und Ausblick. In M. Kohli & H. Künemund (Eds.), *Die zweite Lebenshälfte. Gesellschaftliche Lage und Partizipation im Spiegel des Alters-Survey.* (pp. 337-342). Opladen: Leske + Budrich.

Kohli, M., Künemund, H., Motel, A. & Szydlik, M. (2000). Soziale Ungleichheit. In M. Kohli & H. Künemund (Eds.), *Die zweite Lebenshälfte. Gesellschaftliche Lage und Partizipation im Spiegel des Alters-Survey.* (pp. 318-333). Opladen: Leske + Budrich.

Kondratowitz, H. J. v. (1999). Alter und Altern. In G. Albrecht, A. Groenemeyer & F. W. Stallberg (Eds.), *Handbuch soziale Probleme* (pp. 236-254). Opladen: Westdeutscher Verlag.

Kruse, A. (2002). *Gesund altern*. Baden Baden: Nomos.

Künemund, H. (2000). „Produktive" Tätigkeiten. In M. Kohli & H. Künemund (Eds.), *Die zweite Lebenshälfte. Gesellschaftliche Lage und Partizipation im Spiegel des Alters-Survey*. (pp. 277-317). Opladen: Leske + Budrich.

Lehr, U. (1978). Körperliche und geistige Aktivität – eine Voraussetzung für ein erfolgreiches Altern. *Zeitschrift für Gerontologie, 11*, 290-299.

Lüscher, K. & Liegle, L. (2003). *Generationenbeziehungen in Familie und Gesellschaft*. Konstanz: UVK Verlagsgesellschaft.

Manton, K. G. & Gu, X. (2005, in press). Changes in physical and mental function in older people: Looking back and looking ahead. In H.-W. Wahl, C. Tesch-Roemer & A. Hoff (Eds.), *New dynamics in old age: Individual, environmental and societal perspectives*. Amityville, NY: Baywood.

Qualls, S. H. & Abeles, N. (Eds.). (2000). *Psychology and the aging revolution*. Washington: American Psychological Association.

Schmähl, W. (2002). Leben die „Alten" auf Kosten der „Jungen"? Anmerkungen zur Belastungsverteilung zwischen „Generationen" in einer alternden Bevölkerung aus ökonomischer Perspektive. *Zeitschrift für Gerontologie und Geriatrie, 35*(4), 304-314.

Sinn, H.-W. & Übelmesser, S. (2000). Wann kippt Deutschland um? *ifo Schnelldienst, 53*(28-29), 20-25.

Steinhagen-Thiessen, E. & Borchelt, M. (1996). Morbidität, Medikation und Funktionalität im Alter. In K. U. Mayer & P. B. Baltes (Eds.), *Die Berliner Altersstudie* (pp. 151-183). Berlin: Akademie Verlag.

Thomae, H. & Lehr, U. (1973). *Berufliche Leistungsfähigkeit im mittleren und höheren Erwachsenenalter – eine Analyse des Forschungsstands*. Göttingen: Schwartz.

Tremmel, J. (1997). Wie die gesetzliche Rentenversicherung nach dem Prinzip der Generationengerechtigkeit reformiert werden kann. In Gesellschaft für die Rechte zukünftiger Generationen (Ed.), *Ihr habt dieses Land nur von uns geborgt* (pp. 149-240). Hamburg: Rasch und Röhring.

Autorinnen und Autoren des Bandes

Helen Baykara-Krumme, Dipl. Soz., Doktorandin der International Max Planck Research School "The Life Course: Evolutionary and Ontogenetic Dynamics (LIFE)", Lentzeallee 94, 14195 Berlin.
Forschungsschwerpunkte: Ältere Migranten, transnationale Migration, Familien- und Generationenbeziehungen im Migrationskontext.
E-Mail: helen.krumme@gmx.net

Heribert Engstler, M.A. (Soziologie, Politikwissenschaft), wissenschaftlicher Mitarbeiter am Deutschen Zentrum für Altersfragen, Manfred-von-Richthofen Str. 2, 12101 Berlin.
Forschungsschwerpunkte: Erwerbsarbeit und Ruhestand, Alterssicherung, Familienstrukturen und -beziehungen älterer Menschen, demographischer Wandel, Familienstatistik.
E-Mail: engstler@dza.de

Andreas Hoff, PhD, Dipl.-Soz., Research Fellow am Oxford Institute of Ageing, University of Oxford, Manor Road, Oxford OX1 3UQ, UK; bis 2004 wissenschaftlicher Mitarbeiter am Deutschen Zentrum für Altersfragen, Berlin.
Forschungsschwerpunkte: Familien- und Generationenbeziehungen, informelle vs. formelle Unterstützung, international vergleichende Sozialpolitikforschung, Migration und Pflege.
E-Mail: andreas.hoff@ageing.ox.ac.uk

Harald Künemund, Dr. phil. habil., Dipl.-Soz., wissenschaftlicher Assistent und Mitglied der Forschungsgruppe Altern und Lebenslauf (FALL) am Institut für Soziologie der Freien Universität Berlin, Garystr. 55, 14195 Berlin.
Forschungsschwerpunkte: Gesellschaftliche Partizipation, Generationenbeziehungen, Methoden der empirischen Sozialforschung.
E-Mail: h.kuenemund@fall-berlin.de

Andreas Motel-Klingebiel, Dr. phil., Dipl.-Soz., Leiter des Arbeitsbereichs Forschung und stellvertretender Institutsleiter des Deutschen Zentrums für Altersfragen, Manfred-von-Richthofen-Str. 2, 12101 Berlin.

Forschungsschwerpunkte: Soziale Sicherung, nationale u. europäische Sozialpolitik; Lebensqualität und soziale Ungleichheit; Generationenverhältnisse u. Generationenbeziehungen; materielle Lagen älterer Menschen; Familie, Wohlfahrtsstaat und Dienstleistungen für Ältere; Methoden der empirischen Alter(n)ssoziologie.
E-Mail: motel@dza.de

Clemens Tesch-Römer, Dipl.-Psych., Dr. phil., seit 1998 Leiter des Deutschen Zentrums für Altersfragen, Manfred-von-Richthofen-Str. 2, 12101 Berlin; seit 2003 außerplanmäßiger Professor an der Freien Universität Berlin.
Forschungsschwerpunkte: Lebensqualität und Wohlbefinden im Alter, soziale Beziehungen und soziale Integration älterer Menschen, familiale und gesellschaftliche Solidarität, Gesundheits- und Pflegesystem, kultur- und gesellschaftsvergleichende Alternsforschung.
E-Mail: tesch-roemer@dza.de

Susanne Wurm, Dipl.-Psych., wissenschaftliche Mitarbeiterin am Deutschen Zentrum für Altersfragen, Manfred-von-Richthofen Str. 2, 12101 Berlin.
Forschungsschwerpunkte: Gesundheit im mittleren und höheren Erwachsenenalter, psychosoziale Determinanten für Gesundheit.
E-Mail: s.wurm@dza.de

PGMO 08/24/2018